Robert Kurz • Weltordnungskrieg

Robert Kurz

WELTORDNUNGSKRIEG

Das Ende der Souveränität und die Wandlungen
des Imperialismus im Zeitalter der Globalisierung

HORLEMANN

Originalausgabe

© 2003 Horlemann
Alle Rechtevorbehalten

Umschlaggestaltung,
Satz und Layout im Verlag
Gedruckt in Deutschland

Bitte fordern Sie unser
aktuelles Gesamtverzeichnis an:

Horlemann Verlag
Postfach 1307
53583 Bad Honnef
Telefax 0 22 24 - 54 29
E-Mail: info@horlemann-verlag.de
www.horlemann-verlag.de

ISBN 3-89502-149-0

*Den namenlosen Opfern
der demokratischen
Bombergemeinschaft und
des ökonomischen Terrors*

Inhaltsverzeichnis

EINLEITUNG
**Die Krise des Weltsystems
und die neue Begriffslosigkeit** 11

**DIE METAMORPHOSEN
DES IMPERIALISMUS** 15
Pax Americana: Der Kampf um die kapitalistische Weltherrschaft ist entschieden 16 • Die letzte Weltmacht an der historischen Systemgrenze 23 • Vom territorialen Nationalimperialismus zum „ideellen Gesamtimperialismus" 26 • Vom nationalen „Gutmenschen"-Pazifismus zum globalen Interventions-Bellizismus 33 • Die NATO als supranationale Verlängerung des „ideellen Gesamtimperialisten" 36

DIE REALEN GESPENSTER DER WELTKRISE 45
Krisenpotentaten und neue Bürgerkriege 46 • Die globale Plünderungsökonomie 48 • Risikogesellschaft, Sachzwang und Gewaltverhältnisse 54 • Die Logik der Abspaltung und die Krise des Geschlechterverhältnisses 56 • Die Kälte gegen das eigene Selbst 59 • Die Ökonomie der Selbstzerstörung: Globalisierung und „Ausbeutungsunfähigkeit" des Kapitals 63 • Die Metaphysik der Moderne und der Todestrieb des entgrenzten Subjekts 68

DIE POSTMODERNE WELTPOLIZEI 75
Neue Militärdoktrin und neue Kriegsökonomie 75 • Der „Kampf der Kulturen" als Kriegsideologie 81 • Ideologie und Logik der Menschenrechte 85 • Von der politischen Ökonomie zum postmodernen Kulturalismus 89 • Sicherheitsimperialismus 103 • Öl- und Gasimperialismus: die Sicherung der strategischen Rohstoffreserven 110

**DER NAHE OSTEN UND DAS
ANTISEMITISCHE SYNDROM** 114
Kapitalistische Verbrennungsreligion und Ölregimes 114 • Der Antiimperialismus und die antisemitische Krisenideologie 118 • Der Staat Israel und sein paradoxer weltkapitalistischer Status 126 • Das Ende der „nationalen Befreiungsbewegungen" und der Spuk der palästinensischen Staatsgründung 129 • Israel als „Alien" der kapitalistischen Welt und der arabische Neo-Antisemitismus 133 • Vom Zionismus zur Herrschaft der Ultras: Die innere Krise der israelischen Gesellschaft 136

DIE IMPERIALE APARTHEID 156
Eine Welt voller Flüchtlinge 157 • Ausgrenzungsimperialismus: Mauer und Todesstreifen nach freiheitlicher Art 160 • Die Illusion vom „Wiederaufbau" 172 • Die Phantom-Ökonomie des humanitär-industriellen Komplexes 178 • Sexuelle Gewalt- und Elendsökonomie 180 • Vom Pufferstaat zum Ethno-Zoo 183

DIE GEMEINSAMKEIT DER DEMOKRATEN 190
Inländische Ausländer als Humanressourcen 190 • Innere Menschenjagd und Abschiebungsterror 193 • Das demokratische KZ 203 • Zonen des Rassismus 208 • Der demokratische Mob in Aktion 213 • USA: Rassistische Basisidentität und Intergetto-Bürgerkrieg 217 • Synthetische Identitäten und Neo-Rechtsradikalismus 222 • Die Nützlichen und die Unnützen 225 • Die Globalisierung der „Anständigen" 231

DAS IMPERIUM UND SEINE THEORETIKER 240
Das Reich und die neuen Barbaren (Jean Christophe Rufin) 240 • Empire – die Krisenwelt als Disneyland der „Multitude" (Michael Hardt/Antonio Negri) 255

DAS ENDE DER SOUVERÄNITÄT 272
Al Kaida: eine neue Qualität der postpolitischen Gewalt 273 • Zweierlei Menschenopfer. Zur Theologie der demokratischen Empörung 277 • Nationale Selbstverteidigung als logische Unmöglichkeit 280 • Die totalitäre Macht der Moderne: der Begriff der Souveränität 282 • Politisch-militärische Deterritorialisierung 285 • Alle gegen alle: die anomische Transformation 287 • Der Zusammenbruch des Völkerrechts 294 • Das Bündnis mit den postsouveränen Mächten 297 • Die Privatisierung des Gewaltmonopols 301 • Der moralische Verschleiß der Institutionen und die Korrumpierung des demokratischen Nomos 303 • Das Ende der Souveränität und die juristische Illusion 305 • Kapitalismus geht nicht ohne Souveränität 314

DER GLOBALE AUSNAHMEZUSTAND 320
Das demokratische Feme-Tribunal 320 • Das Ende der modernen Rechtsform und die Ideologie der „Legitimität" 324 • Demokratische Kriegsverbrechen und demokratische Entrechtlichung 327 • Anomischer Sicherheitsimperialismus nach innen 331 • McCarthy lässt grüßen: die demokratische Hexenjagd 333 • Kann denn Folter Sünde sein? 336 • Die Logik des Ausnahmezustands 337 • Zur Geschichte des Ausnahmezustands 340 • Der permanente Ausnahmezustand 343 • Das nackte Leben und der gebrochene Wille: Der Ausnahmezustand als verborgener Nomos der Moderne 345 • Die Schreckenshäuser der Betriebswirtschaft: Ka-

pitalismus als geronnener Ausnahmezustand 351 • Die Verflüssigung des Ausnahmezustands als Verflüssigung der Souveränität 356 • Ausbürgernde Einbürgerung und Elendsbürgerlichkeit 358 • Juden und andere „Überflüssige": die Struktur der einschließenden Ausschließung 360

DER ANACHRONISTISCHE ZUG 363
Vulgärmaterialismus und Irrationalität des Systems 365 • Immer wieder Erster Weltkrieg 369 • Historische Geisterfahrer der Neuen Linken 373 • Die radikale Linke als Epochenschläfer 376 • Vom Ölfieber zum Seelenkoller 383 • Deutschland als Weltmacht-Phantom 386 • Immer wieder Zweiter Weltkrieg 389 • Das große Hitler-Spiel 392 • Eine Verschwörungstheorie für intellektuell Arme 400 • Die Globalisierung der „deutschen Ideologie" 404 • Nach dem 11. September: das letzte Stadium des anachronistischen Denkens 406

VOM WELTORDNUNGSKRIEG ZUM ATOMAREN AMOKLAUF? 413
Die Rückkehr zum Paradigma der „Schurkenstaaten" 414 • Die Krise der Finanzmärkte und der „Traum vom Öldorado" 419 • Der atomare Todestrieb der Macht 425 • Für eine Renaissance radikaler Gesellschaftskritik 434

LITERATUR 440

Über den Autor 447

EINLEITUNG

Die Krise des Weltsystems und die neue Begriffslosigkeit

Soweit in einer Zeit, in der das herrschende System keiner Legitimation mehr zu bedürfen scheint, überhaupt noch reflexiv gedacht wird, wirkt dieses Denken merkwürdig anachronistisch. Das gilt nicht nur für den aktuellen Inhalt, sondern auch für die Kategorien selbst, in denen dieser Inhalt sich darstellt. Wie es in wachsendem Umfang neue und schreiende soziale Gegensätze gibt, die sich aber nicht mehr mit eindeutigen soziologischen Modellen oder Klassenbegriffen erklären lassen, ebenso sind neue globale Wirtschaftskonflikte, Kulturkämpfe und Kriege zu beobachten, die nicht mehr in den bisherigen Begriffen der Wirtschafts-, Innen- und Außenpolitik beschrieben werden können. Zwar nimmt die seit Anfang der 90er Jahre (ungefähr zeitgleich mit dem Zusammenbruch der Sowjetunion) geführte sogenannte Globalisierungsdebatte eine ganze Reihe neuer Phänomene wahr, die jedoch durch das alte kategoriale Raster gefiltert werden, weil kein anderes begriffliches Bezugssystem zur Verfügung steht. So stellt man einerseits einen Bedeutungsverlust der Politik und einen Souveränitätsschwund der Staaten fest, drückt diese empirischen Erscheinungen andererseits gleichwohl immer noch in herkömmlichen Begriffen der Politik und der staatlichen Beziehungen aus.

Damit hängt zusammen, dass eine Orientierung, soweit sie überhaupt noch versucht wird, vornehmlich rückwärtsgewandt ist, nämlich als Hoffnung auf und Konzeptheckerei für irgendeine „Wiedergewinnung des Politischen"; und auch deswegen erweist sich die Sichtweise des Neuen als phänomenologisch beschränkt, während der Begriffsapparat der alte bleibt und krampfhaft festgehalten wird. Das zeigt sich nicht zuletzt auf der Ebene der internationalen oder zwischenstaatlichen Verhältnisse, wenn ebenso vollmundig wie unangemessen von einer „Weltinnenpolitik" die Rede ist. Diese besonders in grün-sozialdemokratischen Kreisen beliebte und besinnungslos heruntergebetete Phrase beweist ganz unmittelbar, dass hier eine bloße Projektion alter bürgerlicher Begriffe auf eine unverstandene neue Entwicklung stattfindet.

Dabei drängt sich die Parallele zur Debatte um die Krise der Arbeitsgesellschaft auf. Auch in dieser Hinsicht wird ständig das Neue der Erscheinungen betont, während die Arbeitskategorie selber als stummes A priori geradezu tabuisiert bleibt und sämtliche Konzepte oder gar Heilsbotschaften auf die Erhaltung dieser Kategorie in irgendeiner Form und nahezu um jeden Preis hinauslaufen. Die Analogie in der Vorgehensweise verweist auf den inneren Zusammenhang der beiden Komplexe: Die Krise der Weltarbeit und die Krise der Weltpolitik stellen nur verschiedene Aspekte ein und desselben weltgesellschaftlichen Prozesses dar.

Solange der Kalte Krieg als Systemkonflikt zwischen zwei ungleichzeitigen Erscheinungsformen bzw. Entwicklungsstufen des modernen warenproduzierenden Systems tobte, überlagerte er ein tiefer liegendes Problem, das auf diese Weise verborgen blieb. Unter der Oberfläche des Kalten Krieges bildete sich eine globale prozessierende Krisenstruktur aus, die mit dem Zusammenbruch des Staatskapitalismus schlagartig ans Licht trat, jedoch unter dem Eindruck der Nachkriegsgeschichte nur ideologisch verzerrt wahrgenommen werden konnte.

Was als „Sieg" des westlichen Kapitalismus erschien, entpuppte sich im Verlauf der 90er Jahre als irreversibler sozialökonomischer Zusammenbruch zunächst von großen Teilen der Peripherie des Weltmarkts. Im Zentrum dieses Krisenprozesses steht das Abschmelzen der reellen (real Wert bildenden) kapitalistischen Arbeitssubstanz durch die dritte industrielle Revolution, die zunehmende „Ausbeutungsunfähigkeit" des Kapitals aufgrund seiner eigenen technologischen Produktivitätsstandards und damit die Entsubstantialisierung des Geldes (Entkoppelung der Finanzmärkte von der Realökonomie). Diese innere Logik der Krise wirkt sich jedoch nicht nur als Strukturbruch auf der Ebene der Weltmarktbeziehungen aus (Globalisierung des Kapitals), sondern auch als Strukturbruch auf der Ebene des weltpolitischen Systems (Ende der Souveränität und des Völkerrechts).

Was unter dem Rubrum der Globalisierung als weltumspannender positiver und zukunftsmächtiger Wandel verkauft wird, lässt sich in dieser Hinsicht längst als Zersetzungsprozess der herrschenden Produktions- und Lebensweise dechiffrieren, die in einen schrumpfenden globalen Minderheitskapitalismus einerseits und dessen Barbarisierungsprodukte andererseits zerfällt. Dabei kann der dem Kapitalverhältnis immanente strukturelle Widerspruch von Staat und Markt bzw. von Politik und Ökonomie sowohl auf der Ebene der Nationalstaaten als auch auf der Ebene des Weltsystems nicht mehr ausgehalten werden. Was sich innenpolitisch als Austrocknungsprozess der staatlichen Souveränität darstellt, erscheint außenpolitisch als Verfall der internationalen Beziehungen.

Auf beiden Ebenen gerät die Vermittlung des Widerspruchs ins Schwimmen. Zwar bestehen die Nationalstaaten als formale Hüllen und als (zunehmend repressiv in der

Krisenverwaltung agierende) Apparate weiter, aber ihrer kohärenten nationalökonomischen Grundlagen beraubt. Umgekehrt wachsen die transnationalen Kapitale und ihre Märkte zwar über das bisherige nationale und internationale Bezugssystem hinaus, zerstören aber gerade dadurch zunehmend ihre eigenen Rahmenbedingungen. So entstehen unkontrollierte und unkontrollierbare Verlaufsformen, in denen die unheilbaren Selbstwidersprüche des Weltkapitals kulminieren.

Es ist nicht nur eine allgemeine Denkfaulheit, die es verhindert, dass eine den neuen Phänomenen entsprechende neue Begrifflichkeit entwickelt wird. Denn es handelt sich bei den in Frage stehenden Begriffen von Nationalökonomie, Nationalstaat, nationaler Innen- und Außenpolitik bzw. einer darauf beruhenden nationalen Interessen- und „Einfluss"-Politik (Imperialismus) nicht um Ausdrücke einer bestimmten vorübergehenden Entwicklungsstufe, sondern ähnlich wie beim Begriff der Arbeit um Grundkategorien des modernen Gesellschaftssystems selbst, und zwar in allen seinen Variationen. Die neuen Phänomene sind Krisenphänomene neuen Typs, weil sie in keinen höheren Aggregatzustand der bürgerlichen, über die Warenproduktion vermittelten Vergesellschaftung mehr führen, sondern deren eigene kategoriale Krise bilden.

Deshalb kann die Entwicklung auch nicht mehr vom Standpunkt der bestehenden Weltordnung aus bestimmt werden, sondern nur unter dem Gesichtspunkt von deren Selbstzerstörung. Genauer gesagt: Es gibt gar keine positive, tragfähige „Entwicklung" auf diesem gesellschaftlichen Boden mehr. Das bedeutet, dass in die Analyse zusammen mit dem Verfall der zugrunde liegenden gesellschaftlichen Beziehungen auch der Zerfall der Begriffe mit eingehen muss, in denen diese Ordnung sich darstellt. Und in diesem Sinne sind nicht nur die Begriffe des ökonomischen, sondern auch die Begriffe des politischen Weltsystems obsolet.

Die verheerenden Terroranschläge gegen die USA am 11. September 2001 haben buchstäblich blitzartig deutlich gemacht, was längst vorher absehbar gewesen ist: Die weltumspannende gesellschaftliche Vernetzung nicht über bewusste Vereinbarungen und durch menschliche Selbstbestimmung, sondern über die blinden Gesetze der Konkurrenz und der Finanzmärkte bringt nicht nur neuartige strukturelle Krisen hervor, sondern auch ebenso neuartige subjektive Hass- und Vernichtungspotentiale, in denen sich die Zersetzung der bürgerlichen „politischen Subjektivität" darstellt. Der Schlaf der Vernunft gebiert Ungeheuer, die „unsichtbare Hand" eines losgelassenen totalitären Ökonomismus schlägt ebenso erbarmungslos zu wie die andere „unsichtbare Hand" einer blinden „postideologischen" und „postpolitischen" Wut, deren pseudo-religiöses Gestammel unfreiwillig beweist, dass sich jede rationalistische Legitimation der sogenannten „Modernisierung" restlos erschöpft hat.

Die Ratio der warenproduzierenden, auf der unendlichen Verwertung als Selbstbewegung des Geldkapitals beruhenden Weltgesellschaft ist selber jener Schlaf der Vernunft. Aber diese zum „Pragmatismus" herabgesunkene, also zur kritischen Reflexion und Selbstreflexion nicht mehr fähige moderne Rationalität eines irrationalen Selbstzwecks kann und will ihre Grenzen nicht sehen, und so macht sie einfach stur weiter und versucht, ihre eigenen Dämonen als ein fremdes und äußeres „Sicherheitsproblem" zu definieren. Der unaufhaltsame Zerfall der Ökonomie soll mit ökonomischen, der ebenso unaufhaltsame Zerfall der Politik mit politischen Mitteln aufgehalten werden. Die Weltherrscher des Kapitals begreifen ihre eigene Welt nicht mehr.

Um das scheinbar Unbegreifliche dennoch begreifen zu können, ist es notwendig, in krassem Gegensatz zur pragmatischen Ideologie der herrschenden Funktionseliten, die heute in Wahrheit nur noch den totalitären Anspruch der Ökonomie an der Welt exekutieren, den ganz und gar nicht modischen Standpunkt radikaler Distanz und Kritik einzunehmen. Erst aus dieser Position ist es möglich, die Zersetzungs- und Selbstzerstörungsprozesse des Weltsystems als solche zu erkennen, die Zusammenhänge in ihrer historischen Dimension aufzurollen und gleichzeitig als aktuell erscheinende Grenze der kapitalistischen Dynamik zu dokumentieren.

DIE METAMORPHOSEN DES IMPERIALISMUS

In der Welt des modernen warenproduzierenden Systems ist die Politik immer schon die Fortsetzung der ökonomischen Konkurrenz mit anderen Mitteln, wie der Krieg (nach einem Wort von Clausewitz) die Fortsetzung der Politik mit anderen Mitteln ist. Diese vermittelte Identität von Konkurrenz, Politik und Krieg ist es, die den Kampf um die planetarische Hegemonie impliziert und insofern kapitalistische Geschichte geschrieben hat.

Der ursprünglich polyzentrische Kampf um die kapitalistische Weltherrschaft war zunächst ein rein europäischer und hatte seine Wurzeln in der west- bzw. mitteleuropäischen Konstitutionsgeschichte der kapitalistischen Produktionsweise. Vom 16. bis zum 19. Jahrhundert bildeten sich dabei zusammen mit dem modernen warenproduzierenden System die europäischen territorialen Nationalstaaten heraus, deren Begriff der Nation auf die übrige Welt ausstrahlte und die globale Entwicklungsgeschichte bis zum Ende des 20. Jahrhunderts bestimmen sollte. Zunächst aber erschien die riesige Masse der außereuropäischen Weltregionen nur als politisch leerer Raum und als Zankapfel in der kolonialen Expansion Europas. Der europäische Staats- und Nationsbildungsprozess eskalierte dabei frühzeitig zu einem Konflikt der entstehenden nationalökonomischen bzw. nationalstaatlichen kapitalistischen Konstrukte um die Welthegemonie.

Da der Kampf auch immer um die kolonialen Gebiete und damit in Übersee geführt wurde, reimte sich Weltmarkt von Anfang an auf Weltkrieg. Das Ringen der kapitalistischen Nationalstaaten Europas um die globale Vormacht musste dabei letztendlich unentschieden bleiben, weil schon von den Ausgangsbedingungen her keiner von ihnen einen entscheidenden Vorteil geltend machen konnte. Bis zum Ende des 18. Jahrhunderts wechselte die Rolle der Vormacht mehrmals, die identisch war mit der Rolle des jeweiligen Vorreiters in der kapitalistischen Entwicklung.

Zwar konnte dann Großbritannien für einen Großteil des 19. Jahrhunderts die Position der Weltmacht Nr. 1 einnehmen, insofern es als Schrittmacher der Industrialisierung lange Zeit die entscheidende Transformation dominierte, in der sich die kapitalistische Produktionsweise überhaupt erst auf ihren eigenen Grundlagen zu entwickeln begann. Aber die Aufholjagd Frankreichs und vor allem Deutschlands in der industriellen Entwicklung hatte zu Beginn des 20. Jahrhunderts diesen Vorsprung nahezu wettgemacht und damit auch das politisch-militärische Machtgleichgewicht erneut verschoben. In der Epoche der beiden industrialisierten Weltkriege und der damit verbundenen Weltwirtschaftskrise der Zwischenkriegszeit zerfleischten sich die europäischen nationalen Raubstaaten des Kapitalismus gegenseitig und blieben zu Tode erschöpft auf dem Schlachtfeld zurück. Der Weltmarkt brach praktisch zusammen; der Welthandel fiel auf ein Niveau zurück, das nur noch dem Stand gegen Ende des 19. Jahrhunderts entsprach. Damit aber drohte auch die weitere kapitalistische Entwicklung auf den nationalökonomischen Binnenmärkten und innerhalb der auf sich selbst zurückgeworfenen Nationalstaaten zu erlahmen.

Dieser Zusammenbruch als Folge des europäischen Kampfes um die kapitalistische Weltherrschaft war bereits der Vorschein einer absoluten Grenze des modernen warenproduzierenden Systems. Aber eben nur der Vorschein. Denn die weltweite sozialökonomische Katastrophenwelle in der ersten Hälfte des 20. Jahrhunderts war in erster Linie politisch-militärisch induziert, also in abgeleiteten Formen des Kapitalverhältnisses, während der ökonomische Spielraum weltkapitalistischer Entwicklung noch keineswegs ausgeschöpft war. Das konnte man damals aus der Binnenperspektive der Ereignisse natürlich nicht erkennen. Aus heutiger Sicht aber lässt sich sagen, dass es sich bei der Epoche der Weltkriege mit der darin eingeschlossenen Weltwirtschaftskrise um die letzte und größte Durchsetzungskatastrophe der kapitalistischen Produktionsweise (also innerhalb einer ökonomisch weiter aufsteigenden Bewegung) gehandelt hat, noch nicht um deren absolute innere Schranke, die das Ende der ökonomischen Aufstiegsbewegung selber markiert.

Pax Americana: Der Kampf um die kapitalistische Weltherrschaft ist entschieden

Als Resultat der Weltkriegsepoche war die aus dem gescheiterten europäischen Kampf um die kapitalistische Weltherrschaft resultierende Entwicklung wesentlich von einer politisch-militärischen Wachablösung bestimmt, und zwar in doppelter Weise.

Zum einen nutzten die kolonialen, abhängigen und/oder kapitalistisch „unterentwickelten" Weltregionen an der Peripherie des Weltmarkts die Schwäche der blutenden und ihre Wunden leckenden europäischen Hegemonialstaaten des kapitalistischen Zentrums, um die koloniale Herrschaft Europas und damit ihre äußerliche politische Abhängigkeit abzuschütteln.

Den Startschuss für diesen das ganze 20. Jahrhundert durchziehenden Prozess der Entkolonisierung und „nachholenden Modernisierung" gab unmittelbar am Ende des

Ersten Weltkriegs die russische Oktoberrevolution, gewissermaßen die Französische Revolution des Ostens. Zwar gehörte das Zarenreich selber zu den traditionellen europäischen Mächten und hatte sich ebenfalls ein koloniales Imperium zusammengeraubt, wenn auch nicht in Übersee, sondern als Expansion in der kontinentalen eurasischen Landmasse. Aber gleichzeitig war Russland eben auch selber Peripherie ohne eigenständige industrielle Basis und in vieler Hinsicht den kolonialen und abhängigen Weltregionen strukturell durchaus verwandt. Lenin sah die russische Revolution immer im doppelten Zusammenhang von antieuropäischer kolonialer Revolution einerseits und „nachholender Modernisierung" als bewusstes „Lernen von Westeuropa" andererseits.

Die damit verbundene Zielbestimmung, obwohl als staatskapitalistischer „Sozialismus" ideologisch verkleidet, konnte nur darin bestehen, eine eigenständige industrielle Basis und einen Binnenmarkt mit nationalstaatlichem Rahmen zu schaffen, um als selbständiges Nationalsubjekt am kapitalistischen Weltmarkt teilzunehmen. Und genau in dieser Hinsicht strahlte das Paradigma der Oktoberrevolution auf die gesamte Peripherie aus und machte die Sowjetunion zum „Gegenzentrum" der mit dem Westen konkurrierenden historischen Nachzügler. Die schiere Masse von Bevölkerung, Land und naturalen Ressourcen, staatskapitalistisch mobilisiert im repressiven Industrialisierungsprozess der Stalin-Ära, machte das sowjetische Gegenzentrum auch politisch und militärisch zur Gegenweltmacht, der das von seinen zerfleischenden Kämpfen um die globale Hegemonie erschöpfte europäische Zentrum des westlichen Kapitalismus wenig hätte entgegensetzen können.

Aber in derselben Entwicklung, die den europäischen Kampf um die kapitalistische Weltherrschaft als Patt ausgelaugter und demoralisierter Nationalsubjekte hatte enden lassen, war auch das westliche kapitalistische Machtzentrum selber entscheidend und irreversibel transformiert worden. Denn zum andern hatten sich, parallel zur politisch-militärischen Emanzipation und „nachholenden Modernisierung" des globalen Ostens und Südens, die USA auf gar nicht einmal so leisen Pfoten, aber dennoch in gewisser Weise hinter dem Rücken der ursprünglichen europäischen Zentralmächte des Kapitals, zur neuen Weltmacht Nr.1 aufgeschwungen.

Das Machtzentrum des Kapitalismus hatte sich über den Atlantik nach Nordamerika verlagert. Durchaus ähnlich wie im Fall der Sowjetunion, nur in einer gänzlich anderen, nämlich konkurrenzkapitalistischen statt staatsbürokratischen Tradition, war es die schiere Bevölkerungsmasse auf einer bereits längst entwickelten industriellen Basis, die den Koloss USA im Vergleich zu den eher mickrigen europäischen Nationen als wirkliche Führungsmacht des Kapitals prädestinierte.

Der kontinentale Umfang des Landes zwischen Atlantik und Pazifik (mit dem Blick eines Januskopfes gleichzeitig nach Europa und Asien), die wie in Russland scheinbare Unerschöpflichkeit der natürlichen Ressourcen und die (im Unterschied zu Russland) geballte Masse der Kaufkraft konstituierten den bis heute größten Binnenmarkt der Welt. Deshalb gingen die wichtigsten kapitalistischen Entwicklungen, sozialen Strukturveränderungen, technologischen und kulturellen Trends zunehmend von den USA aus, um anschließend in mehr oder minder großem Ausmaß die Welt zu überrollen. Kein Wunder, dass das 20. Jahrhundert „das amerikanische Jahrhundert" genannt wurde (zuerst von Henry Luce im Jahr 1941, wie der US-Historiker Paul Kennedy bemerkt).

Vor diesem Hintergrund wuchs auch die militärische Potenz der aufsteigenden Weltmacht USA in eine bis dahin unbekannte Dimension hinein. Schon die beiden Weltkriege waren nur durch das Eingreifen der USA entschieden worden, und die europäischen „Siegermächte" sahen dem deutschen Verlierer nicht nur hinsichtlich der erlittenen Schäden zum Verwechseln ähnlich, sondern sanken auch rasch zu mehr oder weniger verschämten bzw. aufmüpfigen, die eigene imperiale „Ehre" pflegenden Hintersassen der USA herab; dabei in mancher Hinsicht ehemaligen Diven vergleichbar, die im bitteren Alter den verflossenen Zeiten ihrer jugendlichen Erfolge nachtrauern.

Am Ende des Zweiten Weltkriegs war die Überlegenheit der neuen Weltmacht Nr.1 in jeder Hinsicht derart erdrückend, dass sie die wechselnden Vorteile aller früheren, immer nur vorübergehenden europäischen Vormächte weit übertraf. Nicht ohne Stolz stellt Paul Kennedy fest: „Weil der Rest der Welt nach dem Krieg so erschöpft war oder sich immer noch im Zustand kolonialer ‚Unterentwicklung' befand, war die amerikanische Macht 1945 – in Ermangelung eines besseren Begriffs – künstlich so hoch wie beispielsweise die britische um 1815. Trotzdem waren die tatsächlichen Dimensionen ihrer Macht in absoluten Zahlen historisch beispiellos... In der Tat expandierte die Industrie in den Vereinigten Staaten in den Jahren 1940 bis 1944 schneller – über 15 Prozent im Jahr – als je zuvor oder danach... Der Lebensstandard und die Produktivität pro Kopf waren höher als in allen anderen Ländern. Die Vereinigten Staaten waren das einzige Land unter den Großmächten, das durch den Krieg reicher – und tatsächlich viel reicher – wurde statt ärmer" (Kennedy 1991/1987, 533 f.).

Zwei Drittel der gesamten Goldreserven der Welt lagerten am Ende des Zweiten Weltkriegs in Fort Knox, dem Schatzhaus Washingtons. Und dieser monetären absoluten Überlegenheit entsprach die industrielle: „1945 befinden sich drei Viertel des auf der Welt investierten Kapitals und zwei Drittel der intakten industriellen Produktionskapazitäten in den USA" (Ott/Schäfer 1984, 420). Mit dieser überwältigenden ökonomischen Macht im Rücken entstand seit dem Zweiten Weltkrieg die „permanente Kriegswirtschaft" der USA, deren Rüstungsindustrie, Armeestärke, permanent weiterentwickelte technologische Ausrüstung und globale militärische Präsenz (heute in 65 Ländern aller Kontinente) für die übrigen Mächte des westlichen kapitalistischen Zentrums rasch uneinholbar wurden.

Nur die Sowjetunion als staatskapitalistische Gegenweltmacht der historischen Nachzügler konnte den USA nach 1945 politisch-militärisch noch einige Zeit Paroli bieten, wie umgekehrt allein die USA als westliche Vormacht an Stelle der abgetakelten europäischen Mächte das konkurrierende staatskapitalistische Gegensystem (und dessen Ausstrahlungskraft auf die gesamte Peripherie) in Schach zu halten vermochten.

Schon im 19. Jahrhundert hatte der französische Historiker und Gesellschaftstheoretiker Alexis de Tocqueville diese Konstellation in einer berühmten, immer wieder zitierten Prognose richtig vorausgesehen: „Es gibt heute auf Erden zwei große Völker, die, von verschiedenen Punkten ausgegangen, dem gleichen Ziel zuzustreben scheinen: die Russen und die Angloamerikaner. Beide sind im Verborgenen groß geworden, und während die Blicke der Menschen sich anderswohin richteten, sind sie plötzlich in die vorderste Reihe der Nationen getreten, und die Welt hat fast zur gleichen Zeit von ihrer Geburt wie von ihrer Größe erfahren. Alle anderen Völker scheinen die Grenzen ungefähr erreicht zu haben, die ihnen die Natur gezogen hat, und nur noch zum Bewahren dazusein; sie aber wachsen: alle anderen stehen still oder schreiten nur mit großer Mühe weiter; sie allein gehen leichten und raschen Schrittes auf einer Bahn, deren Ende das Auge noch nicht zu erkennen vermag. Der Amerikaner kämpft gegen die Hindernisse, die ihm die Natur entgegenstellt; der Russe ringt mit den Menschen. Der eine bekämpft die Wildnis und die Barbarei, der andere die mit all ihren Waffen gerüstete Zivilisation: so erfolgen denn die Eroberungen des Amerikaners mit der Pflugschar des Bauern, die des Russen mit dem Schwert des Soldaten. Um sein Ziel zu erreichen, stützt sich der eine auf den persönlichen Vorteil und lässt die Kraft und die Vernunft der einzelnen Menschen handeln, ohne sie zu lenken. Der zweite fasst gewissermaßen in einem Manne die ganze Macht der Gesellschaft zusammen. Dem einen ist Hauptmittel des Wirkens die Freiheit, dem andern die Knechtschaft. Ihr Ausgangspunkt ist verschieden, ihre Wege sind ungleich; dennoch scheint jeder von ihnen nach einem geheimen Plan der Vorsehung berufen, eines Tages die Geschicke der halben Welt in seiner Hand zu halten" (Tocqueville 1987/1835, 613).

Was Tocqueville hier in der Sprache des 19. Jahrhunderts formuliert, ist erst in der zweiten Hälfte des 20. Jahrhunderts wahr geworden: die Aufteilung der Welt unter die USA und die Sowjetunion, und die letzte Zuspitzung des Kampfes um die Weltherrschaft innerhalb des modernen warenproduzierenden Systems zwischen diesen beiden Mächten, die in der Epoche des Kalten Krieges auf durchaus zutreffende Weise im Unterschied zu den vorherigen Groß-, Vor- und Weltmächten als „Supermächte" bezeichnet wurden; beide gleichermaßen und nicht zufällig „multiethnische" Bundesstaaten von kontinentalen Ausmaßen, die über den beschränkten kapitalistischen Nationsbegriff Europas in allen seinen Varianten hinausgewuchert waren.

Auch an der gegensätzlichen Struktur dieser beiden Mächte, die nach 1945 als „Systemkonflikt" begrifflich überdehnt wurde, hatte Tocqueville etwas Richtiges wahrgenommen, es allerdings bereits nicht weniger überspitzt und nur halb wahr formuliert wie die Protagonisten dieses Gegensatzes mehr als ein Jahrhundert später.

Die heutige Welt ist noch immer ebenso unfähig, das gemeinsame kategoriale Bezugssystem der modernen Warenproduktion als eine distinkte historische Gesellschaftsform (statt als ahistorische gesellschaftliche Ontologie) wahrzunehmen wie die Zeit Tocquevilles. Was bereits diesem als grundsätzliche Differenz erschien, sind nur die beiden Pole kapitalistischer Vergesellschaftung von Markt und Staat; beide im gleichen Ausmaß repressiv, denn der bürokratischen Macht steht nicht die „Freiheit" schlechthin gegenüber, sondern nur die durch den Zwang der Konkurrenz selber in Despotismus umschlagende sogenannte Marktfreiheit.

Der Staatskapitalismus war in Wahrheit nicht nur in Russland (schon zur Zarenzeit), sondern auch in West- und Mitteleuropa die ursprüngliche Konstitutionsform der kapitalistischen Produktionsweise, wie sie der feudalen Agrargesellschaft übergestülpt wurde. Es gehörte neben dem industriellen Entwicklungsstand und der kontinentalen Dimension des Binnenmarktes zur einzigartigen kapitalistischen Potenz der USA, dass dort diese ursprüngliche europäische Transformationsform überflüssig war und sich das Kapital von vornherein in systemisch fortgeschrittenen Formen entwickeln konnte; ganz unbehindert durch eine historische Sedimentierung vormoderner Produktionsweisen und Kulturen, denn die europäischen Kolonisatoren hatten ja nicht nur losgelöst von den zurückgelassenen Strukturen auf dem Nullpunkt eines neuen Entwicklungsniveaus beginnen können, sondern auch die Gesellschaften der Ureinwohner nahezu ausgerottet und auf diese Weise die nördliche Hemisphäre der „Neuen Welt" zum gewissermaßen jungfräulichen Boden und einmaligen Experimentierfeld der Modernisierung gemacht. Sobald im 20. Jahrhundert Kapitalstock und Industrialisierungsgrad der USA über das Niveau der alten europäischen Zentralmächte hinauswuchsen, gab dieser besondere historisch-kulturelle Charakter dem Aufstieg zur Supermacht eine zusätzliche Schubkraft.

Im Verhältnis der beiden Supermächte waren also die USA eindeutig die bei weitem fortgeschrittenere Gesellschaft auf dem Boden des modernen warenproduzierenden Systems. Deshalb hätte es eigentlich keinen Zweifel geben dürfen, wie der letzte Kampf um die kapitalistische Weltherrschaft ausgehen musste. Diese Zweifel rührten auch immer nur daher, dass der Sowjetunion qua vermeintlich alternativer „sozialistischer" Systemqualität eine Durchhalte- und Entwicklungsfähigkeit zugetraut wurde, die sie gar nicht hatte – eben weil die gemeinsame, über den Weltmarkt vermittelte Qualität als warenproduzierende Gesellschaft außerhalb der kritischen Analyse blieb. Genau dieser gemeinsamen gesellschaftlichen Basisform wegen war die Sowjetunion nun einmal keine historische Alternative, sondern nur die staatskapitalistische Gegenweltmacht der historischen Nachzügler und als solche auf die Dauer unterlegen.

Diese Unterlegenheit schlug sich nicht zuletzt auch in militärischer Hinsicht nieder. Weder von der Kapitalkraft noch von den wissenschaftlich-technologischen Mitteln her konnte die Sowjetunion den permanenten Rüstungswettlauf durchhalten. Wie das staatskapitalistische Gegensystem generell unfähig war, den Übergang zur dritten industriellen Revolution der Mikroelektronik in der gesamten gesellschaftlichen Reproduktion mitzuvollziehen, so fiel die sowjetische Militärmacht auch bei der mikroelektronischen Aufrüstung durch Hightech-Waffensysteme immer weiter hinter die USA zurück. Damit scheiterte der östliche Staatskapitalismus in den 80er Jahren ökonomisch am Weltmarkt, an dessen Kriterien und Standards er sich als warenproduzierendes System messen lassen musste, und er wurde gleichzeitig militärisch totgerüstet. Der vollständige Zusammenbruch war die logische Konsequenz.

War der polyzentrische Kampf der alten europäischen Kapitalmächte um die Welthegemonie seit der Mitte des 20. Jahrhunderts in das bipolare Ringen der beiden Supermächte umgeschlagen, so hat sich am Ende des 20. Jahrhunderts eine neue monozentrische Struktur und ein einheitliches kapitalistisches Weltsystem unter alleiniger Ägide der USA herausgebildet. Es ist keine Macht mehr denkbar, die sich auf der gesellschaftlichen Grundlage des modernen warenproduzierenden Systems noch einmal zur welthegemonialen Rivalität aufschwingen könnte, weder hinsichtlich der militärisch-technologischen Potenz noch hinsichtlich der ökonomischen und politischen Dimension oder der Finanzkraft.

Die USA sind heute wirklich „die einzige Weltmacht", wie der US-Politologe Zbigniew Brzezinski (Professor für Außenpolitik in Baltimore und Berater am „Zentrum für Strategische und Internationale Studien" in Washington) in seinem so betitelten, 1997 erschienenen Buch über die globale US-Hegemonie feststellt: „Im letzten Jahrzehnt des 20. Jahrhunderts hat sich die Weltlage tiefgreifend verändert. Zum ersten Mal in der Geschichte trat ein außereurasischer Staat nicht nur als der Schiedsrichter eurasischer Machtverhältnisse, sondern als die überragende Weltmacht schlechthin hervor. Mit dem Scheitern und dem Zusammenbruch der Sowjetunion stieg ein Land der westlichen Hemisphäre, nämlich die Vereinigten Staaten, zur einzigen und im Grunde ersten wirklichen Weltmacht auf" (Brzezinski 1999, 15).

Dieser neue Charakter der einzigen übrig gebliebenen Supermacht ist nicht allein durch die besonderen historischen Qualitäten und die äußere Dimension der USA bestimmt, sondern auch durch den kapitalistischen Entwicklungsstand am Ende des 20. Jahrhunderts. Erst die mikroelektronische dritte industrielle Revolution, an der die Gegensupermacht Sowjetunion mangels Kapitalkraft gescheitert ist, hat überhaupt eine Weltmacht im buchstäblichen Sinne ermöglicht, also eine unmittelbare globale Zugriffsfähigkeit. Zwar erfordern großangelegte militärische Expeditionen weiterhin eine entsprechend weiträumige und aufwendige Logistik, aber diese wird durch eine weltumspannende Kommunikationstechnologie bedeutend erleichtert.

Mussten sich die alten europäischen Großmächte auf der Basis der klassischen Industrialisierung noch mit schwerfälligen und schwer kontrollierbaren militärischen Aufmärschen begnügen, die heute fast schon antik wirken (etwa mittels Schlachtschiffen und Panzerarmeen), so kann die Kriegsmaschine der USA inzwischen tatsächlich bis zu einem gewissen Grad als omnipräsent und universell einsetzbar gelten – allerdings nur auf der Ebene des Krieges zwischen regulären Armeen. Militärische Großexpeditionen wie in den beiden Weltordnungskriegen nach dem Untergang des Staatskapitalismus (gegen den Irak und gegen Restjugoslawien) werden dadurch nicht bloß vereinfacht, sondern auch durch vorher nie dagewesene Zugriffsfähigkeiten ergänzt. An die Stelle schwerfälliger Boden- oder Wasseroperationen (die allerdings nicht völlig überflüssig werden) können inzwischen sehr flexible, mikroelektronisch gesteuerte Luftschläge treten.

Zwar wurde schon Nazi-Deutschland zu einem erheblichen Grad durch die seit 1944 drückende Luftüberlegenheit der Alliierten und den Bombenhagel aus der Luft (Zerstörung der Kriegsindustrien, der Nachschubwege usw.) besiegt, auch wenn das keineswegs der einzige kriegsentscheidende Faktor war. Aber außerdem mussten die Luftflotten selber erst mühsam in den Radius der Einsatzzonen verschafft werden. War die Atlantiküberquerung im Flugzeug bis zur Mitte des 20. Jahrhunderts noch ein Abenteuer, so kann die US-Luftwaffe heute von eigenem Territorium aus jeden beliebigen Ort der Welt in einer beispiellos kurzen Zeit erreichen. Gleichzeitig ermöglicht die ebenfalls mikroelektronisch gesteuerte Satellitenüberwachung vom Weltraum aus mit einem Auflösungsvermögen von großer Genauigkeit eine weiter gehende Kontrolle aller oberirdischen Bewegungen und Operationen auf dem Globus als jemals in der Vergangenheit. Im Verein mit der kontinentalen Dimension ihres Territoriums, der Kapitalkraft und der führenden Rolle in der Kommunikationstechnologie bedingen die konkurrenzlosen und ständig weiterentwickelten Hig-Tech-Waffensysteme der USA eine qualitativ neue Art der globalen Hegemonie in der kapitalistischen Staatenwelt.

Eine derartige Überlegenheit verführt leicht dazu, die Kontrollfähigkeit der US-Supermacht zu verabsolutieren und die tatsächliche Erweiterung der mikroelektronisch gestützten Zugriffsmöglichkeiten zu einem „elektronischen Waffenmythos" zu überhöhen, obwohl die Fähigkeit zur unmittelbar globalen Operation keineswegs gleichbedeutend mit absoluter Kontrolle ist (was eine logische und praktische Unmöglichkeit wäre). Vor allem, und das ist hier schon festzuhalten, bezieht sich die politisch-militärische Hegemonie der USA eben nur auf die Welt der kapitalistischen Nationalstaaten und die dazugehörigen industriellen, gleichsam „fordistischen" Armeen, also gewissermaßen auf die Makro-Ebene der internationalen kapitalistischen Verhältnisse. In dieser Hinsicht ist die Hightech-Armee der USA uneinholbar überlegen und kann demnach jeden größeren oder kleineren Krieg gegen jede beliebige Armee von einzelnen oder koalierenden Nationalstaaten dieser Welt gewinnen.

Die letzte Weltmacht an der historischen Systemgrenze

Überwältigend ist die Hegemonie der einzigen übrig gebliebenen Supermacht USA somit im Verhältnis zu den anderen sogenannten Mächten der kapitalistischen Welt, seien es die Europäische Union (EU), Japan, das heruntergekommene und auch militärisch verlotterte Russland oder die Pseudo-Regionalmächte vom Iran bis zu Indien, Pakistan oder gar dem vermeintlichen Koloss China, dessen ungeheure Bevölkerungsmasse im umgekehrten Verhältnis zu seiner sowohl ökonomischen als auch politisch-militärischen Potenz steht. Darin zeigt sich eine grundlegende Tendenz der weltkapitalistischen Entwicklung, in der die Ungleichzeitigkeiten, Disparitäten und uneinholbaren Abstände in der Reproduktionsfähigkeit des Kapitals umso mehr zunehmen, je unwiderstehlicher sich das Kapitalverhältnis irreversibel als unmittelbares Weltverhältnis darstellt und die nationalen Grenzen in vieler Hinsicht zu verschwimmen beginnen.

Die USA sind allerdings ironischerweise nur in dem Maße zur nicht mehr einholbaren Weltmacht Nr.1 des Kapitals geworden, wie sich die kapitalistische Produktionsweise als solche zu erschöpfen beginnt. Hatten die früheren europäischen Vormächte ihre nationalen Trümpfe in bestimmten Epochen des kapitalistischen Aufstiegs zum globalen System ausgespielt, also im Binnenraum der bürgerlichen Modernisierungsgeschichte, so ist die Hegemonie der USA bereits an den Grenzen des Kapitalismus als gesellschaftlicher Reproduktionsform angesiedelt. Insofern sind die USA am Ende des 20. Jahrhunderts nicht nur die einzige, sondern auch die letzte Weltmacht. Es ist wie im Märchen: In dem Augenblick, in dem sich der Traum erfüllt, wird er zum Alptraum und unwahr, weil sich die Brüchigkeit und geradezu die Absurdität seiner Voraussetzungen enthüllt.

Der Prozess, in dem sich der unaufhaltsame Aufstieg der USA zur einzigen und letzten Welt- und Supermacht vollzog, war gleichzeitig die Entfaltung der Krise des modernen warenproduzierenden Systems. Konnte die zweite industrielle Revolution des so genannten Fordismus (Automobilmachung, Wirtschaftswunder) in der Nachkriegsgeschichte noch eine Art „Weltentwicklungsplan" suggerieren, so hat die dritte industrielle Revolution der Mikroelektronik das globale Entwicklungsgefälle derart verschärft, dass ganze Weltregionen aus der kapitalistischen Reproduktionsfähigkeit herauszufallen beginnen.

Gleichzeitig hat sich der sozialökonomische Krisenprozess seit den 80er Jahren bis in die Zentren des Kapitals vorangefressen. Das Ausbrennen der kapitalistischen „Arbeitssubstanz" kann nur noch durch den Vorgriff auf real nie mehr eintreffende zukünftige Geldeinkommen und Profite kaschiert werden, also durch ausufernde globale Verschuldungsprozesse sämtlicher Wirtschaftssubjekte (Staaten, Unternehmen, Private) und durch das Aufblähen historisch beispielloser spekulativer Finanzblasen auf den Aktienmärkten. Das Recycling stets wachsender Massen von „fiktivem Kapital" (Marx) in den Wirtschaftskreislauf hat das Abheben der Finanzmärkte von der Realökonomie zur Grundbedingung der globalen Kapitalverwertung gemacht. Das Weltkapital ist in einen Zustand der Simulation übergegangen, der die Weltgesellschaft wie nie zuvor polarisiert: Auf dem einen Pol häufen sich Massenarmut und Elend an, ökonomische Zusammenbruchsprozesse wiederholen sich in kurzen Abständen. Auf dem anderen Pol häuft sich ein ebenso astronomischer wie substanzloser Geldreichtum an, dessen Brüchigkeit auf den prekär gewordenen Charakter der kapitalistischen Produktionsweise als solcher verweist.

Die monozentrische Hegemonie der USA steht im Mittelpunkt dieser herangereiften Widersprüche des Weltkapitals. Zwar ist die politisch-militärische Überlegenheit der letzten Weltmacht nicht mehr zu übertrumpfen (und nur insofern „absolut"), aber gleichzeitig erleidet die Politik als solche, auch in ihrer Gestalt als hegemoniale Weltpolitik, einen wesentlichen Bedeutungsverlust gegenüber den weltökonomischen Prozessen, die sich auf eine qualitativ neue Weise krisenhaft verselbständigt haben; ablesbar übrigens nicht zuletzt daran, dass das politische Personal wie überall in der Welt auch in den USA im Verhältnis zur ökonomischen Funktionselite auf ein drittklassiges Niveau herabgesunken ist. Die letzte Weltmacht sieht sich mit einem inneren wie äußeren Krisenprozess konfrontiert, der die ganze Welt erfasst und seiner Natur nach durch keinerlei politisch-militärisches Potential in Schach zu halten ist.

Die früher oder später zwangsläufig zur Zerreißprobe führenden Widersprüche zwischen dem monozentrischen Weltmachtcharakter der USA und dem Krisencharakter der dritten industriellen Revolution, wie er die herrschende Produktionsweise von innen heraus zerstört, werden dabei in mehrfacher Hinsicht deutlich.

Politische Mächte können überhaupt nur auf nationalstaatlicher Grundlage existieren und sich entfalten, auch wenn es sich um einen der Herkunft seiner Bürger nach bunt gemischten Großstaat von kontinentalen Ausmaßen handelt. Dieser nationalstaatliche Charakter auch der letzten Weltmacht steht aber im Widerspruch zur transnationalen Metamorphose des Kapitals durch den Prozess der Globalisierung. In demselben Maße, wie die strukturelle Krise Massenarbeitslosigkeit und/oder große Billiglohnsektoren erzeugt, den Sozialstaat zurückfährt usw., wird die Kaufkraft auf den nationalen Binnenmärkten abgeschmolzen und das Kapital ist gezwungen, sich mit einer nie dagewesenen Dynamik betriebswirtschaftlich über die Weltmärkte zu zerstreuen, um das globale Kostengefälle optimal zu nutzen und andererseits Kaufkraft auf sich zu ziehen, wo immer es diese noch gibt auf der Welt.

Diese Transnationalisierung des Kapitals und die gleichzeitige, ebenfalls und sogar noch mehr transnational bestimmte Flucht in den neuen simulativen Finanzkapitalismus ist es aber, die dem Nationalstaat sukzessive die ökonomischen Grundlagen entzieht; und das gilt eben auch für die übrig gebliebene Supermacht USA. Auch das US-Kapital macht die transnationale Metamorphose durch und damit ungewollt den Weltmachtstaat obsolet.

Andererseits können die USA als ein trotz ihres Supermachtstatus begrenzter Nationalstaat auch nicht unmittelbar als Weltstaat agieren, der in der Lage wäre, das transnational werdende Weltsystem der kapitalistischen Krisenökonomie zu regulieren, wie bisher die Nationalstaaten ihre jeweilige Binnenökonomie reguliert hatten. So erweist sich die letzte Weltmacht als getrieben von den Zwängen und Verlaufsformen eines längst mit politischen Mitteln unbeherrschbaren Weltkrisenprozesses, auf den sie mitsamt ihrer militärisch unbesiegbaren Hightech-Armee immer nur äußerlich und letzten Endes inadäquat reagieren kann.

Dass die USA bloß die Vormacht eines unheilbar an sich selbst erkrankten und vergifteten Weltsystems sind, zeigt sich auch am Zustand ihrer eigenen Binnenökonomie unter Einschluss des Staates. Innerhalb der USA ist der abstrakte Geldreichtum nicht nur am stärksten innerhalb der westlichen Welt polarisiert, sondern auch sein Glanz am meisten von ökonomischem Talmi herrührend. Denn die USA sind heute, ganz im Gegensatz zu ihrer komfortablen und auch ökonomisch konkurrenzlosen Ausgangsposition am Ende des Zweiten Weltkriegs, das Land sowohl mit der größten Binnenverschuldung als auch der größten Außenverschuldung der Welt. Die absolute Überlegenheit ist rein auf das militärische Potential zusammengeschrumpft.

Man könnte einwenden, der den phantastischen Verschuldungsprozess der USA tragende Zustrom von Geldkapital aus aller Welt sei eben der Tribut, den diese kapitalistische Welt ihrer Führungsmacht zollen muss. Aber es handelt sich dabei nicht um einen Tribut herkömmlicher Art, wie ihn stets besiegte oder unterlegene „Völker" und „Nationen" als solche entrichten mussten, sondern um einen Zustrom von transnationalem privatem Geldkapital, das als Kreditgeld eine gefährliche Forderung an die US-Ökonomie darstellt, weil es jederzeit abgezogen werden (oder durch Finanzkräche gewissermaßen „verdampfen") und dadurch die ganze Weltmachtherrlichkeit zum Einsturz bringen kann.

Diese Gefahr betrifft nicht zuletzt den Hightech-Militärapparat selbst, der ja permanent Unsummen verschlingt und damit erst recht am Tropf des transnationalen Finanzkapitals hängt. Denn es handelt sich dabei um eine abgeleitete Finanzierung, die somit reell auf einer eigenständigen nationalökonomischen Potenz beruhen müsste, die den USA jedoch schon längst abhanden gekommen ist. Das militärische Potential für sich allein ist in seiner gewissermaßen „naturalen" Gestalt nicht lebensfähig, da es eben wie alles in der kapitalistischen Welt durch das Nadelöhr der „Finanzierbarkeit" hindurch muss.

Das gilt keineswegs allein für sozialstaatliche Leistungen oder die medizinische Versorgung, sondern ganz genauso für Cruise Missiles, Stealth-Bomber und Flugzeugträger. Rein ökonomisch gesehen unterscheiden sich Sozialstaat und Militärapparat nicht, in beiden Fällen ist eine vermittelte, externe Finanzierung durch staatliche Geldabschöpfung erforderlich. Und wer oder was auch immer sich durch Raketen und Fernbomber in die Knie zwingen lässt, die transnationalen Finanzmärkte gehören jedenfalls nicht dazu. Wenn also die globale Finanzblase platzt, wird die militärische Welthoheit der USA gleich mit in die Luft fliegen.

Der arrogante und militärisch muskelstrotzende Koloss der letzten Weltmacht steht auf tönernen Füßen. Aber nicht mehr deswegen, weil noch einmal ein anderer Koloss heranwachsen würde, der ihn stürzen könnte. Sondern allein aus dem Grund, dass die aller modernen Weltmacht zugrunde liegende kapitalistische Produktionsweise an ihre absolute Grenze zu stoßen beginnt. Die USA können nicht mehr an einer konkurrierenden Weltmacht scheitern, aber sie werden an ihrer eigenen Logik scheitern, und das ist die Logik des kapitalisierten Geldes. Die globale Kontrollfähigkeit der letzten Weltmacht geht zusammen mit der Pseudozivilisation des Geldes unter.

Deshalb kann es auch keinen Weltkrieg vom Typus der ersten Hälfte des zwanzigsten Jahrhunderts mehr geben, der daraus entstanden war, dass gleichwertige Weltmächte innerhalb eines polyzentrischen Weltsystems im Kampf um die Hegemonie aufeinander prallten. Schon in der bipolaren Struktur des Kalten Krieges war dieser Zusammenstoß durch das atomare „Gleichgewicht des Schreckens" blockiert worden; die Sowjetunion konnte nicht in einem Weltkrieg besiegt, sondern musste ökonomisch niederkonkurriert und militärisch totgerüstet werden.

In der monozentrischen Hegemonie der letzten Weltmacht gibt es auf dieser Ebene überhaupt keine Konkurrenz mehr, also noch viel weniger das Potential für einen Weltkrieg zwischen ebenbürtigen Großmächten. Aber die transnationale Krisenkonkurrenz lässt erst recht keinen „kapitalistischen Weltfrieden" zu (was ein Widerspruch in sich wäre), sondern setzt als ihre Fortsetzung mit anderen Mitteln neue Formen bewaffneter Zusammenstöße frei, die nicht mehr auf der Ebene der alten Großmachtkonflikte liegen und nicht mehr in deren Kategorien beschrieben werden können. In dieser neuen Weltkrisenkonstellation vollendet sich eine tiefgreifende qualitative Metamorphose des imperialen Zugriffs, die ihren Anfang schon in der bipolaren Supermachtstruktur der Nachkriegsgeschichte genommen hatte.

Vom territorialen Nationalimperialismus zum „ideellen Gesamtimperialismus"

Zu Beginn des 21. Jahrhunderts sind die USA nicht nur die letzte und andererseits „erste wirkliche" Weltmacht, sondern sie sind damit auch in einen anderen Status als alle vorherigen imperialen Mächte eingerückt. Der monozentrische Charakter dieser Weltmacht, die an den historischen Grenzen der kapitalistischen Produktionsweise gewissermaßen die globalen Widersprüche verwalten muss, verweist auf eine Transformation des Imperialismus, in der dieser nicht mehr seinem bisherigen Begriff entspricht, sondern auf einer anderen Widerspruchsebene angesiedelt ist.

In der Reife ihrer Macht müsste die Position der USA – vom Standpunkt des alten, bis zur Mitte des 20. Jahrhunderts gültigen Verständnisses aus gesehen – sogar als eine gewissermaßen „postimperialistische" erscheinen. Gewaltsamkeit, Brutalität und Zynismus der Zugriffe und ihrer Legitimation sind um keinen Deut geringer geworden, aber der Inhalt hat sich qualitativ vom ursprünglichen Begriff eines modernen „Imperiums" entfernt. Den drei Entwicklungsstadien der polyzentrischen, der bipolaren und der monozentrischen politisch-militärischen Hegemonie in der modernen Welt entspricht ein fortlaufender Veränderungsprozess im Charakter des Imperialismus, der den Übergang von der Aufstiegs- und Durchsetzungsgeschichte des kapitalistischen Weltsystems zu seiner Krisenreife widerspiegelt.

In der Epoche des alten, polyzentrischen Imperialismus der industriekapitalistischen europäischen Mächte (ungefähr von 1870 bis 1945) ging es vor allem um die territoriale Aufteilung der Welt in nationale Kolonien und „Einflussgebiete". Dieser klassische europäische Nationalimperialismus war im territorialen Prinzip des bürgerlichen Nationalstaats verwurzelt, wie es sich im Gegensatz zum dynastischen oder personalen Prinzip der feudalen Agrargesellschaft herausgebildet hatte. Die territoriale Expansion der kapitalistischen Nationalstaaten, die schon in der frühen Neuzeit begonnen hatte, setzte sich dabei auf industrieller Grundlage und im großen Maßstab fort; Ziel war stets die Ausdehnung der eigenen territorialen Kontrolle. Kein grenzenloser Weltmarkt lag dieser Entwicklung zugrunde und schon gar keine transnationale Globalisierung des Kapitals, sondern genau umgekehrt eine zunehmend staatsökonomische und nationalzentrierte Formierung des Akkumulationsprozesses. Die Expansion der ökonomischen Bewegung nahm daher die Form eines Strebens nach bloß partiellen und relativen, von nationalen „Großreichen" kontrollierten „Weltwirtschaften" (im nationalen Plural) an.

Ganz in diesem Sinne war in allen europäischen Großmächten des Kapitals die außen- und gesellschaftspolitische Debatte nach einem Wort des wilhelminischen Generals Friedrich von Bernhardi von der nationalzentrierten Parole „Weltmacht oder Niedergang" (zit. nach: Gollwitzer 1982/2, 25) gekennzeichnet. Als Grundlage für strategische Orientierungen entwickelte sich dabei die sogenannte „Geopolitik", in Deutschland vor allem durch Karl Haushofer (1869–1946), der im Nazireich zum führenden strategischen Stichwortgeber aufstieg. Schon der Titel seines dreibändigen Werkes „Macht und Erde" verweist auf den territorialen Charakter der damaligen imperialen Expansionstendenz. In einem anderen exemplarischen Text Haushofers heißt es dementsprechend: „Großmächte sind ‚Ausdehnungsstaaten'... Deshalb sehen wir sie alle mit einem größeren oder kleineren Anhang von Einflussgebieten auftreten, die zum Begriff der Großmacht gehören wie der Schweif zum Kometen..." (zit. nach: Gollwitzer, a.a.O., 562).

Ein zentraler Begriff dieser territorialen Expansion war der des „Großraums", d.h. eines nationalimperial beherrschten partiellen Weltreichs auf der Grundlage einer kohärenten kapitalistischen „Großraumwirtschaft", die nichts anderes sein konnte als die Erweiterung einer großen Nationalökonomie um Kolonien, abhängige Zonen und schlicht annektierte Gebiete. Der unheimliche Jurist und reaktionäre Gesellschaftstheoretiker Carl Schmitt, der sich lange Zeit den Nazis zur Verfügung stellte, verfasste dazu zeitlich passend 1939 (mit der 4. Auflage schon 1941) die rechtstheoretische Schrift „Völkerrechtliche Großraumordnung mit Interventionsverbot für raumfremde Mächte. Ein Beitrag zum Reichsbegriff im Völkerrecht" (zit. nach: Gollwitzer, a.a.O., 567).

Dieser geopolitische Begriff des Großraums, oft vitalistisch umgeformt zum „Lebensraum", gehörte bekanntlich auch zum Lieblingsvokabular Hitlers. „Volk ohne Raum" hieß der einschlägige Roman-Bestseller des völkischen Kolonialschriftstellers Hans Grimm (1926). Nachdem der Welthandel zwischen den Großmächten in der Zwischenkriegszeit tief eingebrochen war, erhielten sogar Bestrebungen einer nationalen Autarkie Oberwasser, die schon von Anfang an den klassischen Imperialismus begleitet hatten. Ziel dieser Autarkiepolitik war, so auf einem wirtschaftsliberalen Gegenkongress Anfang der 30er Jahre der Volkswirtschaftler Wilhelm Gerloff, die „Schaffung eines sich in Produktion und Konsumtion selbst genügenden Wirtschaftsgebietes, das jedoch auf so große Räume und so reiche Hilfsquellen gestellt ist, dass es allen wirtschaftlichen und kulturellen Daseinsbedingungen seiner Mitglieder genügen kann..." (Gerloff 1932, 13).

Dass dies keineswegs bloß eine durch ideologische Gegnerschaft motivierte Zuschreibung war, geht aus der politisch-ökonomischen Strategie und Weichenstellung der Nazis hervor. Werner Daitz, einer der obersten „Wirtschaftsführer" der NSDAP, formulierte die autarkistische Tendenz des Nationalimperialismus ausdrücklich gegen das „jüdisch-materialistische Denken liberaler Wirtschaftswissenschaftler", deren „unvölkisches Gelddenken" die deutsche Wirtschaft in die „Weltwirtschaft", also in „Freihandel und internationale Arbeitsteilung" geführt habe, zu ihrem Schaden im Weltkrieg und in der Weltwirtschaftskrise. Daitz setzt dieser wirtschaftsliberalen Weltmarktorientierung die autarkistische Programmatik der Nazis für ein autonomes Nationalimperium entgegen: „Die Entdeckung neuer freier Räume und ihre Besiedlung (Kolonisation) ... bedeutet nur dann eine Stärkung der Wachstums- und Lebenskräfte der heimatlichen Volkswirtschaften, wenn sie ihrer Disziplin und ihrem Machtbereich nicht entgleiten... Jede Volksgemeinschaft muss ihre Wirtschaftsführung so disziplinieren, dass sie die eiserne Ration an Nahrungsmitteln und gewerblichen Rohstoffen stets innerhalb ihrer Mauern hat" (Daitz 1938 I, 64 f.).

In diesem autarkistischen Sinne definiert er auch die vom Nazi-Reich anzustrebende europäische „Großraumwirtschaft" unter deutsch-völkischer Kontrolle: „Kontinentaleuropa kann sich ... unter den übrigen Erdteilen als wirtschaftliche und kulturelle Einheit nur selbst behaupten, wenn es aus der eigenen Kraft seiner Völker und seines Raumes im Notfall allein leben kann. Deshalb muss Kontinentaleuropa als raumpolitische Einheit von Gibraltar bis zum Ural und vom Nordkap bis zur Insel

Zypern reichen. Nur in diesem Raum sind alle Möglichkeiten an landwirtschaftlichen Erzeugnissen und Erdschätzen vorhanden, die mit Hilfe einer hochentwickelten Technik den Völkern dieses Raumes bei entsprechender Zusammenarbeit ein Leben aus eigener Kraft ermöglichen" (Daitz 1938 II, 45 f.).

Dabei handelte es sich keineswegs um ein bloßes Fernziel oder einen Traum der Nazi-Strategen, sondern zum Zeitpunkt des Räsonnements von Daitz bereits um eine knallharte reale Wirtschafts- und Außenpolitik, die vom Management der deutschen Konzerne aus klaren Eigeninteressen heraus im wesentlichen gebilligt und unterstützt wurde, wie die einschlägige Zeitgeschichtsschreibung feststellt: „Die von Hitler getroffene Entscheidung, ohne Rücksicht auf Kostendeckung in den Sektoren Brennstoffversorgung und Eisenproduktion sowie synthetischer Gummiherstellung (Buna) eine 100%ige Autarkie binnen vier Jahren zu erreichen, wurde von den führenden Wirtschaftsvertretern einerseits aus Profitinteressen, andererseits wegen der Schwierigkeiten, den Weltmarkt binnen kürzester Frist zu reorganisieren, gutgeheißen. Die ohnehin an staatlichen Protektionismus seit 1879 gewöhnte Eisen-, Kohle- und Stahlindustrie vermochte ihre kontinentale Hegemonie weiter auszubauen, im Weltmaßstab war sie ohnehin nicht konkurrenzfähig, und zielte in ihren politischen Ambitionen fortan, analog zu den Friedensplänen der Alldeutschen im Ersten Weltkrieg, auf einen deutsch beherrschten mitteleuropäischen Großwirtschaftsraum" (Martin 1989, 203).

Die Autarkiepolitik der Nazis setzte also nur die bereits vor dem Ersten Weltkrieg angelegte, nationalimperial bestimmte Tendenz fort. Dieser Logik folgte aber nicht allein das Deutsche Reich etwa aufgrund seiner besonderen nationalpolitischen Entwicklung seit dem Kaiserreich. Ein ähnliches autarkistisches Denken für nationalimperiale „Großraumwirtschaften" findet sich vielmehr sowohl in der Vor- als auch in der Zwischenkriegszeit in allen Ländern des kapitalistischen Zentrums, wenn auch sicherlich im angelsächsischen Bereich nicht derart ausgeprägt wie bei den Nazis.

Der wirklichen Sachlage und dem vorherrschenden imperialen Diskurs gemäß hatte Lenin in seiner berühmten Schrift „Der Imperialismus als höchstes Stadium des Kapitalismus" (1917) das nationalimperiale Bestreben wesentlich als territoriale Annexionspolitik bestimmt: „Jetzt sehen wir, dass ... ein ungeheurer ‚Aufschwung' der kolonialen Eroberungen beginnt und der Kampf um die territoriale Aufteilung der Welt sich im höchsten Grade verschärft... Die Jagd aller kapitalistischen Staaten nach Kolonien gegen Ende des 19. Jahrhunderts und besonders seit den achtziger Jahren ist eine allbekannte Tatsache in der Geschichte der Diplomatie und der Außenpolitik... Für den Imperialismus ist ... das Bestreben charakteristisch, nicht nur agrarische Gebiete, sondern sogar höchst entwickelte Industriegebiete zu annektieren (Deutschlands Gelüste auf Belgien, Frankreichs auf Lothringen), denn erstens zwingt die abgeschlossene Aufteilung der Erde, bei einer Neuaufteilung die Hand nach jedem beliebigen Land auszustrecken, und zweitens ist für den Imperialismus wesentlich der Wettkampf einiger Großmächte in ihrem Streben nach Hegemonie, d.h. nach der Eroberung von Ländern, nicht so sehr direkt für sich als vielmehr zur Schwächung des Gegners und Untergrabung seiner Hegemonie..." (Lenin 1970/1917, 82 f., 97).

Auch wenn Lenins Analyse von einem arbeiterbewegungsmarxistisch beschränkten und verkürzten Begriff des Kapitals ausgeht, der eine falsche Gegenüberstellung von Konkurrenz- und sogenanntem Monopolkapitalismus impliziert, so trifft er mit seiner Charakterisierung des Imperialismus als polyzentrischer nationaler Annexionspolitik durchaus die tatsächliche Erscheinungsform der damaligen weltkapitalistischen Entwicklung. Diese Epoche, die 1945 zu Ende gegangen ist, war aber eben noch keineswegs das „letzte und höchste Stadium des Kapitalismus", das Lenin zeitbedingt vor allem unter dem Aspekt weniger einer kategorialen Krise der ökonomischen Formen, als vielmehr des politischen Zusammenbruchs der bisherigen weltkapitalistischen Konstellation sah.

Solange sich die USA noch im Windschatten der polyzentrisch um die Welthegemonie kämpfenden europäischen Großmächte entwickelten, also im 19. und im frühen 20. Jahrhundert, folgten sie ebenfalls der Logik einer nationalimperialen „Ausdehnungsmacht". Schon 1823 hatte der damalige US-Präsident James Monroe die nach ihm benannte Doktrin verkündet, wonach die USA keine europäische Intervention auf amerikanischem Boden dulden wollten. Die Monroe-Doktrin, die den lateinamerikanischen Unabhängigkeitskampf gegen Spanien zum Hintergrund hatte und die USA zur selbsternannten „Schutzmacht" des südlichen Teilkontinents machte, wurde geradezu ein Präzedenzfall; nicht umsonst berief sich noch Carl Schmitt in seiner Schrift über „Großraumordnung und Interventionsverbot" darauf. Auch die nationalimperiale direkte Annexionspolitik war den USA nicht fremd: 1848 rissen sie sich nach dem erfolgreichen Krieg gegen Mexiko Texas, New Mexico und Kalifornien mitsamt den dortigen Goldfeldern unter den Nagel; 1898 annektierten sie im Krieg gegen Spanien die Philippinen, die (nach der japanischen Besetzung im Zweiten Weltkrieg) erst 1946 in die staatliche Unabhängigkeit entlassen wurden.

Schon in der Epoche von „Wirtschaftswunder" und Kaltem Krieg, in der die USA zur alleinigen Führungsmacht des westlichen Kapitalismus aufstiegen, änderte sich jedoch die Sachlage grundsätzlich. Unter dem Dach der Pax Americana machte der Status der Weltmacht zusammen mit der Entwicklung des Weltkapitals eine entscheidende Metamorphose durch, in der die alte nationalimperiale Expansionspolitik obsolet zu werden begann. Als erste Weltmacht im buchstäblichen Sinne konnten die USA keine territoriale „Ausdehnungsmacht" mehr sein, und das galt eine Etage tiefer auch für die nunmehr abhängigen, als Vormächte abgetakelten europäischen Nationalstaaten. Diese grundsätzliche Metamorphose war vor allem durch zwei Momente bestimmt, ein politisch-militärisches und ein ökonomisches.

Zum einen war der Kalte Krieg mit der Gegenweltmacht der „nachholenden Modernisierung" von vornherein nicht mehr im Stil einer nationalökonomisch fundierten territorialen Kontrolle über ein partikulares „Weltreich" zu führen, sondern nur als langfristige strategische Orientierung in einem unmittelbar globalen Maßstab. Als „Weltpolizist" mit dem selbst gegebenen Auftrag, das staatskapitalistische Gegenimperium und „Reich des Bösen" (Reagan) niederzuringen, musste der US-Imperialismus gewissermaßen zum „ideellen Gesamtimperialisten" werden, also auf einer Meta-Ebene jenseits der bloß nationalen Expansion operieren.

Es ging insofern nicht um eine neue Konstellation innerhalb der alten Logik der Konflikte, sondern um einen transitorischen Charakter des Konflikts selbst. Schon der Ausdruck „Weltpolizist", ursprünglich wohl in einem kritischen Sinne gemeint, verweist ja ungewollt darauf, dass es dabei um die Option eines militärisch gestützten globalen Kontrollmonopols jenseits der nationalökonomischen Grenzen ging statt um deren Hinausschieben als Erweiterung des eigenen Territoriums.

Auf dieser Ebene war also nicht mehr der Gedanke eines eigenen imperialen „Großraums" und einer dazugehörigen „Großraumwirtschaft" bestimmend, sondern die globale Absicherung der kapitalistischen Produktionsweise als solcher. Die USA wurden insofern gewissermaßen zur weltweiten „Schutzmacht" des Kapitals überhaupt, wobei dieses nur in seiner westlichen, privat- und konkurrenzkapitalistischen Form akzeptiert wurde und die östlich-südlichen Varianten des Staatskapitalismus als feindliches Störprinzip erschienen.

Der Drang ging dahin, den eisernen Vorhang zu durchbrechen und die gesamte Welt für den privatkapitalistischen Zugang (welcher Nationalität auch immer) zu „öffnen", also ein einheitliches kapitalistisches Weltsystem herzustellen. In diesem Sinne gründeten die USA 1949 die NATO, deren Organisationsrahmen dazu diente, die zweit- und drittrangig gewordenen europäischen Nationalstaaten direkt in die strategischen Operationen der weltkapitalistischen US-„Schutzmacht" einzubinden und sie als „Flugzeugträger" der US-Army zu benutzen.

Weil aber dieser Weltmacht-Status den Charakter eines „ideellen Gesamtimperialisten" implizierte und nicht mehr unmittelbar identisch sein konnte mit einem nationalimperialen Expansionsinteresse, machte sich der Widerspruch zwischen den USA als Nationalstaat und den USA als Weltmacht neuen Typs durch zunehmende Reibungsverluste bemerkbar. Zwar verwenden die USA bis heute für ihr globales Vorgehen als „Weltpolizist" gewohnheitsmäßig und geradezu unschuldig den Begriff des „nationalen Interesses", und sie nutzen ihre Weltmachtposition, die Rolle des Dollar als Weltgeld etc. natürlich auch weidlich für sich selbst aus, wo es nur möglich ist. Trotzdem waren der im Verlauf des Kalten Krieges erlittene Verlust jener am Ende des Zweiten Weltkriegs erreichten absoluten ökonomischen Übermacht, der Rückgang des nationalen Weltmarktanteils, das relative Zurückfallen in der industriellen Produktivität und schließlich die exorbitante Innen- und Außenverschuldung zu großen Teilen auf die kapitalistisch unproduktive Last des politisch-militärischen „Weltmachtkonsums" zurückzuführen.

Dieser Sachverhalt ist mehrfach beschrieben und beklagt worden, zuletzt wieder von Paul Kennedy, der dabei Analogien zu den früheren Vormächten der Modernisierungsgeschichte seit dem 16. Jahrhundert aufmacht (Kennedy 1991/1987). Die Rolle als „Weltpolizist" oder „ideeller Gesamtimperialist" blieb daher in den außen- und gesellschaftspolitischen Debatten der USA stets umstritten; aber gleichzeitig waren diese durch die weltkapitalistische Entwicklung gewissermaßen zu dieser Rolle verdammt.

Zum andern wurde die alte nationalimperiale Annexionspolitik aber nicht nur durch die äußerliche weltpolitische Konstellation des Kalten Krieges und seiner bipolaren Machtstruktur obsolet, sondern auch durch den inneren ökonomischen Prozess der kapitalistischen Produktionsweise selbst – wofür allerdings die weltumspannende politische Vereinheitlichung des Privatkapitals durch die Supermacht USA durchaus eine Rahmenbedingung bildete. Denn unter dem Dach der Pax Americana wurde der bereits von Lenin und Rudolf Hilferding als neues Strukturmerkmal des Kapitals ausgerufene Kapitalexport überhaupt erst in einem großen Maßstab real.

Lenin hatte den Kapitalexport (im Unterschied zum bloßen Warenexport) noch in der alten Konstellation der nationalökonomisch zentrierten „Ausdehnungsmächte" gesehen. Aber auf diesem Entwicklungsniveau des Weltkapitals konnte der Kapitalexport noch gar kein relevantes Ausmaß annehmen. Bis 1913 expandierte zwar der Welthandel unter den kapitalistischen Nationalökonomien stetig, aber die Auslandsinvestitionen (vor allem in Sachkapital) blieben fast ganz auf die eigenen nationalen Kolonien oder Einflusszonen beschränkt, also auf den jeweiligen nationalimperialen „Großraum". Im polyzentrischen Kampf der europäischen Großmächte um die kapitalistische Hegemonie war gar nichts anderes möglich.

Im Rahmen der Pax Americana nach dem Zweiten Weltkrieg dagegen wurde nicht nur das politische Weltsystem unter den bipolaren „Systemkonflikt" zwischen Privat- und Staatskapitalismus subsumiert, sondern gleichzeitig die westliche Hemisphäre bereits monozentrisch ausgerichtet. Unter der politischen Glocke dieses Monozentrismus wurde überhaupt erst die Bedingung für ein rapides Anwachsen des Kapitalexports geschaffen: nämlich die Möglichkeit, innerhalb der entwickelten industriekapitalistischen Länder selber Kapital in einem nie dagewesenen Umfang zu exportieren, also große Produktionsunternehmen im früheren „Feindesland" zu eröffnen. Pax Americana bedeutete in dieser Hinsicht nichts anderes, als dass sich die in diesem Rahmen entstehenden multinationalen Konzerne (Multis) allmählich gegen ihren nationalökonomischen Zusammenhang zu verselbständigen begannen. Damit wurde schon die Krisenstruktur eines neuen Widerspruchs von Einzelkapital einerseits und Nationalökonomie bzw. Nationalstaatlichkeit andererseits in ersten Konturen sichtbar.

Vom nationalen „Gutmenschen"-Pazifismus zum globalen Interventions-Bellizismus

Im Prozess der betriebswirtschaftlichen Globalisierung machte die Ideologie des zum „ideellen Gesamtimperialisten" gewordenen US-Imperialismus eine eigenartige Metamorphose durch, die dem Status der USA gemäß zur westlich-privatkapitalistischen Gesamtideologie mutierte. In den USA hatte es gegen die alte nationalimperiale Annexionspolitik stets eine idealistische „Gutmenschen"-Opposition gegeben, die sich aus den demokratischen Illusionen über den Charakter des Kapitalismus speiste und das bürgerliche Ideal (ein Kantischer „ewiger Friede" zwischen den Handel treibenden Nationen) gegen die damalige kapitalistische Wirklichkeit (nationalimperialistische Raubkriege) einklagte. Dieser ursprünglich antiimperialistische Pazifismus entpuppte sich in der Nachkriegsgeschichte allmählich als neue imperialistische Legitimation für die veränderte Rolle der USA als „Weltpolizist".

War diese Ideologie nämlich in der alten Konstellation grundsätzlich „isolationistisch" gewesen, also gegen eine äußere Interventionspolitik der USA gerichtet, so konnte sie in der neuen Konstellation mit den USA als alleiniger Vormacht des Westens plötzlich umgekehrt selber als Rechtfertigung von Interventionen fungieren. Denn nun ging es ja nicht mehr in erster Linie um die Ausdehnung des vom nationalen US-Imperialismus definierten „Großraums", sondern um die globale Erhaltung und Ausdehnung des privatkapitalistischen, wirtschaftsliberalen „Prinzips" und seiner demokratischen Legitimationsmuster. Das bürgerliche Ideal konnte in diesem Sinne mit der immer noch unfriedlichen kapitalistischen Wirklichkeit scheinbar zur Deckung gebracht werden, weil es nun nicht mehr so sehr um allzu durchsichtige nationale Raubinteressen ging, sondern um die angebliche Erhaltung und Durchsetzung des „demokratischen Weltfriedens" gegen sogenannte „undemokratische Friedensfeinde"; in der bipolaren Supermachtstruktur zunächst definiert als das „totalitäre" östliche „Reich des Bösen" und dessen Vasallen.

Die neue Weltmachtrolle der USA konnte also mit einem fast schon religiösen Sendungsbewusstsein aufgeladen werden: Die westliche Supermacht mutierte zum globalen Propagandisten und geradezu Missionar der privat- und konkurrenzkapitalistischen Produktions- und Lebensweise einschließlich ihrer kulturellen Komponenten („American Way of Life"). In diesem Sinne hatte Präsident Truman bereits 1947 die nationalimperial beschränkte Monroe-Doktrin verworfen und mit der „Truman-Doktrin" die angebliche Hilfe der USA für die „in ihrer Freiheit bedrohten freien Völker" beschworen, die den Interventionismus auf einer Meta-Ebene des Weltsystems jenseits bloß nationaler Ausdehnungsinteressen implizierte.

Truman operierte dabei nicht im ideologisch luftleeren Raum. Er setzte nur den Geist jener im alten, ursprünglich antiinterventionistischen US-Idealismus wurzelnden demokratischen „Völkergemeinschafts"-Ideologie fort, wie sie außenpolitisch schon US-Präsident Woodrow Wilson (1856–1924) in seinem Vierzehn-Punkte-Plan von 1918 als Vorgriff auf die spätere US-Meinungsführerschaft formuliert hatte.

In diesem idealisierenden Konstrukt, wie es der harmonistischen Weltanschauung der traditionellen demokratischen Mittelklassen entspricht, wird der brutale Konkurrenz- und Überlebenskampf auf dem Weltmarkt feierlich in die friedliche Zusammenarbeit einander wohlwollender und durch „Volkssouveränität" legitimierter Staaten umdefiniert; eine durch und durch verlogene Interpretation der kapitalistischen Weltrealität, die sowohl bei der von Wilson angeregten Gründung des sogenannten Völkerbunds (1920) als auch bei dessen Erneuerung als sogenannte Vereinte Nationen (UNO) am Ende des Zweiten Weltkriegs Pate gestanden hat.

Dass sich die Sowjetunion als Gegenweltmacht der „nachholenden Modernisierung" in die eindeutig von den westlichen Ländern unter Führung der USA beherrschte UNO eingliedern ließ, war nur die folgerichtige politische Entsprechung der ökonomischen Tatsache, dass der Staatskapitalismus als warenproduzierendes System naturgemäß Teilnehmer am Weltmarkt sein und sich dessen Kriterien anbequemen musste. Mit dem Zusammenbruch der Gegenweltmacht nach 1989 und dem Einrücken der USA in die Position der letzten Weltmacht hat sich deren Rolle als „ideeller Gesamtimperialist" eines nunmehr planetarisch vereinheitlichten kapitalistischen Weltsystems noch einmal verändert.

Trotz allen Ableugnens, aller Schönfärberei und Hoffnungsmacherei bilden die schleichende Weltkrise und die darin eingeschlossene Globalisierung des Kapitals den Hintergrund dafür, dass die nunmehr wirklich universell gewordene Pax Americana alles andere als eine befriedete Welt hervorbringt. Weit davon entfernt, im Sinne der universellen kapitalistischen Herrschaft überflüssig zu werden, ist seither die Bedeutung der USA als „Weltpolizist" eher noch gestiegen, wie schon die beiden Weltordnungskriege der 90er Jahre gezeigt haben. Jetzt geht es freilich nicht mehr gegen eine klar definierte vermeintliche Gegenmacht, sondern auf Biegen und Brechen um den Erhalt des einheitlichen kapitalistischen Weltsystems, obwohl dieses global den größten Teil der Menschheit nicht mehr reproduzieren kann. Mit anderen Worten: Der Kampf des „Weltpolizisten" und seiner europäischen Hilfssheriffs gegen die Krise der kapitalistischen Kategorien selbst nimmt zwangsläufig den Charakter eines Feldzugs gegen Gespenster oder fast schon im Stil von Don Quichotte gegen Windmühlenflügel an.

In dieser globalisierten Auseinandersetzung mit den Dämonen der kapitalistischen Weltkrise verblasst das Muster der alten nationalimperialen „Ausdehnungsstaaten" noch mehr als schon während des Kalten Krieges. Auch diese weitergehende Metamorphose hat wieder ein politisch-militärisches und ein ökonomisches Moment. Noch weitaus stärker als bei der strategischen Einschnürung des staatskapitalistischen Systems ist im hoffnungslosen Kampf um eine „Befriedung" des kapitalistischen Weltkrisenprozesses jede nationalzentrierte „Geopolitik" sinnlos und kontraproduktiv geworden. Die Welt ist sowieso vom Kapital supranational vereinheitlicht, aber unter der dünnen Hülle des gemeinsamen Weltsystems schwelt die Krise und führt mal hier, mal dort zu katastrophalen Eruptionen. Sowohl politisch als auch militärisch ist nur noch eine Strategie der weltweiten „flexiblen Intervention" durch Krisen- und Reisediplomatie ebenso wie durch „mobile Eingreiftruppen" und gezielte Luftschläge angesagt.

Dem entspricht gleichzeitig die krisenökonomische Metamorphose des Kapitals zu einer unmittelbar betriebswirtschaftlichen Globalisierung über den bloßen Kapitalexport hinaus. Wo die große Masse der „Hände" kapitalistisch unbrauchbar geworden ist, kann die „Aneignung" von Territorien und ihren Bevölkerungen nicht einmal mehr in den gierigsten Träumen eine Option zusätzlicher Akkumulationschancen eröffnen; territoriale Annexionen machen in der kapitalistischen Logik endgültig keinen Sinn mehr und könnten von vornherein nur noch eine Last statt ein Gewinn sein. In demselben Maße, wie die betriebswirtschaftliche Reproduktion des Kapitals und der Nationalstaat auseinander treten, erlaubt das transnational über den ganzen Globus (allerdings mit höchst unterschiedlicher Dichte) gestreute Finanz- und Sachkapital überhaupt keine nationalzentrierte kapitalistische Strategie der Expansion mehr.

Dieser neuen Weltlage entsprechend wurde die im Kalten Krieg entwickelte (ursprünglich im pazifistischen US-„Gutmenschentum" wurzelnde) westliche Interventions-Ideologie von „freedom and democracy" in Windeseile auf den paradoxen globalen „Befriedungskrieg" der NATO unter Führung der USA umgepolt. So interpretiert der gegenwärtig hegemoniale liberaldemokratische Diskurs die Reaktionen des Westens auf die von seinem eigenen „objektiven" Wirtschaftsterrorismus verursachte globale Krise mit dem Phrasen-Repertoir derselben demokratischen Quacksalberphilosophie, wie sie schon die vorherige Epoche gekennzeichnet hatte.

In Europa ist der idealistische Pazifismus der „Gutmenschen"-Friedensbewegung innerhalb weniger Jahre folgerichtig in einen global orientierten Interventions-Bellizismus umgeschlagen. Damit wiederholen die linksbürgerlichen europäischen „Gutmenschen" nur jene Wendung und Metamorphose ihrer US-amerikanischen Vettern, die sich schon seit Wilsons Zeiten entwickelt hatte. Der innerkapitalistische ideologische Gegensatz von nationalimperialen, interventionistischen Interessenpolitikern und antiinterventionistischen Idealisten fällt in der Weltkrise endgültig in sich zusammen: Gnadenloser Systemerhalt, kapitalistische Selbstbehauptung um jeden Preis und demokratisch-idealistische Phrase werden im „Weltpolizeidenken" gegen die scheinbar aus den Abgründen der Geschichte aufgetauchten Ausgeburten der Krise unmittelbar identisch.

Die westlichen Strafexpeditionen in die nach dem Epochenbruch von 1989 ins Chaos versunkene kapitalistische Peripherie werden in diesem Geiste als legitime Aktionen der „internationalen Gemeinschaft", der „demokratischen Völkergemeinschaft" etc. dargestellt. Systematisch lügt sich der demokratische Weltkonsens darüber hinweg, dass die wunderbare Weltmarktwirtschaft selbst der Schoß ist, der zusammen mit den Krisen und Zusammenbrüchen der sozialökonomischen Reproduktion auch jene „Unfriedlichkeit" gebiert, gegen die dann das freundliche Herrenmenschentum eben dieser Weltmarktwirtschaft mit triefendem Idealismus und Flächenbombardements zu Felde zieht. Die Unwahrheit dieser Legitimation zeigt sich schon allein daran, dass sie mit einer hysterischen Kreuzzugsstimmung einhergeht, die über die demokratisch-kapitalistischen Medien unisono angeheizt wird, als stünden sie allesamt unter dem Befehl eines allmächtigen Zensors.

Die NATO als supranationale Verlängerung des „ideellen Gesamtimperialisten"

Die NATO bildet den politisch-militärischen Rahmen der Pax Americana und der in dieser Epoche beginnenden krisenhaften Globalisierung des Kapitals. In diesem Bezugsfeld musste sie sich von vornherein grundsätzlich von den früheren imperialen Bündniskonstellationen unterscheiden. Weder konnte es sich um ein bloß äußerliches Verhältnis von Vormacht und Vasallen im traditionellen imperialen Sinne handeln, noch um ein mehr oder weniger gleichrangiges Bündnis nationalimperialer Mächte. Vielmehr verlangte der widersprüchliche Doppelstatus der USA als Nationalstaat bzw. Nationalökonomie einerseits und als „ideeller Gesamtimperialist" andererseits eine analoge Metamorphose der sekundär gewordenen europäischen Staaten des kapitalistischen Zentrums mit einem ähnlich widersprüchlichen Charakter: Einerseits können sie wie die USA nicht aufhören, Nationalstaaten zu sein; andererseits müssen sie sich doch in die neue Struktur eines globalen Kontrollanspruchs eingliedern, ohne direkt zu einem Bestandteil der USA werden zu können.

Auf diese widersprüchliche Weise wurde die NATO über die bloß militärische Funktion hinaus zur gesamtwestlichen politischen Instanz, um die europäischen Staaten des kapitalistischen Zentrums am hegemonialen System des neuen „ideellen Gesamtimperialisten" zu beteiligen und sie gewissermaßen in dieses System einzuschmelzen, also sie aus bloß zweitrangigen „Mächten" alten Typs selber zu integralen Bestandteilen eines gemeinsamen „ideellen Gesamtimperialismus" zu machen. Die Alternative ist jetzt nicht mehr diejenige zwischen einem unabhängigen Status als alte nationalimperiale Macht und einem Vasallenstatus gegenüber der Supermacht USA, sondern diejenige zwischen einem gewichtigeren oder geringeren Status innerhalb der NATO als politischer und legitimatorischer Verlängerung der US-Welthegemonie neuen Typs.

Die NATO erweist sich so einerseits als ein tatsächlich supranationales Gebilde eines gesamtimperialistischen Kontrollanspruchs gegenüber einer Welt betriebswirtschaftlicher Globalisierung und gleichzeitig krisenhaften Zerfalls. Andererseits ist sie gar nicht denkbar ohne den weiterhin nationalstaatlich zentrierten und kontrollierten Hightech-Gewaltapparat der USA, dessen Konkurrenzlosigkeit die US-Hegemonie innerhalb des widersprüchlichen weltimperialen Gesamtkunstwerks aufrecht erhält. In einer barbarischen Ordnung hat in letzter Instanz immer derjenige das Sagen, der den größten Knüppel bereit halten kann. Und im Rahmen kapitalistischer Kriterien und kapitalistischer Technologie wird Europa nie mehr den größten Knüppel haben können.

Das bürgerliche europäische Räsonnement urteilt darüber sehr lapidar und nüchtern, etwa im „Handelsblatt": „Eine europäische Sicherheitsidentität ist grundsätzlich sinnvoll, derzeit aber nicht realisierbar. Hierfür nötige Rüstungsprogramme können nicht finanziert werden... Die jüngste Kosovo-Intervention hat erneut offenbart, wie sehr die Europäer den USA unterlegen sind, wenn es darum geht, militärische Macht jenseits der eigenen Landesgrenzen zur Geltung zu bringen. Fast 80 % aller Kampfeinsätze und 90 % der verwendeten Bomben und Raketen gingen auf das Konto der USA. Selbst vor ihrer eigenen Haustür konnten die Europäer nur einen marginalen Beitrag zum Niederringen einer drittklassigen Militärmacht leisten... Solange die USA ein verläßlicher Sicherheitspartner bleiben, sollte keine europäische Rüstungspolitik auf Kosten der Haushaltskonsolidierung betrieben werden" (Wolf 1999).

In der Tat sind die europäischen Staaten des kapitalistischen Zentrums weder jeweils für sich allein noch gemeinsam in größerem Maßstab militärisch interventionsfähig. Dafür fehlen schlichtweg die militärischen Mittel wie strategische Bomberflotten, Flugzeugträger und Lenkwaffenarsenale; nicht nur von der Menge, sondern auch vom technologischen Niveau her. Befindet sich etwa die BRD in dieser Hinsicht heute ungefähr auf dem Niveau eines globalen Dorfpolizisten, so geht es Großbritannien und Frankreich trotz der Erfahrung postkolonialer Kriege und damit bis heute verbundener militärischer Ansprüche kaum besser. Im absurden Falklandkrieg konnten sich die Briten gerade noch gegen die argentinische Marine behaupten; und die diversen französischen Mini-Interventionen in Afrika verdienen kaum das Prädikat des Militärischen. Die französische Presse spottete über das Desaster des Nuklear-Flugzeugträgers „Charles-de-Gaulle", der schon havarierte, kaum dass er in Dienst gestellt war, und mühsam von seinem bereits ausrangierten Vorgänger „Clemenceau" abgeschleppt werden musste.

Stellt man in Rechnung, dass innerhalb der EU 60 bis 70 Prozent aller für militärische Entwicklung und Beschaffung aufgewendeten Mittel allein auf Großbritannien und Frankreich entfallen, lässt sich der geringe europäische Spielraum für ein Rüstungs- und Interventionsprogramm ermessen. Die BRD rangiert rüstungspolitisch eindeutig unter „ferner liefen". Kein Wunder, dass die geplante EU-Streitmacht schon im Vorfeld als „Papier-Truppe" bezeichnet wird.

Eine grundsätzliche Veränderung des militärischen Kräfteverhältnisses, wenn sie denn gewollt wäre, ist tatsächlich auch finanziell schlichtweg utopisch. Es wäre der ökonomische Ruin, wollte die EU in einem rüstungspolitischen Kraftakt (wofür sie überdies politisch niemals genug vereinheitlicht werden könnte) mit dem Militärpotential der USA gleichziehen. Nirgendwo sind Faktoren ersichtlich, wie die dafür nötige Umkehr der globalen Kapitalströme bewerkstelligt werden sollte; und gelänge dies trotzdem, würde die Weltwirtschaft erst recht zerrüttet und das ohnehin fragile Gebäude des globalen Finanzkapitalismus zum Einsturz gebracht.

Die vorherrschende politische Meinungsbildung macht sich auch gar keine Illusionen, dass das gegenwärtige Kräfteverhältnis noch einmal geändert werden könnte: „Eine grundsätzliche Verschiebung der Gewichte zeichnet sich nicht ab... Europas ökonomische Basis für eine eventuelle Herausforderung der USA und ihrer Weltordnungskonzepte ist ... nicht verbreitert worden, sie hat sich verringert... Im militärischen Bereich tritt die transatlantische Diskrepanz noch deutlicher zu Tage. So haben die europäischen NATO-Staaten in den vergangenen fünf Jahren etwa nur halb so viel für militärische Beschaffung ausgegeben wie die USA. In Forschung und Entwicklung hat sich die Lücke noch weiter vergrößert" (Wolf 2001). Aber dies sind sowieso nur hypothetische Überlegungen, denn abgesehen davon existiert ja auch gar kein ökonomisch-„materialistischer" Beweggrund für territoriale Annexions- und „Einfluss"-Strategien im Rahmen eines innerimperialistischen Großkonflikts mehr.

Das heißt nicht, dass es keinerlei europäische Profilierungsversuche gegenüber der letzten Weltmacht USA geben würde, die allerdings im Zweifelsfall eher von Frankreich als von der BRD ausgehen. Aber dabei handelt es sich um ein bloßes Kompetenzgerangel oder um „Dezernatskämpfe" innerhalb der Hackordnung des „ideellen Gesamtimperialismus" unter unzweifelhafter US-Hegemonie, nicht um das Geltendmachen eines eigenständigen imperialen Anspruchs. Auch ökonomische und vor allem handelspolitische Widersprüche zwischen der EU und den USA werden immer wieder ausgetragen, ohne dass dabei aber jemals ernsthaft das gemeinsame globale Dach der Pax Americana in Frage gestellt würde.

John C. Kornblum, bis 2001 US-Botschafter in der BRD, bringt die kapitalistische Unvermeidlichkeit der in der NATO verkörperten Allianz wie deren Problem in einem Atemzug zum Ausdruck: „Die Angst, Europäer und Amerikaner würden sich in miteinander konkurrierende Lager aufspalten, ist unbegründet. Europa und die Vereinigten Staaten sind so stark aneinander gebunden, dass ein Bruch nicht vorstellbar ist... Was ist in der gegenwärtigen Situation so besonders? Selten zuvor hat eine neue amerikanische Regierung die Amtsgeschäfte in einer solch unsteten Zeit übernommen. Und selten zuvor spürten Europäer und Amerikaner gleichermaßen eine solche Hilflosigkeit angesichts dieses weltweiten Durcheinanders" (Kornblum 2001). Die „unstete Zeit" und das „weltweite Durcheinander", eine ebenso begriffslose wie larmoyante Formulierung für das Zerbrechen des modernen warenproduzierenden Systems an seinen eigenen Widersprüchen, macht die NATO nach dem Ende des Kalten Krieges erst recht zur Instanz des Gesamtimperialismus, hinter deren Räson alle Binnenkonflikte und Reibereien zurücktreten müssen.

Dies gilt auch für Streitpunkte wie die neuerliche unmotivierte Bombardierung des Irak durch die USA unter der neuen Führung des ultrakonservativen Präsidenten Bush, Washingtons Pläne für eine „nationale Raketenabwehr" (NMD) oder umgekehrt das Projekt einer gemeinsamen europäischen Sicherheits- und Verteidigungspolitik (ESVP). Wenn dabei jedesmal von „Irritationen" im Verhältnis zwischen den USA und der EU gesprochen wird, deutet dieser Begriff einer eher schwachen Differenz mehr auf den objektiven Zwang zur gesamtimperialen Herrschaftspolitik als auf ein Zerreißen dieses Zusammenhangs hin.

Alle Spekulationen, dass solche wechselseitigen „Verstimmungen" der Anfang eines grundsätzlichen Umbruchs in der kapitalistischen Weltkonstellation sein könnten, entbehren jeder Grundlage: „Mit diesen an der Tagespolitik orientierten Überlegungen verkennen die Skeptiker ... die grundlegende Bedeutung struktureller Faktoren, die über den Tag hinauswirken und eindeutig für die Fortsetzung der transatlantischen Partnerschaft sprechen. Zwar wird es immer wieder Irritationen geben, dauerhafte Konflikte oder gar eine weltpolitische Rivalität werden daraus aber nicht erwachsen" (Wolf 2001).

Die Verstimmungen, sogenannten Irritationen, Profilierungsversuche und Eigenmächtigkeiten verweisen zwar auf die Weiterexistenz der für das Kapitalverhältnis unaufhebbaren nationalstaatlichen Form mit ihrer Eigenlogik und damit gleichzeitig auf die Widersprüchlichkeit in der Struktur des „ideellen Gesamtimperialismus"; dieser hat aber dennoch als solcher irreversibel die supranationale Gestalt der NATO angenommen. Diese Unhintergehbarkeit der NATO als gesamtwestliche Interventionsmacht unter Führung der USA entspricht auch den dominierenden Kapitalinteressen, die ja im Zuge von Krise und Globalisierung ebenfalls direkt transnational geworden sind. So „stärkt die globale Integration der Märkte diejenigen, die von der Globalisierung profitieren und deshalb an zwischenstaatlicher Zusammenarbeit interessiert sind. Dies gilt vor allem für transnationale Konzerne sowie Anleger von Finanzkapital" (Wolf 2001). Übersetzt man die euphemistische Formel von der „zwischenstaatlichen Zusammenarbeit" in diejenige eines „gesamtimperialen Weltordnungskriegs", so ist damit der reale Hintergrund der heute dominierenden Kapitalinteressen benannt. Sollten sich die Widersprüche auf der Ebene des Weltsystems dramatisch zuspitzen, so ist viel eher mit unkontrollierten Alleingängen einer in Panik verfallenden US-Regierung als mit einer europäischen Herausforderung der USA zu rechnen.

Der gesamtimperiale und globalisierungs-ökonomische Zusammenhang gilt auch im engeren Sinne für die Rüstungsindustrie selbst, die ebenso wie die übrigen Kapitalien rasant in transnationale Strukturen hineingewachsen ist. Aus den einstmals streng national ausgerichteten Waffenschmieden mit enger Anlehnung an den jeweiligen nationalen Staatsapparat und dessen territoriale Kontroll- und Expansionsansprüche sind großenteils „global players" mit einer breit gestreuten betriebswirtschaftlichen

Diversifizierung geworden, die sich sowohl auf die USA als auch auf die EU (und teilweise auf den asiatischen Raum) bezieht. Im Rüstungssektor gibt es daher inzwischen ebenso wie in allen anderen Bereichen transkontinentale Überkreuz-Beteiligungen, „strategische Allianzen", Fusionen und Übernahmen, wobei die US-Rüstungsindustrie klar dominiert.

So wurden etwa aus ökonomischen Gründen alle Weichen dafür gestellt, dass der staatliche spanische Rüstungskonzern Santa Bárbara Blindados (SBB) im Zuge seiner Privatisierung nicht an einen europäischen Rüstungskonzern fällt, sondern an den US-Rüstungsriesen General Dynamics, der über diesen Zukauf womöglich auch bei der Münchner Panzerschmiede Krauß-Maffei Wegmann (KMW) einsteigt; SBB baut den Leopard-Panzer von KMW in Lizenz. Umgekehrt will der europäische Luft- und Raumfahrtkonzern EADS (die Mutterfirma von Airbus) künftig Militärflugzeuge in den USA mit einem US-Partnerkonzern (Lockheed Martin oder Northrop) bauen, um an lukrative Aufträge des Pentagon heranzukommen. Inzwischen kooperiert EADS bereits mit Boeing bei der Raketenabwehr. Beschlossene Sache ist auch die Übernahme der deutschen Marinewerft HDW durch eine Mehrheitsbeteiligung des US-Finanzinvestors One Equity Partners (OEP), was als verdeckte Übernahme durch den US-Rüstungsriesen General Dynamics gilt. HDW baut und vermarktet seit Herbst 2002 gemeinsam mit der US-Rüstungsfirma Northrop Grumman U-Boote. Zwar gibt es Vorbehalte seitens der EU-Kommission, aber auf die Dauer, so ein deutscher Rüstungslobbyist, wird die gesamte europäische Rüstungsindustrie vom US-Beschaffungsmarkt abhängig sein und sich darauf durch transnationale Beteiligungen ausrichten müssen: „Ohne Amerika geht gar nichts" (Wirtschaftswoche 40/2001).

Allen „Irritationen" und Querschüssen der nationalen politischen Klassen zum Trotz wird die Transnationalisierung der Rüstungsindustrie innerhalb der westlichen kapitalistischen Zentren fortschreiten; schon gibt es auch Projekte eines transnationalen elektronischen Beschaffungsmarktes für die Rüstungs- und Flugzeugkonzerne.

Es existiert eben kein essentieller Grund für national oder selbst auf die EU beschränkte Rüstungsschmieden mehr; einschlägige Debatten und Vorbehalte sind nicht mehr strategisch und damit erstrangig bestimmt, sondern bewegen sich auf der Ebene des sekundären Kompetenzgerangels. Nicht nur von den allgemeinen ökonomischen Grundlagen des globalisierten Krisenkapitalismus her, sondern auch unmittelbar rüstungstechnisch und rüstungsökonomisch bildet die NATO eine gesamtimperiale Zugriffsmacht und ein gesamtkapitalistisches Weltordnungskonzept.

Der Begriff des „ideellen Gesamtimperialismus", angelehnt an die Marxsche Formulierung vom Nationalstaat als dem „ideellen Gesamtkapitalisten", verweist natürlich ebenso wie diese nicht etwa auf eine bloß „immaterielle" Einflussnahme; vielmehr handelt es sich um einen umfassenden Apparat von Hightech-Gewalt und weltweiter politischer Intervention, der einen universell gültigen kapitalistischen Handlungsrahmen zu setzen versucht und in diesem Sinne einen ebenso universellen Kontrollanspruch erheben muss. Allerdings ist der globale „ideelle Gesamtimperialist" viel mehr auf die politisch-militärische Ebene beschränkt, als es der nationalstaatliche einstige „ideelle Gesamtkapitalist" war: Er fasst nicht die Kapitalien seines Machtbereichs in einem auch ökonomischen Ordnungsrahmen zusammen, sondern muss umgekehrt der enthemmten, jeden Ordnungsrahmen sprengenden Konkurrenz der Kapitalien gehorchen, auf die er nur noch äußerlich und ohne eigenständige wirtschaftspolitische Eingriffskompetenz reagieren kann.

Die NATO ist ebenso wenig wie die USA ein „Weltstaat", der die alte nationale Staatsfunktion auf einer höheren, supranationalen Ebene übernehmen könnte. Sie ist eben nur der (erweiterte) „ideelle Gesamtimperialist", also eine reine Instanz der Gewalt und politischen Pression, keine Instanz einer umfassenderen Regulation. Somit kann die NATO den Widerspruch des globalen Krisenkapitalismus nicht lösen, sondern in ihrer eigenen widersprüchlichen Struktur als supranationales Gebilde unter der nationalstaatlichen Hegemonie der „letzten Weltmacht" nur in periodischer Gewaltsamkeit zum Ausdruck bringen.

Auf den ersten Blick könnte dieser monozentrische „ideelle Gesamtimperialismus" des beginnenden 21. Jahrhunderts an den fast vergessenen Begriff eines sogenannten „Ultraimperialismus" erinnern, wie ihn der alte sozialdemokratische Chefideologe Karl Kautsky zu Beginn des 20. Jahrhunderts in der Imperialismusdebatte mit Rosa Luxemburg und Lenin kreiert hatte. Aber die Analogie ist nur eine sehr oberflächliche. Kautsky schrieb 1914 in der „Neuen Zeit": „Eine ökonomische Notwendigkeit für eine Fortsetzung des Wettrüstens nach dem Weltkrieg liegt nicht vor, auch nicht vom Standpunkt der Kapitalistenklasse selbst, sondern höchstens vom Standpunkt einiger Rüstungsinteressen. Umgekehrt wird gerade die kapitalistische Wirtschaft durch die Gegensätze ihrer Staaten aufs äußerste bedroht. Jeder weitersehende Kapitalist muss heute seinen Genossen zurufen: Kapitalisten aller Länder, vereinigt euch!... Natürlich, wäre die jetzige Politik des Imperialismus unerlässlich zur Fortführung der kapitalistischen Produktionsweise, dann vermöchten die eben erwähnten Faktoren keinen nachhaltigen Eindruck auf die herrschenden Klassen zu machen und sie nicht zu veranlassen, ihren imperialistischen Tendenzen eine andere Richtung zu geben. Wohl aber ist dies möglich dann, wenn der Imperialismus, das Streben jedes kapitalistischen Großstaates nach Ausdehnung des eigenen Kolonialreiches im Gegensatz zu den anderen Reichen dieser Art, nur eines unter verschiedenen Mitteln darstellt, die Ausdehnung des Kapitalismus zu fördern... Die wütende Konkurrenz der Riesenbetriebe, Riesenbanken und Milliardäre erzeugte den Kartellgedanken der großen Finanzmächte, die die kleinen schluckten. So kann auch jetzt aus dem Weltkrieg der imperialistischen Großmächte ein Zusammenschluss der stärksten unter ihnen hervorgehen, der ihrem Wettrüsten ein Ende macht. Vom rein ökonomischen Standpunkt ist es also nicht ausgeschlossen, dass der Kapitalismus noch eine neue Phase erlebt, die Übertragung der Kartellpolitik auf die äußere Politik, eine Phase des Ultraimperialismus, den wir natürlich ebenso energisch bekämpfen müssten wie den Imperialismus, dessen Gefahren aber in anderer Richtung lägen, nicht in der des Wettrüstens und der Gefährdung des Weltfriedens" (Kautsky 1914, 920 f.).

Es ist offenkundig, dass Kautskys Argumentation zu seiner Zeit (und noch auf Jahrzehnte hinaus) völlig unzutreffend war, weil die Epoche der nationalimperialen Expansion sich damals keineswegs erschöpft hatte. Aber Kautsky ist bei näherem Hinsehen auch kein guter Prophet einer noch weit entfernten Zukunft. Zwar hat er (ähnlich wie bei Lenin abgelöst von jeder begrifflichen Durchdringung der übergreifenden kapitalistischen Gesellschaftsformen) die abstrakte Möglichkeit einer anderen, gesamtimperialen Konstellation durchaus richtig gesehen, aber eben gerade nicht unter dem Aspekt eines globalen gesellschaftlichen Zerfalls an den inneren Grenzen der kapitalistischen Produktionsweise, sondern nur als „andere Mittel, die Ausdehnung des Kapitalismus zu fördern". Denn Kautskys Position wird ganz und gar bestimmt durch den sozialdemokratischen Diskurs an der Wende vom 19. zum 20. Jahrhundert, der offiziell die Krisen- und Zusammenbruchstheorie ad acta gelegt hatte und seine Hoffnungen auf eine weitere kapitalistische Entwicklungsfähigkeit setzte, die von der Arbeiterbewegung durch einen friedlich-parlamentarischen Übergang zum Staatssozialismus gekrönt werden sollte.

Wie bei Lenin ist auch bei Kautsky das Thema nicht die (damals „undenkbare") Krise und Kritik der klassenübergreifenden gesellschaftlichen Formen, sondern der bloß soziologisch fundierte und politisch in Erscheinung tretende „Klassenwille" zur „Ausbeutung" einerseits und zu deren Überwindung andererseits. Im Gegensatz zu Lenin entwickelt er diese verkürzte Analyse aber nicht auf dem Boden der historisch aktuellen Tatsachen, also der wirklichen Konkurrenz nationalimperialer Ausdehnungsmächte, sondern als blamabel opportunistische Phantasmagorie. Es gehört schon eine Mischung aus Augenwischerei und Selbstbetrug dazu, ausgerechnet im Kanonendonner des beginnenden industriellen Weltkriegs eine friedliche Allianz des Gesamt- oder Ultraimperialismus zwecks gemeinsamer „Ausbeutung der Welt" für die Zeit nach dem Weltkrieg zu postulieren, als gäbe es dessen Realität gar nicht oder diese wäre schon Geschichte geworden (eine typische Manier des demokratisch-reformistischen Räsonnements zu „gefährlichen" Fragen bis heute).

Aber eben deshalb trifft Kautskys „Nostradamus-Vision" eines demokratischen Sesselfurzers für den heutigen tatsächlichen „ideellen Gesamtimperialismus" der NATO erst recht nicht zu. Denn erstens geht es dabei gar nicht mehr um eine gemütliche „gemeinsame Ausbeutung" bislang noch kapitalistisch unerschlossener Weltregionen, sondern vielmehr um das Problem einer sich voranfressenden Weltkrise, die gerade dadurch bestimmt ist, dass der Kapitalismus des Zentrums auf der erreichten Höhe seines eigenen Produktivitäts- und Rentabilitätsstandards zunehmend „ausbeutungsunfähig" wird und der Weltmarkt wachsende Zonen einer ökonomisch „verbrannten Erde" zurücklässt, die ihre kapitalistische Erschließungsfähigkeit schon hinter sich haben.

Und zweitens ist gerade deswegen die NATO auch eine ganz und gar unfriedliche Allianz des Gesamtimperialismus, weil sie alle Hände voll zu tun hat, auf die politisch-militärischen, barbarisierenden Folgen der unbewältigbaren Krise einzudreschen. So entspricht es zwar den Tatsachen, dass es 80 Jahre nach Kautskys These keinen innerimperialistischen Konflikt nach dem Muster des Ersten Weltkriegs mehr gibt, aber der widersprüchliche supranationale Charakter der NATO fußt auf ganz anderen Entwicklungen, als sie Kautsky vorgeschwebt hatten; und so handelt es sich eben nicht um eine parlamentarisch transformationsfähige kapitalistische Friedensära, sondern um einen barbarischen Weltordnungskrieg ohne jede zivilisatorische Perspektive. Die Analogie von Kautskys Konstrukt des „Ultraimperialismus" und des wirklichen „ideellen Gesamtimperialisten" der NATO ist eine ganz äußerliche und unwahre.

Dass es im 21. Jahrhundert keine Neuauflage der früheren nationalimperialen territorialen Einflusskämpfe um die Welthegemonie geben wird, dafür sprechen allerdings nicht nur die ökonomischen und politisch-militärischen Fakten im Kontext von Pax Americana und Globalisierung. Auch die kulturelle und ideologische Entwicklung lässt nicht im geringsten erkennen, dass die alten Mächte der Weltkriegsepoche demnächst zur dritten Runde antreten werden und die NATO bloß eine vorübergehende Erscheinung in der Epoche des kalten Krieges gewesen sein könnte.

Bei einer weltpolitischen Konfliktkonstellation müssen die beteiligten Gesellschaften ja nicht nur politisch-ökonomisch und militärisch, sondern auch kulturell und ideologisch formiert und vorbereitet werden. Man muss sich nur einmal ansehen, mit welch ungeheurem Aufwand und historisch weitem Ausgreifen die jeweiligen Feindbilder sowohl in der Weltkriegsepoche zwischen 1870 und 1945 als auch in der bipolaren Nachkriegskonstellation zwischen 1945 und 1989 aufgebaut und kultiviert wurden. Das „perfide Albion", der französische „Erbfeind" und umgekehrt die deutschen „Hunnen" usw. oder später das „totalitäre Reich des Bösen" im Osten erfuhren eine nicht bloß propagandistische, sondern auch künstlerische, volks- und popkulturelle Pflege und Ausmalung bis in den Alltag hinein. Dafür wurden alle medialen Register gezogen, vom akademischen Disput bis zum Kinderbuch, von der Denkmalpflege bis zur patriotischen Lyrik. Nichts dergleichen lässt sich heute über einen systematischen Aufbau von neuen und wechselseitigen innerimperialistischen Feindbildern sagen. Sogar der traditionelle europäische Antiamerikanismus ist nicht nur marginal, sondern selber schon „amerikanisiert".

Das heißt keineswegs, dass nicht nationalistische, antisemitische, „volksgemeinschaftliche", rassistische usw. kulturelle und ideologische Muster wiederkehren und in den Krisenprozessen der Globalisierung verstärkt abgerufen würden. Aber im Unterschied zur Weltkriegsepoche stehen diese Muster nicht im Kontext einer nationalimperialen Formierung für den Vernichtungskampf der kapitalistischen Großmächte untereinander um „geostrategische Großräume". Schon das Feindbild des sowjetischen „Reichs des Bösen" war auf einer anderen Ebene herausgebildet worden; es reflektierte nicht mehr die Konkurrenz der nationalimperialen Staaten des westlichen industriekapitalistischen Zentrums untereinander, sondern die Konkurrenz des Zentrums als Ganzem mit den historischen Nachzüglern der Peripherie und deren innerkapitalistischem „Gegensystem".

Nach dem Zusammenbruch der Sowjetunion und dem Ende des Kalten Kriegs kehren nicht die vorherigen alten Feindbilder zurück, sondern es wird ein neues, wesentlich diffuseres Feindbild aufgebaut, das überhaupt nicht mehr in erster Linie von irgendeiner in imperiale Politik verlängerten Konkurrenz innerhalb der kapitalistischen Produktionsweise bestimmt ist (dies galt nur für deren historischen Aufstiegsprozess), sondern unmittelbar von den Zerfallserscheinungen in der kapitalistischen Weltkrise: Diese sollen ideologisch veräußerlicht und personifiziert werden, um den Charakter der Krisenerscheinungen im Dunkeln zu lassen und ihre Ursachen zu verschleiern.

DIE REALEN GESPENSTER DER WELTKRISE

Natürlich will die demokratisch-kapitalistische Ideologie nicht wahrhaben, dass es sich beim neuen Weltfeind um das globale Zersetzungsprodukt des eigenen Systems handelt. Deshalb ist die offizielle Bestimmung der Lage auch bar jeder realistischen Analyse. Stattdessen wimmelt es beim Versuch, das Ziel zu identifizieren, wie in einem Kaleidoskop nur so von seltsamen Regimes, anachronistischen Clans, Terrorgruppen, fundamentalistischen Bewegungen, sogenannten „Schurkenstaaten" usw. Die Generalbösewichte und jeweiligen Feinde Nr. 1, die undemokratischen Monster und Schlächtergestalten lösen einander in rascher Folge ab, ohne dass sich jemals ein klares Bild des Feindes herausbilden würde. Vom Standpunkt des kapitalistischen Weltsystems aus gibt es einfach keinen Begriff dafür.

    Was sich feststellen lässt, ist eine gewisse Abstufung in den unklaren weltdemokratischen Feindbildern und in der Vorgehensweise. Im Falle des Irak und seines Diktators Saddam Hussein handelt es sich einerseits in gewisser Weise um ein Relikt des kalten Krieges und seiner „heißen" Stellvertreterkriege, da der Irak wie viele Staaten der Dritten Welt zwischen den beiden Machtblöcken laviert und in deren Schatten sein weltregionales Aufrüstungssüppchen gekocht hatte. Andererseits war diese Aufrüstung des Irak auch bereits durch die neue Konstellation der Weltkrise nach dem Epochenbruch bestimmt, insofern es ironischerweise der Westen selbst war, der die Waffenarsenale für den blutigen irakischen Golfkrieg der 80er Jahre gegen das benachbarte Mullah-Regime des Iran geliefert hatte.

    Saddam Hussein, ursprünglich im Kalten Krieg von der Sowjetunion protegiert, war in den 80er Jahren (wie verwandte Diktatoren-Gestalten der Peripherie sowohl vorher als auch nachher) zum Monster-Baby der westlichen Weltdemokraten selber mutiert, das sie aufgepäppelt hatten, um es in eine neue Art von Stellvertreter-Krieg gegen den damaligen iranischen „Schurkenstaat" Nr. 1 zu schicken. Diese Option wurde mit großem Aufwand wieder revidiert und der Westen musste die von ihm selber gelieferten zweitklassigen und veralteten Waffensysteme zusammenschießen, was nicht gerade für ein schlüssiges Konzept der Weltordnungskrieger spricht.

Um das eigentliche Problem verstehen zu können, ist es notwendig, das zu tun, was die westlich-demokratischen Ideologen des Weltordnungskriegs um jeden Preis zu vermeiden suchen: nämlich die schwankenden Definitionen der „Weltfeinde" auf den wirklichen Prozess der kapitalistischen Weltkrise zu beziehen, aus deren Verlauf erst auf die Entwicklung des Feindbildes geschlossen werden kann. Bei dieser Betrachtung stellt sich die Konstellation des Kriegs gegen den Irak Anfang der 90er Jahre als ein Übergangsphänomen heraus.

Krisenpotentaten und neue Bürgerkriege

Kann der erste demokratische Weltordnungskrieg gegen den Irak zumindest teilweise noch als Überhangproblem des Kalten Kriegs nach dem Epochenbruch verstanden werden, so war der zweite Weltordnungskrieg gegen Restjugoslawien schon viel stärker von den Folgen der neuen Weltkrise bestimmt. Im Unterschied zu Saddam Hussein, der vor den Sanktionen noch aus dem Vollen des Ölreichtums schöpfen konnte, war die neue Unperson Milosevic kein übrig gebliebener Diktator aus der Epoche des Kalten Krieges, sondern bereits ein typischer Krisenpotentat, hervorgegangen aus dem Zusammenbruch der vom Weltmarkt zermalmten jugoslawischen Nationalökonomie. Insofern verweist die jugoslawische Krise auf eine andere, höhere Qualität des Weltordnungskriegs; denn auf dem Balkan geht es nicht mehr um die Zähmung einer dysfunktional gewordenen Diktatur alten Zuschnitts, sondern um die Intervention gegen die politisch-militärischen Konsequenzen ökonomischer Zusammenbruchsprozesse.

Aber auch der Typus des Krisenpotentaten, wie ihn Milosevic repräsentierte, ist noch nicht die letzte Stufe in der Phänomenologie politisch-ökonomischer Zerfallsformen. Dort, wo dieser vom Weltkapitalismus induzierte Zerfall bereits auf der substaatlichen Ebene angekommen ist, löst sich das demokratische Feindbild endgültig in Irrationalität auf. Die fast schon mythische Figur eines Osama bin Laden etwa lässt erkennen, dass die Begriffslosigkeit der sterbenden bürgerlichen Politik nach Bildern und Imaginationen sucht, um dem für sie Unbenennbaren eine Art Gesicht zu geben, in das man schlagen kann. Mafia, Räuberbanden, Gotteskrieger, verborgene Fürsten des Terrors: Was in der zerbrechenden Welt der fruchtlosen Weltordnungskriege nach dem Typus Milosevic kommt, liegt bereits jenseits des modernen politisch-militärischen Konflikts, wie er zumindest der äußeren Form nach mit dem irakischen oder restjugoslawischen Regime noch ausgetragen werden konnte.

In allen Fällen aber handelt es sich bei den ursprünglichen, dem jeweiligen Unruheherd zugrunde liegenden Konflikten um ebenso mörderische wie scheinbar atavistische Bürgerkriege, die sich also weniger nach außen als nach innen richten – wobei das „Innen" eine mehr oder weniger marode oder bereits zerstörte Nationalökonomie bezeichnet, deren staatlicher Rahmen auseinander bricht. Selbst im Irak, dessen Konfliktpotential teilweise noch auf einer anderen Ebene zu liegen schien (nämlich im Hinblick auf die versuchte Annexion Kuweits), spielte dieses Moment durchaus eine Rolle, etwa im inneren Krieg gegen die Bevölkerung der kurdischen Gebiete. Der jugoslawische Krieg ist bereits ein typischer Bürgerkrieg der inneren Krisenkonkurrenz, wie er längst in fast ganz Afrika und neuerdings auch in großen Teilen der ehemaligen Boomländer Asiens geführt wird. Die Bilder im Kosovo und in Bosnien, in der Osttürkei, im Kaukasus, in Afghanistan, Indonesien und auf den Philippinen, in Ruanda, Uganda oder dem Kongo gleichen sich aufs Haar.

Wenn die Dajak auf Borneo Autokorsos veranstalten, bei denen sie die aufgespießten Köpfe ihrer aus Madras eingewanderten Nachbarn mit sich führen, dann ist das kein Hinweis auf ein Hervorbrechen atavistischer Muster, vormoderner Relikte oder gar mörderischer Urtriebe ehemaliger Kopfjäger, wie es gängige Interpretationen gern hätten, sondern es handelt sich eindeutig um Verzweiflungsakte einer Überlebenskonkurrenz, die ebenso eindeutig in letzter Instanz vom Weltmarkt und den Funktionsgesetzen des kapitalistischen Weltsystems induziert sind. Es besteht ein ursächlicher Zusammenhang zwischen den „marktwirtschaftlichen Strukturreformen", wie sie von den Beratern der Weltbank und den Schattenregierungen des IWF durchgesetzt werden, und den Macheten-Massakern, Massenvergewaltigungen und riesigen Flüchtlingsströmen, mit denen die kapitalistischen Medien den demokratischen Idealismus aufgeilen.

Im wesentlichen ist es die „Fortsetzung der Konkurrenz mit anderen Mitteln", die in den Krisen- und Zusammenbruchsregionen die Gewalt gebiert. In gewisser Weise ist diese neue Reaktionsform der alten kapitalistischen Politik und der alten Logik imperialer Expansion durchaus wesensverwandt. Auch die bürgerliche Politik als solche ist ja nichts anderes als eine „Fortsetzung der Konkurrenz mit anderen Mitteln"; und als imperiale Außenpolitik mündete sie stets in die unregulierte Gewaltanwendung. Die Gewalt der Krisenkonkurrenz an der Schwelle des 21. Jahrhunderts bildet freilich nur noch die grausame Karikatur dieses bürgerlichen Grundverhältnisses. Und dass diese Gewalt sich im wesentlichen nach innen statt nach außen richtet, ist ein weiteres Zeichen für den Zerfall der zu Grunde liegenden Scheinzivilisation des Geldes. Das Verhältnis hat sich umgekehrt: Nicht mehr der äußere, sondern der innere Feind bestimmt die Konfliktdefinition. Mit demselben kulturellen und psychischen Aufwand wie in der Vergangenheit das äußere, wird jetzt das innere Feindbild konstruiert und bis zum exzessiven Ausbruch entwickelt.

Dabei ist es offenbar völlig egal, ob alte, schon halb vergessene Kriegsbeile zwischen bestimmten Bevölkerungsteilen wieder ausgegraben oder ganz neue Feindbilder erfunden werden. Ebenso gleichgültig bleibt es, ob ethnische und rassistische, religiöse oder andere Zuschreibungen die Krisenkonkurrenz dominieren. Oft handelt es sich um völlig willkürliche Eklektizismen, etwa wenn im jugoslawischen Krieg die einen Kombattanten über die Sprache („Kosovaren"), die anderen über die Religion (bosnische „Moslems") oder über ethnische und kulturelle Muster („Serben", „Kroaten") definiert werden. Ebenso wenig spielt es eine Rolle, ob bestimmte Menschengruppen gewaltsam ausgegrenzt und vertrieben (wie in Borneo oder Ruanda) oder gewaltsam eingegrenzt und einem bestimmten Staatsapparat unterworfen bleiben sollen (wie im Kosovo oder den türkischen Kurdengebieten).

Alle ideologischen Kostüme, soweit sie überhaupt noch getragen werden, sind mehr als fadenscheinig geworden, ideelle und metaphysische Bezüge nur noch Vorwand. Das gilt selbst für den bewussten Rückgriff auf scheinbar vormoderne Weltanschauungen. Der sogenannte „islamische Fundamentalismus" etwa hat so gut wie gar nichts mit den wirklichen islamischen Kulturen der Vergangenheit zu tun; er ist vielmehr die typische Erscheinungsform einer „postmodernen Verwilderung des Patriarchats" (Scholz 2000).

Längst sind die Übergänge zwischen Mafia, Sekte, ethnischem Separatismus, Nazi-Bande, Räuberhorde, Guerilla etc. fließend geworden. Und der Phänotyp der Gemetzel ist überall derselbe: der moralisch und kulturell verwahrloste, völlig bindungslose „junge Mann" zwischen 15 und 35 als Exekutor der Krisenkonkurrenz – ein wahrer „Selbstunternehmer" mit Handy und Turnschuhen von Reebok oder Adidas, lässig die kühle Maschinenpistole als Attribut und Mordinstrument umgehängt, der die unmittelbare physische Macht und die Angst des menschlichen Freiwilds genießt, weil er sonst nichts mehr hat: „Es ist High Noon. Die Männer haben abenteuerliche, zusammengewürfelte Uniformen, dazu komische Hüte und modische Sonnenbrillen. Je nach Status tragen sie Maschinenpistolen oder Kalaschnikows" (Neue Zürcher Zeitung, 26.3.2001). Diese Impression von der „Wildwest-Stimmung" in der südserbischen Pufferzone ist eine für alle einschlägigen Konfliktgebiete in der zerbrechenden One World des Kapitals. Vielleicht wird heute bereits der größere Teil der Erdoberfläche von diesem Typus real beherrscht.

Die globale Plünderungsökonomie

Der Wahn, der sich in solchen Verhältnissen Bahn bricht, ist nur die Weiterentwicklung des ganz normalen kapitalistischen Wahns unter den Bedingungen der qualitativ neuen Weltkrise. Deshalb liegt diesem mörderischen Verhalten auch durchaus eine gewisse ökonomische Rationalität zu Grunde; nur dass diese aus der äußeren Regulation und Verrechtlichung kapitalistischer Verhältnisse und einer daran gebundenen Bewusstseinsform zu unmittelbaren Gewaltverhältnissen auch im gesellschaftlichen Binnenraum – „zurückkehrt" kann man nicht sagen, denn der historische Durchgang durch die kapitalistische Form ist natürlich irreversibel. Was hier entsteht, sind keine kulturell eingebundenen unmittelbaren Gewaltverhältnisse mehr wie in vormodernen agrarischen Gesellschaften, sondern „entbundene" Gewaltstrukturen, wie sie aus dem Zerfall der warenproduzierenden Anti-Zivilisation des Geldes hervorgehen. Die unmittelbare Brutalität dieser Gewalt erscheint daher zwar oberflächlich als archaisch (im Unterschied zur „zivilisierten Barbarei" der kapitalistischen Bürokratien und Schreibtischtäter bis hin zur äußersten Zuspitzung durch die Nazi-Mordmaschine); aber dahinter verbirgt sich ein von der bürgerlichen ökonomischen Konkurrenz wie von der damit verbundenen Individualisierung geformtes, gleichzeitig allerdings aus bürgerlichen Rechtsverhältnissen herausgefallenes Bewusstsein.

Die ökonomische Ratio des Irrationalen, die sich aus dieser negativen „Freisetzung" ergibt, ist zunächst die Gewaltvernunft einer Plünderungsökonomie, wie sie inzwischen in Wahrheit die vorherrschende Form moderner kapitalistischer Verhältnisse in den großen Krisen- und Zusammenbruchsregionen der Welt bildet. Natürlich folgen die Bluträusche, Massaker und spontanen Grausamkeiten der inzwischen die Welt überziehenden „Bürgerkriege" (selbst dieser Begriff ist brüchig geworden und kann das wirkliche Szenario nur andeuten) keinerlei ökonomischer Logik mehr. Aber sogar die meisten Gotteskrieger oder Ethnobanditen besitzen so viel von kapitalistischen Kriterien geformten Willen zur Selbstbehauptung, dass sie nach Geld und Gütern des modernen bzw. „postmodernen" Massenkonsums gieren; auch wenn diese „Selbstbehauptung" andererseits in gewisser Weise schon keine mehr ist, weil ihr der gesellschaftliche Funktionszusammenhang kapitalistischer Reproduktion abhanden gekommen ist.

Es leuchtet ein, dass diese Plünderungsökonomie keiner betriebswirtschaftlichen Produktionsweise mehr entspricht, eben weil diese in der jeweiligen Region bereits zerbröselt bzw. ganz zusammengebrochen ist oder sich davongemacht hat und somit die Konkurrenz auch nicht mehr in der Realisationssphäre des Marktes, sondern nur noch in der Realisationssphäre des bewaffneten Übergriffs ausgetragen werden kann. Die Voraussetzungen gleichen sich wie die sekundär-barbarischen Krieger aufs Haar: ausweglose Außenverschuldung und Selbstaufgabe der jeweiligen Nationalökonomie; an Beschäftigte und Beamte werden nur noch sporadisch oder gar keine Löhne und Gehälter mehr gezahlt; Verlotterung und schließliche Liquidation (soweit überhaupt vorhanden) der Infrastrukturen von der Müllabfuhr bis zum Gesundheitswesen; Rückfall großer Bevölkerungsteile in primitive Subsistenzwirtschaft usw.

Es ist eine „verlorene Generation" ebenso tatkräftiger wie desorientierter junger Männer, die auf ihre kapitalistische „Überflüssigkeit" bösartig reagiert und sich in den hoffnungslosen Milizen dieser Welt wiederfindet. Natürlich kann nichts geplündert werden, was nicht produziert worden ist. In einigen Ländern bietet sich dafür zum Beispiel der Restbestand an legaler und illegaler (Drogen) Rohstoffproduktion für den Weltmarkt an. So waren die so genannten radikalislamistischen afghanischen Taliban in den 90er Jahren zu den größten Heroindealern der Welt aufgestiegen, noch vor der kolumbianischen Drogenmafia.

Selbstverständlich gehen solche Strukturen von krimineller Ökonomie und Plünderungen im fast schon volkswirtschaftlichen Maßstab über das Potential der destruktiven Energie von arbeitslosen bewaffneten Jugendlichen hinaus. Es sind „Paten", die das System der Plünderungsökonomie organisieren und beherrschen. Einerseits wird das organisierte Verbrechen in den konkurrenzschwachen und schließlich vom regulären Weltmarkt abgekoppelten Regionen längst vor dem manifesten nationalökonomischen Zusammenbruch zu einem entscheidenden sekundären Wirtschaftsfaktor. Es sind die Mafiabosse und Bandenhäuptlinge des illegalen Drogen-, Frauen- und Waffengeschäfts, die in den vom Gesetz des Weltmarkts induzierten gesellschaftlichen Erschütterungen schnell zu Quasi-Armeeführern aufsteigen und eine pseudo-politische Qualität gewinnen, die Bestandteil des Übergangs zur Plünderungsökonomie (in alter marxistischer Terminologie: gewissermaßen deren „politischer Überbau") wird. So bestand etwa der Kern der so genannten „bosnischen Armee" zu Beginn des Bürgerkriegs mit den Serben schlicht aus der Kommandostruktur der mit Handfeuerwaffen ausgerüsteten heimischen Kriminalität.

Nicht selten sind es allerdings auch ursprünglich ganz gewöhnliche Geschäftsleute, Händler, Fabrikdirektoren, Banker usw. (in vielen Weltgegenden mehr oder weniger identisch mit den Oberhäuptern von patriarchalischen Großfamilien-Clans), für die sich natürlich in einer Zusammenbruchsregion das Geschäftsfeld ebenso verändert wie das Geschäftsgebaren. Als Paten der Plünderungsökonomie können sie ihren regulären Bankrott kompensieren. Für den Fall, dass sie noch kapitalkräftig sind, eröffnen sich neue Anlagefelder, während die alten marktregulären unsicher werden oder ganz verschwinden.

Schon vorher ist der Übergang von größerer oder kleinerer Geschäftstätigkeit zur Kriminalität fließend, wie der Fall des inzwischen unter dubiosen Umständen erschossenen Serben Zeljoko Raznjatovic zeigt, der unter seinem Kriegsnamen „Arkan" berüchtigt geworden ist: „Dieser ... Warlord betätigte sich ursprünglich als Kneipier in Belgrad. Sein Café, das sich unmittelbar neben dem Belgrader Fußballstadion befand und das vornehmlich von den Fanclubs von Roter Stern Belgrad frequentiert wurde, warf aber keinen sonderlichen Gewinn ab. Raznjatovic wechselte daher das Metier und ging zunächst einmal ins Ausland. Wegen Bankraubs in Schweden, in der Bundesrepublik, in Belgien und in Holland mit Haftbefehl gesucht, zog sich Raznjatovic nach einigen Jahren vor dem Fahndungsdruck von Interpol wieder in das heimatliche, gerade im Auseinanderbrechen begriffene Jugoslawien zurück. Dort verstand er es, seine alten Kontakte als Kneipier nutzbar zu machen, und baute mit Hilfe seiner alten Stammgäste seine ‚Tigertruppe' auf" (Lohoff 1996, 165 f.).

Nicht zu vergessen sind die Paten aus der Diaspora: nach Westeuropa oder in die USA ausgewanderte Einheimische, die dort als Geschäftsleute zu Geld gekommen sind und nun gönnerhaft in die heimatliche Zusammenbruchsökonomie zurückkehren, um sich als marktwirtschaftliche „Entwicklungshelfer" zu gerieren. Soweit sie nicht durch äußerlich reguläre Geschäfte zum Beispiel die Kreditgelder von IWF und Weltbank absahnen, gefallen sich viele von ihnen in der Rolle von Geldgebern irgendwelcher Milizen oder sie treten gleich selber als Hobby-Generäle auf.

Schließlich sind auch die Chargen des jeweiligen, nahezu platt gemachten Staats- und Verwaltungsapparats nicht zu vergessen, die ebenfalls umso leichter und geschmeidiger in die Rolle von Paten der Plünderungsökonomie fallen, je gewohnheitsmäßiger sie schon vorher in den schwelenden sozialökonomischen Krisenprozessen der Korruption gefrönt hatten: „Von der treulosen Gesellschaft im Stich gelassen, verschwindet der entkoppelte Staatsapparat aber nicht einfach spurlos. Wenn die Staatsbediensteten mit keinem nennenswerten Einkommen aus Steuermitteln mehr rechnen können, sind sie darauf angewiesen, ihr Auskommen aus anderen Quellen zu sichern… Aus dem idealiter symbiotischen Verhältnis zur Gesellschaft entlassen, nach wie vor aber mit hoheitlichen Rechten und den damit verbundenen Durchsetzungsmöglichkeiten ausgestattet, liegt es für Teile der staatlichen Apparate nahe, zur Plünderung der Gesellschaft überzugehen" (Lohoff 1996, 163). Dieser Fall, hier aus einer Studie über die Entwicklung Jugoslawiens, findet sich überall in der vom Weltmarkt überrollten, niederkonkurrierten und zusammenbrechenden Peripherie. Zu den Plünderern gehören auch die längst verwilderten offiziellen Armeen, Polizei- und Sicherheitskräfte. Vom Verwaltungs- oder Polizeichef zum Bandenchef ist der Schritt schließlich so groß nicht.

Die Motive all dieser Paten wie ihrer Klienten und ihres bewaffneten Fußvolks sind äußerst durchsichtig; irgendwelche ideologischen Rechtfertigungen sind für sie weniger wert als eine löchrige Unterhose. Inzwischen müssen sogar die offiziellen supranationalen Institutionen einer schnöden ökonomischen Interpretation der globalen „Störungspotentiale" Rechnung tragen. Eine Studie der Weltbank vom Sommer 2000, verfasst von Paul Collier, Forschungsdirektor der Abteilung Entwicklungsökonomie, kommt zu dem Schluss: „Interne kriegerische Auseinandersetzungen rund um die Welt sind entgegen gängiger Auffassung bzw. öffentlicher Wahrnehmung selten von politischen Zielsetzungen oder ethnischen und religiösen Streitigkeiten, sondern maßgeblich von wirtschaftlichen Motiven getrieben… Politische Motive werden … meist nur als Rechtfertigung und zu internationalen Public-Relations-Zwecken vorgeschoben. Collier vertritt die Meinung, Rebellenorganisationen seien vielfach genauso wenig ideologisch motiviert wie die Mafia… Als größten Risikofaktor für interne kriegerische Auseinandersetzungen nennt der Bericht die hohe Abhängigkeit von Rohstoffexporten. Diamanten, Kaffee und andere Rohstoffe könnten leicht geplündert und von Guerillaorganisationen als Finanzquelle benützt werden" (Neue Zürcher Zeitung, 17.6.2000).

Treuherzig fügt das Schweizer Urblatt des Wirtschaftsliberalismus hinzu: „Bei den Wirren in Jugoslawien dürfte Colliers These allerdings ins Wackeln kommen" (ebda.). Tatsächlich sind jedoch ausnahmslos alle „Wirren" und „Bürgerkriege" zu Beginn des 21. Jahrhunderts Moment einer Plünderungsökonomie. Die Besetzung von Diamantenfeldern etc. in Afrika (Angola, Kongo) stellt nur einen Spezialfall dieses globalen Phänomens in wenigen Ländern dar. Die meisten Banden, Milizen, Warlords, Regionalfürsten usw. müssen sich mit einfacheren Formen der Plünderung begnügen, wie die Berichte aus Tschetschenien, Ex-Jugoslawien, Afghanistan oder Somalia einhellig vermerken. Das Beutegut holt man sich natürlich zuerst beim offiziellen ethno-religiösen oder sonstigen Bürgerkriegsgegner; beide Seiten plündern aber ebenso auch die „eigenen Leute" aus.

Teilweise handelt es sich dabei um Sekundärkreisläufe des Weltmarkts, ähnlich wie das inzwischen auch in den Zentren zu beobachtende Elendsunternehmertum, die allerdings nicht mit dem Händewechsel von Ware (Elendsware bzw. Elendsdienstleistung) und Geld enden, sondern in der Mündung einer Handfeuerwaffe. Um sich in Geld oder Ware verwandeln zu können, muss das Plünderungsgut dann zwar wieder auf Märkte und damit in Tauschverhältnisse zurückkehren; aber an irgendeiner Stelle ist der Händewechsel von Ware und Geld durch ein unmittelbares Gewaltverhältnis unterbrochen.

Auf der Geldebene handelt es sich meistens um Devisen-Ersparnisse (Dollar oder DM), die von aus der EU oder aus Nordamerika heimgekehrten Arbeitsmigranten mitgebracht oder von dort beschäftigten Familienangehörigen geschickt wurden; auf der Bank, sofern es noch eine gibt, ist das Geld aber nicht sicher, weil es sich „in Luft auflöst", gesperrt oder von der Regierung konfisziert wird, wie zu ihrem Leidwesen nicht nur die jugoslawischen Arbeitsmigranten erfahren mussten. So landen die Devisen nach großmütterlicher Manier im Sparstrumpf oder unter dem Kopfkissen – und werden zur leichten Beute der Kalaschnikow-Jünger. Auf der Warenebene sind es oft westliche Hilfsgüter aller Art für die Krisen- und Hungergebiete, die sich in Plünderungsgut für die Sekundärkreisläufe verwandeln.

Teilweise werden die Zusammenbruchsregionen auch zur Drehscheibe für global operierende Mafia-Organisationen. Albanien oder Montenegro etwa leben großenteils vom Schmuggel mit Drogen, Waffen und Zwangsprostituierten über die Adria gen EU. Im Kosovo werden von den „Befreiungskämpfern" minderjährige Mädchen für die Zwangsprostitution auf offener Straße weggefangen; und wenn kein menschliches Raubgut der „feindlichen" Bevölkerungsgruppe greifbar ist, tut es auch das „ethnisch" eigene Fleisch, wie ein Bericht aus dem „befreiten" Kosovo zeigt: „Nach 20 Uhr verwaist der Boulevard von Pristina. Vor allem jüngere Frauen und Mädchen bleiben zu Hause... Gegen 20 albanische Frauen sind angeblich alleine in Pristina verschwunden. Niemand kennt die genaue Zahl... Werden die Frauen nach Italien verschleppt und dort zur Prostitution gezwungen?... Gewalt richtet sich längst nicht mehr nur gegen Angehörige der Minderheiten im mehrheitlich albanischen Kosovo" (Handelsblatt, 16.12.1999). In Afghanistan gründeten Milizangehörige sogar Knabenbordelle, deren Insassen wahllos aus der Bevölkerung gegriffen wurden. Es gibt keine Bande oder Miliz, die in ihrem Gebiet nicht eine Schreckensherrschaft ausüben würde.

Schließlich reproduziert sich die Plünderungsökonomie schlicht durch Ausschlachtung der ökonomischen Ruinen und durch Raub von noch aus der Vergangenheit vorhandenen Gütern. So heißt es in einem Bericht über Tschetschenien: „Nicht nur Alu-Kabel bringen Geld. Die gesamte Infrastruktur, von Industrieanlagen bis zu Leitungsrohren, wird ausgeschlachtet, auch Altmetall lässt sich verkaufen... Herausgerissen und gestohlen werden Röhren, Zäune, Ausrüstungsgegenstände und andere Anlagen aus Metall..." (Avenarius 2000). Bei der individuellen Plünderung werden den Opfern die Devisen, das Auto, der Fernseher, die Waschmaschine und andere elektronische Geräte abgeknöpft – in dieser Reihenfolge. Zu großen Teilen tauchen die naturalen Raubgüter dieser Art auf den Second-Hand-Märkten wieder auf, die sich legal und halblegal durch ganze Kontinente ziehen (in Ost- und Südosteuropa von der polnischen Ost- und Westgrenze bis nach Istanbul).

Auf der untersten Stufe der Plünderungsökonomie geht es nur noch um Nahrungsmittel und Früchte der primitiven Subsistenzproduktion. Die Schrebergärten im Weichbild von Moskau werden ebenso ausgeraubt wie die Gemüsefelder in Asien. Eine Reportage über die Schikanen serbischer Polizisten gegen in Südserbien wohnende Albaner berichtet, die Paramilitärs hätten mit vorgehaltener Pistole das „Kochen von Mittagessen" verlangt.

Von den Krisenpotentaten und lokalen Warlords bis zu derartigen Niederungen des unmittelbarsten Mundraubs hat sich ein ganzes Spektrum von Erscheinungen und Verkettungszusammenhängen der globalen Plünderungsökonomie herausgebildet, die dem Prozess der betriebswirtschaftlichen, krisenhaften Globalisierung des Kapitals folgen wie ein Schatten. Auf beiden Seiten verflüchtigen sich die traditionellen politischen und ideologischen Motive, denn die postmoderne Sekundärbarbarei, wie sie aus dem Zerfall des modernen warenproduzierenden Systems hervorgeht, ist nicht weniger „realökonomistisch" als der transnational über seine eigenen Kategorien hinausschießende Kapitalismus selbst.

Der Begriff des „Ökonomismus" bezeichnet hier nicht etwa eine fehlerhafte oder unzureichende Art der gesellschaftstheoretischen Reflexion, die etwa andere Lebensbereiche, Ursachenkomplexe und Motivzusammenhänge nicht genügend berücksichtigen würde – inzwischen ein billiges Allzweckargument linker wie rechter und liberaler Ignoranten, die bloß bequem in den herrschenden Kategorien weiterdenken wollen und deshalb vor lauter angeblicher Multikausalität und Kontingenz etc. den harten und weltzerstörenden logischen Kern des Systems nicht mehr wahrnehmen wollen. Vielmehr ist es gerade dieser harte Kern, dem ein nicht bloß subjektiver oder theoretischer, sondern objektiver und praktischer Ökonomismus als strukturbildendes Wesen innewohnt; eben ein „Realökonomismus" unduldsamer kapitalistischer Kriterien, der in seiner Eindimensionalität alle anderen „Bereichslogiken", die er aus sich herausgesetzt hat, systematisch übergreift und schließlich überrollt – und der in alle Motivzusammenhänge auf allen Ebenen einsickert.

Keimhaft und latent immer schon ein Wesensmerkmal der kapitalistischen Produktions- und Lebensweise, ist dieser „Realökonomismus" in der Aufstiegs- und Durchsetzungsgeschichte des warenproduzierenden Weltsystems immer deutlicher hervorgetreten, gedämpft und vermeintlich konterkariert nur durch die scheinbar „außerökonomischen" ideologischen und politischen Formierungsprozesse, wie sie sich aus der Zersetzung und Transformation agrarischer Lebensweisen, traditioneller Loyalitäten, vormoderner Relikte etc. ergaben. Zu Beginn des 21. Jahrhunderts, an den Grenzen des Systems, tritt der dem Kapitalverhältnis inhärente ökonomische Reduktionismus bis in die Intimität hinein so grell wie nie zuvor in Erscheinung; nicht nur in den Hightech-Klitschen der New Economy und ihrer zum westlichen Leitbild erhobenen Denkweise (falls man hier noch von „Denken" sprechen kann), sondern eben auch und erst recht in den Strukturen und Motiven der globalen Plünderungsökonomie, die als Kehrseite des abgehobenen Finanzkapitalismus selber eine „New Economy" darstellt.

Risikogesellschaft, Sachzwang und Gewaltverhältnisse

Es mag für das gewöhnliche bürgerliche Bewusstsein vielleicht so erscheinen, dass der Realökonomismus des warenproduzierenden Systems, die damit verbundene Art der Verfolgung von „Interessen" und der darin eingelagerte spezifische (von der destruktiven gesellschaftlichen Form bestimmte) Selbsterhaltungstrieb schlecht zu den Gewalt- und Risikostrukturen einer Plünderungsökonomie passen, weil das „Geschäftsrisiko" dabei ja auch die Möglichkeit der eigenen physischen Vernichtung einschließt. So war es wohl nicht gemeint, als der deutsche Soziologe Ulrich Beck in den 80er Jahren sein phänomenologisch beschränktes Theorem einer fröhlichen „Risikogesellschaft" in die Welt setzte.

Da die kapitalistische Produktionsweise ein System universeller Konkurrenz darstellt, ist damit natürlich auch prinzipiell die Logik des „Risikos" impliziert, und der drohende Verlust bezieht sich nicht nur auf konjunkturelle oder persönliche Schwankungen des Einkommens, sondern auf die soziale oder sogar die physische Existenz überhaupt. Für die Mehrzahl der unter dem kapitalistischen Joch lebenden Menschen war das „Risiko" schon immer ein Armuts- und Elendsrisiko. Und schon immer sorgte die gewaltsame „Fortsetzung der Konkurrenz mit anderen Mitteln" dafür, dass als letzte Instanz periodisch das unmittelbare Todesrisiko in Erscheinung trat.

Die Vorstellung vom an sich friedlichen Charakter der „Geschäfte" im Namen des systemischen Verwertungszwangs war nie etwas anderes als eine fromme Lüge der großen und kleinen Bürger in den Schönwetter-Zonen der Besserverdienenden, in denen die Bestie der Gewaltkonkurrenz nur so lange schlummert, wie sie die Blut- und Schmutzarbeit an ihre Spezialtruppen und an ihre Gewaltkreaturen in den weniger glücklichen Zonen des Planeten delegieren können. Zwar sah sich Ulrich Beck schon vor mehr als fünfzehn Jahren „auf dem zivilisatorischen Vulkan" (Beck 1986, 23), aber offensichtlich aus der Perspektive eines immer noch komfortablen weltgesellschaftlichen Logenplatzes.

Die oberflächliche Wahrnehmung einer neuen Entwicklungsstufe des Kapitalverhältnisses, auf der die aus sozial, kulturell und politisch formierten „Klassenstrukturen" entbundenen abstrakten und atomisierten Individuen sich einem anonymen, technologisch verselbständigten gesellschaftlichen Risiko-Apparat gegenüber sehen (damals manifestiert in der Atom-Katastrophe von Tschernobyl), war zwar in mancher Hinsicht durchaus zutreffend. Aber weil die Reflexion von Beck auf die Erscheinungsebene beschränkt blieb, zog er daraus nicht die Konsequenz einer auf höherem Abstraktionsniveau erneuerten und radikaleren Kapitalismuskritik, sondern wollte ganz im Gegenteil „neben vielen Risiken und Gefährdungen" jede Menge „Chancen" in seiner wunderbaren „Risikogesellschaft" entsolidarisierter abstrakter Individuen erkennen. Aus dieser Sicht sollte die kapitalistische Modernisierung in „reflexiver" Form weitergehen und das Risikopotential durch eine erweiterte sogenannte Sub- und Bürgerpolitik, durch „universalisierte Bürgerwiderständigkeit im Sinne von aktiver Mit- und Gegenwirkung" (Beck 1986, 371) beherrschbar bleiben. Beck beschwor so „die bewusste Gestaltung und Wahrnehmung der Handlungsspielräume, die die Moderne inzwischen erschlossen hat" (a.a.O., 372) und behauptete: „Es herrschen keine Sachzwänge mehr, es sei denn, wir lassen und machen sie herrschen" (ebda).

Gründlicher kann man den Kapitalismus im allgemeinen und die zeitgenössische Entwicklung zu Beginn des 21. Jahrhunderts nicht missverstehen und fehldeuten. Beck, der seine berufsoptimistische Chancen-Phänomenologie seither nur noch soziologie-feuilletonistisch breitgetreten hat, beschränkt seine Analyse nicht nur in falscher Weise auf das kapitalistische Zentrum hauptsächlich am Beispiel der BRD, wobei er kontrafaktisch eine Irreversibilität sozialstaatlicher Sicherungssysteme voraussetzt; und er verengt den Risiko-Begriff nicht nur in erster Linie auf technologische Gefährdungspotentiale. Vielmehr verfehlt er schon im Ansatz das Wesen des Kapitalverhältnisses, indem er die „Sachzwänge" auf der Erscheinungsebene als demokratisch, „subpolitisch" usw. verhandelbar und damit im Prinzip als überwunden darstellt, während sie sich in Wirklichkeit auf einer den Individuen immer schon vorausgesetzten subjektlosen Ebene blinder Systemprozesse abspielen und heute mehr denn je überwältigend geworden sind.

Wenn Kapitalismus, dann gnadenloser Sachzwang der objektivierten Verwertungs- und Konkurrenzlogik, und sonst gar nichts. Die falschen Sachzwänge können nur dann aufhören, wenn sich die Gesellschaft in einer umwälzenden Bewegung von der kapitalistischen Form der Reproduktion, das heißt vom Zwang zur „Verwertung des

Werts" emanzipiert. Was inzwischen aus eigener bitterer Erfahrung jedes Kind weiß und jeder Sachzwangverwalter des ökonomischen Terrors als demokratische Schicksalsfrage der „Konkurrenzfähigkeit" und „Finanzierungsfähigkeit" im Standardrepertoire hat, daran möchten sich die Schwadroneure einer „Neuerfindung des Politischen" (Beck) und akademischen Souffleure von „Neuer Mitte" oder „New Labour" pfeifend vorbeimogeln.

Beck setzt frei entscheidungsfähige Subjekte voraus, ohne (wie alle Demokraten) zu begreifen, dass der „Sachzwang" schon in der apriorischen Form des Geld- und Konkurrenzsubjekts selber gesetzt ist. Sein Krisenbegriff bleibt ebenso oberflächlich wie seine Analyse auf kunterbunte und vermeintlich einzeln bewältigbare „kontingente" Erscheinungen beschränkt, während die tatsächliche Weltkrise als innerer Selbstwiderspruch des Kapitals die bürgerliche Subjektform selber erfasst. In der Verwilderung der globalen Krisenkonkurrenz auf allen Ebenen verwildern auch die Subjekte, deren Form zerfällt und ihren Gewaltkern auf neue Weise offenbart.

Gewalt, Blut und Angst zeigen sich nicht als dem ökonomischen Reduktionismus äußerlich hinzutretende Erscheinungen, sondern als dessen integrale Bestandteile. Die postmoderne Plünderungsökonomie und ihre Greueltaten verweisen am Ende des Kapitalismus verräterisch auf seine Anfänge und seine Gründungsverbrechen; denn entgegen ihren legitimatorischen Legenden entsprang die moderne Geldmaschine keinem friedlichen Handel und Wandel, sondern der frühmodernen Feuerwaffen-Ökonomie und deren Militärdespotien. Die Konstitution und Durchsetzung der Moderne war nicht äußerlich, sondern wesentlich geprägt von Terror, Massakern und Zwangsgewalt, von Plünderung und Zwangsarbeit als dem Urgrund von „freier" Lohnarbeit und kapitalistischer Individualisierung, die das Zwangsverhältnis bloß verinnerlicht haben.

Die Logik der Abspaltung und die Krise des Geschlechterverhältnisses

Das aus solchen Gründungsverbrechen entstandene gesellschaftliche Zwangsverhältnis war immer gleichzeitig auch ein entsprechendes Geschlechterverhältnis: Wiederum entgegen allen aufklärerischen Legenden hat die warenproduzierende Moderne die Unterdrückung der Frau nicht gemildert oder gar dem Anspruch nach überwunden, sondern vielmehr als systematisches „Abspaltungsverhältnis" (Roswitha Scholz) zugespitzt, was sich aus den Ursprüngen der modernen militärischen Revolution erklärt. Im Kern ist Kapitalismus nichts anderes als die Militarisierung der gesellschaftlichen Reproduktion; nicht allein im äußeren Bezug auf die ökonomischen Erfordernisse der ursprünglichen Feuerwaffenproduktion, sondern auch als quasi-militärische Formierung der gesamten Produktionsweise, in der Form von „Armeen der Arbeit", in der Form der universellen Konkurrenz als eines permanenten ökonomischen Krieges aller gegen alle usw. Alle Momente der Reproduktion und des Lebens, die nicht in diesen Formen aufgehen, werden als „weiblich" konnotiert, abgespalten, „inoffiziell" gemacht, als minderwertig gesetzt und ausgegrenzt. Das Warensubjekt ist also seinem Wesen nach „männlich" und latentes oder manifestes Gewaltsubjekt, auch wenn es partiell Frauen in sich einbegreift. Und in diesem Sinne enthält die kapitalistische Gesellschaft das Moment der Gewaltbereitschaft bis in die Poren des Alltags.

Dieser Gewaltkern des Kapitals, wie er manifest die äußere und innere Kolonisierungsgeschichte bestimmt hat, ist durch alle Formen des kapitalistischen Regimes hindurch bis heute präsent geblieben. Nicht umsonst sind die westlichen Demokratien der Gegenwart in einem historisch beispiellosen Maße militärisch aufgerüstet und mit Vernichtungskapazitäten ausgestattet, während der nach innen gerichtete ebenso beispiellose Apparat der kapitalistischen Menschenverwaltung polizeilich bis an die Zähne bewaffnet und jederzeit auf „innere Unruhen" oder auch nur Opposition gegen kapitalistische Entscheidungsprozesse gewalttätig zu reagieren bereit ist.

Das Gewaltverhältnis, das die Menschen zu fremdbestimmter, in vieler Hinsicht irrationaler Tätigkeit zwingt, das sie aber gleichzeitig längst in ihrer eigenen bürgerlichen Subjektform mit sich herumschleppen und es selber „sind", auch im abgespaltenen „weiblichen" Moment der Reproduktion, ist in stummen ökonomischen und juristischen Formen erstarrt, aber auch in seiner Latenz als direkte männliche Gewalt alltäglich spürbar. Es hat sich in den kapitalistischen Zentren bloß verpuppt und (auch hinsichtlich des Geschlechterverhältnisses) mit der typisch demokratischen Karikatur von Teilhabe maskiert, die in Wahrheit nichts als eine Nötigung zur Selbstverhöhnung darstellt, während die wirklichen Entscheidungen immer schon durch den blinden Gang der Markt- und Konkurrenzprozesse vorprogrammiert sind. In den Zusammenbruchsregionen bricht der latent vorhandene Gewaltcharakter des Kapitalismus offen hervor, weil er nicht mehr juristisch, sozialstaatlich usw. kaschiert und notdürftig pazifiziert werden kann. Die Gewalt der Ökonomie und die Ökonomie der Gewalt sind nur die beiden Seiten derselben Medaille.

Noch in den gebrochensten postmodernen Formen macht sich der männlich-patriarchale und gewaltsame Charakter von Ökonomie wieder unmittelbar geltend, so domestiziert er den blauäugigen postmodernen DemokratietrommlerInnen erschienen war. Noch während die abgerüsteten (Ex-)Feministinnen der „neuen Mitte" die vermeintliche neue Geschlechtergleichheit als kapitalistische Chancengleichheit feierten, kam in den Strukturen der globalen Plünderungsökonomie stattdessen eben jene „Verwilderung des Patriarchats" zum Vorschein.

In den prekären Sekundärökonomien am Rande des Weltmarkts, die sich inzwischen auch in den kapitalistischen Zentren breit machen, und die in der Peripherie eng mit der Plünderungsökonomie verzahnt sind, erscheint der abspaltende Charakter des modernen Geschlechterverhältnisses auch dort wieder, wo scheinbar Frauen zunehmend sozial „männlich" und Männer durch Depravierung sozial „verweiblicht" werden: „Das Gesamtresultat dieser unaufgehobenen, in der Zersetzung und im Gestaltwandel begriffenen Abspaltung ist prinzipiell gesehen nach wie vor eine Zurücksetzung von Frauen im Gegensatz zu Männern, gerade auch in der epochalen Krise... Dabei sind Frauen heute für ‚Geld und (Über-)leben' gleichermaßen zuständig. Dass Frauen nun Funktionen übernehmen, die traditionell Männersache waren, trifft nicht bloß auf ‚Drittweltländer' etwa infolge von Migrationsbewegungen zu, sondern ebenso für die hochindustrialisierten Länder. So müssen zum Beispiel alleinerziehende Mütter auch hierzulande nicht selten im Alltag Mutter und Vater zugleich sein... Dabei treibt selbst dann, wenn ... die Erosion des warenproduzierenden Patriarchats sichtbar wird, der Androzentrismus als ‚psychogenetisches Unterbauphänomen'... immer noch sein Unwesen, auch in modifizierten Leitbildern, emotionalen Befindlichkeiten und Codes, wie sie mit einer veränderten ökonomischen Lage einhergehen" (Scholz 2000, 132 f.).

Wenn etwa Frauen fast zu 100 Prozent die diversen Selbsthilfeinitiativen in den peripheren Krisen- und Zusammenbruchsregionen tragen (vgl. Scholz, a.a.O., 125), dann geht dies nicht mit einer „politischen" Aufwertung einher, sondern ist bloß Ausdruck der Abwertung und Auflösung des Politischen, in der die abgespaltene „Weiblichkeit" die Kastanien aus dem Feuer holen soll. Dasselbe gilt für die Übernahme „männlicher" ökonomischer und sozialer Funktionen durch alleinerziehende Frauen sowohl in den Zentren wie in der Peripherie: Auch in diesem Sinne gibt es keine Aufwertung des abgespaltenen „Weiblichen", sondern die Abwertung der sozialökonomischen Reproduktion überhaupt zugunsten der unmittelbaren männlichen Gewaltmenschlichkeit. Der Mann ist jetzt kein pater familias mehr, aber eben nicht zugunsten der Frauen, sondern als völlig entwurzeltes monadisches Konkurrenzsubjekt, das als Gewaltsubjekt die absolute Grenze der modernen gesellschaftlichen Konstitution erscheinen lässt. Es sind fast ausschließlich Männer, von denen die „Armeen" der Plünderungsökonomie gebildet werden; total verantwortungslose „Streuner", oft noch halbe Kinder, die durch den Lauf der Kalaschnikow die ältesten Codes des warenproduzierenden Patriarchats in einem absurden Alptraum reproduzieren. Das männliche bewaffnete Kind als letzte misogyne Horrorgestalt der Moderne ist schon mehr als ein Menetekel.

Vielleicht in keinem Punkt hat sich die postmoderne „Chancen"-Ideologie so grausam blamiert wie hinsichtlich des Geschlechterverhältnisses. Die viel beschworene Individualisierung in der globalen „Risikogesellschaft" sieht eben für Frauen und Männer durchaus verschieden aus, soweit sie sich nicht auf den Karriere-Etagen des neuen Finanzkapitalismus und seiner bizarren Sekundärformen tummeln. Der Kern des ökonomischen Subjekts der Moderne entpuppt sich als männlicher Gewalttäter wie in den frühesten Anfängen dieser Subjektform. Die prekäre „Feminisierung der Beschäftigung" oder überhaupt der völlige Zusammenbruch der kapitalistischen Reproduktion wird von einem postmodernen männlichen Realökonomismus anti-emanzipatorisch beantwortet durch zunehmende Gewalt gegen Frauen und Kinder, durch Vergewaltigung, Raub und Mord.

Die Kälte gegen das eigene Selbst

Der marodierende Realökonomismus darf als Motivzusammenhang freilich nicht in falscher Unmittelbarkeit verstanden werden. Das nicht mehr anders als gewaltsam geltend zu machende Geld- und Konkurrenzmotiv bildet den Hintergrund und die Triebkraft der (männlichen) Plünderungsökonomie. Trotzdem bedarf es dafür der nicht unmittelbar ökonomischen „Feinddefinition", selbst wenn diese inhaltlich beliebig bleibt und sich die Gewaltsamkeit keineswegs auf die mehr oder weniger willkürlich definierte Feindpopulation beschränkt. Die Ideologie welcher Couleur auch immer verwildert und verwahrlost ebenso wie die Konkurrenz und ihre Subjektform, aber sie verschwindet nicht.

Außerdem besteht nicht nur ein direktes Verhältnis von Verelendung und Macht der Banden. Das Elend bildet den gesellschaftlichen Humus der Gewalt, aber es äußert sich nicht unbedingt selber gewaltsam oder jedenfalls nicht allein. Die eigentlichen Lazarus-Schichten sind meist gar nicht mehr fähig, zur Waffe zu greifen. Sie dienen nur noch als Opfermasse oder bleiben überhaupt einem kraftlosen Vegetieren überlassen. Die Milizen rekrutieren sich eher aus der perspektivlos gewordenen männlichen Jugend der bis vor kurzem noch mit einer Fassade der Normalität ausgestatteten Industriearbeiterschaft oder des Mittelstands. Gerade auch viele Angehörige der „Jeunesse dorée", der trotz Krise noch Bessergestellten, der Reichen und Superreichen, der Krisen- und Globalisierungsgewinnler finden sich darunter.

Das Elend macht eben auch denen Angst, die noch nicht direkt davon erfasst sind, weil es eine Drohung für die eigene Zukunft darstellt. Es erzeugt nicht notwendig Mitleid und emanzipatorische Gesellschaftskritik, sondern auch Wut auf die Elenden und Verwahrlosung der Sitten gerade bei denen, die noch oben schwimmen in der Elendsgesellschaft. Zur „verlorenen Generation" gehören nicht nur die jungen Dauerarbeitslosen und „Überflüssigen", sondern auch die davon nicht oder noch nicht unmittelbar betroffenen (männlichen) Jugendlichen werden vom Klima der gesellschaftlichen Krise geprägt und verwildern moralisch. Die meisten Milizen und Banden in den Krisen- und Zusammenbruchsregionen stellen so eine merkwürdige Mischung aus barbarisierten Arbeitslosen und einer ebenso barbarisierten „Jeunesse dorée" dar (deren Väter oft als Paten und Unterpaten fungieren).

Wenn die gesellschaftliche Reproduktion als Ganzes nicht mehr funktioniert, wenn die Quantität von Armut, Elend und Verzweiflung ein bestimmtes Maß überschreitet, dann kann es keine Insel der Wohlanständigkeit mehr geben. Das Fluidum der Angst und des Hasses durchdringt mühelos alle Hochsicherheitszäune, hinter denen sich die Obszönität des Krisenreichtums verschanzt hat. Die Ankoppelung von „erfolgreichen" Minderheiten an die Globalisierung selbst noch in den Zusammenbruchsregionen konstituiert keinen sozialen Raum, der sich geistig und psychisch exterritorial halten könnte. Die Gesellschaft ist eben doch unteilbar. Geschäft und Gewalt, noch nie grundsätzlich geschieden, beginnen zu verschmelzen – und diese Kernschmelze der kapitalistischen Vernunft greift mit Windeseile auf die Weltzonen der vermeintlichen Normalität und Legalität über.

Die Konkurrenz wird in der Weltkrise zur ökonomischen Vernichtungskonkurrenz, somit zur sozialen Existenzkonkurrenz, und diese schlägt um in die unmittelbare „maskulinistische" Gewaltkonkurrenz. Wenn dabei das Risiko des eigenen gewaltsamen Todes zum Alltag wird, jetzt im Mikrobereich der Lebenswelt wie einst an den Fronten der Weltkriege, steht dies nicht unbedingt im Widerspruch zum „egoistischen Interesse" und zu den Begierden des Warenkonsums. Was dabei zum Vorschein kommt, ist die buchstäblich mörderische Selbstwidersprüchlichkeit des Konkurrenzsubjekts, indem sich – durch die Krise verschärft – die Selbstwidersprüchlichkeit der kapitalistischen Logik auch in den Individuen reproduziert; aufgrund ihrer Sozialisation vor allem in den männlichen. Die Auswegslosigkeit der kapitalistischen Form zerreißt die Motive, Gedanken und Empfindungen in gegensätzliche, unvereinbare und unlebbare Widersprüche. Die Gier nach Erfolg, Konsum usw. in dieser Form wird konterkariert durch die vollkommene Trostlosigkeit und geistige Ödnis des ökonomischen Imperativs, dessen Inhalte sich als immer alberner und gleichzeitig immer destruktiver darstellen.

Im schwülen Klima dieser zugespitzten Widersprüche gleitet das Konkurrenzbewusstsein leicht in einen Zustand, der über den Begriff des bloßen „Risikos" oder „Interesses" hinausweist: Die Gleichgültigkeit gegenüber allen anderen schlägt um in die Gleichgültigkeit gegen das eigene Selbst. Ansätze dieser neuen Qualität sozialer Kälte als „Kälte gegen sich selbst" zeigten sich schon in den großen Krisenschüben der ersten Hälfte des 20. Jahrhunderts, auch wenn diese Erfahrungen vorübergehend zu sein schienen. Hannah Arendt hat in ihrem berühmten Buch „Elemente und Ursprünge totaler Herrschaft" für die Zwischenkriegszeit eine „Atmosphäre allgemeiner Zersetzung" konstatiert, in der eine Kultur der „Selbstverlorenheit" entstanden sei (Arendt 1986/1951). Und auch damals schon waren es in erster Linie Männer und vor allem sehr junge Männer, die davon erfasst wurden.

Es war also viel mehr als bloß der Verlust beruflicher und materieller Sicherheit, so Arendt, der diese Individuen innerlich zum blinden Selbstopfer bereit machte: „Aber selbst diese egozentrische Bitterkeit, die individuell psychologisch gesehen das Kennzeichen einer ganzen Generation wurde, war nicht etwas, was sie gemeinsam hatten, obwohl alle individuellen Unterschiede schließlich in einem allgemeinen Ressentiment untergingen; der Egozentrismus konnte keine gemeinsamen Interessen entstehen lassen, und er war daher sehr oft mit einer typischen Schwächung des Instinkts der Selbsterhaltung verbunden. Selbstlosigkeit, nicht als Güte, sondern als Gefühl, dass es auf einen selbst nicht ankommt, dass das eigene Selbst jederzeit und überall durch ein anderes ersetzt werden kann, wurde ein allgemeines Massenphänomen, das wohl den einzelnen dazu bewegen konnte, sein Leben in die Schanze zu schlagen, aber mit dem, was wir gewöhnlich unter Idealismus verstehen, nicht das geringste zu tun hatte. Diese Menschen ... hatten bereits sehr viel mehr verloren als die Kette des Elends und der Ausbeutung, als das Interesse an sich selbst ihnen aus der Hand geschlagen wurde... Mit ihrer Weltlosigkeit verglichen waren die christlichen Mönche weltverhaftet, voller Interesse für weltliche Angelegenheiten... Seit dem Beginn des neunzehnten Jahrhunderts haben viele bedeutende Historiker und Staatsmänner das Herannahen eines Massenzeitalters prophezeit... Alle diese Prophezeiungen sind nun in der Tat eingetroffen, aber, wie es mit Prophezeiungen meist zu gehen pflegt, in einer Art und Weise, die doch von den Propheten nicht vorhergesehen war. Was sie kaum vorausgesehen oder doch in seinen eigentlichen Folgen nicht richtig eingeschätzt hatten, war dies ganz unerwartete Phänomen eines radikalen Selbstverlusts, diese zynische oder gelangweilte Gleichgültigkeit, mit der die Massen dem eigenen Tod begegneten oder anderen persönlichen Katastrophen, und ihre überraschende Neigung für die abstraktesten Vorstellungen, diese leidenschaftliche Vorliebe, ihr Leben nach sinnlosen Begriffen zu gestalten, wenn sie dadurch nur dem Alltag und dem gesunden Menschenverstand, den sie mehr verachteten als irgend etwas sonst, entgehen konnten... Der Mangel an wirklicher Urteilskraft geht hier Hand in Hand mit der eigentümlichen, modernen Selbstlosigkeit, und beides findet nur zu sehr seine Entsprechung in dem Drang der Massen in eine fiktive Welt..." (Arendt 1986/1951, 510 ff., 539).

Ebenso wie bei zahlreichen anderen Momenten ihrer Analyse des Totalitarismus entgeht es Hannah Arendt, dass sie hier weit mehr und Grundsätzlicheres beschreibt als bloß eine bestimmte historische Entwicklung des politischen Totalitarismus nach dem Ersten Weltkrieg, der bürgerlichen „Urkatastrophe" des 20. Jahrhunderts. Das totalitäre Moment wohnte dem modernen warenproduzierenden System von Anfang an inne; es bildet seinen Kern, der ein Gewaltkern ist: die vollständige Unterwerfung des Menschen mit Haut und Haar, mit Leib und Seele, mit Kind und Kegel unter das abstrakte, an sich völlig inhaltslose Prinzip der Kapitalverwertung, deren sekundärer Ausdruck die moderne Staatlichkeit (das Souveränitätsprinzip) nur ist. Indem die Imperative dieser irrationalen Logik die Gesellschaft in eine sekundäre Naturwüste des Überlebenskampfes verwandelt haben, hat sich nur scheinbar die abstrakte Selbstbehauptung als oberstes Prinzip der Individuen (in ihrer modernen Form als strukturell „männliche" Subjekte) konstituiert. Dahinter lauert vielmehr die ebenso abstrakte Selbstverleugnung; genauer gesagt: Selbstbehauptung und Selbstverleugnung sind in ihrer völligen Trennung von jeder sozialen Gemeinsamkeit an sich identisch, und diese Identität erscheint auch praktisch in den großen kapitalistischen Gesellschaftskatastrophen.

Elemente davon finden sich eben schon in der Urgeschichte moderner bürgerlicher und männlicher Subjektivität zu Beginn der sogenannten Neuzeit, bei den marodierenden Banden des Dreißigjährigen Kriegs und bei den Protagonisten jener zahlreichen Bürgerkriege, in denen sich das moderne Gesellschaftssystem herausbildete. Die Selbstlosigkeit und Selbstverlorenheit der Massen in der Durchgangsepoche des politischen Totalitarismus manifestierte auf hohem Entwicklungsniveau denselben Kern moderner Subjektivität, die sich in der zweiten Hälfte des 20. Jahrhunderts in jenem zu sich kommenden Realökonomismus des Weltsystems, das heißt im ökonomischen Totalitarismus, entpuppte.

Wie sich alle allgemeinen Eigenschaften des Totalitären, die Hannah Arendt vermeintlich (ihrem Selbstverständnis nach) ausschließlich auf die politische Durchsetzungs- oder Verpuppungsform der totalitären Regimes bezog, in viel reinerer Form im ökonomischen Totalitarismus des sich globalisierenden Kapitalverhältnisses wiederfinden lassen, so auch und nicht zuletzt jene Kultur der Selbstlosigkeit, Selbstverlorenheit und Selbstvergessenheit, jener völlige Verlust der Urteilsfähigkeit. Dieser im totalen ökonomischen Imperativ angelegte totale Selbstverlust der abstrakten Individuen entfaltet sich am Ende des 20. Jahrhunderts, in der neuen Weltkrise an der absoluten inneren Schranke des Kapitalverhältnisses, mit einer nie dagewesenen Wucht und Ausdehnung. Was in der Vergangenheit nur temporärer Zustand war, wird zum Normal- und Dauerzustand; der „zivile" Alltag selbst geht in die totale Selbstverlorenheit der Menschen über.

Wem wäre jemals mehr „das Interesse an sich selbst aus der Hand geschlagen" worden, wer hätte jemals mehr das Gefühl haben müssen, dass es „auf einen selbst nicht ankommt", dass alle Individuen jederzeit durch andere ebenso gleichgültige Charaktermasken der totalitären Verwertungsbewegung ausgetauscht werden können – als es den „überflüssigen" Massen der dritten industriellen Revolution ebenso wie den ökonomischen Charaktermasken des globalisierten Finanzkapitals heute widerfährt? Und davon wird erneut in erster Linie ein männliches Selbstverständnis getroffen, auch wenn diese Verlorenheit in bestimmten Bereichen der Ökonomie empirisch Frauen nicht weniger betrifft. Es ist ein identischer Selbstverlust, der Schlägerbanden, Plünderer und Vergewaltiger ebenso kennzeichnet wie die Selbstausbeuter der New Economy oder die Bildschirmarbeiter des Investmentbanking.

Die Ökonomie der Selbstzerstörung: Globalisierung und „Ausbeutungsunfähigkeit" des Kapitals

Hans Magnus Enzensberger hat im direkten Anschluss an Hannah Arendt versucht, den gemeinsamen Nenner der Selbstlosigkeit in den flächendeckenden wie in den „molekularen" Bürgerkriegen des neuen Krisenzeitalters zu beschreiben: „Was hier wie dort auffällt, ist zum einen der autistische Charakter der Täter, und zum anderen ihre Unfähigkeit, zwischen Zerstörung und Selbstzerstörung zu unterscheiden. In den Bürgerkriegen der Gegenwart ist jede Legitimation verdampft… Der einzig mögliche Schluss ist, dass die kollektive Selbstverstümmelung nicht ein Nebeneffekt ist, der in Kauf genommen wird, sondern das eigentliche Ziel. Die Kämpfer wissen sehr wohl, dass sie nur verlieren können, dass es keinen Sieg gibt. Sie tun alles, was in ihrer Macht steht, um ihre Lage bis ins Extrem zu verschärfen. Sie wollen nicht nur die anderen, auch sich selber in den ‚letzten Dreck' verwandeln. Ein französischer Sozialarbeiter berichtet aus der Banlieu von Paris: ‚Sie haben schon alles kaputtgemacht, die Briefkästen, die Türen, die Treppenhäuser. Die Poliklinik, wo ihre kleinen Brüder und Schwestern gratis behandelt wurden, haben sie demoliert und geplündert. Sie erkennen keinerlei Regeln an. Sie schlagen Arzt- und Zahnarztpraxen kurz und klein und zerstören ihre Schulen. Wenn man ihnen einen Fußballplatz einrichtet, sägen sie die Torpfosten ab.' Die Bilder vom molekularen und vom makroskopischen Bürgerkrieg gleichen sich bis ins Detail. Ein Augenzeuge gibt wieder, was er in Mogadiscio gesehen hat. Der Berichterstatter war dabei, wie eine Bande von Bewaffneten ein Hospital zertrümmerte. Das war keine militärische Aktion. Niemand bedrohte die Männer; Schüsse waren in der Stadt nicht zu hören. Das Krankenhaus war bereits schwer beschädigt und nur noch mit dem Nötigsten ausgestattet. Die Täter gingen mit wütender Gründlichkeit vor. Betten wurden aufgeschlitzt, Flaschen mit Blutserum und mit Medikamenten zerschmettert; dann machten sich die Bewaffneten in ihren verdreckten Tarnanzügen über die wenigen Apparate her. Sie waren erst zufrieden, als sie das einzige Röntgengerät, den Sterilisator und den Sauerstoffapparat unbrauchbar gemacht hatten. Jeder von diesen Zombies wusste, dass ein Ende der Kämpfe nicht in Sicht war; jeder wusste, dass schon am nächsten Tag sein Leben davon abhängen konnte, ob ein Arzt da wäre, der ihn zusammenflicken würde. Es ging ihnen offenbar darum, jede, auch nur die geringste Überlebenschance zu vernichten. Man könnte das die reductio ad insanitatem nennen. Im kollektiven Amoklauf ist die Kategorie der Zukunft verschwunden. Es gibt nur noch die Gegenwart. Konsequenzen existieren nicht mehr. Das Regulativ der Selbsterhaltung ist außer Kraft gesetzt" (Enzensberger 1993, 20, 31 ff.).

Die Beschreibung ist zutreffend, die Tatsachen werden scharfsinnig analysiert; selbst der Hinweis auf den geschlechtlichen Charakter dieser Täterschaft fehlt nicht. Aber wie in anderer Weise bei Hannah Arendt bleibt der Grund auch bei Enzensberger unausgelotet. Das Bemühen wird erkennbar, die Phänomenologie des Schreckens von Selbstverlust und Selbstzerstörung irgendwie in ihrer Fremdheit einzugrenzen und damit aus der eigenen Lebenswelt auszugrenzen, um selber nichts damit zu tun haben zu müssen. Immerhin benennt Enzensberger (allerdings eher nebenbei) durchaus den äußeren sozialen Zusammenhang von kapitalistischer Globalisierung, neuen Bürgerkriegen und Selbstverlust der marodierenden Individuen: „Unstrittig produziert der Weltmarkt, seitdem er keine Zukunftsvision mehr ist, sondern eine globale Realität, mit jedem Jahr weniger Gewinner und mehr Verlierer, und zwar nicht nur in der Zweiten und Dritten Welt, sondern auch in den Kernländern des Kapitalismus. Fallen dort ganze Länder, ja Kontinente aus den internationalen Tauschbeziehungen heraus, so sind es hier wachsende Teile der Bevölkerung, die im Wettbewerb der Qualifikationen, der sich rapide verschärft, nicht mehr mithalten können" (Enzensberger, a.a.O., 39).

Zwar hebt sich dieser Tatsachenrealismus auf den ersten Blick angenehm ab vom falschen Berufsoptimismus der offiziellen „Chancen"-Rhetorik, wie sie die akademische Volkswirtschaftslehre oder etwa die „spin doctors" von „New Labour" und „Neuer Mitte" repräsentieren. Aber Enzensberger verdreht die Anerkennung der negativen Tatsachen in einer affirmativen Volte; das soziale Zerstörungspotential der kapitalistischen Globalisierung verwandelt sich ihm unter der Hand in eine dürftige Apologetik des Westens: „Die politischen Folgen, die von den marxistischen Theoretikern prophezeit wurden, sind jedoch ausgeblieben. Insofern sind ihre Thesen falsifiziert. Der internationale Klassenkampf findet nicht statt... Die Verlierer, weit davon entfernt, sich unter einem Banner zu versammeln, arbeiten an ihrer Selbstzerstörung, und das Kapital zieht sich, wo immer es kann, von den Kriegsschauplätzen zurück. In diesem Zusammenhang ist es nötig,... dem hartnäckigen Glauben einen Dämpfer zu versetzen, dass sich Ausbeutungsverhältnisse auf ein reines Verteilungsproblem reduzieren ließen, so als ginge es um die gerechte oder ungerechte Distribution eines Kuchens von gegebener Größe... Vorgetragen wird (dieses Klischee) am liebsten in Form der Behauptung, ,wir' lebten auf Kosten der Dritten Welt; weil wir, das heißt, die Industrieländer, sie ausbeuteten, seien wir so reich. Wer sich auf diese Weise an die Brust schlägt, kann mit Tatsachen nicht viel im Sinn haben. Ein einziger Indikator genügt: der Anteil Afrikas an den Weltexporten liegt bei 1,3 %, der lateinamerikanische bei 4,3 %. Ökonomen, die der Frage nachgegangen sind, bezweifeln, ob die Bevölkerung der reicheren Länder es merken würde, wenn die ärmsten Kontinente von der Landkarte verschwänden... Theorien, welche die Armut der Armen ausschließlich durch externe Faktoren erklären, bieten nicht nur der moralischen Empörung wohlfeile Nahrung, sie haben noch einen anderen Vorzug: sie entlasten die Herrscher der armen Welt und schieben die alleinige Verantwortung für die Misere dem Westen zu... Von Afrikanern, die diesen Trick durchschaut haben, kann man unterdessen hören, dass es nur eines gebe, was schlimmer sei, als von Multis ausgebeutet zu werden, nämlich: nicht von ihnen ausgebeutet zu werden..." (Enzensberger, a.a.O., 40 ff.).

Enzensberger möchte sich aus der Affäre ziehen, indem er die Problematik des neuen universellen Krisenkapitalismus, der absoluten inneren Grenze der planetarisch gewordenen kapitalistischen Produktions- und Lebensweise, auf die vergangene aufsteigende Linie des Kapitalismus, auf seine Durchsetzungsgeschichte und deren innere Kämpfe zurückprojiziert. Der zentrale Konflikt in diesem Sinne war in der Tat der sogenannte Klassenkampf, der jedoch seinem Wesen und seiner Natur nach nichts anderes war als erstens der „Kampf um Anerkennung" der Lohnarbeit in den Rechts- und Politikformen des Kapitals (einschließlich des kapitalistischen Geschlechterverhältnisses), und zweitens der ökonomische Verteilungskampf um „Anteile" innerhalb der Verwertungsbewegung des Kapitals.

In beiden Fällen handelte es sich um die Auseinandersetzung von kapitalistisch konstituierten Subjekten innerhalb der überhaupt nicht in Frage gestellten Formen des warenproduzierenden Systems. Mit anderen Worten: Es handelte sich um eine „Immanenz" der sozialen Auseinandersetzung, die gerade aufgrund der anhaltenden Aufstiegs- und Ausdehnungsbewegung der kapitalistischen Form im „eisernen Gehäuse" (Max Weber) dieser Form sich entfalten konnte, ohne darüber hinauszugehen; also eben (noch) nicht um eine „Immanenz", die aufgrund der eigenen inneren Krisendynamik des Weltsystems über dessen Grenzen hinausgetrieben und dazu gezwungen worden wäre, dieses „eiserne Gehäuse" der Form (und damit der eigenen Subjektform) selber aufzusprengen.

Dass der immanent bleibende „Klassenkampf" auf dem neuen Krisenterrain nicht mehr stattfinden kann, wird für Enzensberger zum Argument, sich am Problem der sozialen Beziehungsform und der Subjektform vorbeizumogeln, statt darin die Grenze, Krise und Unhaltbarkeit dieser Form selber zu erkennen. Denn warum kann denn der „Klassenkampf" innerhalb der bürgerlichen Kategorien nicht mehr stattfinden, warum arbeiten denn speziell die männlichen Verlierer (und eben nicht nur die augenfälligen Verlierer!) nur noch an ihrer Selbstzerstörung? Eben deshalb, weil in den kategorialen Formen der warenproduzierenden Moderne keine tragfähige Entwicklung mehr stattfindet, weil nicht einmal mehr eine illusionäre zivilisatorische Perspektive gewonnen werden kann. Was heißt es denn, dass wachsende Teile der Weltbevölkerung nicht einmal mehr ausgebeutet, dass sie „überflüssig" werden, dass ganze Kontinente weitgehend von der kapital-ökonomischen Landkarte verschwinden? Doch nichts anderes, als dass die kapitalistische Form, die Gesellschaftsform der Moderne, das warenproduzierende System also, für die globale Mehrheit (und letzten Endes für alle) reproduktionsunfähig wird; dass somit die Kritik und Überwindung des Form-Gehäuses selber ansteht, in dem sich der vergangene „Klassenkampf" noch bewegen konnte.

Enzensberger jedoch macht aus der Tatsache, dass die Menschen zunehmend „nicht einmal mehr ausgebeutet" werden, absurderweise ein Argument für den Kapitalismus bzw. für das westliche Zentrum des Kapitalismus. Dass es sich in der Tat um kein bloßes Verteilungsproblem innerhalb der kapitalistisch produzierten Form des Reichtums mehr handelt, gerät ihm zur Rechtfertigung dieser Form, was natürlich nichts anderes heißt, als dass er darin eine unüberwindbare ontologische Grundbedingung menschlicher Existenz überhaupt statt eine begrenzte historische Formation sehen will. Die Armut der Armen ist aber nur insofern nicht auf „externe Faktoren" zurückzuführen (dies war das falsche, verkürzte Paradigma der bloß antikolonialen, nationalen Befreiungsbewegungen der Vergangenheit), als sich der Kapitalismus aus einem kolonialen Verhältnis von Zentrum und Peripherie zu einem unmittelbaren, negativ universellen Weltsystem gemausert hat, für das es kein „Außen" mehr gibt.

Unter den Bedingungen der dritten industriellen Revolution, die diese Unmittelbarkeit des Weltmarkts hergestellt hat, werden die Produktivkräfte und Produktionsmittel im größeren Teil der Welt mangels betriebswirtschaftlicher Rentabilität stillgelegt, ohne dass jedoch gleichzeitig die Menschen aus der kapitalistischen Form (die eben längst auch ihre innere Subjektform ist) entlassen werden, wobei diese Subjektform immer auch durch das moderne Geschlechterverhältnis aufgeladen, also geschlechtlich modifiziert ist.

Soweit sie nicht gänzlich stillgelegt werden, erfahren die Produktionsmittel (nicht zuletzt fruchtbares Ackerland) eine zwangsweise Ausrichtung auf den universellen Weltmarkt, was zum Beispiel im Rahmen des globalen Agro-Business die arbeitsarme Hightech-Produktion von Luxusgütern wie Schnittblumen und Genussmitteln für die westlichen Zentren bedeutet, während die einheimische Bevölkerung von ihrem Land vertrieben und von ihren ökonomisch-wertförmig nicht oder nicht mehr darstellbaren Lebensressourcen abgeschnitten wird, ohne auf dem neuen Niveau der Produktivkräfte auch nur repressiv als „hands" in die Weltmarktproduktion einbezogen werden zu können.

Die Waren- und Geldströme, in denen sich die marginalisierte Agro-Produktion oder punktuelle billige Lohnveredelungen etc. darstellen, sind zwar in der Tat im Verhältnis zum globalen Gesamtprodukt und insbesondere zum Volumen des inhaltsleeren Finanzkapitals vernachlässigenswert klein; aber eben in dieser relativ mikroskopischen Dimension der auf Weltniveau „gültigen" Wertschöpfung verschwindet das Leben riesiger Bevölkerungsmassen von „Überflüssigen". Der (selber bloß abstrakte und destruktive) Reichtum der westlichen Kernländer beruht nicht auf der Masse an billigen Schnittblumen aus Kolumbien oder Zentralafrika, die per Jet in die Metropolen verfrachtet werden; aber für diese paar Schnittblumen werden ganze Populationen sozial hingeopfert, eben weil die Weltmarktexistenz mit eiserner Konsequenz als die einzig mögliche Existenzform gesetzt ist.

Die Argumentation von Enzensberger ist durchsichtig apologetisch, und das weiß er wohl selber am besten. Offensichtlich zieht er es vor, perspektivische Hilflosigkeit in Zynismus umzusetzen. Aus der historisch konkreten Problemlage flüchtet er sich so in vermeintliche anthropologische Unausweichlichkeiten, in einen ahistorischen Existentialismus und Nihilismus: „Alte anthropologische Fragen stellen sich in dieser Lage neu" (a.a.O., 11). Da ist dann hinsichtlich der neuen Qualität in der Vernichtung Wehrloser die Rede vom leider autistisch gewordenen „testosteronbedingten Energiestau der Jugend" (a.a.O., 22). Das Verhältnis von moderner Subjektform und modernem Geschlechterverhältnis wird so an der globalen Krisenschranke des Systems nicht kritisch thematisiert, sondern ideologisch anthropologisiert, um sich dieser Krise nicht stellen zu müssen. Als die „eigentlich Schuldigen" erscheinen dann die barbarischen „Herrscher der armen Welt" (a.a.O., 41) usw. Der Westen, Zentrum der weltzerstörenden universellen Form des Kapitalverhältnisses, soll sich für sein eigenes Weltsystem unzuständig erklären, das westliche Publikum nicht länger mit den „unverständlichen Beweggründen" (a.a.O., 78) der verrückten Mordfraktionen in exotischen Gegenden belästigt werden.

Der positive Eurozentrismus westlicher Allzuständigkeit im Namen des abstrakten Universalismus, der für die kapitalistische Ausbeutbarkeit der Welt stand, schlägt bei Enzensberger um in einen negativen Eurozentrismus der Ignoranz, der die inneren weltsystemischen Katastrophen veräußerlichen und verdrängen möchte, eben weil die Welt kapitalistisch ausbeutungsunfähig wird. Der Abschied von „moralischen Allmachtsphantasien" (a.a.O., 86) gerät so zur alten Spießerweisheit einer Kirchturmspolitik: „Doch insgeheim weiß jeder, dass er sich zuallererst um seine Kinder, seine Nachbarn, seine unmittelbare Umgebung kümmern muss" (a.a.O., 87). Das ist bloß die Umkehrung der westlichen militärischen Interventionspolitik, aber keine Kritik der zugrunde liegenden Verhältnisse. So konnte Enzensberger von einem fanatischen Interventionsphilosophen wie André Glucksmann „Flucht aus der Verantwortung" vorgeworfen werden, wobei dann die „Verantwortung" für Glucksmann eben darin besteht, auf die unkontrollierbaren Krisengebiete Bomben regnen zu lassen.

So oder so erscheint nicht eine weitergehende, auf die Form des modernen Systems und seiner Subjektivität zielende radikale Kritik angesagt, sondern, wie Enzensberger meint, die „Triage", die Notlagen-Selektion als „Zwangslage" (a.a.O., 88 f.) unter unveränderlichen ontologischen Existenzbedingungen des warenproduzierenden Systems. „Was aus Angola werden soll, darüber müssen in erster Linie die Angolaner entscheiden" (a.a.O., 90) – als würde die Globalisierung die angolanischen Mordbanden nicht zu ebenso direkten „Nachbarn" machen wie die deutschen jugendlichen Mordbanden in „Hoyerswerda und Rostock, Mölln und Solingen" (a.a.O., 90). Das universelle „Innen" lässt sich nicht externalisieren und partikularisieren.

Die Metaphysik der Moderne und der Todestrieb des entgrenzten Subjekts

Natürlich fragt sich, wie Enzensberger aus einer durchaus hellsichtigen Analyse in eine derart gewollte Ignoranz und friedliche Koexistenz mit der Unbewältigbarkeit von „Zwangslagen" abstürzen kann. Die Alternative zur westlichen Militärintervention gegen die vom globalen Kapitalverhältnis selbst induzierten Barbarisierungsprozesse ist schließlich nicht der aussichtslose Rückzug auf die vermeintliche Bewältigungskompetenz im eigenen Vorgarten, sondern eben die Erweiterung der nur noch im globalen Kontext zu formulierenden Gesellschaftskritik auf die unhaltbar gewordenen Formen des modernen warenproduzierenden Systems und seiner (strukturell „männlichen") Subjektivität. Das Paradigma des form-immanenten Klassenkampfs ist abzulösen durch das Paradigma einer Kritik des gemeinsamen, klassen-übergreifenden Formzusammenhangs moderner, auf anonymer Monetarisierung und Konkurrenz wie auf dem geschlechtlichen Abspaltungsverhältnis beruhender negativer Gesellschaftlichkeit.

Woher also die Scheu nicht nur Enzensbergers, zu dieser Formkritik überzugehen? Der Grund dürfte darin liegen, dass eine solche weitergehende, kategoriale Kritik der Moderne alles vertraute Gelände verlassen müsste. Alle bisherige Gesellschaftskritik, nicht nur diejenige der Arbeiterbewegung im engeren Sinne, hatte sich im Zuge der kapitalistischen Aufstiegs- und Ausdehnungsbewegung positiv auf das Ideensystem der bürgerlichen Aufklärung im 18. Jahrhundert und damit auf die Konstitution des bürgerlichen Subjekts bezogen. Dieses immer schon primär männlich gedachte Subjekt sollte gerade qua seiner Form emanzipativ handeln, in welcher ideologischen Verkleidung auch immer. Diese kategorial in der warenförmigen Vergesellschaftung befangene Vorstellungswelt hat nicht nur die sogenannte Neue Linke von der alten Arbeiterbewegung geerbt, sondern auch speziell die deutsche Nachkriegs-Intelligentsia gegen das Verhängnis der deutschen Geschichte geltend gemacht. Aufklärung, Subjekt, Politik, Demokratie: das waren Marx und die Propheten.

Umso schwerer fällt jetzt die Einsicht, dass die deutsche Geschichte unter Einschluss des Nationalsozialismus integraler Bestandteil der weltkapitalistischen Geschichte war, dass es keine positiv zu besetzende Alternative innerhalb dieser Form mehr gibt und dass im Zentrum der heutigen Weltmisere die ausweglos gewordene Form des modernen bürgerlichen Subjekts selber steht. Jetzt, an den Grenzen von bürgerlicher Aufklärung und warenförmiger Reproduktion, zeigt sich die reale Metaphysik der Moderne in ihrer abstoßendsten Weise. Nachdem das bürgerliche, aufgeklärte Subjekt alle seine Hüllen abgestreift hat, wird deutlich, dass sich unter diesen Hüllen NICHTS verbirgt: dass der Kern dieses Subjekts ein Vakuum ist; dass es sich um eine Form handelt, die „an sich" keinen Inhalt hat. Was Enzensberger exotisieren möchte, ist sein eigenes gesellschaftliches Wesen als bürgerliches (und natürlich männliches) Aufklärungssubjekt. Wenn er meint, die Exotik des „Unverständlichen" zu beschreiben, beschreibt er die Metaphysik der westlichen Moderne selbst: „Was dem Bürgerkrieg der Gegenwart eine neue, unheimliche Qualität verleiht, ist die Tatsache, dass er ohne jeden Einsatz geführt wird, dass es buchstäblich um nichts geht" (a.a.O., 35). Aber genau dieses Unheimliche ist nicht das Fremde, Äußerliche, sondern es kommt nur das innerste Selbst des Waren-, Geld- und Konkurrenzsubjekts, das Wesen des demokratischen Staatsbürgers zum Vorschein. Das Nichts, um das es geht, ist die vollkommene Leere des sich verwertenden „automatischen Subjekts" (Marx) der Moderne.

Denn die im Geld sich ausdrückende Form des Werts, der als objektivierte metaphysische Realabstraktion das moderne Dasein als „säkularisierter" und verdinglichter Gott beherrscht und dessen Kehrseite die Metaphysik demokratischer Staatsbürgerlichkeit nur ist, hat „an sich" keinerlei sinnlichen oder sozialen Inhalt; sie ist als negative Kraft in dieser Welt, aber nicht von dieser Welt. Das metaphysische Vakuum des Werts ist es, das hinter den scheinbar so rationalen Interessenkämpfen und dem scheinbaren Selbstbehauptungswillen der abstrakten Individuen steht. Dieses Gorgonenhaupt der weltlosen Leere im Zentrum der Moderne möchten Leute wie Beck und Enzensberger lieber nicht zur Kenntnis nehmen. Aber es ist eben diese metaphysische Monstrosität, die hinter dem fröhlichen individualisierten „Selbstmanager" der Postmoderne zum Vorschein kommt.

In einem Weltklima der wechselseitigen Vernichtungskonkurrenz, der permanenten Gefährdung der sozialen Existenz und gleichzeitig eines prekären spekulativen Geldreichtums, der sich jeden Moment in Luft auflösen kann, gedeiht so ein diffuser Vernichtungswille, der jenseits äußerlicher „Risikoverhältnisse" agiert und der ebenso abstrakt und inhaltsleer ist wie die gesellschaftliche Form, die dem Verwertungsprozess des Kapitals zugrunde liegt. Die Form „Wert" und damit die Form „Subjekt" (Geld und Staat) ist sich ihrem metaphysischen Wesen nach selbst genug und muss sich doch in die wirkliche Welt „entäußern"; aber nur, um stets zu sich selbst zurückzukehren. Dieser metaphysische Ausdruck der scheinbar banalen (und in sinnlich-sozialer Hinsicht tatsächlich grauenhaft banalen) Verwertungsbewegung bildet das eigentliche Thema der gesamten Aufklärungsphilosophie, sehr deutlich bei Kant und insbesondere bei Hegel, der die dialektische Bewegungsform dieses „Entäußerungsprozesses" eines metaphysischen Vakuums in die wirkliche Welt präzise und affirmativ nachgezeichnet hat.

In dieser Selbstgenügsamkeit, dennoch nötigen Entäußerungsbewegung und letztlichen Selbstbezüglichkeit der leeren metaphysischen Form „Wert" und „Subjekt" gründet ein Potential der Weltvernichtung, weil nur im Nichts und damit in der Vernichtung der Widerspruch zwischen metaphysischer Leere und „Darstellungszwang" des Werts in der sinnlichen Welt zu lösen ist. Die Inhaltsleere von Wert, Geld und Staat muss sich in ausnahmslos alle Dinge dieser Welt entäußern, um sich als real darstellen zu können: von der Zahnbürste bis zur subtilsten seelischen Regung, vom einfachsten Gebrauchsgegenstand bis zur philosophischen Reflexion oder zur Umgestaltung ganzer Landschaften und Kontinente. Leben und Tod, das gesamte menschliche Dasein und das gesamte Dasein der Natur dienen einzig dieser proteus-artigen Selbst-Darstellungsfähigkeit des gesellschaftlichen metaphysischen Vakuums von Kapital und Staat.

In dieser unaufhörlichen metaphysischen Selbstzweckbewegung (die Zwecke des Begehrens der konkurrierenden Individuen sind in diesen übergeordneten Selbst-Reflexionsprozess des „automatischen Subjekts" eingeschlossen) werden die Dinge dieser Welt und das Begehren der Individuen nicht in ihrer Eigenqualität anerkannt, sondern diese wird ihnen vielmehr genommen, um sie in bloße „Gallerten" (Marx) der metaphysischen Leere zu verwandeln und sie damit der immergleichen Wertform anzuverwandeln (oberflächlich betrachtet: sie zu „ökonomisieren", also zum bloßen und gleich-gültigen Material der Verwertungsbewegung zu machen).

Daraus entsteht ein doppeltes Potential der Vernichtung: ein „gewöhnliches", gewissermaßen alltägliches, wie es sich schon immer aus dem Reproduktionsprozess des Kapitals ergibt, und ein gewissermaßen finales, wenn der „Enträußerungsprozess" an absolute Grenzen stößt. Die Realmetaphysik des modernen warenproduzierenden Systems zerstört die Welt partiell als „Nebenwirkung" ihrer „gelingenden" Entäußerung; und sie wird zum absoluten Weltvernichtungswillen, sobald sie sich nicht mehr in den Weltdingen selbst-darstellen kann. Insofern könnte man von einem Todestrieb der kapitalistisch verfassten modernen Menschheit sprechen, der eben auch einen geschlechtsspezifischen Ursprung hat. Im Zentrum der Aufklärungsphilosophie steht der ideelle Ausdruck dafür, die Anbetung der leeren Abstraktion „einer Form überhaupt" (Kant).

Diese Vernichtungslogik kann sich auf schleichende Weise im ganz normalen Gang der Geschäfte äußern, etwa in der Zerstörung der natürlichen Lebensgrundlagen durch die betriebswirtschaftliche Externalisierung von „Kosten", in der mangelnden Versorgung ganzer Bevölkerungsgruppen mit Lebensmitteln und medizinischer Hilfe qua mangelnder „Finanzierungsfähigkeit", im unnötigen Massensterben von Säuglingen und Kleinkindern in den globalen Armutsregionen usw.

Dieselbe Vernichtungslogik kann aber auch unmittelbar als Gewaltexplosion in Erscheinung treten und dabei jene Entgrenzung des Selbst-Bewusstseins auslösen, wie sie nicht erst an den Fronten der kapitalistischen Kriege zu beobachten war, sondern auch binnengesellschaftlich in den großen Krisenschüben des 20. Jahrhunderts. Heute scheint diese Entselbstung zum Weltprinzip zu werden. Der finale Vernichtungswille des metaphysisch konstituierten Subjekts richtet sich schließlich gegen dieses Subjekt selbst, soweit es von dieser Welt, also sinnlich existent ist. Und keineswegs zufällig bricht bei dieser Orgie der Selbstzerstörung das „männliche" Wesen dieses Subjekts wieder ganz unverhüllt an die Oberfläche durch.

Natürlich ist es nicht unmittelbar das realmetaphysische Vakuum des Werts, der gesellschaftlichen Form der Kapitalbewegung, das „am" oder „im" Subjekt handelt, sondern dieses Krisenhandeln, dieser Übergang zur entgrenzten Gewalt findet über die Transmission von Sozialisationsformen und psychischen Mechanismen statt. Dabei erweist sich gerade die vielbejubelte postmoderne Individualisierung, die in Wahrheit nur die äußerste Steigerung der abstrakten (getrennten) Subjektivität des kapitalistisch konstituierten Menschen bis zum Grad vollkommener Verlassenheit ist, als die Übergangsform zur absoluten Entselbstung, in der sich die psychischen Mechanismen des Todestriebs bis zur unmittelbaren Manifestation entfalten, wie es der Sozialwissenschaftler und Gefängnispsychologe Götz Eisenberg eindringlich beschreibt: „Gesellschaftliche Konflikte werden reprivatisiert und stauen sich in einem seelischen Innenraum, der für das Austragen solcher Energien ungeeignet ist. Er ist zu eng. Das eingekapselte Unglück kann nicht stillstehen, sucht nach einem Ausweg... Hinter den Bildern aktuell erfahrener Kränkungen tauchen Bilder aus der lebensgeschichtlichen Vergangenheit auf, die in der Kindheit belichtet wurden, aber erst jetzt aus dem Entwickler gezogen werden. Wie ein Verstärker schließen sich uralte Kränkungs- und Zurückweisungserfahrungen an die aktuellen Demütigungen an und verleihen diesen so erst ihre Wucht... Die ins Innere zurückgenommene emotionale Energie diffundiert, setzt sich an anderer Stelle neu zusammen, verschiebt sich und geht neue Legierungen ein... Die Innenwelt verwandelt sich in ein Kaleidoskop durcheinanderwirbelnder Fragmente, die sich zu immer skurrileren und ängstigenderen Bildern zusammenfügen. Psychotische Persönlichkeitsanteile, die wir als nur ‚partial Sozialisierte' (Mitscherlich) alle in uns tragen, schieben sich in den Vordergrund und erringen eine Art von psychischer Hegemonie. Ein archaischer Hass auf verfolgende innere und äußere Objekte macht sich breit, die Wahrnehmung trübt sich ein, die Welt verdunkelt sich, bis schließlich alles zum ‚bösen, verfolgenden' Objekt wird. Jetzt funktionieren Ruhe und Selbstbeherrschung nur noch mühsam; sie brüten etwas aus. Paranoide Phantasien beginnen, das gesamte innere Blickfeld auszufüllen. Jetzt bedarf es nur noch eines letzten Anstoßes, und die Unglücksmechanik kommt ins Rollen" (Eisenberg 2002, 24 f.).

Die Abstraktheit dieses Vernichtungswillens spiegelt die Selbstwidersprüchlichkeit des Kapitalverhältnisses in doppelter Weise: Einerseits zielt er auf die Vernichtung der „anderen" zwecks scheinbarer Selbsterhaltung um jeden Preis, andererseits ist es gleichzeitig auch ein Wille zur Selbstvernichtung, der die Sinnlosigkeit der eigenen marktwirtschaftlichen Existenz exekutiert. Mit anderen Worten: Die Grenze zwischen Mord und Selbstmord verschwimmt. Es geht über das „Risiko" der Konkurrenz hinaus um eine derart entgrenzte Vernichtungswut, dass die Unterscheidung des eigenen Selbst von dem der anderen zu verschwinden beginnt, was sich wiederum als psychischer Mechanismus darstellen lässt: „Um der eigenen narzisstischen Katastrophe zu entgehen und unerträgliche Gefühle von Angst, Ohnmacht und Hilflosigkeit abzuwehren, wird das eigene Innere nach außen gestülpt und mörderisch-selbstmörderisch in Szene gesetzt. Der Erhalt des Selbstwerts und der Integrität der Persönlichkeit kann ein Motiv menschlichen Handelns sein, das höher wiegt als die Sicherung des eigenen reduzierten Überlebens. Bevor innere Spannungen das Selbst sprengen, sprengt der Täter in einer Art von Vorwärtsverteidigung Teile der Außenwelt in die Luft... Die Zerstörungswut des Kleinkindes, das sich verlassen, missachtet und verzweifelt fühlt und deshalb am liebsten alles in Stücke schlagen möchte, ist durch seine mangelnde Körperkraft begrenzt; jetzt steckt dieselbe raptusartige Wut im Körper eines Erwachsenen, der sich Zugang zu Waffen, Autos oder gar Flugzeugen verschaffen kann" (Eisenberg, a.a.O., 25 f.).

Das abstrakte Selbst des Geldsubjekts löst sich in der finalen Krisenkonkurrenz auf und bringt den in seinem Inneren schon immer lauernden Kern, das mit Selbstzerstörung identische Vakuum seiner Existenz zum Vorschein. In den sich häufenden Zusammenbrüchen der sozialökonomischen Beziehungen, wie sie vom Weltmarkt der Globalisierung induziert werden, im Zersetzungsprozess ganzer Gesellschaften ist keine Selbstdefinition der Individuen mehr möglich, solange sie sich in der herrschenden gesellschaftlichen Form weiter bewegen (was sie bis jetzt spontan auch tun). Die demokratische Phrase kann die Wut nur steigern und anfachen, weil sie ja selber ein bloß heuchlerischer und frömmlerischer Ausdruck derselben Vernichtungslogik gegen Mensch und Natur ist.

Die Erscheinungen der Selbstverlorenheit und Selbstzerstörung, wie sie Enzensberger an der männlichen Jugend beschreibt, sind heute in mehrfacher Weise universell geworden. Zum einen sind es nicht nur die (von Jahr zu Jahr zahlreicher werdenden) Täter der unmittelbaren Vernichtung und Selbstvernichtung, die dieser Selbstverlorenheit angehören. Die augenfälligen Täter bilden nur die Spitze des Eisbergs, die manifeste Erscheinung eines viel allgemeineren gesellschaftlichen Zustands. Auf jeden mörderischen und selbstmörderischen Exekutor kommen Tausende und Millionen, die ähnlich empfinden, diese Empfindung aber (noch) nicht zur Tat werden lassen, sondern in der Phantasie damit spielen oder sich mit einschlägigen medialen Produkten abreagieren (allein dass solche Produkte, sogenannte Gewaltvideos und zahlreiche andere Ausdrucksformen medialer Gewaltverherrlichung, in profitabler Massenproduktion hergestellt werden können, spricht für den gesellschaftlichen Tiefgang des Problems).

Zum zweiten sind es eben nicht nur die manifesten Verlierer wie in der Banlieu oder in Mogadischu, die aufeinander schießen oder sich bewusst selber den Lebensfaden abschneiden. Der molekulare Bürgerkrieg findet auch und gerade unter der Jugend der abgeschotteten Scheinnormalität, der Besserverdienenden, Krisengewinnler und Fanatiker der Wohlanständigkeit statt, deren seelische Unbehaustheit und Selbstverlorenheit derjenigen der jugendlichen Killer aus den Slums in nichts nachsteht. Der Kult von Mord und Vergewaltigung als Sport ebenso wie der Kult des inszenierten Selbstmords grassiert auch in den Villenvierteln von Rio de Janeiro, New York oder Tokio. Der sprichwörtlich gewordene Amoklauf mit anschließender Selbsthinrichtung an den High Schools der USA entspringt der Imagination von Sprösslingen der betuchten Mittelklassen. Und auch die Selbstmord-Attentäter in Palästina oder Sri Lanka kommen in aller Regel aus „besseren Kreisen".

Schließlich sind es auch nicht ältere Schichten vormoderner Kultur, die etwa in Gestalt des in der moslemischen Welt grassierenden Islamismus bei den „Herausgefallenen" unter der Oberfläche kapitalistischer Modernität und globalistischer Universalität hervorbrechen würden. Zwar ist das eine, universelle, weltumspannendrealmetaphysische System des Kapitals in den verschiedenen Weltregionen kulturell unterschiedlich eingefärbt, je nach dem Muster älterer Traditionen, religiöser Vorstellungen, sozialer und ästhetischer Verhaltensweisen usw. Aber diese Farbe, diese kulturelle Differenz bildet nicht das Eigentliche, das tiefgehende Innere, im Verhältnis zu dem die kapitalistische Verfasstheit und Eingebundenheit in den Weltmarkt bloß eine Art äußerlicher Firnis wäre. Es verhält sich genau umgekehrt. Nach Jahrhunderten kapitalistischer Zurichtungsgeschichte und nach der Durchsetzung des Kapitalverhältnisses als unmittelbares Weltverhältnis ist es die eine, universelle, das überall identische metaphysische Vakuum des Werts „verkörpernde" Subjektform, die das innere Selbst der Individuen als vollkommen farbloses, ja überhaupt qualitätsloses Wesen konstituiert, während die kulturelle Differenz nur noch eine äußerliche, quasi folkloristische Bemalung darstellt.

Deshalb sind die „lebenden Bomben" (Enzensberger, a.a.O., 36), die durch die Welt des globalisierten Kapitals irren, auch die ureigensten Produkte dieser Welt: identische Subjekte derselben Realmetaphysik, in denen der Todestrieb dieser negativen Vergesellschaftung manifest geworden ist. Die Amokläufer an den US-HighSchools und die islamistischen Selbstmordattentäter sind mehr durch ihre Subjektform und damit in ihren Taten geeint als durch ihren unterschiedlichen kulturellen Hintergrund getrennt.

Was bei den Amokläufern augenfällig ist, gilt auch für die scheinbar mehr ideologisch gesteuerten Selbstmordattentäter: Auch bei ihnen hat, wie es Hannah Arendt bereits für die verlorene Generation der Zwischenkriegszeit erkannte, die Bereitschaft, das eigene Leben zu opfern, „nicht das geringste mit dem zu tun, was wir gewöhnlich unter Idealismus verstehen". Die religiösen Motive, wie sie nicht zufällig die eigentlichen modernen Ideologien abgelöst haben, sind Ausdruck jener universellen Selbstverlorenheit, die in die „leidenschaftliche Vorliebe" der Verlorenen mündet, „ihr Leben nach sinnlosen Begriffen zu gestalten" und es endlich wegzuwerfen wie ein gebrauchtes Papiertaschentuch.

Der weltweit grassierende religiöse Wahn, wie er ja auch im Westen eine Unzahl von Sekten (und eben auch dezidierten „Selbstmordsekten") hervorgebracht hat, besitzt keinerlei Kohärenz mehr; er mischt sich synkretistisch aus allen möglichen religiösen Versatzstücken und reichert sich mit den Verwesungsprodukten vergangener Ideologien an, von der Hitlerverehrung bis zur „Schwarzen Messe". Der absurde Kult des Bösen korrespondiert mit dem Todestrieb im freigesetzten leeren Zentrum der aufklärerischen Vernunft.

In der Weltkriegsepoche hatte dieser Zersetzungsprozess bereits begonnen, lediglich unterbrochen durch den letzten fordistischen Entwicklungsschub des Kapitalismus nach 1945. Tatsächlich kann die Nazi-Ideologie als eine Art Vorläufer oder Prototyp des giftigen ideellen Gebräus verstanden werden, wie es heute weltweit in verschiedenen Mixturen zirkuliert. Auch die Nazis mischten sich ihre wahnhafte „Weltanschauung" aus disparaten pseudoreligiösen Motiven, synthetischen archaischen Mythen, modernen Ideologien und Abfallprodukten des mit dem kapitalistischen Aufstieg verbundenen naturwissenschaftlichen Denkens. Auch die Nazis waren bestimmt vom Kult der spezifisch modernen gewaltsamen „Männlichkeit" und ihrer Codes. Und auch schon den Nazis ging es nicht oder zumindest nicht nur um imperiale Interessen, sondern auch um eine selbstzweckhafte Vernichtungswut, die in einer Orgie der Selbstvernichtung und Selbstopferung gipfelte.

Heute wird derselbe Motivzusammenhang aber nicht mehr national und spezifisch deutsch freigesetzt, sondern global und universell; der mörderische Wahn organisiert sich nicht mehr als nationalimperiales „Reich", sondern im Kontext des „ideellen Gesamtimperialismus" und in der molekularen Zerstreuung über den gesamten Globus.

Die Überbetonung äußerer kultischer Akte bei den westlichen Sekten wie bei den Islamisten verweist auf die identische Leere des Inhalts. Hatten die alten Religionen stets den reproduktiven Hintergrund agrarischer Zivilisationen, so ist nichts dergleichen mehr für die Zombie-Ideen der neuen, diesmal globalen „verlorenen Generationen" festzustellen, für die es in ihrer kapitalistischen Verfasstheit keine Zukunft geben kann. Andererseits kann der „Interessenhintergrund" der früheren modernen Ideologien aus der Aufstiegsgeschichte des Kapitalismus keine ideelle Kohärenz mehr stiften: Das „Interesse" selber verwildert und zerfällt, und mit ihm die Ideologie, die ebenso jedes kohärenten Inhalts beraubt wird.

Die Gier nach dem Markt-Erfolg bei den Sprößlingen der minoritären Globalisierungsgewinnler und die plünderungsökonomische Gier nach „westlichen Waren" in den Zusammenbruchsregionen schlägt unvermittelt in die leere totale Interesselosigkeit des männlich-jugendlichen Amok- und Selbstmordsubjekts um. McDonald's und Dschihad bilden tatsächlich die beiden Seiten derselben Medaille, noch weit furchtbarer, als es Benjamin Barber in seinem Buch „Coca-Cola und Heiliger Krieg" (Barber 1996) dargestellt hat. Das „Dürsten nach dem Tod" ist kein spezifisch islamisches Motiv, sondern der universelle Verzweiflungsschrei einer sich in ihrer kapitalistischen Weltform selbst hinrichtenden Menschheit. Und die Täter sind zu 90 oder fast 100 Prozent konkurrierende Gewaltmänner, am Ende nicht weniger als am Anfang dieser wunderbaren „Zivilisation".

DIE POSTMODERNE WELTPOLIZEI

Bei dem neuen „Feind" der bombenden Hightech-Weltdemokraten handelt es sich nicht mehr um einen imperialen Gegner auf derselben Ebene von Machtstruktur und politisch-ökonomischen Kriterien. Das geht schon aus der Art der militärischen Zurüstungen hervor. Auf den ersten Blick könnte man sogar versucht sein, die seit dem Ende des Kalten Krieges laufenden Umgruppierungen der Militärapparate tatsächlich mit einer Abrüstung zu verwechseln. Denn überall wird die Quantität der Armeen vermindert und die klassische „schwere" Rüstungsindustrie teilweise abgebaut, sehr zum Jammer aller daran hängenden Interessen-Lobbys. In der BRD zeigt sich die Bundeswehr hart getroffen vom „Sparkurs" der rot-grünen Regierung, in der Presse wird über die „gefährdete Einsatzfähigkeit" der Panzertruppen schwadroniert, und die Bürgermeister jener nicht weniger als 59 Gemeinden, in denen die Armee-„Standorte" geschlossen werden sollen, haben sich aus ökonomischen Gründen zu einer tränenreichen Standort-Verteidigungsgemeinschaft zusammengeschlossen. Ähnliche Militärreformen stehen in allen NATO-Ländern auf der politischen Agenda, je mehr die Ära des Kalten Kriegs entrückt.

Neue Militärdoktrin und neue Kriegsökonomie

Es handelt sich dabei aber keineswegs um eine Abrüstung, sondern vielmehr um eine Umrüstung für andere Aufgaben. Die Verschlankung der Militärapparate folgt nicht nur der zur alleinseligmachenden Religion erklärten betriebswirtschaftlichen Politik der Kostensenkung in allen gesellschaftlichen Bereichen, sondern ergibt sich auch aus einer mit dem ökonomischen Paradigma vermittelten Umorientierung der Militärdoktrin selbst. Die Strategie kann nicht mehr durch die Logik einer nationalimperialen Ausdehnungsmacht bestimmt sein, ebenso wenig aber durch das Ziel, eine antipodische Gegenmacht auf globaler Ebene niederzuringen.

Da auf diese Weise endgültig die Option entfällt, große territoriale Räume militarisch zu erobern oder zu verteidigen und besetzt zu halten, müssen zwangsläufig alle territorialen Aspekte des Militärischen bis hin zur technischen Ausrüstung schrumpfen. Die „Deterritorialisierung" der Gesellschaft, die ökonomisch im Krisenprozess der Globalisierung und politisch in der Paralyse nationalstaatlicher Regulation erscheint, macht sich auch militärisch als Abbau der traditionellen großen Landarmeen bemerkbar, womit die fordistische motorisierte Infanterie- und Panzertruppe ebenso wie die klassische Artillerie, die entsprechende Logistik etc. einen relativen militärischen Bedeutungsverlust erleiden.

Was zwar nicht völlig an die Stelle dieser traditionellen Landarmeen, aber doch eindeutig in den Mittelpunkt der Militärstrategie tritt, sind eben jene „mobilen Eingreiftruppen" und Hightech-Gewaltapparate für „Luftschläge" (elektronisch bestückte Bomberflotten und Raketensysteme aller Art), wie sie in den beiden Weltordnungskriegen der 90er Jahre in größerem Maßstab erprobt worden sind. Keineswegs zufällig erinnert das Vokabular dieser militärischen Umrüstung an die Kampagnen zur „Flexibilisierung der Arbeitskraft", womit nur der niemals unterbrochene innere Strukturzusammenhang von moderner Kriegsökonomie und kapitalistischer Entwicklung abermals deutlich wird: Wie in der prekären Reproduktion des Krisenkapitals an die Stelle massenhafter und hochkonzentrierter fordistischer „Armeen der Arbeit" ein System global diversifizierter, extrem verschlankter betriebswirtschaftlicher Funktionsbereiche mit hoher Mobilität tritt, jeweils organisiert als nomadische „Profit-Center" mit erst recht hohen Flexibilitätsanforderungen – ebenso löst militärisch das Paradigma flexibler und weltweit mobiler Einheiten von „schlanken" Spezialtruppen mit Hightech-Ausrüstung, die vorwiegend aus der Luft operieren, das Paradigma infantristischer und gepanzerter Massenarmeen ab.

Nicht nur im Anforderungsprofil, sondern auch in der grundsätzlichen Logik entsprechen sich ökonomische und militärische Entwicklung im Zuge der dritten industriellen Revolution: Die menschliche Arbeitskraft wird auch als Vernichtungskraft überflüssig; auch der militärische Schreibtischtäter braucht fast keine „Hände" mehr. Mit immer weniger menschlicher Energie wird immer mehr produziert und gleichzeitig immer mehr vernichtet. Das Verhältnis von Sachkapital und lebendiger Arbeit ist sowohl auf dem Sektor der Produktivkräfte als auch auf dem Sektor der Destruktivkräfte endgültig umgekippt. Der „organischen Zusammensetzung des Kapitals" (Marx) entspricht die „organische Zusammensetzung" des Vernichtungsapparats. In der Produktion wie beim Militär wird der technologische Mitteleinsatz entscheidend.

Der ersten industriellen Revolution (Einsatz von Dampfmaschinen usw.) war noch keine einschneidende Änderung von Kriegführung und Militärdoktrin gefolgt; vielmehr war diese industrielle Revolution umgekehrt selber eine Folge der vorhergehenden militärischen Revolution (Feuerwaffen-Technologie) seit dem 15./16. Jahrhundert. Erst in der zweiten industriellen Revolution des „Fordismus" seit Beginn des 20. Jahrhunderts kehrte sich das Verhältnis um; jetzt revolutionierten die neuen kapitalistischen Technologien (Verbrennungsmotor, Flugzeuge, U-Boote, neue elektronische Nachrichtensysteme etc.) ihrerseits den Gewaltapparat: Der Krieg selber wurde im großen Maßstab industrialisiert. Auf der Stufe der fordistischen industriellen „Massenarbeit" entwickelten sich nicht nur entsprechende neue Rüstungsindustrien, sondern auch entsprechende neue Armeen von industriellen Facharbeitern wie „Massenarbeitern" des Todes in Gestalt von motorisierter Infanterie, Panzertruppen und „Luftwaffen". Indem nun die dritte industrielle Revolution auch die Kriegführung immer weiter elektronisiert und robotisiert, bleibt nur noch ein Bodensatz menschlicher Spezialtruppen mit gigantischen Ausrüstungen und hochgezüchteten Apparaturen zurück. Die Kosten pro „Arbeitsplatz" wie pro „Mordplatz" schnellen qua exorbitant erhöhtem Sachkapital-Einsatz in die Höhe; dafür sinken die Produktionskosten pro Auto wie pro Leiche entsprechend.

Ein Moment dieser Veränderungen ist es, dass das Militär aufhört, ein gesellschaftspolitisch eingebundener Bereich zu sein. Es wird zum „Job" für gut trainierte Profis wie Fliesenlegen oder Autos verkaufen. Selbst die „Privatisierung" der Hightech-Weltpolizei ist denkbar; warum auch nicht, wenn selbst die Gefängnisse privatisiert werden? Deshalb liegt das Ende der Wehrpflichtigenarmee oder „Bürgerarmee" in der Logik dieser Umrüstung, die mit einem numerischen Abbau der Streitkräfte einhergeht. Andererseits bedeutet dies, dass die industriell „Überflüssigen" auch militärisch „überflüssig" werden; die Armeen bilden keine Reserve-Kapazitäten mehr, um die Krisen des ökonomischen Zyklus aufzufangen. Ebenso wenig kann die Militarisierung der Gesellschaft real Massen von Menschen erfassen, sondern bleibt im ideologischen Sektor stecken; ein weiterer innerer Widerspruch der Entwicklung des „ideellen Gesamtimperialismus" zur kapitalistischen Weltpolizei mit globalem Kontrollanspruch.

Es versteht sich von selbst, dass diese Weltpolizei-Verbände – wiederum analog zur ökonomischen Entwicklung – von vornherein multi- oder transnational im Rahmen der NATO aufgebaut werden. Schon Anfang der 90er Jahre wurden nach dem Kollaps der Sowjetunion Pläne für erste Verbände einer neuen „multinationalen, luftbeweglichen" Eingreiftruppe entwickelt: „Angesichts der inzwischen erfolgten sicherheitspolitischen Umwälzung in Europa, die neue strategische und operative Gegebenheiten sich herausbilden lässt, läuft nun ohnehin vieles auf Multinationalität hinaus. So soll für die schnellen Eingreiftruppen des Bündnisses ein multinationales Korps, das ‚Allied Rapid Reaction Corps' (ARRC), zusammengefügt werden – unter britischem Oberbefehl voraussichtlich aus zwei britischen Divisionen, einer deutschen Division und einem multinationalen Verband..." (Neue Zürcher Zeitung, 27.9.1991). Heute sind diese neuen militärischen Strukturen bereits weit fortgeschritten und auch für die deutsche Bundeswehr zum Alltag geworden. So üben auf dem Truppenübungsplatz Hammelburg regelmäßig Soldaten für den Einsatz als „Krisenreaktionskräfte"; sinnigerweise in einem fiktiven Land namens „Krisovo" mit mehreren hundert Statisten, die orientalisches Verhalten mimen (Pfeiffer 1999).

Auch in dieser Hinsicht ist und bleibt es der Gewaltapparat der „letzten Weltmacht" USA, der das Muster für die Umorientierung bildet: „Seit den achtziger Jahren schrumpfte die Army um 40 Prozent – von 780.000 auf etwa 470.000 Soldaten. Sie verfügte einst über 18 Divisionen; heute sind es nur noch zehn, sechs stark gepanzerte und vier leichte Infanterie- oder Luftlandedivisionen. Gleichwohl hat die Army immer noch genauso viel zu tun (!) wie einst" (Myers 1999). Die übrigen NATO-Staaten folgen mit ihren Militärreformen mehr oder weniger schnell den US-Vorgaben; die diversen Debatten über und Maßnahmen zur Verschlankung der Armee und Abbau, Einschränkung oder gänzlichen Aufhebung der Wehrpflicht gehen alle in dieselbe Richtung, wie sie von der Logik des neuen Interventionismus vorgezeichnet ist.

Der Begriff der „Weltpolizei" erhält in diesem Zusammenhang erst seinen vollen Sinn, tritt aus einem bloß metaphorischen Verständnis heraus und wird buchstäblich. Als Resultat zeichnen sich über die bisherige Struktur der NATO hinaus die Konturen supranational organisierter Weltpolizeitruppen ab, ohne dass damit die Widersprüchlichkeit von nationalstaatlicher Form und supranational-globaler Funktion aufgehoben werden könnte.

Derselbe Widerspruch, wie er im Gegensatz von kapitalistisch unabdingbarer nationalstaatlicher Form und globalem Kontrollanspruch erscheint, drückt sich auch in der Diskrepanz von eigentlich binnenstaatlich beschränkter Polizeifunktion und globalem Einsatzbereich, von großflächig orientierten militärischen Vernichtungspotentialen und auf Personen oder Gruppen orientierten polizeilichen „Sicherheitsfunktionen", von anonymer Hightech-Fernwirkung und gesellschaftlichem Nahbereich des Polizeibegriffs aus. Die angeblichen Präzisions-Wunderwaffen der elektronischen Rüstungsschmieden, die den selektiven weltpolizeilichen Zugriff ermöglichen sollen, sind in Wirklichkeit schwere militärische Streuwaffen mit Flächenwirkung, die ganze Landschaften verwüsten, ganze Straßenzüge und Stadtteile in Schutt und Asche legen. Dabei werden regelmäßig viel mehr Unbeteiligte und im juristischen Sinne Unschuldige getötet als definierte „Feinde", die sich von der „Bevölkerung" der marktwirtschaftlich ruinierten Krisenregionen schwer unterscheiden lassen und deren Definition ohnehin unklar und zweifelhaft ist.

Im Alltagsbewusstsein der weltpolizeilichen Funktionsträger nimmt die Pathologie all dieser Widersprüchlichkeiten, die zwanghaft auf den ökonomisierten Alltag verengt werden, geradezu monströse Formen an; die Hightech-Vernichtungsmaschinen erscheinen tatsächlich als ganz normale „Arbeitsplätze". So heißt es in einer Reportage über die US-Bombereinsätze in Jugoslawien: „Vor ein paar Tagen flog der Pilot eines B2-Tankkappenbombers der US-Air Force von Knob Noster, Missouri, aus nach Jugoslawien. Dort warf er mehr als ein Dutzend 900-Kilo-Bomben ab, die sogar Bunker zerstören können. Danach drehte er ab und flog ohne Zwischenlandung wieder zurück zu seiner Basis im Mittleren Westen der USA... Als er heimkam, so der Pilot, ‚küsste mich meine Frau und sagte: Mäh bitte den Rasen, ich gehe derweil die Kinder abholen. Als die häuslichen Pflichten erledigt waren, gingen wir zu Pizza Hut, weil es einen besonderen Anlaß gab' – sein erster erfolgreicher Kampfeinsatz. Zum erstenmal in ihrer Geschichte führen die USA einen anhaltenden Bombenkrieg – zum Teil von ihrem eigenen Boden aus. Der Tarnkappenbomber, ein Flugzeug, das mit seiner Spannweite von 52,5 Metern wie ein riesiges Raumschiff von der Form eines Bumerangs aussieht, flog im vergangenen Monat mehr als 30-mal den 30-Stunden-Einsatz von der Luftwaffenbasis Whiteman nach Jugoslawien und zurück. Die 45 in Whiteman stationierten Bomberpiloten erleben etwas Einmaliges in der Geschichte des US-Militärs: Sie wohnen zu Hause und kämpfen gleichzeitig in einem Krieg in einem fernen Land, über das ihre Nachbarn wenig wissen. ‚Der erste Einsatz war an seinem Geburtstag', so die Frau eines Piloten. ‚Ich gab ihm ein Lunchpaket mit Geburtstagskuchen mit. Am folgenden Tag hatte mein Sohn ein Fußballspiel und schoss sein erstes Tor'. Ihr Mann, rechtzeitig wieder zurück, sei darauf sehr stolz gewesen. Dennoch fand sie diese Erfahrung ‚sehr seltsam – erst Bomben werfen, heimkommen und das Fußballspiel des Sohnes anzuschauen'. Es sei ‚irgendwie unheimlich, sich in seinem eigenen Badezimmer anzukleiden und dann in den Kampf zu ziehen', berichtet auch ein Pilot... Wenn sie den feindlichen Luftraum wieder verlassen, ruft ein Offizier auf der Basis ihre Frauen daheim in Knob Noster an... ‚Dann', so ein Pilot, ‚holt uns die Wirklichkeit ein.' Als er von seinem ersten Bombardierungseinsatz heimkam, war seine Frau noch bei der Arbeit. ‚Ich habe lange geduscht, zwei Stunden geschlafen und dann für meine Frau zum Abendessen Spaghetti gekocht..."(Ricks 1999).

So haben wir es mit einer Polarisierung zu tun, die exakt den beiden Seiten von Krise und Globalisierung entspricht: Oben der postmoderne Hightech-Spießer, der sich seiner Bombenlast entledigt und an den häuslichen Feierabend denkt; unten der postmoderne scheinbare Archaiker, der mit Flinte, Axt und Messer plündernd und vergewaltigend auf seine Umgebung losgeht. Und es ist nicht zu entscheiden, welcher von beiden das schlimmere Monster darstellt. Beide sind gleichermaßen von Ignoranz und Begriffslosigkeit gegenüber den gesellschaftlichen Zusammenhängen gezeichnet, die sie hervorgebracht haben.

Die Nemesis der demokratischen Weltignoranz erweist sich allerdings an der durchschlagenden Erfolglosigkeit der Weltordnungskriege, misst man deren Ausgang an ihrem eigentlichen Zweck. Zwar werden Armeen wie die irakische oder die jugoslawische regelmäßig besiegt, aber auf dieser Ebene liegt ja gar nicht das Problem und ist deshalb so auch nicht zu lösen. Woran die selbsternannte Weltpolizei notwendig scheitert, das ist eben ihre polizeiliche Mission, die nicht mit einer politisch-militärischen Option alten Stils verwechselt werden darf. Der „ideelle Gesamtimperialismus" steht auf hoffnungslosem Posten im Kampf gegen eine Hydra, deren Köpfe er selbst tagtäglich durch sein eigenes weltbeherrschendes, aber nicht mehr reproduktionsfähiges System nachwachsen lässt. Was er umbringen will, züchtet er gleichzeitig.

Das Motiv, das noch am ehesten an die militärischen Aspekte der früheren Außen- und Weltpolitik erinnert, ist die Zwangsabrüstung und Pazifizierung der in ihren Modernisierungsruinen sich verselbständigenden und verwildernden, funktionslos gewordenen Diktaturen, Schurkenstaatsapparate und altertümlichen fordistischen Armeen mit den Waffensystemen einer gescheiterten Industrialisierung. Aber nicht einmal dieses Programm gelingt. Auf jeden gestürzten Krisenpotentaten kann nur ein anderer, womöglich noch schlimmerer folgen. Die unkontrollierten Waffenarsenale, keine Herausforderung auf der Ebene imperialer Gegenmacht, aber Machtmittel für die „Störpotentiale", füllen sich immer wieder neu. Eine zerbrechende, auf einem riesigen Atomwaffenarsenal sitzende Ex-Weltmacht wie Russland (und in naher Zukunft wahrscheinlich China) steht außerhalb jeder weltpolizeilichen Option; verwahrloste Staatsapparate von Krisen- und Zusammenbruchsökonomien wie Indien und Pakistan haben jetzt erst erfolgreich nach der Atombombe gegriffen und damit das Risiko weltpolizeilicher Eingriffe schlagartig erhöht.

Vor allem deswegen haben sich die USA zu dem vermutlich ebenso technisch undurchführbaren wie unbezahlbaren NMD-Projekt hinreißen lassen: Diese wuchernden und perspektivlosen Gewaltapparate der ökonomisch und zivilisatorisch untergehenden Peripherie sind militärstrategisch gesehen zu unbedeutend, weltpolizeilich gesehen jedoch zu unberechenbar für die gesamtimperialen Zugriffsmittel. Man kann gegen sie keinen großen Atomkrieg führen, sie aber auch nicht totrüsten wie die Sowjetunion (eben weil sie von vornherein gar nicht als globale Gegenmacht operieren) und sie ebenso wenig durch „chirurgische" Luftschläge und mobile Eingreiftruppen befrieden. Das strategische Format ist immer entweder eine Nummer zu groß oder eine Nummer zu klein.

Vollends die Warlords und bewaffneten Bürgerkriegsbanden, aber auch die von religiösen Wahnvorstellungen getriebenen Terrorgruppen der global verzweigten Plünderungsökonomie, wie sie hinter den löchrigen Staatsfassaden operieren, tauchen einfach unter den Hightech-Gewaltapparaten weg; ihre „Kriege" sind von keinem weltdemokratischen Pazifizierungsprogramm erreichbar, das gerade darin besteht, die Wirkungen des globalen Krisenkapitalismus gewaltsam ignorieren zu wollen. Ein Machetenkämpfer kann nicht gegen Tarnkappenbomber antreten, aber das gilt auch umgekehrt. Es gibt gar keine gemeinsame Kampfebene mehr.

Die längst postpolitischen und in gewisser Hinsicht auch postmilitärischen „Kräfte", die sich hier äußern, sind im Fadenkreuz der Weltpolizei nicht einmal organisatorisch eindeutig zu erfassen: „Nicht klar definierte Kommando- und Führungsebenen, wie man sie etwa von der Rote-Armee-Fraktion oder der Irisch-Republikanischen Armee her kennt, sind für solche Gruppen charakteristisch. Vielmehr handelt es sich um amorphe, oft sehr zufällig zusammengewürfelte Gebilde mit flacher Hierarchie, großer Autonomie und dezentralen Organisationsformen…" (Neue Zürcher Zeitung, 6.5.2000).

Es ist die selber flexibilisierte und individualisierte Barbarei, wie sie ihre Abkunft vom demokratischen Weltkapitalismus der Globalisierung nicht verleugnen kann. Der flexibilisierte, deterritorialisierte Terror und die flexibilisierte, deterritorialisierte Hightech-Weltpolizei entsprechen einander auch auf dieser Ebene spiegelbildlich. Je archaischer vordergründig das Muster des Vorgehens, desto deutlicher gleichzeitig die postmoderne, medial sich tummelnde, bloß etwas andere Subjektivität: So firmieren die tschetschenischen Warlords ebenso wie die als „Moslemrebellen" titulierten Banditen der philippinischen Abu Sayyaf wie ganz normale Geschäftsleute (die sie ja in gewisser Weise auch sind) im Internet.

Militärische Überlegenheit ist nutzlos, wenn es um einen „molekularen Bürgerkrieg" (Enzensberger) der Krisenkonkurrenz geht. Die Sfor-Truppen im Kosovo oder in Bosnien, Mazedonien und anderswo gleichen einem überlegen bewaffneten Sheriff in einem Slum, der sich bloß einen Moment umzudrehen braucht – und schon kracht es wieder, eben weil er nichts als der hoffnungslose Garant für die friedliche Erhaltung dieses Slums sein soll. Man kann nicht hinter jeden weltkapitalistisch „überflüssigen" oder moralisch verwahrlosten Jugendlichen der „verlorenen Generation" einen Weltpolizisten stellen. Der Versuch, in einer ökonomisch deterritorialisierten Welt die vom Weltmarkt verwüsteten Großterritorien mit einer deterritorialisierten Hightech-Weltpolizei im Zaum zu halten, ist zum Scheitern verurteilt. Gerade deshalb kann er sich quälend lange hinziehen, solange der Crash der Finanzmärkte die weltdemokratische Hybris nicht in ihre Schranken weist und der Weltpolizei die finanzielle Grundlage entzieht.

Der „Kampf der Kulturen" als Kriegsideologie

Die neue Weltpolizei und ihre Hightech-Eingreiftruppen werden definiert durch die „politische Weltkriminalität", wie sie sich für das Verständnis kapitalistischer Logik darstellt und in vieler Hinsicht an die Stelle des bisherigen staatskapitalistischen „Reichs des Bösen" im Osten tritt: Wieder gibt es, nur in anderer Weise, einen gemeinsamen Gegner, dem gegenüber die Differenzen innerhalb des kapitalistischen Zentrums (soweit sie nicht ohnehin durch den Status der USA gegenstandslos gemacht wurden) weiter verblassen. Dabei geht es angesichts der Warlords und plünderungsökonomischen Strukturen um eine manifeste oder befürchtete Störung kapitalistischer Funktionsgesetze, die niemals aus dem Inneren dieser Logik selbst abgeleitet wird, sondern immer aus dem äußerlichen subjektiven Fehlverhalten von moralisch zu verurteilenden Personen, Institutionen und „Mächten" aller Art. Diese werden in bestimmten Fällen zu Feinden erklärt, die man auch militärisch-weltpolizeilich bekämpfen muss.

Aber im Unterschied zur imperialen Konkurrenz auf gleicher Ebene ist der Konflikt in der neuen Konstellation gar nicht eindeutig darzustellen. Weil sich die demokratischen Weltpolizisten im Vergleich zur politisch-militärischen „Fortsetzung der Konkurrenz mit anderen Mitteln" in den vergangenen Epochen schwer damit tun, ein kohärentes Feindbild hinsichtlich der „Störer" des kapitalistischen Weltsystems aufzubauen, schleicht sich eine seltsame Willkür in den Definitionen ein. Je schwankender die Bestimmungen, desto erbärmlicher der doppelzüngige demokratische Moralismus. Kunststück, handelt es sich doch um die eigenen Krisengespenster, die verjagt werden sollen, gerade um die dieser Krise zu Grunde liegende Produktionsweise unter allen Umständen zu erhalten: Ein weiterer Hinweis darauf, dass die kapitalistische Irrationalität eine neue und zusätzliche Dimension gewonnen hat.

In der Not der absoluten Definitionsmacht, die dennoch nichts mehr definieren kann, gibt es Versuche wie den des Harvard-Professors Samuel P. Huntington, den demokratischen Weltordnungskrieg des Westens gegen seine eigenen Dämonen zum „Kampf der Kulturen" (The Clash of Civilizations) zu überhöhen (Huntington 1996), um dem „ideellen Gesamtimperialismus" ein neues Feindbild zu bescheren; insbesondere gegenüber dem „islamischen Krisenbogen" von Pakistan bis Nordafrika. Huntington versucht, den negativ universalisierten totalen Raum des einheitlichen real-ökonomistischen Weltsystems als stummen Hintergrund wegzublenden, um die aus diesem Raum aufsteigenden Barbarisierungsprozesse in ein Ringen von einander ganz äußerlichen und fremden „Kulturen" oder „Zivilisationen" umzudeuten. Während der westliche „ideelle Gesamtimperialismus" mit harter Hand eine in ihrer materiellen Reproduktion durch und durch nach seinem Bilde geformte Welt beherrscht, mit der er großenteils gar nichts mehr anfangen kann, beschwört Huntington kontrafaktisch eine angeblich „wachsende Macht nichtwestlicher Kulturkreise" (Huntington 1996, 507).

Da sich außer dem als „konfuzianisch" ausgemalten China zum Beleg dieser dreisten Behauptung nur die (untereinander verfeindeten, keineswegs einheitlichen) islamischen Sektenbewegungen, Terrorgruppen, Massenstimmungen etc. und die einigermaßen klägliche und rückständige Aufrüstung einiger islamischer „Schurkenstaaten" anführen lassen, muss Huntington eine historische Erbfeindschaft zwischen Abendland und Islam konstruieren, die für die heutige Weltlage ungefähr so erhellend ist wie die im Alten Testament beschriebenen Konflikte, die Schlacht auf den Katalaunischen Feldern oder die Kreuzzüge des 11. und 12. Jahrhunderts.

Dass es bei diesem anachronistischen Bezug nicht bloß um die weltpolizeiliche Eindämmung terroristischer Attacken geht, sondern tatsächlich um die Konstruktion eines umfassenden, vermeintlich globalstrategischen Feindbilds, daran lässt Huntington keinerlei Zweifel; wettert er doch ausdrücklich gegen alle westlichen „Weicheier" und Multikultis: „Manche Westler, unter ihnen auch Präsident Bill Clinton, haben den Standpunkt vertreten, dass der Westen Probleme nicht mit dem Islam, sondern mit gewalttätigen islamistischen Fundamentalisten habe. Die Geschichte der letzten 1400 Jahre (!) lehrt etwas anderes. Die Beziehungen zwischen dem Islam und dem

Christentum – dem orthodoxen wie dem westlichen – sind häufig stürmisch gewesen. Sie betrachten sich gegenseitig als den Anderen. Der Konflikt zwischen liberaler Demokratie und Marxismus-Leninismus im 20. Jahrhundert war ein flüchtiges und vordergründiges Phänomen, verglichen mit dem kontinuierlichen und konfliktreichen historischen Verhältnis zwischen Islam und Christentum. Manchmal stand friedliche Koexistenz im Vordergrund; häufiger war das Verhältnis eine heftige Rivalität oder ein heißer Krieg unterschiedlicher Intensität... Die Ursachen für den erneuten Konflikt zwischen dem Islam und dem Westen sind ... in grundlegenden Fragen der Macht und Kultur zu suchen... Wer (beherrscht) wen? Diese zentrale Frage jeder Politik, wie sie Lenin definiert hat (!), ist die Wurzel des Ringens zwischen dem Islam und dem Westen... Solange der Islam der Islam bleibt (und er wird es bleiben) und der Westen der Westen bleibt (was fraglicher ist), wird dieser fundamentale Konflikt zwischen zwei großen Kulturkreisen und Lebensformen ihre Beziehungen zueinander weiterhin und auch in Zukunft definieren, so wie er sie 1400 Jahre lang definiert hat... Das tiefere Problem für den Westen ist nicht der islamische Fundamentalismus. Das tiefere Problem ist der Islam, eine andere Kultur, deren Menschen von der Überlegenheit ihrer Kultur überzeugt und von der Unterlegenheit ihrer Macht besessen sind. Das Problem für den Islam sind nicht die CIA oder das US-amerikanische Verteidigungsministerium. Das Problem ist der Westen, ein anderer Kulturkreis, dessen Menschen von der Universalität ihrer Kultur überzeugt sind und glauben, dass ihre überlegene, wenngleich schwindende Macht ihnen die Verpflichtung auferlegt, diese Kultur über die ganze Erde zu verbreiten. Das sind die wesentlichen Ingredienzien, die den Konflikt zwischen dem Islam und dem Westen anheizen" (Huntington, a.a.O., 334 f., 339).

Solche Ausführungen hätte man noch bis vor kurzem normalerweise keinem Erstsemester in Geschichtswissenschaft durchgehen lassen. Dass Huntington überhaupt ernst genommen wird, zeigt an, wie tief das intellektuelle Niveau der westlich-demokratischen Ideologen gesunken ist. Es gehört schon einiges dazu, sich derart wilde und willkürliche Gleichsetzungen und Zuordnungen zu erlauben, deren rein phantasmatischer Charakter offensichtlich ist. War der Konflikt zwischen westlicher Marktdemokratie und östlicher Parteidiktatur, zwischen Privatkapitalismus und Staatskapitalismus, Konkurrenzsystem und bürokratischer Planung noch ein wirklicher Modernisierungskonflikt gewesen, nämlich derjenige zwischen dem westlichen kapitalistischen Zentrum und den historischen Nachzüglern der Peripherie, so hat Huntingtons Konstrukt keinerlei Realitätsbezug mehr. Es handelt sich vielmehr um den Versuch, die in den Kategorien des modernen warenproduzierenden Systems nicht mehr fassbaren Zersetzungsprozesse dieses Systems selbst in den Rahmen eines herkömmlichen Konflikts von „Mächten" zu bannen und sie in Konflikte einer weitergehenden „Modernisierung" umzudeuten, der sich der Islam angeblich verweigert – obwohl der größere Teil der Welt (nicht nur die moslemischen Länder) das völlige Scheitern der „Modernisierung" bereits hinter sich hat und es gar keine weitere „Modernisierung" mehr gibt.

Die daraus entstehenden Potentiale der Entmenschung und deren gewaltsame Entladungen als die Pseudo-Kontinuität eines 1400-jährigen Ringens zweier Religionen oder „Kulturkreise" zu deuten, gehört in die Rubrik irrationaler Weltanschauungspolitik; vergleichbar allenfalls dem synthetischen Mythos von der „arischen Rasse" und ihrem Äonenkampf gegen die „semitische" Fremdrassigkeit etc. In Wirklichkeit ähnelt der ideelle Gegensatz von Osama bin Laden und US-Präsident Bush eher noch dem „unternehmenskulturellen" Konflikt zwischen Coca Cola und Pepsi Cola als den religiösen Konfliktformulierungen vormoderner agrarischer Zivilisationen.

Die identitätspolitische Aufrüstung, wie Huntington sie empfiehlt und betreibt, hat keinerlei intellektuelle Stringenz aufzuweisen; sie ist theoretisch irrelevant und haltlos. Darauf kommt es freilich auch gar nicht an. Es geht allein um eine medial aufzubereitende Legitimation, und sei sie noch so absurd, für die Militärschläge der westlich-kapitalistischen Weltpolizei gegen die „Störpotentiale" und „Unruheherde", denen irgendwie eine Feindbezeichnung gegeben werden muss. Dass es ums Zuschlagen und um sonst gar nichts geht, auch daran lässt der neue Gobineau oder Chamberlain keinerlei Zweifel: „Die militärische Bedrohung aus dem Osten ist praktisch verschwunden, und nun richtet sich die Planung der NATO zunehmend auf potentielle Bedrohung aus dem Süden. Ein Analytiker der U.S.Army bemerkte 1992, die ‚Südliche Reihe' ersetze heute die Mittlere Front und werde ‚sehr rasch zur neuen Frontlinie der NATO'... Diese Bedrohungen sind auch die Grundlage für das Verbleiben einer gewichtigen militärischen Präsenz der USA in Europa... Angesichts der Meinung, die Muslime und Westler derzeit voneinander haben, und angesichts des Aufstiegs des islamistischen Extremismus ist es kaum verwunderlich, dass im Anschluss an die iranische Revolution 1979 ein interkultureller Quasi-Krieg zwischen dem Islam und dem Westen ausbrach... Außerdem haben beide Seiten eingeräumt, dass dieser Konflikt ein Krieg ist... Auf westlicher Seite haben die USA sieben Länder als ‚terroristische Staaten' eingestuft, von denen fünf muslimisch sind..." (Huntington, a.a.O., 346 ff.).

Nun mag aber die Weltpolizei noch so hart zuschlagen, sie wird den Feind nicht wirklich treffen, weil sie ihm seinen richtigen Namen nicht geben kann. Versuche wie der von Huntington (der trotz oder gerade wegen seiner Flachheit eine gewisse Prominenz erhalten hat) können die Kohärenz des Feindbildes nicht zurückbringen. Diese ist mit dem Ende des bipolaren Weltkonflikts für immer entschwunden, da das praktisch universalisierte, monozentrische Weltsystem der Globalisierung eben kein „Außen" mehr hat und damit auch keine Veräußerlichung des Feindbilds mehr ermöglicht.

Ideologie und Logik der Menschenrechte

Was denn nun eigentlich das neue „Böse" ist (nicht im Sinne bloß gewaltsamer oder sonst wie inakzeptabler Handlungen, sondern seinem gesellschaftlichen, sozialen Wesen nach), lässt sich aus der verblendeten demokratischen Sicht nicht mehr an ihm selber eindeutig bestimmen, sondern es kann nur noch ein diffuses Erscheinungsbild barbarischer Tatbestände ex negativo durch Gegenüberstellung mit der Idealisierung „westlicher Werte" benannt werden. Denn selbstverständlich ist es das unhinterfragbare Axiom dieser Ideologie, dass „Marktwirtschaft-und-Demokratie" das an sich immer schon „Gute" (oder jedenfalls für die Menschheit Bestmögliche) darstellen.

Zu der damit einhergehenden Begriffsheuchelei gehört auch die inzwischen bis zum Überdruss strapazierte Kategorie der „Menschenrechte", die als Antidot zum Krisenfundamentalismus der Herausgefallenen und der Selbstverlorenen verkauft wird. Nachdem der Kapitalismus mit seiner stummen Funktionslogik große Teile der Welt ökonomisch in die Barbarei gebombt hat, erregt er sich „menschenrechtlich" über eben diese von ihm selbst verursachte Barbarei und möchte sie nunmehr militärisch wegbomben, weil ihm nichts anderes mehr einfällt.

Tatsächlich machen jedoch die so genannten Menschenrechte schon ihrer bürgerlich-aufklärerischen Herkunft nach allein unter der Bedingung der „funktionierenden" kapitalistischen Reproduktions- und Subjektform überhaupt Sinn – wenn auch nur einen ideologischen, der die zugrunde liegende negative und zwanghafte gesellschaftliche Beziehung mit Formeln einer Orwellschen Sprache verhüllt: „Mensch" in diesem Sinne ist in Wahrheit nichts anderes als ein warenproduzierendes und geldverdienendes Wesen, das elementare „Rechte" seiner Existenz, sogar das auf „Leben und körperliche Unversehrtheit", überhaupt nur besitzen kann, soweit es etwas oder wenigstens sich selbst (und im äußersten Fall seine Organe) zu verkaufen hat, also seinerseits zahlungsfähig ist.

Nur in dem Sinne ist ein Mensch überhaupt rechtsfähig, also auch menschenrechtsfähig, dass er in den kapitalistischen Funktionsgesetzen funktionieren kann, die zum Naturgesetz der Gesellschaft erklärt worden sind. Man muss sich nur einmal die seit 200 Jahren immer wiederholten Essentials von Aufklärung, Liberalismus, Volkswirtschaftslehre und demokratischer Politik ansehen, um zu begreifen, dass „Menschsein" hier nicht als leibliche Existenz von Individuen verstanden wird, sondern einzig und allein als Existenz von Subjekten der abstrakten „Arbeit" in betriebswirtschaftlichen Funktionsräumen und des Warentauschs (sprich: der Realisationssphäre der Kapitalverwertung). Es wird unterstellt, „der Mensch" sei in dieser Form zur Welt gekommen, die sich im Lauf der Geschichte nur systemisch „ausdifferenziert" hätte. Und es wird unterstellt, dass sich „der Mensch" als Mensch überhaupt nur in dieser Form darstellen könne, die ein Optimum seiner Entwicklungsmöglichkeiten garantiere.

Der Fall ist gar nicht vorgesehen, dass Menschen überhaupt als Menschen aus diesen Voraussetzungen herausfallen könnten. Genau dieser Fall ist aber im Zuge der dritten industriellen Revolution im Weltmaßstab massenhaft eingetreten. Der größere Teil der Weltbevölkerung kann beim besten Willen nicht mehr nach kapitalistischen Gesetzmäßigkeiten funktionieren und ist schlicht „überflüssig" geworden. Es wird zwar unterstellt, dass dieses Herausfallen nur vorübergehend sei. Aber selbst die dümmsten Ideologen der Menschenrechte wissen ganz genau, dass sich angesichts der erreichten Produktivitätsstandards des elektronisch aufgerüsteten Sachkapitals für die Mehrheit der „Überflüssigen" in den Zusammenbruchsregionen die kapitalistische Funktionsfähigkeit nie wieder herstellen lässt. Das ist schließlich die Kehrseite der neuen Militärdoktrin im Namen der „Menschenrechte".

Damit aber trifft auf diese Menschen die Voraussetzung nicht mehr zu, die in der aufklärerisch-kapitalistischen Definition des Menschen gemacht worden ist. Bei ihnen handelt es sich demzufolge nach der stummen kapitalistischen Logik auch nicht mehr um die Kategorie „Mensch", auch wenn das selten offen gesagt wird, sondern nur implizit in der Definition selbst enthalten ist. Im Sinne dieser stummen Voraussetzung führen sich deshalb die „Menschenrechte" in den globalen Zusammenbruchsregionen selber ad absurdum. Die Exekutoren der Krisenkonkurrenz führen eindrücklich diese Wahrheit vor, die das weltdemokratische Räsonnement bloß nicht zur Kenntnis nehmen will.

Es widerspricht in diesem Sinne durchaus nicht dem Begriff der Menschenrechte, wenn die Verfolgung, Folterung, Ausplünderung und Ermordung von Bevölkerungsgruppen dort weltpolizeilich bewusst hingenommen wird, wo sich die Machthaber, Warlords usw. durch Wohlverhalten auszeichnen und auf ihrem Territorium etwa US-Kampfbomber stationieren lassen (wie die Türkei oder Saudi-Arabien). Dieses Vorgehen, das sich schon bei den diversen „Stellvertreterkriegen" in der Epoche der bipolaren Supermachtstruktur bewährt hatte, setzt sich im Kontext der monozentrischen Weltordnungskriege umso hemmungsloser fort, gerade weil das Feindbild immer schwammiger, unschärfer und bizarrer wird.

Da die Definition des „Menschen" praktisch auf die Kompatibilität mit kapitalistischen Kriterien eingeengt ist, heißt das im Zweifelsfall: Interventionsrecht bricht physisches Existenzrecht, und dabei dürfen dann eben die menschlichen Späne beim Hobeln fallen. Schon im Vietnamkrieg und bei ähnlichen, kleineren Interventionen hatten die aufgeklärten USA derart barbarisch gemetzelt, dass Dschingis Khan vor Neid hätte erblassen müssen; und die angeblichen „chirurgischen Präzisionsschläge" der neuen Weltordnungskriege, die gewohnheitsmäßige Bombardierung des Irak, die diversen Interventionen in Ex-Jugoslawien usw. haben ebenfalls locker in Kauf genommene mörderische Auswirkungen. Allein im Irak sind durch westliche Hightech-Waffen mehr als 100.000 Menschen umgekommen; die demokratische Bombergemeinschaft hat nur die steigenden Kosten des Vernichtungs-Sachkapitals zu beklagen.

Peinlicherweise macht sich der perfide Charakter der Menschenrechts-Legitimation gelegentlich sogar durch diplomatische Reibungsverluste innerhalb der institutionellen Trägersubjekte bemerkbar, wie sich etwa während des Kosovo-Krieges zeigte: „Die UNO-Menschenrechtskommissarin, Mary Robinson, hat nach ihrer Rückkehr aus Jugoslawien und anderen Staaten der Region die NATO-Kriegführung scharf kritisiert. In einem Interview mit der BBC sprach sie von nahezu wahllosen Angriffen auf militärische und zivile Ziele" (Neue Zürcher Zeitung, 15.5.1999). Aber solche Äußerungen machen eine Offizielle, die sich einen Blick auf die Realität erlaubt, bei den zentralen weltdemokratischen Machtinstanzen nicht anders als in jeder Diktatur schnell zur persona non grata, die sich nur durch umso heftigeres Wohlverhalten rehabilitieren kann. Selbstverständlich bleibt ein solcher Ausrutscher medial im Kleingedruckten verborgen und völlig folgenlos. Weder das legitimatorische Konstrukt noch das tatsächliche Vorgehen werden davon berührt.

Im Unterschied zu den heißen „Stellvertreterschlachten" des Kalten Krieges wie in Korea, Vietnam etc. gibt es dabei allerdings auf westlicher Seite keine Kriegshelden mehr, weil es auch keinen ebenbürtigen (auf derselben imperialen Ebene agierenden) und ideologisch eindeutig definierbaren Feind mehr gibt, dessen Bekämpfung Lorbeeren eintragen könnte. Die Polizeikriege unter Führung der letzten Weltmacht erwecken vielmehr den sachlichen Anschein einer Art chemisch-elektronischen Schädlings- und Ungeziefervertilgung oder gleichen im öffentlichen Bewusstsein Waldbrand- und Erdbebeneinsätzen von dafür ausgebildeten Spezialisten. Diese Versachlichung des Tötens ist im Begriff der Menschenrechte insofern enthalten, als der kapitalistisch versachlichte Mensch in der Gestalt des Herausgefallenen eben sogar weniger als eine Sache ist.

Wie dunkel das Bewusstsein dieses Zusammenhangs auch immer sein mag, es äußert sich in eben jener Selbstverlorenheit der Individuen, die schon immer im Kern moderner Subjektivität enthalten ist und umso heftiger hervorbricht, je deutlicher das sachliche Herausfallen aus dem demokratischen Menschsein wird. Die Menschenrechte münden schließlich ihrer eigenen inneren Logik nach in das einzige und totale „Recht auf Selbstlosigkeit" und Entselbstung, das jetzt massenhaft wahrgenommen wird als letzte und einzige Option.

Damit wird zwar die offizielle Legitimation unglaubwürdig, die natürlich den Begriff des Menschenrechts rein positiv interpretiert; aber auf Glaubwürdigkeit kommt es ja auch sonst nicht mehr an. Entscheidend ist allein die medial durchzusetzende „Akzeptanzfähigkeit", die Erzeugung von passenden „Stimmungen" und deren Inszenierung. Obwohl die gesellschaftliche Militarisierung im großen Maßstab praktisch nicht mehr über den ideologisch-medialen Bereich hinausgreifen kann, arbeiten die militärischen Medienstrategen bereits mit Hochdruck daran, die sachliche Kälte und Gleichgültigkeit der Gesellschaft hinsichtlich der mörderischen Weltpolizei zu überwinden und die medial beschränkte Militarisierung dennoch in eine heiße Herzensangelegenheit zu verwandeln.

Vielleicht erleben wir es noch, dass für die namentlich herausgestellten Leistungsträger bei den High-tech-Schlachtfesten Fanclubs gegründet und Devotionalien vermarktet werden, um die weltpolizeilichen Einsätze begeisterungsfähig zu machen wie die durchkommerzialisierte Fussballweltmeisterschaft, den Ski- und Tenniszirkus oder die Formel 1. Jetzt schon werden die elektronischen Bombenwerfer als die „guten Jungs" mit menschenrechtlichem Fairness-Potential herausgestellt, während der konstruierte „Feind" als monströses Alien erscheint.

Während die demokratische Feigheit dabei jeden Kratzer am Leib eines Kampfpiloten zur Schlagzeile macht und bange Fragen nach dem „Sinn" von Blutvergießen aufwirft, erscheinen die ebenso namenlosen wie massenhaften Opfer der Bombardements unter dem Stichwort der „Kollateralschäden" eher als Nebenwirkung beim Einsatz einer Reinigungsfirma (und dieser Sachlichkeitsgeruch lässt sich in der Tat schwer zu einem sportlichen Flair der demokratischen Menschenjagd umdeuten). Nichts könnte deutlicher machen, was „Menschenrecht" letzten Endes heißt: die buchstäbliche Wertlosigkeit der Unverkäuflichen, die noch als verbrannte Kadaver „stören", nämlich das „zivile" Bild der demokratischen Weltgemeinschaft. Sie sind tatsächlich nicht mehr als Ungeziefer, dessen Menschenantlitz vom demokratischen Prozedere ungültig gestempelt worden ist.

Daraus erhellt schon, wie hoffnungslos naiv es ist, wenn wohlwollend moralisierende demokratische Friedens- und Menschenfreunde die barbarischen Weltpolizeikriege ihrerseits unter Berufung auf die Menschenrechte zu kritisieren suchen oder die Opfer ausgerechnet im Namen des Prinzips verteidigen, das sie zu Opfern gemacht hat.

Sicherlich wäre es ganz falsch, die Tätigkeit der verschiedenen zivilen Menschenrechtsorganisationen wie Amnesty International usw. einfach unter die kapitalistische Menschenrechtsideologie zu subsumieren und deswegen abzulehnen. Mit ihrem unmittelbaren Einsatz für die Opfer von Krieg und Verfolgung, ihrer Unbestechlichkeit und ihrem oft gezeigten Mut gegen die herrschenden Gewalten bilden sie eine wichtige Instanz der praktischen Hilfe und auch der empirischen Kritik und Anklage. Aber darauf sind sie eben auch beschränkt. Sie können die notwendige Gesellschaftskritik nicht ersetzen; ihre Tätigkeit kann die Ursachen von Gewalt und Verfolgung so wenig berühren, wie das Rote Kreuz den Ersten Weltkrieg verhindern konnte. Vor allem aber macht der ideologische Titel ihrer Selbstbenennung zwar nicht ihre empirische Tätigkeit selber, aber doch deren Legitimation äußerst zweischneidig. Sie kritisieren die Wirkungen gewissermaßen im ideologischen Namen der Ursache. Dadurch geraten sie in die Gefahr, dass sogar ihre Existenz und ihr Wirken noch zur Legitimierung des westlichen Gesamtimperialismus beigezogen und dafür instrumentalisiert wird.

Die Menschenrechtsideologen „der anderen Seite", der immerhin helfenden und kritischen, haben den Charakter der bürgerlichen Rechtsform im allgemeinen und der Menschenrechte im besonderen nicht begriffen. Diese Rechte sind kein Versprechen, sondern eine Drohung: Wenn du nicht mehr funktionsfähig bist, bist du auch nicht mehr rechtsfähig, und wenn du nicht mehr rechtsfähig bist, bist du auch kein Mensch mehr.

Deshalb ist abzusehen, dass das Vorgehen gegen die „störenden" Gotteskrieger, Warlords, Banden und Paten der Plünderungsökonomie usw. mehr und mehr umschlägt in einen heimlichen und zuletzt gar nicht mehr so heimlichen Ausrottungsfeldzug gegen die „Überflüssigen" dieser Erde. Der Feldzug für die Menschenrechte ist seiner Natur nach ein Feldzug für die kapitalistische Form des Menschen, die als die einzig und allein gültige definiert ist, und damit zwangsläufig implizit ein Vernichtungsfeldzug gegen alle Menschen (perspektivisch gegen die globale Mehrheit), die als Folge der kapitalistischen Entwicklung selber aus dieser Definition herausfallen und damit nicht erst als Gotteskrieger oder Krisenbanditen, sondern schon durch ihre schiere leibliche Existenz „stören".

Von der politischen Ökonomie zum postmodernen Kulturalismus

Es ist bezeichnend, wie die offenkundigen Zusammenhänge von Krise und Globalisierung, von Weltmarkt und Barbarei in der verzerrten Wahrnehmung des weltdemokratisch-marktwirtschaftlichen Bewusstseins und seiner Medien erscheinen. Der dreiste Zynismus, im sich fortpflanzenden globalen Elendsunternehmertum, in den traurigen Flohmärkten, auf denen Rentner ihre letzte Habe verscherbeln, oder in den Secondhand-Märkten der globalen Plünderungsökonomie eine Art zukunftsfreudige marktwirtschaftliche Folklore erblicken zu wollen („alles so schön bunt hier"), korrespondiert mit der ideologischen Veräußerlichung der gewaltsamen und zersetzenden Erscheinungen, als gehörten sie gar nicht eigentlich dazu.

So hat sich eine weltdemokratische Leier eingespielt, von der die Existenz der Krisenpotentaten, der Banden und Milizen etc. regelmäßig so dargestellt wird, als wären es diese Erscheinungen, die das eigentlich notwendige und mögliche Funktionieren der marktwirtschaftlich-kapitalistischen Produktionsweise und deren segensreiche Prosperität verhindern. Die Frage, woher denn eigentlich all diese negativen und destruktiven Gespenster ihrerseits kommen, bleibt entweder im Dunkeln oder wird so beantwortet, dass die vom Weltmarkt ausgehende sozialökonomische Zerstörungskraft systematisch ausgeblendet bleibt. Aber irgendwie muss die fortschwelende Krise ja beim Namen genannt und einer Deutung zugeführt werden.

Dabei hat sich während des vergangenen Jahrzehnts ein deutlicher Wandel in den Erklärungsmustern vollzogen. Anfang der 90er Jahre, als die Welt noch ganz unter dem Eindruck des Kalten Krieges und des Systemkonflikts zwischen Staatskapitalismus und Konkurrenzkapitalismus seit der Mitte des 20. Jahrhunderts stand, war in den Deutungen die politökonomische Auseinandersetzung zwischen Staatsorientierung und Marktorientierung bestimmend. An den westlichen Universitäten hatten bis zur Mitte der 80er Jahre politische Wissenschaften und politische Ökonomie Konjunktur gehabt wie selten zuvor. Dementsprechend wurde der Zusammenbruch des Staatskapitalismus am Ende dieses Jahrzehnts vor allem in politisch-ökonomischen Kategorien wahrgenommen. Das vom oberflächlichen Schein der Ereignisse geblendete Urteil lautete daher: ökonomische Staatsorientierung ist Todsünde. Plötzlich waren alle glühende Marktwirtschaftler, selbst die meisten ehemaligen Neomarxisten. In seinem Siegesrausch verkündete der Neoliberalismus für alle Krisen- und Zusammenbruchsregionen die alleinseligmachende Doktrin der „marktwirtschaftlichen Reformen": bekanntlich Abbau des Sozialstaats, Deregulierung, Privatisierung, Freihandel, Entfesselung der Konkurrenz.

Diese Interpretation musste die Wirklichkeit verfehlen, weil sie nicht begreifen wollte, dass Staat und Markt nur die beiden Pole kapitalistischer Vergesellschaftung darstellen und nicht gegeneinander ausgespielt werden können. Es wurde ganz in der Manier des klassischen Wirtschaftsliberalismus quer durch das ideologische Spektrum so getan, als wäre der Staat eine Art Fremdkörper im kapitalistischen Mechanismus, statt ihn als logische Kehrseite des Marktes zu erkennen. Der Gegensatz von Markt und Staat ist nicht der von Kapitalismus und Nicht-Kapitalismus, sondern ein Gegensatz innerhalb des Kapitalismus selbst. In seinem Wahn konnte der marktwirtschaftliche Triumphalismus die ökonomische Staatsorientierung nur als ideologisches Feindbild wahrnehmen, statt sie in ihrer historischen Bedingtheit zu verstehen. Aus dieser verkürzten Sicht waren Staatseigentum und Staatseingriffe nichts als „Fehler und Irrtümer", die notwendig zum Scheitern führen mussten.

Damit wurde jedoch Ursache und Wirkung verwechselt. Überblickt man die Geschichte des 20. Jahrhunderts als Ganzes, dann hat nicht die Staatsökonomie die Krise hervorgebracht, sondern sie war ihrerseits schon eine Antwort auf vorhergehende Krisen. Das Gefälle der globalen kapitalistischen Entwicklung, das mit den Mitteln marktwirtschaftlicher Konkurrenz nicht zu überwinden war, hatte seit dem Ende des Ersten Weltkriegs im Osten und Süden als Idee und Praxis jener „nachholenden Modernisierung" den Staat als „nationalen Gesamtunternehmer" hervorgebracht; ebenso war der westliche keynesianische Staatsinterventionismus eine Reaktion auf die katastrophale Erfahrung der Weltwirtschaftskrise gewesen.

Als Summe könnte man daher die Schlussfolgerung ziehen: Nicht eine bestimmte wirtschaftspolitische Orientierung innerhalb des Systems von Markt und Staat bringt die Krise hervor, sondern die basale Logik des Systems selbst, der betriebswirtschaftliche Verwertungsprozess. Deshalb konnten östlicher Staatskapitalismus und westlicher Keynesianismus Krise und „Unterentwicklung" letzten Endes nicht besiegen, sondern mussten nach einer Inkubationszeit von mehreren Jahrzehnten an den Systemkriterien scheitern. Noch viel schneller scheitert nun der neoliberale Marktradikalismus, dessen Rezepte die Krise in großen Weltregionen eher verschlimmert als überwunden haben. Wie etwa der jugoslawische Bürgerkrieg seit Anfang der 90er Jahre bereits ein Resultat „marktwirtschaftlicher Reformen" innerhalb des Tito-Staatskapitalismus gewesen war, so wird nun ein Jahrzehnt später deutlich, dass die weitergehenden „marktwirtschaftlichen Reformen" unter neoliberaler Ägide ganze Weltteile vollends ins Chaos stürzen und die Milizen, Warlords, Terroristen, Fundamentalisten usw. umso mehr wie die Pilze aus dem Boden schießen lassen.

Statt sich jedoch die Paralyse des modernen warenproduzierenden Weltsystems in allen seinen Variationen einzugestehen, haben es die demokratischen Ideologen und wissenschaftlichen Mandarine im Laufe der 90er Jahre vorgezogen, die im globalen Maßstab unbewältigbar gewordenen Probleme der politischen Ökonomie einfach zu ignorieren und auf ein ganz anderes Feld auszuweichen, um dennoch den Anschein einer konformistischen Erklärung und einer Perspektive der Bewältigung erwecken zu können. Diese neuerliche Wende des intellektuellen Mainstreams, die inzwischen weltweit von Politik und Medien aufgenommen worden ist, hat sich aus verschiedenen Momenten oder Triebkräften heraus gebildet, die zu einem neuen Muster der Interpretation zusammengeflossen sind.

Zunächst haben wir es dabei mit einem lange vorbereiteten und grundlegenden Wechsel der intellektuellen und akademischen Mode in den Gesellschafts- und Geisteswissenschaften zu tun. Seit der zweiten Hälfte der 80er Jahre ist der von Frankreich ausgehende Siegeszug der so genannten postmodernen und poststrukturalistischen Theorien von Philosophen wie Lyotard, Derrida, Baudrillard, Foucault und anderen bis in die Proseminare und an die Mensatische vorgedrungen. Trotz aller Unterschiede und Gegensätze im Einzelnen lässt sich ein gemeinsamer Wesenszug dieser Theorien erkennen: Das Paradigma der politischen Ökonomie ist durch das Paradigma des Kulturalismus ersetzt worden. Mit derselben Inbrunst, wie man in den 70er Jahren Klassenkämpfe und Krisentheorien studierte, wurden nun kulturelle Formen, „kulturelles Kapital" (Bourdieu), Lebensstile, Identitätsformen usw. studiert.

Keineswegs zufällig und keineswegs bloß zeitlich schließt diese intellektuelle Wende komplementär an die sozial- und wirtschaftspolitische Wende des Neoliberalismus an. Die Gesellschaft wird nicht mehr wesentlich als Produkt der politischen Ökonomie, sondern als Produkt eines „kulturellen Diskurses" begriffen, statt das kulturelle Moment zur Dynamik der Kapitalakkumulation und ihrer Krisen in Beziehung zu setzen (Pierre Bourdieu, der dies nur äußerlich und daher verkürzt auf die soziologische Phänomenologie versucht, würde sich selbst nicht als „postmodern" verstehen, eher im Gegenteil, aber er hat mit seiner Begrifflichkeit vom „kulturellen Kapital" ungewollt dem postmodernen Affen Zucker gegeben). Soziale Bewegungen, gesellschaftliche Eingriffe und Veränderungen setzen den postmodernen Theorien zufolge nicht an den „harten" Strukturen an, sondern „performativ" am „Diskurs" im weitesten Sinne, am kulturellen Habitus, an sozialem Design und symbolischer Selbstdarstellung.

Demzufolge ist die politische Ökonomie als solche kein Gegenstand der Reflexion mehr, schon gar nicht der Kritik (höchstens wird noch von „ökonomischen Stilen" gesprochen, die das kategoriale Gerüst der kapitalistischen Verwertung gar nicht berühren, sondern nur dessen kulturelle Einkleidung darstellen). Die politisch-ökonomischen Kategorien und Prozesse bilden nur noch das leise, unreflektierte Hintergrundrauschen des „Diskurses". In dieser Wahrnehmung findet eine merkwürdige Verkehrung statt: Je mehr in der gesellschaftlichen Realität der 80er und 90er Jahre die Kultur ökonomisiert wurde, desto mehr wurde umgekehrt im ideologischen Denken die Ökonomie kulturalisiert. In diesem paradoxen Vorgang wird deutlich, dass wir es mit einer kollektiven Verdrängungsleistung des gesellschaftlichen Bewusstseins zu tun haben, die im Lauf der 90er Jahre in die Interpretation von Weltkrise und Weltordnungskriegen eingegangen ist.

Der zu kurz greifende intellektuelle Ökonomismus innerhalb der Grenzen des Systems wurde also bloß durch einen erst recht defizitären intellektuellen Kulturalismus vor dem nicht mehr thematisierten Hintergrund der Formen des Systems ausgetauscht, just während dieses seinen totalitären Realökonomismus zu offenbaren begann. Einerseits drückt sich in der oberflächlichen Beliebigkeit und im schnellen Wechsel der kulturalistischen Orientierung die Beliebigkeit des Warenkonsums aus; andererseits ist diese Orientierung aber auch bestens dafür geeignet, sich vor den ungelösten und unlösbaren Problemen der politischen Ökonomie davonzustehlen.

Für große Teile der linken Intelligentsia bot der postmoderne Kulturalismus eine intellektuelle Entlastung: Man konnte mit dem Zeitgeist schwimmen und sich trotzdem auf einer symbolisch-performativen Ebene weiterhin als „radikal kritisch" gerieren. Für die Ideologen des totalen Marktes selbst war die Möglichkeit einer intellektuellen Entlastung durch Elemente des postmodernen Denkens sogar noch verlockender: Nachdem sie das Staatsversagen durch den puren Markt kurieren wollten, können sie nun das prompte Marktversagen durch das Umschalten auf kulturalistische Interpretationen abermals, nur in anderer Weise, unter Verweis auf angeblich „außerökonomische Ursachen" kaschieren und wegerklären.

Die „kulturalistische Wende" wurde so zum gefundenen Fressen für die weltdemokratische Heuchelei und Ignoranz, die sich nun umso mehr auf verkürzte „ethnische" oder „religiöse" Zuschreibungen und Scheinerklärungen der global sich voranfressenden Gewaltstrukturen versteifen kann, je offenkundiger der Zusammenhang von Weltmarkt und Globalisierung, ökonomischer Krise, Terrorismus und Plünderungsökonomie wird. Als Grund für den Krieg in Jugoslawien fiel der westlichen Presse nichts anderes ein, als einen volkstümlichen und kulturell vermittelten „tiefsitzenden Hass" der diversen Völkerschaften anzunehmen, der vom Tito-Regime nur künstlich unter dem Deckel gehalten worden sei: „Der Kommunismus hielt die zerstrittenen Völkerschaften Südslawiens mit eiserner Faust zusammen", so das Nachrichtenmagazin „Der Spiegel" im Frühjahr 1999.

Kein Ton über die sozialökonomische Leidens- und Zusammenbruchsgeschichte der jugoslawischen Volkswirtschaft schon seit den 70er Jahren, obwohl darüber ausführliche kritische Analysen nachzulesen gewesen wären (vgl. vor allem Lohoff 1996). Aber solche Analysen will man eben nicht zur Kenntnis nehmen, weil sie immer nur auf die verheerenden Destruktionsmechanismen der geheiligten Weltmarktwirtschaft selber zurückverweisen.

So waren es in den 90er Jahren nur vereinzelte Stimmen, die sich vom weltdemokratischen Konsens nicht völlig irremachen ließen und sogar aus akademisch fachspezifischer Sicht die platten kulturalistischen Erklärungsmuster in Frage stellten, um den wirklichen sozialökonomischen Hintergrund aufzuhellen, auch wenn sie nicht auf eine kritische politisch-ökonomische Analyse der Weltmarktprozesse zurückgreifen konnten.

Der Berliner Ethnologe Georg Elwert etwa entwickelte Mitte der 90er Jahre einen historisch-empirischen Begriff der „Gewaltmärkte", in denen er eine Wiederkehr katastrophischer Transformationsprozesse früherer Modernisierungsschübe (etwa in China, Afrika etc.) sieht: „Emotionen, Hass und Stammessolidarität seien es, die zur Gewalt führen, hören wir beständig. Selbst Wissenschaftler begeben sich auf diese Fährte der Erklärung. Strategisches Handeln und militärische Logistik setzen jedoch kühlen Kopf und langfristige Planung voraus. Daher möchte ich eine andere Deutung vorschlagen. Rational nachvollziehbares ökonomisches Handeln bestimmt die langfristig stabilen Grundmuster dieser Gewaltmärkte. Emotionen wie Hass und vor allem Angst werden in diesem Rahmen genutzt, sind aber nicht selbst strukturbildend... Es fällt uns schwer, in Handeln und Strukturen, welche uns zuwider sind, Arbeit oder Märkte zu sehen. Doch damit verraten wir nur, dass wir diese Begriffe jenseits unserer fachlichen Definition emotional positiv besetzen... Das ‚Marodieren', der systematische Raub durch Soldaten, ist ... eine naheliegende Form der Reproduktion der Arbeitskraft. Wir finden es sogar, dass ein Markt für das Marodieren entsteht. Das heißt, man bezahlt eine Gefahr, um an organisierten Raubzügen teilnehmen zu können... In gewaltoffenen Räumen bildet sich eine völlig deregulierte Marktwirtschaft, eben eine radikalfreie Marktwirtschaft. Die kulturalistische Brille führt zum Missverstehen dieser Struktur. Nicht Ethnien und Clans, sondern wirtschaftliche Interessen (vom Profit über Sold, vom Erlös aus Raubesgut bis zur einfachen Subsistenz) stehen in diesen Bürgerkriegen gegeneinander..." (Elwert 1996).

Elwert sieht die „Gewaltmärkte" direkt als „eine Form von Modernisierung" und stellt damit halbwegs diesen demokratischen Modebegriff in Frage, obwohl er selbst noch in der demokratischen Ideologie befangen ist: „Die Gewaltmärkte als Teil von Modernisierung anzusprechen, unterstreicht die Fragilität unseres eigenen Projekts von ‚Moderne' und erinnert daran, dass sich in Bosnien nicht die von Atavismen besessenen Relikte vergangener Zeiten schlagen, sondern Menschen aus einem bürokratischen Industriestaat, dessen führende Akteure fast durchgängig als Industriearbeiter oder Intellektuelle ins hochindustrialisierte Westeuropa migriert waren" (Elwert 1996).

Diese Argumentation ist sachlich-empirisch zutreffend und hebt sich positiv vom ideologischen Rechtfertigungsschema der Weltdemokraten ab. Sie bleibt aber insofern inkohärent, als sie die Phänomenologie der „Gewaltmärkte" nur vage als eine mögliche (vielleicht falsche, durch eine bessere Alternative innerhalb desselben Horizonts ersetzbare) Version der Modernisierung identifiziert, ohne sie systematisch in Beziehung zur Entwicklung und Krise des warenproduzierenden Weltsystems zu setzen. Diese Inkohärenz kann nur durch eine zureichende krisentheoretische Fundierung überwunden werden, in der die „Modernisierung" endgültig ihren falschen Heiligenschein verliert: Aus einer solchen weiter reichenden Sicht handelt es sich bei den heutigen „Gewaltmärkten" nicht etwa um einen bedauerlichen Nebenpfad dieser ewigen „Modernisierung" und auch nicht um eine bloße Analogie zu ähnlichen Versionen anderswo und zu anderen Zeiten, sondern um ihre Konsequenz und ihr desaströses Ende; denn die gegenwärtige globale Plünderungsökonomie steht nicht mehr wie die frühmodernen Transformationskrisen am Anfang, sondern am Ende der Modernisierungsgeschichte. Sie bildet heute im größeren Teil der Welt das Resultat der gescheiterten „nachholenden Modernisierung" und verweist auf die Grenzen des modernen warenproduzierenden Systems überhaupt.

Deshalb wäre es an der Zeit, die Begriffe von „Arbeit" und „Markt" nicht nur ihrer positiven emotionalen Besetzung verlustig gehen zu lassen und sie auch nicht mehr als neutrale, beliebig zu füllende ontologische Begriffe zu akzeptieren, sondern ihre grundsätzliche Negativität und ihren repressiven, zerstörerischen Charakter auf einer Meta-Ebene jenseits der alten staatssozialistisch-staatskapitalistischen Orientierung neu zu bestimmen.

Um den wahren Charakter der Weltkrise weiter verdrängen zu können, hat der weltdemokratische Konsens in den letzten Jahren das ethno-religiöse Erklärungsmuster mit seinen falschen Zuschreibungen gewissermaßen ökonomietheoretisch erweitert und flankiert. Zu diesem Zweck wird der postmoderne Kulturalismus mit einer bestimmten Richtung innerhalb der Volkswirtschaftslehre verbunden, die seit Beginn des 20. Jahrhunderts als sogenannter „Institutionalismus" bzw. als „Institutionenökonomie" firmiert und lange Zeit eher ein Schattendasein geführt hatte. Ursprünglich verstand sich dieser von Thorstein Veblen begründete Ansatz als eine pragmatische Kritik am Ökonomismus der klassischen Volkswirtschaftslehre: Der Mensch sollte nicht einseitig als „homo öconomicus" verstanden werden, sondern in einem umfassenderen Sinne als soziales Wesen; und demzufolge erschien es als notwendig, die ökonomische Theorie mit anderen Sozialwissenschaften anzureichern, um das ökonomische Handeln und seine Institutionen in der Wechselwirkung mit anderen sozialen Organisationsformen, Motiven und Handlungsmustern (Recht, Traditionen, Ideologien, Religionen, außerökonomischen Normen, Lebens- und Verhaltensweisen etc. – und eben „Kultur" im weitesten Sinne) zu untersuchen.

So richtig diese Kritik am eindimensionalen Ökonomismus im Prinzip auch war, sie griff insofern zu kurz, als sie keinen kritischen Begriff des Gesamtsystems entwickelte, sondern die verschiedenen sozialen Handlungsformen und ihre jeweiligen Institutionen nur äußerlich nebeneinander stellte. Deshalb wurde der von Veblen kritisch gemeinte Institutionalismus auch anfällig für eine system-konformistische Instrumentalisierung.

Diese apologetische Wende besorgte die so genannte „Neue Institutionenökonomik" nach dem Zweiten Weltkrieg, vertreten vor allem durch den Hardcore-Neoliberalen James M. Buchanan, der dafür 1986 den Nobelpreis erhielt – gerade rechtzeitig, um den umfrisierten Institutionalismus als Waffe von hohem Renommée (und im Verbund mit dem kulturalistischen Ansatz) im politökonomischen Erklärungsnotstand der 90er Jahre einsetzen zu können. Buchanan und andere Ökonomen seiner Richtung interpretierten das Problem der außerökonomischen Institutionen im Gegensatz zu Veblen ganz im Sinne des ökonomischen Totalitarismus: Rechtsformen, Traditionen, Regeln, Lebenseinstellungen und kulturelle Muster etc. werden nicht neutral in ihrem Wechselverhältnis zur kapitalistischen Ökonomie betrachtet, sondern normativ unter dem Aspekt bewertet, ob sie dem „homo öconomicus" als dem „eigentlichen Menschen" freie Bahn geben oder nicht.

Mit anderen Worten: Die Beachtung außerökonomischer Handlungsformen dient allein dem Zweck, optimale institutionelle Rahmenbedingungen für die Entfesselung des totalen Marktes zu bestimmen. Dazu gehören laut Buchanan vor allem verfassungsrechtliche Regeln zum Schutz der betuchten Individuen gegen den „öffentlichen Sektor", die juristische Sicherheit kapitalistischer Transaktionen und die Garantie der privaten Eigentumsrechte (Property-Rights), also die Möglichkeit der Besitzenden, andere Personen von der Nutzung angeblich „knapper Güter" auszuschließen.

Aus dieser Sicht des „neuen Institutionalismus" kann es gar kein Marktversagen geben, sondern nur mangelnde juristische, kulturelle und sonstige institutionelle Rahmenbedingungen, sprich: eine mangelnde kulturelle Ausrichtung des gesamten Lebens auf den ökonomischen Totalitarismus. In Verbindung mit dem postmodernen Kulturalismus wurde nun daraus im Laufe der 90er Jahre das neue Paradigma einer größeren oder geringeren Höhe der „ökonomischen und politischen Kultur" zusammengeschustert.

Neben dem Rückgriff auf Buchanan spielt dabei die einschlägige Theorie des Ökonomen Mancur Olson eine herausragende Rolle. Olsons spezifische Weiterentwicklung des Institutionalismus kapriziert sich auf das Modell der größeren oder geringeren Möglichkeit von kapitalistischen „Interessenkoalitionen", Kompromiss-Strukturen und Aushandlungen etc., die vor dem Hintergrund des Marktmechanismus eine Art „zweite unsichtbare Hand" konstituieren sollen; in diesem Sinne sei die unproduktivste Wirtschaftsform die „instabile Diktatur", einigermaßen produktiver die „stabile Diktatur" und am produktivsten natürlich die wunderbare Demokratie kapitalistischer Wirtschaftssubjekte, weil sie am wenigsten „marktwidriges Verhalten" impliziere. Neben den Property-Rights und anderen institutionellen Voraussetzungen sei es also die Rahmenbedingung demokratisch verhandelbarer Interessenstrukturen, die den größeren oder geringeren Erfolg des an sich richtigen und „natürlichen" Marktmechanismus ausmache (vgl. Olson 2000).

Im Zusammenhang mit diesen Konstrukten der institutionalistischen ökonomischen Theorie konnte das neue Paradigma kapitalistischer Rechtfertigungsideologie angesichts der weitergehenden Weltkrise entfaltet werden, ohne sich dem Versagen des globalen Marktmechanismus stellen zu müssen. Es wurde Mode, von einer betriebswirtschaftlichen „Unternehmenskultur" oder von einer nationalen „Kultur des Unternehmerischen" zu reden, von der „Aktienkultur" oder der „Kultur der Rechtssicherheit" eines Landes, von einer „Kultur des Aushandelns" und schließlich von der „demokratischen Kultur" schlechthin nicht nur als weltweit zu verankerndem Leitbild, sondern als institutioneller Voraussetzung ökonomischen Wachstums, ohne die der segensreiche Marktmechanismus leider nicht funktionieren könne.

Und alsbald konnte man dieses ideologische Amalgam von Institutionenökonomie und Kulturalismus mit dem neuen globalen Feindbild des Westens verbinden; Huntington lieferte mit seinem Schlagwort vom „Kampf der Kulturen" den passenden Rahmen der Interpretation. Wie sehr Huntington sich vom postmodernen Kulturalismus nährt, zeigt seine einschlägige Definition von Gesellschaft und Geschichte, die dem Konstrukt des Feindbilds als Axiom zugrunde liegt: „Die menschliche Geschichte ist die Geschichte von Kulturen. Es ist unmöglich, die Entwicklung der Menschheit in anderen Begriffen zu denken (!)... Zu allen Zeiten waren Kulturen für die Menschen Gegenstand ihrer umfassendsten Identifikation" (Huntington, a.a.O., 49). Der Begriff der „Kultur" oder „Zivilisation" wird von seinem materiellen reproduktiven Zusammenhang gelöst, um einerseits die (ursprünglich vom Westen ausgegangene) kapitalistische Reproduktionsform ahistorisch auf die Ebene von Naturprozessen und Naturgesetzlichkeiten zu bringen und andererseits die kulturellen Muster an ihrer Kompatibilität mit dieser kapitalistischen angeblichen „Naturform" der Gesellschaft zu messen.

Man brauchte diesen Kontext nur auf die Frage der institutionellen und ökonomischen „Kultur" zu erweitern, um das lästige Problem der trotz aller „marktwirtschaftlichen Reformen" immer dichter aufeinander folgenden Krisen und Zusammenbrüche aus dem Bereich der politischen Ökonomie zu eskamotieren: Nicht die segensreiche kapitalistische Produktionsweise und die ungefilterte Öffnung zum Weltmarkt könne die Ursache sein, so der Tenor, sondern den ökonomie-kulturell ungesitteten „Barbaren" im Osten und Süden mangle es eben noch an institutionellen Rahmenbedingungen, an marktwirtschaftlichem Bewusstsein, an demokratischem Prozedere, „Property Rights" und überhaupt an „unternehmerischer Kultur".

Diese jüngste westliche Rechtfertigungsideologie will sogar im krisengeschüttelten Japan und in den am Boden liegenden asiatischen Tigerländern, soeben noch als beeindruckende Leitbilder eines erfolgreichen „asiatischen" oder „konfuzianischen" Kapitalismus gefeiert, plötzlich nur noch „unmoderne" Strukturen der Loyalität, dysfunktionalen Autoritarismus, Korruption, Kleptokratie, Clanwirtschaft und Nepotismus erkennen. Diese Mängel der institutionellen Struktur, des nationalen Bewusstseins und der „ökonomischen Kultur" sollen es angeblich sein, die den Nährboden für „Wirren" und Fundamentalismen, Mafia, Warlords usw. bilden, während es in Wirklichkeit der objektive und kapitalistisch-systembedingte (also durch keinerlei bloß kulturelle bzw. institutionelle Reform herbeizuholende) Mangel an Kapitalkraft ist, der in der Weltkrise der dritten industriellen Revolution die Gesellschaften reihenweise auseinanderbrechen lässt.

In der neuen Ideologie des ökonomischen Kulturalismus wird das Verhältnis von Ursache und Wirkung ebenso auf den Kopf gestellt wie schon vorher beim Verhältnis von Krise und Staatsökonomie. In Wirklichkeit bringen nicht Korruption, Mafia-Herrschaft, Terrorismus, schlechthin „marktwidriges Verhalten" und einschlägige kulturelle Muster etc. die Krise hervor, so wenig wie die frühere ökonomische Staatsorientierung, sondern genau umgekehrt ist es die vom Scheitern des jeweiligen Landes am Weltmarkt ausgehende sozialökonomische Krise, die den institutionellen Zusammenhang bürgerlicher „Rechtssicherheit" und „Kultur" zerstört oder gar nicht erst entstehen lässt.

Aber weil zusammen mit dem staatskapitalistischen Paradigma der „nachholenden Modernisierung" jedwede Ökonomiekritik gleich mit entsorgt wurde, darf der wahre Ursachenkomplex der Krise nicht mehr benannt werden. So flüchten sich nicht zuletzt die Ideologen der „Zivilgesellschaft", die zu Stichwortgebern von Rot-Grün, New Labour etc. und der entsprechenden „links-neoliberalen" Regierungen geworden sind, in das schwache Argument der kulturalistisch mobilisierten „Institutionenökonomie", um den ökonomischen Kern der Krise wegzuerklären, nunmehr demokratisch-institutionelle Rahmenreformen zu beschwören und im Verein mit Huntingtons Konstrukt die Legitimation für das weltdemokratische Feindbild zu liefern.

Dieses den Sachverhalt auf den Kopf stellende Billigargument ist zum Credo sogar vieler ehemaliger Kritiker der kapitalistischen Weltmarkt-Vergesellschaftung geworden: „Ohne Rechtssicherheit ist wirtschaftliche Entwicklung nun mal nicht zu haben" (Cremer 2001), so tönt es nun auch bei den ehemals antikapitalistischen Initiativen zur Misere der Dritten Welt.

Sowohl die „Zivilgesellschafts"-Ideologie der Realos als auch die von Konformismus getriebene „institutionalistische" Wende großer Teile der Dritte-Welt-Solidaritätsbewegung stehen in einem Kontext, dem auch die so genannte „Regulationstheorie" angehört; ebenfalls ein Produkt linker und ex-linker Rückzugsgefechte und Ausweichbewegungen. In diesem seit Anfang der 80er Jahre von Frankreich ausgehenden und in der BRD-Linken rezipierten Theorem werden unter „Regulation" die institutionellen, kulturellen, politischen usw. Modi der Kapitalakkumulation verstanden.

Statt vom staatskapitalistisch verkürzten positivistischen Verständnis der politischen Ökonomie zur unausweichlich gewordenen Kritik an den Grundkategorien des modernen warenproduzierenden Systems überzugehen, also zur Kritik von „Arbeit", Wertform, Geld, Markt, betriebswirtschaftlicher Rationalität und Staat, bleiben gerade diese Grundkategorien weitgehend außerhalb der Betrachtung, um stattdessen bloß den jeweils spezifischen Modus ihrer Gültigkeit in den Mittelpunkt zu rücken: Nicht um die Sache selber geht es, sondern gewissermaßen nur um ihre Begleitmusik. Demzufolge handelt es sich der „Regulationstheorie" zufolge bei den globalen Verwerfungen seit Ende der 80er Jahre nicht um eine kategoriale Krise der warenproduzierenden Moderne, sondern lediglich um die Krise eines bestimmten „Akkumulations"- und damit „Regulationsmodells" – woraus dann wiederum geschlussfolgert wird, dass es nicht um die kategoriale Kritik des Kapitalismus ginge, sondern bloß um das „kritische Mitmischen" bei der Herausbildung des hoffnungsvollen nächsten „Regulationsmodells" (von dem nirgends eine Spur zu sehen ist), seiner institutionellen und politischen Modi, also gewissermaßen seiner „Regulationskultur".

Es ist leicht erkennbar, dass auch die „Regulationstheorie" Bestandteil jener großen, weltweiten Wende in theoretischer und gesellschaftspolitischer Hinsicht ist, wie sie durch den Neoliberalismus einerseits und den postmodernen Kulturalismus andererseits gekennzeichnet wird. Im Grunde genommen handelt es sich um eine „linke" Variante jenes „neuen Institutionalismus" von Buchanan und Olson. Die Paradoxie eines „links-neoliberalen" Amalgams findet sich also nicht nur bei Rotgrün und New Labour, sondern zieht sich in vielfältigen Mischformen von Kulturalismus, Institutionenökonomie und Zivilitätsduselei quer durch das Spektrum der lediglich graduell verschieden kapitulierenden Gesellschaftskritik. Kein Wunder, dass heute große Teile der vom marktwirtschaftlichen „Realismus" durchseuchten früheren Solidaritätsbewegungen in Gestalt sogenannter Nichtregierungsorganisationen Seite an Seite mit der Weltbank an der Front lächerlich harmloser Anti-Korruptions-Kampagnen stehen.

Im Sinne institutionalistisch-kulturalistischer Scheinanalysen will die vereinigte Weltdemokratie nun allenthalben auch die ökonomische Misere Restjugoslawiens erklären und sie allein dem Milosevic-Regime in die Schuhe schieben: „Die Serben sehen sich von ihm bestohlen. 13 Jahre Lebensarbeit sind von seinem Mafiaregime verpulvert und als Devisenmillionen ins Ausland verschoben worden" (Schmidt-Häuer 2001). Demgegenüber kann gar nicht oft genug betont werden, dass es der Weltmarkt war, der die „Lebensarbeit" der serbischen Warensubjekte längst vorher durch den Finanzkollaps in Rauch aufgelöst hatte – und dass ein Milosevic das Produkt dieser Krise war, nicht ihr Urheber.

Wie sehr die billige Lösung Konjunktur hat, Korruption und „Mafiaregimes" – als wären sie vom Himmel gefallen – zur Letztursache der Misere zu erklären, zeigt die Karriere der einschlägigen Anti-Korruptions-Initiative „Transparency International"

(TI): „Im Laufe der neunziger Jahre ist aus der kleinen Initiative eine mächtige Bewegung gewachsen, auf deren Veranstaltungen sich Staatspräsidenten, Minister, Banker, Industrielle und sogar der Generalsekretär von Interpol die Ehre geben. Der alljährliche Korruptionsindex von Transparency wird von Konzernchefs studiert, und manche Regierung fürchtet ihn aus gutem Grunde – er beeinflusst Investitionsströme, Kreditvergaben und Entwicklungszuschüsse. In diesem Jahr wird erstmals auch eine Weltrangliste der bestehenden Staaten veröffentlicht" (Grill 1999). Der Kongress von TI ist zum Großereignis mit Delegierten aus 135 Ländern geworden. Es hat Züge einer Groteske, wie sich da Offizielle und Inoffizielle, Linke und Rechte zusammenfinden, um zu beschwören, dass Aids von den roten Flecken auf der Haut komme.

Auf dieser Welle des Zeitgeistes schwimmend, hat es der greise US-amerikanische Wirtschaftshistoriker David Landes fertiggebracht, Ende der 90er Jahre mit seinem Werk „Wohlstand und Armut der Nationen. Warum die einen reich und die anderen arm sind" (Landes 1999) einen weltweiten Bestseller zu landen. Landes entblödet sich nicht, in einer unglaublich rohen Geschichtsklitterung, die anachronistisch die modernen kapitalistischen Kriterien bis in die Antike und ins Mittelalter zurückprojiziert, sämtliche Schweinereien der europäischen Geschichte in ebenso viele kulturelle Vorteilfaktoren für die allgemeine Reichtumsproduktion umzudefinieren und die blutige Konstitution des Kapitalismus als „Kultur" einer kommerziellen Idylle darzustellen: „Als die Europäer sich endlich einigermaßen sicher vor Angriffen von außen sahen (ab dem elften Jahrhundert), waren sie in der Lage, wie nie zuvor und wie nirgends sonst ihren eigenen Nutzen zu verfolgen... Auch dass sich Gelegenheit bot, die Raufbolde an ferne Fronten abzuschieben (man denke an die Kreuzzüge), trug zur Befriedung bei... Die ökonomische Entfaltung des mittelalterlichen Europas wurde ... durch eine Folge von organisatorischen Neuerungen und Anpassungen befördert... Die Herrscher, sogar regionale Machthaber, wetteiferten in dem Bemühen, mit der Entwicklung Schritt zu halten, Aufgeschlossenheit zu beweisen, Arbeitskräfte verfügbar zu machen (!), Unternehmungen anzulocken und die Steuern einzustreichen, die sie abwarfen. Gleichzeitig erfand die Geschäftswelt neue Gesellschafts-, Vertrags- und Austauschformen, um Investitionen zu ermöglichen und Zahlungsvorgänge zu erleichtern... Diese ‚kommerzielle Revolution' ging fast zur Gänze von den Kreisen der Handeltreibenden selbst aus... Dadurch erreichten sie einen wesentlichen Zuwachs an Sicherheit ... und eine Ausdehnung des Marktes, die der Spezialisierung und Arbeitsteilung Vorschub leistete. Es war die Welt von Adam Smith, die bereits fünfhundert Jahre vor ihm Gestalt anzunehmen begann" (Landes 1999, 55, 59 f.).

Diese Geschichtsklitterung ist ein simples Produkt der Paradigmen von Institutionenökonomie und Kulturalismus, nach deren Muster völlig divergente historische Erscheinungen anachronistisch eingeebnet werden, sodass das Resultat kaum noch überraschen kann: „Wenn wir aus der Geschichte der wirtschaftlichen Entwicklung etwas lernen, dann dies: Kultur macht den entscheidenden Unterschied... Die ökonomischen Erfolge Japans und Deutschlands nach dem Zweiten Weltkrieg konnte man durch eine Betrachtung der Kultur durchaus vorhersehen. Dasselbe gilt für Südkorea im Vergleich zur Türkei und für Indonesien im Vergleich zu Nigeria... Auch die entgegengesetzte Reaktion ist möglich: Kultur kann sich unternehmerischen Initiativen entgegenstellen. Diesen Fall haben wir in Russland, wo 75 Jahre markt- und profitfeindlicher Ideologie und Privilegienwirtschaft unternehmensfeindliche Haltungen zementiert und verankert haben... Besonders dringlich stellt sich das Problem in Ländern, in denen unternehmerische Aktivitäten rar sind. In einer Welt des raschen Wandels und der internationalen Konkurrenz kann es sich eine Gesellschaft kaum leisten, auf Privatinitiative zu warten..." (Landes 1999, 517 ff.).

Landes macht sich einer doppelten intellektuellen Sünde schuldig, die einem identischen ideologischen Denkfehler entspringt. Zum einen misst er die Geschichte von Jahrtausenden an den Kriterien des irrationalen kapitalistischen Selbstzwecks der Verwertung des Werts und beurteilt so vom alten Griechenland und dem alten China bis zur heutigen Staatenwelt sämtliche Länder und Kulturen danach, ob sie (seiner Meinung nach) der Herausbildung kapitalistischer Strukturen förderlich waren oder nicht. Was die gegenwärtige kapitalistische Peripherie angeht, wurden seine Kriterien sogar rein immanent betrachtet schon zum Zeitpunkt des Erscheinens seines Buches blamiert, denn nach dem Zusammenbruch der Tigerstaaten hat sich in ökonomischer Hinsicht Südkorea der Türkei und Indonesien Nigeria ziemlich angenähert. Dieses Desaster allerdings war durch keinerlei „Betrachtung der Kultur" vorauszusehen.

Zum anderen entwickelt Landes die peinlich zirkuläre Argumentation, dass unter der blinden Voraussetzung kapitalistischer Produktionsbedingungen eine den kapitalistischen Motiven förderliche Kultur, wer hätte das gedacht, „erfolgreicher" ist als andere, wobei er nicht einmal vergisst, hinzuzufügen, dass sogar der Erfolg Gewinner und Verlierer auf einer ganz existentiellen Ebene impliziert. Die Unverschämtheit der Argumentation besteht wie überhaupt in der bürgerlichen Ideologie darin, dass der Kapitalismus nicht mehr als historische Gesellschaftsformation, sondern als überhistorische Menschheitsbedingung schlechthin dargestellt wird. So kann Landes den postmodernen Kulturalismus pronociert wenden, indem er ihn (wiederum parallel zu Huntington!) zum Vehikel eines expliziten neuen Eurozentrismus macht, wobei er sich darin „tabubrecherisch" gefällt und sozusagen genüsslich wälzt: Die westliche Version des Menschseins erscheint abermals als überlegene im Zeichen der totalitären Marktwirtschaft.

Dieser neue, gewissermaßen sekundäre Eurozentrismus überschwemmt nun die viel zu kurz greifende kulturalistische Kritik am alten (kolonialistischen) Eurozentrismus. Der linke Postmodernismus wird mit seinen eigenen Waffen geschlagen und apologetisch instrumentalisiert. Auch in den Krisen- und Zusammenbruchsregionen selbst macht sich der antikritische neoliberal-postmoderne Geist als Scheinalternative zur Barbarei der korrupten Warlords und Plünderungsökonomien breit. Es sind meist im Westen und dessen Zeitgeist erzogene intellektuelle Musterschüler, die nun die Ursache der Misere nicht mehr im kapitalistischen „Terror der Ökonomie", sondern in der institutionellen und kulturellen Rückständigkeit der vom Weltmarkt ausgespuckten Menschenmassen suchen wollen. So behauptet etwa die Afrikanerin Axelle Kabou unter dem tosenden Beifall der westlichen Legitimationsideologen und der kapitalistischen Leitmedien: „Afrika liegt nicht im Sterben, sondern es begeht in einer Art kulturellem Rausch (!), der lediglich moralische Befriedigung hervorbringt, Selbstmord. Die umfangreichen Kapitalspritzen werden daran nichts ändern können. Man müsste zunächst die afrikanische Mentalität entgiften (!), die Uhren richtig stellen (!) und die Menschen in Afrika mit ihrer Verantwortung konfrontieren (!)..." (Kabou 1993, 40).

Es hat etwas Trauriges, wie hier vom kapitalistischen Zeitgeist „mental vergiftete" afrikanische Intellektuelle restlos die alte kolonialistische Matrix in einer postmodern reformulierten Weise übernehmen, um die „faulen Neger" endlich zu einer kapitalistischen „Kultur der Selbstverantwortung" zu nötigen, obwohl Afrika bereits das Gros der im Weltsystem „Überflüssigen" stellt.

In dieselbe Kerbe schlägt der berüchtigte peruanische „Entwicklungsökonom" Hernando de Soto, der schon früher durch seine Verherrlichung der Elendsökonomie als „Marktwirtschaft von unten" aufgefallen war, indem er nun ebenfalls auf der Welle der „Institutionen-Ökonomie" reitend „Freiheit für das Kapital!" (de Soto 2002) fordert, um die nunmehr bereits durchgekaute Ideologie vom „Mangel an verlässlichen Institutionen" noch einmal wiederzukäuen und entsprechend hochtrabend zu „warnen".

Damit entpuppt sich die kulturalistische Ideologie der „political correctness", die vor allem in den USA formal emanzipatorisch interpretiert wurde, als neues Herrschaftsinstrument, ganz im Sinne von Landes. Der gesellschaftskritisch viel zu oberflächliche postmoderne Impuls, die „Identitäten" und Traditionen der farbigen Menschen und der nichteuropäischen Kulturen offiziell anzuerkennen, in den akademischen Kanon aufzunehmen und mit Quotengarantien zu versehen, wird nun umgedreht und richtet sich gegen seine vermeintlichen Nutznießer: Die Marktwirtschaftsfrömmler nageln sie pejorativ auf ihre „ethnischen" und kulturellen Identitäten fest, die sich plötzlich als Makel und Stigma mangelnder Kompatibilität mit dem allherrschenden ökonomischen Totalitarismus erweisen. Also sind sie an ihrer Armut und an ihren Krisen selber schuld, weil sie nicht genügend „Kapitalkultur" in ihren Köpfen und Institutionen haben.

Die soll ihnen nun wie gehabt der glorreiche Westen gnädig als eine „Entwicklungshilfe" verabreichen, die rein ideologisch ist und deshalb gar nichts mehr kostet. Der kapitalste aller Böcke, eben das kapitalistische Weltsystem samt seinen ehrenwerten Repräsentanten, wird zum globalen Menschengärtner geadelt, und damit lassen sich die Wirkungen der Systemkrise zu äußerlichen Ursachen umdefinieren. Man hat Schuldige, und man hat seine sozialökonomische Ignoranz gerettet.

Zuletzt landet die jeweils neueste Mode der kapitalistischen Legitimationsideologie dann bei den großen institutionellen Wiederkäuern, und so ist denn inzwischen auch die Weltbank auf den postmodern-kulturalistischen und institutionen-ökonomischen Trip gekommen: „Institutionen für Märkte schaffen" (Weltbank 2002) hat sie einen ihrer jüngsten Weltentwicklungsberichte betitelt, um darin treu und brav „das Verständnis für die Rolle marktunterstützender Institutionen" (Wolfensohn 2002) einzuklagen und ihren „Auftrag" entsprechend zu reinterpretieren: „Für den Auftrag der Weltbank, die Armut zu bekämpfen, ist die Schaffung wirksamer Institutionen eine entscheidende Herausforderung. Da wir uns der zentralen Bedeutung von Institutionen im Entwicklungsprozess bewusst sind, haben wir einen ‚Umfassenden Entwicklungsrahmen' (Comprehensive Development Framework) geschaffen, der die enge Verknüpfung zwischen Institutionen und den menschlichen, physischen und makroökonomischen Aspekten der Entwicklung hervorhebt" (Wolfensohn, a.a.O.).

So ist denn glücklich das Verhältnis von Krise und institutioneller Verwahrlosung kausal auf den Kopf gestellt und die kapitalistische Ignoranz ideologisch wasserdicht gemacht, was natürlich am Fortschreiten der realen Krisen- und Zusammenbruchsprozesse nicht das geringste ändert. Während der ökonomische Terror den Horizont für eine wachsende Mehrzahl der Menschen und nicht zuletzt der Jugend zubetoniert, darf ein deutscher Sprachkünstler und Meisterdenker liberaldemokratischer Ausgewogenheit über „offene Horizonte" fabulieren, „in die die heute Jungen hineinwachsen", und unberührt von den Welttatsachen eine „zweite Phase" der glorreichen Globalisierung des Kapitals verkünden: „So wird in der zweiten Phase der Globalisierung eine doppelte Erkenntnis an Boden gewinnen: Die Welt insgesamt, und vor allem die alten Industriestaaten werden insgesamt und ökonomisch reicher werden... (Der) wachsende wirtschaftliche Reichtum der Nationen kommt gleichsam sponte sua, wie von selbst, den Gesetzen der Ökonomie, des technologischen Fortschritts und der internationalen Arbeitsteilung folgend" (Dettling 2001). Aber natürlich nur, wenn die Menschen sich „kulturell" und institutionell dem Liebreiz des Kapitals und seiner Zumutungen öffnen.

„Sponte sua" bringt die Weltdemokratie eben immer wieder ihr Generalmotto zum Ausdruck, und das lautet ganz schlicht: Frechheit siegt! Für die unpassenden Tatsachen ist nunmehr das aus Kulturalismus und Institutionenökonomie destillierte Feindbild einer der an sich „guten" Marktwirtschaft als fremd und äußerlich gegenübergestellten Weltkorruption, Weltkriminalität, Weltbarbarei usw. zuständig. Diese in ihrer Genesis völlig unerklärten Phänomene gelten als die niederzuringenden Kräfte, die angeblich irgendwie aus dem „Bösen" an sich aufgestiegen sind, wobei das so gewonnene völlig verzerrte und auf den Kopf gestellte Bild der kapitalistischen Krisenwelt mit einer ebenso kulturalistischen Frontstellung des „Abendlands" gegen die fiktiv zurechtkonstruierten afrikanischen, asiatischen, islamischen usw. Gegenwelten angereichert wird. Und dieses dreist-verlogene Erklärungsmuster ist in den zunächst marktwirtschaftsfromm gewordenen und dann zum Bellizismus bekehrten demokratischen „Gutmenschen"-Idealismus eingeflossen, der so erst interventionstauglich wird.

Sicherheitsimperialismus

Es erhebt sich natürlich die Frage: Wozu all der Aufwand? Warum will der „ideelle Gesamtimperialismus" der NATO unter unanfechtbarer Führung der USA mit derart brüchiger ideologischer Legitimation unbedingt eine Welt militärisch befrieden, mit der er sowieso größtenteils territorial nichts mehr anfangen kann? Warum überlässt er die Masse der „Herausgefallenen" nicht einfach ihrem Schicksal und ihrem dunklen Drang, in der Fortsetzung kapitalistischer Konkurrenz mit anderen Mitteln sich gegenseitig umzubringen?

Im Einzelfall kann dies durchaus auch eine Option sein. So wurde die noch mit UNO-Mandat 1993 durchgeführte Intervention in Somalia jämmerlich abgebrochen, nachdem die aus vielen UNO-Staaten bunt zusammengewürfelten Interventionstruppen in peinlich erfolglosen Gefechten mit einheimischen Clan-Milizen aufgerieben zu werden drohten und sich aus den undurchsichtigen Zusammenhängen eines bereits weit fortgeschrittenen Staatszerfalls nicht einmal andeutungsweise so etwas wie ein „politischer" Ansprechpartner herausdestillieren ließ. Dass der damalige deutsche Verteidigungsminister Volker Rühe beim pompösen Truppenbesuch vor laufenden Kameras im Wüstensand stolperte und der Länge nach hinschlug, hatte symbolischen Charakter.

Der Rückzug war einer der kläglichsten und von unmissverständlichen Erscheinungen am Flughafen von Mogadischu begleitet: „Die Schützenpanzer der pakistanischen Blauhelme waren im Morgengrauen noch nicht abgerückt, da strömte die Menge auf das Gelände und trug in fliegender Hast Möbel, Teppiche, Elektroeinrichtungen und alles irgendwie Verwertbare fort. Die abrückenden 1500 Pakistaner, die letzten Blauhelme in Somalia, zogen sich in den Seehafen Mogadischus hinter die Linien der amerikanischen und italienischen Marinesoldaten zurück, die die Evakuierung der Blauhelme absichern. Bewaffnete Anhänger des somalischen Milizenführers Mohammed Farah Aidid vertrieben die Plünderer schließlich mit Schüssen vom Flughafen und übernahmen die Kontrolle des Geländes" (dpa, März 1995). Das einzige Resultat der ganzen Operation bestand also darin, dass die unorganisierte Plünderungsökonomie wieder von der organisierten Bandenherrschaft abgelöst wurde.

Nicht zuletzt aus dieser Erfahrung heraus zog man die Schlussfolgerung, sich bei weltpolizeilichen Aktionen mehr auf die NATO, auf Hightech-Militär und auf gezielte Luftschläge zu konzentrieren, wie sie dann vor allem gegen Jugoslawien und im endlosen Folgekonflikt mit dem Irak zum Einsatz kamen. Damit ist allerdings der Aktionsradius der kapitalistischen Weltpolizei bereits arg reduziert: Einerseits gibt es

Länder und Regionen wie Russland, China, Pakistan, Indien etc., an die man sich selbst bei kapitalistischem Befriedungsbedarf kaum heranwagen kann; andererseits hat die Somalia-Erfahrung dazu geführt, dass andere Länder und Regionen wie ganz Zentralafrika etc. als zu unbedeutend eingestuft und tatsächlich vorerst ihrem Schicksal der inneren Zerfleischung in der barbarisierten Krisenkonkurrenz überlassen wurden.

Aber der weltpolizeiliche Herrschaftsanspruch kann dennoch nicht fallengelassen werden. Es stimmt nicht, wenn Enzensberger behauptet, dass sich das Kapital und seine Gewalt-Repräsentanz „von den Kriegsschauplätzen zurückzieht". Der Kontrollanspruch muss sich weiterhin und sogar verstärkt dort manifest äußern, wo die Einstufung von Risiko und „Interventionswert" es zulässt; und er muss als grundsätzliche Drohung auch dem Rest der Welt gegenüber latent bleiben. Wie in kapitalistischen Verhältnissen nicht anders zu erwarten, lässt sich auch dieser „Interventionswert" letztlich als ökonomische Bestimmung erklären.

Dabei sind zwei Dinge in Erinnerung zu rufen. Zum einen hat die Krise der dritten industriellen Revolution ja längst auch die Staaten des kapitalistischen Zentrums selbst erfasst. Zwar ist die Weltkrise dort noch nicht so weit fortgeschritten wie in den großen Räumen der Peripherie, aber durchaus bereits präsent genug, um weit gehende Handlungszwänge zu setzen. Auch im Westen schrumpft die Kaufkraft großer Massen, auch im Westen hat sich bereits ein Menschensockel von „Überflüssigen" gebildet, auch im Westen ist letzten Endes die Reproduktionsfähigkeit des Kapitals gefährdet.

Zum andern hat die Globalisierung als Reaktion auf dieses Problem dazu geführt, dass sich die einzelnen Kapitalien betriebswirtschaftlich über den Globus zerstreuen. An die Stelle territorialer Reproduktionsräume des Kapitals treten deterritorialisierte Profit- und Produktivitäts-Inseln: weltweite betriebswirtschaftliche Wertschöpfungsketten, die quer zu den austrocknenden nationalökonomischen Territorien verlaufen. Die deterritorialisierte Betriebswirtschaft simuliert eine reproduktionsfähige Welt des Kapitals, die mit den Territorien der „Überflüssigen" nichts mehr zu tun haben und diese doch an der Kandare halten soll.

Natürlich verteilt sich diese Betriebswirtschaft des transnationalen Kapitals mit unterschiedlicher Dichte über den Globus. In der Triade des kapitalistischen Zentrums (Japan, Nordamerika, Westeuropa) findet sich auch die größte Dichte des transnationalen Kapitals; der Löwenanteil globalisierter Wertschöpfungsketten und der dazugehörigen transnationalen Investitionen und Ströme des Finanzkapitals konzentriert sich auf diese verhältnismäßig kleinen Weltregionen, während die Dichte der Globalisierung in der Peripherie immer mehr abnimmt und gegenwärtig vor allem in Afrika nur noch als gewissermaßen homöopathische Dosis zu verzeichnen ist.

Aber Kleinvieh macht eben auch Mist. Will sagen: Je deutlicher die inneren Schranken der kapitalistischen Produktionsweise in Erscheinung treten, desto größer wird auch das Bedürfnis des transnationalen Kapitals, selbst noch die kleinste Insel von Kosten-Rentabilität, Kaufkraft und Profitmöglichkeit ausnutzen zu können. Deterritorialisierung verlangt punktuelle Omnipräsenz in allen Zonen kapitalistischer Reproduktionsfähigkeit, um überall abschöpfen zu können, wo es noch irgendetwas abzuschöpfen gibt.

Dieses punktuelle Interesse kann in den riesigen, ökonomisch größtenteils unverwertbaren Räumen der Peripherie verschiedene Formen annehmen. Noch das kleinste Rinnsal der abnehmenden Kaufkraft, und sei es eine plünderungsökonomisch vermittelte, soll auf die Mühlen des transnationalen Kapitals gelenkt werden. Dasselbe gilt für kleine und kleinste Produktivitäts-Inseln, wo sich (oft nur vorübergehend) Prozesse der Lohnveredelung im Rahmen transnationaler Wertschöpfungsketten rechnen, auch wenn die große Masse der jeweiligen Bevölkerung unbrauchbar bleibt.

Vor allem aber müssen die Räume der Peripherie dem Kapitalismus als Rohstoffreservoirs erhalten werden; von seltenen Metallen bis hin zu den pharmakologischen Reserven der tropischen Wälder, deren Ausbeutbarkeit im Zeitwettlauf mit der kapitalistischen Vernichtung dieser Wälder garantiert bleiben soll, solange es sie noch gibt. Und schließlich besteht ein Interesse daran, die klimatische und landschaftliche Erbaulichkeit der peripheren Weltregionen, solange auch diese noch nicht kapitalistisch ruiniert ist, für einen ebenso punktuellen Tourismus der Besserverdienenden aus den Zentren (allerdings gilt auch hier: solange es sie noch gibt!) zur Verfügung zu halten.

Die kapitalistische Weltdemokratie verlangt also von einer größtenteils unverwertbar gewordenen Welt, dass der Verwertungs- und Verwüstungsprozess dort ungestört weiterlaufen kann, wo er auch nur im Miniaturmaßstab noch möglich ist. Die Unbrauchbaren sollen sich in ihr Schicksal fügen und „standortpolitisch" zu Billigstbedingungen um die Aufmerksamkeit der „Investoren" betteln; „frei" und ungehindert soll der Zugang zu den Inseln der Profitabilität in den Ozeanen des Elends sein; die guten Dinge der ansonsten unbrauchbaren Welt sollen zu Elendspreisen ohne Ende in den kapitalistischen Reproduktionskreislauf eingespeist werden oder verrotten. Auf dem Weg zum Strand sind gefälligst die Jammergestalten wegzuräumen, damit ihr Anblick das Auge der Weltdemokraten nicht beleidigt und die ausgestreckten Hände das Entspannungsvergnügen der hart arbeitenden Marktwirtschaftsmenschen nicht belästigen. Wer in einem Hungergebiet einen Delikatessenladen für die restlichen Zahlungsfähigen eröffnet, soll unbeeinträchtigt vom „Neid" der Unbrauchbaren seinen für die Region doch allemal segensreichen Geschäften nachgehen können; und im Prinzip sollte selbst ein Warlord vom Nachbarpotentaten nicht umgebracht werden, bevor er seine Benz-Karosse bezahlt hat. Mit einem Wort: Das Interesse geht dahin, den Kapitalismus samt seiner „Marktwirtschaft-und-Demokratie" auch dort als die einzig „gültige" Reproduktionsform zu erhalten, wo das Kapital kein allgemeines gesellschaftliches Verhältnis mehr sein kann.

Es geht also nicht mehr um territoriale, aber um soziale, „postpolitische" und weltpolizeiliche Kontrolle im Sinne einer Eingrenzung der katastrophalen Folgeprozesse, wie sie aus den in dichter Folge ablaufenden ökonomischen Zusammenbrüchen herauswachsen. Der Zentralbegriff für das dabei entstehende Problem heißt „Sicherheit".

Der „ideelle Gesamtimperialismus" der NATO ist daher im wesentlichen ein Sicherheitsimperialismus: Die Sicherheit der insularen Geschäftsabläufe transnationaler Wertschöpfungsketten, Rohstofflieferungen, Geldanlagen usw. in den ansonsten unbrauchbaren Weltterritorien soll unter Ignoranz gegenüber der jeweiligen gesamtgesellschaftlichen Reproduktionsunfähigkeit gewährleistet werden.

Unerwünschte Störfaktoren dieser Sicherheit lassen sich auf einer Makro- wie auf einer Mikro-Ebene feststellen. Auf der Makroebene sind es unliebsame, „wildgewordene", aus anderen Konstellationen übrig gebliebene oder sonst wie sich der Kontrolle etwa der internationalen Finanzinstitutionen entziehende Regimes staatlicher oder halbstaatlicher Natur, die sich in irgendeiner Weise querlegen, den freien Zugang des transnationalen Kapitals zu Naturressourcen, Restmärkten etc. verweigern oder geld- und wirtschaftspolitisch krampfhaft (und oft schon verknüpft mit plünderungsökonomischen oder rein kleptokratischen Interessen) an alten nationalökonomisch-nationalstaatlichen Regularien festhalten wollen, durch eigenmächtige binnengesellschaftliche Militäroperationen die Geschäftssicherheit gefährden, als „Unterstützer des Terrorismus" gelten usw.

An Kandidaten für den Status des Verbrecherregimes oder Schurkenstaats in diesem weltpolizeilichen Sinne herrscht wahrlich kein Mangel. Außer dem Irak und Restjugoslawien wurden bereits der Iran, der Sudan und Libyen mit diesem Titel belehnt; Indonesien, Malaysia, die Philippinen und Mugabes Simbabwe sind zeitweilig knapp daran vorbeigeschrammt. Ein Problem bei der Somalia-Mission war wohl, dass nicht rechtzeitig und eindeutig ein Generalschurke definiert worden war.

Auf der Mikroebene handelt es sich um die zahllosen Terrorgruppen, Mafiabanden, lokalen Warlords, um die marodierenden Restbestände zerfallender Staatsapparate und ziellos gewordener Guerillaorganisationen, schließlich auch um die vielfältigen Erscheinungen individueller Massenkriminalität, wie sie aus den sozialökonomischen Krisen- und Zusammenbruchsprozessen notwendig hervorgehen.

Es stört den kapitalistischen Funktionszusammenhang, wenn in Lateinamerika US-Manager des transnationalen Kapitals fast schon gewohnheitsmäßig zwecks Lösegeld gekidnappt werden (dort hat sich eine regelrechte „Kidnapping-Industrie" entwickelt), wenn jugendliche Einbrecher in der chinesischen Provinz einen deutschen Siemens-Manager samt Familie abmetzgern, wenn europäische Touristen auf den Philippinen monatelang als Geiseln von Separatisten gehalten, in Kenia von arbeitslosen Stromern ausgeraubt und vergewaltigt, in Ägypten von islamischen Fundamentalisten verbrannt und in die Luft gesprengt werden.

Das Drama der aus einem malaysischen Touristencamp von philippinischen „Moslemrebellen" verschleppten deutschen Familie Wallert z.B. wurde zum Stoff der Regenbogenpresse und brachte selbst den vernageltsten deutschen Tourismus-Spießern aus den Provinz-Idyllen der Besserverdienenden einen Hauch von Barbarisierung der kapitalistischen Weltgesellschaft nahe. Wie bei allen anderen Krisenerscheinungen werden allerdings auch diese wieder sekundär vom kapitalistischen Bewusstsein und dem entsprechenden Geschäftssinn besetzt. Zu den Entführern auf den Philippinen pilgerten die internationalen Medien und machten eine quotenträchtige Inszenierung daraus, nicht zuletzt aus der Aufführung der Frau Wallert, die das Verhältnis von Hysterie und Verständnislosigkeit im demokratischen Hirn einer anspruchsberechtigten westlichen Urlauberin angesichts der Dritte-Welt-Realität darstellen durfte. Bei wirklichen Katastrophen werden solche Panik-Solisten, denen gar nichts fehlt, die aber ihr vorrangiges Recht auf Rettung lautstark und effektvoll inszenieren, meistens tatsächlich als erste gerettet, oft auf Kosten der stilleren Verzweiflung und der ernsthafter Verletzten. Spötter könnten sagen, dass vielleicht nicht viel daran fehlte, und die Kidnapper hätten selber die Zahlung von Lösegeld angeboten, um die Dame wieder loszuwerden, weil sie auf die Furchtbarkeit einer deutschen Mittelstandsfrau einfach nicht vorbereitet waren. Dazu passt, dass Familie Wallert ihr Abenteuer auch noch geschäftstüchtig medial vermarktet hat, wenn man einschlägigen Presseberichten trauen darf.

Solche und ähnliche Erscheinungen tauchen zunehmend im Kontext der touristischen Krisenzonen auf. Hier deutet sich allmählich ein perverser Sekundärmarkt für Abenteuertourismus an; etwa wenn junge westliche Touristen eigens in den Jemen reisen, um sich von einheimischen Clans entführen und von den jeweiligen Botschaften oder Konsulaten wieder auslösen zu lassen. Nichts ist unmöglich, was die absurde Konsumwut und Erlebnisgeilheit der geistig abgestumpften Geldverdiener angeht. Aber diese Erscheinungen bleiben sekundär. Aufs Ganze gesehen ist das wachsende Sicherheitsdefizit in den globalen Krisenregionen Sand im Getriebe des Weltsystems und die Auswirkungen schlagen negativ als Verluste und Kostenfaktoren zu Buche.

Empfindliche Störungen machen sich auch bei den maritimen Handelswegen und Versorgungsstrecken des transnationalen Kapitals bemerkbar. Denn die Plünderungsökonomie bezieht sich nicht nur darauf, dass zusammengebrochene Nationalökonomien ausgeschlachtet und als Feind definierte Ethno-Gruppen oder schlicht irgendwelche Familien und Individuen in den sozialökonomisch verödeten Regionen ausgeraubt werden. Geplündert werden auch „die Schiffe mit den Schätzen der Weltwirtschaft" (Der Spiegel 34/2001). Es ist ein starkes Indiz für den globalen Zusammenbruchsprozess der warenproduzierenden Moderne, dass eine Erscheinung aus ihrer Frühzeit massiv zurückkehrt: die Piraterie. Im asiatischen Pazifik, im Indischen Ozean, im Arabischen Meer, im Atlantik zwischen Afrika und Südamerika „erlebt der Totenkopf eine Renaissance" (a.a.O). Mit Macheten und Äxten wie in klassischen Zeiten, aber auch längst mit modernen Schnellbooten, Schnellfeuergewehren und sogar schweren Waffen machen die Piraten Jagd auf Frachter wie auf simple Fischerboote. Und wie bei den Warlords zu Lande hat die neue Piraterie bereits ihre legendären Gestalten hervorgebracht: „Einer der brutalsten Nachfahren der Freibeuter ist Aliasa Bungalos, der in den Gewässern der Südphilippinen als ‚Commander Alex' auf Jagd geht" (a.a.O.). Erbeutet wird alles, was nicht niet- und nagelfest ist, Geld, Schmuck, Sachgüter, aber auch ganze Schiffe. Die Brutalität nimmt dabei, ebenfalls wie bei der Festland-Plünderungsökonomie, Züge von sinnlosen Bluträuschen an: „Seeräuber waren in einer Novembernacht des Jahres 1998 in Zöllneruniform auf den Frachter ‚Cheung Son' gekommen, der Hochofenschlacke von Schanghai nach Malaysia bringen sollte. Sie überwältigten und knebelten die Besatzung. Zehn Tage nachdem sie das Schiff gekapert hatten, erschlugen die Piraten ihre Gefangenen; die 23 Toten warfen sie, an Gewichte gekettet, über Bord... Doch auch die Killer überlebten das Blutbad nicht lange. Polizisten aus Südchina stießen bei einer Razzia auf Bilder der Seeräuber, die sich bei dem Massaker gegenseitig fotografiert hatten. Die Schlächter wurden hingerichtet" (Der Spiegel, a.a.O.).

Der rapide absinkende Sicherheitsstandard auf den Weltmeeren hat nicht nur Reedereiverbände, Versicherungen und Tourismusunternehmen alarmiert. Mit zunehmender Professionalität der Piraten geht auch immer mehr wertvolles Frachtgut verloren, darunter ganze Öltanker samt Ladung, die dann auf den transnationalen Schwarzmärkten verscherbelt wird. Das besonders von Seetransporten abhängige Japan fürchtet bereits um seine Hauptversorgungsadern. Und die zunehmende Piraterie lässt sich wie ihre Schwesterunternehmen zu Lande eindeutig auf die von der Logik des Weltmarkts verursachten sozialökonomischen Zusammenbruchsprozesse zurückführen; nicht zuletzt in Südostasien, wo die sozialen Folgen der Krise von 1997/98 erst richtig einsetzen, während auf der Ebene der Finanzmärkte eine (falsche und kurzsichtige) Entwarnung gegeben wurde: „Die Piraten von heute sind Opfer und deshalb auch Resultat des Zusammenbruchs der Tigerstaaten. Die Firmenbankrotte von 1998 schlugen mit Verspätung in den Dörfern an der Küste durch; die Läden waren leer, die Ersparnisse weg – und draußen auf dem Meer wurden die Schätze der Weltwirtschaft vorbeigeschippert: Elektronik, Lebensmittel, Öl" (der Spiegel, a.a.O.).

Nur selten taucht dieser reale Zusammenhang von Ursache und Wirkung in den westlichen Medien auf, überhaupt nie im Räsonnement der weltdemokratischen Ideologie. Wenn in Südostasien die Ersparnisse der Massen „weg" sind, dann natürlich deswegen, weil deren finanzkapitalistische Verbrennung identisch war mit der Sanierung der westlichen „Investoren" durch den IWF.

Egal ob Kidnapping, Ausplünderung und Ermordung von Touristen oder eben Piraterie: Im Einzelfall gibt es auf dieser Mikroebene der globalen „Unsicherheit" gleichfalls Interventionen in Form von geheimdienstlichen Aktivitäten, Satellitenüberwachung, Einsatz von Sonderkommandos usw. So werden zunehmend detaillierte Pläne für Auslandseinsätze im Mikro-Maßstab entwickelt, die nichts mehr mit den alten nationalimperialen Strategien zu tun haben, sondern weltpolizeilichen Charakter tragen: „Die Bundeswehr plant eine neue Spezialtruppe für Einsätze an fernen Küsten. Generalinspekteur Harald Kujat will ein Regiment Marine-Infanteristen mit rund 1000 Soldaten aufstellen, ähnlich den ‚Ledernacken' der US-Marines... Für den Transport der Truppe soll die Marine zwei große Landungsschiffe ... anschaffen. Sie werden Hubschrauber tragen und als schwimmende Kommandozentrale und Lazarett dienen – etwa bei der Befreiung von Touristen aus der Hand von Geiselnehmern" (Der Spiegel 29/2001).

In der Regel ist dieses Feld freilich zu weit, als dass es dem direkten Zugriff eines globalen Sicherheitsimperialismus ausgesetzt sein könnte. Stattdessen werden die diversen Regimes periodisch ermahnt, ihre „Sicherheitsstandards" zu erhöhen, sie bekommen weltpolizeiliche Hilfe aller Art (z.B. Schulung von Polizeitruppen) angeboten etc. Und auch in dieser Hinsicht wird zwischen gutwilligen und weniger gutwilligen Regimes und Krisenpotentaten unterschieden, um mit Restriktionen oder Belohnungen (in erster Linie durch Kredithilfen von IWF und Weltbank) winken zu können.

Die Mikro- und die Makro-Ebene des Sicherheitsimperialismus und seiner Motive gehen ständig ineinander über; die fortschreitende Weltkrise bringt in dieser Hinsicht immer neue und überraschende Erscheinungen hervor. Tatsache ist, dass die gewünschte „Sicherheit" letzten Endes nicht hergestellt werden kann, eben weil der ökonomische Totalitarismus der kapitalistischen Weltdemokratie selber die Ursache des allgemeinen Sicherheitsverlusts ist.

So hat sich einerseits das globalisierte Kapital zunehmend darauf eingestellt, mit den „Sicherheitsrisiken" in einer wachsenden Zahl von Weltregionen leben zu müssen. Die punktuellen Geschäfte werden trotzdem gemacht, die vor Ort eingesetzten Manager und Angestellten samt ihren Familien haben dieses Risiko eben zu tragen. Für die meisten Länder Afrikas, Asiens und Lateinamerikas (und inzwischen auch für Osteuropa) gibt es „Sicherheits-Guides" mit entsprechenden Verhaltensempfehlungen; oft werden auch einheimische Body-Guards angeheuert oder gleich eigene Sicherheitsdienste mitgebracht. Andererseits hat sich der politische und militärische Apparat des Sicherheitsimperialismus darauf eingestellt, einen Endloskrieg gegen die „Störpotentiale" zu führen, der zwar nicht gewonnen werden, aber diese doch hinhaltend eindämmen kann.

Die Großinterventionen auf der Makro-Ebene staatlicher oder pseudostaatlicher Verhältnisse und Konflikte stellen nur die augenfälligste Aktivität dieses globalen Interventionismus dar. Strategisch durchkalkuliert werden dabei nur Interventionen, die in die Größenordnung von veritablen Weltordnungskriegen hineinreichen wie die Strafexpeditionen gegen die Regimes von Saddam Hussein und Milosevic. In den meisten Fällen handelt es sich eher um symbolische Aktionen, die Präsenz zeigen und das weltdemokratische Drohpotential vorführen sollen.

Dass etwa im Sudan nachgewiesenermaßen eine harmlose Arznei- und Düngemittelfabrik von US-Kampfbombern in Schutt und Asche gelegt wurde, hat deswegen so wenig Aufregung verursacht, weil es dabei gar nicht auf ein taktisches militärisches Ziel ankam, sondern nur auf die abschreckende Wirkung – und weil dieses Motiv von der weltdemokratischen Öffentlichkeit weitgehend geteilt wird. Sobald es um die „Sicherheit" des eigenen borniertesten Weltbildes geht, ist die Frage der empirischen Wahrheit gegenstandslos geworden und die „freien" Medien erweisen sich als eine Mauer des Schweigens. Die Bevölkerungen der vom Weltmarkt überrollten Krisen- und Risikogebiete sind nicht nur Geiseln ihrer Krisenpotentaten, sondern eben auch Kanonenfutter für den westlichen Sicherheitsimperialismus, um die größeren und kleineren Machthaber Mores zu lehren und um überhaupt die gefährliche Masse der Herausgefallenen einigermaßen unter Kontrolle zu halten.

Öl- und Gasimperialismus: die Sicherung der strategischen Rohstoffreserven

Aus der Vielfalt der Erscheinungen von Krisenpotentaten, Plünderungsökonomie und weltpolizeilichem Sicherheitsimperialismus ragt allerdings ein Aspekt hervor, der über das Interesse an punktuellen Verwertungsmöglichkeiten verschiedenster Art hinausgeht; und das ist die Sicherung der strategischen Rohstoffreserven, vor allem Erdöl und Erdgas. In diesem Punkt lässt das weltdemokratische Regiment des ökonomischen Terrors am wenigsten mit sich spaßen, denn die fossilen Energieträger mit dem Erdöl an der Spitze bilden den Treibstoff der kapitalistischen Weltmaschine.

Zwar muss auch den borniertesten Akteuren des Weltsystems klar sein, dass der ungeheure Raubbau durch systembedingte permanente Wachstumsökonomie, Individualverkehr, Jets, Militärapparate und Tourismus die zu einigermaßen günstigen Bedingungen abbaubaren Lagerstätten fossiler Energie im Lauf der nächsten Jahrzehnte mit Sicherheit erschöpfen wird (entgegen allen periodisch wiederholten Entwarnungen in dieser Hinsicht). Aber auch in dieser Hinsicht gilt dem weltdemokratischen Kapitalismus umso mehr das Prinzip „nach uns die Sintflut", und gerade deswegen hat die militärische Sicherung des Zugangs zu dieser entscheidenden Naturressource und ihres permanenten Zuflusses zu den zentralen kapitalistischen Industrien einen hohen Stellenwert für den „ideellen Gesamtimperialismus" und seine Weltpolizei.

Das Zentrum dieses sicherheitsimperialistischen Interesses Nr. 1 liegt nach wie vor im Nahen Osten; aber zunehmend rückt auch der kaspische Raum mit seinen bis jetzt nur gering erschlossenen Lagerstätten ins Visier der weltdemokratischen Sicherheits-Strategen, zumal diese Weltregion nach dem Zusammenbruch der staatskapitalistischen Sowjetunion in die typischen Verlaufsformen von Staatszerfall, Plünderungsökonomie usw. übergegangen ist und insofern im Hinblick auf die strategischen

Energiereserven ein hohes Unsicherheitsniveau, also auch „Befriedungsbedarf" aufweist.

Es wäre allerdings verfehlt, die bisherigen Weltordnungskriege und weltpolizeilichen Interventionen seit dem Ende der bipolaren Konstellation direkt und eindimensional aus diesem energiepolitischen Interesse abzuleiten und eine ebenso umfassende wie weitreichende, einzig darauf bezogene sicherheitsimperialistische Strategie zu unterstellen, in der insbesondere die Balkan-Interventionen einen eindeutigen Status hätten. Ebenso wenig handelt es sich um einen nunmehr auf rein energiepolitische Interessen reduzierten Anschluss an die alte „Geopolitik", die ja ihrem Wesen nach nationalimperial und territorial bestimmt war.

Vielmehr überlagern sich bei den diversen Interventionen allgemeine ökonomische, „symbolische" (Statuieren von Exempeln) und spezifisch energiepolitische Interessen des Sicherheitsimperialismus, der überdies von großen Unklarheiten geprägt, von irrationalen Ängsten und Zwängen getrieben, also selber Moment eines blinden Weltkrisenprozesses und alles andere als ein souveräner Akteur ist.

Wichtig im Sinne des kruden, aber nicht isolierbaren energiepolitischen Interesses ist dabei nicht mehr irgendeine nationale Kontrolle über die Rohstoffgebiete vor allem im Nahen Osten und neuerdings am kaspischen Meer; diese würde ja auch gar keinen Sinn machen angesichts einer transnationalen Zerstreuung der Betriebswirtschaft über alle Räume der Kapitalverwertung. Das gilt auch für die im neu zu erschließenden kaspischen Raum agierende Erdölindustrie selbst. Durch die Bank sind dabei transnationale Ölkonzerne die wichtigsten Akteure. Soweit in diesem Zusammenhang überhaupt ein nationaler Akzent sichtbar ist, handelt es sich um das Übergewicht US-amerikanischer Muttergesellschaften, was in diesem strategischen Sektor nur der irreversiblen politisch-militärischen US-Hegemonie entspricht.

Davon abgesehen sind es Konsortien, die gemeinsam von transnationalen Mineralölkonzernen gebildet werden; darunter außer US-amerikanischen vor allem französische, italienische und norwegische Unternehmen – auch deutsche, aber bislang eher unter „ferner liefen". Auf nationale Zugehörigkeiten verweisende Firmennamen sind dabei sowieso irreführend, denn die Konkurrenzverhältnisse der Konsortien im kaspischen Raum verlaufen völlig quer zu nationalen Zuordnungsverhältnissen. Das gilt auch für die Besitzverhältnisse, in denen sich wie auch sonst in der globalisierten Ökonomie des Kapitals immer weniger nationale Zugehörigkeiten ausmachen lassen: wie sich ein deutsches Unternehmen tatsächlich in japanischem, amerikanischem, französischem usw. Besitz (und umgekehrt) befinden kann, so wird auch die Exploration und Förderung des strategischen Rohstoffs Nr.1 zunehmend von bunt gemischten und oft undurchsichtigen Konzern-Konglomeraten betrieben.

So war bei den zahlreichen Pipeline-Projekten aus dem kaspischen Raum die argentinische Gesellschaft Bridas der Hauptkonkurrent der kalifornischen Erdölfirma Unocal, was wohl kaum auf die strategische Positionierung eines „argentinischen

Nationalimperialismus" in Mittelasien hindeutet (wie es aus der Sicht der notorischen „geopolitischen" Quacksalber eigentlich erscheinen müsste). Das Konsortium „Kazgermunai" für die Erschließung von Ölfeldern in Kasachstan wiederum, an dem zu 42,5% die deutschen Firmen RWE-DEA Aktiengesellschaft für Mineralöl und Chemie und die Erdöl-Erdgas Gommern GmbH beteiligt sind, zu 7,5% die Weltbanktochter International Finance Corporation und zu 50% die einheimische Ölgesellschaft KazachOil, wäre ein schlechtes Beispiel für eine vermeintliche deutsch-nationalimperiale Ölstrategie – denn die KazachOil ist längst von dem kanadischen Konzern Hurricane Kumkol Munai (HKM) übernommen worden.

Angesichts der sich globalisierenden und gleichzeitig an ihre Grenzen stoßenden Ökonomie des Kapitals kommt es überhaupt nicht auf nationale Machtverhältnisse bei der Sicherung der strategischen Rohstoffreserven an; auch die USA agieren sowohl im Nahen Osten als auch im kaspischen Raum in diesem Sinne nicht als nationalimperialer Akteur, sondern eben als Haupt des globalen Sicherheitsimperialismus im Namen des „freien internationalen Zugangs" zu den Ölreserven nach Maßgabe der Zahlungsfähigkeit. Wichtig ist einzig und allein, dass überhaupt der zentrale „Stoff", das Lebenselixier für die destruktive kapitalistische Verbrennungskultur, weiterhin reichlich und ungehemmt, möglichst auch zu billigen Preisen fließen kann.

Wie auch in anderer Hinsicht tritt der „ideelle Gesamtimperialismus" in der Energiepolitik als Garant für die unersättlichen Bedürfnisse der transnationalen Kapitale auf, die ihrerseits die Bedingung seiner Existenz bilden. Und wie auf allen anderen Ebenen müssen auch hinsichtlich der strategischen Rohstoffreserven die übrig gebliebenen nationalen Rivalitäten in den Hintergrund treten.

Gerade beim Poker um das kaspische Öl finden die hauptsächlichen Rangeleien auf westlicher Seite weniger zwischen unterschiedlichen „nationalen Interessen" als vielmehr zwischen den ökonomischen und den politisch-militärischen Akteuren statt: Während vor allem die US-amerikanischen Öl-Multis aus schieren Kostengründen vehement Pipeline-Routen über russisches bzw. russisch kontrolliertes und sogar iranisches Territorium befürworten, wollen die ebenfalls hauptsächlich US-amerikanischen Strategen der sicherheitsimperialistischen Administration unbedingt ziemlich kostenträchtige und unrentable Routen über die Türkei auf den Weg bringen. Aber für diese „politische Pipeline" finden sich vorerst keine Investoren.

Selbstverständlich sind auch die sicherheitsimperialistischen Vorbehalte gegenüber Russland, China und dem Iran in Mittelasien nicht „geostrategisch" im alten nationalimperialen Sinne begründet, sondern aus dem Argwohn heraus, dass diese nationalstaatlichen Akteure selber zu instabil und unberechenbar sind, um als Garanten für eine Sicherung der kaspischen Rohstoffreserven mitwirken und eingespannt werden zu können. Für alle strategischen Rohstoff-Regionen gilt: „Stabilität" und kapitalistische „Freiheit des Zugangs" um jeden Preis hat Priorität, egal wer sie mit welchen Mitteln unterstützt.

Im übrigen darf der Run auf den kaspischen Ölreichtum auch nicht überschätzt werden. Abgesehen von den enormen Erschließungs- und Transportkosten ist die Lagerkapazität vermutlich geringer als zunächst angenommen: „Die geschätzten Erdölreserven im Kaspischen Meer sind bei weitem nicht mit jenen in der Golfregion zu vergleichen. Der Umfang der vermuteten Vorräte liegt in der Größenordnung der Reserven in der Nordsee, vielleicht etwas darüber, also unter fünf Prozent der geschätzten Weltreserven" (Neue Zürcher Zeitung, 14.12.1998). Die Euphorie von Mitte der 90er Jahre über eine angebliche „zweite Golfregion" ist denn auch inzwischen weitgehend verflogen; die Pipeline-Projekte wurden großenteils nicht verwirklicht, die Ölkonzerne haben ihre Präsenz auf eine verhältnismäßig kleine Dimension zurückgefahren.

Mittelasien wird als Rohstoffregion weder im phantasmatischen „geostrategisch-nationalimperialen" noch im realen sicherheitsimperialistischen Sinne eine Art weltstrategischen Showdown erleben. Was bleibt, ist der Stellenwert einer flankierenden Option gegenüber den weiterhin zentralen strategischen Ölreserven der Golfregion: Die langsame aber sichere Erschöpfung anderer Reserven (nicht zuletzt in der Nordsee) aufgrund des kapitalistischen Raubbaus hat bereits jetzt den Anteil des Nahen Ostens an der globalen Ölförderung trotz aller Diversifizierungsmaßnahmen des Westens derart in die Höhe getrieben (bis 2010 wird er auf 50% hochschnellen), dass der kaspische Ölreichtum längerfristig auch bei gedämpften Erwartungen als Ausweichreserve interessant bleibt.

Ob im Nahen Osten, im kaspischen Raum oder anderswo: Es ist der „ideelle Gesamtimperialismus" des Westens, der seine gepanzerte Faust auf alle, auch auf die letzten Reserven der fossilen Energieträger dieser Erde legt. Je näher das sozialökonomische Ende der kapitalistischen Verbrennungskultur rückt und je mehr sich auch die physischen Reserven erschöpfen, desto unerbittlicher müssen die politisch-militärischen Apparate des transnationalen Kapitalismus den „ungehinderten Zugang" noch zur letzten Ölquelle freischießen. Die fossilen Brennstoffe, an vorderster Stelle das Erdöl, sind und bleiben die energetische Basis der kapitalistischen Selbstzweck-Ökonomie; auf dem Boden dieser Produktions- und Lebensweise, im Rahmen ihres Naturverständnisses und ihrer Denkweisen gibt es keine andere Möglichkeit. Und die Welt kann sicher sein: Um die Gier nach dem versiegenden Treibstoff ihrer Weltmaschine zu befriedigen, wird die vereinigte Weltdemokratie notfalls nicht nur einzelne „Schurkenstaaten", sondern auch halbe Kontinente in Trümmer legen.

DER NAHE OSTEN UND DAS ANTISEMITISCHE SYNDROM

Im Prozess der Barbarisierung und Selbstzerstörung des herrschenden Weltsystems gibt es einen Brennpunkt, in dem sich die destruktive kapitalistische Globalisierung, die Geschichte und die Ideologiebildung der modernen Welt an ihren historischen Systemgrenzen auf besondere Weise bündeln – und das ist der Nahe Osten mit Israel und dem sogenannten Palästinakonflikt im Zentrum. Vordergründig scheint es hier zunächst um das wichtigste Feld des westlichen Öl-Imperialismus zu gehen. Und im Hinblick auf das krude Interesse der kapitalistischen Verbrennungskultur ist das natürlich auch völlig richtig. Aber darin geht dieser Konflikt bei weitem nicht auf; er enthält noch eine ganz andere, wesentliche Dimension: nämlich die Logik des Antisemitismus als zentraler kapitalistischer Krisenideologie und die damit verbundene Konstitution des Staates Israel, der eben deswegen kein Staat wie andere Staaten ist.

Kapitalistische Verbrennungsreligion und Ölregimes

Dennoch wäre das Bild unvollständig und falsch, würde man im Hinblick auf den Nahost-Konflikt vom Interessen-Hintergrund des westlichen Öl-Imperialismus völlig absehen. Da der Nahe Osten aus natürlich-geografischen Gründen der Lagerstätten die Hauptquelle des Treibstoffs für die kapitalistische Weltmaschine ist und bleibt, muss sich hier auch der weltpolizeiliche Zugriff des „ideellen Gesamtimperialisten" konzentrieren. Das ist ein nicht unwesentlicher Aspekt der kulturalistischen Feinddefinition gegen den Islam; denn gerade an den geheiligten Quellen der kapitalistischen Verbrennungsreligion, in der sich der irrationale Selbstzweck der „Verwertung des Werts" gewissermaßen energetisch materialisiert, müssen die islamistischen Barbarisierungsprodukte der Globalisierung natürlich als besonders „störend" und gefährlich empfunden werden (weitaus mehr als etwa in Pakistan oder Indonesien).

Wie in jeder anderen Hinsicht verwickelt sich der „ideelle Gesamtimperialismus" aber auch und gerade auf diesem spezifischen Terrain von Globalisierung und weltpolizeilichem Zugriff in unauflösliche Widersprüche, die hinter der praktischen Zweckrationalität den objektivierten Wahn des Systems und seiner Macher aufscheinen lassen.

Dies betrifft zunächst die Art und Weise der Positionierung gegenüber der arabisch-moslemischen Welt selbst. Die offene westliche Militärdiktatur über den gesamten Raum der zentralen Ölförderung wäre ein kaum dauerhaft durchzuhaltender Notstand mit wahrscheinlich katastrophalen Rückwirkungen auf das fragile Babel-Gebäude des abgehobenen transnationalen Finanzkapitals. Deshalb muss die gesamtimperiale Weltpolizei nach durchaus traditionellem Muster unbedingt darauf setzen, autochthone Regimes der Region an sich zu binden und sie als legitimatorische Sub-Souveräne, „Flugzeugträger" und militärische Hilfssheriffs zu benutzen.

Im brodelnden Hexenkessel eines Raums, in dem hunderte Millionen von Menschen leben und Jahr für Jahr mehr von ihnen unter dem Juggernaut-Rad der kapitalistischen Globalisierung sozial zermalmt werden, kann eine derartige weltpolizeiliche Strategie letzten Endes nur schief gehen. Der Ölreichtum, aufgrund seines besonderen Status im Gefüge des Weltsystems ein materialisierter spekulativer Gegenstand mit deshalb wild schwankendem Preisniveau, hat extrem ausschließenden Charakter: Die überwältigende Mehrzahl der Araber wird auf ein Armuts- und Elendsniveau gedrückt, während sich die winzige Oberschicht des energetischen Krisenreichtums mit einer selbst für Dritte-Welt-Verhältnisse außergewöhnlichen Obszönität darstellt. Die binnenökonomischen „Entwicklungsprojekte" der diversen arabischen Öl-Regimes, besonders derjenigen in der Golf-Region mit den bei weitem größten Fördermengen und Reserven, sind trotz der immensen Kapitalkraft großenteils verbal und kosmetisch geblieben; die „Petro-Dollars" wurden und werden in ihrer Masse postwendend in die transnationalen Finanzmärkte gepumpt statt in Realinvestitionen angelegt und bilden ein Segment des globalen „fiktiven Kapitals" im spekulativen Finanzüberbau der dritten industriellen Revolution.

Insgesamt zerfallen die nahöstlichen Öl-Regimes der arabischen Länder und des Iran allerdings in zwei auch heute noch abgeschwächt sichtbare unterschiedliche Formen, die auf ursprünglich ganz entgegengesetzte Ausgangspunkte verweisen. Zum einen handelt es sich um typische ehemalige Regimes nachholender Modernisierung mit inzwischen durch die Bank gescheiterten, aber in der Vergangenheit ernst gemeinten Industrialisierungsprojekten, mit republikanischer Staatsform und diktatorischem „Führerkult", wie ihn etwa Saddam Hussein oder Ghaddafi repräsentieren. Zum andern haben wir es mit der Form nach archaischen Monarchien zu tun, die ein klerikal-feudales Schreckensregiment ausüben und einer Hollywood-Version des „finsteren Mittelalters" oder der pubertären Phantasie eines Karl May entsprungen sein könnten. Waren die republikanisch-diktatorischen Modernisierungsregimes wie in Ägypten, dem Irak, Algerien usw. in der Regel laizistisch, so stellten die (durchwegs sunnitischen) Monarchien, Sultanate, Emirate etc. und ihre bizarren Prinzengarden von Anfang an synthetische „Gottesherrschaften" mit einer erzreaktionären islamistischen Legitimation dar, deren religiöser Ausdruck in keiner Weise auf den vormodernen Islam zurückgeht, sondern ganz im Gegenteil ein Resultat der absurden, in sich widersprüchlichen Einbindung in kapitalistische Moderne und Weltmarkt ist.

Das gilt ganz besonders für das saudische Wüstenregime, das in seiner jetzigen staatlichen Gestalt überhaupt erst im 20. Jahrhundert entstand. Die Dynastie der Saudis gründet sich auf die sunnitische religiöse Bewegung der Wahhabiten, die Ende des 18. Jahrhunderts von dem Sektenführer Abd al-Wahhab gegründet wurde und den Wüstenscheich Ibn Saud für sich gewann. Den Wahhabiten ging es von Anfang an um die reaktionäre Wendung zu einer phantasmatischen „ursprünglichen Form" des Islam, verstanden als rohe Buchstäblichkeit und verbunden mit besonders rigiden rituellen Äußerlichkeiten, drakonischer Henkersherrschaft und extremer Unterdrückung der Frauen. In Gestalt der saudischen Monarchie hat dieses religiöse Wahngebilde, eine frühe moslemische Version der heute im postmodernen Zerfallsprozess global und massenhaft sich ausbreitenden quasipolitisch-religiösen Sektenbewegungen, die äußere Form eines modernen Staatswesens angenommen und sich mit dem kapitalistisch vermittelten Ölreichtum aufgeblasen.

Eine Zwischenstellung zwischen den gescheiterten laizistischen Modernisierungsregimes und den monarchisch-reaktionären Gottesherrschaften, die von vornherein nur religionspolitische Nischenformen und gleichzeitig ein unselbständiges Segment des globalen Finanzkapitalismus bildeten, nimmt das Regime des schiitischen Islamismus im Iran ein, das aus dem gewaltsamen Sturz der Schah-Monarchie (1979) hervorgegangen ist: Hier überschneiden sich Modernisierungsversuche im Hinblick auf Industrieprojekte und rückwärtsgewandte Gottesherrschaft, republikanische Form und quasi-religiöse Konstitution, sodass sich (abgesehen von der mehr religiösen als politischen Ikonisierung der Figur Khomeini) kein „Führerprinzip" wie in den laizistischen Diktaturen herausbilden konnte.

Im Krisenprozess der Globalisierung sind nun inzwischen die eigenständigen Modernisierungsversuche auch im Nahen Osten derart vollständig ruiniert und aufgerieben worden, dass ein Verwilderungs- und Konversionsprozess sämtlicher Regimes eingesetzt hat. Die letzten Dinosaurier-Diktatoren der gescheiterten Industrialisierung, die gleichzeitig nicht mehr wie im Kalten Krieg zwischen den Supermächten lavieren können, werden unberechenbar und neigen zu herostratischen Abenteuern wie etwa Saddam Hussein; unter den bröckelnden Fassaden der Staatsformen macht sich wie auch sonst in der Welt eine bewaffnete Clan- und Bandenherrschaft breit; und das ideologische Moment der gesellschaftlichen Allgemeinheit verlagert sich mehr und mehr auf die Form des militanten pseudoreligiösen Wahns.

Die Religion kann dabei auf der Basis von kapitalistischer Warenproduktion und Weltmarkt weder zur reproduktiven Konstitution der Gesellschaft wie in den vormodernen agrarischen Zivilisationen zurückkehren noch kann sie an die Stelle der modernen Politik treten; sie wird vielmehr im Nahen Osten so extrem wie nirgendwo sonst zur destruktiven und mörderischen Krisenideologie, die das unhaltbare Regime kapitalistischer Konkurrenzverhältnisse nicht überwindet, sondern in einer phantasmatischen Gestalt zuspitzt und dem Todestrieb der modernen Vernunft in ihrem weltlichen Scheitern Ausdruck verleiht. Weil der Nahe Osten in vieler Hinsicht einen Brennpunkt der aktuellen weltkapitalistischen Widersprüche bildet, nimmt der manifeste Todestrieb dort auch besonders drastische gesellschaftliche Ausmaße an. In diesem Sinne gehen sämtliche moslemischen Länder des Nahen Ostens, auch die bislang laizistischen, in einen islamistischen Zersetzungsprozess über und laden sich mit scheinreligiösen Hassideen auf.

Es ist bezeichnend, dass der gesamtwestliche Öl- und Sicherheitsimperialismus unter Ägide der USA seine Herrschaft über diesen zentralen strategischen Raum von Anfang an in erster Linie vermittels der reaktionären monarchischen Gottesherrschaften zu festigen suchte. Nicht die vordergründig der westlichen Lebensweise eigentlich viel näher stehenden laizistischen Modernisierungs-Regimes wurden als autochthone Sub-Repräsentanten bevorzugt, sondern die im Sinne der Modernisierung bloß dysfunktionalen, klerikal-politischen Alptraumregimes der saudischen Monarchie, der Sultanate, Emirate und Folter-Königreiche; und nicht obwohl, sondern gerade weil sie ihrem Wesen nach sich als besonders finster und gleichzeitig ökonomisch wie militärisch absolut unselbständig darstellen. Keineswegs zufällig waren es andererseits Staaten wie der Irak, Libyen und die schiitisch-islamistische Republik des Iran, die zu „Schurkenstaaten" erklärt wurden, obwohl dort zum Beispiel die Position der Frauen auch heute noch erwiesenermaßen relativ besser ist als in den reaktionären Gottesmonarchien.

Der „ideelle Gesamtimperialismus" hat sich zielsicher die instabilsten, absurdesten, wie einem blutigen Märchen entsprungenen Wahn- und Terror-Regimes der zentralen Ölregion als „befreundete Mächte" ausgesucht. Indirekt und unfreiwillig ist es ein doppeltes Eingeständnis: nämlich erstens, dass der westliche Herrschaftsanspruch seinem Wesen nach selber bösartig und irrational ist; und zweitens, dass „Entwicklung" und „Modernisierung" gerade für die wichtigste Region der Ölförderung trotz gegenteiliger offizieller Ideologie in Wirklichkeit niemals vorgesehen waren. Es bedurfte der Teufelspakte mit den schlimmsten, reaktionärsten, von Anfang an durch islamische Bigotterie und Terrorherrschaft der (archaisch interpretierten) „Scharia" gekennzeichneten Feudalmonster, um den schnöden und scheinrationalen Interessen-Materialismus der kapitalistischen Verbrennungskultur in der zentralen Ölregion abzusichern. Je mehr „Schurkenstaaten" der Westen definiert, desto mehr sehen seine eigenen Freunde und Helfer in den Krisenregionen wie Hollywood-Schurken oder wie von Hieronymus Bosch erfundene Figuren aus.

Die Nemesis einer derartigen Ausgeburt imperialer Legitimation ließ nicht auf sich warten. In den Brüchen und Erschütterungen der Globalisierung, von denen die sozialökonomische Grundlage sämtlicher Regimes des Nahen Ostens ins Wanken gebracht oder schon hinweggefegt wurde, bilden gerade die mit dem Westen befreundeten klerikal-feudalen Regimes den Schoß, der die Dämonen des „antiwestlichen" Islamismus ohne jede emanzipatorische Lebensperspektive gebiert. Wie auch sonst in der Welt und wie in seinem eigenen Inneren sind es auch hier und vor allem hier die eigenen Kreaturen des „ideellen Gesamtimperialismus", die in der neuen Qualität gesellschaftlicher Zersetzungsprozesse aus seinen politisch-strategischen Labors entfliehen und mit besonderer Intensität als „Störfaktoren" eines blind zuschlagenden Terrors durch das Ölimperium irren.

Keineswegs zufällig ist es gerade die wahhabitische Version einer besonders primitiven und brutalen islamistischen Sektenreligion, wie sie gleichzeitig die saudische Staatsreligion bildet, die zum Quellgrund eines Großteils des islamischen terroristischen Untergrunds und seiner Strömungen geworden ist. Die Fürsten des Terrors mit dem zu trauriger Berühmtheit gelangten Osama bin Laden an der Spitze, ihre Ideologen, Organisatoren und Helfershelfer sind zu neunzig Prozent Abkömmlinge der feudal-klerikalen Clans, auf die sich der Westen stützt, weil ihre Schreckensgestalt seinem eigenen imperialen Herrschaftsanspruch am besten entspricht. In der immer weniger beherrschbaren sozialökonomischen Krise werden jedoch die selbstgezüchteten Dämonen viel unberechenbarer und gefährlicher als die übrig gebliebenen Dinosaurier der gescheiterten Modernisierungs-Regimes. Der Westen bekommt mit den wahhabitischen und verwandten geheimen Terrorgesellschaften nicht nur, was er verdient, sondern auch, was er selbst gepäppelt und herangezogen hat.

Der Antiimperialismus und die antisemitische Krisenideologie

Weil die völlig anachronistischen klerikal-feudalen und gleichzeitig finanzkapitalistischen Ölregimes immer schon eine viel zu unsichere Stütze waren, bedurfte es allerdings einer zweiten, anders gearteten Sicherungsmacht in der zentralen Ölregion; und es ist kein Geheimnis, dass der Staat Israel weitgehend, wenn auch nicht widerspruchsfrei diese Funktion eines Knüppels des westlichen „ideellen Gesamtimperialismus" gegen die von antiwestlichen Ressentiments in ihren Ländern bedrohten, unsicheren Kantonisten der arabischen Regimes als bitterer Preis für seine Existenz ausüben muss. Nur deshalb wurde Israel von den USA protegiert, mit modernsten Hightech-Waffensystemen üppig aufgerüstet und von den westlichen Staaten massiv alimentiert. Aus eigener Kraft wäre Israel bis heute ökonomisch nicht lebensfähig, jedenfalls nicht auf dem jetzigen Lebensniveau, das sich mit seinen westlich-hochentwickelten Standards (allerdings mit demselben internen Gefälle von Reichtum und Armut wie inzwischen auch im Westen) krass von den umliegenden arabischen Ländern abhebt.

Diese ökonomischen und politisch-militärischen Tatsachen wurden und werden immer wieder von traditionell linken „antiimperialistischen" Positionen gegen Israel mit wütender Aggressivität geltend gemacht; eine Feindbestimmung, die dem Kontext des selber längst gescheiterten Paradigmas „nationaler Befreiung" als einer Form nachholender Modernisierung in der südlichen Peripherie des Weltmarkts entstammt. Bis heute gilt Israel in der gesamten Dritten Welt als imperialistischer Scherge und „Unrechtsstaat", den es eigentlich gar nicht geben dürfte. Die eigenen Interessen, die Israel dabei vertritt, werden allein als sub-imperialer oder quasi-kolonialer Anspruch wahrgenommen; der israelische Nationalismus und Expansionismus qua Siedlungsbewegungen und militärischer Eroberung geradezu als Inbegriff des Nationalismus schlechthin und die ethno-religiöse Selbstdefinition des israelischen Staates (die offizielle und juristische Diskriminierung nichtjüdischer Staatsbürger eingeschlossen) als Inbegriff des Rassismus schlechthin verstanden.

Die sowjetische Gegenweltmacht der historischen Nachzügler an der Peripherie des Weltmarkts mit „marxistischer" Legitimationsideologie hatte sich stets um ein Bündnis mit den laizistischen arabischen Modernisierungs-Regimes bemüht und unter dem Begriff des „Zionismus" ein antiisraelisches Feindbild aufgebaut, in dem sich das Bündnis Israels mit dem westlichen Kapitalismus und Imperialismus reflektierte – „Israel war während des Kalten Krieges ein geschätzter militärischer Verbündeter (der USA), sein Militär testete Waffensysteme, sein Geheimdienst stand für Operationen zur Verfügung, die die CIA nicht ausführen konnte" (Birnbaum 2002). In der Epoche des Kalten Krieges übernahm der größere Teil der politischen Linken in der ganzen Welt unter dem Titel des „Antizionismus" dieses Feindbild. Israel wurde gänzlich unter die damals vorherrschende Konfliktkonstellation der „nationalrevolutionären" antiimperialistischen Bewegungen der Dritten Welt gegen das westliche Imperium der Pax Americana subsumiert. Der Preis, den Israel für seine Existenz an den Imperialismus zahlen musste, wurde in ein „antiimperialistisches" Argument gegen diese Existenz umgemünzt.

Damit mussten jedoch ein ganz anderer Aspekt und eine viel wesentlichere Dimension der weltkapitalistischen Entwicklung ausgeblendet bleiben, die der traditionelle Antiimperialismus aus seiner verkürzten Perspektive nicht wahrnehmen konnte und wollte. Dieser Sichtweise entging nämlich die entscheidende Rolle des Antisemitismus in der bürgerlichen Ideologiebildung und damit eine zentrale Widerspruchsebene des Imperialismus selbst. Zwar hatte die Linke stets Auschwitz und den Holocaust als großes Verbrechen der Nazis gebrandmarkt, aber dennoch die Rolle des Antisemitismus eher heruntergespielt und jedenfalls nicht als wesentlich oder konstitutiv für den Nationalsozialismus im besonderen und den Kapitalismus im allgemeinen begreifen wollen.

Diese spezifische Begriffslosigkeit lässt sich letzten Endes wiederum aus dem allgemeinen Defizit erklären, dass die marxistische, arbeiterbewegte und antiimperialistische Linke im Zentrum wie in der Peripherie auf die gesellschaftlichen Kategorien des Kapitalverhältnisses (des modernen warenproduzierenden Systems) beschränkt blieb: also eben auf jene Option einer juristisch-politischen staatsbürgerlichen Gleichstellung, Beteiligung und Mitregierung der „Arbeiterklasse" und ihrer Institutionen einerseits; und auf die Option jener nachholenden Modernisierung und eigenständigen Teilnahme am Weltmarkt als nationalökonomisches und nationalstaatliches Subjekt andererseits. Aus dieser Perspektive, in der (bei den Sozialdemokraten wie bei den Leninisten) eine objektive Grenze und Krise der kapitalistischen Gesellschaftskategorien als undenkbar erschien, musste sich die Aufmerksamkeit auf den sozialökonomischen und politischen, scheinbar rationalen Interessengehalt und Interessenhorizont der Ideologiebildungen konzentrieren. Mit anderen Worten: Die Ideologie wurde dem Interesseninhalt von Subjekten des warenproduzierenden Systems zugeordnet – „Arbeiterklasse" gegen „Kapitalistenklasse", „nationale Befreiung" gegen „Imperialismus".

Der moderne Antisemitismus konnte so bestenfalls als eine Art sekundäres ideologisches Täuschungsmanöver der „herrschenden Klasse" oder als spezifische konkurrierende Interessen-Ideologie des „Kleinbürgertums" verstanden werden, womit die „Arbeiterklasse" oder die „unterdrückten Völker" von ihren eigentlichen Interessen abgelenkt werden sollten (Manipulationstheorie). Völlig ausgeblendet blieb dabei wiederum die ideologische Dimension des gemeinsamen, die Klassen und Nationen übergreifenden und historisch objektivierten gesellschaftlichen Formzusammenhangs von abstrakter Arbeit, Wert, Warenform, Geld, betriebswirtschaftlicher Produktion, Markt (Weltmarkt) und Staat. Dieser Formzusammenhang erschien vielmehr praktisch wie theoretisch als unüberschreitbare ontologische Grundlage von Gesellschaftlichkeit überhaupt.

So musste unbegriffen bleiben, dass das moderne warenproduzierende System nicht nur vordergründig und oberflächlich divergierende „Interessen" innerhalb dieser Form ideologisch ver- und einkleidet, sondern aus den Widersprüchen und Krisen der gemeinsamen, alle sozialen Kategorien umfassenden modernen Form-Konstitution auch gemeinsame, klassen-übergreifende Ideologiebildungen aufsteigen, die viel wesentlicher und gefährlicher sind als die durchsichtige und oberflächliche Legitimation von kapitalistisch geformten „Interessen" der diversen Klassen, sozialen Schichten und Funktionsträger. Alle Momente von „Weltanschauung", Erklärungsmustern und handlungsleitenden Ideen, die nicht klassen-soziologisch ableitbar schienen, wurden so in ihrer Tragweite missverstanden und eben als bloße Täuschungsmanöver abgetan.

Die arbeiterbewegte und marxistische Linke, auch und gerade die radikale Linke (und die anarchistische Linke nicht weniger) bemerkte so nicht einmal, dass sie selber wesentliche Bestandteile der bürgerlichen Ideologie positiv aufgenommen hatte als „Erbe" der protestantischen und aufklärerischen Ideologie- und Geistesgeschichte in der Herausbildung des warenproduzierenden Systems. Dazu gehörte insbesondere die Heiligsprechung des Abstraktums „Arbeit", das in seinem Charakter als repressiver Selbstzweck direkt aus den Ideen des Protestantismus und der so genannten Aufklärung des 18. Jahrhunderts in die Ideologie der Arbeiterbewegung übergegangen war. Indem ausgerechnet die „Arbeit" als zentraler Bezugspunkt vermeintlich dem Kapital gegenüber geltend gemacht wurde, spielte die Linke lediglich einen Aggregatzustand des Kapitals gegen den anderen aus. „Arbeit" erschien so nicht als das, was sie ist, nämlich die spezifisch kapitalistische Tätigkeitsform („abstrakte Arbeit" bei Marx), also ein ganz und gar dem Kapital angehöriger Begriff und ein entsprechendes reales Verhältnis, sondern als ontologische Menschheitskategorie.

Aus dieser zentralen ideologischen Gemeinsamkeit mit dem bloß äußerlich und soziologisch verkürzt als Gegner definierten Kapital mussten zwangsläufig weitere, uneingestandene Gemeinsamkeiten einerseits und jene völlige Unterschätzung der klassen-übergreifenden Krisen- und Vernichtungsideologien von Rassismus und Antisemitismus andererseits erwachsen. Weil die westliche Arbeiterbewegung, die östlichen Regimes nachholender Modernisierung und die südlichen „nationalen Befreiungsbewegungen" nur innerhalb der gemeinsamen gesellschaftlichen Formen des Kapitals agierten und mit der „Arbeit" die kapitalistische Tätigkeitsform affirmierten, konnten sie auch nur eine verkürzte Kritik des Kapitalverhältnisses formulieren, die weit hinter die Marxsche Begrifflichkeit des Kapitals als eines irrationalen Fetisch-Verhältnisses zurückfiel. Teils wurde nur die mangelnde staatliche Regulationsfähigkeit des warenproduzierenden Systems durch dessen bürgerliche Repräsentanz beklagt, teils die Unterordnung der „produktiven Arbeit" unter das „Finanzkapital" kritisiert, ohne den inneren, vermittelten (und auf wachsender Stufenleiter krisenhaften) Zusammenhang von „produktiver Arbeit" und „Finanzkapital" (zinstragendem und spekulativem Geldkapital) zu erkennen.

Diese notorisch verkürzte Kapitalismuskritik wies stets Berührungspunkte mit der antisemitischen Ideologie auf. Denn der Antisemitismus konnte gerade dadurch zur mächtigen Krisenideologie der Moderne aufsteigen, dass er die inneren Widersprüche der kapitalistisch konstituierten Gesellschaft und aller ihrer Subjekte veräußerlichte und sozial-biologistisch naturalisierte: „Die Juden" wurden zur negativen Repräsentanz des „unproduktiven" Finanzkapitalismus und zur Inkarnation aller destruktiven Erscheinungen der modernen warenproduzierenden Gesellschaft erklärt, anknüpfend an einschlägige Zuschreibungen schon seit dem Mittelalter und der frühen Neuzeit (etwa bei den antisemitischen Hetztiraden eines Martin Luther). Demgegenüber sollten die „ehrliche Arbeit" und das „produktive Kapital" als positiver Gegenpol gesetzt werden; bei den Nazis bekanntlich als ideologische Gegenüberstellung von „raffendem" („jüdischen") Kapital und „schaffendem" („deutschen" oder „nationalen") Kapital. An die Stelle einer Kritik der realen, klassen-übergreifenden Formen des warenproduzierenden Systems trat so die bösartige, auf eine besondere,

„rassisch" definierte Gruppe von Subjekten bezogene Zuschreibung nach der Devise: „Arbeit", Wert, Ware, Geld und Kapitalform wären wunderbar und segensreich, wenn bloß die Juden nicht wären. Diese Zuordnung, die den an sich irrationalen Systemzusammenhang in einer zusätzlichen Dimension sekundärer Irrationalität zu „erklären" vorgab, stieg zur mordideologischen Welterklärung schlechthin auf.

Die Ideologie von Arbeiterbewegung und antikolonialer „nationaler Befreiungsbewegung" grenzte sich zwar stets von den offen antisemitischen Strömungen ab, indem sie sich statt auf den phantasmatischen „Rassengegensatz" auf den sozialen Klassengegensatz und den nationalen Interessengegensatz von kolonialen bzw. postkolonialen Nationalökonomien/Nationalstaaten und westlichem Imperialismus berief.

Aber erstens blieb auch diese rationaler anmutende soziale „Befreiungsideologie" ähnlich wie der Antisemitismus auf der subjektiven Ebene von schieren Willens- und Machtverhältnissen stehen, ohne die Ebene der Konstitution dieser Subjekte (also deren Geformtheit durch die Kategorien des warenproduzierenden Systems) zu berühren. Nicht die Negativität des gemeinsamen Formzusammenhangs, also auch der eigenen Subjektform, rückte ins Visier der Kritik, sondern allein die negative „Macht" der „Gegensubjekte": bei den Antisemiten die zugeschriebene subjektive Macht und Bosheit der „jüdischen Gegenrasse", bei der Arbeiterbewegung die subjektive Macht und vermeintliche „Verfügungsgewalt" der „sozialen Gegenklasse", bei den „nationalen Befreiungsbewegungen" die subjektive Macht und globale Eingriffsgewalt der imperialen Zentralmächte.

Weil sie auf derselben logischen Ebene von bloß „gesetzter", nicht aus dem gesellschaftlichen Formzusammenhang hergeleiteter Willens-Subjektivität stehen blieben wie der Antisemitismus, resultierend aus einer ähnlich (wenngleich nicht identisch) verkürzten Kapitalismuskritik, konnten Arbeiterbewegung, „nationale Befreiungsbewegung" und radikale Linke sich ihrer impliziten Berührungspunkte mit dem Antisemitismus nicht bewusst werden. Dies galt erst recht für die Ontologisierung und Anbetung der „produktiven Arbeit", die sie ebenfalls mit den Antisemiten teilten.

Damit musste jedoch zweitens auch die klassen-übergreifende Gefährlichkeit der antisemitischen Ideologie unbegriffen bleiben. Die Verkürzung auf den klassen-soziologischen Horizont der kapitalistisch konstituierten Form des Interesses und die überhistorische Ontologie der „Arbeit" ließen die Illusion entstehen, als wären „Arbeiterklasse" und „unterdrückte Völker" qua ihrer kapitalistisch vorgegebenen Interessen und ihrer existentiellen Ontologie bereits „an sich" (unabhängig von ihrem wirklichen Bewusstsein) transzendierende Kräfte, deren angeblich „objektive" system-überwindende Potenz nur abgerufen zu werden brauchte qua sozialer „Kämpfe". Die ihrer konstituierten Subjektform inhärente Form der Konkurrenz schien eine bloß äußerlich von der subjektiven „Gegenmacht" aufgedrungene, „uneigentliche", im Grunde fremde Verhaltensweise zu sein; somit auch der Antisemitismus eine „klassenfremde", bloß irrtümlich oder manipulativ aufoktroyierte Ideologie.

Diesem Denken musste völlig entgehen, dass die soziale Emanzipation vom Kapitalverhältnis zwar prinzipiell möglich ist, jedoch keineswegs „an sich" durch die „objektive" Stellung bestimmter Klassen oder anderer moderner Subjekte im Gefüge des warenproduzierenden Systems bereits angelegt; eine objektivistische Illusion, wie sie auch noch Marx im Gegensatz zu seiner eigenen kritischen Theorie der Moderne als eines gesellschaftlichen Fetisch-Verhältnisses formuliert hatte. Vielmehr sind alle Subjekte dieses Systems ohne Ausnahme, also auch die „Arbeiterklasse", die „unterdrückten Völker" usw. qua ihrer eigenen, vom System konstituierten Form (Reproduktions- und Subjektform) gleich weit entfernt vom Übergang zur Emanzipation von dieser negativen gesellschaftlichen Form. Die Entstehung von radikal kritischem Bewusstsein gegen diese Form (ein Bewusstsein, an das die radikale Linke bis heute nicht herangekommen ist, geschweige denn die sozialen Bewegungen) ist möglich; aber allein aus der negativen Verarbeitung der Erfahrungen von Leid und Zumutung in dieser Form, nicht aus einem positiven ontologischen Grund. Es gibt keine ontologische Bestimmung, die „außerhalb" oder „unterhalb" des Systems angesiedelt wäre (etwa in der Form der Arbeit) und somit als objektiver Hebel angesetzt werden könnte, um das repressive und destruktive gesellschaftliche Verhältnis zu kippen.

Deshalb sind soziale und andere „Kämpfe" nicht per se schon emanzipatorisch, auch nicht die „Kämpfe" von Arbeiterklasse, unterdrückten Gruppen, Minderheiten usw. Vielmehr ist der „Kampf" in der Form der Konkurrenz die allgemeine Bewegungsform des kapitalistischen Systems selbst. Dies gilt auch für die verschiedenen Formen der Fortsetzung der Konkurrenz mit anderen Mitteln, besonders der unmittelbaren Gewalt.

Über die Form der Konkurrenz, also auch über die eigene Subjektform hinauszukommen, erfordert ein – wie Marx sich einmal ausgedrückt hat – „enormes Bewusstsein", das keineswegs von den Verhältnissen selbst nahe gelegt wird. Was sich vielmehr spontan entwickelt, ist die Konkurrenz bis aufs Messer innerhalb der konstituierten gemeinsamen Subjektform. Dabei bildet die Konkurrenz zwischen Lohnarbeitern und Repräsentanzen des Kapitals (Management, Unternehmerverbänden etc.) nur eine Ebene in den vielschichtigen Verlaufsformen der Konkurrenz. Dazu gehört selbstverständlich die Konkurrenz zwischen den einzelnen Kapitalien selbst, zwischen den verschiedenen Branchen, zwischen den Fraktionen und Gruppierungen der Lohnarbeiter, zwischen den Nationalökonomien/Nationalstaaten usw.; aber auch die „ethnische", rassistische Besetzung der Konkurrenzverhältnisse und schließlich (als äußerste Reaktion) deren antisemitische Schein-Transzendierung.

Genau dieser Zusammenhang eines komplexen Netzes von vielfältigen Linien der Konkurrenz ist keineswegs subjektiv-manipulativ, sondern objektiv begründet durch die allgemeine Subjektform des warenproduzierenden Systems qua Arbeit, Geld und Staat, während der emanzipatorische Ausbruch aus dem „eisernen Gehäuse" dieser Form überhaupt nicht objektiv im Sinne einer Determination des Verhaltens begründet sein kann. Das warenproduzierende System und seine abstrakt-irrationale Tätigkeitsform als unüberwindbare ontologische Bestimmung vorausgesetzt, kann es sehr wohl im „objektiven" Interesse von Lohnarbeitern liegen, die Konkurrenz nationalistisch, rassistisch usw. zu besetzen oder sich ihr qua antisemitischer Ideologie phantasmatisch entziehen zu wollen.

Sicherlich gab es in der Geschichte der Arbeiterbewegung auch so etwas wie eine transzendierende Sehnsucht nach Befreiung vom Joch der Konkurrenz, nach einer solidarischen Gesellschaft jenseits des modernen Systems. Diese überschießenden Momente mussten jedoch unabgegolten bleiben, eben weil sich die bisherigen sozialen Bewegungen der Moderne nicht zu einem Begriff dieser Transzendenz und daher auch nicht zu einem entsprechenden Handeln aufschwingen konnten.

Die verkürzte Kapitalismuskritik innerhalb der Formen des Kapitals selbst blieb notwendigerweise auch in den Verlaufsformen der Konkurrenz stecken. Das gegenseitige Abschlachten der Lohnarbeiter in den Weltkriegen war daher kein Verrat und kein Verhalten gegen ihre ontologische Natur, sondern die Konsequenz ihrer affirmierten statt kritisierten Subjektform selbst. Weder die politischen Arbeiterparteien noch die Gewerkschaften (allein dieses Auseinanderfallen in eine politische und eine soziale Repräsentanz verweist schon auf die bürgerliche Form-Konstituiertheit der Arbeiterbewegung) konnten jemals eine solidarische Kraft über die Konkurrenzverhältnisse hinaus entwickeln. Die Aufhebung der Konkurrenz blieb partiell und auf das Motiv der bürgerlichen Gleichstellung beschränkt, die Einbettung in die Konkurrenzverhältnisse als solche dagegen universell.

Wie schon im alltäglichen, institutionell regulierten Interessenkampf die sozialen Bewegungen von der Logik der Konkurrenz durchdrungen wurden, so auch in der Gewaltexplosion der Weltkriege zwischen den nationalimperialen Mächten. Dabei wurde das soziale Risiko der universellen Konkurrenz unmittelbar als Todesrisiko manifest und damit die letzte Konsequenz der modernen allgemeinen Subjektform sichtbar. Dasselbe kann über die Macht des Antisemitismus und die Niederlage der europäischen Arbeiterbewegung gegen Faschismus und Nationalsozialismus gesagt werden. Auch diese Katastrophe war eine Folge der Involvierung in das System der universellen Konkurrenz. Es besteht sogar ein direkter Zusammenhang zwischen der Fortsetzung der Konkurrenz durch die Weltkriege und durch das Aufkommen des Antisemitismus in allen Klassen und Schichten.

Gewerkschaften, marxistische Parteien und selbst die radikale Linke waren nur gemacht für die Austragung des vermeintlich „rationalen" Interessengegensatzes in der Formhülle des warenproduzierenden Systems. Selbst die militante Zuspitzung des Kampfes verließ nie diesen Raum bürgerlicher Rationalität. Die Linke verschloss sich dem an sich irrationalen Charakter des Systems, und deshalb wurde sie auch in den Krisen regelmäßig vom machtvollen Ausbruch dieser Irrationalität überrollt. Während die Linke auch noch bei den schwersten Krisenbrüchen das gar nicht mehr realisierbare „rationale Interesse" in der bürgerlichen Form trotz des temporären objektiven Zusammenbruchs dieser Form aufrecht erhalten wollte, machte der Antisemitismus die Irrationalität des Interesses selbst als Ausgrenzungs- und Vernichtungswillen geltend und gewann gerade dadurch machtvolle gesellschaftliche Wirkung.

Der Antisemitismus ist (im Unterschied zum gewöhnlichen Rassismus) nicht eine Besetzung der Konkurrenz neben anderen, sondern die ultima ratio der Konkurrenz in einer Situation, in der die immanent-scheinrationale Austragung der Konkurrenz ausweglos wird. In einer solchen Situation droht die allgemeine bürgerliche Subjektform selbst zu zerbrechen. Der Antisemitismus verspricht einen Ausweg, ohne diese gemeinsame Subjektform des Systems in Frage zu stellen, indem er das Problem irrational und mörderisch veräußerlicht. So kann er trotz und gerade wegen seiner intellektuellen Primitivität eine klassen-übergreifende Anziehungskraft auf eine große Masse von kapitalistisch konstituierten Individuen ausüben, vom Arbeitslosen bis zum Manager, vom landlosen Bauern der Dritten Welt bis zum Ölprinzen, vom Maschinenschlosser bis zum Investment-Banker, von der alleinerziehenden Mutter bis zum Model, vom Sonderschüler bis zum akademisch gebildeten Intellektuellen.

Mit anderen Worten: Das antisemitische Syndrom bildet die letzte und äußerste krisen-ideologische Reserve des modernen warenproduzierenden Systems. Der Antisemitismus lauert in der allgemeinen bürgerlichen Subjektform selbst; er wird regelmäßig in den Einbrüchen der Krise abgerufen, und zwar umso massiver, je heftiger die Krise sich äußert. So war die Epoche der Weltkriege und der großen Weltwirtschaftskrise mit einer beispiellosen Welle des Antisemitismus verbunden. In Deutschland, das in der spezifischen Geschichte seiner kapitalistischen Nationsbildung eine besonders aggressive, eliminatorische Version des antisemitischen Syndroms mit besonderer sozialer Tiefenwirkung ausgebrütet hatte, überflutete diese Welle die staatlichen Institutionen selbst: Der Antisemitismus wurde hier in der Situation der Weltwirtschaftskrise nicht bloß als Ventil für die angestaute soziale Aggressivität der Konkurrenzverhältnisse genutzt, sondern zur Staatsdoktrin erhoben und als Menschheitsverbrechen des Holocaust realisiert.

Keineswegs zufällig bildete der deutsche Nationalsozialismus gleichzeitig eine gesellschaftliche Formierung, in der sich der Todestrieb aus der leeren Form kapitalistischer Subjektivität heraus in einem bis dahin beispiellosen Ausmaß manifestierte. Denn die Logik des Antisemitismus und der inhärente Todes- und Vernichtungstrieb kapitalistischer Subjektivität liegen dicht beieinander; der latente irrationale Drang nach Weltvernichtung im metaphysischen Vakuum des Werts und seiner selbstzweckhaften Verwertungsbewegung drückt sich in der äußersten Zuspitzung als Vernichtungswunsch gegen die Juden und gleichzeitig als Selbstvernichtungswunsch, als Wunsch nach der Vernichtung von physischer Existenz überhaupt aus.

Rein äußerlich, militärisch und machtpolitisch, haben die Nazis den Zweiten Weltkrieg verloren; aber in der bislang weitestgehenden Realisierung des im Innersten des

Kapitals lauernden Weltvernichtungswunsches waren sie enorm erfolgreich in der Identität von fabrikmäßiger Judenvernichtung und organisierter Selbstvernichtung. Die auf oberflächliche bürgerliche Rationalität vergatterte Linke, die nicht an die Kritik der basalen kapitalistischen Formen herankam und daher auch nicht an die Kritik und Abschüttelung ihrer eigenen kapitalistisch konstituierten Subjektform, musste so notwendig auch die Leere dieser Form, die darin liegende dämonische Potenz der schieren Irrationalität und deren Vernichtungskonsequenz verfehlen, also auch das Wesen des modernen Antisemitismus.

Die Kehrseite dieses katastrophalen Defizits war nach dem Zweiten Weltkrieg der ebenso defizitäre frischfröhliche Antizionismus der Linken, der den Judenstaat nicht in seiner welthistorischen, weltkapitalistischen Dimension als Konsequenz des modernen Antisemitismus erkennen wollte, sondern Israel unter das antiimperialistische Paradigma der nationalrevolutionären Bewegungen der Dritten Welt subsumierte, deren Kapitalismuskritik noch weitaus stärker verkürzt war als diejenige der westlichen Arbeiterbewegung.

Der Staat Israel und sein paradoxer weltkapitalistischer Status

Gewiss lassen sich dem Staat Israel, der selbstverständlich Bestandteil der kapitalistischen Weltökonomie ist, der Form nach alle negativen Attribute moderner Staatlichkeit und des modernen warenproduzierenden Systems zuweisen. Aber aufgrund seines besonderen Charakters, weil er letzten Endes ein unfreiwilliges Produkt der Nazis und der Vernichtungslogik kapitalistischer Subjektivität in ihrer äußersten Zuspitzung ist, enthält dieser Staat als erster, letzter und einziger ein entscheidendes Moment der Rechtfertigung, das übrigens sämtlichen nationalrevolutionären Staatsbildungen der Dritten Welt (die ja auch samt und sonders sehr bald eine hässliche Fratze anzunehmen begannen) von vornherein abging. Es ist ein kapitalistischer Staat und somit ein Ausdruck kapitalistischer Subjektform, der aber gleichzeitig in paradoxer Verschränkung die äußerste Notdurft und Notwehr gegen die Konsequenz dieser Subjektform selbst darstellt.

Und natürlich lässt sich gegen den Zionismus, der ja ideell ein Produkt der europäischen nationalistischen Formierung des 19. und frühen 20. Jahrhunderts war, grundsätzlich dieselbe Kritik vorbringen wie gegen den modernen Nationalismus überhaupt; allerdings nur, wenn man den spezifischen Kontext seiner Entstehungsgeschichte ignoriert und ihn ganz abstrakt und isoliert als Nationalismus neben anderen Nationalismen betrachtet. Aber der Zionismus lag eben nicht auf derselben Ebene wie die übrigen Nationalismen. Er war vielmehr gerade ein sekundäres Produkt der leidvollen jüdischen Erfahrung, dass die europäischen Nationen, und mit besonderem Nachdruck der Ausgrenzung Deutschland und Österreich, nicht zur Integration der Juden willens und fähig waren, sondern vielmehr den Antisemitismus als das Konstrukt des „Anderen" (der Alterität) benötigten, um sich selbst als positive nationale Identität setzen zu können.

Diese Setzung der Alterität nahm auch andere Ausdrucksformen an, so den kolonialen Rassismus und die kulturalistische Abgrenzung der europäischen Nationen untereinander; aber der Antisemitismus bildete die extremste Ausprägung. Was für den jüdischen Staat als Staat gilt, trifft somit auch für den zionistischen Nationalismus als Nationalismus zu: als Notwehr gegen den primordialen europäischen Nationalismus selbst und dessen antisemitische Setzung der Alterität kann er das, was er ist, nur in paradoxer Verschränkung mit seiner eigenen Negation sein.

Dasselbe gilt für die unzureichenden, das moderne warenproduzierende System nicht entscheidend transzendierenden sozialistischen Bestandteile des Zionismus. Diese blieben natürlich ebenso verkürzt und in ein nationalstaatliches Bezugssystem eingebunden wie die Kapitalismuskritik der westlichen Arbeiterbewegung (aus deren Gedankenwelt die sozialistischen Elemente des Zionismus ja auch entlehnt waren) und erst recht der nationalen Befreiungsbewegungen in der Dritten Welt. In der Verbindung mit Staatsapparat und nationalem Pathos musste sich der zionistische Sozialismus wie die Arbeiterparteien der übrigen Welt an jene die europäische Nationalisierung begleitende sozialregulative Tendenz annähern, wie sie vom späten 19. Jahrhundert bis zum Zweiten Weltkrieg die allgemeine Entwicklungsgeschichte der kapitalistischen Zentren bestimmte; etwa in Gestalt des Bismarckschen Sozialstaats und später sozialdemokratischer Regierungsbeteiligungen, allgemein in der Herausbildung von Arbeits- und Sozialbürokratien, des Welfare-Staates usw. – eine Entwicklung, die bekanntlich in Proto-Formen fordistischer Regulation auch Faschismus und Nationalsozialismus kennzeichnete. Eine perfide Verdrehung ist es jedoch, dem Zionismus seinen Anteil an einer allgemeinen, übergreifenden Strukturentwicklung spezifisch anzukreiden und das verkürzte sozialistische Moment dabei in Verbindung zu bringen mit dem nationalen Sozialismus der Nazi-Mörder.

Genau umgekehrt wird ein Schuh daraus. Hinsichtlich der sozialistischen Qualität des Zionismus (genauer: des so genannten Arbeiter-Zionismus) lässt sich sogar empirisch ein besonderer emanzipativer Aspekt feststellen: In Gestalt der Kibbuzim nahm dieses Moment in Israel nämlich gerade nicht wie sonst überall eine repressiv-staatskapitalistische, sondern eine selbstverwaltet-genossenschaftliche Form an, die nirgendwo auf der Welt eine ähnliche Bedeutung erlangen konnte. Selbstverständlich war auch diese Form noch an das warenproduzierende System gefesselt; sie enthielt jedoch im Anspruch der nicht-warenförmigen Binnenbeziehung, in ihren Aspekten der Reproduktion jenseits von Geld und Staat, ein darüber hinausweisendes Moment; wenn auch mit einer in vieler Hinsicht engstirnigen Gemeinschaftsideologie verbunden.

Alles, was sich gegen den Nationalismus im allgemeinen sagen lässt, trifft somit für den Zionismus nur bedingt und in paradoxaler Verschränkung mit seinem Gegenteil zu. Israel ist trotz seiner quasi kolonialen Beziehungen und Verhältnisse in der nahöstlichen Weltregion kein wesentlich koloniales Projekt, wie es im selber längst bankrotten nationalrevolutionären Diskurs der Dritte-Welt-Bewegungen immer wieder bezeichnet worden ist, sondern es ist wesentlich ein Not- und Rettungsprojekt angesichts des mit der modernen Subjektform verbundenen antisemitischen Syndroms.

Deshalb kann von einem emanzipatorischen Standpunkt aus Israel auch nicht der Prozess gemacht werden, weil es faktisch seine Gründung wie seine Weiterexistenz und militärische Absicherung dem westlichen Ölimperialismus verdankt. Genau umgekehrt muss gesagt werden, wie beschämend und bedrückend es ist, dass das Existenzrecht Israels keine andere Garantie hat als diese niederträchtige; beschämend gerade für die Linke in aller Welt, die nie imstande war, diesem Existenzrecht eine bessere Garantie oder auch nur Hilfestellung zu geben, ja dieses Existenzrecht nicht einmal selber grundsätzlich anerkennen wollte. Die verkürzte, bloß oberflächliche, unreflektiert in der kapitalistischen Subjekt- und Interessenform agierende Kapitalismuskritik von Arbeiterbewegung, nationaler Befreiungsbewegung und bisherigem Linksradikalismus ist historisch selber eine Bedingung dafür, dass Israel notgedrungen sein Existenzrecht nicht anders erlangen konnte als in der Anlehnung an den westlichen Ölimperialismus.

Genau diese Art der Garantie ist jedoch äußerst widersprüchlich und damit unsicher. Der „ideelle Gesamtimperialismus" des Westens stützt die Existenz Israels nicht aus einem Bewusstsein über den wirklichen Zusammenhang von Antisemitismus und Zionismus heraus, der ihm vielmehr völlig gleichgültig ist. Mehr noch: Weil gleichzeitig der Antisemitismus die letzte ideologische Reserve des Systems bildet, fallen das öl-imperialistische Motiv einerseits und das Motiv der ideologischen „Krisenbewältigung" qua Duldung oder sogar Entfesselung des antisemitischen Syndroms als nicht zu vermittelnder Widerspruch auseinander.

In einer zugespitzten Weltsituation ist es durchaus nicht undenkbar (wenn auch keineswegs aktuell abzusehen), dass der „ideelle Gesamtimperialismus" Israel fallen lässt und im Hinblick auf seine inneren Widersprüche das antisemitische Ventil öffnet. In demselben Maße übrigens, wie das westliche Augenmerk sich auf die kaspischen Ölreserven richtet, droht auch auf dieser Ebene des vulgären Interesses die prekäre Garantie für das Existenzrecht Israels zu verfallen. Eine weitere Variante der Abkehr von Israel könnte darin bestehen, dass der Westen im Falle einer den Weltkapitalismus existentiell bedrohenden Ölkrise (etwa durch akute Destabilisierung und drohenden Umsturz in den Ölmonarchien) Israel den arabischen finanzkapitalistischen Feudalmonstern zum Fraß vorwirft, um seine Weltwirtschaft zu retten.

Das Ende der „nationalen Befreiungsbewegungen" und der Spuk der palästinensischen Staatsgründung

Die linke, antiimperialistische Kritik des Zionismus (der Begriff der Kritik ist hier eigentlich unpassend; eher handelt es sich um einen schwelenden Hass, der sich vielleicht gerade auch aus einer Ahnung vom zweifelhaften Charakter der eigenen Motive speist) musste so an der wahren Natur des Problems völlig vorbeigehen. Alles, was die nationalrevolutionären sogenannten Befreiungsbewegungen der Dritten Welt gegen den Zionismus vorbringen konnten, galt erstens in potenzierter Form für sie selbst; und zweitens ermangelten sie gänzlich jener tieferen Dimension der Rechtfertigung, wie sie dem Zionismus aus der weltkapitalistischen antisemitischen Potenz und speziell aus dem deutschen Menschheitsverbrechen zuwachsen musste. Die im übrigen, wie sich längst herausgestellt hat, illusionäre Legitimierung einer eigenständigen nationalökonomisch-nationalstaatlichen Teilhabe als Subjekt des Weltmarkts war nicht nur viel schwächer als die zionistische, sondern auch von Anfang an überall in der Dritten Welt (und egal in welcher ideologischen Einfärbung) mit repressiven staatskapitalistischen Zwangsverhältnissen und jenen Ausgeburten eines zutiefst antiemanzipatorischen „Führer"-Kults verbunden.

Nachdem unter den Bedingungen von dritter industrieller Revolution und Globalisierung das Paradigma antiimperialistischer „nationaler Befreiung" gegenstandslos geworden ist und die entsprechenden Regimes oder Bewegungen selber längst in barbarische Zersetzungsprozesse übergegangen sind, hat sich auch der dazugehörige linke und marxistische Diskurs erledigt, oder er nimmt in Bezug auf den Zionismus und auf die Kapitalismuskritik offen antisemitischen Züge an und entfernt sich gänzlich von den ursprünglichen emanzipatorischen Intentionen: eine Entwicklung, wie sie allerdings schon immer latent im kategorial verkürzten und schlecht immanenten Verständnis des antiimperialistischen und sozialistischen Denkens angelegt war und jetzt in seinem Scheitern manifest wird.

Das jämmerliche Ende des antiimperialistisch-nationalrevolutionären Paradigmas in der Globalisierung zeigt sich an vielfältigen Erscheinungsformen der moralischen Verwahrlosung und Barbarisierung der am Weltmarkt gescheiterten Entwicklungsregimes, an der Verwandlung von übrig gebliebenen Führern der ehemals linken Guerilla in gewöhnliche Warlords der Plünderungsökonomie, in Drogenbarone, Lösegeld-Erpresser usw. Dort, wo der Anspruch einer nationalrevolutionären Staatsbildung uneingelöst geblieben ist, aber dennoch aufrecht erhalten wird, obwohl die weltkapitalistische Entwicklung längst darüber hinausgegangen ist, nimmt die Verwilderung und Verwahrlosung des absurd gewordenen Anspruchs besonders drastische und hässliche Formen an.

Das gilt wiederum ganz unabhängig von den jeweiligen staatlichen Besonderheiten oder kulturellen Differenzen, zum Beispiel für die Bewegung der Kurden ebenso wie für die tschetschenischen Aufständischen oder die tamilischen Separatisten, um nur einige zu nennen. Die barbarische Repression durch selber völlig instabile, vom Weltmarkt überrollte ex-imperiale Großstaaten wie die Türkei und Russland oder durch ein Ethno-Regime wie das singhalesische in Sri Lanka lässt sich dadurch ebenso wenig rechtfertigen wie die nicht minder barbarischen Zugriffe der neuen gesamtimperialen Weltpolizei. Aber die „nationalen Befreiungsbewegungen" bilden unter den veränderten Weltverhältnissen keine Alternative mehr, nicht einmal eine illusorische; was eben nur heißt, dass keine „Modernisierung" mehr mit emanzipatorischem Anspruch besetzt werden kann, weil es auf dem Boden des modernen warenproduzierenden Systems und seiner Ausgeburt der Nationalstaatlichkeit keine Entwicklung mehr gibt, sondern nur noch gesellschaftliche Desintegration und Barbarei.

Diese veränderte historische Situation wird an keinem der unverwirklicht gebliebenen, dem Überhang der alten Epoche zugehörigen nationalrevolutionären Projekte so deutlich wie gerade dem palästinensischen, das mit Israel in feindlicher Intimität auf paradoxe Art verbunden ist. Sind schon die realisierten Staatsgründungen der einstmals mit mehr bürgerlich-aufklärerischen als kommunistischen Idealen aufgeladenen Trikont-Bewegungen inzwischen am Weltmarkt und damit an ihrer eigenen bürgerlichen Verfasstheit und Subjektform gescheitert, so nimmt das irreal gewordene palästinensische Projekt jenseits dieses Realisierungs-Horizonts geradezu schauerliche Züge an. Es ist das Zombie-Projekt einer toten Epoche, das kein überschießendes emanzipatorisches Moment mehr besitzt, sondern nur noch als bösartiger Wiedergänger spukt.

Der Spuk der PLO, verkörpert in Jassir Arafat als der tragischen Figur eines historischen Untoten, verweist allerdings auf den an sich immer schon negativen Charakter vermeintlich emanzipatorischer nachholender moderner Staatsbildungen. Nachdem im Zuge der kapitalistischen Globalisierung diese Illusion endgültig verflogen ist, wird auch empirisch deutlich, dass das „Recht auf einen eigenen Staat" oder das „Recht auf Staatsgründung" das genaue Gegenteil von sozialer Befreiung darstellt. Unter den Bedingungen des beginnenden 21. Jahrhunderts könnte sich diese Parole nur als das „Recht" entpuppen, „autonom" vor den Gesetzen der globalen kapitalistischen Verwertungslogik kapitulieren und den Prozess der sozialen Degradation eigenständig vollstrecken zu „dürfen". Genauso gut könnte man das „Recht auf einen eigenen Konkursverwalter" oder das „Recht auf einen eigenen Folterknecht" von eigenem Ethno-Fleisch und Blut fordern.

Insofern bildet die Staatsvision der PLO tatsächlich einen der letzten Ausläufer der bürgerlichen Aufklärungsideologie, die sich zur Kenntlichkeit ihres zutiefst repressiven und destruktiven Gehalts entpuppt hat. Was die Palästinenser brauchen, ist kein „eigener Staat", sondern der autonome Zugang zu materiellen, sozialen und kulturellen Ressourcen, die heute durch die Form „Staat" gerade im Namen des globalisierten ökonomischen Terrors mit ebenso harten wie sinnlosen Restriktionen belegt werden. Das Beharren auf der längst obsoleten nationalstaatlichen Option, bei den Bewohnern Palästinas das späteste und daher in seiner Irrationalität am leichtesten historisch durchschaubare ideologische Konstrukt einer institutionellen und kulturellen Einkleidung des warenproduzierenden Systems, nimmt zutiefst pathologische Züge an.

Der palästinensische Phantom-Staat ist folgerichtig der erste, der schon vor seiner offiziellen Gründung in den Prozess der Zersetzung und Verwesung übergegangen ist. Staatsbildung und Entstaatlichung fallen hier unmittelbar zusammen, ein historisches Paradoxon. Noch bevor sich ein übergreifender Staatsapparat mit eigener Legitimation und Geschichte herausbilden konnte, treten Clan-Strukturen, Warlords und Mafia-Strukturen an dessen Stelle.

Gleichzeitig wird der palästinensische säkulare Staat schon vor seiner Gründung von der pseudo-religiösen Islamisierung überrollt. Als Überrest der laizistischen Modernisierungs-Impulse steht die PLO auf verlorenem Posten. Die islamistischen Bewegungen von Hamas und Dschihad beginnen, ihr den Rang abzulaufen, und indem sie in diese Richtung zu Zugeständnissen gezwungen ist, verliert das Staatsgründungsprojekt der PLO zusehends seine modernisierungs-politische Legitimation.

Was übrig bleibt, ist die blanke Irrationalität des blinden Hasses ohne jede gesellschaftspolitische Perspektive. Das ideologische moderne Konstrukt des ethnopolitisch formierten „Volkes" erlebt in der palästinensischen Version seine grauenhafte Realdekonstruktion: Indem dieses konstruierte „Volk" sich in den abstrakten Universalismus des Religionskrieges flüchtet und indem es seine eigenen Kinder auf „Selbstmordakademien" schickt, gibt es faktisch zu, dass es keine Hoffnung auf Zukunft mehr hat; dass es schon kein potentielles „Staatsvolk" mehr ist, sondern nur noch eine dumpfe Masse von ziellos Verzweifelten.

Auch diese palästinensische Version einer postmodernen Zerfallsgesellschaft, die schon keine Gesellschaft mehr ist, wird durchzogen von den Strukturen entgrenzter männlicher Gewalttätigkeit und der „Verwilderung des Patriarchats". Zwar stellt es einen Gipfel postmoderner „Chancen"-Individualisierung dar, dass inzwischen vereinzelt auch halbwüchsige Palästinenserinnen ihr ungelebtes Leben als Selbstmordattentäterinnen wegwerfen (und es ist ein Gipfel in der Verwilderung des Patriarchats, dass sie von bärtigen Männern dazu ausgebildet werden). Aber dennoch bleibt auch die palästinensische Identität von Vernichtung und Selbstvernichtung im wesentlichen diejenige männlicher Konkurrenz-Subjektivität.

In diesem Klima der absoluten Ziel- und Zukunftslosigkeit jenseits einer denkbaren Nationsbildung ist auch der Antisemitismus, mit dem sich der palästinensische Hass längst aufgeladen hat (Nazi-Traktate aller Art zirkulieren im palästinensischen „Bildungswesen" ebenso wie die unsägliche Hetzschrift und primitive Fälschung der sogenannten „Protokolle der Weisen von Zion" usw.), von anderer Natur als der europäisch-deutsche. Im Prozess der nationalen Konstitution, der besonders beim historischen Nachzügler Deutschland seit dem frühen 19. Jahrhundert mit einer ethno-kulturalistischen und biologistischen, auf Herder und Fichte zurückgehenden Ideologie des „Völkischen" einherging, bildete der (in Deutschland und Österreich eliminatorische) Antisemitismus das Ferment dieser „völkischen" Formierung des Nationalstaats, indem er die Juden als negative Alterität konstruierte.

Aber in der palästinensischen Version kann dieses Ferment gar nicht mehr wirken, auch nicht mit einer anderen kulturellen Konnotation, weil die staatliche Entbindung des palästinensischen Nationalkonstrukts im Zeitalter von Globalisierung und Krisenkapitalismus nur eine Totgeburt sein kann. Die „völkische" Formierung zerfällt schon in ihre postnationalen (in diesem Fall islamistischen) Zersetzungsprodukte, bevor sie überhaupt institutionell greifen konnte. Der Antisemitismus in der aktuellen palästinensisch-arabischen Version, der keine gesellschaftlich formierende Kraft mehr besitzt, wird direkt und damit weitaus offener als bei den Nazis zum Moment des Todestriebs völlig desorientierter kapitalistischer Subjektivität; er erscheint deshalb auch unmittelbar als die Wahnidee von Selbstmordattentätern.

Die physische Zerstörung der ohnehin dürftigen palästinensischen Infrastruktur durch die Kriegführung Scharons mag zur Legendenbildung eines „heroischen Kampfes" beitragen; allerdings bedurfte es nicht erst der Kriegsverbrechen der israelischen Armee und der gehässigen israelischen Zerstückelungspolitik in Bezug auf das potentielle palästinensische Territorium, um den Palästina-Staat bereits vor seiner Gründung vollständig zu ruinieren. An sich schon ist ein palästinensischer Staat aus eigener Kraft (sprich: Fähigkeit zur Teilnahme am Weltmarkt, nichts anderes zählt mehr) noch viel weniger lebensfähig als der israelische; noch nicht einmal auf gemeinarabischem Armutsniveau. Mangels realer Entwicklungsmöglichkeiten war der PLO-Apparat von Anfang an auf den Status eines Almosen-Empfängers der arabischen Liga (vor allem natürlich der Ölprinzen), der EU, der USA usw. (ungefähr in dieser Reihenfolge) reduziert und ist als solcher nach zahllosen Zeugnissen von Korruption völlig ausgehöhlt. Vor der jüngsten Intifada waren bereits Schießereien und Auftragsmorde zwischen rivalisierenden Gruppen so alltäglich wie in anderen Zusammenbruchsregionen auch. Die innerpalästinensischen „Abrechnungen" der eigenen Barbarisierungsprodukte stehen der israelischen Repression kaum nach und sind erst durch die Kriegspolitik Scharons vorübergehend in den Hintergrund gerückt.

Dass nicht nur die Palästinenser selbst, sondern auch die EU, die USA und der westliche „ideelle Gesamtimperialismus", ja sogar teilweise die israelische Politik an der völlig obsoleten Staatsgründungs-Option für die Palästinenser festhalten, zeigt den Grad an Desorientierung und Wirklichkeitsfremdheit des gesamten offiziellen „Realismus" an. Niemand will wahrhaben, dass die alten, bürgerlich-aufklärerischen Formeln von Emanzipation, „Entwicklung", Demokratie usw. vollständig entwertet und ungültig geworden sind. Solange sich nicht eine qualitativ neue, radikal antikapitalistische und ihrem Selbstverständnis nach von vornherein transnationale, poststaatliche soziale Oppositionsbewegung herausbildet, kann das Verhängnis der gesellschaftlichen Auflösungs- und Selbstzerstörungsprozesse nur weiter seinen Lauf nehmen; in Palästina so buchstäblich selbstmörderisch und perspektivlos wie nirgendwo sonst. Die erschreckend hilflosen und begriffslosen Äußerungen der wenigen verbliebenen Vertreter kritischer Intelligenz im palästinensischen und gesamtarabischen Raum können daran nichts ändern, weil sie nur Ausdruck der Tatsache sind, dass bis jetzt nicht einmal die äußerste Not das Denken dazu bewegen kann, sich von den obsoleten Paradigmen des vergangenen Zeitalters zu lösen.

Israel als „Alien" der kapitalistischen Welt und der arabische Neo-Antisemitismus

Von dieser bitteren Diagnose ist allerdings Israel keineswegs auszunehmen. Das ist gerade deshalb umso tragischer, weil Israel eben nicht bloß ein Staat unter Staaten und ein Konkurrent des virtuellen palästinensischen Staates ist, sondern gleichzeitig ein auf die ganze Welt bezogenes Paradigma gegen den mit kapitalistischen Reproduktionsformen untrennbar verbundenen Antisemitismus – und damit trotz seiner Involviertheit in das westlich-imperiale Gefüge gleichzeitig ein Widerstandspotential gegen die letzte krisenideologische Reserve des Weltkapitals. Die schiere Existenz Israels bildet eine Art Garantie dafür, dass sich der Marsch des warenproduzierenden Weltsystems in die Barbarei noch nicht vollenden kann; nicht weil dem Staat Israel an sich eine besondere metaphysische Qualität innewohnt, sondern genau umgekehrt deswegen, weil die israelische Realexistenz mit den letzten Konsequenzen der kapitalistischen Realmetaphysik unvereinbar ist.

Insofern verlangt die (unfreiwillige) Bedeutung Israels im Hinblick auf die kapitalistische Weltkrise auch eine viel genauere Analyse, als sie etwa der palästinensischen oder jeder anderen Krisengesellschaft der Peripherie zukommt; denn es handelt sich bei der israelischen Entwicklung zwar um einen analogen Krisenprozess, der jedoch mit einer zusätzlichen, direkt das Schicksal der ganzen Welt mitentscheidenden Bedeutung aufgeladen ist.

Israel kann freilich als das, was es in seiner modernen staatlichen Existenz ist, überhaupt nur existieren, solange es selbst kein Bewusstsein über das weltgeschichtliche Wesen dieser Existenz hat. Die Paradoxie dieser Existenz ist im kapitalistischen Dasein der jüdischen Menschen überhaupt angelegt: So unreflektiert wie alle anderen Alltagsmenschen (oder auf dem Gebiet des begrifflichen Denkens: so verkürzt wie alle anderen modernen Theoretiker) auch wollen sie in ihrer falschen Unmittelbarkeit zunächst nichts anderes als „arbeiten", ihr „Geld verdienen", „Wissenschaftler sein" usw. und sich irgendwie eine stinknormale kapitalistische Identität bilden. Der tief in der Moderne wurzelnde, mit der kapitalistischen Subjektform als solcher verwachsene Antisemitismus jedoch lässt dies nicht zu. Je normaler die jüdischen Individuen sein wollen, desto grausamer tritt ihnen die Fremddefinition entgegen, die sie als schlechthinnige Alterität bestimmt. Ihr schierer Wille zur Normalität fällt in eins mit der schieren Abnormität oder Monstrosität des Kapitalverhältnisses.

Der jüdische Konformismus, auch in seiner Staat gewordenen Form als Mitglied der scheinheiligen „Völkergemeinschaft" (sprich: der Konkurrenz- und Mordgemeinschaft von National- und Staatsungeheuern), ist immer schon damit konfrontiert, in all seiner sogar überdeterminierten Anpassungsleistung gleichzeitig apriori als „Alien" gesetzt zu sein. Diese Verungeheuerlichung des Jüdischen, wie sie dämonisch den zerreißenden Selbstwiderspruch kapitalistischer Subjektivität darstellt, geht weit über alle „normalen" Konkurrenzverhältnisse, Rivalitäten, Rassismen und auch die kolonialistische kulturelle „Exotisierung" hinaus.

In allen diesen Negativbeziehungen und Setzungen von Alterität erkennt sich doch die kapitalistisch formierte Menschheit in ihrem bürgerlichen, negativen Menschsein durch alle Auseinandersetzungen hindurch wieder. Der Antisemitismus jedoch ist das Andere der Konkurrenz selbst: Er setzt eine absolute Fremdheit, die nichts anderes ist als die gesellschaftliche Selbstentfremdung des warenproduzierenden Wesens, das als metaphysisches Subjekt der leeren Wertform nicht von dieser Welt und doch in dieser Welt ist; und er veräußerlicht diese absolute Selbstentfremdung in Gestalt des Juden als des schlechthin Anderen und unversöhnbar Fremden, also auch des nicht mehr politisch Vermittelbaren und Befriedbaren.

Das gilt auch für den Staat Israel als Staat. So können die Israelis nur Staatsvolk und Staat unter Staaten sein, indem sie gleichzeitig für alle anderen das absolut Andere als abstrakte Negativität darstellen, ob sie wollen oder nicht. Dieser Zusammenhang ist von jüdischen Autoren innerhalb wie außerhalb Israels immer wieder in aller Schärfe benannt worden, so von Nathan Glazer 1975: „Juden haben meistens so sein wollen wie alle anderen. Sogar die Gründung des Staates Israel erfolgte ironischerweise in dem Bestreben, Juden so sein zu lassen wie alle anderen auch: Sie würden nun einen Staat haben, wären nicht mehr länger ein sonderbares, heimatloses Volk, sondern ein Volk wie alle anderen. Aber es ist anders gekommen. Israel hat den besonderen Status der Juden verstärkt, nicht vermindert. Kein anderer Staat weiß so sehr, dass ein verlorener Krieg seine Zerstörung und sein Verschwinden bedeuten würde" (zit. nach: Eisenstadt 1987/1985, 576).

Dabei muss allerdings unterschieden werden zwischen dem „besonderen Status" der Juden im Sinne der welthistorischen und weltpolitischen Stellung des Staates Israel im Kontext des modernen Antisemitismus und seiner gesellschaftlichen Funktion einerseits, und dem spezifischen, unmittelbar feindlichen Konkurrenz-Verhältnis zu sämtlichen arabischen Nachbarn andererseits, das keineswegs von vornherein mit dem modernen (primär westlichen) Antisemitismus verbunden war. Deshalb ist die arabische Feindschaft gegen Israel zumindest in ihren Anfängen nicht unmittelbar gleichzusetzen mit dem weltgesellschaftlichen „besonderen Status" der Juden oder gar dem eliminatorischen Antisemitismus der Nazis. Ursprünglich bezieht sich die Nichtanerkennung Israels bei den Arabern (gerade dort, wo sie offiziell ist) nur auf die staatliche Existenz, nicht auf die physische oder soziale Existenz der Menschen. Mit anderen Worten: Den Juden in Palästina wird (in Umkehrung des palästinensischen Problems) das „Recht auf einen eigenen Staat" aberkannt, nicht das Lebensrecht. Sie sollen als Bürger eines phantasierten palästinensisch-arabischen Staates leben, der Intention nach ebenso subaltern und in „Homelands" eingepfercht wie jetzt umgekehrt die Palästinenser unter israelischer Staatsherrschaft. Was natürlich bedeuten würde, dass es kein Israel als Zufluchtsort für die Verfolgten des globalen Antisemitismus mehr gäbe. Aber diese Seite des Problems hat die palästinensisch-arabische Seite sowieso nie interessiert. Die palästinensischen Vertreter sprechen bestenfalls von sich als den „Opfern der Opfer", ohne den Kontext der kapitalistischen Weltgesellschaft und ihrer destruktiven Widersprüche reflektieren zu wollen.

Aber diese Haltung ist eben zunächst noch nicht dasselbe wie der eliminatorische Antisemitismus der Nazis oder überhaupt der westliche Antisemitismus. Die Juden sind im arabisch-islamischen Raum ursprünglich nicht als die absolute Alterität im Nations-, Staatsbildungs- und Modernisierungsprozess gesetzt. Bis heute gibt es in den meisten nahöstlichen Ländern jüdische Gemeinden mit Synagogen und relativ unbehelligten Existenzmöglichkeiten, auch in der islamistischen Republik des Iran. Der natürlich vorhandene Migrationsdruck in Richtung Israel ist nicht großen Verfolgungswellen geschuldet, sondern entstammt anderen (kulturellen und vor allem sozialen) Motiven. Selbst beim gegenwärtigen Stand der Hass-Eskalation würde eine militärische Niederlage Israels wahrscheinlich außer zum Verlust seiner staatlichen Existenz zwar auch zu traditionellen Rache-Gemetzeln, Plünderungen und Vertreibungen führen, was grauenhaft genug wäre, nicht aber zum fabrikmäßigen Judenmord nach dem Muster der Nazis, der eben nicht das Resultat eines typischen modernen Interessenkonflikts an der Reibungsfläche realer Gegensätze war, sondern direkt aus dem Inneren der allgemeinen kapitalistischen Subjekt-Metaphysik kam – also auf einer ganz anderen Abstraktionsebene sich vollzog, und der gerade deswegen so extrem und leidenschaftslos durchgeführt wurde. Die Singularität von Auschwitz wird durch die arabische Judenfeindschaft nicht aufgehoben.

Wenn sich das palästinensisch-arabische Hasspotential gegen Israel inzwischen tatsächlich mit Momenten des importierten europäisch-westlichen Antisemitismus und dessen gesellschaftlicher Funktion als Krisenideologie auflädt, etwa in der Hetze palästinensischer Medien und im „Bildungswesen" der Autonomiebehörde, so ist dies weniger dem realen Gegensatz der hautnahen Interessen-Auseinandersetzung um Land, Wasser usw. geschuldet, sondern vielmehr dem negativen Aufgehen beider Konfliktparteien im destruktiven Prozess der kapitalistischen Globalisierung, der die interessenmäßige Realität des Konflikts irreal oder surreal und die Subjektform sämtlicher Interessen obsolet macht. Aber sogar beim modernen Antisemitismus kommen die Araber als Bestandteil der kapitalistischen Welt gewissermaßen zu spät. Sie können diese krisenideologische Reserve nicht mehr wie die Nazis als gesellschaftlichen Formierungsprozess mobilisieren. Die antisemitische irrationale Welt- und Krisenerklärung kann unter den Bedingungen der Globalisierung nirgendwo mehr eine staatliche Form als organisiertes Vernichtungsprogramm im gesellschaftlichen Maßstab annehmen, schon gar nicht in Palästina. Eben deswegen ist der eliminatorische Impuls dabei gleichzeitig unmittelbar auto-aggressiv (Selbstmordattentäter); er vermischt sich praktisch mit den elementaren kapitalistischen Konkurrenzverhältnissen der materiellen Reproduktion vor Ort und ideologisch mit den religionspolitischen Zerfallsprodukten von Staatlichkeit: auch dies ein Unterschied zu den Nazis; ganz abgesehen von der Differenz zwischen Erster und Dritter Welt, die auch im formell homogenen Raum der Globalisierung erscheint und die ideologischen Muster färbt.

Vom Zionismus zur Herrschaft der Ultras: Die innere Krise der israelischen Gesellschaft

Israel seinerseits wird als kapitalistischer Staat unter kapitalistischen Staaten nicht nur die absolute Alterität nicht los, sondern durchläuft gleichzeitig im planetarischen kapitalistischen Raum dieselben Krisenprozesse wie alle anderen Staaten auch; und aufgrund seiner prekären, alimentierten ökonomischen Existenz mit im Vergleich zum Westen besonderen Gefährdungspotentialen. Da Israel jedoch, um kapitalistischer Staat sein zu können, seine wahre Legitimation selber nicht wissen darf oder nur in einer ganz äußerlichen Weise (zwar positiv als Zufluchtsort für die vom Antisemitismus verfolgten Juden, aber nur mit einem selber äußerlichen, verkürzten Verständnis von der Natur dieses Antisemitismus), muss es ebenso regressiv und bösartig auf die Krise reagieren wie alle anderen, von denen es als die absolute Andersheit definiert wird: Der jüdische Drang nach bürgerlicher Normalität reproduziert sich auch in der negativen Form. Das als Alterität gesetzte Israel kann zwar natürlich nicht den Antisemitismus als letzte innere Reserve bürgerlicher Subjektivität mobilisieren, aber es ist in Wahrheit dennoch in dieser Welt und von dieser Welt, integraler Bestandteil ihrer Entwicklung und damit auch ihrer Entwicklung zur Barbarei.

Die aufgezwungene Alterität macht Israel nicht zur positiven historisch-gesellschaftlichen Alternative und seine Menschen nicht zu anderen Menschen. Bleibt der antiarabische Rassismus im Westen eine rassistische Äußerung neben anderen und ist nicht dafür geeignet, in der drohenden Selbstzerstörung des bürgerlichen Subjekts als Projektion der Selbstentfremdung auf ein äußeres Objekt zu dienen, so muss er in

Israel als Notbehelf und Ersatz für die dort nicht mögliche antisemitische Krisenform kapitalistischer Subjektivität dienen. Insofern geht Israel seinen eigenen Weg in die Barbarei, der sich allerdings in seinen Erscheinungsformen von dem der arabischen feindlichen Nachbarn kaum unterscheidet.

Wie überall in der Welt erweist sich auch in Israel die reaktionäre religionspolitische Mobilisierung als genuines Zersetzungsprodukt kapitalistischer Subjektivität und Staatlichkeit; hier eben mit antiarabischen Projektionen aufgeladen. Und auch in Israel hat der dem Globalisierungsprozess folgende Barbarisierungsprozess eine Vorgeschichte; genauer gesagt: Es werden alte und in der Vergangenheit scheinbar verblasste innere Gegensätze neu besetzt und gerade in diesem speziellen Fall aggressiv mit den äußeren amalgamiert. Der führende israelische Soziologe und Historiker Shmuel N. Eisenstadt (Hebräische Universität Jerusalem) hat Mitte der 80er Jahre eine umfassende Untersuchung über „Die Transformation der israelischen Gesellschaft" (Eisenstadt 1987/1985) vorgelegt, die in dieser Hinsicht als äußerst aufschlussreich gelten kann.

Entscheidend ist dabei der Umstand, dass der säkulare Arbeiter-Zionismus von Anfang an in den jüdischen Gemeinden sowohl der verschiedenen Weltregionen als auch innerhalb des Staates Israel auf den erbitterten Widerstand der orthodoxen und ultra-orthodoxen Religiösen stieß. Tatsächlich haben die Ultra-Orthodoxen (die sogenannten Haredim), in Israel keineswegs eine kleine Minderheit, den jüdischen Staat bis heute so wenig anerkannt wie die militantesten Palästinensergruppen und islamischen Staaten. Dieser innerjüdische Konflikt geht weit zurück; er speiste sich stets aus dem Affekt der klerikalen Reaktionäre gegen die moderne Verweltlichung und innerkapitalistische Interessenpolitik – gewissermaßen die jüdische Version der „modernen Antimoderne", also der bloß regressiven und autoritären bürgerlichen Gegenaufklärung ohne jedes Moment emanzipatorischer Kritik.

Im Unterschied zur westlichen Welt gingen diese reaktionär-autoritären Kräfte jedoch in Israel nicht einfach als rechtsradikale Strömung in der bürgerlichen Politik auf. Sie bildeten zwar Parteien und nahmen an der Politik teil, jedoch auf eine ganz äußerliche und rein taktische Weise, während sie im Prinzip antistaatlich blieben. Antistaatlich jedoch natürlich nicht in irgendeinem Sinne anarchischer Emanzipation, sondern einzig und allein als Programm einer direkten Unterordnung des Lebens unter den spezifisch religiösen Fetischismus mit einer quasi-religionspolitischen Mobilisierung.

Wie aus der Untersuchung Eisenstadts hervorgeht, wurden die Ultra-Orthodoxen im Laufe der israelischen Entwicklung zunächst als eine Art Dinosaurier des Judentums betrachtet, die irgendwann aussterben würden. Unter dem Eindruck des Holocaust erhielten sie als Einwanderer weitreichende institutionelle Zugeständnisse, damit sie trotz ihrer Ablehnung des Staates Israel in diesem Staat leben konnten. Das alles musste nicht als schwerwiegend und verhängnisvoll erscheinen, solange sich

Israel trotz seiner welthistorischen Sonderstellung und trotz der feindlichen arabischen Umwelt als kapitalistischer Staat unter kapitalistischen Staaten im Kontext der globalen fordistischen Akkumulationsära entwickeln konnte. Ganz anders stellte sich die Position der Ultra-Orthodoxen jedoch im Kontext von Globalisierung und kapitalistischer Weltkrise dar. Mit jedem Schub der postmodernen Krise entpuppte sich diese reaktionäre gesellschaftliche Kraft zunehmend als Ferment der innerisraelischen gesellschaftlichen Selbstzerstörung. Weit davon entfernt, allmählich auszusterben, begann das vermeintlich bloß skurrile religionspolitische Segment der israelischen Gesellschaft zu einem typisch postmodernen religiösen Fundamentalismus auszuwuchern.

Zwei Momente gaben dieser Tendenz besondere Durchschlagskraft. Zum einen mussten die Ultra-Orthodoxen sich als Repräsentanten eines „Gottesstaats" nicht neu erfinden; ganz wie die saudischen Wahhabiten waren sie noch nie bereit, im Rahmen bürgerlicher religiöser Toleranz ihre Nische zu pflegen, sondern im Gegenteil schon immer darauf bedacht, der weltlichen Gesellschaft ihr „Gottesgesetz" als militante Bewegung aufzuzwingen. Zum andern waren sie dank der staatlichen Zugeständnisse dazu auch zunehmend institutionell in der Lage; im Gegensatz zu den meisten ihrer islamistischen Brüder im Geiste mussten sie sich – wiederum ähnlich wie in Saudi-Arabien – nicht aus dem Untergrund heraus formieren. Unter dem Schutz des staatlichen Herrn Biedermann „… betonten sie stets die höhere Autorität ihrer eigenen Einrichtungen, ihrer Studienzentren und der Entscheidungen ihres Weisenrates, dem ihre Parlamentsmitglieder verantwortlich waren. Gleichzeitig stellten sie dem Staat zahlreiche Forderungen prinzipieller und religiöser Art; einmal sollten der Bevölkerung so viele religiöse Beschränkungen wie möglich auferlegt werden, zum andern beanspruchten sie aber auch diverse Zugeständnisse und irdische Zuwendungen für ihre eigenen Bedürfnisse, vor allem für ihr getrenntes Schulsystem… Außerdem forderten sie bestimmte Vorrechte und eine Art begrenzter Immunität gegenüber vielen staatlichen Gesetzen…" (Eisenstadt, a.a.O., 531).

Mit anderen Worten: Die Ultra-Orthodoxen bildeten von seiner Gründung an innerhalb des Staates Israel einen dem weltlichen Zionismus prinzipiell feindlichen separaten Gottesstaat; eine Position, die unter den Bedingungen der neuen kapitalistischen Weltkrise bestens dazu geeignet ist, den inneren staatlichen und gesellschaftlichen Zersetzungsprozess in postmodern-poststaatliche Barbarisierungsprodukte einzuleiten. Die Parallele zu den weltregionalen feindlichen Nachbarn könnte nicht deutlicher und peinlicher sein. Um als Ferment dieses destruktiven Prozesses wirken zu können, mussten sich die ultra-orthodoxen Kräfte aus ihrer abgeschlossenen Existenz herausbewegen, ohne deren klerikal-reaktionären Anspruch aufzugeben, und dazu übergehen, mit anderen, in dieselbe Richtung wirkenden gesellschaftlichen Tendenzen widersprüchlich zu verschmelzen.

Zunächst einmal kam es „… in enger Verbindung mit der allgemeinen Tendenz in

Vom Zionismus zur Herrschaft der Ultras: Die innere Krise der israelischen Gesellschaft

der Diaspora ... zu einer starken Ausbreitung orthodoxer Gruppen in Israel. Ultraorthodoxe Gemeinschaften sowie orthodoxe Kreise unterschiedlicher Art ... nahmen an Zahl zu und traten deutlicher in Erscheinung" (Eisenstadt, a.a.O., 533). Wie in der übrigen Welt in unterschiedlichsten Formen, nahm also die sektenhafte, religionspolitische Verarbeitung der gesellschaftlichen Krisenerscheinungen auch in der gesamten jüdischen Welt und in Israel quantitativ zu.

Unter diesem Druck zeigten sich bald auch Risse innerhalb des staatstragenden Zionismus in seiner bisherigen Zusammensetzung. Ursprünglich hatte sich der Zionismus aus einem weltlich-sozialistischen und einem sogenannten national-religiösen Flügel zusammengesetzt. Die Nationalreligiösen erkannten im Unterschied zu den Ultra-Orthodoxen den Staat Israel als solchen an und damit auch seine säkulare Erscheinung; sie bewegten sich darin als ideologisch religiös eingekleidete parteipolitische Kraft wie etwa die Christdemokraten in Europa. Aber unter dem Krisendruck von außen wie von innen und im Zeichen des starken Aufkommens der Ultra-Orthodoxen begann sich der „historische Bund" der Nationalreligiösen mit der säkularen Hauptströmung des Arbeiter-Zionismus zusehends aufzulösen. Die Nationalreligiösen näherten sich stattdessen den Ultra-Orthodoxen an und umgekehrt, was bedeutete, dass die einen mit religiösem Fanatismus und die anderen mit militantem Nationalismus aufgeladen wurden. Schon diese Konvergenz allein musste einen Sprengsatz der israelischen Gesellschaft bilden, mit Sprengwirkung nach außen wie nach innen.

Hinzu traten weitere destruktive Phänomene im Zuge der jüdischen Immigration nach Israel. Waren die ursprünglichen Einwanderungsschübe vor allem in der Zeit des Holocaust und danach eher von ost- und mitteleuropäischen Juden (Aschkenasim) mit großenteils westlicher und säkularer Orientierung getragen gewesen (was ja auch der zionistischen Ideologie entsprach), so verlagerte sich das Gewicht der Immigration allmählich auf asiatisch-afrikanische oder sogenannte „orientalische" Immigranten (Sephardim). Diese Neuankömmlinge in Zeiten der erlahmenden globalen Kapitalakkumulation bildeten bald in ihrer Mehrzahl die soziale Unterschicht der israelischen Gesellschaft. Der daraus resultierende innergesellschaftliche Gegensatz wurde jedoch in zunehmendem Maße nicht sozialökonomisch, sondern in der typischen Manier des postmodernen Kulturalismus „ethnopolitisch" artikuliert. Diese spezifisch innerisraelische Ethnisierung des Sozialen blieb nicht bei einem bloßen Multikulturalismus stehen, sondern mutierte unter dem wachsenden inneren und äußeren Druck zur Tendenz einer militanten „Orientalisierung" der israelischen Gesellschaft mit einer Hassmobilisierung gegen den säkularen europäischen Zionismus: So sah man schon in den frühen 80er Jahren „in den nördlichen... Vororten von Tel Aviv viele Graffiti mit dem Wort ‚Aschkenazi' (eine Verbindung aus Aschkenase und Nazi)..." (Eisenstadt, a.a.O., 783).

Es konnte nicht ausbleiben, dass die reaktionäre religionspolitische Mobilisierung im Zusammenwachsen von ultra-orthodoxen Fanatikern und religiösen Ultranationalisten sich auch mit der ethnopolitischen „Orientalisierung" zu verbinden begann: ein Gebräu von religiösem Fundamentalismus, extremistischem Nationalismus und Ethnopolitik in einer einzigen Mixtur; geradezu ein Musterbeispiel von zerstörerischer Barbarisierungspolitik in Krisenzeiten.

Mindestens ebenso problematisch ist die Anreicherung der israelischen Gesellschaft mit einem zweiten, anders motivierten rassistischen Potential; nämlich durch die seit dem Zusammenbruch der Sowjetunion geradezu lawinenartige Immigration aus Russland und den GUS-Staaten: „Tagtäglich kann man auf dem Ben-Gurion-Flughafen eine Aeroflot- oder eine Transaero-Maschine sehen, die eine Ladung Immigranten aus den untersten Schichten der ehemaligen Sowjetunion abliefern" (Kampfner 2002). Der „jüdische" Charakter, ohnehin wie alle anderen Ethno-Definitionen ein historisches Konstrukt und wie der Staat Israel selbst nur durch den weltweiten Antisemitismus legitimiert, ist bei vielen dieser Immigranten eher zweifelhaft; sind doch die Zustände in der ex-sowjetischen Zusammenbruchsgesellschaft vielerorts derart grauenhaft, dass selbst die Migration in das bedrohte Israel als sozialer Ausweg erscheint. Gemäß dem israelischen Rückkehrgesetz müssen die Immigranten „belegen, dass sie einen jüdischen Großelternteil haben. Entsprechende Papiere kann man sich in den meisten exsowjetischen Städten jederzeit gegen Geld beschaffen" (Kampfner 2002). Ähnlich wie bei der Migration der sogenannten deutschstämmigen Russen in die BRD zeigt sich hier die Zweifelhaftigkeit und Doppelbödigkeit „ethnischer" Kriterien überhaupt; diese sind stets nach zwei Seiten hin rassistisch besetzbar, sowohl im einschließenden als auch im ausschließenden Sinne.

Die immigrierten Russen wirklicher oder gefälschter jüdischer Herkunft, meistens aus der russischen Unterschicht der sogenannten „Sows" stammend, haben das Profil der israelischen Gesellschaft weiter verändert: „Heute stellen sie ein Sechstel der Gesamtbevölkerung. Über Generationen geprägt durch die sowjetische Diktatur und entsprechend mental konditioniert, wissen diese Sows über Israel nur wenig und über die Araber überhaupt nichts. Während sie früher die ‚Schwarzen' aus den mittelasiatischen oder transkaukasischen südlichen Sowjetrepubliken hassten, richten sie ihren Hass nunmehr auf die Palästinenser und auf die muslimischen Länder, die Israel umgeben... Die einzigen Sows, die regelmäßig Kontakt mit den Palästinensern pflegen, sind die organisierten Kriminellen, die so lukrativen Tätigkeiten nachgehen wie der Hehlerei mit gestohlenen Autos oder Waffenschmuggel ins Westjordanland und in den Gaza-Streifen. Die Waffen bekommen sie von israelischen Soldaten, die damit ihren Drogenkonsum finanzieren" (Kampfner 2002).

Praktisch alle der immigrierten „Sows" sind konsequent säkular ausgerichtet und haben mit dem religiösen Wahn der Ultra-Orthodoxen nichts am Hut. Aber sie haben den säkularen Teil der Israelis eben nicht im emanzipatorischen Sinne verändert. Denn was sie mitbringen und neu orientieren, ist der ganz gewöhnliche säkulare Rassismus kapitalistischer Unterschichten, der mit dem religiös motivierten widersprüchlich verschmilzt: „Es ist nicht die Religion, die sie antreibt. Die meisten Sows haben keine. Sie bilden mit anderen Gruppen der israelischen Gesellschaft eine zufällige und unheilige Allianz, die die politische Landschaft stark verändert hat" (Kampfner 2002).

Zusätzlich verschärfend musste wirken, dass Israel als integraler Bestandteil der kapitalistischen Weltgesellschaft gleichzeitig natürlich deren ökonomischer und ideologischer Mainstream-Tendenz unterworfen ist. Unter der globalen Ägide des Neoliberalismus mit den grundsätzlichen Vorgaben von Privatisierung, Deregulierung und Globalisierung mussten alle sozialistischen Momente des Zionismus ihre Bindekraft einbüßen. Insbesondere die Idee der Kibbuzim wurde weder intellektuell noch praktisch zeitgemäß erneuert, sondern erlebte einen quantitativen und substantiellen Verfall. An die Stelle der engen Gemeinschaftsideologie trat keine weitergehende Kritik der kapitalistischen Subjektform, sondern wie überall in der Welt die schrittweise Kapitulation vor den beiden eng miteinander verbundenen postmodernen Erscheinungen von abstrakter Individualisierung qua Markt- und Konkurrenzzwang einerseits und militantem Religions- bzw. Ethno-Kulturalismus andererseits.

In vordergründig politischer Hinsicht führten alle diese Entwicklungen schon bald zu einer völligen Verschiebung der israelischen Machtverhältnisse: Der säkulare Arbeiter-Zionismus wurde mehr und mehr an die Wand gedrückt; es kam zu einem „anfangs langsamen, aber kontinuierlichen Aufstieg von Gachal, dem späteren Likud-Block" (Eisenstadt, a.a.O., 526), der politischen Mitte der reaktionär-barbarisierenden Tendenz mit einem ganzen Kometenschwarm von ultra-religiösen, ultra-nationalistischen und ethno-politischen Parteien, Splittergruppen, Sekten und fanatischen Kampforganisationen, die heute mindestens das Zünglein an der Waage für Regierungsbildungen sind: „Die Likud-Regierung von Ariel Scharon stützt sich auf sowjetische Einwanderer, sephardische Juden und Ultraorthodoxe" (Kampfner 2002).

Diese Tatsachen der gesellschaftspolitischen Entwicklung Israels werfen erst recht ein grelles Licht auf die unheimliche Ignoranz des traditionellen linken „Antiimperialismus": Während dieser weiterhin seine „antizionistischen" (immer schon und heute bis zur Kenntlichkeit antisemitisch aufgeladenen) Parolen brüllt, ist der säkulare Arbeiter-Zionismus in Wahrheit von den antizionistischen reaktionären und postmodern-antizivilisatorischen Kräften Israels selbst längst überrollt worden. Auch in dieser Hinsicht ist der „nationalrevolutionäre" Antiimperialismus nur noch anachronistisch. Der Aufstieg des Likud-Blocks ging mit einer systematischen Delegitimierung des ursprünglichen zionistischen Denkens einher und war nahezu identisch mit einem doppelten, sowohl nach außen wie nach innen gerichteten Zersetzungsprozess der israelischen Gesellschaft.

In der Orientierung nach außen verwandelte sich die defensive Haltung gegenüber den Arabern in militante Feindseligkeit, kulturalistische Arroganz und aggressive Eroberungsideen. Diese ideologische Ausrichtung der rapide an Einfluss gewinnenden Ultras schlug sich praktisch in einem neuen, rechtsextremistisch formierten Siedlungsprogramm nieder. Die 1974 gegründete Gush Emunim („Block der Gläubigen") predigte ein neues, nicht mehr sozialistisches, sondern religiös-nationalistisches „Pionier"-Ideal mit dem Ziel, die arabischen Einwohner zu vertreiben und letzten Endes die besetzten Gebiete Israel einzuverleiben: „Die Siedlungspolitik in Judäa und Samarien schlug tatsächlich neue Richtungen ein, nachdem die Likud-Regierung an die Macht gekommen war… Der Siedlungsprozess unter den Likud-Regierungen wies einige typische Merkmale auf. Das erste davon war sein enormes Ausmaß. Während in der Zeit von 1967 bis 1977 rund vierzig neue Siedlungen gegründet worden waren, entstanden von 1976 bis 1983 fast doppelt so viele… Das zweite Merkmal des Siedlungsprozesses unter den Likud-Regierungen betraf die Lage der neuen Siedlungen. Während der Zeit des Arbeiterblocks hatte man Siedlungen in Gebieten errichtet, die keine oder nur sehr wenige arabische Einwohner aufwiesen… Die Ortswahl für neue Siedlungen veränderte sich dann weitgehend unter den Likud-Regierungen. Ziel war es nun, ein Maximum an jüdischer Präsenz in allen Teilen der Westbank zu schaffen. Statt Gebiete mit dichter arabischer Bevölkerung auszusparen, bevorzugte man gerade diese Bezirke für Siedlungsneugründungen und errichtete sogar Siedlungskerne in den großen arabischen Städten wie Nablus, Ramallah und Hebron. Die genaue Lage der neuen Siedlungen richtete sich nach der Identifizierung einer bestimmten Stätte mit einer biblischen Siedlung…" (Eisenstadt, a.a.O., 754 f.).

Diese Besiedelung folgte keinem universellen Ideal mehr wie der Arbeiter-Zionismus, also auch nicht einem impliziten Anspruch, dass Platz für alle Verfolgten sein soll und sich darüber hinaus alle Menschen überall niederlassen können, sofern dies nicht auf Kosten anderer geht. Ganz im Gegenteil repräsentiert Gush Emunim eine ethno-politische „Säuberungs"- und Enteignungspolitik mit einer völlig irrationalen (biblischen) Legitimationsgrundlage. Dabei machte der heutige israelische Regierungschef schon in den frühen 80er Jahren von sich reden: „Die allgemeine Siedlungspolitik … stand unter der dynamischen Leitung von Ariel Scharon…" (Eisenstadt, a.a.O., 757). Es war deshalb kein Zufall, dass unter Scharons Führung als Verteidigungsminister 1982 der erstmals rein aggressive, nicht von außen aufgezwungene Libanon-Feldzug geführt wurde, der in dem berüchtigten Massaker von Sabra und Schatila bei Beirut gipfelte: Dort ermordeten mit Israel verbündete christliche Milizen unter den Augen der israelischen Armee und mit offenbar stillschweigender Billigung von Scharon mehr als 800 palästinensische Zivilisten.

Nach innen ging die Rechtswende der israelischen Gesellschaft wie auch sonst in der Welt mit einem steigenden Grad von Korruptionsfällen und vor allem mit einer unversöhnlichen Spaltung einher, die bereits in den 80er Jahren zu einer immer aggressiveren rechten Gewaltrhetorik gegen die israelische Linke führte: „Diese Spaltungstendenzen verbanden sich mit einem erheblichen Maß an zumindest verbaler Gewalt und Gesetzlosigkeit auf vielen Ebenen, die … in zahlreichen Lebensbereichen auch später anhielten. Dies zeigte sich im Alltagsverhalten, im Straßenverkehr und in der hohen Unfallrate. In engem Zusammenhang mit dieser Gewalt stand die zunehmende Intoleranz gegenüber Gegnern, einschließlich der Neigung, sie mit extrem abwertenden Bezeichnungen zu belegen... Diese Gefühle der Zwietracht und Feindseligkeit, die heftig zum Ausdruck gebracht wurden, fanden sich vor allem bei den Gruppen, die dem Likud nahe standen" (Eisenstadt, a.a.O., 745 f.).

Die Delegitimierung des Arbeiter-Zionismus ließ keinen Aspekt aus, weder die Kibbuzim noch der Gewerkschaftsverband Histadrut blieben verschont: „Von besonderer Wichtigkeit waren die plötzlich ausbrechenden Hetztiraden ... gegen die Kibbuzim, dieses zentrale Symbol des zionistischen Modells..." (Eisenstadt, a.a.O., 735). Wie die Kibbuzim litt auch die Gewerkschaftsbewegung unter dem doppelten Druck von kapitalistischer Krise und neoliberaler Globalisierung einerseits und rechtsradikal-religionspolitischer Hetze andererseits: „Generell verlor die Histadrut mehr und mehr ihre Stellung als Partner der Regierung bei der Formulierung ihrer Wirtschaftspolitik. Sie wurde oft ins Abseits gedrängt..." (Eisenstadt, a.a.O., 771). Nicht einmal die historische Rolle der zionistischen Hagana, des militärischen Kerns der israelischen Staatsgründung, wurde von diesem Prozess der Delegitimierung ausgenommen: „Sogar die Geschichte des Kampfes gegen die Briten und für die Unabhängigkeit wurde umgeschrieben – vor allem mit dem Ziel, die Rolle der Hagana bei all diesen Vorgängen herunterzuspielen" (Eisenstadt, a.a.O., 767).

Am Ende seiner Untersuchung gibt Eisenstadt der Hoffnung Ausdruck, dass Israel trotz dieser Entwicklung zu einem neuen „dynamischen Gleichgewicht" finden und die selbstzerstörerischen Tendenzen überwinden könnte. Leider haben die 90er Jahre das genaue Gegenteil bewiesen. Die Ermordung von Ministerpräsident Jitzhak Rabin im November 1995 durch einen jungen religiös-nationalistischen jüdischen Fanatiker bildet nur die Spitze eines Eisbergs, an dem Israel durch seine eigene fundamentalistische Barbarisierung zu scheitern droht. In dieser Hinsicht liest sich die Untersuchung von Michael Karpin und Ina Friedman, „Der Tod des Jitzhak Rabin" (1998), im Original unter dem Titel „Murder in the Name of God" erschienen, wie eine unheilvolle Fortsetzung der Analyse von Eisenstadt. Karpin und Friedman, die zu den bekanntesten israelischen Journalisten zählen, zeigen in über weite Strecken schonungsloser Offenheit, wie weit die religiös-fundamentalistische und rechtsradikal-nationalistische Zersetzung der israelischen Gesellschaft inzwischen fortgeschritten ist, und zwar wiederum nach außen wie nach innen. Dass mit Rabin noch einmal eine zionistisch-säkulare Regierung ins Amt gekommen war, konnte zwar dem Willen der israelischen Mehrheit nach Frieden und Ausgleich zugeschrieben werden; aber das blutige Ende dieser bloß Episode bleibenden Politik verweist auf die bereits herangereifte Macht der fundamentalistischen Tendenz.

Sowohl vor als auch nach der Ermordung Rabins war eine bis heute anhaltende Forcierung der militanten Siedlungs- und Enteignungspolitik gegen die arabische Bevölkerung zu beobachten, deren Ausmaß selbst US-amerikanische Unterhändler regelmäßig erschreckte. Schon Eisenstadt wies im letzten Teil seiner Untersuchung auf den rassistischen Charakter der Siedlungsideologie und ihrer Unterstützung in den Spitzen der israelischen Gesellschaft hin; wie er schreibt, „rechtfertigten auch manche religiöse Gruppen ein extrem xenophobisches Verhalten, das sich auf die biblischen Beschuldigungen gegen Amalek berief" (Eisenstadt, a.a.O., 787). Der Likud-Ministerpräsident Begin hatte die Palästinenser öffentlich als „zweibeinige Tiere" entmenschlicht; und in demselben Maße, wie die Mehrheit der orthodoxen Rabbiner in Israel immer offener den jüdischen „Gottesstaat" propagierte, wurde auch dieser Rassismus lauter. Der Rabbiner Jitzhak Ginzburg, einer der extremistischen Hardliner, verfasste ein Dekret, „wonach ‚jüdisches Blut und nichtjüdisches Blut nicht dasselbe' seien" (Karpin/Friedman 1998, 18). Und der berüchtigte Rabbi Meir Kahane, einer der Ideologen der fundamentalistischen Rechten, der 1990 selber bei einem Auftritt in New York ermordet wurde, „bezeichnete ... alle Araber als eine ‚Epidemie... Bakterien, die uns vergiften'..." (Karpin/Friedman, a.a.O., 69).

Solche Leute waren schon vor mehr als einem Jahrzehnt in Israel ungefähr so „marginalisiert" wie etwa ein Jörg Haider in Österreich; zu Kahanes Begräbnis in Jerusalem „kamen etwa 15.000 Trauergäste, und kein Geringerer als der Oberrabbiner von Israel, Mordechai Eliyahu, hielt die Totenrede... Zu denen, die gekommen waren, um Kahane die letzte Ehre zu erweisen, gehörten auch zwei Minister und eine Reihe von Knessetabgeordneten der Rechten" (Karpin/Friedman, a.a.O., 70).

Das rassistische Motiv wurde zum Treibsatz für eine nicht abreißende Serie von Gewalttaten israelischer Siedler. So stürmte, um nur ein frühes Beispiel zu nennen, im Sommer 1983 eine Gruppe maskierter Extremisten in die Universität von Hebron, tötete mit Gewehr- und Granatfeuer drei Palästinenser und verwundete zahlreiche weitere. In der Folgezeit wurden reihenweise Bombenanschläge auf arabische Bürgermeister verübt. Herostratische Groß-Anschläge auf die Al-Aksa-Moschee in Jerusalem und andere moslemische Symbole wurden geplant, wenn auch rechtzeitig verhindert. Selbst bekannte politische Führer der Rechten beteiligten sich persönlich an Gewalttaten, so das Mitglied der rechten „Aktionszentrale" gegen Rabin, Gadi Ben-Zimra. Im Alltag terrorisierten gerade die exponiertesten, oft winzigen Siedlergruppen im Schutz der Armee ihre palästinensischen Nachbarn, warfen ihre Gemüsestände um, beschossen ihre Häuser, zerstörten ihre Autos usw. Erschreckend war der Selbstmordanschlag des Arztes Dr. Baruch Goldstein aus der berüchtigten Siedlung Kiryat Arba bei Hebron, der am 25. Februar 1994 mit einem Schnellfeuergewehr 30 Palästinenser beim Morgengebet niedermähte, bevor er selbst von wütenden Überlebenden gelyncht wurde. Goldstein erlangte in weiten orthodoxen und nationalistischen Kreisen den Rang eines „Märtyrers", von denen er sogar als „Opfer des arabischen Terrors", ja als „den Opfern des Nazi-Holocaust gleichgestellt" bezeichnet wurde (Karpin/Friedman, a.a.O., 104, 177).

Alle diese Gewaltausbrüche von nationalistisch-rassistischem Hass und religiösem Wahn waren organisiert und nicht bloß vereinzelt. Von der Armee auf Geheiß der Likud-Regierung mit Waffen versorgt, bildeten die Siedler eigene private Milizen, die sich bald selbst gegenüber der Likud-Administration zu verselbständigen und als „bewaffneter Untergrund" gesetzlos und willkürlich zu agieren begannen: wiederum in auffälliger Parallele zu den palästinensisch-arabischen feindlichen Nachbarn. Die innere Zersetzung Israels hatte damit bereits die Warlord-Ebene erreicht. Die weltliche israelische Presse bezeichnete „die Brennpunkte der Siedlergewalt dann auch bald als ‚Wildwestbank'..." (Karpin/Friedman, a.a.O., 64).

Paradoxerweise deuteten die Haredim und Ultra-Nationalisten in demselben Maße, wie sie die Autorität und die Institutionen des Staates Israel aushöhlten und zersetzten, gleichzeitig die legitimatorische Grundlage dieses Staates radikal um: Während ihr fundamentalistischer Aktivismus den Staat nach innen zerstörte, sollte er nach außen die überdimensionalen Ausmaße eines „Groß-Israel" annehmen. Aus dem weltlichen Zufluchtsort der Zionisten wurde der biblisch mystifizierte Ort eines religiösnationalistischen Heilsversprechens; und aus dieser Sicht einer rechtsradikal-religiösen fundamentalistischen „Antipolitik" kann eine Grenzziehung überhaupt nicht das Resultat von Verhandlungen sein. Stattdessen behauptet die fanatische Gläubigkeit, „es gebe nur eine Richtlinie, um die Grenzen des Landes Israel festzulegen: Gottes Versprechen gegenüber dem Erzvater Abraham (!): ‚Deinen Nachkommen will ich dies Land geben, von dem Strom Ägyptens an bis an den großen Strom Euphrat' (1. Mose 15,18). Heute umfassen diese Grenzen den größten Teil des Nahen Ostens, von Ägypten bis zum Irak (!)..." (Karpin/Friedman, a.a.O., 15).

Im Prozess der Verschmelzung von religiösem Fundamentalismus, säkularem Nationalismus, Rassismus und Ethnopolitik verwandelte sich die Lehre von der Erlösung durch den Messias in ein postpolitisches Konstrukt, das sich selbst als religionspolitische „Revolutionierung" der israelischen Gesellschaft definierte: „Die ‚neomessianistische Revolution' wurde von Synagogen und Bildungseinrichtungen aus gesteuert. Synagogen waren nicht mehr nur Bethäuser, sondern auch Zentren der politischen Indoktrination, Jeschiwas nicht mehr nur Stätten der Gelehrsamkeit, sondern Kaderschmieden der großisraelischen Bewegung... Ein riesiger Propaganda-Apparat wurde aufgebaut, unter anderem von angeblich unpolitischen Verbänden, die Steuerfreiheit genossen... Eine ‚Erweckung' dieses Ausmaßes hatte es seit dem Aufstieg des Zionismus ein Jahrhundert zuvor in der jüdischen Welt nicht mehr gegeben..." (Karpin/Friedman, a.a.O., 291).

Nach innen agierte die neo-messianische, theokratische Bewegung für ein phantasmatisches Groß-Israel mit ebenso zunehmender, theologisch-talmudisch legitimierter Gewaltsamkeit wie nach außen. Auch diese innere, vor allem gegen die säkulare Linke gerichtete Gewalt begann früh, parallel zur rassistischen Siedlergewalt in den besetzten Gebieten. Den Startschuss gab ein Zwischenfall im Februar 1983: „Yonah Abrushmi, ein von der zügellosen Rhetorik der Rechten getriebener verbitterter junger Mann, warf in der Nähe des Amtssitzes des Ministerpräsidenten eine Handgranate in eine Menge von ‚Frieden jetzt'-Demonstranten. Ein Mann, Emil Grunzweig, starb bei diesem Anschlag, elf weitere Menschen wurden verletzt" (Karpin/Friedman, a.a.O., 155).

Gewalt und Gewaltrhetorik der theokratischen und/oder nationalistischen Rechten in teils offenen, teils sublimen Formen haben seitdem nicht nachgelassen. Der Ermordung von Rabin ging eine lange Hetzkampagne voraus, in der mehrfach öffentlich sein Tod gefordert wurde; nach dem sogenannten Din Rodef, der talmudischen Todesstrafe für jüdische Verräter, hatten ihn „gespenstische Rotten" von fundamentalistischen Rabbis tagelang vor seinem Amtssitz auf pseudo-mittelalterliche Weise verflucht. Und dieser Mord wurde von einem bereits erschreckend großen Teil der israelischen Gesellschaft teils passiv hingenommen, teils klammheimlich und in vielen Fällen sogar offen bejubelt. Der Mörder, Yigal Amir, wird von vielen Teenagern als „Held" angehimmelt, erhält massenhaft Fanpost usw. Und die mehr oder weniger stille Billigung oder wenigstens Verharmlosung dieses Mordes geht bis weit in die höchsten Kreise der politischen Rechten: „Fast zwei Jahre nach dem Mord wiederholte Sharon, zu der Zeit Minister in Netanjahus Regierung, die Behauptung der rechtsradikalen und extremistischen Rabbiner: Jitzhak Rabin habe seinen Tod durch seinen Starrsinn selbst verschuldet" (Karpin/Friedman, a.a.O., 301).

Analog zur globalen Amok-Kultur mit ihrer Verbindung von Aggression und Selbstvernichtung brütete die theokratisch-nationalistische Rechte Israels auch dieselbe Rechtfertigung des Selbstmordattentats aus wie die Islamisten, wobei die Tat des Massenmörders Goldstein als Präzedenzfall betrachtet wurde. Und ähnlich wie bei den Islamisten diente die militante Umdeutung religiöser Begriffe diesem Unterfangen: „Kiddush ha-Shem war, bevor er mit dem messianischen Eifer der Gush-Emunim-Siedler verknüpft wurde, ein Selbstopfer, mit dem anstelle des erzwungenen Glaubensübertritts der Tod gewählt wurde... Goldsteins aggressive Verwandlung dieses Selbstopfers wurde von den jüdischen Fanatikern rasch gutgeheißen... In einem Buch mit dem Titel Baruch ha-Gever (‚Gesegnet ist der Mann') priesen sie sein ‚Selbstopfer' als höchsten Ausdruck religiöser Überzeugung und forderten andere auf, es ihm gleichzutun. Rabbiner Elitzur Selga ... schrieb, die rabbinischen Heiligen hätten nie die Goldsteinsche Spielart der Selbstmordmission verurteilt. ‚Offenbar ist ein noch gewisserer Tod, etwa indem man sich und seine Feinde mit einer Granate in die Luft jagt, ebenfalls als edle Tat sanktioniert'..." (Karpin/Friedman, a.a.O., 67). Deutlicher könnte nicht gesagt werden, dass der akute und manifeste Todestrieb kapitalistischer Vernunft in jedes ideelle Gewand schlüpfen kann.

In kultureller und gesellschaftspolitischer Hinsicht verschärfte sich der radikaltheokratische Anspruch an die israelische Gesellschaft und gegen die säkulare Linke ebenfalls in den 90er Jahren; und wiederum in peinlicher Affinität zu den feindlichen arabischen Nachbarn. Ähnlich wie die Wahhabiten und alle anderen Islamisten wettern die ultra-orthodoxen und religions-nationalistischen Kräfte heute nicht nur verbal gegen „die hohle Kultur des Westens" (Karpin/Friedman, a.a.O., 23), den modernen Materialismus, den Ausverkauf patriarchaler Werte usw., sondern sie wollen mehr als jemals zuvor der Gesellschaft ihre irrationalen Gebote aufzwingen. Genau wie bei den Islamisten steht dabei eine militante Sexualfeindlichkeit an vorderer Stelle. Selbst gemäßigte Orthodoxe sind entsetzt über den institutionellen Druck, den die puritanischen Haredim inzwischen in dieser Hinsicht ausüben können. So nannte etwa 1997 Professor Yehudah Friedländer, Rektor der Bar-Ilan-Universität, „Beispiele für die Veränderungen aus dem Umkreis seiner eigenen Familie... ‚Streng beachtet wird die äußere Etikette; so verbietet man den Mädchen schlichtweg, in Socken umherzulaufen... Streng überwacht wird die Länge der Röcke und die Höhe der Schlitze... '. Den Vätern wurde verboten, die Schuljahr-Abschlussfeier ihrer Töchter zu besuchen, weil dort ein Mädchenchor auftrat... Der Leiter der Grundschule seines Sohnes verbot es dem Jungen, im Sommer ein von der Hebräischen Universität veranstaltetes Wissenschaftscamp zu besuchen... ‚Vor hundert Jahren haben sie noch nicht in den (Privatangelegenheiten) herumgestöbert, heute stürzen sie sich auf die geringste Kleinigkeit, und sei sie noch so persönlich'..." (Karpin/Friedman, a.a.O., 73 f.).

Die institutionelle Macht der rabbinischen Orthodoxie und Ultra-Orthodoxie beherrscht weite Teile des zivilen Rechts, weil diese nie säkularisiert worden sind. Diese Macht führt zu unerträglichen Schurigelungen des persönlichen Lebens auch bei allen, die mit der Religion gar nichts am Hut haben: „Für die Juden Israels heißt dies, dass sie vom orthodoxen religiösen Establishment kontrolliert werden, und im Laufe der Jahre hat sich diese Regelung verheerend auf die bürgerlichen Rechte zahlloser Staatsangehöriger ausgewirkt. Wegen des Klammergriffs der orthodoxen Kleriker kann kein jüdischer Israeli, selbst der gefestigtste Atheist, außerhalb seines ‚Glaubens' heiraten... Tausenden von israelischen Kindern, die im Ausland adoptiert wurden, wird der Übertritt zum Judaismus verwehrt, weil ihre Eltern nicht dem orthodoxen Lebensstil folgen. Frauen ist es kategorisch untersagt, vor den rabbinischen Gerichten auszusagen, an die man sich zwecks Ehescheidung wenden muss..." (Karpin/Friedman, a.a.O., 76).

Auch die orthodox-rabbinische Frauenverachtung und Frauenunterdrückung gleicht der islamistischen (natürlich auch der traditionell christlichen und überhaupt der patriarchalen und krisenideologisch neo-patriarchalen in der ganzen Welt) aufs Haar. In den strenggläubigen Gemeinden ist die misogyne Haltung auch praktisches Alltagsgesetz, das sich als Reif auf die individuellen Liebesbeziehungen legt, wie etwa der beklemmende Film „Kadosh" von Amos Gitai zeigt. Und qua institutioneller Macht dehnt sich dieses pseudo-archaische Alltagsgesetz der Frauenunterdrückung in vielfältiger Weise auf das säkulare israelische Leben aus.

Dasselbe gilt für die damit eng zusammenhängende Schwulenverachtung und Schwulenverfolgung, die von den ultra-orthodoxen Gläubigen genauso ausstrahlt wie von den säkularen Rassisten der „Sows". Zu den gehässigen Angriffen der Ultras auf Rabin vor dem politischen Mord gehörte immer wieder der Slogan „Rabin ist ein Homo" (Karpin/Friedman, a.a.O., 113). Dieselbe militante Homophobie wie bei den Islamisten findet sich nicht nur bei den israelischen Ultras, sondern auch bei ihren Unterstützern und Vordenkern in der jüdischen Diaspora, nicht zuletzt in den USA, wo sie in den jüdischen Gemeinden äußerst umstritten sind. So unterstützte der rechtsradikale New Yorker Rabbiner Abraham Hecht (ein Held auch der israelischen Rechten) die Wahl des später durch drakonische Maßnahmen gegen die Armen bekannt gewordenen Bürgermeisters Giuliani mit antischwulen Hetztiraden: „Als er sich 1989 für Giuliani einsetzte, verkündete er, sein Kandidat werde in einer von Übeln wie vorehelichem Sex, Abtreibungen und homosexuellen Verbrechen (!) korrumpierten Stadt endlich aufräumen, und er unterstützte (wie der örtliche Ku-Klux-Klan) die milde Bestrafung eines Mörders durch einen texanischen Richter, weil dessen Opfer nach dem Wort des Richters ‚Schwuchteln' waren" (Karpin/Friedman, a.a.O., 220).

Mit der rassistisch und nationalistisch zugespitzten neo-archaischen Ideologie geht eine abermals dem Islamismus ebenso wie den westlichen synkretistischen Sekten entsprechende rituelle Zwanghaftigkeit einher. Nach den verheerenden palästinensischen Selbstmordattentaten versuchen beispielsweise ultra-orthodoxe Fanatiker, die Leichenteile „ethnisch" zu sortieren, damit nicht Körperteile eines fremdrassigen Attentäters versehentlich zusammen mit jüdischen beerdigt werden. Von der religiösen Rechten werden gegen den Willen der säkularen Bevölkerung immer mehr religiöse Einschnürungen des Alltagslebens durchgesetzt, die inzwischen weit über die unmittelbaren institutionellen Befugnisse der Ultra-Orthodoxen hinausreichen. Mit jedem neuen politisch-koalitionstechnischen Zugeständnis an die religiösen Parteien verwandelt sich das Gesicht Israels. Das Land ist einerseits im Sinne des politischen Systems eine kapitalistische Demokratie westlicher Prägung, die jedoch wie gesagt von den Haredim nie anerkannt wurde; andererseits gleicht der israelische Alltag in vieler Hinsicht bereits dem eines Gottesstaats nach dem Muster der Taliban.

Es ist ganz offensichtlich, dass hier zwischen zwei einander ausschließenden Welt- und Lebensentwürfen eine katastrophale Zerreißprobe heranreift. Hatte Eisenstadt seine soziologisch-historische Analyse von 1984 noch mit der Hoffnung auf inneren Ausgleich beendet, so ist die Einschätzung des inneren Zustands Israels bei Karpin/ Friedman 14 Jahre später nur noch rabenschwarz: „Das Land, so sehen es die Israelis immer wieder, sitze auf einem Pulverfass mit brennender Lunte. Als größte Bedrohung gilt ihnen nicht der fundamentalistische Terrorismus oder ein Krieg mit den Nachbarn, sondern die Auflösung von innen her... (Als) bei einer Gallup-Erhebung für Ma´ariv am zweiten Jahrestag des Attentats die Frage gestellt wurde, ob das Land der Einheit oder dem Bürgerkrieg näher sei, urteilten mehr als doppelt so viele Israelis (56 gegenüber 21 Prozent), es sei dem nationalen Geschwistermord näher als dem inneren Frieden" (Karpin/Friedman, a.a.O., 427).

Wenn die drohende gewaltsame Entladung des inneren Widerspruchs in Israel bis jetzt vertagt wurde, so ist dies natürlich in erster Linie auf die Zuspitzung des äußeren Konflikts mit den Palästinensern seit Beginn der sogenannten Al-Aksa-Intifada zurückzuführen. Die antisemitischen Hetztiraden, die Selbstmordattentate und die quasimilitärische Formierung durch palästinensische Warlord-Milizen haben nicht nur schlechthin den äußeren Widerspruch wieder stärker in den Mittelpunkt gerückt, sondern auch die eigene rassistische, fundamentalistische und nationalistische Energie der israelischen Rechten erst einmal nach außen gelenkt, zumal diese Rechte inzwischen den gesellschaftlichen Mainstream bildet und das institutionelle Ruder fest in der Hand hat.

Dementsprechend sieht auch das Vorgehen der israelischen Armee in den besetzten Gebieten unter der Scharon-Regierung aus, das nicht mehr als Akt der Selbstverteidigung einer militärisch-technisch weit überlegenen Macht interpretiert werden kann. Naturgemäß hat sich die rechtsgerichtete Ultra-Tendenz der Gesellschaft wie überall in der Welt am heftigsten in der Armee durchgesetzt. Es ist nicht nur desinformierender palästinensischer Propaganda geschuldet, wenn auch die Berichte westlicher Journalisten und israelischer oppositioneller Gruppen und Hilfsorganisationen inzwischen eine ganze Reihe von Kriegsverbrechen der israelischen Armee aufzählen.

So wurden mutwillig Privathäuser, historische Monumente und völlig unmilitärische Einrichtungen zerstört: „In Ramallah verwüsteten die Soldaten das Gesundheitszentrum der Union, zerstörten die Optiker-Station, das Büro für den Verleih medizinischer Geräte und das Jugendzentrum... Das Kultusministerium in Ramallah wurde erst am 2. Mai... von den Besetzern geräumt. Sie hinterließen lauter verwüstete, verschmierte und besudelte Büros, zerstörte Computer und leere Registerregale.... selbst die Toilettenschüsseln wurden zerschlagen. In der Stadtverwaltung von Ramallah sprengten die Soldaten den Haupttresor der Finanzbuchhaltung auf und entfernten sämtliche Harddisks aus den Computern. Im Erziehungsministerium ... ließen sie die Unterlagen für die nächsten Abschlussexamen und die Beglaubigungsstempel für Abgangszeugnisse mitgehen; zur Abrundung pflügten sie den Blumengarten mit ihren Kettenfahrzeugen um. Nach Auskunft des Kultusministers Abderabboh entwendeten die Soldaten im Grundbuchamt sämtliche Unterlagen über den Bodenbesitz, was im Lichte der fortschreitenden Enteignung für jüdische Siedlungen ein schmerzlicher Verlust wäre... Laut zahlreichen Zeugenaussagen ... richteten die Soldaten auch in Schulen und in vielen Privatwohnungen Zerstörungen an und ließen Wertsachen oder Bargeld mitgehen" (Neue Zürcher Zeitung, 8.5.2002).

Die Berichte über die Durchsuchung und Plünderung großer Geschäftszentren nicht nur in Ramallah, über das Ausrauben von Zivilpersonen usw. sind so zahlreich und übereinstimmend, dass man von ihrem Wahrheitsgehalt ausgehen kann. So heißt es über israelische Schützenpanzerbesatzungen, dass diese „vor Läden, Goldschmieden, Banken und Computergeschäften gehalten und diese geplündert hätten" (Wieland/Schäfer 2002). Angeblich nach Waffen durchsuchten Studenten wurden die Geldbeutel abgenommen. Teile der israelischen Armee verhalten sich im „ethnischen Feindesland" ganz der globalen Entwicklung entsprechend; das Vorgehen in den Palästinensergebieten ist ansatzweise zum Teil der weltweiten Plünderungsökonomie geworden.

Bei Raub und Plünderung ist es nicht geblieben. Im April 2002 legten bei einer Pressekonferenz in Jerusalem Sprecher von acht internationalen Menschenrechtsgruppen Berichte über außergerichtliche Exekutionen und Folter durch israelische Soldaten vor. „So hörte man von einer Gruppe von zehn Frauen, die sich nach einem Feuergefecht auf die Straße wagten: Mit erhobenen Armen flehten sie die Soldaten an, den hilflosen Verletzten beizustehen. Ihre Anführerin, die Ärztin Dr. Kadah, wurde erschossen, die anderen Frauen schwer verletzt" (Neue Zürcher Zeitung, 17.4.2002).

Das oberste israelische Gericht musste die Folter von palästinensischen Gefangenen ausdrücklich verbieten, was einem Eingeständnis gleichkommt, dass die Folter verschiedenen Grades in Israel wie in den Militärdiktaturen der Dritten Welt schon in der Vergangenheit zum Alltag gehört hat. Carmi Gillon, der designierte israelische Botschafter in Dänemark, rief Proteste hervor, als er auch nach diesem Urteil noch öffentlich die Folterung von palästinensischen Gefangenen rechtfertigte. Dass der Vorwurf der Folter auch bei der jüngsten israelischen Militäroffensive wieder massiv und mit Details erhoben wurde, zeigt an, dass diese Praktiken weiterhin angewandt werden. Über das Schicksal von Marwan Barghuti, Mitglied des palästinensischen Exekutivrates, der von der israelischen Armee im April 2002 festgenommen worden war, hieß es in Presseberichten: „Barghuti werde vom israelischen Inlandgeheimdienst Shin Bet durch Schlafentzug gefoltert... Außerdem werde er immer wieder viele Stunden lang auf einem mit Nägeln gespickten Stuhl festgebunden. Seine Hände und Füße seien dabei so fixiert, dass er nicht aufrecht sitzen könne. Dabei habe er sich derart starke Verletzungen an Rücken und Händen zugezogen, dass er in eine Krankenstation gebracht worden sei. Dort habe der Kontakt mit den Vertretern der Menschenrechtsorganisation stattgefunden. Seine Peiniger hätten Barghuti angedroht, seinen in der israelischen Stadt Ashkelon inhaftierten Sohn zu töten" (Neue Zürcher Zeitung, 25.5.2002).

Erscheinungen wie Kriegsverbrechen, Folter usw. können nicht allein schuldhaften Einzeltätern zugeordnet werden, zumal diese Verbrechen in der Regel gar keine oder nur eine milde Bestrafung als „Heldendelikte" erfahren (in Israel ebenso wie in Russland, Restjugoslawien und anderswo); vielmehr sind solche Taten immer auch ein Spiegelbild der Gesellschaft, aus der sie hervorgehen. Die Greueltaten der israelischen Armee, die nicht mit der Barbarisierung der palästinensischen Gesellschaft gerechtfertigt werden können, verweisen auf die Barbarisierung der israelischen Gesellschaft selbst, die gerade in dieser Hinsicht ein integraler Bestandteil der kapitalistischen Weltgesellschaft ist.

Wenn der innere Widerspruch Israels noch nicht in großem Maßstab gewaltsam aufgebrochen ist, so ist dies nicht allein dem „Export" von Gewalt und theokratisch-rechtsradikalen Hasspotentialen durch die erneute äußere Konfrontation mit dem komplementär barbarisierten palästinensischen Gegner zuzuschreiben. Ein weiterer Faktor ist das Zurückweichen der säkularen Linken und selbst der bloß lebensweltlich säkularen Kräfte Israels. Dass die Arbeitspartei schon längst den Weg aller Sozialdemokratien gegangen ist, dürfte kaum überraschen. Die Ermordung Rabins hat nicht etwa kritische Potentiale freigesetzt, sondern die Reste des ideologisch längst aufgeweichten Arbeiter-Zionismus noch weiter nach rechts getrieben; vergleichbar der Entwicklung sämtlicher Sozialdemokratien zu Beginn des Ersten Weltkriegs. Auch damals hätten sämtliche sozialdemokratischen Führer von Rechtsradikalen erschossen werden können (was mit Jean Jaurès in Frankreich tatsächlich geschah), und die Burgfriedenspolitik wäre trotzdem weitergegangen.

Hinzu kommt, dass das Bewusstsein der säkular orientierten israelischen Jugend, gerade der linken, ebenso wie das ihrer europäischen und nordamerikanischen Altersgenossen stark von der warenkonsum-hedonistischen abstrakten Individualisierung der sogenannten Postmoderne geprägt ist, die dem Vormarsch der anderen Seite derselben Tendenz, nämlich des ethno-kulturalistischen Fundamentalismus, kaum Paroli bieten kann. Eine darüber hinaus ideell durch postmoderne Theorien abgerüstete Linke, die Kapitalismus und Barbarei zu bloßen „Diskursereignissen" verharmlost, muss selber harmlos werden, was sich natürlich besonders in den Krisenregionen fatal auswirkt, wie der linke israelische Hochschullehrer Ran HaCohen feststellt: „Diese jungen Israelis verstehen sich als radikal, friedensorientiert, gegen die Besatzung eingestellt und dazu verdammt, unter rückwärts gewandten Fanatikern zu leben. Zur selben Zeit aber ermöglicht ihnen dieselbe Bewusstseinsstruktur, sich an die Besatzung anzupassen... Die intellektuelle Mode, die ‚Postmodernismus' genannt wird – im Westen eher auf dem absteigenden Ast, doch quicklebendig im provinziellen Israel – spielt dabei eine wichtige Rolle... Weil es keine Wahrheit gibt, können wir auch gegen nichts Widerstand leisten und nichts wirklich unterstützen... Worte sind wichtiger als Handlungen. Sprache ist die Grundlage von allem, Diskursanalyse ist der Schlüssel zu allem... Der israelische Fall bietet einen eindrucksvollen Beweis dafür, wie gefährlich diese Ideologie sein kann" (HaCohen 2002).

Unter allen diesen Umständen und Bedingungen kann die Ausschaltung der zurückweichenden säkularen Linken durch die rechte Administration vorerst auf kaltem Wege vor sich gehen. So sagt etwa die Direktorin des Cohn-Instituts an der Universität Tel Aviv, Rivka Feldhay, über die Situation der säkularen und linken Intellektuellen an den Hochschulen: „Israels ultranationale Ministerin für Bildungsfragen, Limor Livnat, versucht uns zu isolieren und zu behindern. Forschung und Lehre werden hier in Israel durch einen Rat für akademische Ausbildung finanziert. Die neue Ministerin hat dieses Gremium in den vergangenen Monaten neu besetzt, um die

Universitäten zugunsten von regierungsnahen Wissenschaftlern zu schwächen. Mit Erfolg... (Wir) sind darauf angewiesen, dass die Europäer uns zu Hilfe kommen. Nicht mit Boykotten. Sondern indem sie ihren guten Namen in die Waagschale werfen, um gegen die Regierungspolitik zu protestieren" (Feldhay 2002).

Auch im Alltag müssen säkulare Linke immer mehr damit rechnen, angefeindet und angepöbelt zu werden; Künstler und Intellektuelle ziehen sich allmählich aus bestimmten, von Ultra-Orthodoxen beherrschten Vierteln Jerusalems und anderer Städte zurück. Trotzdem bringt die linke Opposition immer noch Hunderttausende von Demonstranten auf die Straße. Nach Angaben der 1982 (als Reaktion auf den von Scharon befehligten Einmarsch in den Libanon gegründeten) Verweigerer-Organisation Yesh Gvul („Es gibt eine Grenze") haben seit Herbst 2000 mehr als tausend israelische Soldaten, darunter höhere Offiziere, den Dienst unter der Scharon-Regierung in den besetzten Gebieten verweigert: „Es ist nicht das erste Mal, dass Israelis den Dienst an der Waffe verweigern, doch haben sich noch nie so viele Mitglieder von Kampfeinheiten – Reservesoldaten und -offiziere – öffentlich für eine Verweigerung in den besetzten Gebieten ausgesprochen" (Dachs 2002).

Dieser noch anhaltende Widerstand ändert jedoch nichts daran, dass die säkulare Linke insgesamt geschwächt ist und um ihre soziale und institutionelle Zukunft, ja bei einer Rückverlagerung der theokratisch-nationalistischen Aggressionspotentiale nach innen auch um Leib und Leben fürchten muss. Die Eskalation der inneren Widersprüche droht nicht zuletzt durch eine absehbare katastrophale Wirtschaftskrise ausgelöst zu werden. Israel, zusammen mit Palästina ohnehin wie viele andere Weltregionen durch den Prozess der kapitalistischen Globalisierung und die Abhängigkeit vom Zufluss transnationalen Finanzkapitals bereits trotz aller Alimentierungen schwer angeschlagen, ruiniert sich zusätzlich durch die immensen Militärkosten, die auf die soziale Reproduktion zurückschlagen. Die Scharon-Regierung sitzt auch auf einem sozialökonomischen Pulverfass. Die ökonomische Krise, die periodisch zu Regierungskrisen führt, stellt unerbittlich die Frage, welche Teile der israelischen Bevölkerung sozial über die Klinge springen müssen. Und die Ultra-Parteien haben bereits unmissverständlich deutlich gemacht, dass es alle ihnen missliebigen säkularen Schichten sein sollen; eine Absicht, der durch die Entfesselung der inneren Hasspotentiale nachgeholfen werden kann.

Das Wissen um diese Entwicklung schlägt sich in einer „Abstimmung mit den Füßen" nieder: Hunderttausende von säkularen Israelis sind dabei, auszuwandern, oder tragen sich mit dieser Absicht: „Noch nie in seiner jungen Geschichte hat es in dem traditionellen Einwanderungsland so viele potenzielle Auswanderer gegeben... Nicht nur Kanada, Australien und die USA wirken wie ein Magnet auf viele Israelis: Auch Vanuatu, ehemals die Neuen Hebriden, republikanischer Inselstaat im Pazifischen Ozean... In Tel Aviv haben sich ... bereits 2000 Familien in die kooperative ‚Mondragon'-Gesellschaft eingetragen, welche für 4500 Dollar Landparzellen von jeweils 3000 Quadratmetern in Vanuatu verkauft. Doch das ist erst der Anfang, denn ‚Mondragon' hat rund 80.000 Hektar Land für 150 Jahre gepachtet, um es aufgestückelt an auswanderungswillige Israelis zu verkaufen. Das gäbe über 50.000 Parzellen, also Platz für über eine Million Menschen" (Landsmann 2001).

Es hat etwas zutiefst Deprimierendes und Erschütterndes, wenn auf diese Weise immer mehr säkulare Juden dem vermeintlichen Zufluchtsort und der vermeintlichen Heimat Israel den Rücken kehren, davongetrieben sowohl von palästinensischen Terrorkommandos als auch von der inneren unheimlichen Allianz aus religiösen Fanatikern, Ultra-Nationalisten, Ethno-Politikern und säkularen Rassisten. Je mehr die säkulare Linke Israels durch diesen tragischen Exodus ausblutet, desto rapider schreitet die innere Zersetzung und Barbarisierung der israelischen Gesellschaft notwendigerweise fort.

Natürlich stellt sich die Frage, wie diese traurige gesellschaftliche Entwicklung Israels im Hinblick auf den „ideellen Gesamtimperialismus" des kapitalistischen Zentrums zu bewerten ist. Auf keinen Fall kann es für eine emanzipatorische, antikapitalistische Position um eine „Äquidistanz" zu Israelis und Palästinensern in dem Sinne gehen, dass bloß auf die komplementäre Barbarisierung der beiden ineinander verschlungenen Gesellschaften im Kontext der allgemeinen Globalisierungskrise verwiesen wird. Das wäre deswegen zu kurz gegriffen, weil durch einen derartigen Krisen-Positivismus die Funktion des weltweiten Antisemitismus und damit die besondere Bedeutung des Staates Israel ausgeblendet würde.

Israel ist immer beides zugleich: ein peripherer kapitalistischer Staat unter kapitalistischen Bedingungen in einer zentralen Krisenregion einerseits; und ein spezifisches Widerstandsprodukt gegen die antisemitische letzte krisenideologische Reserve des Imperialismus andererseits. Deshalb ist die staatliche Existenz Israels eben von anderer Qualität als diejenige aller anderen Staaten. Während es nicht mehr im Horizont der sozialen Emanzipation liegen kann, dass die Palästinenser einen eigenen Staat bilden, sondern hier bereits die poststaatliche Perspektive der Befreiung aktuell geworden ist, bleibt die Existenz und die Verteidigung des Staates Israel eine entscheidende flankierende Bedingung für die Konstitution einer transnationalen globalen Emanzipationsbewegung neuen Typs, die sich nicht durch die Öffnung des antisemitischen ideologischen Ventils das Verlangen nach Befreiung austreiben lässt. Mit anderen Worten: Unter allen Ländern ist Israel dasjenige, das im Rahmen einer neuen emanzipatorischen Weltbewegung am letzten die staatliche und „nationale" Existenz hinter sich lassen kann.

Das gewissermaßen doppelte Dasein Israels als gewöhnlicher kapitalistischer Krisenstaat und als globaler Bezugspunkt kapitalistischer Krisenideologie verlangt eine entsprechende doppelte Herangehensweise radikaler Gesellschaftskritik. Die Verteidigung der Existenz Israels muss für eine neue Kapitalismuskritik unbedingt sein; denn diese Verteidigung bildet eine conditio sine qua non für den emanzipatorischen

Gehalt der Kritik. Die unbedingte Verteidigung der Existenz Israels kann gleichzeitig nicht von der realen gesellschaftlichen Entwicklung Israels als kapitalistischer Krisenregion abstrahieren. Denn die Reduktion gesellschaftlicher Entwicklung auf die ideologische Sphäre und damit die Reduktion der Kritik auf Ideologiekritik, gar in zusätzlicher Engführung auf das antisemitische Syndrom, würde das Verhältnis von Gesellschaft und Ideologie auf den Kopf stellen und die Ideologiekritik selber in Ideologie verwandeln.

Insofern ist es auch falsch, aus der Perspektive radikaler Kritik die Geschehnisse im Nahen Osten ausschließlich unter das krisenideologische Aufblühen des Antisemitismus im Westen und speziell in Deutschland zu subsumieren, um dann unter dem Vorwand, die Thematisierung der gesellschaftlichen Entwicklung in Israel „nütze" bloß dem Antisemitismus, diese reale Entwicklung auszublenden oder sogar schönzufärben.

Der Antisemitismus kann nicht unabhängig von seiner gesellschaftlichen Grundlage, dem modernen warenproduzierenden System, analysiert und bekämpft werden. Abgelöst von der gesellschaftlichen Wirklichkeit schlägt die Kritik in Affirmation um, wie die gegenwärtige ideologisch reduzierte Auseinandersetzung um den Antisemitismus bis in die radikale Linke hinein zeigt. Hatte die kritische Theorie immer den wesentlichen inneren Zusammenhang von Kapitalismus und Antisemitismus, von Auschwitz und der deutschen Geschichte des Kapitalismus hervorgehoben, so soll nun genau umgekehrt radikale Kapitalismuskritik als solche mit dem Schandmal des Antisemitismus gebrandmarkt werden, um die Linke mundtot zu machen. Eine Linke, die diesem Druck nachgibt, muss sich selbst aufgeben: Der ideologiekritische Reduktionismus einer totalen Subsumtion von Gesellschaftskritik unter die Kritik des Antisemitismus entpuppt sich dann als platte Verteidigung des gesamtimperialen Weltkapitalismus im falschen Namen einer Kritik des Antisemitismus, die gerade dadurch in sich unwahr werden muss.

Der Beruf kritischer Theorie kann es nicht sein, für den Nahen Osten „Friedenspläne" auf der Basis des kapitalistischen „Realismus" auszuhecken. Auf dieser Basis wird es sowieso niemals und nirgends Frieden geben. Der Beruf kritischer Theorie ist die unbestechliche Analyse der gesellschaftlichen Verhältnisse, aus der die radikale Kritik dieser Verhältnisse als immanente Konsequenz hervorgeht. In diesem Sinne kann es hinsichtlich der komplexen Beziehung von antisemitischer Krisenideologie (in der ganzen Welt, im Westen und auch speziell in Deutschland und Österreich), gesellschaftlicher Entwicklung in Israel und sogenanntem Palästinakonflikt nur darum gehen, die Verteidigung der Existenz Israels zu verbinden mit einer Unterstützung der israelischen säkularen Linken und einem gemeinsamen Kampf gegen den weltweiten Barbarisierungsprozess des warenproduzierenden Systems.

Diese notwendige Verbindung hat ihre Sachhaltigkeit gerade in der primären Verteidigung Israels als Staat gewordene Existenz des Widerstands gegen das globale antisemitische Syndrom; denn diese Existenz ist nicht nur von außen, sondern ebenso von innen gefährdet. In den 90er Jahren hat in der israelischen Gesellschaft ein Bruch stattgefunden, der selbst den gemeinsamen Bezug auf die Erinnerung an den Holocaust grundsätzlich in Frage stellt. So erklärte der Ultra-Rabbiner Chaim Miller: „Unsere Absicht ist eine strikte Trennung zwischen Gläubigen und Ungläubigen in Sachen Holocaust" (zit. nach: Der Spiegel 8/1995). Der Chef der ultrareligiösen Agudat-Israel-Partei, Mosche Feldmann, „verlangte die Einrichtung einer alternativen Gedenkstätte für Gläubige" (ebda.) Diese Abspaltung droht die säkularen jüdischen Opfer der Nazis selbst noch aus der Erinnerung zu eliminieren: Die „wahren" Opfer sind dann einzig noch die streng Religiösen, wie die „wahren" lebenden Juden ebenfalls nur die Ultras sein sollen. Eine derartige innere Delegitimierung des zionistischen Projekts stellt den historischen Ort Israels in Frage, soweit die Kriterien von Inklusion und Exklusion grundsätzlich verlagert werden und nicht mehr der globale Antisemitismus die (negative) Legitimationsgrundlage bildet, sondern ein die säkulare jüdische Linke ausgrenzender positiver Ethno-Nationalismus.

Israel ist auf absehbare Zeit von der kapitalistisch weit zurückgebliebenen arabischen Welt nicht militärisch im traditionellen Sinne zu besiegen. Von außen wie von innen ist es stattdessen durch den Todestrieb kapitalistischer Vernunft in Frage gestellt; durch Selbstmordkommandos womöglich mit atomaren oder biologischen Sprengsätzen ebenso wie durch die rassistisch-theokratische Selbstzerstörung. Das Kalkül des westlichen Ölimperialismus könnte gerade ein gewaltsames Zerbrechen der israelischen Gesellschaft von innen heraus zum Anlass für eine Neuorientierung in der Region nehmen, die gleichzeitig die Bahn für die antisemitische Krisenideologie im Westen selbst frei machen würde.

DIE IMPERIALE APARTHEID

Der nach außen gerichtete Sicherheits- und Rohstoff-Imperialismus einer ebenso hartleibigen wie penetranten globalen Minderheitskultur, die am Rest der Welt trotz ihres totalen Kontrollanspruchs nur noch ein partielles und punktuelles Interesse hat, kann seiner Natur nach auch nur einen Teilaspekt des „ideellen Gesamtimperialismus" ausmachen. Mindestens ebenso wichtig ist das Interesse an einer Abschottung der westlichen Zentren gegen die gesellschaftliche „Destabilisierung", wie sie aus der kapitalistischen Unbrauchbarkeit großer Teile der Welt und ihres Menschenmaterials hervorgeht. Denn spiegelverkehrt zum erlahmenden Drang des Kapitals, die unrentabel gewordene Arbeitskraft dieser Bevölkerungen zu verwerten, die nicht mehr als „hands" der Akkumulation dienen können, entwickelt die Milliardenmasse der „Überflüssigen" ihrerseits den Drang, sich zur Elendswanderung in die Zentren der kapitalistischen Elendsverursachung aufzumachen.

Gewissermaßen haben wir es dabei mit einer Massen-Entwürdigung zweiter Ordnung zu tun. Die Entwürdigung erster Ordnung hatte in einer grauen Vergangenheit der Modernisierungsgeschichte darin bestanden, dass die Menschen überhaupt in das Material des Verwertungsprozesses, in die „hands" der aus allen menschlichen Bindungen „herausgelösten Ökonomie" (Karl Polanyi) von Kapital und Weltmarkt verwandelt wurden. Später versuchten die sozialen und politischen Bewegungen der einmal zum Arbeitsmaterial degradierten Massen auf dem Boden ihrer eigenen Entwürdigung so etwas wie eine sekundäre menschliche „Würde" zu gewinnen: gerade als Subjekte ihrer eigenen Objektivierung durch die kapitalistische Weltmaschine. Das soziale Selbstbewusstsein bezog sich nur noch positiv auf das eigene Dasein in den Kategorien der historisch aufsteigenden kapitalistischen Weltgesellschaft, auf die „Anerkennung" als Rechts- und National-Subjekte in dieser Form.

In der Krise der dritten industriellen Revolution wird nun einem stetig anschwellenden Teil dieser kapitalistisch domestizierten und disziplinierten Menschheit nicht einmal mehr die sekundäre „Würde in der Entwürdigung" als einem regulären Subjekt abhängiger Arbeit zugestanden: In einem gewaltigen Schub der Entwürdigung zweiter Ordnung nimmt ihnen das Weltsystem die letzte Hoffnung auf ein halbwegs erträgliches Dasein, ohne sie jedoch auch nur im mindesten aus seinen Klauen zu lassen und ohne dass sie selber sich überhaupt noch ein anderes Dasein vorstellen könnten. Diese Paradoxie eines globalen Verhältnisses, in dem der größere Teil der Welt ökonomisch „überflüssig" wird und dennoch in der Form des modernen warenproduzierenden Systems festgenagelt bleibt (auch in der eigenen Subjektform), versetzt ganze ehemalige Nationalökonomien und ihre Bevölkerungen in den Status von institutionellen Bettlern und Vagabunden, die man weder leben noch sterben lässt.

Eine Welt voller Flüchtlinge

Es ist nur folgerichtig, dass neben die sekundäre Plünderungsökonomie, die den westlichen Sicherheitsimperialismus herausfordert, eine ebenso sekundäre Ökonomie der Massenfluchten und Migrationsbewegungen tritt, die von der vermeintlichen kapitalistischen Normalität der Zentren und ihrer Konsumverheißungen magisch angezogen werden. Wer noch brachliegende Tatkraft besitzt und nicht zum Aktivisten der Plünderungsökonomie wird, macht sich allein oder mit Kind und Kegel auf in die gelobten Länder und Regionen der globalen Marktwirtschaft.

Teils handelt es sich um Binnenwanderungen wie etwa in Brasilien aus dem sozialökonomisch versteppten Nordosten in die südlichen Zonen der (prekären) Weltmarkt-Industrialisierung; noch weitaus größer ist der Strom der Elendswanderung in China, wo ständig bis zu 200 Millionen Menschen der verarmten Landbevölkerung unterwegs sind und in den Einzugsbereichen der Exportindustrien nach Billigjobs suchen. Diese Form der Binnen-Migration lässt sich mehr oder weniger in allen Teilen der kapitalistischen Peripherie und mittlerweile selbst in Nordamerika und Europa beobachten.

Teils sind es aber auch große grenzüberschreitende und sogar transkontinentale Menschenströme, die ihr Heil in der Flucht nach außen suchen und doch immer und überall nur denselben Terror der Ökonomie vorfinden. Die Masse dieser Fluchtbewegungen übertrifft in ihrer globalen Dimension bei weitem die großen Auswanderungsschübe des 19. Jahrhunderts (vor allem aus Europa nach den beiden Amerika und aus Ost- nach Westeuropa), die ihrerseits schon von einem früheren Stadium derselben kapitalistischen Zumutungsgeschichte verursacht worden waren.

Der Terminus des „Wirtschaftsflüchtlings", von den demokratischen Administrationen des Elends in herabsetzender Weise kreiert, fällt dabei auf seine Urheber zurück, indem er auf den weltumspannenden Ökonomismus des Kapitals als generellen Fluchtgrund verweist. Es sind immer nur abgeleitete Formen dieses Urgrunds aller modernen Katastrophenpotenz und Verzweiflung, die in verschiedenen Abstufungen die Kategorien der Fluchtgründe und Flüchtlinge bilden. Die „Kriegsflüchtlinge" werden von jenen sogenannten Wirren, den Plünderungs- und Elendskriegen getrieben, die doch nichts anderes als die Folge des Scheiterns ganzer Weltregionen an den

Kriterien kapitalistischer Konkurrenz sind. Die „Armutsflüchtlinge" drücken denselben Fluchtgrund nur direkter aus. Massenhaft werden Menschen auch mit brachialer (formal legaler wie illegaler) Gewalt von ihrem Stück Land vertrieben, um es in Exportfarmen von Genussmitteln für den Weltmarkt und seine Besserverdienenden umzuwandeln.

Längst gibt es auch „Katastrophenflüchtlinge", die sich vor den gesellschaftlich verursachten Naturkatastrophen zu retten suchen: Wassermangel, Versteppung, Vordringen der Wüsten, Dürren und Überflutungen als Konsequenz blinder Ökonomisierung, betriebswirtschaftlicher Kosten-Externalisierung, rücksichtslosem Raubbau an Rohstoffen und destruktiver Industrialisierung der Landwirtschaft zwecks Devisen-Erwirtschaftung liegen den meisten dieser vermeintlichen Naturprozesse zugrunde.

Besonders entlarvend ist die Kategorie der „Entwicklungsflüchtlinge", die jenen megalomanischen Projekten zum Opfer fallen, wie sie immer wieder von der Weltbank als angebliche „Entwicklungshilfe" gefördert werden. Oft von populistischen Regimes und korrupten Diktaturen betrieben und eifrig befürwortet von westlichen Konzernen wie Siemens, die damit ihre Auftragsbücher für lukrative Weltzerstörungsmaschinerien füllen, handelt es sich dabei in der Regel um bloße Prestigeprojekte oder um eine Flucht nach vorn aus ökonomischen Krisenprozessen; mit einer Art rechtskeynesianischem Pyramidenbau sollen abstrakte ökonomische Wachstumszahlen generiert und als „Erfolge" verkündet werden.

Der Prototyp dieser zerstörerischen Pyramidenprojekte, die nicht umsonst auch als „weiße Elefanten" bezeichnet werden, ist der Bau von riesigen Staudämmen, der die Flutung großer Regionen zur Folge hat, in denen Millionen von Menschen leben. Ganz in der Manier Stalins, dessen Terror-Industrialisierung berüchtigt war für die Zwangsumsiedlung ganzer Bevölkerungsgruppen, werden auch die Opfer der „weißen Elefanten" von ihren Lebensgrundlagen vertrieben, ihre Widerstandsaktionen mit Polizei- und Militärgewalt gebrochen.

In Brasilien ist es der Itaipú-Staudamm im Grenzgebiet zu Paraguay am Paraná-Fluss, der als „Pharaonen-Projekt" bezeichnet wird, in Argentinien der Yacyreta-Staudamm ebenfalls an der Grenze zu Paraguay, der als „Monument der Korruption" gilt. Eines der zentralen von der Weltbank geförderten Projekte ist der berüchtigte Staudamm Sardar Sarovar in Indien, „der größte eines gewaltigen Bauprogramms, das dreißig Großstaudämme, 135 mittlere und 3000 kleine Dämme sowie Kanalanlagen in einer Gesamtlänge von 80.000 Kilometern umfassen soll. Der Plan sieht die Umsiedlung von vierzehn Millionen (!) Indern vor..." (van Laak 1999, 112). Dieses von weltweiten Protesten begleitete Projekt wird noch übertroffen vom Bau des chinesischen Drei-Schluchten-Damm am Jangtse mit unabsehbaren ökologischen Folgen, wo ebenfalls Millionen von Menschen weichen müssen. Analoge Projekte sind auch in Afrika angelaufen.

Im Gegensatz zur stalinistischen Sowjetunion findet dabei meistens noch nicht einmal eine regelrechte Umsiedlung statt, sondern die Bewohner der gefluteten Regionen werden einfach ins Nichts entlassen; nationale und internationale Hilfsgelder für den angeblichen Neuaufbau einer Existenz anderswo, ohnehin lächerlich gering bemessen, verschwinden in den Taschen der korrupten Administrationen, die genau wie die Dinosaurier-Projekte selbst bereits ein Ausdruck der ökonomischen Misere sind. Auch bei der Jahrestagung der Asiatischen Entwicklungsbank (ADB) kam es im Mai 2.000 zu Straßenprotesten gegen Bewässerungsprojekte zum Schaden der Bewohner: „Die Bank der Asiaten solle aufhören, durch fehlgeleitete Projekte, bei denen die lokale Bevölkerung umgesiedelt wird, immer neue Entwicklungsflüchtlinge zu kreieren, so Professor Kazuo Sumi von der Niigata Universität in Japan" (Handelsblatt, 8.5.2000). Der „Entwicklungs"-Stalinismus der Weltbank, verwandter Institutionen, größenwahnsinniger Krisenpotentaten und übrig gebliebener Staatskapitalismen produziert seine Flüchtlingskategorien so gut wie der ganz normale Gang der Weltmarkt-Konkurrenz.

Oft mischen sich die Fluchtgründe, wenn über die Menschen mehrere apokalyptische Plagen des kapitalistischen Weltsystems gleichzeitig hereinbrechen. Aber auch abgesehen von den Massenfluchten im eigentlichen Sinne ist eine Arbeits-Migration von globalem Umfang aus der Peripherie in die Zentren zu beobachten. Offiziell sind nach Angaben der Internationalen Arbeitsorganisation (Ilo) in Genf heute mehr als 120 Millionen Menschen außerhalb ihres Heimatlandes beschäftigt: „In einer Welt der Gewinner und Verlierer verschwinden die Verlierer nicht einfach von der Bildfläche, sie suchen sich ein neues Land" (Stalker 2000).

Auch ohne direkte Katastrophen, die zur Flucht zwingen, setzt das unverschämte Reichtumsgefälle der kapitalistisch verwahrlosten Welt die Menschen in Bewegung: „Höhere Löhne wirken wie ein Magnet – trotz aller kulturellen, sprachlichen und geografischen Unterschiede. So verdienten mexikanische Arbeiter in den USA 278 $ die Woche, in ihrer Heimat waren es nur 31 $. Indonesische Arbeiter mussten sich in ihrem Land mit 0,28 $ am Tag begnügen, im benachbarten Malaysia schnellte der Lohn auf 2 $ täglich nach oben" (Handelsblatt, 2.3.2000). Selbst noch innerhalb der Billiglohn-Sektoren gibt es sowohl global als auch weltregional ein Gefälle, das zwangsläufig massenhafte Migration hervorbringt.

Rechnet man zu den offiziell im Ausland Beschäftigten noch die Illegalen, die Binnen-Migrationsbewegungen und die diversen Katastrophen-Flüchtlinge, dann sind gegenwärtig mehr als zehn Prozent der Menschheit unterwegs, um sich vor den Wirkungen des ökonomischen Terrors und seiner Folgeprozesse zu retten.

Ausgrenzungsimperialismus: Mauer und Todesstreifen nach freiheitlicher Art

Die Massen der Bürgerkriegs-, Elends- und „Wirtschaftsflüchtlinge" sind es, die den westlichen Ausgrenzungsimperialismus auf den Plan rufen. Damit tritt vollends die globale Implosion des Kapitalverhältnisses und seines imperialen Zugriffs auf die Welt ans Licht. War der Kapitalismus in seiner vergangenen Aufstiegs- und Durchsetzungsgeschichte unersättlich in seinem Hunger nach Menschenfleisch, das er noch in den entlegensten Winkeln der Welt aufzustöbern suchte, um es sich qua „Arbeit" einzuverleiben, so gleicht er nun einem appetitlos gewordenen Krebskranken, der vom einstigen Objekt seiner Begierde heimgesucht und überschwemmt wird, das er nicht mehr schlucken und verdauen kann und das ihm Angst und Abscheu einflößt.

Vom Standpunkt des alten nationalen Ausdehnungsimperialismus wäre der umgekehrte Begriff eines defensiv erscheinenden Ausgrenzungsimperialismus zwar als strategische Option bloß absurd erschienen; aber ideologisch sind in dieser Hinsicht doch gewisse Rückgriffe auf ein Vorstellungsmuster aus dem frühen 20. Jahrhundert zu erkennen, das damals nur den Stellenwert einer Subströmung hatte. Dabei wurden wie so oft in der bürgerlichen Ideologiegeschichte die Raub- und Ausbeutungsgelüste des westlichen Imperialismus und Kolonialismus aggressiv und wahnhaft auf seine Opfer projiziert, um das eigene Handeln als eine Art „Vorwärtsverteidigung" gegen einen zukünftig vielleicht übermächtigen Gegner erscheinen zu lassen. Sowohl im angelsächsischen Bereich als auch insbesondere in Deutschland gehörte dazu die populäre Rede von der „gelben Gefahr" aus Asien, die Europa und Nordamerika wie einst die mongolischen Reiterhorden zu überfluten drohe. Auch den „jungen afrikanischen Völkern" wurde immer wieder eine gefährliche Vitalität und Lendenkraft zugeschrieben, die den im Luxus seiner Welteroberung verweichlichenden „weißen Mann" alt aussehen lassen könnte. Oswald Spenglers „Untergang des Abendlands" ist von solchen ins Mythische erhobenen Motiven durchzogen.

Das heutige Stammtisch- und Mediengerede, dass „das Boot voll" sei, knüpft ebenso wie Huntingtons Pseudotheorie vom „Kampf der Kulturen" unverkennbar an diesen ideologischen Motivzusammenhang an. Und im Unterschied zur Vergangenheit stehen heute wirklich die Massen der Dritten Welt und der europäischen Peripherie vor den Toren des kapitalistischen Zentrums. Nur handelt es sich nicht um unverdorbene und kampfstarke „Eroberungsvölker" wie in den idiotischen Phantasien der altimperialistischen Ideologen, sondern um die vom kapitalistischen Weltsystem selbst produzierten und ausgespuckten traurigen Elendsmassen, um die Lazarusse von Hunger, Aids und Gewalt, aber auch um die postmodernen Mafiosi der Zusammenbruchsregionen, die zu in den Westen ausgreifenden Risiko-Unternehmern mutieren.

Es hat etwas ungeheuer Schäbiges und zugleich banal Realistisches, dass die heranbrandenden Menschenmassen als fundamentale Bedrohung erlebt und administrativ abgewehrt werden. Dabei mischen sich irrationale Ängste vor dem andrängenden „Fremden" aus der selbst produzierten Weltkrise mit ganz banalen Konkurrenzinteressen (etwa auf den Arbeitsmärkten) und mit Motiven der „inneren Sicherheit" im Hinblick auf Ghettoisierungen, Straßenkonflikte, Massenkriminalität usw.

Wie in der Vergangenheit der nationalimperialen Ausdehnungsmächte macht sich in diesem Zusammenhang mehr oder weniger diffus ein gemeinsames chauvinistisches Konkurrenz- und Herrschaftsinteresse von Lohnarbeitern und Sozialhilfeempfängern, Konzern-Management und politischer Klasse des Westens gegen die Massen des globalen Ostens und Südens geltend, das jedoch unter den neuen Bedingungen nicht mehr auf Einverleibung, sondern eben auf Ausgrenzung zielt.

Dieser mörderische Abwehrcharakter ist bis in den ideologischen und kulturellen Diskurs hinein unverkennbar: Selbst bei den ordinärsten Rechtsradikalen und Neonazis ist keine Rede mehr vom „Lebensraum im Osten", von nationalen „Einflusszonen", kolonialen oder quasi-kolonialen Annexionen etc. Diese einst wirkmächtigen Imaginationen einer expansionistischen nationalen Selbstbehauptung haben sich geradezu ins Gegenteil einer Abschottungs- und Ausgrenzungsideologie verkehrt, etwa in Parolen wie „Deutschland den Deutschen", „Österreich den Österreichern", „Frankreich den Franzosen" usw. oder „Deutschland zuerst" („Österreich, Frankreich usw. zuerst").

In der Abschottung gegen die Fluchtströme und Elendswanderungen sind diese Parolen zur allgemeinen westlichen Staatsdoktrin und zum Konsens innerhalb der NATO geworden, wenn auch weniger in einem eng nationalistischen als vielmehr in einem großräumigen, auf das kapitalistische Zentrum als Ganzes bezogenen Sinne. Diese Entwicklung reflektiert sich in der gängig gewordenen Redeweise von der „Festung Europa" und der „Festung Nordamerika". In der Tat haben diese beiden Teile des Zentrums in den vergangenen beiden Jahrzehnten damit begonnen, jeweils eine Art chinesische Mauer oder Limes zu errichten.

In den USA wird diese „eiserne Linie" an der mexikanischen Grenze gegenüber dem lateinamerikanischen Raum gezogen. Obwohl Mexiko und die USA mit Kanada offiziell zu einer Freihandelszone (NAFTA) zusammengeschlossen sind, gilt dies seitens der USA keineswegs für einen „Freihandel der Arbeitskraft". Im Unterschied zum Handelsraum der EU, der die Freizügigkeit der Arbeitskraft einschließt und damit als deckungsgleich mit dem Verhältnis von Inklusion und Exklusion definiert ist, verläuft dieses Verhältnis an der Südgrenze der USA mitten durch die offizielle Wirtschaftsunion selbst. Es besteht nur ein Interesse an „Schraubenzieherfabriken" für eine billige Lohnveredelung in den mexikanischen Grenzgebieten („maquiladoras"), während die Massenmigration nach Kalifornien mit allen Mitteln abgewehrt wird. Deshalb reagieren die politischen Klassen der USA und Kanadas auch kühl bis gereizt auf alle mexikanischen Vorstöße, zuletzt durch den Präsidenten Vicente Fox, die NAFTA zu einer einheitlichen Wirtschaftsunion nach dem Vorbild der EU zu erweitern.

Und die Mittel der Ausgrenzung sind drastisch. Jede Nacht veranstaltet die US-Grenzpolizei mit Scheinwerfern, Sensoren und Hunden regelrechte Menschenjagden auf die „Unwillkommenen". Buchstäblich nach dem Muster jener historischen Grenzmauern, mit denen sich nicht nur antike Imperien gegen Eindringlinge abzuschotten versuchten, werden die Grenzbefestigungen der USA gegenüber Mexiko immer stärker ausgebaut: „Seit Beginn der ‚Operation Guardian' Ende 1994 haben die amerikanischen Behörden die Grenzlinie in einen breiten, öden Grenzstreifen verwandelt. Den europäischen Besucher erinnern die neuen Anlagen in unheimlicher Weise an die vergangen geglaubten Zeiten von Berliner Mauer, Todesstreifen und Flutlichtanlagen. Immer noch arbeiten Bulldozer am Planieren der Schneise, die sich vom Ufer des Pazifischen Ozeans entlang des ausbetonierten Grenzflusses und der neuen Industriequartiere ins gebirgige Hinterland zieht. Unmittelbar an der Grenzlinie haben Einheiten der amerikanischen Armee (!) einen ersten stählernen Riegel – 44 Meilen lang – gegen das Heer der Desperados aus dem Süden vorgeschoben. Stahlplatten aus Überschussbeständen des Golfkrieges sind zu einer gut drei Meter hohen, abschreckenden rostroten Wand aneinandergefügt worden. Dahinter öffnet sich ein 50 bis 100 Meter breiter, mit starken Scheinwerferanlagen ausgestatteter vegetationsloser Streifen. Entlang des Kerngebiets der Stadt Tijuana schließt sich über gut zwei Kilometer die ‚pièce de résistance' der Grenzbefestigung an: Dichtgedrängt bilden runde Zementsäulen, gekrönt von einem Stahlnetz, ein schwer zu übersteigendes Hindernis von knapp fünf Meter Höhe" (Neue Zürcher Zeitung, 8.7.1998).

Allein im Jahr 2000 wurden von den mit Kosten von mehr als 3 Milliarden Dollar zusätzlich aufgerüsteten US-Grenztruppen fast eine halbe Million illegale Grenzgänger festgenommen. Die Todesrate an der Südgrenze der USA ist permanent im Steigen begriffen; im ersten Quartal 2000 etwa waren es mehr als 200 Personen, die beim Versuch der Einwanderung auf der Flucht vor den uniformierten Menschenjägern ums Leben kamen: Nicht nur Hitzschläge und Unterkühlung sind dabei Todesursachen, sondern Migranten werden auch in den Tijuana River getrieben oder schwer misshandelt.

Dabei tritt neben die offizielle Grausamkeit der Grenztruppen die inoffizielle Selbstjustiz der US-Grenzfarmer, die sich zu einem rassistischen „Bund besorgter Bürger" zusammengeschlossen haben und schwer bewaffnet eigenmächtige Treibjagden auf das südliche Menschenwild veranstalten: „... ‚Dies Gesindel hat weder auf meinem Grund und Boden noch in den USA etwas verloren', dröhnt Robert Barnett, 57. Der Rinderzüchter ... warnt unmissverständlich: ‚Ich bin entschlossen, auch Leben zu nehmen'. Auch David Stoddart hat aufgerüstet. Der pensionierte Polizist hält auf seinem Grundstück zwei Kampfhunde und besitzt ein halbes Dutzend Gewehre. ‚Mein Haus ist meine Burg', meint Stoddart, ‚wer hier eindringen will, ist ein Todeskandidat'..." (Der Spiegel 7/2001).

Soviel zur demokratischen Freizügigkeit des liberalen Westens und seiner Vormacht. Die „europäischen Besucher" müssen freilich nicht bis zur Südgrenze der

USA reisen, um sich an jene „vergangen geglaubten Zeiten" von Mauer und Todesstreifen der Ex-DDR erinnert zu fühlen. Sie können dieses Erlebnis auch jederzeit an der eigenen Haustür haben. Die „Festung Europa" schottet sich sogar an zwei weltregionalen Fronten durch einen „eisernen Vorhang" gegen die Kriegsflüchtlinge und Elendsmigranten ab: einerseits entlang des Mittelmeers gegen den nordafrikanischen Maghreb und den Nahen Osten; andererseits an den Ostgrenzen der EU gegen Osteuropa und Mittelasien.

Im westlichen Mittelmeer bildet Spanien mit seiner Küstenwache und schwerbewaffneten Grenzpolizei den Frontstaat gegen die Migrantenmassen aus Nordafrika. Besonders die Meerenge von Gibraltar und die spanischen Enklaven auf nordafrikanischem Territorium gelten als gefährdete Zonen: „Es ist ein turbulenter Sommer 2000 am Nadelöhr zwischen Afrika und der Europäischen Gemeinschaft, dem Traum derjenigen, die nach einem besseren Leben suchen. Bereits Mitte August hatten die Behörden in Andalusien mehr Flüchtlinge registriert als im gesamten Jahr 1999... Allein in Ceuta, wie Melilla spanische Enklave in Marokko, nahm die Polizei 3000 so genannter ‚indocumentados' fest – eine Steigerung um 50 Prozent zum Vorjahr, obwohl am Grenzstreifen unterdessen für viel Geld ein elektronisch überwachter Zaun gewachsen ist" (Süddeutsche Zeitung, 26.8.2000).

Im östlichen Mittelmeer ist es hauptsächlich Italien, das für die „Berliner Mauer" der EU zuständig ist. Unvergessen die Bilder jenes mit albanischen Flüchtlingen überladenen Frachters, der Mitte der 90er Jahre an der adriatischen Küste bei Bari auf Grund gelaufen war: dicht neben den Touristenstränden Menschentrauben aus verschmutzten, halb verdursteten Körpern, alsbald eingesammelt von der Fremdenpolizei. Solche Tragödien sind an der Adria längst zum Alltag geworden. Die italienische Küstenwache macht systematisch Jagd auf die Verzweifelten, die als zahlungsunfähige „Unwillkommene" aus den Kriegsregionen Südosteuropas, Anatoliens und Mittelasiens angespült werden. Gelegentlich darf schon einmal ein Flüchtlingsschiff „aus Versehen" versenkt werden. Die jämmerlich Ertrunkenen hat niemand gezählt.

Für die EU wie für die NATO ist der mediterrane Raum heute vor allem über diese Strategie der Abschottung definiert: „Die demographische Entwicklung in vielen südlichen und östlichen Mittelmeerstaaten sowie die düsteren Zukunftsperspektiven der immer jünger werdenden Bevölkerungsmehrheiten erzeugen ein hohes Migrationspotential, das sich insbesondere auf Europa richtet. Sollten zudem noch die bereits existierenden Konflikte und Krisen in vielen dieser Länder offen zum Ausbruch kommen, so ist zu erwarten, dass neben die sozioökonomisch motivierten Migranten eine hohe Anzahl von Kriegs- und Bürgerkriegsflüchtlingen tritt" (Jacobs/Masala 1999, 31).

Die auf diese Tendenzen bezogene strategische Bestimmung folgt nicht mehr der Auseinandersetzung von kapitalistischen Mächten um die Beherrschung des Mittelmeers wie in den Epochen des polyzentrischen und des bipolaren Kampfes um die

Weltherrschaft, sondern der Vorgabe eines gesamtwestlichen Sicherheits- und Ausgrenzungsimperialismus. In dieser Hinsicht „lässt sich konstatieren, dass es weder das Bestreben der NATO noch der EU ist, das Mittelmeer erneut in ein ‚Mare Nostrum', also in ein hegemonial strukturiertes Einflussgebiet europäischer und transatlantischer Politik zu verwandeln. Vielmehr soll es in ein ‚Mare Securum', also in ein Vorfeld transformiert werden, von dem in absehbarer Zukunft keine Sicherheitsrisiken für die gesellschaftliche Eigenentwicklung der europäischen Staaten sowie der USA ausgehen" (Jacobs/Masala 1999, 37).

Die Seesperre als „eiserner Vorhang" gegen Flüchtlinge ist inzwischen auch am anderen Ende der Welt, in Australien, zum Usus der Demokratie geworden; drastisch ins Blickfeld der Weltöffentlichkeit gerückt durch das Flüchtlingsdrama Ende August 2001 vor der Weihnachtsinsel. Nachdem das norwegische Containerschiff „Tampa" 438 vorwiegend afghanische Flüchtlinge aus Seenot gerettet hatte und in der Nähe der zu Australien gehörenden Weihnachtsinsel im Pazifik vor Anker gegangen war, weigerten sich sowohl Australien und benachbarte Staaten als auch Norwegen, die Gestrandeten aufzunehmen. Kapitän und Besatzung der „Tampa", mangels Ausrüstung völlig überfordert mit der Aufgabe, die Flüchtlinge (darunter zahlreiche Kinder und einige schwangere Frauen) zu versorgen und zu verpflegen, wurden auf schäbige Weise allein gelassen. Während von den auf engstem Raum zusammengepferchten Menschen viele an Durchfall erkrankten und sich an Bord unbeschreibliche hygienische Zustände entwickelten, begann ein unwürdiges Gezerre und Gefeilsche der Staatenwelt um ihr Schicksal.

Der australische Premierminister Howard, statt irgendeine Hilfe bereit zu stellen, ließ die „Tampa" von kriegsmäßig ausgerüsteten Eliteeinheiten stürmen, um sie gewaltsam außerhalb der Hoheitsgewässer des Landes zu halten. Während die männlichen Flüchtlinge in einen Hungerstreik traten und in ihrer Verzweiflung mit Massenselbstmord drohten, nahm Howard die aus dem Alptraumreich der Taliban Geflohenen als Exempel, um in der üblichen demokratischen Manier eine drohende Haltung gegen die „Menschenströme" einzunehmen: „Canberra versprach, der ‚Tampa' Lebensmittel und Medikamente zukommen zu lassen, zeigte aber keine Eile, dies auch zu tun. Am Dienstag hatte Howard von einer der schwierigsten Situationen in der neueren Geschichte Australiens gesprochen. Das Land scheine die Kontrolle über den einströmenden Menschenfluss zu verlieren. Es sei Zeit, eine harte Haltung einzunehmen, weil ‚angebliche Flüchtlinge' versuchten, Australien unter Druck zu setzen" (Neue Zürcher Zeitung, 30.8.2001).

Die einzige Konsequenz des Dramas war letzten Endes eine militärische Aufrüstung der australischen Grenzbürokratie und ihrer Menschenjäger: „Howard hat … eine massive Verstärkung der Grenzkontrolle Australiens bekannt gegeben. Es sollen ab sofort zusätzlich fünf Patrouillenboote und vier Überwachungsflugzeuge zur Blockade der weit offenen Grenze im Norden Australiens eingesetzt werden" (Neue Zürcher Zeitung, 3.9.2001). So ist nun, analog zu den USA und zur EU, von einer „Festung Australien" die Rede, hier wie dort demokratisch mehrheitsfähig mit eindeutig chauvinistischen Begründungen. „Die Bevölkerung", so heißt es in einem Korrespondentenbericht aus dem Südkontinent, „sieht die Position des Landes als ausgeprägte Wohlstandsinsel in einem ‚Meer von Armut' gefährdet (Astbury 2001).

So erntet die harte Haltung Howards große Zustimmung: „Die Australier stehen endlich wieder fast ausnahmslos hinter ihrer Regierung... ‚Abknallen und versenken', dröhnt es sogar aus den Radiolautsprechern" (Wälterlin 2001). Auf der Welle dieser infernalischen Sympathie schwimmend, konnte die Regierung sogar noch „Stolz" an den Tag legen, dass sie ein Exempel statuiert habe. Wenn dieser Zynismus allerdings in der europäischen Presse als „Politik der Erbarmungslosigkeit" (Wälterlin 2001 a) gebrandmarkt wird, ist das pure Heuchelei. Schließlich lässt sich die EU im Mittelmeer an einer „Politik der Erbarmungslosigkeit" kaum übertreffen. Nur wenige Tage nach dem Drama auf der „Tampa" (die Flüchtlinge wurden am Ende Richtung Neuseeland und teils auf eine unwirtliche Pazifik-Insel verfrachtet) beschuldigte Spanien die marokkanische Regierung der „Laxheit" gegenüber illegalen Migranten, die sich von den marokkanischen Stränden aus einschiffen.

Die Tragödie der „Tampa" verweist auch noch in anderer Hinsicht auf die gesamtdemokratische Heuchelei. Denn sogar auf den Ozeanen wird die Menschheit auf eine nie zuvor dagewesene Weise in extreme Armut und obszönen Reichtum aufgespalten. Den „Boat People" des Elends entsprechen die anderen „Boat People" des Krisenreichtums; beide auf der Flucht – die einen vor den Katastrophen des Kapitalismus, die anderen vor der Besteuerung ihres kapitalistisch erworbenen Vermögens und vor den sozialen Konsequenzen ihres Geldmachens: „Dabei bildet sich selbst auf den Ozeanen inzwischen eine Zwei-Klassen-Gesellschaft heraus, existiert der Unterschied zwischen Arm und Reich. Heute werden riesige Luxusschiffe gebaut, auf denen man sich eine Eigentumswohnung kaufen kann, um sich einen Steuerwohnsitz auf hoher See zu unterhalten – schwimmende Nobeldörfer, die keine Mauer mehr brauchen, um sich vom Rest der Welt zu befreien, keine gated communities wie in den USA. Mobile Steueroasen der Privilegierten, die von Hafen zu Hafen ziehen, immer in der absoluten Gewissheit, dort freundlich versorgt zu werden. Für die Flüchtlinge ist der Frachter ‚Tampa' ein riesiges Gefängnis, von dem jede Flucht unmöglich ist. Aber für die zukünftigen Bewohner der anderen Sorte wird der Ozean zum Garanten für ihre völlige Freiheit von jeder Art sozialer Verpflichtung, ein Paradies im Niemandsland. Was würde aber wohl geschehen, wenn ausgerechnet ein solches Luxusschiff die Flüchtlinge aus Seenot retten müsste – und das muss es – , und nicht die ‚Tampa'? Würden die reichen neuen Nomaden ihre wunderschönen Wohnungen zur Verfügung stellen? Oder würden sie gegen die Eindringlinge nicht vielmehr die Navy jener Staaten zu Hilfe rufen, für die sie zuvor kaum einen Steuerpfennig aufgebracht hatten?" (Steinberger 2001).

Dieselbe Menschenjagd wie an der Südgrenze der USA, in den australischen Gewässern und im Mittelmeer spielt sich an der Ostgrenze der EU entlang der Oder und im Grenzgebiet zu Tschechien ab. Hier ist es der deutsche Bundesgrenzschutz, der mit Hunden, Patrouillenfahrzeugen und Scheinwerfern die Migranten und Flüchtlinge hetzt und dabei um keinen Deut zimperlicher vorgeht als die Kollegen der Festungspolizei an den anderen „eisernen Vorhängen" des demokratischen Kapitalismus, wie zahlreiche Beispiele bezeugen: „Der tragische Unfall ereignete sich Ende Juli 1998 nahe der sächsischen Stadt Freiberg, kurz hinter der tschechischen Grenze. Zwei Dutzend kosovo-albanische Flüchtlinge versuchten, in einem Lieferwagen über die stark kontrollierte Schengener Außengrenze zu gelangen. Der Wagen verunglückte auf einer Verfolgungsjagd durch den Bundesgrenzschutz (BGS) bei hoher Geschwindigkeit in einer Kurve. Sieben Menschen starben noch am Unfallort. Über 20 Personen wurden in Krankenhäuser eingeliefert... Ganz in der Nähe von Freiberg fand in jenen Tagen das Grenzcamp der Kampagne ‚Kein Mensch ist illegal' statt. Es gab eine Demonstration und verschiedene Versuche, Unterstützung für die Verletzten zu organisieren... Doch der BGS bewachte das Krankenhaus wie ein Gefängnis. Die Grenzschützer hatten sich mit dem Chefarzt, dem städtischen Ordnungsamt und anderen lokalen Hoheitsträgern über eine Isolation der Verletzten verständigt – ohne jede gesetzliche Grundlage... Diese Begebenheit ist ein Beispiel dafür, in welcher Weise das Recht, Rechte zu haben, territorial abgeschwächt oder gar außer Kraft gesetzt wird. In der Grenzzone, gesetzlich auf eine Breite von 30 Kilometern festgelegt, haben Flüchtlinge, wenn sie gefasst werden, kaum Chancen auf eine Asylantragstellung und sind von sofortiger Rückschiebung in das Nachbarland bedroht..." (Dietrich 2000).

Bezeichnend auch, dass in diesen östlichen Grenzregionen der BRD, besonders drastisch in der Stadt Zittau, Taxifahrer mit Strafverfahren verfolgt werden, wenn sie auf Inlandsfahrten Personen befördern, die „möglicherweise" illegal über die Grenze gekommen sind – sie sollen also nach Augenschein eine Entscheidung treffen, die eigentlich den Behörden obliegt. Hier wird eine ganze Berufsgruppe als Hilfsmenschenjäger zwangsrekrutiert und zur Denunziation verpflichtet. Nicht besser sieht es natürlich an der Grenze Österreichs zu Ungarn und Slowenien aus. Die österreichische Polizei, ohnehin bekannt für ihr rassistisches Potential und ihren Hang zu einschlägigen Übergriffen, steht den Kollegen in der BRD, Spanien und Italien an Brutalität in der Behandlung der Rechtlosen und stumm Gemachten nicht nach.

Es kann gar keinen Zweifel geben, dass die Balkankriege der NATO nicht nur im Interesse des westlichen Sicherheitsimperialismus, sondern auch (und sogar in erster Linie) im Zusammenhang mit dem westlichen Ausgrenzungsimperialismus geführt werden. Schon Anfang der 90er Jahre gab das „Handelsblatt" hinsichtlich der „Wohlstandsgrenze" den Alarmruf aus: „Europa droht an der Ost- und Südflanke der Sturm einer neuen Völkerwanderung" (Habicht 1992). Knapp ein Jahrzehnt später wurde der Hauptherd der illegalen Migration für die 90er Jahre identifiziert, indem es hieß: „Balkan wird zur offenen Flanke der ‚Festung Europa'..." (Handelsblatt, 15.2.2001). Durch das Abkommen von Schengen, das 1995 endgültig in Kraft trat, wurde die Freizügigkeit des Verkehrs innerhalb der EU festgeschrieben; die wie stets heuchlerischen demokratisch-kapitalistischen Medien feierten mit dem Abbau der Schlagbäume und Grenzkontrollen einen angeblichen epochalen Fortschritt, eine Überwindung des engstirnigen nationalen Denkens. Aber die Freizügigkeit nach innen ist im Schengener Abkommen ausdrücklich an die verschärfte und geradezu brutalisierte Kontrolle der gemeinsamen Außengrenze gebunden, an das Gegenteil von Freizügigkeit gegenüber den Massen der Halb- und Nichtmenschen „draußen", außerhalb der kapitalistischen Reproduktionsfähigkeit, die auch „draußen" gehalten werden sollen.

Zunehmend ist die EU allerdings bemüht, die hässliche Grenze ihres Ausgrenzungsimperialismus vorzuverlagern und die Schmutzarbeit auf die Anrainerstaaten auszulagern, um das Bild der demokratischen Idylle möglichst wenig zu beflecken. Vor allem die Asylpolitik ist bestrebt, das Problem auf die Frontstaaten außerhalb der EU abzuwälzen. Sämtliche osteuropäischen Beitrittskandidaten mussten sich in Verträgen verpflichten, über ihr Territorium eingereiste und in der BRD bzw. Westeuropa abgelehnte Asylbewerber und illegale Migranten „zurückzunehmen", also den Umgang mit diesen Menschen zu ihrem Problem zu machen.

Dabei arbeiten die Europäische Kommission und insbesondere die Regierung der BRD als Hauptfürsprecher einer so genannten Osterweiterung der EU ganz unverblümt mit Pressionen, um besonders die hoffnungsvollsten Aufnahme-Adepten Polen, Tschechien und Ungarn schon jetzt zu Vorposten ihres Ausgrenzungsimperialismus zu machen: „In der Europäischen Kommission kursieren deshalb Überlegungen für einen ‚europäischen Grenzschutz', der Beamte aus neuen und alten Mitgliedstaaten umfassen könnte... Noch immer erwartet die Kommission eine überzeugende Antwort der polnischen Regierung auf die Frage, wie sie die löchrige Grenze zu Weißrussland und zur Ukraine besser zu schützen gedenke... Werden künftig an der polnischen und anderen Außengrenzen der Gemeinschaft Grenzpolizisten aus den heutigen EU-Staaten gemeinsam mit litauischen, polnischen oder ungarischen Kollegen auf Streife gehen? Die Vorstellung, Beamte des Bundesgrenzschutzes könnten entlang der Ostgrenze patrouillieren, weckt in Polen auch mehr als ein halbes Jahrhundert nach Ende des Zweiten Weltkriegs schlimme Erinnerungen..." (Bünder/Friedrich 2000).

Um solchen unverschämten Pressionen zuvorzukommen, bemühen sich die Regierungen der Aufnahmekandidaten zunehmend darum, schon jetzt die erwünschte Härte bei der „Vorneverteidigung" der „Festung Europa" an ihren Ostgrenzen zu demonstrieren. Mit ekelhaften Folgen für die „Freizügigkeit" innerhalb Osteuropas, das jetzt auf neue Weise geteilt wird: „Wenn Leute aus der alten westukrainischen Metropole Lemberg ihre Freunde und Verwandten im 100 Kilometer entfernten Przemysl besuchen wollen, dann wird das eine lange Reise... Die Grenze dazwischen ist in den vergangenen vier Jahren zu einem undurchdringlichen Festungswall ausgebaut worden. Stacheldraht und Patrouillen mit Hunden sollen illegale Einwanderer fern halten, Polizeihubschrauber fliegen beständig den Grüngürtel ab, an den Übergängen werden Lastwagen und Busse mit endloser Gründlichkeit durchsucht. Die Scheußlichkeit hat bei den Grenzbewohnern einen bezeichnenden Namen: Brüsseler Vorhang (!)... Ähnlich wie im Südosten Polens sieht es auch an den Ostgrenzen der Slowakei und Ungarns aus. Sogar die Tschechen verriegeln ihre Ostgrenze zum Mit-EU-Anwärter Slowakei, auch wenn diese Grenze zu Zeiten der Tschechoslowakei, also bis vor acht Jahren, so unsichtbar war wie eine Grenze zwischen deutschen Bundesländern..." (Oztovics 2000).

Die derart gedemütigten und zurückgestuften Staaten östlich der aussichtsreicheren Aufnahmekandidaten bemühen sich ihrerseits, der EU gegenüber Wohlverhalten durch Härte gegen die noch weiter östlich gelegenen Gebiete an den Tag zu legen. So schrieb der rumänische Ministerpräsident im Juli 2001 in einem devoten Artikel für die Frankfurter Allgemeine Zeitung: „Rumänien hat Verständnis für die Sorgen der EU-Mitgliedstaaten angesichts des wachsenden Problems der grenzüberschreitenden organisierten Kriminalität und der illegalen Einwanderung. Wir verstehen auch, dass Rumänien wegen seiner geographischen Lage in unmittelbarer Nachbarschaft zu den Nachfolgestaaten der ehemaligen Sowjetunion bisher eher als Mitverursacher der genannten Probleme statt als Partner der EU betrachtet wurde. In den vergangenen Monaten hat die rumänische Regierung jedoch bewiesen, dass das Land seine Grenzen zu sichern weiß... Das rumänische Asylrecht wurde den Normen der EU angepasst. Auf diese Weise bereitet sich Rumänien darauf vor, dass die Ostgrenze des Landes die künftige Außengrenze der EU sein wird. Die Wiedereinführung der Passpflicht für Staatsangehörige der Republik Moldawien bei Reisen nach Rumänien war keine leichte Entscheidung, weil die Muttersprache von zwei Dritteln der Einwohner unseres Nachbarlandes das Rumänische ist und zudem sehr enge historische und kulturelle Verbindungen zwischen beiden Staaten bestehen... Die rumänische Grenzpolizei erhielt in den vergangenen Monaten mit maßgeblicher Unterstützung deutscher Experten und nach dem Vorbild der EU-Staaten eine neue Organisationsstruktur. 2000 Beamte wurden zusätzlich zur Grenzsicherung abkommandiert. Die technische Ausrüstung der Grenzpolizei wurde aus Mitteln des Phare-Programms der EU sowie aus einzelnen EU-Staaten deutlich verbessert. Der Standard der Grenzsicherung Rumäniens nähert sich dem der EU an... Bei der Vorbereitung auf den Beitritt in die EU verwandelt sich Rumänien von einem Ursprungs- und Transitland illegaler Einwanderung zu einem Schutzschild gegen diese" (Nastase 2001).

Ähnlich widerlich und untertänig verhält sich die Ukraine, die ebenfalls kapitalistische „Seriosität" in den Ausgrenzungsstandards gegen Flüchtlinge und transnationale Mafia-Bewegungen mimen möchte, obwohl ihrem eigenen Staatsoberhaupt

Mordanschläge gegen missliebige Bürger zur Last gelegt werden: „Mehr oder weniger offen ist das ukrainische Bemühen darauf gerichtet, dass nicht die Westgrenze zu Polen, sondern die Ostgrenze zu Russland die zukünftige Außengrenze der EU sein solle" (Wehner 2000). Dementsprechend brutalisiert hat sich das Verhalten der ukrainischen Grenztruppen; mit deutscher demokratischer Nachhilfe, versteht sich: „An der Westgrenze wurden im vergangenen Jahr im Raum Lemberg mehr als 700 illegale Einwanderer aufgegriffen, in den Karpaten, wo die Grenze leichter zu überwinden ist, etwa 5.000. Die meisten kommen aus Sri Lanka, Bangladesh, Afghanistan, manche aus Tschetschenien... Die Unterbringung von Flüchtlingen in der Ukraine ist katastrophal. In Lemberg werden bis zu zwanzig Flüchtlinge in ein zwölf Quadratmeter großes Zimmer in einer Kaserne der Grenztruppen gesperrt, wie Mitarbeiter des Roten Kreuzes berichten. Im Winter, als die Zimmer nicht mehr ausreichten, habe man Dutzende Flüchtlinge in ein unbeheiztes Zelt gesperrt..." (Wehner 2000).

Es ist kaum fassbar, mit welcher Chuzpe sich der westliche demokratische Diskurs auch mehr als ein Jahrzehnt nach dem Fall der „Berliner Mauer" immer noch über diese „unmenschliche Grenze" bis zu strömenden Krokodilstränen erregen kann, während er gleichzeitig ungeniert nach „Mauer und Stacheldraht" gegen die „Unerwünschten" verlangt. Das ist dann auf einmal keine „Schandmauer", sondern ein „demokratischer Schutzwall" gegen die Erniedrigten und Beleidigten des kapitalistischen Weltsystems.

So übt sich die PDS als Nachfolgepartei der für den Mauerbau verantwortlichen einstigen DDR-Staatspartei SED in verkrampften Entschuldigungen: Kein Staat habe das Recht, Menschen an ihrer Bewegungsfreiheit zu hindern und sie in seinem Hoheitsgebiet einzusperren. Dieser demokratische Kotau ist offensichtlich nichts als eine Anbiederungsgeste, um das Eintrittsbillett zur kapitalistischen „Regierungsfähigkeit" zu erlangen und „Mitverantwortung übernehmen" zu dürfen für den neuen, noch viel größeren Mauerbau im Osten (über den im Zusammenhang der ganzen „Entschuldigungsdebatte" natürlich kein Wort verloren wird).

Was die wunderbare Freizügigkeit betrifft, macht es schließlich keinen grundsätzlichen Unterschied, ob Menschen mit Gewalt und Festungswällen ein- oder ausgesperrt werden, ob die Menschenjagd illegalen Flüchtlinge nach außen oder nach innen gilt. Wenn man sich überhaupt auf Argumente für einen Mauerbau einlassen will, war die Legitimation der DDR sogar die bessere: Die staatskapitalistische Bürokratie wollte verhindern, dass der DDR permanent riesige Kosten für die Ausbildung von Ärzten, Ingenieuren, Wissenschaftlern usw. verloren gingen, indem die ausgebildeten Spezialisten sich samt Wissen in den Westen davonmachten. Das war ein gewaltiger ökonomischer Transfer zugunsten der BRD, und zwar zum Nulltarif. Und die flüchtigen Spezialisten wollten natürlich, unabhängig von allen ideologischen Begründungen, ihr kostenlos erworbenes Humankapital im Westen besser verkaufen. Wenn die abfällig gemeinte Bezeichnung „Wirtschaftsflüchtling" zutrifft, dann auf diese Sorte. Im

Unterschied dazu richtet sich die „Brüsseler Mauer" gegen die vom globalen ökonomischen Terror des Konkurrenzkapitalismus verursachten Elendswanderungen; ihre Legitimierung ist noch viel schäbiger als diejenige der „Berliner Mauer".

Je größer der Zustrom und je härter die Abschottungsmaßnahmen im Laufe der 80er und 90er Jahre wurden, desto mehr entwickelte sich die „Fluchthilfe" zu einem weltweiten professionellen Geschäft – wiederum in böser Analogie zur Geschichte von „Mauer und Stacheldraht" zwischen DDR und BRD. Wurden aber die Mitglieder der nicht selten durchaus auf klingende Münze erpichten Fluchthelfer-Organisationen an der Berliner Mauer im Westen einst als Helden gefeiert, so gelten die sogenannten „Schlepper-Syndikate" nun als kriminelle Vereinigungen der schlimmsten Art, obwohl sie im Prinzip nichts anderes tun als ihre Vorgänger an der deutschdeutschen Mauer – allerdings in einem weitaus größeren Maßstab und rein kommerziell, ganz ohne ideologische Freiheitsmaske.

Das Schleusergeschäft ist inzwischen weltweit milliardenschwer, buchstäblich eine Art Menschenhandel mit notgedrungenem Einverständnis der Menschenware, deren einziges Ziel es ja ist, die eigene Haut auf den westlichen Arbeitsmärkten des Kapitals verkaufen zu können. Für die oft illusorischen Hoffnungen werden den Flüchtlingen, die in ihrer vom Konkurrenzgesetz des Weltmarkts ruinierten Heimat keinerlei Perspektive mehr sehen, in der Regel die gesamten Lebensersparnisse abgenommen. In Albanien und anderen Ausgangspunkten wie Bosnien-Herzegowina treiben die Schleuser ihre „Kundschaft" wie Vieh mit der Waffe zusammen; und taucht bei der Fahrt über die Adria die ihrerseits rabiate italienische Küstenwache auf, werden die Flüchtlinge gelegentlich mit vorgehaltener Pistole einfach dazu gezwungen, ins Meer zu springen.

Die andere Odyssee auf dem Landweg besteht darin, dass die Schleuser ihre menschliche Fracht zusammengepfercht in Frachtcontainern von Lastwagen verstecken, wie sie dank der kapitalistischen Verkehrspolitik die großen europäischen Transferstraßen verstopfen. Als im Sommer 2000 englische Zollbeamte in einem solchen Container die Leichen von 58 erstickten Chinesen entdeckten, flossen die Krokodilstränen der demokratischen Presse wieder einmal reichlich; ebenso wie bei Berichten über Kinder von Flüchtlingsfamilien, die beim illegalen Fußmarsch über die Alpen erfroren oder an Erschöpfung gestorben sind. Zu ertrinken, zu ersticken, zu erfrieren, erschossen zu werden, bestenfalls in einem verseuchten Lager oder im Abschiebungsknast zu landen, das ist die größere Aussicht derer, die dafür alles hinlegen, was sie noch haben. Daran ist das Potential der Verzweiflung zu ermessen. Umso schlimmer, wenn man bedenkt, dass es ja meist jüngere und aktive Menschen mit einem Rest an Zahlungsfähigkeit sind, die diesen Leidensweg gehen. Wie muss es da im Alltag der Zurückgebliebenen aussehen, der Alten, Kranken, gänzlich Mittellosen?

Was die heuchlerischen demokratischen Medien dabei wahrnehmen, ist nie der globale politökonomische Gesamtzusammenhang dieser Verhältnisse, sondern immer nur die „Skrupellosigkeit der Schlepperbanden". Die Wirkung wird zur Ursache, die Erscheinung zum Wesen erklärt, wieder einmal. Selten, dass eine kritische Stimme zu Wort kommt wie die des Briten Jeremy Harding: „Es ist nicht schwer zu sehen, warum die Schlepper von Regierungen, Polizei und Presse gleichermaßen gehasst werden. Sie durchbrechen die Verteidigungslinien der Vereinigten Staaten und der Festung Europa und schleppen ein kriminelles Virus ins Gelobte Land der Reichen – eine Krankheit, die (so meinen wir wenigstens) ihren Ursprung in weiter Ferne hat. Als ich aber Ende der neunziger Jahre die Ankunft Hunderter von ‚clandestini' auf den Stränden Apuliens beobachtete, begann ich mich zu fragen, ob die Schlepper tatsächlich die moderne Inkarnation des Bösen sind. Ich zweifelte keinen Moment an ihrem äußerst ausgeprägten Geschäftssinn oder an ihrer Skrupellosigkeit im Umgang mit Menschenleben, aber ich lernte sie – dank Adem, dem ich in einem Durchgangszentrum für illegale Einwanderer bei Otranto begegnete – auch von einer anderen Seite sehen. Adem stammt aus Pristina... Auf dem Landweg gelangte er nach Albanien und bezahlte 1750 Mark für einen Platz in einem Schlauchboot... Adem erzählte mir in seinem stockenden, amerikanisch getönten Englisch, dass die Bootsführer – oder scafisti – ‚very good guys' gewesen seien... Als ... ein Schnellboot der italienischen Küstenwache auftauchte, machte er sich auf das schlimmste gefasst. Statt dessen hätten der Scafista und sein Gehilfe das Steuer herumgerissen und ihre Fracht im seichten Wasser abgesetzt. Das Polizeiboot kam gefährlich nahe... Adem war überzeugt, dass die Scafisti mit ihrem Vorgehen ein großes Risiko auf sich nahmen. Trotzdem dürfte der hilfreiche Schindler-Typus unter den Schleppern die große Ausnahme sein... Aber wenn diese zwielichtigen Geschäftemacher ihre Klienten erpressen, wenn sie sie betrügen oder in den Tod schicken, ist das lediglich eine marktwirtschaftliche Variante der grundlegenden Menschenverachtung, welche die Flüchtlinge von noch mächtigeren Feinden erfahren – von denjenigen, die sie unterdrücken und verfolgen, so gut wie von denjenigen, die sie gern außerhalb ihrer Landesgrenzen halten möchten. Schlepper sind lediglich Vektoren zwischen den zwei Polen der Geringschätzung, die am Ausgangs- und am Endpunkt des Fluchtweges stehen..." (Harding 2000).

Das ist aber noch lange nicht alles. Denn sollte noch etwas übrig sein, werden die letzten Ersparnisse nicht nur von den Schleusern genommen. So wie dem Iraner Nazaki und seiner Familie geht es vielen Flüchtlingen, die in die Hände des deutschen Bundesgrenzschutzes (BGS) fallen: „Kommerzielle Fluchthelfer hatten die Familie in einer Nacht im Dezember über die Grenze geführt. Doch noch im Grenzgebiet wurden sie vom BGS verhaftet. Herr Nazaki wird sichtlich erregt, wenn er über die 48 Stunden berichtet, die die Familie in BGS-Haft verbracht hat. Seine Erklärung, dass er nicht in den Iran zurückkehren könne, habe niemanden interessiert... Herr Nazaki sucht Quittungen hervor, die ihm ein BGS-Beamter kurz vor der Rückschiebung ausgehändigt hat. Er bewahrt sie säuberlich gefaltet in einer Plastikfolie auf. Von ‚Sicherheitsleistungen' und ‚Polizeikosten' ist darin die Rede. Der BGS hat für den zweitägigen Aufenthalt und für die Rückführung der fünfköpfigen Familie insgesamt 2600 Mark einbehalten" (John 2000). Welche Ausplünderung von rechtlosen Flüchtlingen ist nun „skrupelloser": die illegale und undemokratische ohne Quittung – oder die legale und demokratische mit Quittung?

Die Illusion vom „Wiederaufbau"

Je unduldsamer sich das demokratisch-kapitalistische Zentrum gegen die Massen der Herausgefallenen abschottet, desto weniger wollen seine Hüter wahrhaben, dass es sich bei den Krisenerscheinungen, die sie mit derart perfiden Methoden eindämmen wollen, um den Auflösungs- und Selbstzerstörungsprozess des warenproduzierenden Weltsystems handelt; also um den Untergang ihrer eigenen kapitalistischen Ontologie. Sie tun immer noch so, als ginge es nach dem Epochenbruch und dem Ende des Staatskapitalismus um die Schaffung einer „neuen" marktwirtschaftlich-demokratischen Welt, während es sich in Wirklichkeit um die Rückkehr zur ältesten sozialen Brutalität des kapitalistischen Realitätsprinzips handelt.

Was die Zersetzung des Weltsystems für die demokratischen Ideologen oberflächlich wie die positive Konstitution einer selbsttragenden neuen Weltgesellschaft aussehen lassen kann, ist die relative zeitliche Dehnung der Krisenprozesse und ihre Ungleichzeitigkeit. Zwar ist auch in dieser Hinsicht die historisch beispiellose, von der totalen Konkurrenz bedingte blinde Dynamik des Kapitalismus wirksam: Im Vergleich zur Auflösung früherer gesellschaftlicher Konstitutionen (etwa der altägyptischen, der römisch-antiken oder der sogenannten mittelalterlich-feudalen) ist die kapitalistische Weltgesellschaft auch in dieser Hinsicht einer ungeheuren Beschleunigung unterworfen. Aber andererseits hat sich entsprechend auch der Zeithorizont des kapitalistischen Bewusstseins verkürzt und auf die immer schnelleren Zyklen der Märkte und Moden zusammengezogen (am extremsten in der „Nanosekunden-Kultur" der Finanzmärkte), sodass eine über Jahre oder gar einige Jahrzehnte sich hinziehende Entwicklung schon jenseits des kapitalistischen Zeitbewusstseins liegt. In einer Welt, in der man „für fünf Minuten berühmt sein" kann, muss alles, was über die Saison- oder Jahresfrist und damit über den Radius des medialen Scheinwerferlichts hinausgeht, gewissermaßen eine „historische Dimension" annehmen, obwohl es in der wirklichen Dimension der Geschichte verschwindend sein kann. Wenn am Ende die „Epochen" nach Jahren oder gar Monaten gezählt werden, dann mag es tatsächlich zumindest für dieses reduzierte Bewusstsein eine „Epoche" der postmodernen, demokratisch-kapitalistisch vereinheitlichten Welt geben.

Die Realität der globalen Krisenverwaltung, reduziert auf ein repressives und blutiges „business as usual" bis zum Gehtnichtmehr, nimmt in diesem Sinne epochale Verlaufsformen an, die in ein „schwarzes Loch" der Zukunft münden; zumindest solange sich keine neue emanzipatorische Gegenbewegung erhebt, die diesen Namen verdient. Und für diese Epoche, die schon keine mehr ist, werden dementsprechend auch Strategien und Konzepte ausgearbeitet, die im globalen Zerfallsprozess Haltepunkte markieren und eine positive Perspektive suggerieren sollen. Zu den anspruchsvollen und zugleich begriffslosen Konflikttheorien, wie sie Glucksmann, Fukuyama oder Huntington formulieren, treten daher sekundäre Bewältigungskonzepte, die ebenfalls ideologisch angereichert werden. Im Unterschied zu den globalen kulturalistischen Konflikttheorien geht die illusorische Konzeptheckerei weniger von Intellektuellen im engeren Sinne aus, die sich saisonal berühmt machen, als vielmehr von den Wasserträgern der zweiten akademischen Reihe und vor allem von der politischen Klasse sowie der bürokratischen Funktions- und Verwaltungsintelligenz der kapitalistischen Apparate.

Ganz wie die intellektuellen Theorien der Weltlage und deren kulturalistisch beschränkte epochale Fehlbestimmungen sind auch die eine Schuhnummer kleineren Bewältigungs-Konzepte und -Ideologien wesentlich nostalgisch ausgerichtet: Ziehen sich die ersteren großenteils auf die falschen, längst ausgeleierten und bis zur Kenntlichkeit ihres repressiven Gehalts entpuppten Ideale der bürgerlichen Aufklärung im 18. Jahrhundert zurück, um damit den planetarischen Herrschaftsanspruch eines nicht mehr reproduktionsfähigen Kapitalismus zu legitimieren, so schielen die letzteren mangels Alternativen immer noch auf das Paradigma der Prosperitätsperiode in den kapitalistischen Zentren nach dem Zweiten Weltkrieg.

Zwar wissen es die Ökonomen besser und haben auch längst ebenso offen wie zynisch zugegeben, dass es für den größeren Teil der Menschheit keine „Beschäftigung", keine „Entwicklung" und keine Zukunft mehr geben wird, den zur ontologischen Menschheitsbedingung verdichteten Kapitalismus als gesellschaftliche Pseudo-Naturform vorausgesetzt. Aber das „business as usual" des demokratischen Ausgrenzungsimperialismus verlangt eben nach Konzepten, die irgendwie eine praktisch mögliche Perspektive vorgaukeln sollen, und so verbinden sich die wolkigen ideologischen Statements des westlichen Universalismus mit trügerischen, haltlosen Begrifflichkeiten von „Wiederaufbau", „Normalisierung", „Wiedereingliederung in die demokratische Völkergemeinschaft" usw. für die globalen Zusammenbruchs-, Plünderungs- und Bürgerkriegs-Regionen.

Das Wort, das sich dafür konzeptionell einstellt, inzwischen inflationär geworden ist und von demokratischen Außenministern, Sonderbeauftragten, NGO-Häuptlingen und Medienkaspern gewohnheitsmäßig abgeleiert wird, heißt „Marshall-Plan". Jene Wirtschafts- und Finanzhilfe, die von der aufsteigenden Supermacht USA nach dem Zweiten Weltkrieg dem zerstörten Deutschland zwecks Eingliederung in die neue Front des Kalten Krieges gewährt worden war, wird als leuchtendes Beispiel und ökonomisches Allzweck-Rezept ausgemalt, um für die Reintegration der ökonomisch verbrannten Zonen des Weltmarkts in „Marktwirtschaft und Demokratie" die Idee einer Art Starthilfe zu verbreiten und so zu tun, als handelte es sich dabei um ein bewährtes, jederzeit wiederholbares Mittel der Hilfe für die „armen Verwandten".

Schon das historische Original ist ein bloßer ökonomischer Mythos, der aus Gründen des ideologischen Wohlverhaltens im Sinne einer Westbindung der BRD erfunden wurde. In Wahrheit kam dem Marshall-Plan kaum mehr als symbolische Bedeutung zu. Der wirkliche take-off des Nachkriegsbooms war die militärisch vermittelte Konjunktur des Korea-Kriegs; und das nachfolgende sogenannte Wirtschaftswunder speiste sich aus den immanenten Potentialen der zweiten industriellen Revolution (Fordismus, „Automobilmachung" usw.) zur erweiterten betriebswirtschaftlichen Vernutzung menschlicher Arbeitskraft. Der Marshall-Plan hatte damit gar nichts zu tun. Und nichts davon ist heute wiederholbar. Die neue Weltkrise der dritten industriellen Revolution besteht ja gerade darin, dass das kapitalistische Potential zur Absorption von Arbeitskraft unter dem Eindruck der neuen mikroelektronischen Produktivkräfte erlischt, dass deshalb immer neue Massen von „Überflüssigen" erzeugt werden und immer größere Gebiete der Erde aus der Weltmarktfähigkeit herausfallen.

Da die offizielle Ideologie jedoch in dieser Hinsicht das Verhältnis von Ursache und Wirkung auf den Kopf gestellt hat und die gesellschaftlichen Zerfallsprozesse, die grassierenden Bürgerkriege, Gewaltexzesse und plünderungsökonomischen Strukturen nicht als Folge des Scheiterns am Weltmarkt begreifen will, sondern derartige Erscheinungen umgekehrt als mangelnde Orientierung am Weltmarkt und als kulturell vermittelte, selbstverschuldete Hindernisse für diese Orientierung darstellt, kann sie auch auf die Fata Morgana von nicht nur einem, sondern vielen „Marshall-Plänen" verweisen, die zumindest in politischen Absichtserklärungen und in medialen Kommentaren freigebig verteilt werden.

Von US- und noch mehr von EU-Politikern wurden „Marshall-Pläne" für das Kosovo, für Bosnien, nach der Absetzung von Milosevic für Restjugoslawien, ja überhaupt für die ganze Balkan-Region versprochen; dasselbe Versprechen wurde ins Spiel gebracht für Afghanistan, für den Nahen Osten und, weil man schon einmal dabei war, für den gesamten Elendskontinent Afrika – sodass der südafrikanische Präsident Mbeki beim G-8-Gipfel im Juni 2002 in Kanada gleich hoffnungsvoll einen neuen „Entwicklungsplan" der afrikanischen Länder namens Nepad (New Partnership for Africas Development) vorstellte, für den die G-8-Länder jährlich 64 Milliarden Dollar berappen sollen.

Dieser Inflation von Marshall-Plänen steht aber nicht nur die schnöde ökonomische Objektivität entgegen, dass mit noch so viel „Starthilfen" mangels Rentabilität kein Entwicklungsmotor mehr anspringt, weil das kapitalistische Weltsystem immer mehr Arbeitskraft abstößt, statt sie zu absorbieren. Dass eine bloß symbolische Hilfe kein selbsttragendes Wachstum auf den Weg bringen kann und nicht einmal ein Tropfen auf den heißen Stein wäre, weiß man im Grunde, auch wenn es niemand eingestehen will, und so werden die anvisierten Marshall-Plan-Hilfen zwar in vollmundigen

Absichtserklärungen gern vergeben, real jedoch herrscht angesichts der voraussagbaren Misserfolge der dürre Geiz, und die versprochenen Gelder werden nur stockend, widerwillig und regelmäßig in viel kleinerem Umfang als versprochen ausbezahlt.

Diese böse Erfahrung musste auch der Habermas-geschulte demokratische Schönling Zoran Djindjic machen, der zum Liebling der westlichen Medien avancierte, solange er als telegener Star einer „demokratischen Opposition" gegen das Milosevic-Regime dienen konnte. Seitdem er jedoch an der Spitze eines brüchigen Fassadenstaats amtiert, ist die demokratische Freundschaft ziemlich zugeknöpft: „In Interviews äußert der serbische Ministerpräsident Zoran Djindjic seinen Unmut darüber, dass zugesagtes Geld zum Wiederaufbau aus den USA und der EU für Jugoslawien nicht gezahlt bzw. für andere Zwecke verwendet wird... Im Rahmen des Balkan-Stabilitätspaktes seien seinem Land mehrere Milliarden Mark versprochen worden, doch bislang seien in Serbien nur etwa 400 Millionen Mark angekommen, die komplett für Energielieferungen ausgegeben werden mussten... Einen Tag nach der Auslieferung Milosevics hatte die Brüsseler Geberkonferenz, an der 42 Staaten und 26 internationale Organisationen teilnahmen, der Bundesrepublik Jugoslawien ... Soforthilfen in Höhe von 1,3 Milliarden Dollar zugesagt... Doch jetzt präsentieren die Diplomaten der ‚Geberländer' beim Öffnen ihrer Koffer nicht Bargeld in Bündeln, sondern alte Schuldscheine. Und sie erklären dem Ministerpräsidenten, der vorrangige Verwendungszweck des in Aussicht gestellten Geldes läge nicht in Soforthilfe, sondern in der Begleichung jugoslawischer Altschulden" (Thörner 2001).

Mit anderen Worten: Djindjic und Konsorten sind vom Westen um den größten Teil des Kopfgelds für die gewaltsame Auslieferung der Unperson Milosevic geprellt worden. So sind sie eben, die demokratischen „Geberländer" und „Geberkonferenzen". Neben viel nichtssagendem Wortgeklingel über „Quick-Start"-Pakete, „Arbeitstische" für ökonomische Wiederaufbau-Projekte oder eine ominöse „Task Force Good Governance" (unter Vorsitz des Europarats) müssen die einschlägigen akademischen Fleißarbeiten wie nebenbei und lapidar feststellen: „(Weltweit) hat man mit dem Geberverhalten nicht immer nur gute Erfahrungen gemacht: Bis zu einem Drittel der international zugesagten Mittel wird nie ausbezahlt. Häufig vergeht viel Zeit, bis versprochene Finanzhilfen und Kredite freigegeben und in konkrete Projekte umgesetzt werden können" (Calic 2001, 14 f.). Nur um dann salbungsvoll über den „Stabilitätspakt für Südosteuropa" hinzuzufügen: „Seine prominenteste Aufgabe bleibt, das komplexe, herausfordernde Thema Südosteuropa weiter auf der internationalen Tagesordnung zu halten und alle Partner beharrlich an ihr im Sommer 1999 gegebenes Versprechen zu erinnern: die Stabilisierung der Region durch Integration zu fördern" (Calic, a.a.O., 16).

Diese Mischung aus Hilflosigkeit und Zynismus liegt in der Sache selbst: Die ökonomischen Projekte, soweit sie überhaupt real existieren, haben keinen Funken eigenes Leben (sprich: Weltmarktfähigkeit), sondern sind reine Zombie-Projekte, die nur durch monetäre Transfusion von außen zum Scheinleben gebracht werden. Die Scheu der „Geber", in ein Fass ohne Boden zu schöpfen, ist wohlbegründet; aber die Gründe dürfen nicht laut ausgesprochen werden, weil sie das Systemversagen der globalen Marktwirtschaft ausdrücken und die gesamte „Wiederaufbau"-Propaganda des Westens und seiner lokalen Kreaturen dementieren würden. Und dieser Propaganda wiederum bedarf es, um den Versuchen des demokratischen Ausgrenzungs-Imperialismus, die Elendsmigration aus den Krisen- und Zusammenbruchsgebieten einzudämmen, eine Scheinperspektive zu geben.

Anfangs, direkt nach den Eroberungen und Besetzungen durch „Friedenstruppen" und nach den jeweiligen (erzwungenen) diplomatischen „Friedensschlüssen" wie etwa der Bosnien-Befriedung in Dayton, signalisieren westliche Firmen regelmäßig ihr brennendes Interesse am „Wiederaufbau" – aber nur deswegen, weil sie bei den internationalen Hilfsgeldern abzusahnen hoffen, nicht weil sie ernsthaft an eine dauerhafte Marktpräsenz glauben. Deutsche Unternehmen spekulierten so auf Finanzierungen nach dem Muster der in die BRD eingegliederten ostdeutschen Zombie-Ökonomie, die mit jährlich rund 200 Milliarden Mark bzw. inzwischen 100 Milliarden Euro direkt oder indirekt subventioniert wird. Dass etwa Volkswagen in seiner zerschossenen und demontierten Ex-Fabrik in Sarajewo die Reanimation einer kleinen Autoproduktion nicht aus Gründen irgendeiner Marktfähigkeit betrieben hat, war von Anfang an klar: „So wie früher wird es in Vogosca sowieso nicht wieder werden. ‚Wir können in Sarajevo zu Weltmarktbedingungen keinen Golf mehr bauen', sagt VW-Manager Stolz. Die kaputten Maschinen ... ließen sich wohl schnell ersetzen, aber ob und wie die ökonomischen Rahmenbedingungen wieder repariert werden können, weiß heute niemand. Das sozialistische Jugoslawien war ein großer, nach außen abgeschotteter Markt. VW konnte von Ljubljana bis Skopje das ganze Land beliefern, ohne Grenzen und Konkurrenten; auch die Zulieferer kamen aus ganz Jugoslawien. Heute könnte VW von Vogosca aus seine Autos gerade im Dreieck Sarajevo – Tuzla – Zenica ohne größere Probleme verkaufen, einem Raum, in dem gerade noch so viel Menschen leben wie im Ballungsgebiet Hamburg. Dafür baut man keine Autoproduktion auf" (Piper 1996).

Im Klartext: Die alte „sozialistische" Subventionierung, die am Weltmarkt gescheitert ist, könnte nur abgelöst werden von einer neuen Subventionierung durch die internationalen Hilfsgelder der „Marshall-Pläne". Bei 50 bis 90 Prozent offizieller Arbeitslosigkeit in den oberflächlich „befriedeten" Regionen ist an einen Binnenmarkt sowieso nicht zu denken, schon gar nicht für Autos. Und da die „Marshall-Pläne" eben ausbleiben, schrumpfen rasch auch die unternehmerischen Hoffnungen, von einem subventionierten „Wiederaufbau" profitieren zu können. „Goldgräbergebiet wird zum Groschengrab", titelte das „Handelsblatt" hinsichtlich des eroberten Kosovo ernüchtert, um dann eine traurige ökonomische Realität feststellen zu müssen: „Zusammen mit der BAO Berlin-Marketing Service GmbH, einem Ableger der Industrie- und Handelskammer (IHK), wurde... die ‚Berliner Initiative Aufbau Kosovo/Balkan' gegründet. Sie beschränkt sich auf das unter deutschem Bundeswehr-Schutz stehende Gebiet rund um Prizren. Anfang August dann die Ernüchterung, als eine Delegation drei Tage lang die Region besuchte. ‚Da ist nichts zu holen', erinnert sich Michael Schütthoff von der Deutschen Babcock an die Reaktionen der Rückkehrer. ‚Ich sehe da wenig Möglichkeiten, unternehmerisch tätig zu werden. An Geschäfte ist nicht zu denken', schloss er aus den Berichten. So erging es jüngst auch einer Dortmunder Delegation, die ebenfalls frühzeitig eine konzertierte Aktion zum Kasse machen im Kosovo startete" (Löwer 1999).

Außer Spesen nichts gewesen. Inzwischen haben sich, um das Bild der wirklichen ökonomischen Weltlage zu vervollständigen, die hoffnungsvollen Kosovo-Prospektoren der deutschen Hauptstadt selber aus der Ersten Liga des Weltmarkts verabschiedet: Knapp drei Jahre nach den Prizren-Trip ist Berlin ebenso bankrott wie die Deutsche Babcock. Was an einheimischen Unternehmens-Initiativen übrig bleibt, war von Anfang an kläglich und ist es geblieben, weil abgesehen von der Rentabilität schon die minimalsten Rahmenbedingungen fehlen. Weiterhin gilt, was zum Beispiel für die einstige Perle der Adria schon 1997 festgestellt werden musste: „Nennenswerte Industriebetriebe gibt es in Dubrovnik nicht, dürfte es auch in Zukunft kaum geben. Der Präfekt befürwortet den Aufbau einer biologischen Landwirtschaft... Das Klima ist dafür günstig und der fruchtbare Boden unverseucht – wenn man einmal von den noch immer herumliegenden Tretminen (!) absieht" (Bender 1997). Wenige Jahre später klingen die Berichte über das Kosovo unter westlicher Schutzherrschaft noch trister: „Von den sechs Straßen, die über die Grenzen ins Ausland führen, gehen zwei nach Serbien und sind für Kosovo-Albaner aus politischen Gründen unpassierbar. Auf einer Straße nach Albanien lauern Banditen, eine andere führt durch schroffes Gebirge nach Montenegro bis zur entlegenen kroatischen Küste, und zwei gehen ins krisengeschüttelte Mazedonien... Sämtliche Straßen müssten eigentlich repariert werden. Im Kosovo sind nach wie vor Stromversorgung und Telefonverbindungen schlecht. Die Züge fahren nicht. Und der Flughafen entspricht nicht den kommerziellen Standards" (Farnam 2001).

Die Bilder vor Ort sprechen Bände: Kein „Wiederaufbau", nirgends. Nicht einmal Massaker-Orte wie Srebrenica, die einst für den Westen propagandistischen Mehrwert abwarfen, werden als symbolische Potemkinsche Dörfer für die Weltmedien hergerichtet, so wenig ernsthaft ist der Wille, die eigenen Versprechungen und Prognosen für bare Münze zu nehmen: „Als hätten die serbischen Truppen erst gestern die Kriegskulisse Srebrenica geräumt, dominieren in der nun zur Republika Srpska gehörenden Kleinstadt noch immer zerschossene und ausgebrannte Häuserfassaden. Einziges Zeichen des Wiederaufbaus ist ein Betonmischer vor der neuen Moschee, die von einer malaysischen Hilfsorganisation (!) finanziert wird" (Flottau/Kraske 2002).

Diese Bilder gleichen sich in allen von NATO- oder UNO-Truppen oberflächlich „befriedeten" Zonen wie ein Ei dem anderen. Nirgendwo wächst auch nur die zarteste marktwirtschaftliche Pflanze nach, die aus sich heraus zur Weltmarktfähigkeit reifen könnte. Außer den offiziellen Zombie-Projekten gibt es lediglich kümmerlichste Subsistenzwirtschaft in den ländlichen Räumen und die auch unter westlicher Aufsicht fortdauernde Einbindung in transnationale Mafia-Strukturen, wie sie mit der Plünderungsökonomie verbunden oder aus dieser hervorgegangen sind. Lediglich auf dem Papier bestehende Staaten des Wohlverhaltens wie Albanien oder Montenegro leben nach wie vor der NATO-Intervention und zeitweiligen Besetzung großenteils vom Zigaretten-, Drogen- und Waffenschmuggel sowie Frauenhandel über die Adria.

Die Phantom-Ökonomie des humanitär-industriellen Komplexes

Neben den wenigen Vorzeigeprojekten und der Fortsetzung der Plünderungs- und Elendsökonomie bildet sich allerdings eine zweite Phantom-Ökonomie heraus, die nicht von den sowieso kaum jemals real eintreffenden Geldern der bloß propagandistischen „Marshall-Pläne" gebildet wird, sondern schlicht von der unmittelbaren westlichen Präsenz in den „befriedeten" Zonen. Bosnien war und ist der Prototyp dieser abhängigen Sekundär-Ökonomien unter NATO- oder UN-Verwaltung: „Ein wichtiger Wirtschaftsfaktor sind auch die Ifor-Truppen. Die Soldaten sichern nicht nur Frieden und öffentliche Ordnung, sie haben auch Geld und geben es aus. Die ersten Straßencafés und Kneipen hatten in Sarajevo schon bald nach dem Ende der serbischen Belagerung wieder geöffnet; dank der Nachfrage aus den Militärcamps sieht die Fußgängerzone heute fast wie im Frieden aus. Von April bis Mai erhöhte sich das durchschnittliche Monatseinkommen um fünfzig Prozent – von 80 auf 120 Mark; die Differenz zum Existenzminimum von 300 Mark müssen humanitäre Hilfe und Einkünfte aus dem Schmuggel schließen" (Piper 1996).

Die dauerhafte Präsenz von westlichen Besatzungssoldaten alias „Friedenstruppen" mit Dollar- oder Euro-Einkommen (plus Zuschlägen für den Einsatz in „Krisovo"-Gebieten) wird auf diese Weise nicht zu einem Wirtschaftsfaktor neben anderen, sondern zur tragenden Säule der Reproduktion überhaupt, die das System der Plünderungsökonomie ganz oder teilweise ablöst. Hinzu kommen nicht nur die „humanitären Hilfslieferungen" der billigen westlichen Mildtätigkeit in Form von physischen Gütern (von Altkleidern bis zu Medikamenten, deren Verfallsdatum abgelaufen ist), sondern auch die westlichen Hilfsorganisationen selbst und deren Aktivisten, Beamte, Beschäftigte usw., die ebenfalls vor Ort einen Teil ihrer Gehälter für persönliche Bedürfnisse ausgeben. Soldaten und Hilfsorganisationen bilden so durch ihre schiere Anwesenheit die Basis einer sekundären, rein von außen in den toten Leib der einheimischen Wirtschaft gepumpten Zombie-Ökonomie.

Aus dem so verdienten Geld finanzieren die Einheimischen zum Beispiel die Reparatur ihrer Wohnungen (soweit überhaupt Baumaterial zu ihnen gelangt), ohne dass damit auch nur die geringste eigenständige Wirtschaftstätigkeit zustande käme. Der „Markt" wird fast ausschließlich durch die Geldeinkommen der westlichen personalen Repräsentanz generiert: „Doch der Wohnungsbau blüht geradezu im Vergleich zur Situation der Betriebe. Auch noch dreieinhalb Jahre nach Kriegsende passiert in der bosnischen Wirtschaft so gut wie nichts... Das einzige in Sarajevo erfolgreiche ausländische Unternehmen scheint der Speditionsdienst DHL zu sein: Er versorgt die Ausländer. Auch ohne die allgegenwärtigen SFOR-Soldaten leben in Sarajevo 15.000 Fremde. Ob die von ihren Organisationen angebotene Hilfe wirkt, mag man bezweifeln. Durch ihren persönlichen Konsum (!) halten die nützlichen Ausländer jedoch die 400.000-Einwohner-Stadt am Leben. Charles Lyon von der US-Denkfabrik International Crisis Group schätzt, dass die Geldausgaben der Ausländer 42 Prozent des gesamten Monatseinkommens der Einheimischen ausmachen" (Ginsburg 1999).

Die 90er Jahre haben im Wechselspiel von Scheitern am Weltmarkt, daraus folgenden ökonomischen Zusammenbrüchen, Bürgerkriegen und Plünderungsökonomie, westlicher Militärintervention, Besatzungsregimes und Objektivierung der jeweiligen Regionen zum Schauplatz von westlichen „Hilfsorganisationen" jene Sekundärökonomie hervorgebracht, die in doppelter Weise pervers ist: Einerseits tritt vor Ort an die Stelle einer eigenen ökonomischen Reproduktion die totale Abhängigkeit von der Präsenz der ausländischen „Helfer", Administratoren, Militärs usw. und deren persönlichem Konsum; andererseits bildet diese perverse „Hilfe" gleichzeitig ein eigenes ökonomisches Interesse aus, nicht zuletzt genährt von der ökonomischen Krise im Westen selbst.

Wie in den westlichen Kernländern ein gewisser Typus von (zunehmend „privatisierter") sogenannter „Sozialarbeit" von staatlichen Geldern schmarotzt, um das Heer der Arbeitslosen zu schurigeln und mit oft nur absurden „Maßnahmen" zu demütigen, so schmarotzt ein ähnlicher Typus der (ebenfalls zunehmend „privatisierten") globalen Krisenverwaltung und Pseudo-Hilfe von den Geldern internationaler Organisationen, Spendengeldern usw., um in den dahinsiechenden Besatzungszonen des westlichen Weltordnungskriegs ein übles „Regime der Hilfe" zu errichten: „In Sarajevo und Zagreb hat die United Nation Protection Force (UNPROFOR) Ende der 90er Jahre ca. 10 Mio. Dollar im Monat für Löhne und Gehälter, für Dienstleistungen und die Anmietung von Unterkünften ausgegeben. Zweifelsohne sind die Hilfsorganisationen der größte Arbeitgeber Bosniens... Im Kosovo trug die massive und keineswegs uneigennützige Präsenz ausländischer Hilfsstrukturen in nicht unerheblichem Maße dazu bei, dass die Reste der kosovarischen Zivilgesellschaft, die der Vertreibungspolitik Milosevics entgehen konnten, endgültig an den Rand gedrängt wurden. Aus unabhängigen Intellektuellen, Menschenrechtsaktivisten und Experten für Primary Health Care wurden Fahrer, Dolmetscher und Angestellte im Dienst der Hilfsorganisationen" (Gebauer 2002).

Die Niedertracht der kapitalistischen Weltgesellschaft zeigt sich auch darin, dass sie nicht nur die von ihr selbst verursachten sozialökonomischen Zusammenbrüche von oben herab verwaltet und die von ihr selbst ins Elend gestürzten Menschen in Objekte ihrer heuchlerischen „Hilfe" verwandelt, sondern dass sie sogar noch diese „Hilfe" als eigenen Geschäftszweig ausbeutet und damit die Krise selbst zum Marktgegenstand macht. Ideologischer Marktradikalismus, Globalisierungs- und Privatisierungsgewinnler, Kriegsgewinnler und „Hilfs"-Organisationen aller Art gehen eine unheilige Allianz ein, die in vieler Hinsicht eine Art sekundäre Kolonialverwaltung hervorbringt und gleichzeitig unmittelbarer Ausdruck des totalitären Ökonomismus wie eines Prozesses ist, der ihn ad absurdum führt: „Bedenklich stimmt dabei auch, dass die Hilfswerke selbst zu den Profiteuren der Bürgerkriegsökonomien zählen. Humanitäre Hilfe gilt längst als spenden- und publicity-trächtige. Die große Hilfsbereitschaft, die es zum Glück noch immer in der Bevölkerung gibt, wird mehr und mehr von einem neuen ‚Hilfsbusiness' ausgenutzt, das seit einigen Jahren mit großen Zuwachsraten boomt. Jenseits aller Moral wird Hilfe als bloße Ware gehandelt. Wenn internationale Hilfswerke noch während der Bombardierung Afghanistans die Claims für spätere Hilfs- und Wiederaufbaumaßnahmen abstecken, wenn die Planung und Gewährung von Nothilfe unter dem Diktat des Marketing steht, wenn findige Geschäftsleute während des Golfkriegs uralte, dafür aber hebräisch beschriftete Gasmasken zur Lieferung an das von irakischen Scut-Raketen bedrohte Israel anbieten, dann ist darin nur eine besonders krasse Blüte eines Geschäfts auszumachen, das von den üblichen Gesetzen des Marktes beherrscht wird... Auch die Medien haben das erkannt und begonnen, eigene Hilfsorganisationen aufzubauen. So RTL mit seiner Stiftung ‚Hilfe für Kinder', die 1997 entstand. Statt klarer Rollenverteilung sind hier die Vorboten eines selbstreferenziellen ‚Humanitär-Industriellen-Komplexes' auszumachen, der in der Zukunft droht" (Gebauer, a.a.O.).

Sexuelle Gewalt- und Elendsökonomie

Ist der „Wiederaufbau" in den militärisch „befriedeten" Zusammenbruchsregionen eine ökonomische Farce und der sekundäre Kolonialismus von Krisenverwaltung, Regime und Business der „Hilfe" die wahre Realität, so kann es kaum verwundern, dass damit eine entsprechende demokratische Herrenmenschen-Mentalität einhergeht. Dazu gehört nicht zuletzt, dass Frauen und Kinder beiderlei Geschlechts in den Befriedungszonen von den Beschützern und Helfern zunehmend als sexuelles Freiwild betrachtet werden. Im „wilden Osten" und im „wilden Süden" des globalen Krisenkapitalismus lassen die wohlerzogenen Repräsentanten von westlichem Universalismus, „demokratischer Völkergemeinschaft", „Rechtsstaatlichkeit und Rechtssicherheit" usw. regelmäßig alle Hemmungen fallen und liebäugeln, Dollar- und Euro-gespickt, wie sie sind, mit den Lustbarkeiten anomischer Zustände: „Viele ‚Helfer' – vom Peace-Keeper unter UN- oder Nato-Kommando über den LKW-Fahrer für das Flüchtlingshilfswerk bis zum internationalen Polizeiausbilder – halten bei ihren Einsätzen den Bordellbesuch für ihr Recht" (Böhm 2000 a).

Je hysterischer in der westlichen Mittelstands-Intelligentsia die projektive Modediskussion über „sexuellen Missbrauch" grassiert, desto rücksichtsloser nehmen sich ihre Vertreter in den Protektoraten der globalen kapitalistischen Apartheid schamlos das reale Recht dazu heraus. Und je mehr sich die westliche Propaganda als Beschützerin der Frauenrechte gegen den islamischen Fundamentalismus in die Brust wirft, desto brutaler krallen sich ihre Exekutoren die Frauenkörper als billige Ware, kaum dass sie die „Unrechtsregimes", „Terroristen" usw. vertrieben haben: „In Mazedonien ist Prostitution verboten. Trotzdem sind die mazedonischen Puffs ein Wirtschaftsfaktor erster Ordnung. Knapp 50.000 Kfor-Soldaten im Kosovo, in Mazedonien und Albanien sowie rund 7.000 Mitarbeiter von internationalen Organisationen, Uno und privaten Hilfswerken, fast alle mit Taschen voller D-Mark und Dollar – das ist für ein armes Land wie Mazedonien ein veritables Konjunkturpotenzial. Es gibt hier Dörfer, die fast ausschließlich vom Sex-Business leben. In Vrutok bei Gostivar kommt eine Hure auf vier, in Velesta bei Tetovo eine Hure auf drei Einwohner. Freier in Uniform kommen hauptsächlich aus dem nahen Kosovo herüber… Polizei und Behörden greifen selten in die Schmutzgeschäfte ein. Im Kosovo können die Frauenhändler selbst in den Flüchtlingslagern unbehelligt operieren. Die Prostitution ist ein florierendes Geschäft. Und sonst floriert seit dem Kosovo-Krieg in Mazedonien fast gar nichts mehr, was Sozialprodukt bringt" (Wiedemann 2001).

Es wäre schon schlimm genug, wenn Frauen sich aus blanker Not selbst an die westlichen „Friedensengel" und „Beschützer" verkaufen müssen. Aber schlimmer noch ist, dass ein Großteil der Prostitution in den UNO- und NATO-Protektoraten, Flüchtlingslagern usw. auf nacktem Zwang beruht. Nicht nur in Bosnien, im Kosovo, in Serbien, Mazedonien usw., sondern auch in den umliegenden osteuropäischen Staaten wie Bulgarien, Ungarn oder Rumänien, die der sozialökonomischen Misere ausgeliefert sind, werden Frauen und Mädchen regelrecht auf der Straße weggefangen, müssen sich zwecks Begutachtung nackt auf Tische stellen und anschließend versteigern lassen, um die „persönlichen Bedürfnisse" des zahlenden westlichen Friedenspersonals zu befriedigen und die Taschen ihrer Gewaltzuhälter zu füllen.

Dabei werden die Opfer immer jünger, weil die demokratischen Freiheits- und Marktwirtschaftsengel zunehmend auf den Geschmack frischen Kinderfleisches gekommen sind: „Eine 16-jährige Hure namens Sesil hat kurz vor Weihnachten den Branchenfrieden nachhaltig erschüttert. Sesil enthüllte in einem ARD-,Weltspiegel'-Interview, dass sie zwölf Jahre alt war, als sie zum ersten Mal auf den Strich geschickt wurde, und dass sie als 15-Jährige in Tetovo vor allem olivgrüne Jungs von der dort stationierten Nachschubeinheit der Bundeswehr bedient hat… Der Balkan hat zwar seine eigenen Wertmaßstäbe. Aber Kinderprostitution gilt auch in Mazedonien prinzipiell als schwerer Regelbruch. Nur, die Invasion der Fremden mit den hohen Auslandszulagen hat die alten Maßstäbe erschüttert. Heute sind hier, grob geschätzt, um die 20 Prozent der Freudenmädchen noch nicht volljährig... Keine Frage, die Kommandeure wissen alles, was sich rings um die Standorte abspielt. Im Verfahren gegen Feldwebel Frank Ronghi aus Ohio, der im Kosovo ein elfjähriges Mädchen vergewaltigt und getötet hatte, zitierte die Verteidigung einen Offizier des 504. Fallschirmjägerregiments mit dem Satz: ‚Was hier stattfindet, ist Apocalypse now'..." (Wiedemann 2001).

Nicht anders als in den südosteuropäischen NATO-Protektoraten geht es in den zahlreichen afrikanischen Flüchtlingslagern zu, die unter UNO-Verwaltung stehen. Die Lager in Kenia, Tansania, Liberia, Guinea, Sierra Leone usw. mit Millionen von Flüchtlingen sind zum „Geschäftsfeld" für Blauhelme und UNHCR-Mitarbeiter geworden: „Zwischen 1500 und 6000 Dollar verlangten sie für die Ausstellung von gefälschten Dokumenten. Ihren Opfern versprachen sie eine Ansiedlung als Verfolgte in einem sicheren Drittland wie den Vereinigten Staaten, Großbritannien oder Australien" (Thielke 2002). Gleichzeitig geht das Erzwingen von sexuellen Dienstleistungen durch die Repräsentanten von „Marktwirtschaft und Demokratie" in den afrikanischen Lagern noch direkter vor sich als auf dem Balkan. Die Prostitution ist hier gar kein eigenes Geschäft mehr, sondern vollzieht sich unmittelbar im Austausch gegen die Aushändigung von Hilfsgütern wie elementaren Nahrungsmitteln: „Hauptsächlich betroffen: Mädchen zwischen 13 und 18 Jahren, aber auch einige Jungen, die von älteren Frauen missbraucht worden sein sollen. ‚Wenn du keine Frau oder Schwester oder Tochter hast, die du den Helfern anbieten kannst, wird es schwierig, an Hilfsgüter zu kommen', berichtete ein Flüchtling den Ermittlern. Eine Frau sagte: ‚In unserer Gemeinde kommt niemand an Sojamehl, ohne vorher Sex zu haben. Sie sagen: Ein Kilo für Sex'..." (Thielke, a.a.O.).

Je mehr Anti-Korruptionskampagnen die diversen Hilfsorganisationen führen, desto korrupter werden sie selbst. Der Verlust jeder Perspektive, die Degradation zum verlängerten Arm des Ausgrenzungsimperialismus und die völlige moralische Verwahrlosung sind der unvermeidliche Preis für den lobbyistischen Pragmatismus, wie er die NGO seit den 90er Jahren bestimmt. Die Akzeptanz des kapitalistischen ökonomischen Diktats musste dem noch so gut gemeinten Hilfswillen das Genick brechen. Ohne radikale Gesellschaftskritik, ohne grundsätzliche Nicht-Akzeptanz des herrschenden Systems ist in Wahrheit auch keine pragmatische Hilfe möglich. Der reine, im Grundsätzlichen kritiklose Pragmatismus, der sich tatsächlich blauäugig auf das völlig haltlose „Wiederaufbau"-, „Integrations"- und „Marshall-Plan"-Gerede verlässt, erstickt schließlich an sich selbst. Er schlägt durch die nicht zu verdrängende negative Realität, an die er sich anschmiegen möchte, entweder in ideologischen demokratischen Fanatismus um oder in jene zynische Korruption, die auch vor Kinderschändung nicht mehr zurückschreckt.

So ekelhaft das Befriedungs- und „Hilfe"-Business in allen seinen Erscheinungsformen auch sein mag, so ökonomisch haltlos ist es letzten Endes. Es gleicht einer parasitären Wucherung auf einem verfallenden Körper, die mit diesem zusammen sterben muss. Auch darin zeigt sich die Verwandtschaft mit der Plünderungsökonomie. Weder in den „Empfänger"- noch in den „Geber"-Ländern entspringt daraus auch nur eine einzige kapitalistisch „wertschöpfende" Produktion. Sämtliche in diesen Prozess eingebundenen Geldeinkommen und „Arbeitsplätze", von den Blauhelm- oder Sfor-Soldaten bis zu den Aufbauhelfern, Polizeiausbildern, Verteilern von Hilfsgütern usw., bis zum einheimischen Personal und bis hinab zur Kinderprostitution sind ausnahmslos abgeleitet aus unproduktiven Fonds der Militärbürokratien, der Haushalte internationaler Institutionen, von Spendensammlungen etc. Und auch diese wieder stammen kaum mehr aus der Besteuerung produktiver Einkommen, sondern großenteils und zunehmend aus abgeleiteten Geldern des neuen Finanzkapitalismus, sprich: der globalen Finanzblasen, die selber schon Krisenerscheinungen des kapitalistischen Weltsystems darstellen.

Deshalb steht der gesamte Prozess von Befriedung, „Hilfe" und Pseudo-Wiederaufbau auf noch wackligeren ökonomischen Füßen als die unmittelbar militärischen Operationen der demokratischen Weltordnungskriege. In jeder Hinsicht setzt die finanzielle Schmerzgrenze das Limit. Die gesamte planetarische Krisenwelt als Einsatzterritorium ist sowohl für die Weltpolizei wie für den „humanitär-industriellen Komplex" illusorisch. So hangelt man sich von Fall zu Fall, von Monat zu Monat, von Skandal zu Skandal, von Katastrophe zu Katastrophe.

Vom Pufferstaat zum Ethno-Zoo

Unter der dunklen Wolke der fortschreitenden Weltkrise des warenproduzierenden Systems zeichnen sich dabei allmählich Konturen einer weiter aufgefächerten Differenzierung in den Zonen der globalen Apartheid ab, die zu Vorgaben für den demokratischen Ausgrenzungsimperialismus werden. Jede dieser Zonen ist wieder in sich differenziert in Gewinner und Verlierer, in Subzonen des relativen Reichtums und der relativen oder absoluten Armut. Überall ist das globalisierte Kapitalverhältnis und überall ist die Apartheid, aber in abgestuften Verhältnissen von Krise und Ausgrenzung.

Das imperiale Zentrum wird natürlich durch die kleine Minderheit der G-7-Staaten gebildet, die längst in sich ihre eigenen Armutszonen, Slums und Risikogebiete hervorgebracht haben. Nächstes Ziel für den Ausgrenzungsimperialismus ist es, dieses Zentrum nicht nur durch Mauer und Stacheldraht, Schießbefehl und Menschenjagd gegen die globale Elendsmigration abzuschotten, sondern möglichst einen Ring von „Pufferstaaten" zu bilden.

Als Pufferstaaten können zum Beispiel Mexiko, Tunesien, Marokko, die Türkei, Kroatien, Polen, Ungarn, Tschechien, Rumänien und Bulgarien gelten. Ein solcher Pufferstaat erhält in der Regel gerade noch eine staatliche und nationalökonomische Fassade aufrecht, seine Leistungsbilanzdefizite werden von Zeit zu Zeit (das heißt von Finanzkrise zu Finanzkrise) von IWF und Weltbank alimentiert, sein Polizei- und Militärapparat wohlwollend gesponsert, seine Repräsentanten auf Regierungsebene anerkannt. Für den Ausgrenzungsimperialismus haben diese Pufferstaaten eine doppelte Funktion: Einerseits dienen sie als „heimatnahe Fluchtabwehr", indem sie gewissermaßen im Vorfeld des Limes grenzwächterische Aufgaben selbständig ausführen und dabei noch brutaler vorgehen dürfen als ihre demokratischen Herren. Andererseits, soweit diese vorgelagerte Grenzziehung versagt, dienen sie als „heimatnahe Fluchtalternative", das heißt, sie sollen den nicht abzuwehrenden Teil der Flüchtlingsmassen absorbieren und in Lagern festhalten, bevor diese die Grenzen des imperialen Zentrums überschreiten.

Die Krise und die daraus resultierenden gesellschaftlichen Erschütterungen reißen aber immer größere Löcher in diesen Ring der Pufferstaaten, sodass das imperiale Zentrum unmittelbar militärisch-weltpolizeilich und mit „Weltsozialarbeitern" eingreifen muss, ohne dass eine staatlich-nationalökonomische Fassade aufrecht erhalten werden kann. Zwar wird diese Option rhetorisch weiter beschworen, aber in Wahrheit gibt es in allen Fällen der mehr oder weniger befriedeten Notstandsgebiete kein Zurück zum Status des Pufferstaats mehr. In dieser Hinsicht steht Serbien ähnlich wie Albanien auf der Kippe, während Bosnien, das Kosovo, im wesentlichen auch Mazedonien bereits heruntergefallen sind. Ähnliches deutet sich in weiten Teilen von Mittelasien und Ostasien, im pazifischen Raum und in Afrika an.

Die aus dem Status des Pufferstaats herausgefallenen Länder und Regionen gehen dauerhaft in den Status eines Protektorats oder Semi-Protektorats von UNO und zunehmend direkt der NATO über. So ist Bosnien ein Gebilde aus zwei Teilstaaten und drei sogenannten Volksgruppen, das jedoch in keiner einzigen Hinsicht selbständig lebensfähig ist und de facto von einem „Hohen Repräsentanten" und dessen Stab regiert wird, dem „Office of the High Representative" (OHR), gestützt auf die westliche Militärpräsenz. Dabei ist es egal, auf welcher institutionellen Grundlage das Protektorat im Einzelfall verwaltet wird, ob von Gremien der UNO oder der NATO, der EU etc. Für Bosnien etwa wurde das Mandat des „Hohen Repräsentanten" nach dem Abkommen von Dayton formal durch einen sogenannten „Friedens-Implementierungsrat" vergeben, dem 55 Staaten und internationale Organisationen angehören. Institutionell befindet sich der Status des Protektorats im Stadium des prekären Experimentierens. In dieser Hinsicht wird das Kosovo als „Labor westlicher Politik" (Neue Zürcher Zeitung, 25.3.2000) bezeichnet, sprich: des demokratischen Ausgrenzungsimperialismus.

Jenseits der Pufferstaaten, Protektorate und Semi-Protektorate breiten sich die dunklen Zonen der völligen Barbarisierung aus, die bereits als die neuen „terrae incognitae" (Rufin 1991) bezeichnet worden sind. In sozialer und subkultureller Hinsicht findet sich die „terra incognita" überall, auch innerhalb des Zentrums. Was in den Welten der Herausgefallenen vor sich geht, wird von den Rastern der offiziellen Verwaltung, der Medien, der akademischen Forschung großenteils nicht mehr erfaßt. Je weiter man sich vom Zentrum entfernt, desto mehr geht die jeweilige „terra incognita" auch in einen tatsächlich territorialen Zustand über, der sich quer durch die formale Staatenwelt zieht. Zentrum, Pufferstaat, Semi-Protektorat, Protektorat, terra incognita: In dieser Abstufung stellt sich zumindest in einem bestimmten Stadium des globalen gesellschaftlichen Zerfallsprozesses die Welt der demokratischen Apartheid und ihrer Barbarei dar.

Wobei allerdings klar sein muss, dass erhebliche Teile der zerfallenden Staatenwelt keineswegs bruchlos in diesem Muster aufgehen: Die militärisch nicht befriedbaren, sondern nur auf ebenso diffuse wie hochgefährliche Weise post- und pseudopolitisch einzubindenden, atomar bewaffneten Armutsstaaten wie Russland, China, Indien und Pakistan fallen aus dieser Zuordnung heraus. Sie gehören nicht zum Zentrum, sind aber auch weder Pufferstaat noch Protektorat, sondern bilden den unbefriedeten Teil des Planeten, der dennoch in die einheitliche Systemform des Weltmarkts auf Gedeih und Verderb eingebunden ist. Die „terrae incognitae" nehmen hinter diesen Staatsfassaden besonders bedrohliche Züge an. Der „ideelle Gesamtimperialismus" betrachtet die von ihm nicht kontrollierbaren, verwildernden Apparate mit Nuklearpotential in diesen Weltteilen mit Argwohn, versucht sie aber gleichzeitig zu hofieren und an sich zu binden. Es handelt sich also um eine eigene Zone, eben die unbefriedete und unkontrollierte, die ein Stachel im Fleisch des Sicherheits- und Ausgrenzungsimperialismus bleibt, auch wenn sich die darin vegetierenden „Mächte" zu keiner globalen Rivalität gegenüber dem Westen mehr aufschwingen können.

Aus dieser naturwüchsig im Krisenprozess entstandenen Abstufung lässt sich auch eine bestimmte strategische Option des „ideellen Gesamtimperialismus" für den weiteren Verlauf erkennen. Denn es muss sich ja die Frage stellen, nach welchen ideologischen und legitimatorischen Mustern die Migrationsströme eingedämmt, die „überflüssigen" Massen in die jeweiligen Zonen eingebannt, die jeweiligen Konfliktparteien an der Kandare gehalten, die lokalen Kreaturen des Ausgrenzungs- und Sicherheits-Imperialismus aufgewertet und als Sub-Repräsentanten annehmbar gemacht werden sollen. Es kann kein Zweifel bestehen, dass die generelle Option in dieser Hinsicht eine neue Version des „divide et impera" darstellt – und zwar als weitgehend positiv besetzte „Ethnisierung" der Krise und des Zerfalls gesellschaftlicher Strukturen. Mit anderen Worten: Der Sicherheits- und Ausgrenzungsimperialismus gesteht in generöser Scheinheiligkeit den Massen der Herausgefallenen eine absurde „Eigenständigkeit" als Ethno-Subjekte zu, vorausgesetzt, sie können in dieser spezifischen Form der Barbarei zonal fixiert werden, um sie durch vom Westen eingesetzte oder wenigstens kontrollierte Ethno-Häuptlinge identitär in ihrer eigenen Elendshaut schmoren zu lassen.

Das heißt nicht, dass der westliche Gesamtimperialismus nun generell und überall gleichermaßen ethnizistische Separatistenbewegungen von Warlords der Plünderungsökonomie unterstützt, um sie in ethnisch definierte Pufferstaaten, Semi-Protektorate oder Protektorate zu verwandeln. Im Fall Tschetschenien etwa liegt zumindest vorerst die Stimulierung russischen Wohlverhaltens weitaus näher; noch viel deutlicher fällt die Unterstützung des großen Pufferstaats Türkei gegen den kurdischen Ethno-Aufstand aus. Anders wäre es freilich angesichts einer Situation, in der bei einem dramatischen Wegbrechen der Reste ökonomischer Substanz die galoppierende Auflösung des russischen oder türkischen Staatssubjekts unausweichlich würde. Die ausgrenzungsimperialistische Option, auf ethnisch definierte Zonen und zonale Abgrenzungen zu setzen, um gegeneinander ausgespielte „Volksgruppen" sich gegenseitig in Schach halten zu lassen und sie gleichzeitig auf ihr „eigenes" Elendsgebiet festzunageln, stellt sich entweder erst nach dem Zusammenbruch einer vom Weltmarkt niedergewalzten Nationalökonomie und des dazugehörigen Nationalstaats (etwa im Fall Jugoslawien), oder wenn ein noch existierender Staat als nicht mehr zu duldender „Schurkenstaat" definiert worden ist (etwa im Fall Irak).

Ideologisch bietet der postmoderne Kulturalismus auch in dieser Hinsicht die Interpretationsmuster. Auf widersprüchliche, ja völlig konträre Argumentationen kommt es dabei nicht an; Hauptsache, das kulturalistische Muster lässt sich irgendwie affirmativ instrumentalisieren. Einerseits wirft man den globalen Zusammenbruchskandidaten bezüglich der Ökonomie mangelnde Kompatibilität ihrer spezifischen „Kultur" mit den kapitalistischen Kriterien vor; andererseits möchte man sie, nachdem sie schließlich tatsächlich zusammengebrochen sind, in eben die postpolitische „Identität" dieser „Kultur" bei lebendigem Leib einmauern, um sie sich vom Hals zu halten.

Die vom Westen eingerichteten kurdischen „Schutzzonen" im Nordirak bilden ebenso Prototypen dieser ethnischen Definition wie auf andere Weise etwa die palästinensischen sogenannten Autonomiegebiete, das bosnische „Drei-Ethnien"-Protektorat, der kroatische Pufferstaat von IWF-Gnaden, die „Völkertrennung" im Kosovo unter NATO-Aufsicht oder, am anderen Ende der Welt, die Konstitution des Ethno-Protektorats Osttimor unter UNO-Ägide. Während des Kosovo-Krieges wurde diese Ethno-Option unter tatkräftiger Mithilfe der NGO-Lobby sogar buchstäblich als Ethno-Gefängnis für die „kosovarischen" Flüchtlinge verwirklicht, ohne dass dieser Aspekt im allgemeinen Universalismus-Geheul der Medien aufgefallen wäre.

Die „Kosovaren" erschienen dabei von vornherein in einer ideologisch konstruierten Doppelgestalt, nämlich einmal als von westlichen Krokodilstränen überschwemmte Opfer des satanischen Milosevic-Regimes, solange sie noch in ihrem unmittelbaren Vertreibungselend auf heimischem Boden fotografiert werden konnten, und andererseits als verdächtige kriminelle Migrations-Subjekte, soweit sie ihrerseits die

Grenzen der EU zu überschreiten drohten. Demgemäß wurden die Flüchtlingsmassen der Kosovo-Albaner zwar in ihrem Flüchtlingsstatus „politisch" anerkannt (und legitimatorisch ausgenutzt), aber zum größten Teil nicht in die abgeschottete Welt des demokratischen Imperiums hereingelassen, sondern gegen ihren Willen in KZ-ähnlichen Lagern festgehalten: „Auf mazedonischem und albanischem Gebiet ... errichtete die Nato in enger Kooperation mit internationalen Hilfs- und Nicht-Regierungs-Organisationen (NGO) ein ausgedehntes System von Auffanglagern, in denen die Flüchtlinge interniert wurden. Der Ausdruck ‚interniert' beschreibt exakt die Bedingungen des Lagerdaseins: Kontakte zur Außenwelt sind so gut wie unmöglich, BesucherInnen gelangen erst nach strengen Einlasskontrollen und langen Wartezeiten in die Lager, die von hohen Drahtzäunen umschlossen sind und von bewaffneten Polizeipatrouillen mit scharfen Hunden bewacht werden. Wer im Lager lebt, ist zur Passivität gezwungen und zu vollständiger Abhängigkeit verurteilt. Wiederholt ist es vor allem in den mazedonischen Lagern zu Unruhen und versuchten Massenausbrüchen gekommen, während deren die Zäune umgerissen und Polizeistreifen und NGO-MitarbeiterInnen angegriffen wurden" (Seibert 2000).

Internierungslager dieser Art zeigen symbolisch an, was die „befreite" und ihren ethnischen Insassen (genauer gesagt: deren mafiotischen Führungskadern) großzügig „zurückgegebene" Elendsregion letztlich werden soll: nämlich eben ein Ethno-Gefängnis. Das eigentliche, wenn auch nicht offen zugegebene Vorbild sind die „Homelands" der südafrikanischen Apartheid: pseudo-staatliche und pseudo-unabhängige Armuts- und Elendsprotektorate für die schwarze Bevölkerungsmehrheit unter der Fuchtel des weißen Rassenstaats. Genau das passiert jetzt im globalen Maßstab auf ganz ähnliche Weise in den Zusammenbruchsregionen. Die naturwüchsige Ethnisierung der Konkurrenz wird von der gesamtimperialen Weltpolizei positiv aufgegriffen und als Legitimation für das Konstrukt von ethnischen Homelands für die „Überflüssigen" im Raum des universellen Weltmarkts umgemünzt. Die Notstandsverwaltung der unbewältigbaren sozialökonomischen Misere bekommt so einen „kulturellen" Mantel umgehängt.

Deshalb ist es durch und durch verlogen, wenn demokratiefromme Ideologen wie der Londoner Historiker Mark Mazower freudestrahlend erklären, der Sturz von Milosevic bedeute „das Ende der Blut- und Boden-Politik in Europa" (Mazower 2000), und behaupten: „Der Triumph der Demokratie ... hat politischen Extremismus und ethnische Intoleranz nicht ein für allemal beseitigt. Doch bestehen diese Einstellungen jetzt in einem pluralistischen Kontext. Sie sind nur noch ein Aspekt einer Wirklichkeit, die auch auf dem Balkan vom Wandel der Weltwirtschaft geprägt ist" (ebda). In Wahrheit ist die neue „ethnische Toleranz" des Westens womöglich noch gemeiner als die autochthone „ethnische Intoleranz" der Krisenregionen. Beides sind nur Varianten einer Fortsetzung der Konkurrenz mit anderen Mitteln. Ethnische Toleranz bedeutet seitens imperialer Zugriffe nichts anderes als eine neue Blut- und Boden-Politik des Westens selbst, nämlich eine vermeintliche Krisenbewältigung durch ethnische Homelands. Die imperialen Krisenverwalter wollen einen „Pluralismus der Ethnien", einen Blut- und Boden-Pluralismus kleiner und kleinster Ethno-Gefängnisse, um den globalen Migrationsdruck einzudämmen.

Unübersehbar sind die Anleihen bei jener einst spezifisch „deutschen Ideologie", dem irrationalen „völkischen" Konstrukt von Blut und Boden, wie es Herder und Fichte für die deutsche Nationsbildung kreiert hatten und wie es den Aufstieg Deutschlands zur Großmacht bis 1914 kulturalistisch munitionierte, um dann von den Nazis bis zum Menschheitsverbrechen des Holocaust zugespitzt und exekutiert zu werden. Allerdings erfährt dieses Konstrukt durch den „ideellen Gesamtimperialismus" unter Führung der USA eine weitgehende Umdeutung für die neuen Ausgrenzungsbedürfnisse im Kontext der Globalisierung. Die völkische Ideologie dient jetzt eben nicht mehr einem nationalen Ausdehnungs-, sondern genau umgekehrt einem supranationalen Ausgrenzungsimperialismus.

Dementsprechend wird die Ontologie des Völkischen auch nicht dem eigenen Dasein legitimatorisch zugesprochen, das im Gegenteil als globalisiertes positiviert werden soll, sondern als spezifische Existenzbedingung für die Herausgefallenen proklamiert. Die völkische Identität erscheint nicht als imperiale Selbstdeutung, sondern wird für die Stigmatisierung der Elenden instrumentalisiert. Deshalb geht es auch nicht um die Konstruktion eines völkischen „Großkörpers" wie des Deutschen Reiches und des Nazi-Imperiums, sondern im Gegenteil um die Schaffung möglichst vieler völkischer „Kleinkörper". Völkische Konstrukte eines „Großalbanien", eines „Großserbien" (oder auch eines „Großisrael") werden abgelehnt oder mit Misstrauen beobachtet; je kleiner die Tierchen des „Ethno-Zoos" und damit ihre Käfige sind, desto besser im Sinne von „divide et impera".

Aus demselben Grund richtet sich die instrumentelle kulturalistische Ausgrenzungs- und Sicherheitsideologie des „ideellen Gesamtimperialismus" auch eher gegen religiöse Krisenideologien, besonders massiv gegen die islamistische. Denn der Rückgriff auf religiöse Interpretationen impliziert gewissermaßen einen barbarischen Gegen-Universalismus und damit großräumige Verknüpfungen, die viel schwerer weltpolizeilich zu bekämpfen sind als untereinander inkompatible ethnische Kleinstgruppen im pluralistischen Ethno-Zoo. Das naturwüchsig entstandene, tastend ausgebaute Konzept des Ausgrenzungsimperialismus läuft also auf eine Doppelstrategie hinaus: Einerseits eine universalistische Selbstdefinition qua Weltmarkt und transnationalem Kapital (vielleicht noch mit einem ideologischen Schielen auf die „christlichen Werte des Abendlands"), andererseits eine dazu völlig konträre negative „Anerkennung" der Anderen, Unbrauchbaren, zu Befriedenden qua Blut- und Boden-Pluralismus in ethnischen Homelands, die als Protektorate weltpolizeilich und weltsozialarbeiterisch verwaltet werden.

Mangels ökonomischer Substanz ist zwar auch dieses Konzept letztlich zum Scheitern verurteilt, sei es, weil sich die Ethno-Käfige nicht genügend abdichten lassen, sei es, weil die benachbarten, von der Weltpolizei selber ethnisch definierten Populationen stets von neuem übereinander herfallen und hohen, kostenträchtigen Sicherheitsaufwand erfordern. Aber dieses Konzept dient ja ebensowenig wie die direkten militärischen Eingriffe und regelrechten Weltordnungskriege einer wirklichen Bewältigung, sondern nur einer hinhaltenden Eindämmung und Verwaltung der Weltkrise. Die Pragmatiker richten sich so lange in ihren eigenen Widersprüchen ein, bis sie darin ersaufen.

DIE GEMEINSAMKEIT DER DEMOKRATEN

Nicht nur die Konzepte des Sicherheits-, sondern auch diejenigen des Ausgrenzungsimperialismus sind letztlich zum Scheitern verurteilt, da sie in sich unstimmig sind und nichts anderes wollen, als eine unhaltbar gewordene Form der gesellschaftlichen Reproduktion unter allen Umständen aufrecht zu erhalten. Deshalb zeigt sich auch, dass der Migrationsdruck stärker ist als sämtliche Abschottungsmaßnahmen. So brutal die Grenzwachen des äußeren Limes auch vorgehen und so viele Menschen in den Ethno-Homelands der Protektorate auch festgehalten werden mögen, es bleibt immer noch eine genügend große Zahl von Flüchtlingen und Migranten übrig, die irgendwie durchkommen, um in den selber schon sozial instabil gewordenen Ländern des Zentrums als zusätzliche „Problemmasse" zu erscheinen.

Inländische Ausländer als Humanressourcen

Dabei überlagern sich verschiedene Schichten der Migration, die verschiedenen Zeiten der Nachkriegsgeschichte angehören, und es bilden sich verschiedene Kategorien von „Fremden" oder „Ausländern", die in unterschiedlicher Weise zu „Inländern" geworden sind. Im wesentlichen handelt es sich dabei um drei Kategorien von Migranten, die formal einen jeweils anderen Status haben, obwohl die Grenzen sowohl in offizieller und juristischer Hinsicht als auch in der öffentlichen Wahrnehmung fließend sind.

Die erste Kategorie besteht teils aus den sogenannten „Gastarbeitern", die in der längst vergangenen Epoche des fordistischen „Wirtschaftswunders" in den 60er und 70er Jahren wegen des damaligen Mangels an Arbeitskräften von den kapitalistischen Zentren selber angeworben wurden; teils handelt es sich im Fall der ehemaligen Kolonialmächte wie Großbritannien, Frankreich, Spanien oder Holland auch um Migranten aus dem jeweiligen alten Kolonialgebiet. Viele von ihnen leben mit ihren Familien seit Jahrzehnten legal in den kapitalistischen Kernländern. In je nach Land unterschiedlichem Ausmaß haben sie auch die entsprechende Staatsbürgerschaft erworben, obwohl diese Frage (insbesondere die „doppelte Staatsbürgerschaft") in den einzelnen Ländern sehr unterschiedlich geregelt ist und oft restriktiv gehandhabt wird.

Die zweite Kategorie besteht aus den legalen oder halblegalen Migranten der „zweiten Welle", die schon von der kapitalistischen Globalisierung und Weltkrise seit den 80er Jahren angestoßen wurde. Hier handelt es sich zum einen um eine in den 80er und 90er Jahren sprunghaft gestiegene Masse von Asylbewerbern, die ihre politische Verfolgung in den globalen Krisendiktaturen, Bürgerkriegs- und Zerfallsregionen geltend machen und sich dabei auf die diversen Asylgesetze der westlichen Länder berufen, die teilweise erst nach dem Zweiten Weltkrieg unter dem Eindruck der rassistischen und antisemitischen Verfolgungen als demokratisches Aushängeschild erlassen worden waren. Je nachdem, wie restriktiv diese Asylgesetze gehandhabt werden, befindet sich ein Großteil der Asylbewerber in einem Wartestatus der „Anerkennung", der sich über viele Jahre hinziehen kann. Nur ein relativ geringer Teil wird zuletzt wirklich anerkannt.

Zum andern besteht die zweite Kategorie aus wiederum trotz und gerade wegen der Krise neu angeworbenen Arbeitskräften. Dieses auf den ersten Blick überraschende Faktum erklärt sich aus den Verwerfungen der sozialökonomischen Weltkrise selbst. Aus diesen Verwerfungen entsteht ein gewissermaßen sekundärer Arbeitskräftebedarf einerseits in der Spitze und andererseits am untersten Ende der Beschäftigung; ein Bedarf, der nicht im Gegensatz zur steigenden Arbeitslosigkeit steht, sondern in diese sozusagen eingefaltet ist.

So geht die Massenarbeitslosigkeit an vielen Orten einher mit einem relativen Mangel an spezialisierten Fachkräften. Der Grund ist derselbe, nämlich die Politik der Kostensenkung um jeden Preis. Einerseits werden so Arbeitsplätze durch Hightech-Maschinerie und neue Kommunikationstechnologien eingespart, andererseits spart man sich auch die hohen Kosten für die Ausbildung von Fachkräften. Diese werden dann per „Outsourcing" anderswo angeheuert, und zwar wiederum zu möglichst billigen Preisen. Das kann dadurch geschehen, dass bestimmte Aufgaben wie Software-Entwicklung etc. zum Beispiel nach Indien oder Bulgarien vergeben werden, oder eben umgekehrt dadurch, dass man sich indische oder bulgarische Spezialisten holt. Mit anderen Worten: Die westlichen Konzerne reißen sich das anderswo (meistens noch in der Hoffnung auf eine eigenständige Entwicklung) mit hohen Kosten ausgebildete „Humankapital" unter den Nagel, ohne selbst für diese Ausbildung bezahlen zu müssen; nicht anders, wie einst die BRD von den Ausbildungskosten der DDR durch deren hochqualifizierte Flüchtlinge profitierte. Natürlich ist das ein Auslaufmodell, denn zusammen mit den Wirtschaftsstrukturen zerfallen in der Peripherie (und mittlerweile auch in den Zentren selbst) die Ausbildungsinstitutionen. Aber für eine Übergangszeit lässt sich diese „Humanressource" nutzen.

In bestimmten Bereichen nimmt dieser Spezialisten-Tourismus skurrile Züge an, etwa wenn sich der deutsche katholische Klerus Billiglohn-Pfarrer aus der Peripherie an Land zieht: „Aus Mangel an Nachwuchs holen die katholischen Bischöfe immer mehr ausländische Priester ins Land. Vor allem Polen und Inder sind begehrt... Pater Paul Thenayan, 56, aus der südindischen Diözese Cochin betreut gemeinsam mit einem Landsmann seit einem Jahr die Pfarrei im bayerischen Weilheim... Die ersten drei Monate in Weilheim verdiente Pater Paul als Aushilfe monatlich rund 770 Mark. Jetzt kommt er auf 2500 Mark netto... Um... Pannen vorzubeugen, hat die Diözese Augsburg ein dreijähriges Ausbildungsprogramm aufgelegt. Im ersten Jahr lernen die fremden Kleriker Deutsch und machen sich nebenher mit bayerischen Schweinshaxen, Hirschgeweihen und Lederhosen vertraut..." (Korosides 2001).

Am anderen Ende der Skala sind es teilweise die schmutzigen, unqualifizierten Billigjobs wie Erntehilfe im Agro-Business, Bedienungs- und Putztätigkeiten in der Gastronomie und in Privathaushalten, extrem unterbezahlte Pflegedienste im Gesundheitswesen usw., die trotz Massenarbeitslosigkeit an Unterbesetzung leiden und mit ausländischem Hilfspersonal aufgefüllt werden. Das gilt besonders für den kontinentaleuropäischen Teil des kapitalistischen Zentrums, wo der fordistische Welfare-Staat noch nicht völlig aufgelöst ist und gewisse soziale Ansprüche von Arbeitslosen trotz kontinuierlichem Abbau immer noch juristisch geltend gemacht werden können, sie also (noch) nicht jeden Elendsjob annehmen müssen.

Sowohl bei den Spitzenjobs der kleinen Minderheit von gesuchten Spezialisten als auch bei den unqualifizierten Elendsjobs am Sockel der Beschäftigungspyramide tritt ein weiterer Faktor hinzu, der ausländische Arbeitskräfte aus der östlichen und südlichen Peripherie konkurrenzlos billig macht, nämlich der Wechselkurs. Zwei bis fünf Euro Lohn pro Stunde liegen für Deutsche oder Franzosen indiskutabel unter dem Existenzminimum, aber für polnische, bulgarische, serbische oder indische Arbeitskräfte kann es sich um ein verlockendes Angebot handeln, weil die Kaufkraft eines Euro aufgrund der abgewerteten Währungen in ihren Heimatländern dort um ein Vielfaches höher ist als in Euroland. Ohne diese irreguläre Billigbeschäftigung, die überhaupt nur als indirekte Folge der globalen Währungskrise möglich ist, müssten ganze Bereiche wie das Agro-Business oder die Krankenpflege in den kapitalistischen Kernländern bereits dicht machen. In anderen Branchen (vor allem im Baugewerbe) entsteht auf dieselbe Weise eine Billigkonkurrenz, die sämtliche Tarifverträge unterläuft und zu Massenentlassungen bei den inländischen Lohnarbeitern führt (was in aller Regel nicht sozialkritisch, sondern rassistisch verarbeitet wird).

Dieses System von sekundärer ausländischer Beschäftigung ist auch deswegen möglich, weil es sich bei diesen Arbeitskräften im Unterschied zu den fordistischen Migranten der Wirtschaftswunderzeit größtenteils nicht um eine Dauermigration handelt, sondern um befristete oder bloß saisonale Beschäftigungsverhältnisse, also um einen permanenten „Grenzverkehr" von vorübergehender Arbeitsmigration; oft unter unwürdigen Umständen wie Container- oder sogar Zelt-Unterkünften, primitiven Schlafstätten in überbelegten Kleinwohnungen etc.

Die dritte Kategorie besteht aus den klandestinen Flüchtlingen und Zuwanderern, wie sie auf eigene Faust oder mit Hilfe von Schlepperbanden über die grüne Grenze und über das Meer gekommen sind. Auch viele abgelehnte Asylbewerber gehören dazu, die abgetaucht sind, bevor sie abgeschoben werden können. Aber auch die Abgeschobenen selbst kehren zu einem wachsenden Prozentsatz immer wieder zurück, weil die Hölle der Zusammenbruchsregionen immer noch unerträglicher ist als die Vorhölle von Flucht und Verfolgung in den demokratischen Zonen.

Innere Menschenjagd und Abschiebungsterror

So hat sich in sämtlichen Weltregionen des westlichen imperialen Zentrums, in den USA und Kanada ebenso wie in Australien und in der EU, ein sozialer Bodensatz von „Illegalen" herausgebildet, teils als Menschen „ohne Papiere", teils mit gefälschten Pässen in illegalen Arbeits- und Sozialverhältnissen: wahre Parias in den demokratischen Zonen, deren schiere Existenz der Menschenrechts-Ideologie Hohn spricht. Dieser soziale Untergrund der illegalen Migranten bildet das Objekt einer permanenten und flächendeckenden Menschenjagd der demokratischen Gewalt-, Sicherheits- und Justizapparate auch innerhalb der imperialen Grenzen. Die Illegalen, die rechtlosen Massen der transnationalen Vagabondage, sollen gefasst, interniert und in die für sie vorgesehenen planetarischen Zonen „abgeschoben" werden.

Überall in den Ländern des Zentrums wurden die einschlägigen restriktiven Bestimmungen hinsichtlich Zuwanderung und Asyl in den 90er Jahren drastisch verschärft. Durch einen parteiübergreifenden faulen Kompromiss gelang es der deutschen politischen Klasse, das ohnehin längst als lästiges Überbleibsel der Nachkriegsgeschichte betrachtete Asylgesetz vollkommen auszuhöhlen, um auch gegenüber politisch und rassistisch Verfolgten zu einer Ausgrenzungspolitik zurückzukehren, wie sie in der „Blut- und Boden-Ideologie" der deutschen Nationsbildung immer schon angelegt war. Aber auch sämtliche anderen westlichen Länder und gerade auch die ihrer Tradition nach als liberal geltenden angelsächsischen, west- und nordeuropäischen Demokratien nehmen in dieser Hinsicht immer stärker „deutsche" Züge an.

Verschärft und restriktiv umgebogen wurden und werden fortlaufend die Asyl-, Immigrations- und Ausländergesetze außer in Deutschland auch in Australien und den USA, in Großbritannien, Frankreich und Italien; und nach politischen „Rechtsrutschen" sogar in den ehemals besonders migrationsfreundlichen Niederlanden und in Dänemark. Ausgerechnet die Niederlande bereiten nun das schärfste Ausländerrecht in der ganzen EU vor: „Die Niederlande sind dabei, sich von ihrer liberalen Ausländerpolitik zu verabschieden, die das Land in den vergangenen Jahrzehnten verfolgt hat. Die drei größten Parteien haben sich auf eine entsprechende Gesetzesvorlage verständigt. Das Land bekommt damit eines der strengsten Ausländergesetze in ganz Europa. Der Geist des ermordeten Rechtspopulisten Pim Fortuyn wirkt in der niederländischen Parlaments- und Regierungsstadt Den Haag weiter. Die Auffassung von Fortuyn, wonach die großen Probleme des Landes in den Bereichen Gesundheit, Bildung und Sicherheit durch Einwanderer verursacht würden, wird sich ohne Zweifel im Programm der neuen Regierung niederschlagen... Geplant ist, dass Personen, die sich im Lande niederlassen wollen, künftig für die Kosten der Immigration selbst aufkommen müssen, wodurch erreicht werden soll, dass schlecht ausgebildete und arme Leute nicht mehr nach den Niederlanden emigrieren. Personen, die sich bereits im Lande aufhalten und einen Familiennachzug planen, müssen zeigen können, dass sie über ein Jahreseinkommen von mindestens 19.000 Euro verfügen... Die Auflagen werden im weiteren auch bei Kindern von Immigranten verschärft... Diskutiert wird derzeit noch, ob Militärtransportflugzeuge zum Transport von abgewiesenen Asylbewerbern und Illegalen zum Einsatz kommen sollen..." (Neue Zürcher Zeitung, 17.6.2002).

Dasselbe hässliche Bild bietet neuerdings auch Dänemark. Nach einem Abkommen mit der rechtspopulistischen Dänischen Volkspartei hat die liberal-konservative Regierung die Ausländer- und Einwanderungsgesetze drastisch verschärft: „Damit erhält das als liberal geltende Dänemark zum 1. Juli eines der schärfsten Einwanderungsgesetze Europas. Die Familienzusammenführung wird künftig nahezu unmöglich gemacht. Wer Ehepartner oder Kinder nach Dänemark nachholen möchte, muss eine Bankgarantie von knapp 7000 Euro hinterlegen... Eine Aufenthaltsgenehmigung, die bislang bereits nach drei Jahren erteilt wurde, ist künftig erst nach sieben Jahren, in denen auch die Sozialleistungen stark eingeschränkt sind, erhältlich. Zuvor muss der Antragsteller nachweisen, dass er dänisch wie ein Schüler der neunten Klasse, also perfekt, spricht. Außerdem wird ein Treueeid auf die Verfassung verlangt. Das Flüchtlingssekretariat der Vereinten Nationen hat die neue Gesetzgebung scharf kritisiert" (Handelsblatt, 13.5.2002).

Beim Gipfeltreffen des Europäischen Rats haben die EU-Staats- und Regierungschefs Ende Juni 2002 gemeinsame Anstrengungen zur Eindämmung der Migrationsströme getroffen und für die Jagd auf Illegale „vermehrte Zusammenarbeit beim Datenaustausch und zur gemeinsamen Erarbeitung von Rückführungsprogrammen" (Neue Zürcher Zeitung, 24.6.2002) vereinbart. Bei fehlender „Kooperation" in dieser Hinsicht wird Drittländern der Peripherie unverhüllt mit Sanktionen und Finanzkürzungen gedroht.

Ähnliche Debatten gibt es seit einigen Jahren auch in Japan, das sich mit einem völlig ungebrochenen, ähnlich wie in Deutschland formulierten ethno-nationalistischen Selbstverständnis als Teil des kapitalistischen Zentrums besonders schwer tut mit der zunehmenden Zahl von legalen und illegalen Arbeitsmigranten: „Der Ruf nach härteren Sanktionen ist vor dem Hintergrund zu sehen, dass sowohl die Arbeitslosigkeit als auch die illegalen Grenzübertritte markant zugenommen haben... In den vergangenen Monaten haben sich vor allem Nachrichten über eine illegale Zuwanderung aus China gehäuft, doch kommen auch viele Arbeitssuchende aus Ländern des Nahen Ostens, aus den Philippinen, aus Korea und auch aus Brasilien, das die größte Ausländerkolonie in Japan aufweist... In einem konkreten Fall wurde schon ein Schlepperring mit dem Namen ‚Schlangenkopf' zerschlagen. Sporadisch ist von Verhaftungen zu hören..." (Neue Zürcher Zeitung, 7.10.1998).

Die Jagd auf die Illegalen, ihre Internierung und Abschiebung nimmt überall besonders bösartige Züge an, weil es Bevölkerungen, Regierungen und Apparate des imperialen Zentrums als ausgesprochen impertinent empfinden, wenn sich die menschlichen Resultate der marktwirtschaftlichen globalen Verelendung bis in die heimischen Vorgärten und Fußgängerzonen vorgearbeitet haben. Der demokratische Rechts- und Sicherheitsapparat setzt sich dabei über jedes menschliche Empfinden, über alle moralischen Schranken und über elementarste Bindungen hinweg; er lässt keine Gemeinheit und keine Ungeheuerlichkeit aus. Wollte man ein vergleichbares Handeln suchen, so müsste man auf die Verhältnisse der Sklaverei oder auf die Selektionsmaschinerie der Nazis zurückgreifen.

Dabei ist besonders perfide, dass es eine Grauzone zwischen „Duldung" und Illegalität gibt, die ein starkes Maß an Willkür enthält: Vorübergehend „Geduldete" können sich jederzeit in Abschiebehäftlinge verwandeln, der Status bleibt bis zuletzt unsicher, und die „Duldung" hat oft genug einzig die Funktion, die Unsichtbaren für die Apparate sichtbar zu machen und sie den Selektionsmechanismen auszuliefern. Die völlige Wehrlosigkeit und Rechtlosigkeit dieser Menschen reizt zu geradezu sadistischen Maßnahmen, wobei die direkt damit befassten Behörden und Polizeikräfte in der Regel eine gewisse Schulung der Brutalität und der Abstumpfung durchlaufen, ganz ähnlich wie die demokratischen „Hilfs"- und „Friedenskräfte" in den äußeren Befriedungszonen.

Die Methoden des Aufspürens und der Abschiebung, von den Bürokratien euphemistisch als „Rückkehrmanagement" bezeichnet, sind ein einziger Alptraum. Die deutschen Ausländerbehörden etwa, angestachelt von den politischen und juristischen Verschärfungen, schrecken vor nichts zurück. Männer werden von ihren Frauen, Kinder von ihren Eltern getrennt, oft genug sogar Kinder mutterseelenallein ins Flugzeug gesetzt. So will die Berliner Innenverwaltung einen 16-Jährigen, der bei seinem Vater lebt, an die Elfenbeinküste abschieben: „Ein Mann, eine Frau, drei Kinder. Er Diplomingenieur bei einer großen amerikanischen Firma in Berlin, sie Bürokraft in einer Anwaltskanzlei... Eine ganz normale deutsche Familie also und dennoch ein behördlicher ‚Vorgang'. Denn der Mann ist unübersehbar Afrikaner, und sein Sohn Yannick, der zurzeit eine französische Mittelschule in Berlin besucht, soll dahin zurückkehren, woher er vor zehn Monaten illegal gekommen ist, an die Elfenbeinküste – so will es die Berliner Ausländerbehörde" (Broder 2001).

Ähnliches droht zwei Geschwistern aus Neumarkt: „Den seit sieben Jahren in

Neumarkt wohnenden 11 und 13 Jahre alten Brüdern Silvester und Sead droht die Abschiebung nach Montenegro. Beiden Buben, die bei ihren Großeltern wohnen, war vom Landratsamt als Vollzugsbehörde des bayerischen Innenministeriums eine Aufforderung zur Ausreise zum 31. Juli zugestellt worden... Nach dem geltenden Ausländergesetz können die beiden von den Großeltern kein dauerhaftes Aufenthaltsrecht in Deutschland ableiten. Einzige Möglichkeit wäre eine Adoption durch Oma und Opa gewesen, die jedoch vom Amtsgericht Neumarkt abgelehnt worden war, weil das jugoslawische Recht eine Adoption durch direkte Verwandte nicht zulasse" (Nürnberger Nachrichten, 19.7.2001).

Ganz ähnlich der Fall der 12-jährigen Türkin Basak, die in Hamburg ebenfalls bei ihren Großeltern lebt. Der Vater in der Türkei ist untergetaucht, die Mutter psychisch krank. Trotzdem besteht die Ausländerbehörde auf der Abschiebung des Mädchens ins Ungewisse, de facto in ein Elendsdasein als Straßenkind: „Der Fall Basak Coklar ist ein Beispiel dafür, wie absurd das Ausländergesetz mitunter ist, wie es Lebensläufe bricht, noch ehe die so richtig begonnen haben. Basaks Integration, ihre guten Noten und die positive Prognose zählen nicht vor den Buchstaben des Gesetzes. Die verlangen Ausweisung, weil Basaks Großeltern vor Jahren einen Formfehler begingen" (Ulrich 1999).

Eine derartige, Übelkeit erregende Rabulistik und bewusste Ignoranz wird von den Behörden in vieler Hinsicht mit großer Phantasie entwickelt. Auf die wenigen in der Presse dokumentierten Beispiele kommen ungezählte Fälle, die stumm bleiben. Die besonders niederträchtige Abschiebung von Kindern nimmt weder Rücksicht darauf, dass diese oft schon im Säuglings- oder Kleinkindalter nach Deutschland gekommen und hier aufgewachsen sind, noch darauf, ob die leiblichen Eltern in den Kriegs- und Krisenregionen unauffindbar, verschollen oder tot sind. Ohne Vorwarnung werden Kinder zum Entsetzen und gegen den Protest ihrer Mitschüler auch aus den Schulklassen heraus von der Polizei zur Abschiebung mit ihren Familien abgeführt, so etwa in Nürnberg der 17-jährige Claudiu aus Rumänien oder die 16-jährige Teuta aus dem Kosovo, beide seit früher Kindheit hier lebend. Die Beispiele aus den verschiedensten Städten und Regionen sind Legion. Auch Sippenhaft und offene Verletzung geltenden Rechts wird ungerührt erst einmal ausprobiert. So hatte das Verwaltungsgericht München im Juli 1998 die Ausweisungsverfügung der Stadt nicht nur gegen den zu einiger Medienberühmtheit gelangten 14-jährigen und als „schwerst kriminell" eingestuften „Mehmet", sondern auch gegen seine völlig unbescholtenen, seit 30 Jahren in der BRD lebenden Eltern bestätigt, bis es von höherer Instanz gestoppt wurde.

Die Schikanen und Brutalitäten sind schier endlos. Selbst der legale Nachzug von Kindern wird mit geradezu absurden Argumenten abgeblockt: „Zwischen Mutter und Kind liegen 6200 Kilometer. Und wenn es nach deutschen Behörden geht, dann soll das für immer so bleiben. In Deutschland, genauer in Eschweiler bei Aachen, sehnt sich die 30-jährige Pakistanerin Kiran Naz Rana nach ihrem Sohn. In Pakistan, in Chak Neebay Wala, wartet der inzwischen dreijährige Akbar seit 1999 darauf, dass seine Mama ihn holt. Doch der deutschen Botschaft in Islamabad und dem Referat 509 im Auswärtigen Amt ist offenbar jedes Mittel recht, dass das nie geschieht... Nach dem Paragrafen 20 des deutschen Ausländergesetzes ist die Sache klar: Frau Rana hat hier eine unbefristete Aufenthaltsgenehmigung. Sie ist mit einem deutschen Staatsbürger pakistanischer Abstammung verheiratet... Dem Recht nach wäre es kein Problem, den ... zu Beginn der Ehe noch in Pakistan geborenen Akbar nachzuholen. Doch die Behörden weigern sich hartnäckig zu glauben, dass Akbar der leibliche Sohn der Kiran Naz Rana ist, weshalb sie dem Kleinkind das Einreisevisum vorenthalten. Anfangs zweifelte die Botschaft in Islamabad an der Geburtsurkunde und den vorgelegten Schwangerschaftsbestätigungen... Mürbe vom Papier- und Nervenkrieg unterzogen sich Mutter und Kind im Sommer 2001 einem DNA-Speicheltest, der die Abstammung endgültig klären sollte. Die genetische Untersuchung der Spucke wurde am rechtsmedizinischen Institut Münster durchgeführt und ausgewertet. Das Ergebnis lautet: Frau Rana ist mit 99,99999998 Prozent Wahrscheinlichkeit die Mutter des kleinen Akbar. Ein höherer Wert ist beim Gentest nicht erreichbar... Um nun die humangenetischen Gutachten trotzdem nicht anerkennen zu müssen, verstieg man sich im Auswärtigen Amt zu folgender Hypothese: Es könnte ja sein, dass Frau Rana in den Weiten Pakistans eine eineiige, von ihr genetisch also nicht zu unterscheidende Zwillingsschwester habe. Diese könne die wahre Mutter des kleinen Akbar sein... Dass Frau Rana gar keine Zwillingsschwester hat, stört die Bürokraten nicht... Die Amtsbriefe sind in einem Ton verfasst, als ginge es um einen Staatsfeind und nicht um ein kleines Kind... In der Rechtsmedizin der Universität Münster konstatiert man in letzter Zeit befremdet, dass das Herumzweifeln an DNA-Abstammungsgutachten durch ebenso unkundige wie unwillige Amtspersonen um sich greift ‚wie die Pest'..." (Rückert 2002).

Nicht genug damit, entzogen die Behörden nicht nur in diesem Fall die Untersuchung den offiziellen Universitäts-Instituten, um sich dubiose „Gegengutachten" von einem privaten Institut für Blutgruppenforschung des Biologen Jürgen Henke erstellen zu lassen und die seriösen Rechtsmediziner von der Gutachterliste zu streichen. Die strukturelle Bösartigkeit der anonymen Apparate, in denen sich die niedrigsten Instinkte des Systemcharakters inkarnieren, wird so zum Merkmal der Individualität von „Amtspersonen", die das dumpfe Ansinnen des negativen gesellschaftlichen Ganzen zu ihrer ureigenen persönlichen Sache machen und gerade gegenüber den in ihrem Rechtsstatus unsicheren oder aus diesem Status sogar schon gelöschten Migranten und Flüchtlingen in einer Willkür schwelgen, wie sie sich ein Kafka nicht unheimlicher hätte ausdenken können.

Willkür ist es, wenn Heiraten zwischen deutschen Frauen und Ausländern, vor allem solchen schwarzafrikanischer Herkunft, von den Behörden mit Vorliebe als

„Scheinehe" abqualifiziert werden, um die Männer trotz gegenteiliger Rechtslage abschieben zu können. Die Frauen müssen oft entwürdigende Prozeduren durchlaufen und ihre Intimität dem Auge der Behörden öffnen, um diesen das Eingeständnis zu entlocken, dass es sich vielleicht doch um eine „wirkliche" Ehe handelt, was aber von der Laune des Sachbearbeiters abhängen kann. Oft wollen die Ausländerbehörden die Einreisesperre selbst für nachgewiesene „wirkliche" Ehemänner nur zurücknehmen, wenn die Frauen die horrenden Abschiebekosten übernehmen, die vorher dank der eigenen behördlichen Willkür angefallen waren. Dänemark hat das Problem inzwischen auf ebenso brutale wie einfache Weise gelöst: Dort sind Eheschließungen zwischen Dänen und Asylbewerbern schlicht verboten worden.

Willkür ist es auch, wenn die Ausländerämter bei der Verlängerung von Aufenthaltsgenehmigungen je nach Lust und Laune die Anzahl der verlangten Bescheinigungen ausdehnen, bis hin zur Schikane, die Wohnraumgröße nicht nur in Quadrat-, sondern auch in Kubikmetern anzugeben, oder eine Erklärung zu verlangen, dass ein Ehepaar sich nicht zu trennen beabsichtigt. Iranerinnen werden mit brachialer Polizeigewalt gegen ihren Willen gezwungen, für ein Passfoto ein Kopftuch zu tragen, von Hilfsorganisationen eingerichtete Wohngemeinschaften für Flüchtlingskinder von den Behörden „ausgehungert". Willkür, Schikane und Zermürbungstaktik herrscht auch immer wieder bei der Zuteilung von „Essenspaketen" (statt Geld oder Wertgutscheinen) für die Versorgung von Asylbewerbern. So heißt es in einem von zahlreichen Beschwerdefällen, hier aus einem unterfränkischen Landkreis: „Die Nahrungsmittel seien zu einseitig zusammengestellt. Gelegentlich sei sogar das Verfallsdatum überschritten. Für Säuglinge gebe es kein altersgerechtes Milchpulver und keine Windeln. Außerdem hätten islamische Asylbewerber in einigen Fällen Fleischwaren vom Schwein erhalten... Ärger mit den zentral verteilten Essenspaketen hatte es in der Vergangenheit auch in Mittelfranken mehrfach gegeben. Dabei war von Flüchtlingen und sie betreuenden Asylgruppen ebenfalls die untaugliche Zusammensetzung der Dreitagesrationen bemängelt und außerdem kritisiert worden, dass der vom Lieferanten der Regierung in Rechnung gestellte Preis von 25 Mark pro Paket unangemessen hoch sei" (Nürnberger Nachrichten, 3.6.1998).

Gemeinheiten dieser Art erscheinen noch als harmlos gegenüber der immer mehr einreißenden Praxis der Behörden, selbst gerichtlich anerkannte Asylbewerber wieder in den Status der Unsicherheit zurückzuklagen und gegen geltendes Recht und mit an den Haaren herbeigezogenen Vorwänden auch Opfer von Folterungen in ihre „Heimatländer" abzuschieben. Dieses Vorgehen ist in der BRD so systematisch, dass es bereits alljährlich dokumentiert werden muss: „Es ist eine Dokumentation des Grauens, und ein Ende ist nicht abzusehen. Unter dem Titel ‚Von Deutschland in den türkischen Folterkeller' präsentieren die Asylrechts-Bewegung Pro Asyl und der niedersächsische Flüchtlingsrat nun schon zum dritten Mal eine Liste kurdischer Asylbewerber, die hier zu Lande abgelehnt, abgeschoben und in ihrer Heimat dann aus politischen Gründen verhaftet und misshandelt wurden. Verantwortlich für die zwölf neuen menschlichen Tragödien sind krasse Fehleinschätzungen deutscher Amtsleiter und Richter. Und in einem bayerischen Fall gar eine Vorgehensweise, die in der Auflistung rundheraus als rechtswidrig bezeichnet wird: Obwohl das Asyl-Bundesamt bereits einem Asyl-Folgeverfahren zugestimmt hatte, wurde der 31-Jährige Kurde Duran Y. im September 1997 von der Ausländerbehörde Rottal-Inn noch auf die Schnelle abgeschoben. Er landete geradewegs im Folterkeller. Vier Tage lang wurde Y. von türkischen Sicherheitskräften festgehalten und gequält... Die Folgen dokumentiert ein Foto: Es zeigt Y.s geschundenen Rücken, der vom Hals bis zum Gesäß mit Blutergüssen bedeckt ist... Selbst Abgeschobene ohne herausgehobene Funktionen geraten... in die türkische Folter-Maschinerie – und davor bewahrt sie keine noch so hehre Städtepartnerschaft. So findet sich in der Dokumentation der Fall der PKK-Sympathisantin Can I., die in Nürnbergs Partnerstadt Antalya gequält wurde... Die Kurdin musste sich nackt ausziehen, wurde beleidigt, mit Vergewaltigung bedroht und eine Stunde lang mit kaltem Wasser abgespritzt... Bundesamt und Richter jedoch lehnten alle Asyl-Begehren ‚mit stereotypen Begründungen' ab... Sie verneinten eine Gruppenverfolgung, bagatellisierten das Vorgehen als ‚landesüblich' (!) und ‚bloße Belästigung' und verwiesen auf die inländische Fluchtalternative..." (Woratschka 2000).

Ein dokumentierter Alptraum ist auch das Schicksal der Familie Akyüz, die auf ein Horrorkarussell von mehrfachen Folterungen in der Türkei, Flucht und immer wieder Abschiebung zurück in den Folterkeller gesetzt wurde: „Die Odyssee von Flucht und Verfolgung der Familie Akyüz begann Anfang der neunziger Jahre in ihrem Dorf Sivrice in der Südost-Türkei nahe der syrischen Grenze. Türkische Militärs wollten Abdulcabbar Akyüz zwingen, als so genannter Dorfschützer für die Armee zu arbeiten. Nach seiner Weigerung wurde er als ‚PKK-Unterstützer' mehrfach verhaftet und gefoltert, bevor ihm die Flucht nach Deutschland gelang. Im Juni 1993 stellte er einen Asylantrag, der als ‚offensichtlich unbegründet' abgelehnt wurde... Nach der Flucht des Vaters war die übrige Familie ins Visier des türkischen Militärs geraten. Wiederholt gab es Drohungen und Schläge. Sowohl Emine Akyüz als auch ihr damals 16jähriger ältester Sohn Süleyman wurden mehrmals in die Polizeiwache verschleppt und vergewaltigt. Zwei Gutachten des Frankfurter Psychosozialen Zentrums für Opfer von Folter und organisierter Gewalt bestätigen das... Der Familie gelang im Sommer 1995 die Flucht nach Deutschland. Ihr Asylantrag wurde vom Verwaltungsgericht Wiesbaden 1997 abgelehnt, worauf sie Asylfolgeanträge stellte. Nach Ende des Abschiebestopps in die Türkei wurde Abdulcabbar Akyüz im Juli 1998 erstmals abgeschoben. Schon am Flughafen in Istanbul wurde er als ‚armenischer Terrorist' verhaftet und mit Elektroschocks gefoltert. Nach weiteren Verhaftungen und Folterungen in Sivrice floh er 1999 erneut... Der von seinem damaligen Anwalt gestellte Asylfolgeantrag wurde nicht anerkannt, da ihn der Flüchtling nach herrschender Gesetzeslage persönlich stellen muss. Noch bevor Abdulcabbar Akyüz das tun konnte, wurde er Ende Januar verhaftet. Als sich in der Abschiebehaft akute Herzprobleme einstellten, wurde er in die Krankenstation der JVA Höchst verlegt und nach seiner Genesung – trotz des laufenden Verfahrens – am 17. Februar abgeschoben. In Istanbul empfing ihn eine ‚Antiterroreinheit‘, deren Mitglieder ihn erneut folterten. Nach seiner Freilassung widerfuhr ihm das Gleiche in Sivrice und der Kreisstadt Midyat. Seitdem hält er sich in der Region versteckt. Trotz der neu vorgebrachten Verfolgungsgründe lehnte das Verwaltungsgericht Wiesbaden im April einen Eilantrag ab, der aufschiebende Wirkung für die Abschiebung der Familie Akyüz gehabt hätte. Der zuständige Richter verweigerte die Befragung der Asylsuchenden und die Miteinbeziehung der genannten Gutachten..." (Dreis 2000).

Das systematische Zusammenspiel von kommunalen Ausländerbehörden und Justiz, in diesem Fall auf besonders widerliche Weise in der dadurch unrühmlich bekannt gewordenen Stadt Wiesbaden, funktioniert ausnehmend gut, wenn es sich um Folteropfer des NATO-Partners Türkei handelt. Die Komplizenschaft mit dem dortigen Folterregime ist so groß, dass sich die Behörden in solchen Fällen besonders ungerührt über die Kriterien sogar noch des bereits ausgehöhlten Asylrechts hinwegsetzen.

Ähnliches ist aber auch in Bezug auf andere Länder dokumentiert, wo Abgeschobenen Folter und Todesstrafe drohen. So wurde der Sikh-Aktivist Singh Bhullar 1995 aus Frankfurt nach Indien abgeschoben und landete dort nach Verhaftung, erpresstem Geständnis und Prozess in der Todeszelle: „Initiativen in Deutschland sprechen von einer ‚Katastrophe‘. Bernd Mesovic von Pro Asyl sagte, nach seiner Kenntnis sei dies der erste Fall, dass einem Flüchtling, der wegen eines fehlerhaften Bescheids abgeschoben wurde, nun nach einem Gerichtsurteil die Hinrichtung drohe" (Wagner 2002).

Darüber hinaus ist grundsätzlich von einem „enormen Abschiebewillen" (Dreis, a.a.O.) der Ausländerbehörden zu sprechen. Auch Schwerstkranke werden ungerührt abgeschoben, oft in den sicheren Tod. Wieder ein Kurdenschicksal: „Der schwer behinderte Kurde Mustafa Dana, der heute nach fast 20jährigem Aufenthalt in Erlangen in die Türkei abgeschoben werden soll, ist nach Ansicht des Erlanger Lungenfacharztes Dr. Wolfgang Brock ‚nicht flugtauglich‘. Aufgrund seines schweren Bronchialasthmas könne die geplante Abschiebung bei dem 46-Jährigen zum Erstickungstod führen, warnt der Internist in einem Attest. Er widerspricht damit einem Arzt der Nürnberger Justizvollzugsanstalt, der dem Mann die Flugtauglichkeit bescheinigt hatte... Wie berichtet war Mustafa Dana 1980 in die Bundesrepublik geflohen, nachdem er in seiner Heimat mehrmals krankenhausreif geschlagen worden war und man seine Weberei angezündet hatte..." (Nürnberger Nachrichten, 28.10.1999). Ein anderer Arzt muss berichten: „Ich betreue einen Albaner, der Dialysepatient ist und trotzdem in das Kosovo abgeschoben werden soll. Dabei liegt eine amtliche Expertise vor, dass es dort keinerlei Dialyse-Einrichtungen gibt. Die Abschiebung wäre für den Mann das Todesurteil" (Nürnberger Nachrichten, 11.6.2001).

Die dokumentierten oder in die Presse gelangten Fälle sind auch in dieser Hinsicht nur die Spitze eines Eisbergs. Wenn man die Berichte liest, könnte man zu dem Schluss gelangen, dass sich in den demokratischen Ausländerbehörden und Vollzugsapparaten so etwas wie der Abschaum der Menschheit sammelt. Nicht selten scheint auch indirekter Druck von Regierungen und Behörden auf die angeblich unabhängigen Richter, die über Abschiebungen entscheiden müssen, ausgeübt zu werden; etwa durch Drohungen, einen „Karriereknick" zu veranlassen.

Diesen Verdacht legt der Fall eines Nürnberger Richters nahe, der sich nicht verbiegen ließ und solche Praktiken ans Licht brachte: „Uwe Stark ist der Ermittlungsrichter, der sich in einem Abschiebehaft-Verfahren (um den Sudanesen Abdalla)... selbst für befangen erklärt hat. Seine Begründung: Ihm sei im Nürnberger Ausländeramt klargemacht worden, dass Innenminister Günther Beckstein den Richter ‚einen Kopf kürzer machen' wolle, der den Abschiebehäftling freilasse. Auch nach den heftigsten Dementis aus dem Innenministerium und aus dem Ausländeramt bleibt der Richter dabei. Er habe diese Äußerung im Juni dieses Jahres mit eigenen Ohren gehört. Zwar fürchte er sich nicht vor dem Herrn Beckstein. Aber er fühle sich nicht mehr in der Lage, den Fall unvoreingenommen zu beurteilen" (Baumer 1999). Wie oft mag ein solcher Druck ausgeübt werden, ohne dass darüber jemals etwas an die Öffentlichkeit dringt? Und wie vielen Justizpersonen ist das eigene Fortkommen wichtiger als die Existenz einer aus der Rechtsform herausgefallenen menschlichen Unperson? Von Richter Stark sagten seine Kollegen, „er sei eben ein Sturschädel, der mit dem Kopf durch die Wand müsse" (a.a.O.). Der Weg des geringsten Widerstands dagegen ist es offenbar immer, die institutionell gewünschte Abschiebung kaltschnäuzig zu verfügen, seine Ruhe zu haben und Karriere zu machen.

Der Ignoranz und Entmenschung des bewusst restriktiven und sich selbst um den Buchstaben des Gesetzes kaum scherenden Anerkennungsverfahrens entspricht die polizeiliche Praxis des Umgangs mit den Flüchtlingen. Sowohl die Menschenjagd auf „illegale" Existenzen als auch der Vorgang der Abschiebung zeichnen sich durch Brutalität und Horror-Szenarien aus. Wenn es sich um illegale Ausländer handelt, scheint der rohe Zugriff leichter von der Hand zu gehen und die Waffe lockerer zu sitzen als sonst. In allen westlichen Ländern kommt es immer wieder zu Skandalen, sadistischen Demütigungen und schweren Verletzungen von „polizeilich behandelten" Illegalen, zu ungeklärten Todesfällen und Selbstmorden. Und auch dabei ist die Dunkelziffer hoch.

Ein Fall der alltäglichen Menschenjagd in deutschen Städten: Im November 2000 stand der 17-jährige Kurde Davut K., der vor seiner Flucht in der Türkei inhaftiert und gefoltert worden war, wegen seiner bereits verfügten Ausweisung aus Deutschland auf der Fahndungsliste der Polizei. Die Beamten stürmten die Berliner psychotherapeutische Beratungsstelle „Xenion" für die Betreuung traumatisierter Folteropfer, wo der Jugendliche in Behandlung war. Der in Panik geratene Davut stürzte sich aus dem Fenster in den Lichthof: „Davut liegt seit dem 24. November mit Knochenbrüchen und schweren inneren Verletzungen in einem Berliner Krankenhaus. Er ist nicht ansprechbar, und ob er jemals wieder aus eigener Kraft gehen kann, das können die behandelnden Ärzte derzeit nicht voraussagen" (Broder 2000).

Der Diplompsychologe Dietrich Koch, Leiter von „Xenion", über den Vorgang der polizeilichen Aktion, nachdem die Beamten an der Tür der Praxis geklingelt hatten: „Ich sagte: Wir sind eine therapeutische Praxis, wir arbeiten mit traumatisierten Menschen, Sie können die Räume nicht betreten. Die sagten: Da ist jemand, der steht auf der Fahndungsliste... Dann wurde an die Tür der Praxis gehämmert. Ich machte auf, und fünf, sechs Polizisten standen im Flur... Wir hörten ein Geräusch wie das Schlagen einer Tür. Zwei Beamte, eine Frau und ein Mann, riefen daraufhin ‚Gefahr im Verzug', zogen ihre Waffen und stürmten los, von einem Zimmer zum nächsten, wie in einem Film. Am Ende machte die Polizistin das Flurfenster zum Lichthof auf und sagte: ‚Da unten ist er, das haben Sie jetzt davon'. Ab diesem Moment ist die Zeit für mich stehen geblieben" (Broder, a.a.O.). Die Pointe: Nicht gegen die Polizeiaktion wurde wegen Unverhältnismäßigkeit, sondern gegen den betreuenden Psychologen wegen „Widerstands gegen die Staatsgewalt und unterlassener Hilfeleistung" ermittelt.

Am anderen Ende des Verfahrens, bei der Abschiebung, werden die „Schüblinge" (so der bürokratische Terror-Jargon) mit allen Mitteln in die Flugzeuge getrieben, umzingelt von stummen Polizeikordons. Wenn Verzweifelte sich wehren, gelten sie als „schwerstrenitente Personen", die einer Sonderbehandlung zu unterziehen sind. Dazu gehörte bis 1999 die Praxis des Bundesgrenzschutzes (BGS), in Panik geratene und um sich schlagende „Schüblinge" mit einem ihnen gewaltsam übergestülpten schwarzen Motorrad-Integralhelm „ruhigzustellen". Ein Resultat: der Fall Aamir Ageeb. „Am 28. Mai 1999 starb der 30-Jährige Sudanese an Bord der LH 588 auf dem Flug von Frankfurt nach Kairo – einen schwarzen Motorradhelm auf dem Kopf, neben und vor sich drei BGS-Beamte, die den renitenten Abschiebehäftling minutenlang mit roher Kraft in seinem Sitz zusammenpressten" (Dahlkamp/Mascolo 2001). Seitdem ist der Einsatz des Helms verboten, nicht aber die Rohheit der Abschiebungspraxis verschwunden, die in der Sache selbst liegt.

Ähnliche Methoden sind in fast allen EU-Ländern Usus, wie der Europarat gestehen musste: „Als ein dunkles Kapitel von Menschenrechtsverletzungen westeuropäischer Staaten hat der Europarat die Abschiebepraxis zahlreicher Regierungen bei unberechtigten Einwanderern und abgewiesenen Asylsuchenden verurteilt... In dem von der Schweizerin Ruth-Gaby Vermot-Mangold erstellten Bericht wird auf die seit sieben Jahren regelmäßig eingehenden Beschwerden über Misshandlungen von Abzuschiebenden hingewiesen. Alle Organisationen, die solchen Beschwerden nachgingen, berichten zudem von einem deutlichen Anstieg der Vorfälle in den letzten beiden Jahren. Dies zeige, dass es sich nicht um Einzelfälle handle, bei denen sich die auf ihre Abschiebung wartenden Personen unter Verletzung der Europäischen Menschenrechtskonvention Diskriminierungen, rassistischem Sprachgebrauch, gefährlichen Fesselmethoden, ja sogar lebensbedrohender Gewalt sowie unmenschlicher und erniedrigender Behandlung ausgesetzt sähen. Diese Methoden hätten zu zahlreichen Todesfällen bei der Abschiebung geführt" (Neue Zürcher Zeitung, 2.2.2002).

Das demokratische KZ

Dass es sich bei den inneren Maßnahmen des demokratischen Ausgrenzungsimperialismus um einen sozialen Krieg gegen die „Herausgefallenen" des globalen Marktsystems handelt, belegt nichts so deutlich wie die zunehmende Existenz von immer mehr KZ-ähnlichen Sammellagern und exterritorialen Verschubräumen für die kaum noch bewältigbare Masse der Migranten, Flüchtlinge und aufgegriffenen Illegalen.

Ist es zulässig, diese Bezeichnung zu verwenden? Es gibt eine gewisse opportunistische Sorte von Tabuisierung des Begriffs KZ, die diesen ausschließlich für die nationalsozialistische Vernichtungspraxis reservieren möchte. So richtig es aber ist, noch innerhalb des kapitalistischen Grauens zu differenzieren und auf der Singularität von Auschwitz zu beharren, so falsch wird dieser Gedanke und schlägt in Apologetik um, wenn damit die Praktiken der demokratischen Apparate und speziell des heutigen Ausgrenzungsimperialismus hermetisch von der Praxis des NS getrennt werden sollen. Wie die Nazis integraler Bestandteil der westlichen Modernisierungsgeschichte und der kapitalistischen Entwicklung waren, so gehört auch die Praxis des Konzentrationslagers zum allgemeinen Bestand der Moderne, und eben auch der westlichen Demokratien insgesamt.

Das heißt nicht, dass jedes KZ ein Vernichtungslager vom Typ Auschwitz ist. Selbst innerhalb des deutschen NS gab es ein abgestuftes und breit gefächertes System von Varianten der Internierung, der „Vernichtung durch Arbeit" und des industriellen Massenmords an den europäischen Juden. Die Singularität von Auschwitz bedeutet nicht, dass Auschwitz in irgend einer Weise außerhalb der kapitalistischen Zivilisation angesiedelt gewesen wäre und nichts mit deren Praktiken zu tun gehabt hätte; vielmehr handelte es sich um die äußerste Zuspitzung jener Vernichtungslogik, die dem kapitalistischen Todestrieb als universeller Erscheinung innewohnt und die sich in verschiedenen Formen und auf verschiedenen Stufen äußert. Der heutige demokratische Ausgrenzungsimperialismus gehört ganz eindeutig in den Umkreis dieser differenzierten Praktiken, und deshalb bringt er auch eine bestimmte Form von Konzentrationslagern hervor.

Diesem Charakter angenähert sind nicht nur die Auffang- und Flüchtlingslager in den Protektoraten und in den ungesicherten Zusammenbruchsregionen, sondern auch verwandte Einrichtungen der Internierung und der Abschiebungspraxis in den demokratischen Zentren. Der Übergang vom „normalen" Gefängnis zum KZ ist dabei oft schleichend und anfangs fast unmerklich, etwa wenn es im Kontext der verschärften niederländischen Ausländergesetze heißt: „Da die Niederlande bereits heute nicht über genügend Gefängnisplätze verfügen, ist der Bau von mehreren hundert neuen Gefängniszellen geplant" (Neue Zürcher Zeitung, 17.6.2002). Wenn aber extra Gefängnisse für eine bestimmte Menschenkategorie gebaut werden, die nicht mehr unter die Zivil- und Strafgerichtsbarkeit der staatlichen Konstitution fällt, sondern durch ihre schiere Existenz delinquent ist, hat ein transitorischer Prozess begonnen, der zur Konstitution eines „Ausnahmeraums" führt, eines Raums jenseits der bürgerlichen Rechtsform, der dennoch an diese gebunden bleibt; und nichts anderes ist letztlich ein KZ: ein Nicht-Raum für die Verbringung von Nicht-Personen ins Nichts, eine bürokratische Emanation des kapitalistischen Todestriebs.

Derselbe Übergang zum Ausnahmeraum des Lagers wird deutlich, wenn etwa im Juni 2002 von der dramatischen Überfüllung eines Aufnahmelagers auf der italienischen Mittelmeerinsel Lampedusa berichtet wurde. Dass dieses Lager vom Roten Kreuz verwaltet wird, ändert nichts an seinem Charakter, zumal wenn man sich an die Zustände in den von „Hilfsorganisationen" überschwemmten Protektoraten der Peripherie erinnert. Und auf derselben Linie liegt es, wenn über den von allen großen Parteien gebilligten Umgang der Stadt Köln mit Asylbewerbern berichtet wird: „Die Unterbringung in Großunterkünften mit Gemeinschaftsverpflegung soll Köln für Flüchtlinge so unattraktiv wie möglich machen" (Beucker 2001).

Direkten Lagerstatus hat das berüchtigt gewordene sogenannte „Zentrum" für unwillkommene Flüchtlinge im französischen Sangatte, einer Kleinstadt am Ärmelkanal: „Seit dem Herbst 1999 existiert das als Provisorium angelegte Flüchtlingslager, ohne jeden rechtlichen Status. Auf ein halbes Jahr der Nutzung seien die Einrichtungen ... eigentlich ausgelegt... Aber inzwischen ist die Anlage seit drei Jahren in Betrieb, und die Zahl der hier lebenden Menschen wächst wegen der längeren Verweildauer spürbar an. Im Vorjahr ... musste das Zentrum im Durchschnitt zwischen 700 und 800 Menschen fassen. Nunmehr seien es knapp 1400. Früher blieben die Leute einige Tage, heute bleiben sie durchschnittlich zwei Monate" (Schmid 2002).

Immer wieder versuchen verzweifelte Insassen, als blinde Passagiere auf Zügen oder zu Fuß durch den nahe gelegenen „Eurotunnel" nach Großbritannien zu entkommen: „Auf Kommando ihres Schleppers sind sie schließlich aus ihrer Deckung ins gleißende Scheinwerferlicht gelaufen, sind über den stacheldrahtbewehrten Stahlzaun geklettert und haben versucht, einen jener Güterzüge zu erklimmen, die durch den 50 Kilometer langen Kanaltunnel von Calais nach Dover rollen. In der Ferne kläffen noch immer Suchhunde..." (Nesshöver 2001). Nach örtlichen Berichten haben Wachmänner schon auf flüchtige Insassen geschossen. Mitglieder einer Initiative, die sich für die Migranten einsetzt, „berichten von Misshandlungen der Flüchtlinge seitens der Wachleute. Eine relativ neue Methode sei es, dass die Wachmänner aufgegriffenen Flüchtlingen die Haare färben, eine Schikane, die zugleich bezweckt, einmal geschnappte Migranten wieder zu erkennen" (Schmid, a.a.O.).

Noch einen Schritt weiter Richtung KZ sind die Verhältnisse in Australien, das sich ja schon an seinen äußeren Grenzen durch besonders rigide Fluchtabwehr bemerkbar gemacht hat. Die Migranten, die sich bis in die „Festung Australien" durchschlagen und aufgegriffen werden, sind in Straflagern in der Wüste interniert: „Eingesperrt hinter Stacheldraht und praktisch ohne Kontakt zur Außenwelt, hoffen sie darauf, als Flüchtlinge anerkannt zu werden. Gelegentlich dauert das Warten in der Einöde Jahre. Die Konsequenzen der Isolation sind tragisch. Viele der Eingesperrten leiden unter Depressionen. Am schlimmsten trifft es die Kinder. Mitten in der Wüste leben sie als Strafgefangene… ‚Es ist nicht wie ein Konzentrationslager', meinte kürzlich ein Mann, der die Zustände dort kennt, gegenüber einer australischen Tageszeitung, ‚es ist ein Konzentrationslager'. Der Mann arbeitet in einem von sechs Lagern der australischen Regierung. ‚Insidern' wie ihm ist es zu verdanken, dass die Welt überhaupt erfährt, wie es in den Internierungslagern aussieht. Denn jede unabhängige Kontrolle fehlt. Der für den Betrieb verantwortliche Immigrationsminister Philip Ruddock verbietet Medienvertretern prinzipiell den Zugang. Eine Arbeitsgruppe der Vereinten Nationen versuchte jüngst, in die Lager zu gelangen, musste jedoch aufgeben… Australien verstößt nicht zuletzt wegen der Inhaftierung von Kindern gegen die Menschenrechtskonvention…" (Wälterlin 2001 b).

Die australische Regierung, die nicht einmal Suchaktionen veranlasst, wenn Bootsflüchtlinge vor ihrer Küste verschollen sind, hat in den Lagern Zustände sich entwickeln lassen, die das Grauen in den Lagern der Protektorate und Krisengebiete noch übertreffen. Das hat allerdings auch mit der Art zu tun, wie diese Lager betrieben werden: „Trotz Temperaturen von mehr als 40 Grad gibt es keine Klimaanlage. Beschäftigungs- und Unterhaltungsmöglichkeiten wie Fernsehen und Zeitungen fehlen. Jeder Insasse erhält eine Nummer, die seinen Namen ersetzt. Im November berichtete eine Krankenschwester von der systematischen Vergewaltigung eines irakischen Jungen. Mary Quinn warf der privaten Betreiberfirma Australasian Correctional Management (ACM) vor, den Vorfall in Woomera vertuscht zu haben. ACM ist eine Tochter der amerikanischen Wackenhut Corrections Corp., die weltweit etwa 50 Strafanstalten mit mehr als 40.000 Insassen führt (!). Die in den Vereinigten Staaten umstrittene Gesellschaft betreibt seit 1997 die australischen Lager. Die Angestellten haben in der Regel nur Erfahrung im Umgang mit Schwerkriminellen, nicht aber mit oftmals schwer traumatisierten Flüchtlingen. Seit dem Skandal um den zwölf Jahre alten Jungen vergeht keine Woche, ohne dass sich das Immigrationsministerium nicht neue Anschuldigungen anhören muss. Kinder mit Beinfesseln, unbehandelte Knochenbrüche, Kinder in Einzelhaft – die Vorwürfe, die Organisationen wie Amnesty International zusammengestellt haben, lesen sich wie ein Horrorbericht aus einer anderen Welt… Das System der Zwangsinternierung wurde noch von der Labour-Partei in die Wege geleitet. Heute befindet sie sich zwar in der Opposition – aber nur gegen die konservative Regierung, nicht gegen deren Internierungspolitik" (Wälterlin, a.a.O.).

Das Lager von Woomera, von australischen Oppositionellen als „Höllenloch" bezeichnet, hat inzwischen Hungerstreiks, Verzweiflungsaufstände und Ausbrüche erlebt, die von der demokratischen Weltöffentlichkeit mit einem gewissen Gleichmut zur Kenntnis genommen wurden: als Zustände, die irgendwie nicht ganz in Ordnung sind, die aber gewiss bewältigt werden und das demokratische Selbstverständnis nicht ankratzen können. In Wahrheit ist langfristig und bei fortschreitender Krise überall der Weg ins demokratische KZ für die „Überflüssigen" absehbar, der in den australischen Lagern gegenwärtig am weitesten fortgeschritten sein dürfte. Keineswegs zufällig befinden sich diese „Höllenlöcher" in der Hand von privaten Betreibergesellschaften, deren Muttergesellschaft ebensowenig zufällig in den USA beheimatet ist. Das KZ als privates Profitunternehmen entspricht völlig der Transformation des politischen Totalitarismus der Zwischenkriegszeit in den ökonomischen Totalitarismus der Weltmarktgesellschaft nach dem Zweiten Weltkrieg und in die daraus folgenden Exzesse des ökonomischen Terrors heute.

Auch Belgien hat begonnen, die Lager zu privatisieren: „Seit Anfang Dezember können private Organisationen in Belgien ihr Interesse anmelden, Auffanglager für Flüchtlinge zu organisieren und zu betreuen" (Neue Zürcher Zeitung, 12.12.2000). Denselben Weg wollen die Niederlande im Einklang mit den verschärften Restriktionen gegen Flüchtlinge gehen: „Asylbewerber sollten während der Prüfung ihrer Anträge in geschlossenen Internierungslagern untergebracht werden können..." (Neue Zürcher Zeitung, 17.8.2002). In Deutschland sind es staatliche Einrichtungen, die gleitend in den KZ-Status übergehen. Außer lagerähnlichen Zentren für die restriktive Unterbringung von Asylbewerbern existieren neuerdings spezifische lagerähnliche Erfassungen von abgelehnten Asylbewerbern, im Behördenjargon mit beispiellosem Zynismus „Ausreisezentren" genannt. So will der Freistaat Bayern, bekannt für seine besondere Brutalität gegen Flüchtlinge, ein solches aus Containerbauten bestehendes „Ausreisezentrum" in der Stadt Fürth errichten: „Bayern beruft sich bei der Einrichtung der ‚Ausreisezentren' auf Bundesrecht, das die Abschiebung auf die Länder delegiert. Zudem heißt es in Paragraf 61 des Zuwanderungsgesetzes, Flüchtlinge könnten verpflichtet werden, in Ausreiseeinrichtungen zu wohnen. Dort solle ‚durch Betreuung und Beratung die Bereitschaft zur freiwilligen Ausreise gefördert' werden. Ausreisezentren gibt es bereits in Niedersachsen und Baden-Württemberg. Kritiker sprechen von ‚schrecklichen Erfahrungen' mit den bisherigen Einrichtungen. Unter ‚ärmlichsten Bedingungen' müssten die Betroffenen ‚hausen' und erhielten nur Besuch von Amtspersonen, die sie zur Zusammenarbeit überreden sollen" (Bomhard 2002).

Es sind aber nicht allein die großen Internierungslager für die Illegalen, in denen sich die Logik des KZ bis zur Kenntlichkeit herausentwickelt. Einzelne Elemente des

KZ finden sich in den Verfahren, Apparaten und Praktiken des demokratischen Ausgrenzungsimperialismus auf Schritt und Tritt, auch wenn sie noch nicht zu einem umfassenden System zusammengewachsen sind. Aber sie befinden sich auf dem Weg dazu.

Ein solches Element von besonderer Inhumanität ist das deutsche „Flughafenverfahren", dessen Grausamkeit festgehaltene Flüchtlinge immer wieder in den versuchten oder vollendeten Selbstmord treibt: „Rasch und routiniert behandelten die Behörden den Fall. Nur eine Woche, nachdem sich die arabische Frau im vergangenen September bei Beamten auf dem Frankfurter Flughafen gemeldet hatte, lehnte das Bundesamt für die Anerkennung ausländischer Flüchtlinge ihr Asylbegehren ab. Zehn Tage später wurde auch ihre Klage gegen diesen Entscheid abgeschmettert. Die Frau hatte erzählt, sie sei in ihrem Heimatland Algerien politisch verfolgt und vergewaltigt worden. Daran mochten die Richter aber nicht glauben. Jetzt hat sich die Araberin umgebracht. Mitarbeiter des Frankfurter Flughafen-Sozialdienstes fanden sie am vorvergangenen Samstag gegen 21.25 Uhr – erhängt in der Dusche der Transitunterkunft im Flughafengebäude 182/183 C. Der Selbstmord bringt die umstrittenste Institution des deutschen Asylrechts erneut in Verruf. Rund 40 Asylbewerber, die meisten via Flugzeug angekommen, warten derzeit eng zusammengepfercht auf dem Flughafengelände, manche von ihnen drei Monate oder gar länger – für viele offenbar eine schwer erträgliche Situation. Die Araberin hatte schon mehr als ein halbes Jahr in dem tristen Bau gesessen. Dabei müssen sich die Behörden laut Rechtslage bemühen, jeden Fall innerhalb von 19 Tagen zu erledigen, was oft unmöglich ist" (Pieper 2000).

Es geht dabei aber nicht allein um die Inhumanität des Verfahrens, sondern auch noch um etwas anderes; nämlich auch hier um eine grundsätzliche Statusbestimmung, die das Element des KZ mehr als bloß in äußeren restriktiven Bedingungen deutlich macht (die schlimm genug sind): „Das so genannte Flughafenverfahren wurde 1993 eingerichtet, um unerwünschten Fremden den Luftweg nach Deutschland zu versperren. Seither betreten Asylsuchende, die auf dem Airport landen, juristisch gesehen keinen deutschen Boden. Ihr Verfahren kann schnell entschieden werden, ohne dass sie irgendwo im Land untergebracht werden müssen. Sie bleiben in der rundum gesicherten und vom Bundesgrenzschutz überwachten Spezialunterkunft 182/183 C. Freigang auf einem umzäunten Hof haben sie zweimal am Tag – Big Brother brutal..." (Pieper, a.a.O.).

Beim „Flughafenverfahren" wird der KZ-Aspekt des Nicht-Raums besonders deutlich: Die Unpersonen befinden sich faktisch auf deutschem Boden, aber nicht juristisch. Also befinden sie sich nirgendwo. Ihre Existenz wird schon allein dadurch im Prinzip für ungültig erklärt. Das Verfahren geht hier insofern über die allgemeine demokratische Definition hinaus, dass Flüchtlinge als Verbrecher gelten, ohne dass sie Verbrechen begangen haben: Ihr Verbrechen ist, dass sie existieren, ohne dass für diese Existenz kapitalistischer Bedarf besteht. Und so setzt sich diese Tendenz darin fort, dass die Verbrecher ohne Verbrechen immer mehr unsichtbar gemacht und in Räume gebannt werden, die gewissermaßen formal außerhalb der Welt angesiedelt sind. An diesem Punkt wird bereits, ähnlich wie in den australischen Lagern, die logische Vorstufe der Vernichtung erreicht.

Zonen des Rassismus

Das Selektionsdenken und die enthumanisierende Praxis der demokratischen Ausgrenzungsapparate repräsentieren durchaus das Massenbewusstsein der demokratischen Staatsbürger als Hyänen der Konkurrenz. Das Krisenbewusstsein erschöpft sich allerdings auch in den Zentren nicht mehr in der alltäglichen sozialökonomische Konkurrenz um Geld, Kaufkraft, Arbeitsplätze, Vorteile, Futterstellen, Pfründen usw., wie sie an sich schon die niedersten Instinkte mobilisiert und offiziell als angeblich segensreicher „Wettbewerb" gefördert wird. Vielmehr macht sich zunehmend jene „Fortsetzung der Konkurrenz mit anderen Mitteln" bemerkbar, wie sie die manifesten Krisen- und Zusammenbruchsregionen der Peripherie bereits in der Form von „Bürgerkriegen" neuen Typs überflutet hat. Die Logik dieser Konflikte folgt auch und gerade in den Zentren nicht mehr aus Reibungsflächen realer binnenrationaler Interessenlagen, sondern aus einer irrationalen Verarbeitung der Systemkrise und ihrer Erscheinungsformen. Dabei geht es auch hier einzig und allein um die Definition eines Feindbilds, auf das die Zumutungen des Systems und die Zwangslagen der Krise projiziert werden können.

Im Unterschied zu den Zusammenbruchsregionen der Peripherie hat sich diese Feinddefinition in den Zentren noch nicht bis zu kollektiven bewaffneten Kriegshandlungen und flächendeckenden plünderungsökonomischen Strukturen fortentwickelt. Stattdessen stellt sie sich vorerst in Hetzkampagnen, Übergriffen, Pogromen und Bandenbildungen dar. Wesentlich ist auch ein Unterschied im Inhalt der Feinddefinition. Folgt diese in der Peripherie durchwegs den inneren ethnischen Differenzierungen, wie sie oft aus früheren Zuständen ererbt und krisenideologisch reformuliert werden, so handelt es sich in den Zentren eher um eine rassistische Ausgrenzungskampagne gegen die Migranten. Die spontane Fortsetzung der Konkurrenz mit anderen Mitteln in ausgrenzenden Gewaltideologien und gewaltsamen Übergriffen folgt dabei exakt der bürokratischen Logik der demokratischen Ausgrenzungsapparate. Beide Formen – die staatliche Selektions- und Ausgrenzungspraxis und die spontane Gewalt auf der Straße – bedingen sich nicht nur gegenseitig, sondern wurzeln auch beide in derselben rassistischen Ideologie der Aufklärungsphilosophie und der westlichen Kolonialgeschichte.

Dabei ist eine Abstufung der rassistischen Ausgrenzungsimpulse festzustellen, die sich von den nord- bzw. westeuropäischen und nordamerikanischen Zentren gewissermaßen in konzentrischen Kreisen nach Osten und Süden entsprechend den Schattierungen und Zusammensetzungen der Migrationsströme ausbreiten.

Den äußersten Kreis bildet der gemeinsame Rassismus des gesamten demokratischen Zentrums gegen den planetarischen Süden der ehemaligen Kolonialgebiete, die so genannte Dritte Welt. In diesem Sinne richtet sich die Straßengewalt des demokratischen Mobs mit Vorliebe gegen Migranten dunkler und vor allem schwarzer Hautfarbe, die immer wieder in Gewaltexzessen durch die Straßen gehetzt werden. Nicht umsonst entzündet sich der besondere Hass sowohl des Mobs als auch der Ausländerbürokratien an sexuellen Beziehungen und Heiraten zwischen weißen demokratischen Frauen und schwarzen Migranten; eine Verbindung, die mit geifernder Irrationalität als „Rassenschande" und sexuelle Demütigung der weißen, demokratischen Abspaltungs-Männlichkeit erlebt wird. Gerade in dieser Hinsicht ist der rassistische Gehalt des Aufklärungsdenkens von Hume, Kant, Hegel usw. bis zum Straßenmob durchgedrungen und hat sich die Aufklärung also „verwirklicht".

Den zweiten Kreis bildet der rassistische Ausgrenzungshass gegen die arabischmoslemische Welt und die davon herkommenden Migrationsströme; und in dieser Hinsicht geht der demokratische Mob direkt konform mit der kulturalistischen strategischen Feinddefinition der Huntingtons und ihrer Vollstrecker im Pentagon. Der antimoslemische demokratische Rassismus äußert sich dabei außer in den USA selbst besonders drastisch in Großbritannien, wo sich ganze Ghettos von moslemischen Migranten aus den ehemaligen Kolonialgebieten des Empire gebildet haben, und aus demselben Grund noch deutlicher in Frankreich, wo die Migranten aus dem maghrebinischen Raum und besonders natürlich aus der ehemaligen engsten Kolonie Algerien das Hauptkontingent der „Fremden" bilden. Ähnliches gilt für die anderen Mittelmeer-Anrainer wie Italien und noch mehr Spanien, das einen starken Zustrom von Flüchtlingen und Migranten aus Marokko erlebt.

Nicht zuletzt bildet auch Deutschland eine Hochburg der antimoslemischen rassistischen Ausländerhetze, die sich hier auf die Türken und Kurden konzentriert, insofern diese das bei weitem stärkste Kontingent der Migration in der BRD stellen. Dass gleichzeitig die antisemitische irrationale Welt- und Krisenerklärung eine neue Sumpfblüte erlebt, verweist nur auf die an sich widersprüchliche und geistlose, um Kohärenz und Logik unbekümmerte Struktur aller rassistischen Ideologiebildung. Auch in der offiziellen Politik bestehen starke Widerstände gegen die Aufnahme der „moslemischen" Türkei in die „christliche" EU, während gleichzeitig das türkische Folter-Regime als strategisch wichtige Flanke der NATO gestützt und hofiert wird. In dieser Hinsicht ist der abendländische demokratisch-aufklärerische Rassismus um Widersprüche ebensowenig verlegen.

Der dritte und innerste Kreis der spontanen Ausgrenzungsimpulse und der Übergriffe des demokratischen Mobs richtet sich gegen die innereuropäischen „Ausländer" selbst, wobei – analog zur Abstufung der sozialökonomischen Krisenerscheinungen – einerseits ein Nord-Süd- und andererseits ein West-Ost-Gefälle festzustellen ist.

Auf alte Vorurteile und kulturelle Negativdefinitionen zurückgreifend, macht sich in der Krise ein Abgrenzungs- und Ausgrenzungsimpuls des protestantischen, industriell hochentwickelten europäischen Nordens gegen den katholischen, industriell schwächer entwickelten europäischen Süden bemerkbar; eine abgeschwächte Reproduktion der Abstoßungsreaktionen des Nordens gegen den Süden auf globaler Ebene. In diesen Impuls spielt die Missgunst der nördlichen Industriezonen gegen die Agrar-Subventionen der EU für den Süden hinein, ein Moment der Konkurrenz, das sich mit schwindender Finanzierungsfähigkeit verschärft, obwohl man auf das Obst und Gemüse aus dem Süden angewiesen ist. Abgesehen vom ökonomischen Konkurrenzmotiv verselbständigt sich aber auch auf dieser Ebene die rassistische Ideologie gegenüber allen realen (und ihrer Struktur nach selber irrationalen) Interessenlagen. Dasselbe Motiv wiederholt sich im katholischen Italien als inneritalienischer Rassismus und Ausgrenzungshass der Industriegebiete nördlich des Po gegen die südlichen Armutszonen und deren in den Norden strömende inneritalienische Migranten, bis hin zu den offen separatistischen Tendenzen der Lega Nord, für deren Chef Umberto Bossi bekanntlich „südlich von Rom Afrika beginnt". Auf einem Transparent von Lega-Nord-Demonstranten war schon Anfang der 90er Jahre zu lesen: „Keine Tierversuche – nehmen wir Neapolitaner".

Noch stärker fällt der innereuropäische rassistische Ausgrenzungsimpuls im Gefälle von West nach Ost aus. Gilt vielen westdeutschen Stammtischen schon das eingegliederte Ostdeutschland der ehemaligen DDR als „Zone" von unfähigen und rückständigen Menschen „zweiter Klasse", die durchzufüttern ein Ärgernis ist, so verschärft sich dieselbe Abstoßungsreaktion Richtung Osten seitens der Deutschen insgesamt und besonders der Ostdeutschen gegen die über die Grenze auf der Suche nach Beschäftigungsmöglichkeiten und Sperrmüll einfallenden „faulen Polen" und überhaupt gegen die slawischen Aspiranten Ostmitteleuropas auf einen EU-Beitritt und die von dort ausgehende Migration. In Polen, Tschechien, den baltischen Staaten und anderen östlichen Anrainern der EU wiederum richtet sich die rassistische Wut des Mobs außer gegen Sinti und Roma vor allem gegen russische Migranten oder Bevölkerungsteile; und in Russland selbst müssen die „Kaukasier" und „Asiaten" als Objekte des Ausgrenzungshasses herhalten, während alle zusammen immer ärmer werden.

Insgesamt lässt sich geradezu eine „Landkarte des Rassismus" zeichnen, in den demokratischen Zentren ebenso wie in ihren Randzonen und in den Zusammenbruchsregionen der Peripherie. Die strukturelle Differenz der inszenierten „inneren" Feinddefinitionen, wie sie die gewaltsame Fortsetzung der Krisenkonkurrenz bestimmen, ist dabei in den ethno-rassistischen und pseudo-religiösen Abgrenzungen nur unscharf gezogen. Dennoch lässt sich der Unterschied deutlich erkennen, der in der Definition des Feindes als Migrant („Ausländer") oder als „anderer" innerer Bevölkerungsteil liegt.

Die letztere Bestimmung der Krisenkonkurrenz ergibt sich naturwüchsig in den vor allem der Peripherie zugehörigen sogenannten „Vielvölkerstaaten", in denen während der kapitalistischen Durchsetzungsgeschichte Nationsbildung, ethnokulturelle Zuschreibungen, Sprache, Religion usw. nie zur Deckung gebracht werden konnten; sei es wegen der schieren imperialen Größenordnung (zum Beispiel Russland), sei es wegen der mangelnden Integration im Prozess „nachholender Modernisierung" (zum Beispiel Jugoslawien), oder sei es deswegen, weil sich die kapitalistische Nationsbildung im Gefolge der postkolonialen Entwicklung rein synthetisch vollzog und nur an der Oberfläche über andere soziokulturelle Zusammenhänge gelegt wurde (zum Beispiel Südafrika oder Indonesien).

In relativ homogenisierten Nationalstaaten dagegen, deren Konstitution wie in den kapitalistischen Zentren Europas weiter zurückliegt, entzündet sich die rassistische Krisenkonkurrenz des Mobs eher in der Hetze gegen die Migranten/„Ausländer". Es ist aber nicht nur der formale Unterschied von relativ homogenem Nationalstaat und „Vielvölkerstaat" (beides historische Konstrukte, die nur die Verschalung kapitalistischer Reproduktionsräume darstellen), der diese unterschiedliche Feinddefinition in der „Fortsetzung der Konkurrenz mit anderen Mitteln" hervorbringt, sondern eben auch der substantielle Unterschied von Zentrum und Peripherie, in dem sich in verwandelter und verwilderter Gestalt die alte Kolonialgeschichte reproduziert: nicht nur in der barbarischen Protektoratsverwaltung der peripheren Zusammenbruchsregionen und nicht nur im Bau des neuen Limes, sondern erst recht in den Feindbildern des innerdemokratischen Mobs, der in den Flüchtlingen und Illegalen, aber ebenso in den „Geduldeten" und Eingebürgerten eine genügend große „Feindmasse" für Hetze, Übergriffe und Pogrome vorfindet, die sich analog zu den Barbarisierungs- und Zerfallsprozessen in der Peripherie bei fortschreitender Krise bis zu offenen Kriegshandlungen und bewaffneten Zusammenstößen steigern können.

Allein in der BRD leben immerhin mehr als sieben Millionen „Ausländer" der verschiedensten Kategorien; und in der Reformulierung der deutschen Blut- und Boden-Ideologie von der „Volksgemeinschaft", die letztlich auch den gehässigen innerdeutschen West-Ost-Gegensatz verblassen lässt, baut sich in der Krisenkonkurrenz vorrangig die Frontstellung gegen die „Fremdstämmigen" auf, die sich im Unterschied zur vergangenen Geschichte der nationalimperialen Ausdehnungsmacht nicht mehr eroberungspolitisch nach außen richtet, sondern auch in Deutschland und ähnlich in den übrigen demokratischen Zentren der EU nach innen, gegen die Populationen der Migranten.

Dieser strukturelle Unterschied in der krisenideologischen Feindbestimmung ist natürlich kein absoluter. In einem gewissen Ausmaß findet sich der rassistische Übergriff gegen Migranten und Flüchtlinge als Ausdruck der Krisenkonkurrenz auch in den peripheren Gesellschaften, in die hinein und durch die hindurch sich ja sogar der größere Teil der globalen Vagabondage bewegt.

So sind die Bürgerkriegs-Flüchtlinge und Arbeitsmigranten aus dem besonders heftig von der „Asienkrise" durchgeschüttelten Indonesien in den benachbarten südostasiatischen Ländern immer wieder rassistischen und ausländerfeindlichen Übergriffen ausgesetzt. Allein in Malaysia leben zwei bis drei Millionen legale und illegale Migranten; immer mehr von ihnen werden nach westlichem Muster interniert oder dienen als Projektionsfläche für den sich ausbreitenden diffusen Krisenhass. In China sind es die fast hundert Millionen entwurzelten, durch das Land ziehenden Wanderarbeiter, die nicht qua ethnischer oder religiöser Zuordnung, sondern als ausgestoßene Sozialkategorie zum Objekt der Wut oder sogar gewaltsam erpresster Sklavendienste werden.

Ganz Afrika ist voll von Flüchtlingen und Verzweiflungsmigranten, die von den einheimischen Bevölkerungen gehetzt und als Freiwild betrachtet werden; auch hier in Übereinstimmung mit Regierungen und Apparaten, die oft ganz bewusst selber Stimmung gegen das angeschwemmte menschliche Treibgut machen. So etwa in Guinea, wo fast eine halbe Million Flüchtlinge aus Liberia und Sierra Leone vegetieren. In Südafrika werden Zehntausende von Flüchtlingen und Asylbewerbern schikaniert und ausgebeutet. Und in Libyen kam es bereits mehrfach zu Ausschreitungen gegen schwarzafrikanische Migranten: „Ein Sprecher des ghanesischen Außenministeriums meinte, seine Landsleute seien regelrecht gejagt und geschlagen worden. Nachdem ihre Unterkünfte niedergebrannt worden seien, hätten Tausende von Ghanesen verzweifelt bei ihrer Botschaft Hilfe gesucht... Im Allgemeinen machen die Libyer Ausländer für alle bestehenden oder eingebildeten Übel verantwortlich" (Neue Zürcher Zeitung, 4.10.2000).

Dasselbe Bild bietet sich in Lateinamerika, wo etwa in Brasilien die Armutsmigranten aus dem Nordosten ähnlich wie die Binnenmigranten in Italien und in China Angriffen aller Art ausgesetzt sind. Auch in Argentinien wurden Schwarzarbeiter aus Peru und Bolivien für das Anwachsen der Kriminalität verantwortlich gemacht: „Von der Herzlichkeit, mit der europäische Besucher in Buenos Aires willkommen geheißen werden, kriegen die dunkelhäutigen Arbeitskräfte aus den Andenländern sehr wenig zu spüren; ihnen schlagen in der Regel Misstrauen, ja unverkennbar rassistische Regungen entgegen" (Neue Zürcher Zeitung, 4.2.1999).

Dennoch ist es in den fortgeschrittenen Krisenregionen der Peripherie nur an zweiter Stelle der ideologisch aufgeladene Hass gegen die Migranten, der die Krisenkonflikte bestimmt, während an erster Stelle meistens die binnenstaatliche Feinddefinition gegen schon lange eingesessene „andere" Ethnien, Stämme, Volksgruppen etc. die Frontlinie der Feindseligkeiten konstituiert. Fast immer geht es dabei um ethno-religiösen Separatismus oder umgekehrt gewaltsame Zwangsintegration zwecks krisenideologischer und plünderungsökonomischer Legitimation.

Umgekehrt findet sich die ethno-religiöse, separatistisch-antiseparatistische Feindbestimmung auch in Europa; nicht nur in Italien in Gestalt der Lega Nord, sondern auch bei den qua Krisenkonkurrenz immer wieder hochgekochten alten Volksgruppen-Konflikten etwa in Spanien, Belgien und Nordirland oder in abgeschwächter Form bei regionalistischen Verselbständigungsprozessen wie etwa in Schottland, in einigen Gebieten Frankreichs und sogar in der Schweiz. Dennoch wird die hauptsächliche Konfliktlinie der bis zum Ausbruch von Gewaltexzessen verlängerten Konkurrenz in den EU-Ländern eindeutig nicht durch die Reformulierung von Ethno-Gegensätzen innerhalb der alten Nationalstaaten gezogen, sondern durch die Kampagne gegen „Ausländer", Flüchtlinge und Migranten, die aus den europäischen Randzonen und aus den globalen Katastrophengebieten in die EU einströmen.

Der demokratische Mob in Aktion

Die brutalen Ausschreitungen des rassistischen demokratischen Straßenmobs von desorientierten und moralisch verwahrlosten Jugendlichen gegen die „ausländische" Wohnbevölkerung jeglicher Couleur und Herkunft sind in allen EU-Ländern längst zum Alltag geworden. Der Ausländerhass hat sich selbst bei der einst als besonders tolerant und weltoffen geltenden Jugend der skandinavischen Länder breit gemacht; nicht nur in dem inzwischen für seine rechtsradikale Schläger-Szene berüchtigten Schweden (dort kommt es immer wieder zu schweren Krawallen, sogar die Gewerkschaften sollen von Neonazis unterwandert werden), sondern auch in Dänemark, wo die Anpöbelungen von Farbigen drastisch zugenommen haben, und in Norwegen, das im Januar 2001 den ersten rassistischen Mord erleben musste: „Die Polizei in Oslo zweifelte gestern nicht mehr daran, dass der 15-Jährige Benjamin Hermansen, der am Wochenende auf dem verlassenen Parkplatz eines Einkaufszentrums erstochen worden war, wegen seiner Hautfarbe sterben musste. Drei als Tatverdächtige festgenommene Männer im Alter von 21 und 20 Jahren sowie zwei 17 Jahre alte Mädchen gehören der rechtsextremistischen Gruppe ‚Boot Boys' an. Benjamin Hermansen, Sohn eines afrikanischen Vaters und einer norwegischen Mutter, hatte im als eher liberal und friedlich geltenden Skandinavien schon früher Bekanntschaft mit Rassismus und Fremdenhass machen müssen. Im Sommer hatte er an einem Fußballturnier im benachbarten Dänemark teilgenommen und war mit ebenfalls farbigen Freunden aus einer Diskothek verjagt worden. Benjamin wagte es als Einziger, die Episode vor einer TV-Kamera zu kommentieren. In der Nacht zum Samstag wurde er das erste Todesopfer nach einer Reihe von nicht unbedingt häufigen, aber immer brutaleren Überfällen auf Ausländer in Norwegen" (Borchert 2001).

Die Gewaltausbrüche in Skandinavien sind noch verhältnismäßig gering gegenüber den rassistischen Jagdszenen, Straßenschlachten und Terroranschlägen in Großbritannien, die sich seit Ende der 90er Jahre zu wahren Orgien der Gewalt gesteigert haben. Die Atmosphäre in den großen Städten mit hohem „Ausländeranteil", besonders Migranten aus dem indischen Subkontinent, aber auch auf dem flachen Land, ist zum Zerreißen gespannt und entlädt sich in immer neuen Attacken: „Mohammed Yunis ist seines Lebens nicht mehr froh geworden, seit er im September 1997 den Gemischtwarenladen in West Cornforth bei Sedgefield gekauft hat. Er, seine Frau und seine sieben Kinder stammen aus Pakistan. Drei Monate dauerte es, bis der Laden unter seiner Wohnung angezündet wurde. So geht das: Steine durchs Fenster, ‚Verpisst Euch, Pakis' an die Hauswand geschmiert, Beleidigungen auf offener Straße und anonym am Telefon – Kinder, die vor dem Haus ‚Brenn, Baby, brenn' skandieren" (Ebeling 2000).

Zum Symbol wurde der 17-jährige Schwarze Stephen Lawrence, der 1993 nach schweren Misshandlungen von einer Bande weißer Jugendlicher erstochen worden war. Im Laufe der 90er Jahre steigerte sich das Gewaltpotential ständig weiter: „Pro Jahr werden in Großbritannien um die zehntausend rassistisch motivierte Verbrechen und Diskriminierungen registriert, und die Dunkelziffer liegt nach Schätzungen von Bürgerrechtsorganisationen mindestens drei Mal so hoch" (Bebber 2001). Der weiße Rassismus hat zu gewaltsamen Gegenreaktionen und Bandenbildungen unter jugendlichen Migranten geführt. Im Mai 2001 kam es in Oldham in Nordengland und im Juli desselben Jahres im ebenfalls nordenglischen Bradford zu regelrechten „Rassen"- und „Ausländer"-Schlachten mit Barrikaden und brennenden Straßenzügen. Nach Presseberichten liegt die faktische Arbeitslosigkeit in beiden Städten sowohl bei den weißen wie bei den asiatischen Jugendlichen um die 20 Prozent, in einigen Stadtvierteln bei 40 bis 50 Prozent; nebenbei bemerkt ein Hinweis auf die Lügenhaftigkeit der offiziellen britischen Arbeitslosenstatistik.

Je stärkeren Angriffen sie ausgesetzt sind, desto stärker wird auch die Tendenz zur Einigelung der migrantischen Populationen: „In Großbritannien droht eine Gettoisierung unterprivilegierter und ethnischer Gruppen. Sie betrifft vor allem die von der weißen Mittelklasse verlassenen innerstädtischen Gebiete, heißt es in einem offiziellen Bericht zu den Rassenspannungen in der nordenglischen Stadt Bradford. ‚Die Kommune zerbricht entlang rassischer, kultureller und religiöser Linien', heißt es weiter in dem alarmierenden Rapport, der vom Stadtrat Bradfords schon im vergangenen Jahr in Auftrag gegeben wurde" (Handelsblatt, 11.7.2001).

In Frankreich sind es die „Banlieus", die heruntergekommenen Vorstädte mit hohen Arbeitslosenraten, in denen sich die Gettoisierung der Migranten aus Algerien und anderen Ländern des Maghreb, teilweise auch aus den ehemaligen französischen Kolonien Schwarzafrikas vollzieht: „Nach Erhebungen des Pariser Innenministeriums zählt Frankreich inzwischen 1300 dieser explosiven ‚Enklaven, aus denen Staat und Recht verschwunden sind' (Nouvel Observateur)…" (Der Spiegel 35/1998). In Paris und anderen Städten, Ende der 90er Jahre fast regelmäßig in Straßburg, kam es ähnlich wie in Großbritannien immer wieder zu Zusammenstößen von französischen und migrantischen Jugendlichen, zu Straßenschlachten mit der Polizei, Plünderungen und Zerstörungen. Der wechselseitige Hass hat den Rassismus bereits in breiten Bevölkerungskreisen angeheizt: „Für die Mehrheit der Franzosen stehen die Schuldigen der Misere jedenfalls fest: 56 Prozent der Bevölkerung glauben, dass es in Frankreich zu viele Araber gibt; 40 Prozent geben auch unumwunden zu, dass sie ‚anfällig für Rassismus' sind..." (Der Spiegel, a.a.O.).

Der wachsende Einwanderungsdruck verschiebt auch in Italien die Frontlinie des Ausgrenzungshasses mehr und mehr von der inneren zur äußeren Migration, besonders gegenüber den über die 8000 Kilometer Küstenlinie eingedrungenen Illegalen („clandestini"). Noch deutlicher ist das in Spanien, das im Februar 2000 in die Schlagzeilen der Berichterstattung über rassistische Pogrome rückte: „In der südspanischen Gemeinde El Ejido ist es zu heftigen ausländerfeindlichen Ausschreitungen gekommen. Hunderte, teils mit Eisenstangen und Stöcken bewaffnete Spanier attackierten Restaurants und Läden von Ausländern. Autos gingen in Flammen auf, Straßen wurden stundenlang blockiert... Obwohl niemand die Ausschreitungen in ihrer Brutalität vorhergesagt hatte, warnen Experten schon seit einiger Zeit vor sozialen Risiken in El Ejido nahe Almeria. Der Ausländeranteil ist hier für spanische Verhältnisse sehr hoch. Etwa ein Fünftel der 50.000 Einwohner sind Ausländer, zumeist Marokkaner. Die meisten von ihnen arbeiten als billige Arbeitskräfte in den ‚Plastik-Treibhäusern', denen die Region ihren beachtlichen Wohlstand verdankt..." (Handelsblatt, 10.2.2000).

Die Opfer dieser und nachfolgender Gewaltorgien waren also niemand anders als die marokkanischen Bootsflüchtlinge, die es durch die Linien der spanischen Küstenwache geschafft hatten, nur um sich als illegale Billiglöhner im Gemüse-Intensivbau verdingen zu müssen, in Elendsunterkünften zu hausen, als „Moros" beschimpft und schließlich zum Freiwild und zum Projektionsobjekt für die Frustrationen des einheimischen Mobs zu werden, der sich aus arbeitslosen Jugendlichen ebenso wie aus der örtlichen „Jeunesse dorée" rekrutiert – ein vertrautes Bild aus den Bürgerkriegsregionen der Peripherie.

Eindeutig die Hochburg des „Rassismus von unten" in der EU ist aber die Bundesrepublik Deutschland. Nirgendwo sind die Übergriffe gegen „Ausländer" und Migranten so häufig und dicht wie hierzulande. Schon Anfang der 90er Jahre setzten die brutalen Massenangriffe auf Flüchtlinge in Rostock und Hoyerswerda ebenso wie die Mord- und Brandanschläge von Mölln und Solingen die Welt darüber in Kenntnis, dass sich die Heimat der Blut- und Boden-Ideologie die Vorreiterschaft in Sachen Rassismus und Antisemitismus nicht nehmen lässt, wenn es um den volkstümlichen Rang des Hass- und Vernichtungsdenkens gegen „Fremdstämmige" geht. Als im August 1992 in Rostock-Lichtenhagen mehrere hundert rassistische Jugendliche unter dem frenetischen Beifall tausender Anwohner mit Brandsätzen gegen eine von den Behörden bewusst überbelegte Sammelstelle für Asylbewerber und benachbarte

Wohnungen von vietnamesischen Familien vorgingen und die evakuierten Gebäude in Brand steckten, machte das Ausmaß dieses Pogroms den gesellschaftlichen Tiefgang der Ausländerhetze deutlich. Lassen sich die Höhepunkte der rassistischen Straßenbrutalität in der übrigen EU noch an bestimmten Ereignissen aufzählen, so haben sich solche Ereignisse mit hohem Gewaltpegel bis hin zu Mord und Totschlag in Deutschland bereits inflationär ausgeweitet.

Rassismus, Antisemitismus und dumpfe Ausländerfeindlichkeit haben in ganz Deutschland Konjunktur, mit besonderer Dichte aber in Ostdeutschland, der ehemaligen DDR, wo der prozentuale Anteil von entsprechenden Gewalttaten gemessen an der Bevölkerungszahl überproportional hoch ist. Von der „preußischen Traditionspflege" des staatskapitalistischen DDR-Regimes, das einen national abgeschotteten bürokratischen „Sozialismus" pflegte, ja sogar engere persönliche Kontakte seiner Bürger zu Menschen aus den „sozialistischen Bruderländern" mit Misstrauen beobachtete und einzuschränken suchte, ist nichts übrig geblieben als ein primitiver Ausländerhass. Konnte sich dieser zu DDR-Zeiten nur an den relativ wenigen vietnamesischen Vertragsarbeitern abreagieren, die als „Fidschis" angepöbelt wurden und auch heute noch Gegenstand rassischen Hasses sind, so richtet sich derselbe ebenso vermiefte wie tückische Ungeist nun mit viehischer Brutalität gegen alle, die irgendwie „ausländisch" aussehen und den provinziellen ostdeutschen Stammesgepflogenheiten nicht entsprechen.

In allen Teilen Deutschlands sind das Anzünden von „ausländischen" Menschen, Wohnungen und Geschäften, Anschläge auf Unterkünfte von Asylbewerbern und das Hetzen von Farbigen durch die Straßen zu einer Art Wochenendsport für frustrierte Jugendliche geworden. Allein im Bundesland Brandenburg stehen mehr als 80 Städte und Dörfer auf der Liste der notorisch durch fremdenfeindliche Gewalt bekannten Gemeinden: „Orte, in denen rechtsradikale Jugendliche pöbeln, schlagen und sogar töten. Größere Städte gehören dazu wie Frankfurt an der Oder, und Gemeinwesen, die mit erschreckender Regelmäßigkeit in den Montagsausgaben der Regionalzeitungen auftauchen, weil wieder ein türkischer Imbissstand ‚abgefackelt', ein dunkelhäutiger Mitbürger halb totgeprügelt wurde, einem griechischen Restaurant sämtliche Scheiben eingeschlagen oder ausländische Bauarbeiter von grölenden Skinheads durch die Straßen gehetzt wurden" (Englisch 1998).

Seit den exemplarischen Mordtaten und Brandstiftungen Anfang der 90er Jahre, die nicht zufällig mit der deutschen Vereinigung zusammenfielen, vergeht kaum ein Tag mehr, an dem nicht neue Vorfälle und Exzesse aus deutschen Regionen gemeldet werden. Immer wieder sind es Brandanschläge auf Einrichtungen und Wohnungen „ausländischer" Bürger; immer wieder werden Farbige, Türken und andere „Fremde" geschlagen und schwer verletzt, in Flüsse und Seen geworfen; und immer wieder werden dabei Menschen ermordet, mit Messern durchbohrt oder mit blanken Fäusten totgeschlagen. So wie, um nur ein Beispiel von vielen zu nennen, im Sommer 2000

Alberto Adriano: „... als Alberto an dem Abend des 11. Juni in Dessau von Freunden zurückkam, von wo aus er Verwandten in Maputo, der Hauptstadt Mosambiks, telefonisch seinen Besuch angekündigt hatte, schlugen ihn im Park, nahe seiner Wohnung, drei Skinheads so brutal zusammen, dass er drei Tage später starb. Der 39-Jährige war für sie ein ‚Ausländerschwein'. Die wenigen Minuten dieser Tat nahmen nicht nur seiner 43-jährigen deutschen Frau den Mann und ihren drei Kindern den Vater, sondern beeinflussen auch das Leben eines ganzen Dorfes im fast 10.000 Kilometer fernen Mosambik... Wenn Alberto 100 Mark überwies, dann war dies mehr, als sie alle im ganzen Jahr an Barem zusammenbekamen" (Räther 2000).

USA: Rassistische Basisidentität und Intergetto-Bürgerkrieg

Etwas anders als in der EU und in Deutschland verlaufen die rassistischen Feindbestimmungen der gewaltsam verlängerten Konkurrenz in den USA. Bei der letzten Weltmacht handelt es sich weder um einen „Vielvölkerstaat" mit einem „ethnisch" konstruierten „Herrenvolk" als Kern nach dem Muster Russlands noch um eine homogenisierte Nation im Verhältnis zu äußeren Migranten wie in West- und Mitteleuropa, sondern um einen selber aus einer Vielzahl von Migrantenströmen aus aller Welt hervorgegangenen kontinentalen Großstaat ohne vorkapitalistische Vergangenheit, auch wenn die Gründungslegende der „Pilgerväter" diejenige von weißen angelsächsischen Protestanten („Wasps") ist. Trotz dieses unverkennbar weißen, rassistisch aufgeladenen, auf die westlich-kapitalistische Basisideologie fixierten Kerns der US-amerikanischen Geschichte und Identität galten die USA stets als die gesellschaftliche Inkarnation der Aufklärungsideale, als Bollwerk der Freiheit und als Beispiel für das friedliche Zusammenleben von Menschen unterschiedlichster Herkunft unter dem gemeinsamen Sternenbanner. Darüber hinaus galt es als ausgemacht, dass die USA letzten Endes ein „Schmelztiegel" (Melting Pot) der konstruierten „Rassen", „Ethnien", religiösen und kulturellen Identitäten seien, eine kapitalistische „Über-Nation", in der sich alle Herkunfts- und Geschichts-Identitäten zu einer einzigen geschichtslosen Hyper-Identität kapitalistischer Logik und „Freiheit" verschmelzen.

Einerseits war dieses ideologische Konstrukt in seiner positiven Formulierung natürlich von Anfang an durch und durch verlogen. Geschichte und Aufstieg der USA basieren nicht nur auf schwarzer Sklavenarbeit, sondern der weiße Rassismus gegen die schwarze Minderheitspopulation war immer konstitutiv für die US-Identität und ist es trotz formal-juristischer Emanzipation bis heute geblieben. Die schwarze Bürgerrechtsbewegung der 60er Jahre und ihre Nachfolge-Bewegungen waren und sind eher ein Indiz für das ungebrochene Fortwuchern eines informellen Rassismus gegen die Schwarzen als für eine gelungene Emanzipation innerhalb der Grenzen des kapitalistischen Systems; ebenso wie übrigens die Tatsache, dass von der Millionenmasse

Strafgefangener in den USA (allein schon ein Hinweis auf den Ausschließungs- und Terrorcharakter des Systems) und besonders von den zum Tode Verurteilten die Mehrzahl stets Schwarze sind.

Andererseits widersprechen diese Tatsachen ja gar nicht den Begriffen von westlicher Aufklärung, Freiheit usw., sobald man diese dechiffriert und sie ihrer positiven, heuchlerischen Formulierung entkleidet hat. Die westliche Freiheit samt ihren falschen „Menschenrechten" ist in Wahrheit ein System der Selektion und Ausschließung, der Degradation des Menschen zum Selbst-Exekutor der fetischistischen Verwertungsbewegung des Kapitals und der Enthumanisierung derer, die aus dieser Bewegung herausfallen und zur nicht mehr „anerkennungsfähigen" Biomasse gemacht werden. Insofern, und in der Zuspitzung zum Todestrieb des Wertsubjekts, konvergieren die deutsche Nazi-Identität und die US-Identität trotz historisch unterschiedlicher Erscheinungsformen in den entscheidenden Punkten der zugrunde liegenden gemeinsamen Basisform der Moderne (an der ideologischen Oberfläche kenntlich in der Nazismus und Liberalismus gemeinsamen Schnittmenge des Sozialdarwinismus, im totalen Herrschaftsanspruch über den Planeten und im Manifestwerden des Todestriebs durch individuellen wie kollektiven Amoklauf).

Die Unterschiede liegen bis jetzt teils in der historischen Konstitution und im damit verbundenen Gewicht und der Intensität des (beiderseits vorhandenen) Antisemitismus, der sich allein in Deutschland zur Singularität von Auschwitz steigerte; teils aber auch in der unterschiedlichen Akzentsetzung des System-Terrors einerseits in einer „politischen" (der europäischen Durchsetzungsgeschichte des Kapitals entsprechenden) deutschen Form und einer „ökonomischen" (der zur Krisenreife vollendeten Planetarisierung des Kapitals nach 1945 entsprechenden) US-Form. Dabei handelt es sich nur um einen Polsprung innerhalb des identischen politisch-ökonomischen Fetischsystems.

Da Kapitalismus, Demokratie, Freiheit und „Menschenrechte" auf Konkurrenz, Selektion und Ausgrenzung basieren, ist es nur logisch, dass die rassistische Verlängerung dieser Mechanismen im Kernland des Kapitals ewiges Heimatrecht hat und der Rassismus gegen die Schwarzen nicht nur zur historischen, sondern auch zur logischen und damit immer aktuellen Konstitution der USA gehört. Diese Logik ist nicht weniger wirksam, als wenn sie ausdrücklich in der ach so vorbildlichen Verfassung der USA stünde; und sie steht dort nur deshalb nicht, weil sie nichts anderes als die unvermeidliche Kehrseite dieser Verfassung (und jeder kapitalistischen Konstitution überhaupt) ist.

Die Theorie vom „Melting Pot" war also immer nur Ideologie; und soweit diese Ideologie sich zu „verwirklichen" schien, bezog sich dies erstens nie substantiell auf die Schwarzen und zweitens nur auf die Prosperitätsphase des Zweiten Weltkriegs und der folgenden drei Jahrzehnte. Inzwischen hat die Weltkrise von dritter industrieller Revolution und Globalisierung längst auch die USA, das „Zentrum des Zentrums", sozial mit voller Gewalt ergriffen. Diese Tatsache wurde zwar in den 80er und vor allem in den 90er Jahren ökonomisch durch den Finanzblasen-Kapitalismus der angeblichen „New Economy" verschleiert, dessen Kern von Anfang an die Finanzmärkte der letzten Weltmacht bildeten. Als der aus dem „fiktiven Kapital" des abgehobenen Finanzkapitals gespeiste Magnet der Waren- und Geldkapital-Ströme der Welt finanzierten die USA Investitionen und Konsum in den 90er Jahren aus den Finanzblasen ohne „realökonomische" Grundlage und konnten damit eine glänzende Weltmacht-Fassade aufrecht erhalten. Aber dahinter gähnt längst ein sozialer Abgrund, eine tiefe und unheilbare Spaltung der Bevölkerung in Gewinner und Verlierer wie sonst nirgendwo in der westlichen Welt, mit Ausnahme vielleicht des konstitutionsgeschichtlich verwandten Großbritannien.

Es konnte nicht ausbleiben, dass sich die hinter der Weltmacht-Fassade zugespitzte und mit brutalen Restriktionen beantwortete soziale Krise in einer ethno-rassistischen Abgrenzungs- und Ausgrenzungstendenz darstellen musste; im Grundsatz nicht anders als in der übrigen Welt. Hinter dem postmodernen Multikulturalismus der Beliebigkeits-Kultur lauert auch und ganz besonders in den USA ein rassistischer Terror „von unten", der allerdings unter veränderten Umständen auch eine andere Form annimmt als in der Vergangenheit. Natürlich sind in den USA wie in der übrigen westlichen Welt die restriktive Behandlung von Flüchtlingen und Migranten, der Bau des Limes an der Südgrenze und die Übergriffe des demokratischen Straßenmobs an der Tagesordnung. Dass Einwanderer zumindest der ersten Generationen als Freiwild, als „Untermenschen", Arbeitsvieh und Vertragssklaven minderen Rechts behandelt werden, gehört im übrigen zur tief eingewurzelten Tradition des Mutterlands von Freiheit und Demokratie.

Aber gemessen an der Bevölkerungsmasse und der neuen Dimension der Krise taugen die Migranten und Flüchtlinge in den USA nicht zur generellen Feinddefinition für die „Fortsetzung der Konkurrenz mit anderen Mitteln", zumal sich im Unterschied zur EU die „Fremdstämmigkeit" der „Ausländer" nicht so leicht irgendwie äußerlich kenntlich machen lässt. Aufgrund ihrer Geschichte als reines Einwanderungsland haben sich in den USA derart viele Phänotypen aus aller Herren Länder abgelagert, dass eine generelle Abgrenzung von „innen" und „außen" nach wie auch immer konstruierten Merkmalen schwierig ist. Es fehlt die „nationale" (natürlich ihrerseits historisch konstruierte) Homogenität von Italienern, Franzosen, Deutschen usw. Andererseits ist auch das Konstrukt einer zahlenmäßig, kulturell oder religiös dominierenden „Herren-Ethnie" im Unterschied etwa zu Russland schlecht möglich.

Zwar bildet die Identität der „Wasps" einen solchen Ansatz, aber dieser dementiert sich schon allein numerisch. Ganz abgesehen davon, dass die katholischen weißen Einwanderer vor allem aus Irland (dazu gehört z.B. der Kennedy-Clan) und aus Italien nicht deckungsgleich mit der Wasp-Identität sind, hat sich durch die jüngsten Einwanderungswellen das Gewicht noch viel grundsätzlicher verschoben: „Die Bevölkerungsgruppe der Weißen in Kalifornien hat zum ersten Mal in der jüngsten Geschichte ihren Status als Mehrheit verloren. Nach den Ergebnissen der Volkszählung von 2000 ist ihr Anteil an der Gesamtbevölkerung auf 47 Prozent gesunken. Damit sind die Angloamerikaner in Kalifornien nun offiziell eine Minderheit, wenn auch die größte. Noch vor zehn Jahren waren 75 Prozent der Kalifornier Weiße. Dass die Angloamerikaner ihren Mehrheitsstatus verlieren würden, war indessen abzusehen. Die demographischen Veränderungen sind auf die hohe Geburtenrate in der Bevölkerungsgruppe der Latinos sowie die wachsende Zahl der Einwanderer aus asiatischen Ländern zurückzuführen. 32 Prozent der Bevölkerung Kaliforniens sind Latinos. Die Zahl asiatischer Einwanderer ist in den letzten zehn Jahren um 43 Prozent gestiegen. Ihr Anteil an der Gesamtbevölkerung beträgt etwa 12 Prozent. Der Anteil der Schwarzen hingegen ist mit 7 Prozent etwa gleich geblieben... Es wird erwartet, dass andere Einwanderungsgebiete wie Texas, Florida und New York ähnliche demographische Veränderungen erleben werden" (Neue Zürcher Zeitung, 31.3.2001).

Diese Entwicklung geht mit einer anderen einher: Immer weniger gilt das ohnehin zweifelhafte Gesetz des „Melting Pot"; die verschiedenen Sprach-, Ethno- und Religionsgruppen in den USA gettoisieren sich in demselben Maß, wie die soziale Krise um sich greift. Wie auch anderswo bildet die Ethnisierung des Sozialen die Kehrseite der Individualisierung. Unter permanent verschärften Konkurrenzbedingungen auf allen Ebenen entwickelt sich spontan die Tendenz, vor allem unter den neuen Einwanderern aus Asien und Lateinamerika, im Überlebenskampf nicht nur auf mitgebrachte Familien- und Clan-Strukturen zurückzugreifen, sondern sich auch in ethnischen Gettos zu organisieren. Auch diese Erscheinung ist im Prinzip trotz der Ideologie vom „Melting Pot" nichts grundsätzlich Neues, man denke nur an die „China-Towns" in großen US-Städten; aber diese Tendenz verfestigt sich unter den neuen Krisenbedingungen. Statt eines Schmelztiegels und einer Meta-Nation bilden die USA heute eher einen Fleckenteppich von Kiez- und Clanstrukturen, von Landsmannschaften, ethnischen und religiösen Gettos, Sekten usw., deren einziges gemeinsames Dach der absolute kapitalistische Realökonomismus und sein Selbstzweck-Medium in Gestalt des Dollars ist.

Tradierte, reformulierte und neu gebildete synthetische Identitätsbildungen gehen dabei ineinander über; und die universelle Konkurrenz wird nicht nur zwischen den Individuen, sondern auch zwischen den Identitäten ausgetragen. Gerade in den USA hat die postmoderne Ideologie des Multikulturalismus den Boden bereitet für gegeneinander abgeschottete Getto-Identitäten, was sich nur in Prosperitätszeiten als semantisch tolerante „political correctness" darbieten konnte, aber in der Krise als Muster wechselseitiger Hass-, Feind- und Ausgrenzungsbestimmungen zu entpuppen droht. Derselbe Bruch in dieser Ideologie, der den peripheren Zusammenbruchs-Regionen und den Verlierern gegenüber als kulturalistische Negativbewertung erscheint, macht sich in den USA als allgemeine Gettoisierung und Ethnisierung der

Konkurrenz bemerkbar. Auch in dieser Hinsicht zeigt sich, dass die oberflächlichen Maskenball-Theoreme der Postmoderne zu kurz griffen, weil sie nicht bis zur Kritik der gesellschaftlichen Basisformen durchzustoßen vermochten.

Es ist leicht auszurechnen, was passieren muss, wenn die Weltkrise der kapitalistischen Reproduktion mit voller Wucht die USA erreicht und die „Fortsetzung der Konkurrenz mit anderen Mitteln" dort nicht als Pogrom einer barbarisierten „Mehrheitskultur" gegen Minderheiten ablaufen kann. Schon bei den sogenannten „Rassenunruhen" Anfang der 90er Jahre in Los Angeles war ansatzweise ein Krieg „jeder gegen jeden" zu sehen: Nicht nur Weiße gegen Schwarze, sondern auch Schwarze gegen Juden und Asiaten, Lations gegen Schwarze, Weiße gegen Latinos und Asiaten usw. Geplündert wurden im Mai 1992, wenige Monate vor dem deutschen Pogrom in Rostock-Lichtenhagen, vor allem die Läden von Koreanern.

Lag die Bürgerrechtsbewegung eines Martin Luther King (ähnlich wie die Bewegung von Nelson Mandela gegen die Apartheid in Südafrika) noch auf der Linie der alten bürgerlich-aufklärerischen Emanzipationsideologie, wie schon der Begriff der „Bürgerrechte" zeigte, so ist dieses Auslaufmodell auch in den USA längst durch ein verwildertes Barbarisierungsmodell der Konkurrenz ersetzt worden, das den Gewaltkern und die Ausgrenzungslogik des „bürgerlichen Rechts" selber zum Vorschein bringt. Einen Übergang bildeten zum Beispiel die „Black Muslims", das synthetische Konstrukt einer „Muslimisierung" von Bewegungen der Schwarzen, das nicht umsonst in klassischen Antisemitismus umgeschlagen ist. Diese Tendenz machte sich schon seit den 80er Jahren bis in die schwarze akademische Intelligentsia hinein bemerkbar: „... Aufsehen erregte Leonard Jeffries, ein schwarzer Professor am New Yorker City College. Mit antisemitischen Ausfällen und seiner These, die weißen ice people seien den schwarzen sun people aufgrund des niedrigeren Melanin-Gehalts ihrer Haut moralisch unterlegen, brachte er sich an den Rand eines Disziplinarverfahrens" (Uthmann 1991).

Der alte weiße Rassismus gegen Schwarze und der schwarze Gegenrassismus treffen sich also in einem gemeinsamen Antisemitismus, was die Struktur des rassistischen Konkurrenzkriegs aller gegen alle (und des Antisemitismus als Dachideologie der Krise) umso deutlicher macht. Am besten organisiert ist zweifellos immer noch der weiße Rassismus in den USA: Heute existieren in diesem Spektrum rund 500 miteinander verzahnte sogenannte hate groups, vom traditionellen Ku Klux Klan des Südens bis zur extrem antisemitischen „World Church of the Creator". Ein Teil der US-Amokläufer kommt aus diesem Milieu und wird von rassistischen Motiven getrieben: „Benjamin Smith ist kein Einzelfall. Zwei Menschen starben und neun weitere wurden verletzt, als der 21jährige im Juli letzten Jahres auf Menschenjagd ging. Smith hatte in den Bundesstaaten Illinois und Indiana wahllos auf Schwarze, Juden und Asiaten geschossen, ehe er sich selbst tötete" (Pfeifer 2000).

Die trübe Melange aus rassistischen hate groups, fundamentalistischen protestantischen Sekten und organisierten Waffenbesitzern macht immer stärker mobil; inzwischen haben sich zahlreiche weiße Milizen gebildet, allein in Kalifornien operieren 35 derartige bewaffnete Kampforganisationen. So heißt es in einem Bericht über ein Trainingslager in Michigan: „Sie treffen sich nach Feierabend oder am Wochenende, verkleidet in den gefleckten Kampfanzügen, die Gesichter furchterregend mit Tarnfarbe beschmiert. Bis an die Zähne bewaffnet und den Kopf randvoll mit abenteuerlichen Verschwörungstheorien, rüsten sie sich für einen vermeintlichen Überlebenskampf gegen die eigene Regierung. Hier übt die Guerilla der ‚Michigan Militia', ein paramilitärischer Haufen von selbsternannten Patrioten, angeführt von Norman Olson, 48, Baptistenprediger und Waffenhändler in einem. Olson führt in der Gemeinde Alanson eine Brigade der größten Miliz des Landes an; insgesamt habe die Miliz, behauptet er, 12.000 Mitstreiter. Von Florida bis zum Staat Washington an der Pazifikküste wachsen rechtsradikale Verbände seit einigen Jahren aus dem dumpfen Sumpf eines frustrierten amerikanischen Kleinbürgertums. Ihr Glaubensbekenntnis: ‚Wir haben die Kontrolle verloren über unser Leben, unsere Kinder, unser Heim'. Das jedenfalls behauptet Ray Southwell, Sprecher der Michigan-Miliz" (Der Spiegel 17/1995).

Am 19. April 1995 zerfetzte ein gewaltiger Sprengsatz das Gebäude der Bundesbehörden in Oklahoma City, 168 Menschen kamen ums Leben. Bezeichnenderweise wurden sogleich „islamische Terroristen" verantwortlich gemacht, und die Verifizierung dieses Verdachts hätte schon damals gut zur gemeindemokratischen Veräußerlichung des Bösen und zur ideologischen Kampagne gegen den fremdkulturellen Terrorismus gepasst. Peinlicherweise stellte sich aber schnell heraus, dass der inzwischen hingerichtete Attentäter Timothy McVeigh ein ureigenes Gewächs der US-Gesellschaft und Mitglied einer der rassistischen Milizen war. Los Angeles 1992 und Oklahoma City 1995 haben ahnen lassen, welche Gewaltorgie der Getto-Identitäten (zu denen inzwischen auch die weißen Angelsachsen selber zählen) droht, wenn die US-Ökonomie von der zu erwartenden tiefen Depression nach dem Ende des Finanzblasen-Kapitalismus ereilt wird.

Synthetische Identitäten und Neo-Rechtsradikalismus

Das mörderische Konstrukt der „Rasse", ein tief in der Aufklärungsphilosophie verwurzeltes und in zwei Jahrhunderten immer wieder von naturwissenschaftlich-biologistischer Scharlatanerie aufbereitetes Phantasma der Konkurrenzgesellschaft, verschmilzt in der Weltkrise mit ethno-kulturalistischen und pseudo-religiösen Konstrukten; in der Projektion auf die migrantischen Populationen wird dieses Konglomerat des Wahns zum zentralen Agens des Ausgrenzungshasses „von unten", wie er in den Mehrheitsbevölkerungen des europäischen demokratischen Zentrums gärt, und zum Agens des Intergetto-Bürgerkriegs, wie er in den USA schwelt.

Die Gegenprojektionen, Gegenrassismen und aggressiven Identitätsbildungen bei den Migranten und in den farbigen oder religiösen Gettos lassen nicht auf sich warten, unter Einschluss der bewaffneten Formierung. Vor allem Jugendliche, die als massenhaftes Strandgut der kapitalistischen Globalisierung keine Sprache mehr richtig sprechen und schreiben können, weder die alte noch die neue, und die sich nirgendwo mehr zugehörig fühlen können, neigen zu militanten synthetischen Identitätsbildungen, die sich allerdings durch ihre völlige Perspektivlosigkeit selbst dementieren und in jene „reductio ad insanitatem" münden, in die blinde Selbstzerstörung, die Enzensberger so deutlich und doch verständnislos (weil an der bürgerlich-aufklärerischen Identität der Moderne festhaltend) beschrieben hat.

Nicht nur in den arabisch-moslemischen Ländern oder bei den Schwarzen in den USA greift dabei der alte westlich-weiße Antisemitismus als adaptierte Hassideologie um sich, sondern auch in den französischen Banlieus bei den jungen maghrebinischen Migranten: „Über 100 Angriffe auf Einrichtungen der jüdischen Bevölkerungsgruppe und auf Kultstätten der jüdischen Religion haben seit Anfang Oktober in Frankreich stattgefunden. Dazu zählen der Brandanschlag auf die Synagoge von Trappes – einer westlich von Paris gelegenen Vorstadt – die dabei ausbrannte... In der Lyoner Vorstadt Venissieux wurde versucht, die Mauer der Synagoge mit einem so genannten ‚Rammbock-Auto' einzureißen – eine in den Trabantenstädten beliebte Methode: Mit einem gestohlenen Wagen wird die Fassade eines Gebäudes durchbrochen, das geplündert werden soll... Für viele der aus der arabischen und nordafrikanischen Immigration stammenden Jugendlichen ist der Nahost-Konflikt zur Projektionsfläche für ihre Frustrationen und Aggressionen geworden, die es ihnen vermeintlich erlaubt, in der Situation der Palästinenser ein Spiegelbild ihres eigenen Schicksals zu sehen... Islam, das bedeutet für viele in erster Linie Antisemitismus..." (Schmid 2000).

Nicht nur diese Art der Krisenverarbeitung und negativen Identitätsbildung zeigt an, dass die Opfer, die Ausgegrenzten und Erniedrigten keineswegs die besseren Menschen sind und auch nicht im geringsten emanzipatorisch reagieren „müssen". Wie die Migration an sich kein kritischer Akt ist, sondern ein Akt der Konkurrenz und des Überlebenskampfes in der nicht mehr tragfähigen und dennoch nicht abgestreiften kapitalistischen Subjekthülle, so gilt dies erst recht für die synthetischen Identitätsbildungen und militanten Reaktionen auf die Erfahrung, ausgegrenzt zu werden. Wie bei den Schwarzen in den USA verblasst die in der bürgerlich-aufklärerischen Form nicht mehr formulierbare Idee der sozialen Emanzipation, solange die emanzipatorische Kritik an der westlichen Moderne und ihrem totalitären warenproduzierenden System nicht ausreichend geleistet und so weit verbreitet ist, dass die globale soziale Frage neu und radikaler als durch den untergegangenen Arbeiterbewegungs-Marxismus reformuliert werden kann.

So erscheint die Erfahrung von Krise, Elend und Perspektivlosigkeit bei den Migranten und Illegalen ebenso wie bei den westlich-weißen Arbeitslosen und Sozialhilfeempfängern überhaupt nicht mehr in einer sozialen, sondern in einer ethnischen oder rassistischen Form. An die Stelle des emanzipatorischen sozialen Pathos treten dumpfe kulturalistische und asoziale Rassismen und Gegenrassismen als Verwilderungs- und Barbarisierungsformen der Konkurrenz, ganz wie in den Krisen- und Zusammenbruchszonen der Peripherie, wenn auch noch nicht in derselben Dimension von unmittelbarer gesellschaftlicher Massengewalt. Statt sich zu vereinigen, was eine universelle Befreiungsidee jenseits der Konkurrenz und damit der kapitalistischen Subjektform erfordern würde, grenzen sich die migrantischen Opfer und Verlierer auch gegenseitig ethno-rassistisch aus. Noch in den demokratischen Internierungslagern fallen die verfeindeten „Stämme", „Ethnien" oder sonstigen Gruppierungen mit Fäusten und Messern übereinander her.

Gegenwehr gegen Übergriffe legitimiert sich selber zunehmend nationalistisch, ethno-identitär und religionsfanatisch, also mit denselben barbarischen Gedanken und Handlungen wie die Peiniger der anderen Seite. Selbst die jüdische Gegenwehr in Frankreich gegen den Neo-Antisemitismus der jungen maghrebinischen Migranten ist zunehmend selber ethno-nationalistisch und rassistisch statt emanzipatorisch und gesellschaftskritisch aufgeladen: „Die Forderung nach militanten Gegenmaßnahmen macht sich insbesondere der Betar zu eigen, eine Organisation, die dem Likud de France nahe steht und deren Methoden umstritten sind..." (Schmid 2000). Im weitesten Sinne werden die Krisenideologien und Krisenkonflikte auf allen Seiten rechtsradikal formuliert und ausgetragen, eben in den Verwilderungsformen der abendländischen, nunmehr globalisierten Abspaltungs-Männlichkeit des warenproduzierenden Systems: nicht nur rassistisch, sondern damit auch grundsätzlich autoritär, frauenfeindlich, irrational und gewaltorientiert.

Dieser neue Rechtsradikalismus darf in seinen Verlaufsformen aber nicht mit dem der Zwischenkriegszeit verwechselt werden; vor allem insofern er heute nicht nach außen, sondern nach innen gerichtet ist, weniger politisch als vielmehr postpolitisch und postmodern, nicht als einheitliche Bewegung formiert, sondern in einem widersprüchlichen Netzwerk von Banden, Clans, Milizen, militanten Gettos usw. organisiert. Wie in der Peripherie, nur in anderer Zusammensetzung, läuft die gesellschaftliche Krisenerschütterung in den demokratischen Zentren auf den universellen Bürgerkrieg gegen die und unter den Gettos und synthetischen Identitäten hinaus.

In der gegenwärtigen Phase des Krisenprozesses ist diese Entwicklung trotzdem noch, wenn auch brüchig, mit der herkömmlichen politischen Form vermittelt. Auf der Welle der diffusen rassistischen Krisen- und Ausgrenzungs-Stimmung schwimmen teils ihrer Ideologie nach offen neonazistische Parteien wie etwa die „nationaldemokratische Partei" (NPD) in Deutschland, teils sind es sogenannte rechtspopulistische, medial inszenierte Parteigebilde wie die von Jörg Haider in Österreich oder Silvio Berlusconi in Italien; Frankreichs Le Pen scheint eher eine Mittelstellung zwischen traditionellem Rechtsradikalismus und dem postmodernen medialen Rechtspopulismus einzunehmen. Dieselben Erscheinungen finden sich natürlich erst recht in sämtlichen osteuropäischen Ländern und in Russland, wo sich ein breites rechtsradikal-nationalistisches Parteienspektrum und eine entsprechende weitverzweigte Subkultur gebildet haben.

Die Nützlichen und die Unnützen

Es ist nun bemerkenswert, wie die offizielle Gesellschaft der westlichen Zentren und ihre politische, ökonomische und kulturelle Repräsentanz auf diese verräterischen Erscheinungen und Tendenzen in ihrer wunderbaren Demokratie und Marktwirtschaft reagieren. Krampfhaft wird versucht, die rassistische Straßengewalt und den neuen Rechtsradikalismus als bloße Wiederkehr von Dämonen der schlimmen Vergangenheit zu kennzeichnen und damit zeitlich zu veräußerlichen, ebenso wie man den islamischen Terrorismus räumlich und kulturell veräußerlichen will, obwohl beides Dämonen aus dem Inneren des globalisierten Kapitalismus selbst sind. Mit einer Heuchelei sondersgleichen bemüht sich die gesamte demokratische Öffentlichkeit, ihre Hände in Unschuld zu waschen, und gibt ein ums andere Mal ihrer „Bestürzung", ihrem „Abscheu" usw. angesichts der rassistischen Gewalt- und Mordtaten betulichen Ausdruck. Liberale Zeitungen rufen zum Kampf gegen die Neonazis auf, konservative wie sozialdemokratische Politiker reihen sich in antirassistische Menschenketten ein, allerseits wird der „Aufstand der Anständigen" gegen die neue Barbarei propagiert.

Es ist nur zu deutlich, was für ein Manöver hier vollzogen wird, in dem sich apologetische Propaganda und falsches moralisierendes Selbstbewusstsein, schreiende Widersprüche des Interesses und der Argumentation, beinharter Wille zur Selbstbehauptung und jämmerliche Furcht vor den Konsequenzen, systematische Verdrängung und pseudo-naiver Selbstbetrug mischen. Dieselben Repräsentanten und Instanzen, deren sicherheits-, öl- und ausgrenzungs-imperialer Weltherrschaftswille über die von ihrer Hightech-Weltpolizei produzierten Leichenberge geht, nachdem die „unsichtbare Hand" ihres ökonomischen Terrorsystems den halben Planeten schon vorher unbewohnbar gemacht hat, und das alles im Namen der Menschenrechts-Ideologie, die doch nichts anderes beinhaltet als die logische Verwandlung der „Überflüssigen" in Biomasse – dieselben Leute verfallen angesichts der von ihren heimischen Killerkids Totgeschlagenen in Betroffenheitszuckungen und pädagogisches Räsonnement. Dieselben demokratischen Apparatschiks und Mandarine, christliche, sozialdemokratische, liberale, grüne, die für Menschenjagd und Flüchtlings-KZs verantwortlich zeichnen, deren Schergen Kinder quälen und Menschen bewusst zurück in die Folterkeller ihrer verbündeten Alptraum-Regimes jagen – just diese Ausgeburten der Unwahrheit und Enthumanisierung erdreisten sich, an der irregulären Mordlust ihrer eigenen Brut einen gewissen bürgerlichen Anstoß zu nehmen, weil hier der Dienstweg nicht eingehalten wird.

Weil sie sich einreden wollen, dass Marktwirtschaft-und-Demokratie eine edle, humane, für die Menschheit bestmögliche und im übrigen für jetzt und immer notwendige Sache sei, und nicht das weltzerstörende, vom Todestrieb besessene Fetischsystem, das es real ist, muss so getan werden, als wären die Untaten des rassistischen Straßenmobs ein auf mangelnder Erziehung beruhender schrecklicher Irrtum und nicht die verwilderte, unverhüllte, unmittelbare, mit dumpfem Hass aufgeladene Erscheinungsform desselben, was die demokratischen Apparate und Institutionen tagtäglich selber, bloß ein wenig geräuschloser vollziehen. In Wirklichkeit unterscheidet sich das offizielle demokratische Bewusstsein von demjenigen seines Mobs nur dadurch, dass es das von der eigenen globalisierten Produktionsweise erzeugte Migrationsproblem nicht durch unterschiedsloses Hinausprügeln und Totschlag „erledigen", sondern durch Selektion „regulieren" will.

Die Demokraten wollen nur diejenigen „hereinlassen", die „uns nützen", was immer das heißen soll. Besonders tun sich mit dieser Devise die ökonomistischen Ideologen des Liberalismus hervor: „Warum stehen wir nicht zu unserem nationalen Eigeninteresse und beschränken den Zuzug auf das wirtschaftlich erwünschte und gesellschaftlich verkraftbare Maß? So wie Amerika, Australien, Kanada oder Singapur. Keiner dieser Staaten fühlt sich dazu berufen, seine Grenzen für die Beladenen und Verfolgten dieser Welt sperrangelweit zu öffnen. Vielmehr versucht jeder, die besten Arbeitskräfte und Investoren ins Land zu holen" (Ramthun 1997). Es geht also nicht um die Flüchtlinge und die Ursachen für ihre Flucht, es geht auch nicht um Ausländerfeindlichkeit und Rassismus an sich, sondern einzig und allein um die ökonomische „Nützlichkeit", um ein optimales Verhältnis von Ausgrenzung der Flüchtlinge und Ausbeutung ihrer Notlage.

Unfreiwillig deutlich wird dieses perfide Motiv, wenn der britische Smartie-Premier Blair, ein typischer Repräsentant der „neuen Mitte", sich von den Mördern folgendermaßen distanziert: „Wenn ein junger und talentierter schwarzer Student von rassistischen Schlägern ermordet wird…, schwächt das den grundlegenden Konsens von Anständigkeit und Respekt, ohne den die Stärke unseres Landes in Frage gestellt ist" (zit. nach: Back 2000). Die Logik dieser Aussage ist in doppelter Weise verräterisch. Erstens erscheinen „Anständigkeit und Respekt" nicht als Werte an sich, sondern nur als Funktionen der „Stärke unseres Landes". Und zweitens kann sich Blair über den Mord nicht anders ereifern, als dass ein „junger und talentierter schwarzer Student" betroffen war (da klingelt es: ein potentiell „nützlicher" Ausländer!). Im Kontext der ganzen „Nützlichkeits"-Debatte ist in diese Eigenschaftsbestimmung des Opfers eingeschlossen, dass es nicht ganz so schlimm wäre, wenn ein alter, untalentierter und mittelloser Flüchtling ohne jeden „Nützlichkeitswert" totgeschlagen worden wäre.

An den Flüchtlingen und Migranten wird in aller Offenheit exekutiert, was die innerste Logik des Kapitalismus überhaupt ist: die Tendenz nämlich, den Menschen auf seine „ökonomische Nützlichkeit" als Verausgabungseinheit von rentabler Arbeitskraft und „Leistung" zu reduzieren. Was bei den eigenen Staatsbürgern noch nicht mit letzter Konsequenz möglich ist, nämlich nur die rentabel vernutzbare Leistungsmaschine Mensch als Menschen „anzuerkennen", nicht aber die aktuell unbrauchbaren Kinder, Alten und Kranken oder sonstwie nicht Leistungsfähigen, das tritt bei der Behandlung der Migranten in aller Brutalität zu Tage: sie müssen jung und gesund sein, am besten anderswo gut ausgebildete Olympiakämpfer, am besten kinderlos, vaterlos, mutterlos, ohne Anhang und Verpflichtung außer der einen, „nützlich" zu sein für den hiesigen Verwertungsprozess. Und noch willkommener ist natürlich der „Investor", der Mensch, der Geld mitbringt, geronnene vergangene „Leistung", die aus Menschmaschinen wer weiß wo herausgequetscht worden ist, um sich nun am geheiligten „Standort" erneut in den flüssigen Aggregatzustand des Kapitals zu verwandeln und „die Stärke unseres Landes" zu mehren.

In diesem Sinne hat die rotgrüne deutsche Bundesregierung im Sommer 2002 zu Wahlkampfzwecken an alle Haushaltungen einen Brief geschickt, auf dessen Umschlag die Aufschrift prangte: „Im deutschen Interesse: Öffnen Sie die Zukunft". Der Inhalt dieses Briefs rechtfertigt das sogenannte Zuwanderungsgesetz, indem die Regierung sich mit der Argumentation des selektiven Verfahrens vertrauensvoll und um Einsicht werbend an die Volksbasis ihres rassistischen Mobs wendet: „Wohlstand und Arbeit in Deutschland sind an die internationale Wettbewerbsfähigkeit unserer Wirtschaft gebunden. Für erstklassige Produkte, innovative Technologien und hoch entwickelte Forschung braucht man die besten Köpfe der Welt. Viele davon haben wir im eigenen Land. Aber wir brauchen auch Spezialisten aus anderen Teilen der Welt... Das Gesetz wird die Zahl der Zuwanderer deutlich verringern. Als Zuwanderer werden nur noch Menschen kommen, die in Deutschland eine Perspektive haben und Chancen als qualifizierte Arbeitskräfte geboten bekommen... Mit einer Vielzahl von Maßnahmen wird der Aufenthalt ausreisepflichtiger Ausländer effektiver und schneller beendet..." (Faltblatt der Bundesregierung, August 2002).

Das Fischen mit der „Green-Card" nach den „besten Köpfen" wird leider vom deutschen Mob nicht so recht verstanden, der sich weigert, zwischen „nützlichen" und „unnützen" Ausländern zu unterscheiden. Schließlich steht auch die „Nützlichkeit" nicht jedem und jeder so deutlich ins Gesicht geschrieben, wie es die Demokraten vielleicht gern hätten. Deshalb kommt es am laufenden Band zu Vorfällen wie diesem: „Nach einem brutalen Überfall auf einen 28-jährigen indischen Wissenschaftler am Pfingstmontag in Leipzig ist ein 26-jähriger Rechtsextremist festgenommen worden. Der Inder war erst wenige Stunden zu einem Forschungsaufenthalt in der Stadt gewesen, als vermutlich rechte Schläger über ihn herfielen. Von einer Telefonzelle aus hatte er beobachtet, wie mehrere junge Männer mit einem Hund einen Afrikaner verfolgten. Anschließend schlugen die Täter auf den Wissenschaftler ein und zertraten seine Brille. Der Hund biss den 28-Jährigen in den Arm... Die Leipziger Universität sprach von einem schweren Schaden für ihr internationales Ansehen" (Nürnberger Nachrichten, 16.6.2000).

Auch im Hinblick auf die Misshandlung von ausländischen „besten Köpfen" nimmt Ostdeutschland eine Spitzenstellung ein: „Im Januar wurden in Jena ein chinesischer Mathematik-Gastprofessor und ein russischer Botaniker überfallen und zusammengeschlagen... Zuvor waren in Jena bereits zwei russische Mathematiker und ein ägyptischer Professor Opfer der Fremdenfeindlichkeit geworden. Und auch aus Berlin, Halle, Leipzig und Frankfurt an der Oder sind Überfälle auf Forscher anderer Nationalität oder Hautfarbe bekannt geworden. Es sind Meldungen wie diese, die dazu führen, dass sich viele ausländische Wissenschaftler bei dem Gedanken an eine Stelle in Ostdeutschland nicht nur unwohl fühlen – es geht schlicht Angst um in den Instituten und Labors... ‚Deutschland und insbesondere Ostdeutschland', klagt Mojib Latif, Forschungsgruppenleiter am Hamburger Max-Planck-Institut für Meteorologie, ‚hat international einen ganz schlechten Ruf. Wenn ich Anrufe von ausländischen Wissenschaftlern bekomme, die hier arbeiten wollen, kommt vor der Frage nach dem Gehalt fast immer die nach der Sicherheit'..." (Hackenbroch 2002).

Bedroht ist aus diesem Grund auch die Zukunft des Instituts für Halbleiter-Physik in Frankfurt an der Oder, wo Wissenschaftler aus 16 Ländern arbeiten, von denen sich keiner mehr sicher fühlt. Von Nazi-Mob überfallen wurden sogar Teilnehmer an den Feiern zu Goethes 250. Geburtstag in Weimar, ein ausgesprochen deutscher Tatbestand. Fast schon gewohnheitsmäßig werden Literaten, Honoratioren, Künstler usw. von ausländischen „Partnerstädten" beim Stadtbummel angepöbelt, mit Fußtritten malträtiert und mit Kampfhunden gehetzt. Ein gewisser Mangel an Selektionsvermögen zeichnet allerdings nicht nur die Schlägerbanden, sondern auch Polizei und Ausländerbehörden aus. Wenn der Apparat schon mal im Zug ist, hält er sich ebenso ungern zurück wie die mit nationalen Symbolen tätowierten Dumpfbacken: „Auf Hamburger Polizeirevieren sind Ausländer angepöbelt, geschlagen und gequält worden. Einige Opfer wurden von Beamten sogar mit Desinfektionsmitteln und Tränengas besprüht" (Der Spiegel 46/1996). 1997 warf das Antifolterkomitee des Europarats deutschen Polizeibeamten „übermäßige Gewaltanwendung" vor allem gegen Ausländer vor (Das Parlament, 1.8.1997).

Und dabei kann es schon mal vorkommen, dass ein Ehrengast, ein Gastdozent, ein Journalist oder gar ein heiliger Investor im Freizeitdress mit einem Asylbewerber verwechselt wird. Hinterher wird selbstverständlich gemauert, etwa wie im Fall des chinesischstämmigen britischen Fotoreporters Justin Jin, der in der brandenburgischen Stadt Rathenow bei einer Nazi-Attacke von der Polizei nicht etwa in Schutz genommen, sondern auf rüde Weise zur Wache gebracht wurde, während man die Schläger laufen ließ: „Jin wurde im Funkstreifenwagen auch das Handy abgenommen, mit dem er vorher um polizeiliche Hilfe gebeten hatte. Das erklärt ein Polizeisprecher inzwischen mit der Notwendigkeit, den behördlichen Funkverkehr vor möglichen Störungen ... zu schützen. Ein ‚Missverständnis' war nach Polizeidarstellung auch der Körpereinsatz gegen den Briten. Er sei wohl am Arm gefasst worden, damit er der Bitte zum Einsteigen (!) in den Streifenwagen folgt..." (Englisch 2000).

Auch die Ausländerbehörden, scharf gemacht durch die demokratische Politik jeglicher Couleur und längst an hartes, möglichst restriktives Zufassen gewöhnt, sind weder willens noch überhaupt in der Lage, ein sonderliches Fingerspitzengefühl bei der Selektion ihrer Opfer zu entwickeln. Die Schikanen hinsichtlich Aufenthalts- und Arbeitsgenehmigung werden den „nützlichen besten Köpfen" und ihren Angehörigen immer wieder ebenso gemacht wie den nicht ganz so nützlichen ausländischen „Köpfen". Und selbst den anerkannt „nützlichen" wird bei Gelegenheit mit aller Deutlichkeit beigebracht, wie schnell man sie wieder abservieren kann. Etwa dem 38-jährigen Ägypter Salah El-Nemr, „der in den vergangenen zwei Jahren vom erfolgreichen Unternehmer zum illegalen, unerwünschten Ausländer abstürzte" (Böhm 2000 b). Als Gastronom hatte El-Nemr im brandenburgischen Elsterwerda „vier Arbeitsplätze geschaffen... Genau deswegen hatte ihm die Ausländerbehörde eine Aufenthaltsbefugnis erteilt. ‚Besonderes öffentliches Interesse', sagt man im Ordnungsamt. Selbiges erlosch spätestens in der Nacht zum 1. Oktober 1998, als das Haus von Salah El-Nemr samt Gaststätte von Unbekannten in Brand gesteckt wurde... Etwa zum gleichen Zeitpunkt kam die zuständige Ausländerbehörde zu dem Schluss, dass an der Anwesenheit von Salah El-Nemr nun kein ‚öffentliches Interesse' mehr bestand, weshalb der Antrag auf Verlängerung der Aufenthaltsbefugnis abgelehnt wurde" (Böhm, a.a.O.).

Mit dem Versuch der Selektion in „nützliche" und „unnütze" Ausländer, in „beste Köpfe" und menschlichen Ausschuss von Nicht-Personen wird aber der demokratische Ausgrenzungs-Imperialismus seiner unlösbaren inneren Widersprüche nicht Herr, sie spitzen sich im Gegenteil zu. So sind es peinlicherweise gerade die mittels „Green Card" geworbenen „besten Köpfe", deren Profil haargenau den Merkmalen der terroristischen „Schläfer" entspricht, wie sie von den Terrorismus-Experten erarbeitet worden sind. Nicht als mittellose und kranke Flüchtlinge kommen die gefürchteten „Schläfer" in den Raum hinter den Mauern des Zentrums, sondern als ausgebildete Spezialisten oder „talentierte junge Studenten". Gerade dadurch sind sie ja „Schläfer" des Terrors, der kapitalistischen Nemesis.

Und andererseits hält sich die demokratische Mittelklasse selber nicht an die von ihr ideologisch favorisierten Selektionskriterien, soweit es um ihre eigenen schäbigen Interessen geht. Die offiziell zur Menschenjagd und zur Abschiebung frei gegebenen Illegalen sind es gerade, die vielen demokratischen Leistungsträgern andererseits als sklavenähnliche Objekte ihrer persönlichen Ökonomie dienen, was wiederum nur durch den prolongierten illegalen Aufenthalt dieser Unpersonen möglich ist: „Jedenfalls ist es ein offenes Geheimnis, dass es beispielsweise in Genf fast unmöglich ist, ein Kindermädchen oder eine Pflegerin mit gültiger Arbeitsbewilligung zu bekommen. In vielen Familien der ‚bonne société' und des Mittelstands hüten Peruanerinnen und Ecuadorianerinnen die Kinder" (Neue Zürcher Zeitung, 27.8.2001). Das ist in allen Ländern des demokratischen Zentrums so: Gerade weil sie so hilflos und rechtlos sind, gelten die „Sans-Papiers" als begehrte Sklavenkräfte. Auch in den USA sind schon Amtsträger und politische AspirantInnen darüber gestolpert, dass zufällig ihre Indienstnahme von illegalen Billigkräften aufgedeckt wurde; unter demokratischen „Leistungsträgern" aller Bereiche ein Kavaliersdelikt, nur erwischen lassen darf man sich nicht.

Das gilt auch für andere Bereiche wie etwa die Landwirtschaft. So wurden einschlägige Praktiken in Spanien bekannt, als zwölf illegale Billigarbeiter aus Ecuador an einem unbeschrankten Bahnübergang tödlich verunglückten: „Die zwölf Arbeiter ... wurden in einem übersetzten Kleinbus zu ihrem Arbeitsplatz, einer Broccoli-Plantage, gefahren... Die Ecuadorianer arbeiten im Akkordlohn – zwölf Pfennig für ein Kilogramm Broccoli – und kommen während eines zwölfstündigen Arbeitstages auf umgerechnet 50 Mark Lohn. Sie haben keinen Vertrag, keine Krankenversicherung und auch keine Arbeitspapiere. Da sie in Spanien als illegale Arbeiter gelten, ließ der landwirtschaftliche Unternehmer sie mit dem Kleinbus möglichst früh in der Dunkelheit aus ihren kleinen Wohnungen, in denen sie zusammengepfercht leben, abholen und über Nebenstraßen, um polizeiliche Kontrollen zu vermeiden, in die Plantage fahren. Für den Transport zum Arbeitsplatz mussten sie noch täglich mindestens 6 Mark, bei größerer Entfernung auch mehr als 10 Mark zahlen" (Haubrich 2001).

Die demokratische Idee der Selektion nach ökonomischen Nützlichkeitskriterien, an sich schon übel genug, ist praktisch völlig haltlos und nichts als ein zwielichtiges legitimatorisches Konstrukt. In Wahrheit sind alle Migranten gleichermaßen Objekt der Ausgrenzung und gleichzeitig der Ausbeutung in den Randzonen kapitalistischer Reproduktion; es gibt keine definitorische Grenze von „Nützlichen" und „Unnützen", alle werden sie sowohl gehasst und gefürchtet, und aller sucht man sich im Einzelfall auch möglichst unter Ausnutzung ihrer Lage zu bedienen. Kein stolzer „Green-Card"-Besitzer, der nicht als potentieller „Schläfer" den Verdacht und entsprechende Maßnahmen auf sich ziehen könnte; und kein potentieller „Schübling", der nicht zufällig genauso gut als illegaler Arbeitssklave auf eine niederträchtige Art „willkommen" wäre.

Die Migranten und Flüchtlinge sollen in gewisser Weise (nämlich als Billigkräfte und Leibeigene) da sein und in anderer Weise wieder nicht da sein, ihre gespenstische rechtliche Existenz-Nichtexistenz spaltet sie auf in verschiedene negative Funktionen für die Konkurrenzbedürfnisse des demokratischen Zentrums, die weder in der einen noch in der anderen Weise mit ihrer „Anerkennung" verbunden sind. Die wenigen „besten Köpfe" migrantischer Spezialisten können dabei der realen Kapitalakkumulation als ganzer so wenig auf die Sprünge helfen wie die Elendsarbeit der Illegalen im Bereich persönlicher Dienste und in marginalen Sektoren der Marktproduktion; aber man nimmt das mit, was man aus einigen wenigen der hereinströmenden „Überflüssigen" herauspressen kann. Teilweise und marginale Vernutzung dieser Art geht durchaus einher mit der großen abstoßenden Tendenz des Ausgrenzungs-Imperialismus.

Die Globalisierung der „Anständigen"

Es gibt keine „Globalisierung der Anständigen", die sich von den Untaten des rassistischen Mobs und seiner Ausländerhetze fein säuberlich entmischen ließe; ganz abgesehen davon, dass die Globalisierung des Kapitals zum Ursachenkomplex der Migration gehört. Deshalb fällt auch der vielbeschworene „Aufstand der Anständigen" gegen diesen Mob mehr als mau aus. Nicht nur deckt sich der institutionelle demokratische Ausgrenzungs-Imperialismus mit den Untaten des Pöbels; und auch die in diesen Kontext widersprüchlich eingelagerte kapitalistische Ausnutzung eines Teils der Migranten ist nicht der einzige demokratische Beweggrund. Die „Ausländer" bilden vielmehr auch noch in ganz anderer Hinsicht eine Ressource für das Kapitalverhältnis und dessen Instanzen: nämlich als Kanonenfutter der Krisenverarbeitung. Je mehr die globale kapitalistische Reproduktion zu einer Minderheitsveranstaltung auch in den Zentren zu werden droht, desto größer wird das kapitalistische Bedürfnis, der diffusen Volkswut ein Opfer zum Fraß vorzuwerfen. Die demokratischen Eliten entwickeln mit fortschreitender Krise die klammheimliche Überlegung, gerade durch die relative (wenn auch nicht zugegebene) Freigabe des Pogroms gegen die „anderen" irgendwie „Ruhe und Ordnung" für sich selbst retten zu können.

Es ist ein nie explizit formulierter, aber faktisch sich durchsetzender Deal der Weltmarkt-Demokraten mit ihrem rassistischen Mob und ihren Killerkids: Wenn schon Straßenkrawall, gewaltsamer „Kampf" usw., dann immer noch lieber gegen die „Ausländer" oder ausgewählte Problem-Gettos als gegen Parlamente, Arbeitsämter oder Banken. Und wenn schon Plünderung, dann lieber der kleine Koreaner oder Türke an der Ecke als Karstadt oder Wal-Mart. Irgendwie muss ja ein Ventil geöffnet werden, falls gar nichts mehr zu gehen droht, und so können Apparate und Management vielleicht Zeit gewinnen. Noch die ärgsten Zumutungen und beginnende Elendsverhältnisse können den eigenen westlich-weißen Verlierermassen von Globalisierung und Krisenkapitalismus womöglich schmackhaft gemacht werden, wenn sie dafür ein paar „Fidschis" oder „Moros" oder „Kanaken" anzünden dürfen, ohne dass ihnen recht viel mehr passiert als der nachfolgende Anblick einer frommen demokratischen Menschenkette. Dieses Vorgehen muss nicht einmal eine bewusst ausgearbeitete Strategie sein, obwohl selbst das kaum auszuschließen ist; es genügt, dass das ideelle

Gesamt-Reptiliengehirn von politischer Klasse und demokratischen Apparaten in irgendeinem Winkel seiner Monstrosität diesen impliziten Gedanken ausbrütet, um ihn auf osmotische Weise in reales politisch-bürokratisches Verhalten zu übersetzen.

Ein Aspekt ist dabei auch das demoskopische „Wählerverhalten". Da die formale Legitimation des Apparats außerhalb des Ausnahmezustands über das nichtswürdige Spektakel der sogenannten „Wahlen" führt, die inhaltlich längst gar nichts mehr bedeuten, hängt Erhalt oder Eroberung der äußeren Macht und damit der staatlichen Futterkrippen, der nepotistischen Verteilungsfähigkeit, der Befriedigung des politischen Ehrgeizes usw. davon ab, sich möglichst geschmeidig an die jeweilige medial geschürte Massenstimmung anzupassen. Und da die nach Stimmen fischende politische Klasse genau weiß, dass sie es beim Wahlvolk nicht mit zurechnungsfähigen freien Menschen, sondern mit gemeinen Konkurrenzsubjekten eines totalitären Zwangssystems zu tun hat, das noch dazu aus dem Ruder zu laufen droht, kennt sie natürlich auch genau den konstant großen oder sogar steigenden Anteil rassistischer, antisemitischer, ausländerfeindlicher und autoritärer Komponenten der Massenstimmung, die mit bösartiger Feinfühligkeit „bedient" sein will.

Es mag sein, dass ein Teil der demokratischen Intelligentsia, der ethischen Prediger, der Medienpolitiker, der wirtschaftsliberalen Ideologen, des Managements usw. diesen Zusammenhang wirklich nicht will, zumindest nicht wahrhaben, und mangels realistischer Selbsteinschätzung sich lieber etwas vormacht, ja sogar an die eigenen Phrasen glaubt. Aber der soziale Tiefgang der Affinität von Marktwirtschafts-Demokratie und rassistischem Mob ist ein objektives Faktum, das sich gerade dort verdichtet, wohin alle drängen: in der berüchtigten „Mitte", der alten ebenso wie der neuen. Das Phänomen ist kein Geheimnis, es füllt schon die Bibliotheken soziologischer und politologischer Seminare. Und die Beweise sind erdrückend.

Während die demokratischen Parteien noch zum „Aufstand der Anständigen" gegen rechtsradikale Parteien, Neonazis und Rassisten aufrufen, bestreiten sie in der gesamten westlichen Welt ihre eigenen Wahlkämpfe mit wohldosierten Zugeständnissen an Ausländerhass und Rassismus, etwa in Großbritannien: „Tories und Labour-Regierung machen Stimmung gegen Flüchtlinge, die Presse erfindet eine Asylkrise – ein bisschen Fremdenfeindlichkeit soll Stimmen bringen... Wie fast überall in Europa versuchen auch britische Politiker vor Wahlen, sich mit markigen Forderungen nach Recht und Ordnung zu überbieten. Sekundiert wird ihnen dabei von konservativen Zeitungen, die eine ‚Asylkrise' ausgerufen haben" (Sontheimer 2000). Auch in Frankreich, Spanien, Italien oder Australien fischen sämtliche demokratischen Parteien unter Einschluss der Linken nach Stimmen der „Mitte", indem sie die Töne des offiziell bekämpften Rechtsradikalismus aufnehmen.

Am deutlichsten ist dieses Zusammenspiel in Deutschland entwickelt. Der sogenannte Asylkompromiss, das heißt die parteiübergreifend von der „Gemeinsamkeit der Demokraten" getragene völlige Aushöhlung der Asylgesetze, war eine direkte

Antwort auf die Untaten des rassistischen Mobs – de facto die Verbrüderung mit ihm, denn die Logik der gesamten Asyl- und Ausländerdebatte und der entsprechenden Gesetzesveränderungen seit Anfang der 90er Jahre lautete ganz eindeutig: Je brutaler die Schlägertrupps gegen Migranten vorgehen und je ausländerfeindlicher die Stimmung an den Stammtischen wird, desto mehr werden die Gesetze verschärft. Nicht etwa die Gesetze gegen Volksverhetzung und rassistische Gewalt- und Mordtaten, sondern die Gesetze gegen Ausländer; immer mit dem Blick auf das diffus rechte, ethno-rassistische Stimmenpotential.

Das absurde Argument, dies sei nötig, um das Schlimmste zu verhindern und die Neonazis gerade aus den Parlamenten herauszuhalten, ist nur der unfreiwillige Beweis dafür, dass die demokratisch-marktwirtschaftlichen Konkurrenzgesellschaften nicht nur überhaupt mit innerer Notwendigkeit Rassismus und Ausländerfeindlichkeit ausbrüten, sondern diese Mordideologien in der Krise auch bis zur parlamentarischen Repräsentanz und schließlich bis an den Rand der Mehrheitsfähigkeit anschwellen lassen. Es ist das beste Argument gegen die gesamte herrschende Ordnung, die doch gerade von den Demokraten als Modell gegen den Rassismus verkauft wird, während sie in Wirklichkeit dessen Mutterschoß ist.

Und natürlich taugt diese seltsame „Verteidigung" gegen den Rassismus, indem man dessen Motive „versteht" und selber beschwichtigend aufgreift, in erster Linie dazu, ihm Spielräume zu eröffnen; sie würde ihn erst satisfaktions- und „salonfähig" machen, wenn er es nicht in Wahrheit sowieso und von Haus aus schon wäre. Und klammheimlich ist genau das auch der Zweck der Übung: den Mob, auch den mittelständischen, an der Leine zu halten, indem man es sich nicht mit ihm verdirbt, und mittels dieses Mobs ein Krisenventil offen zu halten.

Es ist allerdings keineswegs allein das demoskopische Wahlkalkül, das die „Gemeinsamkeit der Demokraten" mit dem Mob und dessen Ausdrucksformen kompatibel macht. Auch ideell und programmatisch gibt es eine gemeinsame Schnittmenge, deren Ursprung im rassistischen Gehalt der Aufklärungsphilosophie liegt, aus der ja alle politischen und ideologischen Richtungen und Denkschulen der Modernisierungsgeschichte hervorgegangen sind. Sämtliche demokratischen Parteien, auch die sozialistischen und grünen, sind auf vielfältige Weise sowohl mit dem Ideengut als auch mit den politischen Repräsentanzen der Rechten in irgendeiner Weise verwoben und verquickt. Auch in ihrem eigenen Denken soll die „Globalisierung der Anständigen" mit einem angeblich „normalen" Nationalbewusstsein und „patriotischen Interessen" koexistieren, womit sie natürlich nur die zerreißenden Widersprüche der kapitalistischen Globalisierung zukleistern wollen.

Vom rechten Rand her greifen vielfältige Organisationsformen von Rassismus und Antisemitismus, Ethno-Selbstverständnis und religiöser Militanz in die offizielle demokratische Politik und Kultur über. Rein äußerlich politisch geächtet sind nur offene Neonazi-Sekten wie die deutsche NPD, während der halbherzige Boykottversuch der

EU gegen die Haider-Mitregierung in Österreich kläglich zusammengebrochen ist und die medial aufgerüsteten Rechtspopulisten à la Berlusconi überall mit am Tisch sitzen. Über die konservativen und christdemokratischen Parteien, bei deren Provinzfürsten und in deren Untergruppierungen alle Schattierungen nationalistischer Idiotie, ethnischen Wahns und autoritären Klerikalismus blühen, ist das gesamte demokratische Spektrum mit dem rassistischen Rechtspopulismus verzahnt.

Besonders üble Figuren dieser Sorte wie der hessische Ministerpräsident Roland Koch, der Potsdamer Innenminister Jörg Schönbohm und natürlich die gesamte bayerische CSU-Kamarilla nehmen regelmäßig die rechtsradikalen Stimmungen für sich in Anspruch, verharmlosen die Untaten des rassistischen Mobs und blockieren jedes entschiedene Vorgehen gegen die Ausländerfeindlichkeit, zu dem die Apparate sowieso nicht aufgelegt sind. Und die grünen weichgespülten Schülermitverwaltungs-Demokraten, die es sich gewissermaßen sabbernd vor Behagen in „der Republik", ihren Pfründen, Parlaments- und Regierungsapparaten gemütlich gemacht haben, stellen schon mal die altkluge Frage, ob man denn nicht in der demokratischen Normalität irgendwie „mit den Rechten leben" müsse, die halt dazugehören wie das Oktoberfest, die Bayreuther Festspiele und die freie Meinungsäußerung.

Es ist kein Zufall, dass heute die Verzahnung von rechtem Fundamentalismus und offizieller demokratischer Politik in keinem Land so vielfältig ist und so weit geht wie im Flaggschiff von Aufklärung, westlicher Freiheit, Demokratie und Kapitalismus, nämlich in den USA. Die republikanische Partei von Präsident Bush stützt sich weitgehend auf und ist durchsetzt von denselben Kräften, die sich auch in den rassistischen Milizen oder in den fundamentalistischen protestantischen Sekten sammeln. So machte sich in der Partei in den 90er Jahren die „Christian Coalition" breit, mit dem militanten Fernsehprediger Pat Robertson an der Spitze. Eine gewichtige Kraft innerhalb der Republikaner stellte auch immer wieder der Rechtspopulist Patrick Buchanan dar, selbst wenn diese Strömung nur als Stimmenfänger am rechten Rand dient.

Der starke Rechtsaußen-Flügel der Republikaner lässt an einschlägigen Kontakten nichts aus, einschließlich Ku-Klux-Klan und offenem Antisemitismus, mit dem Buchanan selbst kaum je hinter dem Berg gehalten hat. Dass die ultrakonservative US-Regierung Israels Rechte und Hardliner unterstützt und im Polizei- und Kulturkrieg gegen die islamische Welt voll auf das Scharon-Regime der israelischen Ultras setzt, hindert nicht im geringsten, dass sie zuhause an ihrer Basis mit den übelsten antisemitischen Hetzern und weißen Rassisten verbandelt ist. Auch hier beweist der rassistische ideologische Wahn, dass er mit in sich widersprüchlichen Bezügen lebt und sich in seinem destruktiven Geschäft nicht stören lässt. Was im übrigen nur abermals zeigt, wie wenig sich Israel darauf verlassen kann, dass die letzte Weltmacht seine Existenz garantiert.

Die Verzahnung und Verquickung der demokratischen Politik mit Rassismus und Ethno-Nationalismus setzt sich auf der Ebene der Verwaltungs-, Polizei- und Justizapparate fort. In allen westlichen Demokratien gilt das Grundgesetz, dass Rechtsradikalismus im weitesten Sinne mit Samthandschuhen angefasst und in vieler Hinsicht toleriert wird, während sich die volle Härte und Gehässigkeit, der militante Verfolgungswille immer buchstäblich „wie aus der Pistole geschossen" und ohne jede Relativierung stets gegen Linksradikale und militante Antifaschisten richtet. Hinsichtlich der Ausländerhetze hat sich sogar eine Art Arbeitsteilung von Schlägerbanden und Behörden entwickelt: Nicht selten werden die Überfälle geradezu als Grund genannt, den Opfern weiteres Bleiberecht zu entziehen. Und das Verhältnis zu den Anführern und Agitatoren der Ausländerhetze ist in der Praxis bestens, geradezu persönlich, wie ein Aussteiger aus der rechtsextremen Szene in Mittelfranken bestätigt: „Damals, im Kreis Erlangen-Höchstadt, waren wir ganz wunderbar integriert … mit zahlreichen Bürgermeistern waren wir sogar per Du" (zit. nach: Woratschka 1999).

Während die demokratische Polizei etwa gegen linke Globalisierungskritiker in Genua mit brutaler Härte bis zu schwersten Verletzungen und Schusswaffengebrauch vorging, fallen die Einsätze gegen rassistische Gewalttäter fast immer vergleichsweise lustlos aus. Das zeigte sich in der BRD schon beim Rostocker Pogrom 1992. Damals kam die Polizeigewalt, die vor dem rasenden deutschnationalen Mob zurückgewichen war, erst bei späteren linken Gegendemonstrationen auf Touren: „Nachdem eine Woche zuvor der Polizeiapparat gegen die Meute nicht zum Einsatz gebracht worden war, zeigte er mit der Absperrung einer Autobahn und mit am Horizont kreisenden Hubschraubern nun eindrucksvoll, wozu er im Stande ist, wenn es gilt, gegen Linke vorzugehen" (Bendemann 2002).

Dementsprechend verlief dann auch die juristische Aufarbeitung des Pogroms: „Die Bilanz der Ermittlungsbehörden nach den Brandnächten von Rostock-Lichtenhagen sah von Anfang an schlecht aus. 260 Festnahmen meldete die Polizei am Ende der Woche – darunter befanden sich auch über 100 Antifas. Nur 30 Haftbefehle wurden ausgesprochen, angesichts einer Zahl von rund 800 militanten Angreifern und mehreren tausend applaudierenden Zuschauern. Nach dem Pogrom leitete die Rostocker Staatsanwaltschaft zwar rund 300 Ermittlungsverfahren ein. Doch die Mehrzahl wurde unter fadenscheinigen Begründungen wieder eingestellt. ‚Anlässlich der Ausschreitungen in Rostock-Lichtenhagen konnte bei keinem der beteiligten Gewalttäter der Nachweis einer Volksverhetzung geführt werden', hieß es in der Einstellungsverfügung. Rufe wie ‚Ausländer raus' seien zwar ‚im weiteren Sinne diskriminierend und ausländerfeindlich', nicht jedoch ‚volksverhetzend'… So verwundert es denn auch nicht, dass lediglich in 32 Fällen Anklage erhoben wurde, zumeist wegen Landfriedensbruchs… Fast immer fanden die Richter Gründe für eine Strafmilderung. Mal war es Alkohol, mal die schlechte soziale Lage oder die Arbeitslosigkeit der Angeklagten…" (Bendemann, a.a.O.).

Dieselben Gründe kommen nie in Erwägung, wenn es gegen linksradikale Angeklagte geht; dann fallen sie im Gegenteil eher erschwerend ins Gewicht. Bei einem

Großteil des Polizei- und Justizapparats entspricht dieses unterschiedliche Vorgehen ganz klar einer positiv rechtsautoritären und selber rassistischen Gesinnung, ebenso wie bei den Verwaltungen und Provinzhonoratioren, für die rassistische Schlägerbanditen in der Regel als „unsere bodenständigen Jungs" firmieren. Und der Teil der Apparate, der sich für neutral hält, weil er rein rechtspositivistisch vorzugehen meint, gibt sich einer Selbsttäuschung hin. Der Rechtspositivismus an sich impliziert schon die strukturelle Affinität zum rechten, rassistisch-ethnonationalistischen Gewaltpotential, insofern die Rechtsform nichts anderes als die formale Einkleidung des kapitalistischen Todestrieb-Subjekts darstellt.

Wenn es den scheinneutralen demokratischen Rechtspositivisten in den Apparaten so vorkommt, dass sie die Rechten keineswegs bevorzugen, dann erliegen sie derselben Täuschung wie (nachgewiesenermaßen) die Lehrerinnen und Lehrer hinsichtlich der Bevorzugung von männlichen Kindern: Selbst wenn sie sich ausdrücklich bemühen, im Unterricht auch Mädchen zu fördern, bleibt die strukturell im System, auch im Schulsystem, angelegte männliche Dominanz erhalten und werden de facto die Mädchen weniger von der Lehrperson beachtet, wie Tests eindeutig ergeben haben. Nicht anders ergeht es den vermeintlich „rein sachlichen" Beamten, Richtern und Staatsanwälten hinsichtlich des notorischen Zögerns und der Milderung gegenüber Rechtsradikalen, vor allem jugendlichen.

Der Tatbestand der Jugendlichkeit als Verharmlosungsgrund („dumme Jungenstreiche") gehört zu den beliebtesten demokratischen Vorwänden, gegen die rassistisch-rechtsradikale Szene jegliche Härte vermissen zu lassen. Selbst über notorische Gewalttäter und Totschläger wird von Behörden und Medien in einer Sprache berichtet, als handle es sich um Kinder, die ein wenig über die Stränge geschlagen haben. Überfälle rechter Schläger auf linke Jugendliche werden regelmäßig so dargestellt, als hätte es bedauerliche Auseinandersetzungen „unter Extremisten" gegeben, wobei im Zweifelsfall eher gegen die Linken ermittelt wird. Die Faustregel für das Vorgehen gegen linksradikale Jugendliche lautet: Stigmatisierung, Relegation, Ausgrenzung; die Faustregel für die Behandlung rechtsradikaler Jugendlicher dagegen: allgemeine Sorge, sie nicht auszugrenzen, verbesserte Freizeitangebote usw.

Zu den Vordenkern dieser integrationistischen Milde gehören an vorderster Stelle Politiker und Pädagogen der staatstragenden, „realistischen" demokratischen Linken, der marktwirtschaftlich „gewendeten" Sozialisten, der Sozialdemokraten und Grünen. Während militantes Vorgehen linksradikaler Jugendlicher, welcher Art auch immer, nur schroffste Distanzierung hervorruft, finden sich etwa in der PDS, der „in der Demokratie angekommenen" ehemaligen Staatspartei der DDR, hinsichtlich der rassistischen ostdeutschen Killerkids nicht wenige verständnisvolle nationale Linkspopulisten, die sich mit den Schlägern an einen Tisch setzen, sie „ernst nehmen" und ihre nationalpädagogische Ader entdecken (vielleicht auch die verwandten braunen Flecken in der eigenen Seele).

Und es war natürlich ein linksdemokratischer Akademiker der rot-grünen Reformuniversität Bremen, der Sozialpädagogik-Professor Franz Josef Krafeld, der Ende der 80er Jahre speziell für den Umgang mit rechtsradikalen, rassistischen Jugendlichen das Stichwort von der „akzeptierenden Jugendarbeit" erfand – gerade rechtzeitig und wie bestellt für die beginnende Ära des geschmeidigen staatlichen Zurückweichens vor dem rassistischen Mob. Solche verständnisinnigen Gedanken, die weltanschaulich und militant delinquenten Jugendlichen „dort abzuholen, wo sie stehen", waren den linksdemokratischen Sozialpädagogen nicht im Traum gekommen, als der Staat mit gnadenloser Härte gegen noch so junge RAF-Sympathisanten vorgegangen war. Mit vollem Recht machten nach bittersten Erfahrungen 1998 norddeutsche Antifa-Gruppen gegen die objektive Komplizenschaft dieses „pädagogischen Konzepts" Front: „Durch die akzeptierende Jugendarbeit erleben die Rechten, dass sie nicht trotz, sondern wegen ihrer Auffassungen ernst genommen und gefördert werden. Man entwirft sogar eigene Konzepte für sie, die ausdrücklich ihre Auffassungen akzeptieren und würdigen, indem sie zum Anlass genommen werden, ihnen Räume, SozialarbeiterInnen, Gelder etc. zur Verfügung zu stellen" (zit. nach: Simon 2000).

Das Bild ist insgesamt so eindeutig, dass die Affinität der Demokraten zum rassistischen Mob nicht bloß einem taktischen oder utilitaristischen äußeren Kalkül entspringen kann, als wäre ihnen selber diese Regung im Innersten fremd und sie würden sie nur als unvermeidliches Faktum der gesellschaftlichen Realität irgendwie hinnehmen und instrumentell damit umgehen. Gerade die letzte Bereitschaft, das rassistische Pogrom als „kleineres Übel" im Vergleich zur ernsthaften sozialen Revolte gegen die kapitalistischen Institutionen eher mit Nachsicht zu behandeln, verweist auf den rassistischen Gehalt der demokratischen Subjektivität überhaupt, wie er als Moment des bürgerlichen Todestriebs bis hin zur Welt- und Selbstvernichtung in der totalitären Form der Konkurrenzgesellschaft lauert. Nicht umsonst verfiel schon der aufklärerische Geistesheros Kant in den Zungenschlag des Mobs, wenn er sich über die „Negers" und deren Untermenschentum zu verbreiten geruhte.

In seinem Roman „Davids Rache" (1994) hat Hans Werner Kettenbach das Psychogramm eines von demokratischem Wohlwollen, bürgerlicher Humanitätsideologie und aufgeklärter Linksbürgerlichkeit nur so strotzenden Oberstudienrats geliefert, der sich anlässlich der Beherbergung eines vor Zusammenbruch und Bürgerkrieg geflüchteten Freundes aus Georgien (das Produkt eines Austausch-Studienaufenthalts) auf subtile Weise zu verändern beginnt und absurde Phantasien entwickelt, bis sich der tief sitzende Rassismus in der demokratischen Mittelstandsfamilie an die Oberfläche durchbeißt und der weltoffene Pädagoge, der einem Musterbuch linksgrüner Mandatsträger entsprungen sein könnte, zuletzt eine schauerliche Gewalttat gegen den „Gast" deckt, an der sein „ungeratener" (tatsächlich das wahre Wesen des Vaters repräsentierender) Neonazi-Sprössling beteiligt ist.

Von der sozialen Mitte, den demokratischen Leistungseliten und ihrer aufgeklärten Anständigkeit gilt eben grundsätzlich, was Robert Musil beiläufig in seinem „Mann ohne Eigenschaften" feststellte: „Abgesehen von ihrem sehr entwickelten Familiensinn, ist die innere Vernunft ihres Lebens die des Geldes, und das ist eine Vernunft mit sehr gesunden Zähnen und schlichtem Magen." Das gilt modifiziert auch in Zeiten der Individualisierung und der Postmoderne. Aufklärung und Humanitätsideale sind nichts als die ideologische Form des kapitalistischen Fress- und Verdauungsprozesses samt der Sorge um die eigene Brut. Wenn aber die Logik des Geldes als „innere Vernunft" der Demokratie abzustürzen droht, wenn der bürgerliche Darm sich entzündet, dann verliert das auf seinen Geld-Darm reduzierte Aufklärungssubjekt die sorgfältig gepflegte Contenance und die „gesunden Zähne" enthüllen sich als die Reißzähne eines blutdürstigen, wahnsinnigen Monstrums. Dann erweist sich, dass die bürgerlichen „Anständigen", die alte wie die neue „Mitte", die Metzgermeister und Studienräte, die New-Economy-Pseudo-Bohemiens und Ich-AGs selber der eigentliche Mob sind, die stinkende demokratische Gosse, von der in Wahrheit alle Brutalität ausgeht. Viehischer als ein aufgeklärtes, an westlichen Werten geschultes, wohltemperiertes, moralisch aufgerüstetes, auf Selbstverwertung getrimmtes, in Selbstdarstellung geübtes mittelständisches Interessen-Subjekt kann kein mordgieriger besoffener Skinhead sein.

Es ist sicher aller Ehren wert, dass gegen die Duftspur des medialen und politischen Mainstreams, dessen Zweideutigkeit im Verhältnis zum rassistischen Mob die wahre Natur des bürgerlichen Subjekts ahnen lässt, immer wieder einzelne Journalisten den Zusammenhängen der „Ausländerfeindlichkeit" nachgehen und ungeschminkt über das Zusammenspiel von Behörden, Politik und Gewalttätern berichten; ebenso wie zahlreiche soziologische und sozialpsychologische Untersuchungen den „Extremismus der Mitte" herausgearbeitet haben. Die liberale Presse gibt diesen Stimmen Raum, aber Voraussetzung ist, dass die kapitalistische Ontologie unangetastet bleibt.

Gerade dadurch wird aber die Kritik entwertet. Eine bloße Summe von „betroffen" und anklagend beschriebenen Phänomenen ergibt noch keinen Begriff der Kritik. Solange die Kritiker nicht ihrerseits den Bruch mit der „Gemeinsamkeit der Demokraten" vollziehen und „Demokratie und Marktwirtschaft", den Systemzusammenhang der Konkurrenzsubjekte, als den Mutterschoß von Rassismus und Ausgrenzungsimperialismus benennen, bleibt ihre Kritik, die sich an eben dieser „Gemeinsamkeit der Demokraten" festklammert, zur Harmlosigkeit und Wirkungslosigkeit verurteilt.

Das gilt auch für jenen linken Antirassismus, der sich im praktischen Kampf gegen den Mob und seine Unterstützer große Verdienste erworben hat. Zwar setzen sich die Praktiker und Militanten der antirassistischen Bewegungen von der „Gemeinsamkeit der Demokraten" im Sinne des offiziellen Verständnisses ab, aber sie legitimieren sich meist nur mit einer seichten und unreflektierten Antifa-Ideologie, in der die ganze unaufgearbeitete Geschichte des Arbeiterbewegungs-Marxismus und seiner Befangenheit in der kapitalistischen Formhülle mitgeschleppt wird. So werden auch im antirassistischen Kampf bloß die unüberwundenen bürgerlichen Kategorien angerufen, die ja gerade im Rassismus und Antisemitismus bis zur Kenntlichkeit Gestalt annehmen. Es ist dasselbe Problem wie beim Zusammenhang von Menschenrechts-Ideologie und Weltordnungskriegen außerhalb des kapitalistischen Zentrums: Solange die Kritik sich der kapitalistischen Definitionsmacht unterwirft, indem sie das Verhältnis von Rassismus und Demokratie nicht durchschaut, sondern nur das demokratische Ideal gegen die demokratische Wirklichkeit ins Feld führt, zieht sie auch gegen den Rassismus unter der Fahne des Feindes ins Feld und wird deshalb regelmäßig geschlagen.

DAS IMPERIUM
UND SEINE THEORETIKER

Es ist ganz offensichtlich, worin die Logik des demokratischen Ausgrenzungsimperialismus besteht: Angesichts des innerhalb kapitalistischer Ökonomik sozial unbewältigbar gewordenen globalen Krisenprozesses soll die Welt grundsätzlich in zwei Zonen oder Subwelten aufgespalten werden. Nämlich einerseits in eine globale Zone „relativer Normalität" mit demokratischem Prozedere, bürgerlicher Rechtsstaatlichkeit und kapitalistischer Reproduzierbarkeit der Bevölkerungsmasse, in der das marktwirtschaftlich produzierte Elend minoritär gehalten werden und als sozialer Rand beherrschbar bleiben kann. Der Zumutungscharakter des Kapitalismus soll auf diesem Level als verinnerlichte Lebensspur einigermaßen im Status der Befriedung verharren. Diese Zone ist vorläufig weitgehend identisch mit den westlichen Zentren, Japan und den „Enklaven der Reproduzierbarkeit" oder weltmarktfähigen „Produktivitätsinseln" in jenen großen Weltregionen, die als Ganzes bereits aus der kapitalistischen Lebensfähigkeit herausgefallen sind. Und andererseits breitet sich eben deshalb eine globale Zone aus, in der die Marktwirtschaft bereits in den „Naturzustand" der kapitalistischen Konkurrenz zurückgefallen und daher das Elend der Mehrheitszustand ist, also nicht mehr in den Formen bürgerlichen Rechts beherrschbar.

Da die Demarkationslinie zwischen diesen beiden Zonen immer schärfer durch buchstäbliche Mauern, Wälle, elektrische Zäune, Todesstreifen usw. gezogen wird, scheint nicht nur der Vergleich mit den historischen Grenzbefestigungen von Limes und chinesischer Mauer nahezuliegen, sondern auch mit den dazugehörigen Imperien. Der Imperialismusbegriff geht ja selber auf die Herrschaftsideen der alten agrarischen Zivilisationen und ihrer repressiven Macht zurück (lat. „imperium" = Befehlsgewalt).

Das Reich und die neuen Barbaren (Jean Christophe Rufin)

Anfang der 90er Jahre, als zusammen mit dem Untergang des Staatskapitalismus und dem Ende der bipolaren weltpolitischen Konstellation diese neue, andere Zweiteilung deutlicher als zuvor ans Licht trat, gab deshalb der französische Mediziner und Politologe Jean-Christophe Rufin (Mitglied von „Ärzte ohne Grenzen") seiner einschlägigen Untersuchung den Titel „Das Reich und die neuen Barbaren" (Rufin 1991).

Rufin zieht eine direkte Analogie zur Antike, indem er die heutige Situation der westlichen nordamerikanischen und europäischen Zivilisation mit derjenigen Roms nach dem Untergang Karthagos gleichsetzt: Hier wie dort ging der äußere Gegner verloren, mit entsprechenden ideologischen Konsequenzen. Für Rom war es laut Rufin der Geschichtsschreiber Polybios (ca. 200 – 120 v.u.Z.), der die imperiale Sendung legitimatorisch begründete: „Als Polybios seine Geschichte schreibt, gestaltet er Roms Vergangenheit um, erschafft sie neu, gibt ihr in der Rückschau einen geradlinigen Verlauf. Er überzeugt die Römer davon, dass ihr Sieg kein Zufall ist: er ist das Prägemal eines besonderen Schicksals. Rom hat von Anfang an den Auftrag, ein Werk des Friedens, der Gerechtigkeit und der Weisheit zu vollbringen... Die übrige Welt, alles, was außerhalb des Reiches ist, befindet sich in beklagenswerter Lage: jenen Barbaren gebricht es an Zivilisation. Rom hat die Pflicht, sie ihnen zu bringen oder aber sie zu bekämpfen, falls sie auf ihrem Archaismus beharren und es zu bedrohen suchen. Das beklemmende Bild eines Rom, das sich ganz allein einem Vakuum gegenübersieht, ersetzt Polybios durch die begeisternde Idee einer imperialen Verantwortung, einer universellen Mission. Und damit erfindet er sich eine neue ‚Doppelmasse': das Reich im Gegensatz zu den Barbaren... Und jetzt vollzieht sich eine neuerliche polybische Revolution. Der Nord-Süd-Gegensatz erweckt diese Ideologie der Ungleichheit, der Asymmetrie zu neuem Leben. Kein Zweifel, dass zur Bannung der vom sowjetischen Rückzug hervorgerufenen Angstgefühle dem Süden nunmehr die Rolle der neuen Barbaren zufällt, welche einem Norden gegenüberstehen, der als wiedervereinigt, als imperial, als Wahrer der universellen Werte der freiheitlichen und demokratischen Zivilisation vorausgesetzt wird" (Rufin 1991, 19 ff.).

Ganz so neu ist allerdings diese Konstellation nicht. Ideologisch war sie ja bereits seit Woodrow Wilson vorbereitet worden, und politisch-militärisch hatte sich das kapitalistische Imperium der Pax Americana schon gleich nach dem Zweiten Weltkrieg als sogenannte „freie Welt" sowohl gegenüber dem „totalitären System" des Ostblocks als auch gegenüber den „unterentwickelten Ländern" des globalen Südens selbst definiert. In diese Definition war bereits jene missionarische Ideologie eingeschlossen, deren Ziel eben in der ökonomisch-politischen Vereinheitlichung des Weltsystems bestand. Die Grundelemente dessen, was Rufin erst für die 90er Jahre als Analogie zum Imperium Romanum nach den Karthagerkriegen sehen will, waren bereits vorher ausgebildet worden.

In der Geschichte des Kalten Krieges hatte die missionarische westliche Ideologie freilich unter dem Eindruck der fordistischen Mobilisierung und des damit verbundenen „Wirtschaftswunders" nach dem Zweiten Weltkrieg auch noch das Versprechen von Prosperität und „Entwicklung" für den gesamten planetarischen Raum enthalten.

Ein solches Versprechen hat sich objektiv als gegenstandslos erwiesen. Entsprechend fadenscheinig und unglaubwürdig stellen sich die Reste dieser Verheißung in der zynischen konservativ-neoliberalen oder neu-sozialdemokratischen Verfallsform heute dar. In der Weltkrise der dritten industriellen Revolution nimmt niemand mehr ernsthaft an, dass noch einmal ein kapitalistisches „Wirtschaftswunder" möglich wäre; war schon damals die Mehrheit der Weltbevölkerung real ausgeschlossen und nur ideell-perspektivisch für eine imaginäre Zukunft integriert, so handelt es sich jetzt nur noch um die Suche nach einem beschönigenden Vokabular für die perfide Dialektik von totaler Ausgrenzung und gleichzeitigem totalen Unterwerfungsanspruch. Geben doch die Ökonomen inzwischen sogar offen zu, dass selbst für die Zentren nie mehr „Vollbeschäftigung" und nie mehr etwas anderes als eine neue Pauperisierung wachsender Bevölkerungsteile zu erwarten sein wird. Was vom Gehalt der missionarischen Ideologie übrig bleibt, ist somit in der Verpackung demokratischer Phrasen immer wieder nur der blanke Herrschaftsanspruch des Kapitalismus auf eine ökonomisch von ihm nicht mehr reproduzierbare Welt.

Aus heutiger Sicht kann auf diese Weise der einstige eiserne Vorhang gewissermaßen als erste Version des neuen Limes zwischen dem „Reich" und den „neuen Barbaren" verstanden werden; ausgeplaudert in den gegenwärtigen westlichen Stammtischparolen, man hätte „die Mauer" doch besser stehen lassen sollen oder es müsste eine neue Mauer gebaut werden (was ja auch längst wirklich geschieht, nur ein paar Längengrade weiter östlich). Denn jetzt stellt sich heraus, dass sich in der Epoche des Kalten Krieges beide Seiten einer Selbsttäuschung hingegeben hatten: Was für den staatskapitalistischen Ostblock wie die Absicherung einer eigenständigen „nachholenden Entwicklung" und für das westliche Imperium wie die böswillige Versperrung von aussichtsreichen Märkten ausgesehen hatte, erweist sich im nachhinein als die vorläufige Demarkationslinie zwischen den „Zeitzonen" eines gemeinsamen Krisenprozesses, in dem das moderne warenproduzierende System an seine absolute Grenze stößt.

Geht man in der Analyse hinter das Datum des Epochenbruchs von 1989 zurück, so steht die Argumentation von Rufin plötzlich auf dem Kopf: Der Eiserne Vorhang wäre dann das Paradox gewesen, dass sich zunächst nicht das „Reich" gegen die „Barbaren", sondern umgekehrt die „Barbaren" gegen das „Reich" durch einen Limes abgeschottet hätten, bis sich dann erst in den 90er Jahren die Realität dazu bequemte, zur Analogie zu stimmen. Offenbar ist die Erklärungspotenz dieser Analogie begrenzt. Sie gibt ein Bild nur für ein bestimmtes Stadium einer Gesamtentwicklung, die sowohl dahinter zurück als auch darüber hinaus reicht. Nur für die Konstellation eines bestimmten Übergangsstadiums ist Rufins Analogie wenigstens dazu tauglich, die aktuelle Phänomenologie in vieler Hinsicht durchaus richtig darzustellen: „Der heutige neue Limes zwischen Nord und Süd markiert den sachten Anbruch einer Moral der Ungleichheit, einer Art von weltweiter Apartheid. Im Gedanken des Limes ist, mehr oder weniger deutlich, die Absicht eingeschlossen, die Zivilisation des Nordens zu definieren und zu schützen. Doch dies geschieht durch die gewaltsame Preisgabe des Südens, der mit Barbarei gleichgesetzt wird. Dieses Im-Stich-Lassen ist bereits heute in zahlreichen Bereichen spürbar. Demographisch: an die Stelle des Strebens, die Weltbevölkerung in ihrer Zahl zu begrenzen, tritt eine minimale Hoffnung, die Massen des Südens zu zügeln, wobei man auf malthusianische Katastrophen baut, die sie regulieren werden. Ökonomisch: das universelle Ideal der Entwicklung wird abgelöst durch eine selektive Politik, die darin besteht, Hilfe nur noch den Pufferstaaten zu gewähren, die sich längs des Limes befinden und seine Stabilität gewährleisten sollen" (Rufin 1991, 26).

Rufin fragt leider nicht oder kaum nach den strukturellen Ursachen dieser veränderten Wahrnehmung, sondern er bleibt weitgehend bei der Wahrnehmung als Wahrnehmung stehen, als einem „Konstrukt" also, das vermeintlich auch anders sein könnte. So erkennt er auch nicht, was eigentlich schräg ist an seiner scheinbar so griffigen Analogiebildung. Implizit geht er von einem Außen- und Innenverhältnis aus, das schon seit Jahrhunderten nicht mehr gegeben ist. Denn darin besteht der große Unterschied: Das Imperium Romanum erwuchs nicht auf dem Boden einer planetarischen Vergesellschaftung über die Wertform, d.h. über ein universelles warenproduzierendes System. Der Vergesellschaftungsgrad war sowohl in seiner Dichte als auch in seiner äußeren Reichweite wesentlich geringer als in der Moderne und gar an der Schwelle des 21. Jahrhunderts.

Deshalb ist das Verhältnis zwischen dem „Reich" und den „Barbaren" für die Antike durchaus als ein wirkliches Innen- und Außenverhältnis zu begreifen. Selbst innerhalb des römischen Reiches waren die direkten Vermittlungszusammenhänge eher äußerlich und aufgesetzt (Tributverhältnisse, Besteuerung der Provinzen und nur relativ dünne Handelsnetze gegenüber einer dominierenden, keineswegs vergesellschafteten Agrarwirtschaft), wenn auch ein gewisser kultureller Rahmen hergestellt worden war. Aber das eigentliche „Innen" war nur punktuell, nämlich das Zentrum Rom selber. Vollends die Gebiete jenseits der Außengrenze, die in der Spätzeit als Limes markiert war, standen in keinerlei innerem Vermittlungszusammenhang mehr mit dem Imperium; es handelte sich sogar größtenteils um ein aus der Sicht Roms „unerforschtes" Territorium, dessen Gesellschaftsformen und kulturelle Muster umso unabhängiger von Rom waren, je weiter jenseits des Limes sie sich aus der Perspektive des Imperiums im äußeren Raum verloren.

Die legitimatorische Ideologie einer „zivilisatorischen Mission", deren ökonomischer Kern im exzessiven Sklavenfang bestand, bezog sich auf ein tatsächliches Außenverhältnis, das hinsichtlich der Modernisierungsgeschichte höchstens mit der frühesten Kolonisation im 15. und 16. Jahrhundert zu vergleichen ist. In beiden Fällen kann eine historische Ideologiekritik den räuberischen und mörderischen Hintergrund der vorgeschützten „zivilisatorischen Mission" ebenso erhellen wie die aus der pejorativen Bestimmung des Fremden („Barbaren") deutlich werdende Ignoranz und Distanzlosigkeit, die den erhobenen zivilisatorischen Anspruch unfreiwillig dementiert. Marx hat diese historische Ideologiekritik vorbereitet, indem er den Begriff der „Barbarei" aus einer Kennzeichnung der „unterentwickelten" Welt in eine Konsequenz der modernen kapitalistischen Produktionsweise selber umdeutete. Und in der Tat haben wir es heute mit einer „sekundären Barbarei" zu tun, die aus dem Krisen- und Zerfallsprozess des globalen warenproduzierenden Systems selbst erwächst.

Eben dies ist der Grund, warum die Analogisierung von Rufin letzten Endes nicht zutrifft. Der neue Limes ist eine Grenzziehung innerhalb des „Reiches" selber, das als totalitäres Weltsystem kein „Außen" mehr hat. Es handelt sich nicht um einen Schutzwall gegen äußere Kräfte, Völkerschaften oder sogenannte Kulturen, nicht um eine Sicherung gegen das Eindringen des Unbekannten, sondern um den Versuch einer Ausgrenzung von Momenten des eigenen Inneren, der die Produkte der eigenen gesellschaftlichen Logik veräußerlichen und eindämmen soll. Auch ihren Bewusstseinsformen nach sind die „neuen Barbaren" weder fremdartige „Stämme" mit seltsamen Sitten noch in archaischen Verhältnissen befangene und auf niedrigeren gesellschaftlichen Entwicklungsstufen stehen gebliebene Bevölkerungen, sondern nur allzu bekannte ureigene Erscheinungsformen des „postmodernen" Weltkapitalismus selbst: so bekannt, dass ähnliche Bewusstseinslagen und Verhaltensweisen (neue Gewaltformen, psychische Entgrenzungen, individuelle Verzweiflungsakte usw.) eben auch in den Zentren des „Reiches" selber auftauchen, wo sie noch beherrschbar scheinen.

Sowohl die Barbarisierungsprozesse in der Peripherie als auch die Abschottungs- und Ausgrenzungspolitik des „Reiches" sind Bestandteile eines übergreifenden Krisenverhältnisses in der einen Weltgesellschaft, die ans Ende ihrer Entwicklungsfähigkeit gekommen ist. Rufin bemerkt durchaus, dass „etwas nicht stimmt". Aber weil auch er an den alten Begriffsapparat der warenproduzierenden Moderne gebunden bleibt, kann er die darin nicht mehr aufgehende Wirklichkeit, will er sie nicht schlicht verdrängen wie die westlichen Hardcore-Ideologen, nur phänomenologisch erfassen: Die kategoriale Begriffswelt von „ökonomischer Entwicklung, Marktwirtschaft, Politik, Demokratie, Menschenrechten" usw. tritt dann in schreienden Gegensatz zur immerhin wahrgenommenen empirischen Erscheinungswelt. Darin scheint überhaupt ein Grundübel auch der wohlmeinendsten westlichen Kritiker zu bestehen, die sich einfach nicht von der demokratischen Ideologie des warenproduzierenden Systems lösen wollen, um zu neuen Ideen der menschlichen Emanzipation vorzustoßen.

So kommt Rufin zwar nahe an eine neue Kritik heran, indem er wenn auch vage die negativ universalistische „ökonomische Umhüllung" der Welt in Frage stellt: „Wir sind es gewohnt, in diesem allgegenwärtigen Ökonomismus zu leben: er erscheint als natürlich" (Rufin, a.a.O., 129). Und Rufin erkennt auch, dass die bisherigen Gegensätze überhaupt und gerade während der bipolaren globalen Nachkriegsgesellschaft in diese letzten Endes kategorial identische „ökonomische Umhüllung" eingeschlossen waren: „Der westliche Produktivismus hat sich auf die ganze Welt ausgedehnt.

Der Marxismus (in seinen verschiedenen Formen) war weit davon entfernt, sich ihm entgegenzustellen, er hat vielmehr dazu beigetragen, ihn zu propagieren, indem er weltweit dieselben Ziele predigte, lediglich mit dem Unterschied, dass er sie auf einem anderen Weg erreichen wollte" (Rufin, a.a.O., 129).

Natürlich bleibt auch der – offensichtlich der grün-alternativen Bewegung der 80er Jahre entlehnte – kritische Begriff des „westlichen Produktivismus" noch unzureichend. Rufin geht sogar einen Schritt weiter, indem er immer noch in vage kritischer Perspektive feststellt, das „begehrteste" Datum im Bann dieses Produktivismus sei quer durch alle ideologischen Lager der abstrakte „Produktionsindex, das heißt die ‚Wertschaffung'..." (a.a.O., 128). Und er kommt immerhin zu der ebenso überraschenden wie erhellenden Feststellung: „Unter diesem Blickwinkel ist Marx der Konkurrent von Adam Smith und nicht sein Verneiner" (ebda).

Man sollte meinen, es sei nur noch ein Schritt, daraus die logische Konsequenz einer grundlegenden kategorialen Neukritik der Moderne zu ziehen, Marx statt in der verkürzten Dimension eines bloßen Konkurrenten von Smith endlich als dessen Verneiner ernst zu nehmen (nämlich als radikalen Kritiker des modernen Fetischismus warenproduzierender Selbstzweck-Systeme im Bann der „Verwertung des Werts) und somit den Zusammenhang zwischen einem abstrakten, den menschlichen Bedürfnissen äußerlichen „Produktivismus" und jener „Wertschöpfung" herzustellen, die als negatives statt positives Kriterium zu entdecken und zu überwinden wäre. Kurzum: Es ginge dann darum, die eine Welt der Menschheit zu retten und als positive überhaupt erst zu schaffen, indem die „auf dem Wert beruhende Produktionsweise" (Marx), also der moderne Selbstzweck der sogenannten Ökonomie, im planetarischen Maßstab abgeschafft wird.

Aber zu dieser Konsequenz will Rufin keineswegs gelangen. Praktisch führt er seine Kritik nur anhand des trügerischen Charakters der statistischen Angaben von „Sozialprodukt" und anderen abstrakten Kennziffern der kapitalistischen Ökonomie aus. So kann er zeigen, dass sich hinter den zeitweiligen „Erfolgszahlen" von Ländern wie Brasilien, den asiatischen „Tigerstaaten" und anderen Musterschülern des Markt-Totalitarismus in Wirklichkeit schwere sozialökonomische Ungleichgewichte verbergen (z.B. die Kreation kapitalistisch unrentabler Produktionssteigerungen, einseitige Exportabhängigkeit usw.), die früher oder später die statistischen Scheinerfolge dementieren müssen. Der Absturz der asiatischen Wunderländer wenige Jahre später hat diese Analyse eindrucksvoll bestätigt. Unklar bleibt jedoch bei Rufin, was daraus folgt. Indem er bei einer vagen, unausgeführten, vor dem kategorialen Hindernis zurückscheuenden Kritik stehen bleibt, fällt er sogleich hinter seinen eigenen kritischen Ansatz zurück. So verlässt er die „gefährliche" Ebene des gemeinsamen Bezugssystems von ökonomischem Terror schlechthin, abstrakter Arbeit und Wert, wie es über den Weltmarkt mit universeller Härte praktisch hergestellt wird, um ganz unvermittelt genau umgekehrt zu den diversen sub-systemischen, kulturellen usw. Unterschieden zurückzukehren.

Damit begibt er sich jedoch in gefährliche Nähe zu den postmodern-kulturalistischen Umdeutungen der kapitalistischen Ökonomie, die den Verliererländern und Zusammenbruchsregionen der Peripherie „falsche", markt-inkompatible kulturelle Muster als selbstverschuldetes Manko vorwerfen. Implizit lässt Rufin so selber die kategorialen Kriterien der negativen, abstrakt-universalistischen „ökonomischen Umhüllung" durch die Hintertür wieder einkehren. Einerseits erkennt er, allerdings phänomenologisch beschränkt, durchaus das Problem, kapitalistische Kriterien von „Entwicklung" überhaupt anzulegen: „Im Süden ist Entwicklung nicht immer wünschenswert: sie kann gefährlich oder nutzlos sein" (a.a.O., 142). Andererseits legt er, sobald die Ebene des Begrifflichen, der kategorialen Kriterien ins Blickfeld rückt, implizit doch wieder die Meßlatte des kapitalistischen Realökonomismus an: „Heute muss man erkennen, dass der Süden noch ganz andere Mittel ersonnen hat als der Marxismus, um die unsichtbare Hand zu blockieren, ja abzuhacken" (a.a.O., 65). Das klingt nicht gerade wie eine „Verneinung" jenes Adam Smith, der bekanntlich die „unsichtbare Hand" der blinden Marktmechanismen als segensreich gefeiert hat.

In der Tat: Wenn es nicht die globale „unsichtbare Hand" der kapitalistischen Wertverwertung ist, von der die offene Barbarei in den Krisen- und Zusammenbruchsregionen letztlich erst hervorgerufen worden ist, sondern genau umgekehrt jene Barbarei es ist, von der die unsichtbare Hand abgehackt wird – dann muss diese Barbarei als autonomer letzter Grund das autochthone Merkmal „des Südens" selbst sein. Und damit rückt die vermeintliche Kritik von Rufin in ein seltsames Zwielicht, das sie in ihr eigenes Gegenteil verwandelt, nämlich in blinde Affirmation der „westlichen Werte". Dieser Widerspruch zieht sich durch Rufins gesamte Argumentation. Einerseits stellt er fest: „Die Verarmung des Südens ist neu, jüngeren Datums, und sie wurde durch geduldige Anstrengungen herbeigeführt. Das gegenwärtige Elend ist das Produkt von dreißig Jahren Entwicklung" (a.a.O., 74). Andererseits unterstellt er den südlichen Krisengebieten eine traditionelle, vormoderne Neigung zu einer „Wirtschaft des Beuteraubs... , gegründet auf Erpressung, Diebstahl, Überfälle auf zivile Konvois" (a.a.O., 124). Diese letztere Perspektive ist wieder klar die des neo-eurozentrischen Kulturalismus.

Und die Argumentation ist natürlich in sich unsinnig, wenn Rufin behauptet, „dass es sich, besonders in Afrika, traditionsgemäß um Gesellschaften handelt, in denen der Austausch und die Inbesitznahme von Reichtümern die produktiven Tätigkeiten bei weitem übertreffen. Unsere ökonomischen Kriterien für Entwicklung wären im Grunde ziemlich unpassend für diese Gesellschaften, die auf dem Beuteraub und der Zirkulation von Gütern beruhen. Was wir Korruption nennen, wäre lediglich einer der Aspekte dieser Wirtschaft ohne Produktion (!)" (a.a.O., 140). Was Marx über die antiken Seeräuber sagte, muss hier wiederholt werden: Bevor es etwas zu rauben gibt, muss es produziert worden sein. Abgesehen von einfachster Wildbeuterei sind selbst in den frühesten Gesellschaften die Masse der Güter „Produkte". Rufins phänomenologische Folklore einer südlichen Ökonomie des „Beuteraubs ohne Produktion" ist real nichts weiter als die globale Plünderungsökonomie des Krisenkapitalismus selbst: Die Produktion nach kapitalistischen Kriterien hat sich zurückgezogen und findet auf schrumpfendem Niveau anderswo statt, während die regionale Plünderungsökonomie teils die ruinierte Substanz außchlachtet, teils über Sekundärkreisläufe mit den kapitalproduktiven Zentren indirekt verbunden ist. Die Korruption ist in diesem Sinne keine autochthone Erscheinung, sondern (abgesehen von dem kolonialen negativen „Erbe") die Folge davon, dass die eigenständige produktive Basis mangels „Rentabilität" durch das globale Kapitalverhältnis zerstört wurde und die materielle Abhängigkeit von externer Produktion zunimmt.

Noch deutlicher wird die schräge Tendenz Rufins, wenn es um die Interpretation der zahllosen neuen „Bürgerkriege" in der One World des Kapitals geht. Aus der Perspektive einer radikalen Kritik der weltumspannenden negativen Wertform bilden die pseudo-archaischen, pseudo-religiösen kulturellen Legitimationsmuster der neuen Gewalt nur die Maske einer Verwilderung der universellen Konkurrenz bis in die Mikro-Regionen und bis in die Poren des Alltags hinein; aus der Perspektive der kulturalistischen Affirmation sind es dagegen die tief verwurzelten, „eigentlich" vormodernen und pejorativ bestimmten kulturellen Identitäten, die diese Gewalt angeblich gegen den ach so friedlichen Marktmechanismus hervorbringen.

Rufin stellt fest, dass die Konflikte innerhalb des Südens, die in der Nachkriegsgeschichte als Momente des Kalten Krieges galten, nach dessen Ende „trotzdem nicht aufhören" (a.a.O., 115). Und wieder erhebt sich die Frage, was daraus folgt. Für radikale Kritik besteht die Konsequenz der Interpretation darin, dass der Kalte Krieg nur eine tiefer liegende Krise des gemeinsamen Bezugssystems, nämlich des globalen Verwertungs- und geldförmigen Vermittlungszusammenhangs verdeckt hat, die jetzt allmählich ans Licht tritt. Rufin zieht auf der Linie der kulturalistischen Apologetik die genau entgegengesetzte Schlussfolgerung: „Die Ost-West-Konfrontation in der Dritten Welt hat sehr viel ältere, für uns auch rätselhaftere Rivalitäten überdeckt" (a.a.O., 119).

Sowohl sozialökonomisch (Ökonomie des angeblich vormodernen „Beuteraubs") als auch politisch (uralte „rätselhafte Rivalitäten") reduziert Rufin also im Widerspruch zu Teilen seiner eigenen Argumentation „den Süden" auf eine völlig „eigenständige", unter der Oberfläche der Moderne liegende und jetzt zum Vorschein kommende negative Qualität der „Barbarei", die scheinbar ganz außerhalb der westlichen Universalbegriffe von Marktwirtschaft, Demokratie, Menschenrechten usw. liegt: ein buchstäblich „schwarzer" Grund des irrationalen Dämonischen im Gegensatz zur „Rationalität" des Nordens. Und diese dämonische Eigenheit, sein angeblich „eigentliches" Wesen, so Rufin, bringe „der Süden" nun durch „Einstellungen zum Ausdruck..., die der produktivistischen und kommerziellen Zivilisation widersprechen" (a.a.O., 146), nur noch notdürftig eingekleidet und synkretistisch verschmolzen mit

Bruchstücken der westlichen Ideologien (egal ob Marxismus oder Liberalismus). Die heraufdämmernde Herrschaft dieser gewaltsamen und barbarischen „Einstellungen" sei nun erst „... die Entkolonisierung, jawohl, die erste radikale Entkolonisierung" (a.a.O., 112).

Für diese neue Identitätsbildung des Südens, die er als „sehr konkrete Predigt des Hasses" (a.a.O., 107) bestimmt, zieht Rufin sogar Frantz Fanon heran, den algerischen Theoretiker der vergangenen antikolonialen Revolution, indem er dessen emotionale Äußerung der notwendig gewaltsamen Ablösung von der gewaltsam aufgedrungenen kolonisierten Identität seinerseits von ihrem historischen Gegenstand abtrennt und zur schlechthinnigen und vorgängigen Identität „des Südens" erklärt: „Die ideologische Bewegung des heutigen Südens hat sich nicht ‚auf etwas zu', sondern ‚gegen etwas' entwickelt. Das Fehlen von Rationalität, das eine scheinbare Inkohärenz ergibt, ist in Wirklichkeit ein Wille zum Bruch mit der Rationalität. Fanons Aufschrei, der Sartre so gefiel, ist die neue und letzte Parole: ‚Wenn ein Kolonisierter einen Diskurs über die westliche Kultur hört, dann zieht er seine Machete'..." (a.a.O., 105).

Fanons Äußerung ist überhaupt nicht zu trennen von der Konstellation der Kolonisierung und des Aufstands gegen diese, der sich selber noch innerhalb der modernwestlichen Kategorien bewegte. Das Moment der Gewaltsamkeit und Irrationalität dabei gehört genau dieser Konstellation an und verweist nicht auf eine „darunter" liegende „eigentliche", südlich-„ontologische" Qualität der Kolonisierten. Der Wille zum Bruch mit der Rationalität ist nicht bloß ein Resultat, sondern ein integraler Bestandteil dieser Rationalität selbst, die damit ihr eigene Irrationalität enthüllt. Und das ist die tiefe Unvernunft der westlichen gesellschaftlichen Kategorien selbst. Die Fanonsche Machete ist das Symbol für den tragischen antikolonialen Aufstand; tragisch einzig deswegen, weil dieser selber noch im Namen der westlichen Werte auftreten musste. Die Machete symbolisiert nicht die tiefer liegende und kulturell fundierte Gewaltsamkeit des Südens, sondern die Gewaltsamkeit der westlichen Zivilisation selbst, in deren Bann noch der elementare Durst nach Befreiung nicht anders als im „Ziehen der Machete" sich äußern kann. Dieser Aufschrei verweist nur auf eines, nämlich auf die völlige Verlogenheit und Niedertracht der ökonomistischen „westlichen Kultur" selbst; eine Verlogenheit, die das „Ziehen der Machete" zu einem Akt der Vernunft, Menschlichkeit und Güte macht.

Weil er von der Kritik des in seinen Kriterien negativ einheitlichen Weltsystems abgleitet zur kulturalistischen Negativ-Definition des (irrational-barbarischen) Südens, den er dem (rational-aufgeklärten) Norden entgegenstellt, kommt Rufin auch empirisch zu einer doppelten krassen Fehleinschätzung.

Zum einen beschränkt er das Aufplatzen der „ökonomischen Umhüllung" ganz auf den planetarischen Süden, für dessen angeblich andersgeartetes kulturelles „Wesen" diese ökonomische Messlatte eben nicht geeignet sei, während er den ehemaligen sowjetischen Machtbereich, weil „dem Norden" zugehörig, ohne weiteres der reibungslosen Integration in das neue „Imperium" von Marktwirtschaft und Demokratie für fähig hält: „Die Öffnung zur Marktwirtschaft, der Ausstieg aus dem Kommunismus, die Integration der Produktions- und Austauschmethoden und Tendenzen führen in Osteuropa zu einer raschen Angleichung der Systeme an den Westen. Wenn diese Umwandlung abgeschlossen ist, dann wird man allerdings durchaus berechtigt diese Wirtschaften im Verhältnis zu den westlichen in eine ‚Umhüllung' kleiden und sie einschätzen können..." (a.a.O., 133). Und in diesem Sinne fährt Rufin fort: „Zwei Weltreiche zeichnen sich ab. Einerseits der Norden, dessen Wirtschaftssystem in sich geschlossen ist (oder sich auf dem Weg zur Geschlossenheit befindet), er bietet die Voraussetzungen für eine wirkliche Entwicklung, das heißt eine Evolution analog der der fortgeschrittensten Länder. In dieser homogenen Welt ist die ökonomische Umhüllung möglich. Eine Einordnung Frankreichs im Vergleich zu Ungarn vorzunehmen, macht Sinn: selbst wenn beide Staaten noch durch vielerlei getrennt sind, trifft zu, dass beide sich in derselben Richtung bewegen. Der Süden hingegen ist eine ganz andersgeartete Welt..." (a.a.O., 142).

Anfang der 90er Jahre mochte diese Einschätzung angesichts der allgemeinen Euphorie über die vermeintlichen „neuen Märkte im Osten" noch eine gewisse Plausibilität besessen haben. Das vergangene Jahrzehnt hat jedoch den völlig illusorischen Charakter dieser westlichen Siegeseuphorie ans Tageslicht gebracht. Wie sich zeigt, befindet sich der größte Teil Osteuropas und Westasiens jenseits der Demarkationslinie des neuen Limes. Die Grenze des Imperiums verläuft mitten durch den Norden selbst; oder man müsste in Rufins Terminologie sagen, dass sich immer größere Teile des Nordens selber in „Süden" verwandeln. Die empirische Entwicklung verweist auf eine sich voranfressende Krise des gemeinsamen Weltsystems, nicht auf eine „andersgeartete Welt" des eingrenzbaren Südens.

Zum andern unterstellt Rufin den nördlichen kapitalistischen Zentren apriori eine gelingende Integration auf der Basis des kapitalistischen Zivilisationsmodells. Abgesehen von der größeren oder geringeren kapitalistischen Anpassungs- und Entwicklungsfähigkeit der Länder des ehemaligen Ostblocks soll also wenigstens der westliche imperiale Kernbereich des Nordens zur Konstitution eines einheitlichen und positiven „demokratisch-menschenrechtlichen" Raums unter der „ökonomischen Umhüllung" in der Lage sein: „Der Norden schreitet zu ... neuen ökonomischen und politischen Integrationen, kurz, er tut das, was Toynbee als den revolutionären Übergang von der Vielzahl zur Einheit bezeichnet. Der Süden hingegen wird von unzähligen Rissen durchzogen; immer kleinere Gemeinwesen, die als tribal, religiös, revolutionär oder alles mögliche andere zu identifizieren sind, treten in den bewaffneten Konflikt mit Zentralgewalten ein..." (a.a.O., 125).

Die Geschichte der 90er Jahre und des beginnenden 21. Jahrhunderts hat jedoch gezeigt, dass auch das imperiale Zentrum selbst von immer mehr „Rissen" aller Art durchzogen wird. In Form von Banden und Sekten, von separatistischen Bewegungen wie der Lega Nord in Italien, von ethnischen Besetzungen der Krisenkonkurrenz und Ausbrüchen fremdenfeindlicher Gewalt, von lokalen Klüngeln einer verzweigten Polit-Mafia quer durch das Parteiensystem, von Gettoisierungsprozessen usw. erscheint der sekundäre „Tribalismus" auch in New York und Mailand, in London und Berlin, in Paris und Brüssel.

Die „Standortkampagnen" im Kontext der Globalisierung leisten der lokalen und regionalen Bornierung Vorschub, der damit verbundene Individualisierungsprozess zertrümmert jeden sozialen Zusammenhang. Und die Masse der kapitalistisch nicht mehr reproduzierbaren Menschen wächst auch in den Zentren von Jahr zu Jahr an; die sozialen Sicherungssysteme, die öffentlichen Dienste, die medizinische Versorgung erodieren unter dem Diktat der Kapitalverwertung. Unter dem Dach der offiziellen Integrationen von Märkten, Währungen und politischen Institutionen hat längst auch in den Zentren selbst ein umfassender Prozess der gesellschaftlichen Desintegration auf allen Ebenen begonnen. Wie das Scheitern der konkurrenzkapitalistischen Rekonstitution des ehemaligen staatskapitalistischen Ostblocks verweist auch die zunehmende Desintegration im Westen selbst wiederum auf die Krise der gemeinsamen globalen Geschäftsgrundlage, auf die historischen Grenzen des modernen warenproduzierenden Systems und seiner planetarischen „ökonomischen Umhüllung".

Rufin äußert den ehrenwerten Willen, die eine Welt der Menschheit zu erhalten, sie nicht in eine imperiale Zone der „Zivilisation" und eine externalisierte Zone der Barbarei aufspalten zu lassen. Weil er jedoch die Kritik an der allgemeinen gesellschaftlichen Form, wie sie jene „ökonomische Umhüllung" konstituiert, nicht durchhalten und vollenden kann, diese Kritik deshalb in sich widersprüchlich und kraftlos bleibt, muss er sich schließlich mit einem seichten Moralismus begnügen, der dann doch wieder auf die Propaganda der „westlichen Werte" und ihres negativen, abstrakten Universalismus zurückfällt. Rufin fragt nicht, in welchem inneren Zusammenhang denn jene (angeblich bloß für den Süden unmöglich gewordene) „ökonomische Umhüllung" und die auch von ihm selbst unkritisch hochgehaltenen Ideale von Demokratie, Menschenrechten usw. eigentlich stehen. Weder erkennt er den an sich negativen logischen Gehalt dieser heuchlerischen Ideale noch stellt er sich dem Problem, wie diese „westlichen Werte" sich denn losgelöst von ihrer ökonomischen Grundlage überhaupt darstellen sollen.

Obwohl er selber die Schädlichkeit und faktische Unmöglichkeit der westlichen „Mythologie der Entwicklung" (a.a.O., 147) für den Süden nachgewiesen hat, kann er so seinen frommen Wunsch nach der einen Welt ohne Limes doch wieder nur mit einer nostalgischen Beschwörung eben jener „Mythologie" legitimieren: „Die Ideologie der Entwicklung erhielt ein Band zwischen den beiden Welten aufrecht: sie postulierte ihre Wesensgemeinschaft und die Möglichkeit, dass die zurückgebliebene Welt die fortgeschrittenere einholen könne. Die Ideologie des Limes zerbricht diese Einheit. Sie scheidet die geschichtliche Welt auf der einen Seite, in der universelle

Kategorien gelten, von der Welt der neuen Barbaren auf der anderen, in der kultureller Relativismus herrscht: ethnische Teilungen, Hass zwischen den Volksgruppen und ein gewalttätiger Partikularismus" (a.a.O., 251).

Aber diese Teilung ist zum Scheitern verurteilt, weil es eben die „universellen Kategorien" des Kapitalismus selber sind, die qua universeller Krisenkonkurrenz ihr scheinbares Gegenteil von kulturellem Relativismus der neuen Barbaren, von ethnischen Teilungen, Hass zwischen Volksgruppen, gewalttätigem Partikularismus usw. hervorbringen. Eben deshalb finden sich die vermeintlich jenseits des Limes gehaltenen Erscheinungen der neuen Barbarei auch allesamt innerhalb des Imperiums selbst wieder. In Wahrheit ist jene ökonomistischen „Mythologie" ein Zwangsgesetz für die gesamte vom Kapitalverhältnis beherrschte Welt; und sie ist schädlich und unmöglich geworden für alle, auch für den Westen selbst. Weil Rufin dies aufgrund der Unzulänglichkeit und Verkürzung seiner Analyse nicht sieht, bleibt das Fazit seiner Kritik an der neuen imperialen Idee hilflos und unwahr: „Die Ideologie des Limes gestattet es dem Norden, der sich wiedervereinigt und als Wahrer der Werte von Demokratie und Recht sieht, zu vergessen, dass der Weg bis zu seinen Idealen noch lang ist" (a.a.O., 265).

Dieser Weg ist in Wahrheit eine historische Sackgasse, an deren Ende jene universelle Barbarei steht, die das tatsächliche Wesen dieser „Ideale" enthüllt. Rufin weiß nicht so recht, ob er nun ein Polybios des NATO-Imperiums oder ein Kritiker sein soll; aber im Zweifelsfall kehrt er dann stets den Polybios heraus. So verwandelt er sich auf wundersame Weise aus einem Kritiker in einen verschämten Ideologen des kapitalistischen Weltordnungskriegs, denn wie sollte sonst die Einheit der Welt auf der Basis westlich-universeller Werte gegen eine ausschließlich im Süden lokalisierte Barbarei wiederhergestellt werden? Dabei wendet sich Rufin zwar gegen jene selbsternannten „antitotalitären" Ideologen, die das Konfliktpotential weiterhin aus der Perspektive des zu Ende gegangenen Kalten Krieges betrachten und es in „prowestliche" Positionen einerseits und „prototalitäre" (irgendwie dem Staatskommunismus artverwandte) Positionen andererseits zerlegen wollen: „Die – zumindest von André Glucksmann – zum Endzweck der Philosophie erhobene Fähigkeit, das Gute vom Bösen zu scheiden, hat diese Zerlegung zu einem legitimen, sogar zu einem klugen Akt gemacht. Für die ehemaligen Marxisten kann es keine andere Gefahr, ja keine andere Wirklichkeit geben als den noch immer angebeteten Gegenstand der eigenen Reue" (a.a.O., 114).

Dieser Spott über den Anachronismus „unserer antitotalitären Spürhunde" (ebda.) vom Schlage eines Glucksmann kann jedoch nicht verbergen, dass die Logik von Rufins Argumentation ganz ähnlich ist: Wie Glucksmann geißelt auch er die „Trägheit" und „Gleichgültigkeit" des Westens, der sich hinter seinem Sicherheitskordon einigeln möchte, statt der Welt angesichts wachsender Barbarei die Segnungen der westlichen Werte zu bringen (oder Bomben werfend aufzuhalsen). Es ist exakt dieselbe Argumentation, wie sie Glucksmann selbst gegen Enzensberger vorbringt, nur eben von Seiten Rufins bereits 1991 mit Gespür für die neue kulturalistische Feinddefinition formuliert, die von den Glucksmanns in ihrer verbohrten Fixierung auf den altbösen marxistischen Totalitarismus verfehlt wird.

Rufin mausert sich so am Ende seiner Argumentation geradezu (wenn auch nicht ohne „Bauchschmerzen") zu einem westlichen Legitimationsideologen des neuen Typs à la Fukuyama oder Huntington. Zumindest die eine der beiden Alternativen, die er gegen die „Ideologie des Limes" zu formulieren sucht und am Beispiel von zwei relativ unbekannten historischen Figuren symbolisch als „Haltung" darstellt, geht genau in diese Richtung. Diese erste, offenkundig von Rufin selber favorisierte Alternative illustriert er an der Haltung von Jean-Baptiste Kleber, einem bonapartistischen General, der ein „Mann von Idealen" (a.a.O., 257) gewesen sei nach der Devise: „Wer aufgestiegen ist, muss dafür kämpfen, die anderen zu sich hinaufzuziehen... Der Gedanke eines Limes, einer Nord-Süd-Grenze, einer durch Trennmauern gegliederten Welt wäre für einen Mann wie Kleber unerträglich... Wider alle von der Realpolitik gebotene Vorsicht würde er fortfahren, China mit Vorwürfen zuzusetzen, seine Dissidenten unterstützen, für seine Demokratisierung kämpfen. Er würde Castro mit Anschuldigungen verfolgen... Aber er würde seine Angriffe nicht auf die alten, atemlos keuchenden Marxismen beschränken: er würde auch die neuen Totalitarismen belagern, zumal den der Religiösen. Dem Iran helfen, ihn wieder aufnehmen in den Kreis der Nationen, jawohl. Doch mit der Forderung, dass er der Unterdrückung seines Volkes ein Ende setzt. Zusammenarbeiten mit Schwarzafrika, gewiss, aber nicht zum ausschließlichen Wohle der Clanchefs, die das lokale politische Leben abriegeln... Aber Kleber ist eben ein Universalist: er akzeptiert den Gedanken eines Imperialismus der Demokratie" (a.a.O., 257 ff.).

Diese Rede atmet nun schon ganz und gar den Ungeist nicht nur der Glucksmanns, sondern auch der Huntingtons. Es ist die moralistische Positur derer, die im Ton der Entrüstung das kapitalistische Imperium anklagen, dass es das, was es ohnehin tut, nicht energisch und nicht überzeugt genug tut. Im falschen Namen einer Kritik der „Selbstsucht" und „Gleichgültigkeit" wird ausgerechnet mehr gewaltsame Einmischung, mehr Sendungsbewusstsein, mehr Weltpolizei verlangt. Die Menschen der Zusammenbruchsregionen erscheinen nicht als Opfer und gleichzeitig als selbstbezügliche Subjekte des totalitären westlichen Ökonomismus, sondern als „Mündel der Demokratie", denen zivilisatorische Sitten wie ein Glasperlen-Geschenk mit Kanonenbooten zu bringen seien.

Nachdem man diese Menschenmassen ökonomisch entmündigt hat und ihre Reproduktion vom Weltmarkt zerstört worden ist, kommt man zu dem hochmoralischen Schluss, man dürfe sie demokratisch-menschenrechtlich „nicht im Stich lassen"; und deshalb müsse man sie ein wenig bombardieren. Das Muster einer typischen „Double-bind"-Struktur wird sichtbar: das Postulat der „Mündigkeit" als äußeres Zwangsverhältnis. Wir werden euch in das Menschenrecht hineinbomben, bis nichts mehr von euch übrig ist. Es ist dies nicht die Moral der emanzipatorischen Kritik, sondern die Moral der ideologischen Scharfmacherei. Solche Moralisten braucht das Pentagon.

Rufin behält noch so viel Unbehagen an dieser Konsequenz, dass er zweifelnd und eher distanziert eine andere mögliche Alternative vor Augen führt, nämlich „den Aufstand", die er am Beispiel ausgerechnet des zaristischen Offiziers von Ungern symbolisiert. Keineswegs zufällig ist es im Sinne des 19. und 20. Jahrhunderts kein Revolutionär, sondern im Gegenteil ein Reaktionär und Konterrevolutionär, der diese Alternative verkörpert: „Bleibt eine letzte Position: den Pakt umkehren, behaupten, dass allein die Unsicherheit, die Destabilisierung des Nordens Gerechtigkeit herbeiführen kann. Das Beispiel dafür liefert das Schicksal des Roman von Ungern. Nach der Revolution der Bolschewiki kämpfte dieser Offizier des Zaren zuerst in der von Admiral Koltschak geführten Weißen Armee in Sibirien. Nach dessen Niederlage weigerte sich von Ungern, ins Exil zu gehen oder sich zu ergeben. Mit einer Handvoll anderer Russen zieht er in die Mongolei, reitet durch die Steppen und stachelt die nomadisierenden Krieger, auf die er trifft, zum Aufstand an" (a.a.O., 262).

Die seltsame Umkehrung von Revolution und Konterrevolution, die sich in dieser Symbolik vollzieht, nimmt ihren Sinn aus der Identität der bolschewistischen Revolution mit der „Modernisierung", also der „Inwertsetzung" oder staatskapitalistischen Durchsetzung des modernen warenproduzierenden Systems in Russland; und aus dieser Perspektive sind das bolschewistische Russland und der Westen in der Tat Zwillinge oder bloß historisch unterschiedliche Momente derselben Logik, wie sie sich in der gemeinsamen „ökonomischen Umhüllung" des Weltmarkts manifestiert.

Aber inwiefern soll ausgerechnet ein von Ungern das Symbol des „Aufstands" gegen diese Logik sein? Rufin springt in der Erklärung dieses „Aufstands" völlig unvermittelt zu Marx, ohne diese Verbindung plausibel machen zu können: „Wer ist heute von Ungern? Alle, die in der Wiedervereinigung des Nordens das Ende jeder ernsthaften Opposition gegen den kapitalistischen Produktivismus sehen. Die meinen, dass die Kritik von Marx begründet war und dass heute ein kalter Ökonomismus herrscht, die seelenlose Maschinerie der Demokratie, eine Gesellschaft, die sich auf ihr eigenes Spektakel zurückzieht und den Bürgern lediglich das medienvermittelte Trugbild einer falschen Wahl bietet. Alle, die meinen, dass der Norden in Ermangelung einer wahren gesellschaftlichen Alternative zu einer gigantischen und schmutzigen Tyranei geworden ist. Für sie alle sind die Zukunft des Menschen, das Abenteuer, die Freiheit, das Ideal nur noch auf seiten der Barbaren zu finden, das heißt, wie von Ungern glaubte, irgendwo in den Steppen" (a.a.O., 263).

Es gereicht Rufin zur Ehre, dass er trotz seiner ideologischen Neigung zu den unwahren „westlichen Werten" es zuletzt offen ausspricht: Der wunderbare Westen mitsamt seiner wunderbaren Freiheit ist mit den besten Gründen als eine einzige „gigantische und schmutzige Tyrannei" zu erkennen. Es sind offenbar seine praktischen Erfahrungen in den globalen Krisenregionen, die Rufin immer wieder in Widerspruch zu seiner eigenen ideologischen Identität geraten lassen. Aber weil er eben dieses Missverhältnis nicht begrifflich fassen kann oder will, und weil seine durch die Apologetik durchscheinende und teils sogar offen durchbrechende Kritik zu kurz greift und in sich widersprüchlich bleibt, muss er in seinen Formulierungen unfreiwillig das Bekenntnis zur Aussichtslosigkeit ablegen. Denn wenn zusammen mit der Konstitution des Imperiums wirklich „das Ende jeder ernsthaften Opposition" gegen die kapitalistische Logik gekommen ist, dann kann die Opposition gemäß der Haltung von Ungerns nur eine „unernsthafte", das heißt ihrerseits unwahre sein.

Schon der reale, historische von Ungern vertrat gegen die bolschewistische Modernisierungs-Revolution, die nur ein Schub innerhalb des modernen warenproduzierenden Systems war, keine emanzipatorische Alternative, sondern in der Tat eine barbarische, rückwärtsgewandte. Ist die bürgerliche Moderne in sich unwahr und eine einzige Zumutung, so ist es die ebenso bürgerliche, bloß reaktionäre Gegenmoderne erst recht. Ein Zurück hinter die Moderne in den Feudalismus würde das Übel des ökonomischen Terrors durch ein gemütlicheres, aber auch primitiveres Übel austauschen, nicht aber dem Übel der „Herrschaft des Menschen über den Menschen" (Marx) überhaupt ein Ende setzen. Ganz abgesehen davon ist diese Rückkehr sowieso gar nicht möglich. Auch von Ungern als zaristische Charge war selber schon ein Modernisierungsprodukt und seine phantasmatische Scheinalternative wie alle bloß reaktionäre Ideologie längst selber schon auf dem Boden der Moderne angesiedelt.

Das gilt noch viel mehr für die heutigen ethnizistischen und pseudo-religiösen Ideologien der Barbarisierung. Es sind eben Ideologien, und sei es in einer ganz abgeschliffenen und synkretistischen Gestalt, das heißt Zersetzungsprodukte der zerfallenden warenproduzierenden Moderne. „Irgendwo in den Steppen" findet sich nichts Autochthones, kein Ideal für die Zukunft der Menschheit, sondern nur das verwilderte, auf halbem Weg steckengebliebene, sekundär barbarisierte Konkurrenzsubjekt der kapitalistischen Moderne. Die emanzipatorische Alternative ist nicht die phantasmatische Regression, wie sie der christliche, der islamische, jüdische, hinduistische usw. Fundamentalismus, die diversen Selbstmordsekten, die Ethnobanditen, die Clans und Warlords der Plünderungsökonomie repräsentieren.

Die Alternative muss jenseits des bloß systemimmanenten Gegensatzes von offizieller Weltgesellschaft des ökonomischen Terrors und der demokratischen Verlogenheit einerseits und von deren Barbarisierungs- und Verwilderungsprodukten andererseits gesucht werden. Sie kann nicht in der Regression bestehen, sondern nur darin, dass eine Zukunft jenseits des modernen warenproduzierenden Systems gewonnen wird, in einem Durchbruch nach vorn und nicht nach rückwärts in eine bloß imaginäre Vergangenheit. Diese Alternative ist noch nicht formuliert, weil das gesamte bisherige Denken der Kritik, selbst der radikalen, immer noch bis zum Überdruss und paradoxerweise trotzdem unverdrossen in den Kategorien des modernen warenproduzierenden Systems sitzen bleibt.

Empire – die Krisenwelt als Disneyland der „Multitude" (Michael Hardt/Antonio Negri)

Am Dilemma der kategorialen Befangenheit von Gesellschaftskritik in der kapitalistischen Ontologie ändert sich am allerwenigsten etwas, wenn die altbackenen Ideen des Arbeiterbewegungsmarxismus in postmoderne Flitter- und Flippergewänder gekleidet werden. Zehn Jahre nach „Das Reich und die neuen Barbaren" haben Michael Hardt und Antonio Negri ihr Opus „Empire" vorgelegt, das „die neue Weltordnung" und deren künftige Überwindung im Rahmen einer groß angelegten Geschichtstheorie der Moderne (und der menschlichen Entwicklung überhaupt) beschreiben soll (Hardt/Negri 2002/2000). Obwohl sich die Autoren über weite Strecken auf Rufins Spuren bewegen, bis hin zum Bezug auf Polybios, wird er von ihnen weder zitiert noch auch nur im Literaturverzeichnis erwähnt. Im Sinne einer Neuformulierung emanzipatorischer Gesellschaftstheorie ginge es allerdings darum, nicht klammheimliche Anleihen bei Rufin zu machen, sondern die immanente Kritik seiner Argumentation zu leisten, um den entscheidenden Schritt darüber hinaus zu tun.

Hardt/Negri gelingt dies schon deshalb nicht, weil sie ebensowenig wie Rufin einen zureichenden Begriff der grundlegenden kapitalistischen Gesellschaftsformen und ihrer Konsequenzen entwickeln können. Die totalitäre Warenform der gesellschaftlichen Reproduktion (das Problem der „ökonomischen Umhüllung" bei Rufin) ist für sie so selbstverständlich, dass sie nicht einmal als kritischer Begriff erwähnt wird, wie zu Recht in einer Rezension bereits angemerkt worden ist: „Bevor vom Inhalt des Buchs die Rede ist, sollte erst einmal erwähnt werden, wovon die Autoren nicht sprechen: weder Wert noch Ware, weder Geld noch Arbeit werden jemals als kritische Kategorien eingeführt. Deshalb sind von vorneherein alle Analysen wenig wert in einem Buch, das beansprucht, in einem großen geschichtlichen Bogen alles Wesentliche über Aufstieg und Fall der kapitalistischen Gesellschaftsform zu sagen" (Jappe 2002, 122). In der Tat: den Kapitalismus kritisieren, ohne die Form des Werts und seiner Verwertung zu kritisieren, ist ungefähr dasselbe wie eine Kritik der Religion, ohne den Gottesbegriff zu kritisieren.

Genau diese Absurdität bringen Hardt/Negri zustande: Für sie bleibt die Wertform (jene Fetischform, die das Produkt zur Ware macht) schlicht eine ontologische Gegebenheit; mehr noch: „Wertschöpfung" erscheint allen Ernstes als schlechterdings positive Angelegenheit, in der sich die Menschheit verwirklicht. „Wissen und Dasein" in der „biopolitischen Welt" würden „immer darin bestehen, Wert zu produzieren" (Hardt/Negri, a.a.O., 396). Kapitalismus sei dann einzig die Negativität, „dass die Werte, die sich aus der kollektiven Arbeitskooperation ergeben, ausgebeutet werden…" (a.a.O., 397). Das ist plattester steinalter Arbeiterbewegungsmarxismus und ein tiefer Rückfall nicht nur hinter Marx, sondern sogar auch hinter jene Marxisten, die zwar die Fetischform des Werts und seiner Verwertung erst weit jenseits ihres „Arbeitersozialismus" für eine zu überwindende Sache hielten, aber immerhin wenigstens noch einen Begriff davon hatten, dass es sich bei der Wertform (der totalitären Warenform der Reproduktion) nicht um eine schlechthinnige ontologische Menschheitsbedingung, sondern um eine historische und daher endliche Gesellschaftsformation handelt.

Kein Wunder, dass Hardt/Negri dementsprechend auch keine Kritik der Kategorie „Arbeit" entwickeln, sondern in dieser Hinsicht ebenfalls wieder auf den Spuren des vulgärsten alten Arbeiterbewegungsmarxismus auf Schritt und Tritt die „Kraft der lebendigen Arbeit" (a.a.O., 65) feiern, die sie „schlicht und einfach als die Macht zu handeln" (a.a.O., 365) definieren, als Autonomie der kooperierenden (und nur äußerlich „ausgebeuteten") Individuen statt als genuin kapitalistische Tätigkeitsform, als Born des Begehrens statt als kapitalistische Kontamination des Begehrens usw.

So geht es für sie abermals wie beim plattesten Arbeiterbewegungsmarxismus schon immer „um die Befreiung der Arbeit" (a.a.O., 74) statt um die Abschaffung dieser einzig vom Kapitalverhältnis bestimmten, ökonomisch-reduktionistischen Tätigkeitskategorie. Schon der italienische Operaismus („Arbeiterismus"), von dem Negri herkommt und den er nie zu überwinden vermochte, hatte seine oberflächliche „Kritik der Arbeit" als Mogelpackung verkauft, indem er diese Kritik nicht als kategoriale an der gesellschaftlichen Tätigkeitsform selbst formulierte, sondern lediglich als sekundäre und phänomenologische am vermeintlich bloß äußerlichen kapitalistischen Produktionsregime, hinter dem weiterhin ganz altprotestantisch und erzbürgerlich das ewige Loblied der „lebendigen Arbeit" zu vernehmen war.

Da Hardt/Negri trotz reichlicher Anleihen bei den postmodernen Worthülsen traditionelle Vulgärmarxisten bleiben, können sie die alten Begriffe von Kapital, Arbeit und Klassenkampf nur neu anmalen, um die alte, längst versunkene Konfliktkonstellation vermeintlich „in der Postmoderne" wiederzubeleben. Unter der Hand gerät ihnen dabei die alte, nicht mehr greifende Form der Kritik zur blanken Affirmation. So schwadronieren sie akkumulationstheoretisch begriffslos wie jeder beliebige Trendforscher und Wirtschaftsfeuilletonist vom „Übergang zur Informationsökonomie" (a.a.O., 306) und feiern die „immaterielle" Arbeit und ihre Kooperationsformen im Kontext von Computerisierung, Internet, neuen Medien usw. immer wieder als „Möglichkeit der Selbstverwertung (!!)" (a.a.O., 305); eine von Negri schon früher propagierte Idee.

Ausgerechnet der letzte Schrei kapitalistischer Management- und krisenverwalterischer Sozialtechnik (Outsourcing, Scheinselbständigkeit, „Selbstunternehmertum" usw.) gelangt damit in den Rang einer befreienden Kraft: „Hier wird ganz deutlich, dass Negri den neuen Elendsunternehmern einreden will, ihre ‚selbständige Arbeit' sei eine wirkliche Freiheit – die neoliberale Propaganda tut genau dasselbe" (Jappe 2002, 128). Die Nichtvereinbarkeit der neuen mikroelektronischen Produktivkräfte mit der Wertform des modernen Realökonomismus wird verwechselt mit einer befreienden Kraft dieser Fetischform selbst in ihrer Krisengestalt. Was schon die Illusion der alten Arbeiterbewegung gewesen war, nämlich den Verwertungsprozess des Werts „klassensoziologisch" autonom weiterführen zu wollen, also das „Kapital ohne Kapitalisten" vermeintlich für die eigenen Bedürfnisse und in eigener Regie als Kapital zu reproduzieren, ohne die Kapitaleigenschaft qua gesellschaftlicher Form anzutasten, wiederholen Hardt/Negri in postmodern gestylter Version, die um nichts besser ist. Sogar rein systemimmanent betrachtet erschien „Empire" gerade rechtzeitig zur vollständigen Blamage dieser Idee, nämlich just zu dem Zeitpunkt, als die „New Economy" des Internet-Kapitalismus ihren Geist aufgab, den sie nicht hatte.

Da sie sich zu den kategorialen Formen des modernen warenproduzierenden Systems völlig kritik- und begriffslos verhalten, müssen Hardt/Negri auch die neue Weltkrise grundsätzlich verfehlen. Für sie handelt es sich, insofern ganz in der Tradition der Sozialdemokratie und des Leninismus, nicht um objektive historische Grenzen dieses Systems, also auch nicht um eine Krise der entsprechenden gesellschaftlichen Formkategorien. Zwar reden sie andauernd von „Krise", jedoch in keinem präzisen Sinne einer akkumulationstheoretischen Analyse, sondern auf eine inhaltlich sehr wolkige und bloß absurde Weise bis hin zur einfachen Albernheit, indem sie etwa behaupten, „dass imperiale Herrschaft mittels ‚Zusammenbrechen' funktioniert... Die imperiale Gesellschaft bricht immer und überall zusammen, was aber nicht heißt, dass sie zwangsläufig dem völligen Ruin entgegen geht" (a.a.O., 213 f.).

Dass das alles gar nichts zu bedeuten hat, wird deutlich, wenn Hardt/Negri gleichzeitig sogar die offen zu Tage liegende Empirie der tatsächlichen Krise verleugnen: „Nun, während wir dieses Buch schreiben und sich das 20. Jahrhundert dem Ende zuneigt, ist der Kapitalismus auf wundersame Weise gesund und die Akkumulation kräftig wie nie" (a.a.O., 281). Wie sie die angebliche neue Subjektivität der „sich selbst verwertenden" Produzenten aus puren Illusionen über eine noch dazu ontologisierte Wertsubstanz der „New Economy" deduzierten, so liegt auch dieser Behauptung über die „gesunde Akkumulationsfähigkeit" nichts als die Illusion zugrunde, das Kapital könne sich von den Gesetzen der abstrakten Arbeit und der Wertsubstanz überhaupt emanzipieren, um zu einer willkürlichen Definition von „Wertschöpfung" überzugehen, in der buchstäblich alles und jedes auf ganz beliebige Weise (allen Ernstes auch die „Arbeitslosigkeit" und sogar die menschlichen Affekte) irgendwie „Arbeit" und damit „wertschöpfend" sei. Der tatsächliche gesellschaftliche Hintergrund dieser argumentativ und analytisch völlig haltlosen ökonomischen Phantasmagorie ist nichts anderes als der globale Finanzblasen-Kapitalismus der 90er Jahre, in dem die „New Economy" nur ein sekundäre Blase bildete.

Hardt/Negri entpuppen sich so nicht nur als post- und popmodern verkleidete Uralt-Ideologen eines kruden und anachronistischen Arbeiterbewegungsmarxismus, sondern gleichzeitig auch als „linke" Vulgärtheoretiker des neuen Finanzkapitals, das peinlicherweise wie die „New Economy" pünktlich zum Erscheinen ihres Buches auch empirisch an seine Grenzen stieß. Einerseits sprechen sie diesem Finanzkapitalismus – das „verrückte Jahr" 1999 mit seinen vieltausendprozentigen fiktiven Wertsteigerungen an den Weltbörsen vor den verblendeten Augen – eine völlig beliebige Wertsetzungspotenz zu, nicht anders als die inzwischen allerdings kleinlaut gewordenen Analysten und Ex-Euphoriker des Investmentbanking.

Andererseits leiten sie diesen Finanzkapitalismus nicht kritisch-akkumulationstheoretisch her, sondern suchen ihn abermals arbeitsreligiös, altleninistisch und mit gefährlicher Nähe zur politischen Ökonomie des Antisemitismus platt als „parasitär" zu denunzieren: „Wie der Heilige Augustinus sagt: Die großen Herrscher sind lediglich vergrößerte Darstellungen kleiner Diebe. So realistisch Augustinus aber mit dieser pessimistischen Auffassung von Macht auch immer gewesen sein mag: Angesichts der heutigen Diebe in Währungs- und Finanzmacht (!) würde es ihm vermutlich die Sprache verschlagen" (a.a.O., 397). Wie der kleine Spekulant, nachdem er rechtmäßig abgezockt worden ist, moralisierend gegen die großen Spekulanten und „die Juden" hetzt, so wettern Hardt/Negri gegen die „großen Diebe" der Finanzmärkte, obwohl sie selber nichts als poplinke und postmoderne Ideologen des „fiktiven Kapitals" sind, das sie sogar zu einer „neuen Ontologie" der Postmoderne hochjubeln.

Statt den inneren Zusammenhang von historischen Grenzen der Realakkumulation, empirischen Krisenerscheinungen im Weltmaßstab und neuem Finanzblasen-Kapitalismus zu analysieren, ordnen sie sich ebenfalls in die Front der kulturalistischen Scheinerklärung von gesellschaftlichen Zersetzungsprozesse durch „Korruption" ein; eine Theorie, die dadurch nicht besser wird, dass sie sich vermeintlich gegen den Kapitalismus selber statt bloß gegen seine ungeratenen Kinder wendet.

Das Kapitalverhältnis wird so ganz platt auf „Korruption" reduziert, statt umgekehrt die Korruption aus der Krise dieses Verhältnisses zu erklären: „Im Empire herrscht überall Korruption. Sie ist.Eckpfeiler und Schlüsselelement von Herrschaft. Sie findet sich in unterschiedlichen Formen auf der obersten Regierungsebene des Empire und in den Vasallen-Verwaltungen, bei den elitärsten und den verrottetsten Polizeikräften, in den Lobbies der herrschenden Klassen, in den mafiösen Strukturen aufstrebender Gesellschaftsgruppen, in den Kirchen und Sekten, bei denen, die Skandale verursachen, und denen, die sie verfolgen, in den großen Finanzzentren und in den alltäglichen ökonomischen Transaktionen. Durch Korruption legt die imperiale Macht einen Rauchschleier über die Welt…" (a.a.O., 396). Der Kapitalismus des „Empire" erscheint so „…unmittelbar als Korruption. Seine zunehmend abstrakte Funktionsweise (von der Akkumulation des Mehrwerts hin zur Finanz- und Währungsspekulation) erweist sich als machtvoller Marsch in Richtung generalisierter Korruption" (a.a.O., 397).

Die kulturalistische Umdeutung des harten sozioökonomischen Krisenprozesses führt bei Hardt/Negri zu Konsequenzen, die schon im alten italienischen Operaismus angelegt waren und die nun in einer nicht nur postmodern gestylten, sondern gleichzeitig auch begrifflich verlotterten Form wiederkehren. Die Grundlage dieser Konsequenzen ist gewissermaßen eine philosophische, allerdings eine dürftig philosophische, was Hardt/Negri mit großem geistesgeschichtlichen Aufwand und Imponiergehabe zu überspielen suchen, indem sie die gesamte Phalanx westlicher Geistesgrößen aufmarschieren lassen. Das derart mit „name dropping" angereicherte Substrat ihres Denkens ist allerdings nichts als ein ziemlich ordinärer und emphatischer Subjektivismus, eine Auflösung der gesellschaftlichen Entwicklung in schiere Willensverhältnisse.

Das ist natürlich nichts Neues, sondern die Tendenz eines bestimmten „Marxismus des subjektiven Faktors" ebenso wie einer durchgehenden Strömung des modernen bürgerlichen Denkens überhaupt, die sich schon immer der polaren Gegentendenz eines „Objektivismus" gegenüberstellt, ohne das gemeinsame Bezugsfeld dieser Polarität kritisieren und auflösen zu können. Stets gleitet dieses Bewusstsein auf jene von der traditionellen Linken wie in anderer Weise vom Antisemitismus eingenommene Position ab, die Leiden und Krisen nicht auf die systemischen Fetischformen zurückzuführen, sondern auf die rein willensmäßigen „Machenschaften" von „Gegensubjekten" (deren Herkunft unklar bleibt); ohne dass dadurch jedoch der in die kapitalistische Bewusstseinsform ebenso eingelagerte „Objektivismus" überwunden werden kann. Es handelt sich immer nur um zwei Momente oder Pole derselben falschen, affirmativen Immanenz.

Hardt/Negri wenden sich aus diesem unbegriffenen Zusammenhang heraus gegen den Anspruch von „Zyklentheorien" oder objektiven Entwicklungstheorien: „Doch finden wir die Argumentation… nicht angemessen, da eine Zyklentheorie die Tatsache, dass Geschichte das Ergebnis menschlichen Handelns ist, nicht ernst nimmt, da sie ein objektives Gesetz einführt, das über das Wollen und den Widerstand, die Niederlagen und Siege, das Glück und das Leiden der Menschen regiert. Oder das, noch schlimmer, das menschliche Handeln nach der Pfeife zyklischer Strukturen tanzen lässt" (a.a.O., 249).

Nun zerfällt aber ja das Wesen des modernen Fetischsystems, das heißt der totalitären und selbstzweckhaften, auf die sinnlose „Anhäufung" der Abstraktion Wert ausgelegten Warenproduktion, stets in die Polarität von Subjekt und Objekt, wie schon Marx wusste mit seiner bekannten Feststellung, dass die Menschen „ihre Geschichte zwar selbst machen, aber nicht aus freien Stücken". Es macht gerade die paradoxe Struktur eines Fetischverhältnisses aus, dass die Gesellschaft sich selbst ein blindes Lemming-Gesetz auferlegt, dass sie also durch (auf den gesellschaftlichen Zusammenhang unreflektierte) Willenshandlungen hindurch eine Pseudo-Naturgesetzlichkeit ihrer eigenen Reproduktion hervorbringt, die sie zu zerstörerischen und selbstzerstörerischen Konsequenzen treibt. Alles geschieht zwar unmittelbar aufgrund von Willenshandlungen, aber diese sind präformiert durch ein dem einzelnen Willen (auch dem institutionellen) vorgängiges Formgesetz, in der Moderne das der weltumspannenden Wertform oder Warenproduktion, wie es als blinde, bewusstlose Resultante aus historischen Formierungsprozessen hervorgegangen ist.

Radikale Kritik hieße, mit dem „esoterischen" Marx der Fetischkritik, diese Pseudo-Naturgesetzlichkeit der Gesellschaft abzuschütteln, um zu einem selbst-bewussten, von keiner „unsichtbaren Fetisch-Hand" mehr gesteuerten Lebenszusammenhang zu gelangen, in dem die Gesellschaftsmitglieder ohne ein vorgängiges blindes Formprinzip und ohne ein ebenso verdinglichtes wie verselbständigtes Medium direkt miteinander als gesellschaftliche Individuen ihre Angelegenheiten und den Einsatz ihrer gemeinsamen Ressourcen nach Maßgabe ihrer Bedürfnisse und ihrer Vernunft regeln. Alle Theoretiker, die nicht auf die Höhe dieses Problems gelangen, und Hardt/Negri gehören ganz eindeutig zu ihnen, müssen die soziale Emanzipation paradoxerweise in das Gefängnis dieser modernen Subjekt-Objekt-Polarität einbannen und damit natürlich scheitern.

Für dieses notwendige Scheitern gibt es dann immer zwei Möglichkeiten, die jeweils eine affirmative Halbwahrheit für sich reklamieren, nämlich eben einen Pol innerhalb dieses unüberwundenen „eisernen Gehäuses" der modernen Fetischgesellschaft, über die sie beide nicht hinausgreifen können. Die eine, objektivistische Position beschwört die soziale Emanzipation als strammen Vollzug von „historischen Gesetzmäßigkeiten" statt als bewussten Bruch mit der realen Pseudo-Naturgesetzlichkeit des warenproduzierenden Systems. Da dieser Bruch mit der falschen „zweiten Natur" von Fetischgesellschaften außer Betracht bleibt, muss dann natürlich auch die vermeintlich „befreite" Gesellschaft ihrerseits wieder nach blinden Strukturgesetzen funktionieren statt über die bewusste gemeinsame Bestimmung der Gesellschaftsmitglieder (ein strukturalistisch reflektierter Vertreter dieser Position, die im traditionellen Marxismus eher implizit blieb, war Louis Althusser).

Die andere, subjektivistische Position tut umgekehrt schlicht so, als gäbe es die blinde „zweite Natur" von gesellschaftlichen Struktur- und Entwicklungsgesetzen im Bann des verselbständigten Mediums Wert/Geld gar nicht (oder „eigentlich" nicht), als wäre der Fetischismus der Moderne kein „realer Schein" (Marx), sondern ein vernachlässigenswertes Epiphänomen des Bewusstseins und heute ohnehin nicht mehr gültig; als wäre der gesellschaftliche Nexus kein apriorischer, real verdinglichter Formzusammenhang, sondern bestünde tatsächlich aus nichts als einer Summe von bewussten Willensentscheidungen und Willenshandlungen (Hardt/Negri bilden geradezu die Speerspitze dieser Position, die in der sogenannten Neuen Linken seit den 60er Jahren trotz Althusser stets vorherrschend war).

Ironischerweise und auch konsequenterweise müssen beide Positionen, nur aus dem jeweils entgegengesetzten Grund, das Marxsche Konzept der Fetisch-Konstitution moderner warenproduzierender Gesellschaften verwerfen; eben weil dieses Konzept die einseitige polare Auflösung in eine falsche, affirmative Immanenz entweder der blanken Subjektivität oder der blanken Objektivität nicht zulässt.

Das Empire ist somit für Hardt/Negri kein Krisenphänomen des an sich selbst erstickenden Kapitalismus, kein Zerfallsprodukt der warenproduzierenden Moderne und kein globales Notstandsregime, sondern eine pure positive Willens-Konstitution von „Machthabern", und zwar eben solchen der „generalisierten Korruption". Die Korruption erscheint hier nicht wie in der offiziellen Ideologie als Hindernis der segensreichen „unsichtbaren Hand", sondern als vermeintlich direktes Kommandoregime von korrupten Eliten, während es die „unsichtbare Hand" anscheinend gar nicht mehr gibt.

Denn das Geld, die Inkarnation der Wertform und ihrer Fetischgesetze, erscheint bei Hardt/Negri in völliger Verkennung der herrschenden Weltrealität (und in gewisser Weise ähnlich wie bei Ulrich Beck) jeder Verselbständigung und Eigendynamik beraubt; es wird als einer „allgemeine(n) Kommandoökonomie (!)" (a.a.O., 212) unterworfen dargestellt: „Das imperiale Kommando besitzt drei globale und unumschränkte (!) Instrumente: die Atombombe, das Geld und den Äther... Das Geld ist das zweite globale Instrument unumschränkter Kontrolle... Während nationalstaatliche Geldstrukturen Kennzeichen von Souveränität einbüßen, kann man im Hintergrund bereits die Schatten einer neuen unilateralen monetären Reterritorialisierung heraufziehen sehen, die sich um die politischen Zentren und die Finanzzentren des Empire konzentriert, die global cities. Es ... entsteht ein monetäres Gebäude, das einzig den politischen Notwendigkeiten des Empire entspricht..." (a.a.O., 353 f.).

Nun, es ist wirklich nur ein Schatten, den Hardt/Negri zu einer allmächtigen Substanz aufblasen, zur schieren „unumschränkten Kontrollmacht" von „korrupten Subjekten". Logischerweise muss dann der reale Niedergang und Zerfallsprozess des Politischen im Zuge der Globalisierung umgedeutet werden zur Heraufkunft einer neuen politischen Macht, eben des Empire. Jeder Subjektivismus dieser Art, jede Ignoranz gegenüber der Fetisch-Konstitution und ihrer blinden „zweiten Natur", wird notwendigerweise zum Politizismus, zur Hypostasierung der „Macht".

Aus seiner Realität der globalen Notstandsverwaltung verwandelt sich das Empire so auf phantasmatische Weise in eine positive, selbsttragende politische Konstitution, ja sogar in jene neue postmoderne „Ontologie" von angeblich unmittelbarer finanzkapitalistischer „Kommandomacht", wie Hardt/Negri nicht müde werden zu betonen. Die derart positivierte und fast schon negativ glorifizierte selbstherrliche Macht des Imperiums erscheint geradezu als „monarchisch": „Vor allem meint postmoderne imperiale Monarchie die Herrschaft über die Einheit des Weltmarkts" (a.a.O., 327). Hier verwandelt sich Theorie endgültig in Mythologie, und zwar in eine miserable.

Der operaistische „Klassen"-Subjektivismus wird in seiner postmodernen Gestalt noch primitiver, als er es in seiner früheren Proletkult-Version ohnehin schon war. Objektivismus und Subjektivismus als vereinseitigte, hypostasierte Pole eines gemeinsamen, unbegriffenen und daher unkritisierten Fetischverhältnisses müssen notwendigerweise von der Nemesis ihres Gegenteils ereilt werden, also ineinander umschlagen.

Der sozialdemokratische wie der stalinistische Objektivismus eines Vollzugs „vom Menschen unabhängiger gesellschaftlicher Gesetzmäßigkeiten" (worauf man auch noch stolz war!), von „historischen Notwendigkeiten" etc. musste umschlagen in den Subjektivismus der Politik, in die Räson der Partei, die „immer recht" hat, in die Willkür der staatspolitischen Illusion und des bürokratischen Kommandos über die unüberwundene moderne Fetisch-Ökonomie, das zum Scheitern verurteilt war.

Umgekehrt muss der neo-operaistische Subjektivismus der Politik, des Kommandos etc. noch in dem Moment, in dem er ausgesprochen wird, umschlagen in genau jene stumme Objektivität von Strukturen, Entwicklungsstadien usw., die man als theoretische Vergewaltigung der subjektiven Freiheit von vermeintlichen schieren „Willensverhältnissen" angeprangert hat, wie sich gleich zeigen wird.

Die angebliche positive Konstitution des Empire vollzieht sich für Hardt/Negri als epochaler Umwälzungsprozess der (in ihrem Eigengewicht völlig überschätzten) Postmoderne, als Ausdruck der neuen Produktivkräfte von „Informationsökonomie", „immaterieller Arbeit" usw., ja eben sogar als Eintritt in eine „neue Ontologie". Was ist das anderes als eine „Zyklentheorie", die ein „objektives Gesetz" einführt, da diese angeblich neue postmoderne Ontologie als objektiver Hintergrund alles weiteren Denkens und Handelns gesetzt wird? Die Vergatterung der Subjekte durch Hardt/Negri auf dieses objektive, vorgefundene und definierte „Immanenzfeld", was bedeutet sie anderes, als „das menschliche Handeln nach der Pfeife zyklischer Strukturen tanzen zu lassen"?

Dieses peinliche Missgeschick passiert ihnen, weil sie ihre Subjekte und deren Handeln voraussetzungslos gedacht haben, als reinen an sich seienden Willen, ohne die historisch-gesellschaftliche Konstitution dieses Willens, die apriorische, fetischisierte Form der gesellschaftlichen Subjekte mitzureflektieren, die bereits als Konkurrenzsubjekte gesetzt sind, bevor sie selber denken und handeln. Die Ignoranz gegenüber der bewusstlosen Form-Konstitution (als „Konstitution" erscheint stattdessen verkürzt nur die jeweils binnenhistorische bewusste Veränderung der Willens- und damit Machtverhältnisse) rächt sich, indem die verpönte blinde Objektivität sich durch die Hintertür in die eigene Argumentation der Subjekt-Emphatiker einschleicht.

Unfreiwillig objektivistisch werden Hardt/Negri dabei in doppelter Hinsicht: nämlich gewissermaßen meta-ontologisch, indem sie die Menschen auf die objektive, anscheinend naturgegebene und damit überhistorische Ontologie der „Wertschöpfung" verweisen, die das „Immanenzfeld" des gesellschaftlichen Menschseins schlechthin bilden soll; und andererseits binnen-ontologisch, indem sie die „Selbstverwertung" des endgültig realökonomistisch reduzierten Menschen, der zu seinem eigenen Humankapital degradiert wird, als objektiv-unausweichliches, historisch-aktuelles „Immanenzfeld" der Postmoderne definieren und gleichzeitig ausgerechnet diese äußerste Reduktion und Selbsterniedrigung von Idioten des Marktes in die Form der „Befreiung" umdefinieren.

Da sind wir wieder ganz beim hegelianischen Entwicklungs-Objektivismus gelandet: Gut ist, was existiert, weil es notwendig und Moment einer Teleologie der Geschichte ist. Also ist auch die alberne Postmoderne gut und die albernen Selbstverwerter der „New Economy" gelten als bereits emanzipatorisch qua schierer historischer Existenz. Dumm nur, dass diese ideelle Gesamt-Albernheit mittlerweile nur noch als realer Gesamt-Bankrott existiert, kaum dass Hardt/Negri ihren Segen darüber ausgegossen haben.

Es handelt sich hier nicht mehr um kritische Theorie, sondern um affirmative Ideologie, deren kritischer Gestus nur darin besteht, dass die verschiedenen empirischen und „ontologischen" Erscheinungen, Momente und Kategorien der kapitalistischen „Immanenz" gegeneinander ausgespielt werden. Das korrupte Empire oder das Imperium der Korruption wird an den verlorenen kapitalistischen Tugenden gemessen: „Die transnationale Aristokratie scheint die Finanzspekulation der Tugend des Unternehmers vorzuziehen (!) und erscheint dadurch als parasitäre Oligarchie" (a.a.O., 327). Jeder Nazi und Antisemit würde es genauso sagen.

Dementsprechend kläglich fällt die Zusammenfassung der emanzipatorischen Vision von Hardt/Negri aus: „Die Produktionsweise der Menge wird der Ausbeutung die Arbeit entgegen stellen (sic!), dem Eigentum die Kooperation und der Korruption die Freiheit. Sie sorgt dafür, dass sich Körper (!) in der Arbeit selbst verwerten (!)... und verwandelt Dasein in Freiheit (!)" (a.a.O., 415), nämlich durch „Neukonfigurationen von Selbstverwertung, Kooperation und politischer Selbstorganisation" (ebda). Es ist wirklich die alte arbeiterbewegte Leier: Kapitalismus (nun der postmoderne) ohne Kapitalisten, allein qua „Umbesetzung der Macht". Nachdem sie das Kapitalverhältnis auf „Korruption" reduziert und die globale Notstandsverwaltung als ein glorreiches Imperium eben dieser Korruption dargestellt haben, setzen sie dagegen die spießbürgerliche „ehrliche Arbeit" und die „gesunde Selbstverwertung" von kooperierenden „Körpern". Auch das ist wieder nazistisch-antisemitischer O-Ton.

Das von Rufin aufgeworfene Problem der planetarischen „ökonomischen Umhüllung" und die damit verbundene theoretische Intention, Marx nicht mehr als Konkurrenten, sondern als „Verneiner" von Adam Smith zu verstehen, wird von Hardt/Negri nicht gelöst, ja nicht einmal gestellt; im Gegenteil, sie verwandeln Marx gewissermaßen in einen mit Proletkult-Arbeitsethos und verstecktem Antisemitismus angereicherten Turbo-Smith. Aus der Kritik der politischen Ökonomie fallen sie vollends auf eine innerkapitalistische Rhetorik der Möglichkeiten und gleichzeitig auf die politische Illusion zurück.

Rufin hatte durchblicken lassen, dass er – wenn auch mit gewissen Bauchschmerzen – gegenüber der Ideologie des Limes zwecks Veräußerlichung der „Barbaren" die demokratisch-menschenrechtliche „Verantwortung" des Imperiums selbst vorziehen würde. Hardt/Negri dagegen wollen die Korruption des weltkapitalistischen Imperiums auf dessen eigenem Boden und in dessen eigenen Kategorien überwinden, jedoch „tugendhaft" reformuliert durch eine neue immanente, postmoderne Subjektivität „von unten". Im Unterschied zu Rufin sehen sie durchaus richtig, dass es kein räumliches und soziales „Außen" mehr gibt, dass alle Erscheinungen sich innerhalb des Empire selbst vollziehen. Aus dieser Sicht ist der Versuch, einen Limes zu errichten, völlig nutzlos. Aber weil diese Einsicht, dass kein reales „Außen" existiert, bei Hardt/Negri mit dem Zwang zu einer „positiven" Immanenz verknüpft ist, kann sie nicht emanzipatorisch-kritisch gewendet werden, sondern muss eine rein immanente Kraft zu mobilisieren suchen oder diese proklamieren.

Natürlich ist alles irgendwie „immanent", das heißt nicht außerhalb der bestehenden Welt, und demzufolge ist auch die radikale Kritik bestimmt durch ihren Gegenstand. Allerdings ist diese Feststellung bloß banal. Radikale Kritik ist eben negativ bestimmt durch ihren Gegenstand, nicht positiv; sie möchte darüber hinauskommen und kann deshalb keine positive immanente Kraft beschwören, sondern nur die Kraft der Negation, die sich selber zur sozialen Emanzipationsbewegung konstituieren muss statt apriori schon durch die Form des Bestehenden kategorial bestimmt zu sein.

Das ist eben die operaistische Crux bei Hardt/Negri, dass sie ein reines Willenssubjekt apriori setzen, dem die Formkategorien des Kapitals vermeintlich nicht vorausgesetzt, sondern bloß äußerlich und sekundär sind: entweder als funktionale „Mittel" der Macht oder als solche der Gegenmacht, wobei der Unterschied nicht in der gesellschaftlichen Form als solcher liegt, sondern allein in ihrem Willensinhalt. Hardt/Negri müssen also die Konstituiertheit oder Geformtheit der Subjekte als Subjekte der Verwertung des Werts und der Konkurrenz ausblenden, wobei der Verwertungsprozess als Substanz der Subjektivität von ihnen sowieso positiv als Potenz der menschlichen „Selbstverwirklichung" gefaßt wird, während die immanente Handlungslogik dieser Subjektivität als universelle Konkurrenz praktisch gar nicht vorkommt (eine reife Leistung in einem angeblich bahnbrechenden Werk über den Kapitalismus!).

Wie Rufin müssen also Hardt/Negri mangels grundsätzlicher Kritikfähigkeit eine immanent vom Imperium der Krise gesetzte Alternative wählen, und es ist absehbar, welche dies sein wird: nämlich die Immanenz der Barbarei, die positiv umgedeutet wird. In der Argumentation von Rufin ist es jene Scheinalternative, wie sie die Figur von Ungerns verkörpert, nur eben nicht als Externalität „draußen in den Steppen", sondern als Internalität des Empire selbst. Die „Barbaren" sind immanent, aber das Immanente ist ja für Hardt/Negri per se schon das Positive, und so kann (mit Bezug auf einen falsch verstandenen Walter Benjamin) geschlussfolgert werden: „Die neuen Barbaren zerstören mit affirmativer Gewalt und bahnen neue Lebenswege durch ihre eigene materielle Existenz" (a.a.O., 227). Diese neuen Barbaren sind laut Hardt/Negri nicht durch die Krise der globalen Kapitalverwertung produziert worden, sondern sie sind ganz wie in der konformistischen Ideologie von postmodernem Kulturalismus und Institutionen-Ökonomie umgekehrt die Ursache der Krise; jedoch nicht negativ, sondern positiv verstanden als „rebellische Subjektivität".

Empire – die Krisenwelt als Disneyland der „Multitude" (Michael Hardt/Antonio Negri)

Die Kapitalverwertung an sich steht in dieser phantasmatischen Subjektideologie wie eine Eins, und sie ist ja auch nicht an sich das Negative, sondern bloß die korrupte Herrschaft über sie ist es; dementsprechend gibt es auch keine „Überflüssigen", sondern „das Empire bietet Arbeit für alle" (a.a.O., 346), nur eben „ausgebeutete" und von Korruption beherrschte Arbeit. Da es der postmoderne Kapitalismus angeblich fertig gebracht hat, sowieso alles in Arbeit und Wertschöpfung zu verwandeln, ohne dass dies begründet werden muss, kann es allerdings auch keine reale Krise oder gar absolute innere Grenze der Kapitalverwertung mehr geben. Dass noch der Mensch, der irgendwo auf einer Toilette onaniert, dabei auch irgendwie „Kapital verwertet", wäre zwar ein Wunschtraum des „automatischen Subjekts", wenn es denn träumen könnte, aber es ist eine logische und praktische Unmöglichkeit. Bei Hardt/Negri wird es zur Wirklichkeit des Werts als eines puren Willensverhältnisses.

Die Kritik erschöpft sich daher in dem Schein, immanentes Subjekt gegen immanentes Subjekt aufmarschieren zu lassen; die negative Barbarei des korrupten Imperiums soll kuriert werden durch die positive Barbarei seiner sozialen und ideologischen Zersetzungsprodukte. Dabei verwickeln sich die Subjekt-Emphatiker allerdings schon wieder in neue Widersprüche. Denn ihr neues ontologisches Subjekt von „Informationsökonomie" und „immaterieller Arbeit" etc. ist bislang nicht sonderlich aufgefallen durch irgendwelche Aufstände gegen das Empire; es repräsentiert eher die Barbarei und Korruption des Systems selbst als die Gegenbarbarei seiner Auflösungsprodukte.

Sobald Hardt/Negri auf die berüchtigten „Kämpfe" der operaistisch gebastelten Subjektivität zu sprechen kommen, müssen sie von ihren sich selbst verwertenden New-Economy-Subjekten weggehen und plötzlich auf die Migrationsbewegungen und Massenfluchten der Weltkrise, auf die Krisen- und Ethnobanditen, auf die blinden Verlaufsformen der bisherigen Zusammenbruchsprozesse zurückgreifen. Deren Subjektivität aber ist gerade nicht diejenige der fortgeschrittensten Produktivkräfte in den Zentren, sondern im Gegenteil die pseudo-archaische in den und aus den bisherigen peripheren Zusammenbruchsregionen.

Aber auf eine Ungereimtheit mehr oder weniger kommt es Hardt/Negri bei ihrer Produktion von neo-operaistischem Kitsch nicht an. „Subjekt" ist im Grunde sowieso alles, und so ist zuletzt eben alles eins. Da sie den objektivierten, zu einem Systemzusammenhang verselbständigten Fetischcharakter der Kapitalverwertung vollständig weggestrichen haben, müssen die Subjekte nicht nur rein willensmäßig die Krise „machen", sondern können sogar die Logik des Systems beliebig umdeuten.

Dabei gibt es allerdings doch einen Unterschied in der Dignität dieser reinen Willenssubjekte. Die Subjekte der „Macht", die Herrschenden (unbekannt, warum es sie gibt und woher sie gekommen sind – die logische und historische Konstitution des Systems bleibt in das mystische Dunkel der Subjektmetaphysik gehüllt), üben zwar diese Macht real aus, bleiben dabei aber irgendwie „uneigentlich" und unselbständig.

Diese Machtsubjekte sind bloß Getriebene; getrieben freilich nicht vom subjektlosen Imperativ der Verwertung des Werts als eines irrationalen Selbstzwecks, präformiert nicht durch die systemischen Zwangsgesetze des „automatischen Subjekts" und der universellen Konkurrenz, sondern allein durch das Gegensubjekt des Proletariats oder der „Menge" (Multitude), wie Hardt/Negri den alten Subjektbegriff des systemkritisch begriffslosen Klassen-Soziologismus nomenklatorisch aufmotzen. Dieses Proletariat alias Multitude bildet (anklingend an eine ähnliche begriffliche Hypostasierung bei Georg Lukacs) das eigentliche und autonome Subjekt der Geschichte, während die Herrschenden beständig nur auf die autonomen und schöpferischen Aktionen dieses „wahren" Subjekts lauern und reagieren.

Die kapitalistische Entwicklung der Produktivkräfte findet also dieser krausen Logik zufolge nicht etwa in erster Linie durch die Vermittlung der Konkurrenz auf den Weltmärkten statt, sondern einzig und allein als Reaktion auf die sozialen „Kämpfe" von Proletariat/Multitude. Dieses grundfalsche, den gesamten Vermittlungszusammenhang der gesellschaftlichen Form durchstreichende Essential des alten Operaismus wird von Hardt/Negri bis zur Absurdität überdehnt. Da die vermittelnden Formen und fetischistisch objektivierten Bewegungsgesetze des gemeinsamen Bezugssystems derart ausgeblendet oder sogar ontologisch positiviert wurden, ist Gesellschaft buchstäblich reduziert auf den direkten, unvermittelten Zusammenprall der reinen Willenssubjekte, wobei aber die Subjektivität der Multitude das übergreifende Moment und die eigentliche Triebkraft der Entwicklung bilden soll.

Die alte Arbeiterbewegung, die nur innerhalb der systemischen Formgesetze operierte und sich Emanzipation nur auf dem ontologisierten Boden der modernen Fetischform vorstellen konnte, war durch diese historische Beschränktheit zwar tatsächlich zu einem inneren Entwicklungsmotor der kapitalistischen Gesellschaft geworden, aber eben dadurch auch eingeschlossen in das universelle System der Konkurrenz und auf eine bestimmte Entwicklungsepoche begrenzt. Indem Hardt/Negri diese Rolle nicht nur hypostasieren, sondern sie aus dem Gesamtzusammenhang der kapitalistischen Konkurrenzverhältnisse und ihrer „Zwangsgesetze" (Marx) herauslösen, um den schlecht immanent bleibenden alten „Klassenkampf des Proletariats" zur einzigen Triebkraft überhaupt hochzujubeln, lügen sie die historische Beschränktheit und systemische Heteronomie der Arbeiterbewegung in die autonome Willensmacht der Geschichte schlechthin um.

Überhaupt alles, was gesellschaftlich geschieht, ist so angeblich immer und überall direkt oder indirekt durch die „schöpferische Willensmacht" von Proletariat/Multitude verursacht. Hardt/Negri schrecken nicht einmal vor der Behauptung zurück, die US-Hegemonie nach dem Zweiten Weltkrieg sei „tatsächlich durch die antagonistische Macht des Proletariats in den USA aufrechterhalten" (a.a.O., 280) worden, wie immer dieses Mysterium einer Omnipotenz des in den USA schon früher als in Europa in den allgemeinen Konkurrenzverhältnissen abgetauchten „Klassenkampfs" vor sich gegangen sein soll. Man fragt sich, warum und wozu sich Proletariat/Multitude eigentlich noch „befreien" sollen, wenn sie doch sowieso als autonomes Subjekt der Geschichte immer schon alles „machen".

Diese begriffslose Mythologie des proletarischen Willenssubjekts, von dessen gesellschaftlicher Formhülle einfach abgesehen wird, setzt sich nun im Hinblick auf die Globalisierungsprozesse und die vermeintlich positive Konstitution des Empire nahtlos fort. Hardt/Negri müssen dabei offen kontrafaktisch werden, wie es Mythologen und Mystagogen eben eigen ist, und eine völlig konträre globale Realität gnadenlos ihrem Mythos der „Kämpfe" anverwandeln.

Die glorreichen Selbstverwerter der New Economy, um diese wieder mal kurz ins Spiel zu bringen, kämpfen zwar eigentlich nicht, sondern sie bankrottieren nur; aber wenn sowieso alles „Arbeit" ist, dann ist vielleicht auch alles an sich schon sozialer „Kampf", und warum schließlich nicht auch das Bankrottieren? Dem Bankrotteur ist nichts zu schwer, er (oder sie, die postmoderne Bankrotteurin) konstituiert qua Bankrott nach der seltsamen Logik von Hardt/Negri sowohl „Arbeit" und „Kapitalverwertung" als auch „Kampf", alles in einem. Das „Feld der Immanenz" hat es anscheinend in sich.

Das stimmt in gewisser Weise sogar, wenn man die universelle Konkurrenz eben als permanenten sozialen „Kampf" begreift; nur enthält diese Sorte „Kampf" keinen Funken Autonomie und emanzipatorischer Potenz, was aber der operaistische seelenvolle Gemütskitsch der proletarischen „Klassensubjektivität" als eine ihr per se schon innewohnende Sehnsucht des befreienden Möglichen andichten muss.

„Kämpfen" also die postmodernen Selbstverwerter nur virtuell in der realökonomistischen Selbstbehauptungs-Farce lachhaft substanzloser Unternehmensprojekte oder qua Selbstausbeutung eines neuen Elendsunternehmertums, obwohl sie doch laut Hardt/Negri die neue ontologische Basis eines neuen an sich seienden Subjekts der „Kämpfe" bilden sollen, so scheint es dann, weil das alles eben gar nicht stimmt, plötzlich so, als würde die Multitude der Peripherie von Chiapas bis Tschetschenien eine Art „Stellvertreterkämpfe" für die sozialkämpferisch doch etwas vertrottelten New-Economy-Subjekte führen.

Leider kann diese periphere Multitude jedenfalls als tatsächliche Masse von Elenden in der Regel nicht einmal telefonieren, sondern ist mit den Subjekten der neuen Produktivkräfte einzig und allein negativ über die planetarische „ökonomische Umhüllung" und deren Zwangsgesetz der Konkurrenz zusammengeschlossen. Oder sind etwa die mit Satellitentelefon ausgestatteten Clanchefs und Warlords gemeint, oder vielleicht die im Internet firmierenden Piraten und Häuptlinge der Kidnapping-Industrie?

Egal, auf jeden Fall ist, so Hardt/Negri in monotoner Redundanz, allüberall die autonome schöpferische Energie der Multitude am Werk. Die ungeheuren globalen Elendswanderungen zu Beginn des 21. Jahrhunderts werden auf diese Weise folgerichtig umgedeutet zu an sich seienden (objektiven) „Befreiungsbewegungen": „Die Bewegungen der Menge eröffnen neue Räume und etablieren neue Aufenthaltsorte. Autonome Bewegung bestimmt den Ort, der der Menge eigen ist... Die Menge lässt eine neue Geografie entstehen, in der der produktive Strom von Körpern neue Flüsse und Häfen ausbildet. Die Städte dieser Welt werden große Depots kooperierender Menschen und Lokomotiven der Zirkulation sein, temporäre Aufenthaltsorte und Netzwerke zur massenhaften Distribution lebendiger Humanität. Mittels Zirkulation macht sich die Menge den Raum wieder zu eigen und konstituiert sich als handelndes Subjekt" (a.a.O., 404). Zwar seien diese Bewegungen „oftmals mit schrecklichem Leid erkauft" (ebda), aber dennoch sei diese „neue nomadische Singularität" (a.a.O., 371) von autonomer Kraft und emanzipatorischem Potential erfüllt.

Und natürlich sind es wiederum die Lazarusse der Autonomie und ihre „Kämpfe", und nicht etwa die innere Logik der kapitalistischen Konkurrenz und ihrer Dynamik, von denen die Globalisierung „eigentlich" hervorgebracht wird: „Sie selbst setzen die Globalisierungsprozesse in Gang und erhalten sie aufrecht. Die imperiale Macht flüstert die Namen der Kämpfe, um sie in Passivität zu bannen..." (a.a.O., 72).

Es gehört schon eine ziemliche Kaltblütigkeit der intellektuellen Außenbetrachtung dazu, die massenhafte Elendsmigration der „Überflüssigen" nicht nur in eine Kapitalverwertung der besonderen Art umzudefinieren, sondern daraus gleichzeitig eine emanzipatorische Potenz zapfen zu wollen, die sie an sich gar nicht hat. Unter den Bedingungen der universellen planetarischen Konkurrenz ist Migration nichts anderes als ein Bestandteil dieser Konkurrenz oder deren Fortsetzung mit anderen Mitteln; an sich ist also Migration nicht emanzipatorischer als Daheimbleiben, und das „nomadische" Subjekt der Verwertung ist der Kritik und Empörung nicht näher als das sesshafte. Solange einzig der Gedanke daran, das eigene Leben nach kapitalistischen Kriterien verwursten zu lassen und „Arbeit" zu bekommen, Menschen dazu treibt, dafür ihre Angehörigen zu verlassen und sogar Leib und Leben zu riskieren, solange sind sie einer emanzipatorischen Tat nicht näher als die postmodernen westlichen Selbstverwerter, sondern bilden nur deren absolute Elendsvariante und sonst gar nichts.

Obwohl die globale Empirie Bände darüber spricht, dass die Epoche des „Klassenkampfs" und der „Klassensubjektivität" längst überschritten ist und die Tatsachen von neuer Krisenqualität und Globalisierung die historische, systemimmanente Beschränktheit dieser Begriffe und der ihnen zugrunde liegenden Realität enthüllt haben, wollen Hardt/Negri die neue Weltrealität krampfhaft in diese anachronistische Logik einbannen und sie als deren lineare Fortsetzung darstellen. Diese anachronistische Argumentation kann aber nur zu grotesken Interpretationen führen. Ist es schon ein starkes Stück, die Nicht-Kämpfe der Selbstverwerter wie der Elendsmigranten in eine Art von virtueller Emanzipation und in soziale Gegenwehr umzudeuten, so stürzen Hardt/Negri endgültig ab, sobald sie sich Ereignissen zuwenden, die tatsächlich

„Kämpfe" sind, sogar mit Bomben- und Schusswaffengebrauch, aber eben alles andere als sozialemanzipatorische Kämpfe.

Allen Ernstes reihen Hardt/Negri die Barbarisierungs- und Zersetzungsprodukte der universellen Konkurrenz, also deren ethnische und pseudo-religiöse Verwilderungsformen, umstandslos in die Logik und Begrifflichkeit ihres „klassenkämpferischen" Anachronismus ein und deuten sie als positive Entfesselung von Gegenmacht: „Das Neue an den heutigen Fundamentalismen jedoch ist, dass sie sich in Wahrheit gegen diejenigen Mächte zur Wehr setzen, die sich in der neuen imperialen Weltordnung herausbilden. Unter diesem Gesichtspunkt war die iranische Revolution eine machtvolle Zurückweisung des Weltmarkts (!); und insofern könnte man sie als die erste postmoderne Revolution betrachten" (a.a.O., 162).

Wenn jetzt schon Khomeini eine antikapitalistische Lichtgestalt ist, warum dann nicht gleich Osama bin Laden in die Walhalla der Freiheitskämpfer aufnehmen und ihm einen Ehrenplatz neben Che Guevara zuweisen? Unfreiwillig beweisen Hardt/Negri, wie die Fortsetzung des in Wirklichkeit auf die Systemkriterien beschränkten Klassenkampf-Mythos unter den postmodernen Bedingungen zum völligen Verlust der Urteilsfähigkeit führen muss.

Aber dieser Verlust ist identisch mit der zunehmenden Reproduktionsunfähigkeit des zugrunde liegenden modernen Fetischverhältnisses selbst, und so haben die Klassenkampf-Nostalgiker sogar unwissentlich recht; allerdings nur in dem Sinne, dass der „Klassenkampf" und überhaupt der von universellen Konkurrenzverhältnissen bedingte soziale Kampf in der zerbrechenden modernen Subjektform nur noch in barbarischer, jede emanzipatorische Regung dementierender Verwilderungsgestalt wiedererscheinen kann.

Das beweisen Hardt/Negri unfreiwillig, wenn sie zu den „Kämpfe(n), die in den letzten Jahren des 20. Jahrhunderts die größte Radikalität und Stärke zeigten" (a.a.O., 67), in denen „die Menge sich der Ausbeutung verweigert" (ebda) und die „eine neue Art proletarischer Solidarität und Militanz ankündigen" (ebda) an prominenter Stelle ausgerechnet „die Intifada gegen die israelische Staatsgewalt" (ebda) rechnen.

Wenn das „Klassenkampf" ist, und er ist es in gewisser Weise als eine Version von ultima ratio der Konkurrenz, dann ist heute allerdings Klassenkampf samt Modernisierung, „Entwicklung" usw. identisch mit totalem Selbstverlust. Wenn „proletarische Solidarität" heute darin besteht, sich selbst zusammen mit zufälligen Passanten in die Luft zu sprengen und Kleinkinder mit Hilfe von Zielfernrohren abzuknallen, dann war auch das wechselseitige Abschlachten der Lohnarbeiter im Ersten Weltkrieg ein Ausdruck ihrer „proletarischen Solidarität", ja im Vergleich mit den barbarischen Taten der Intifada sogar noch von einer besonders edlen Qualität. Und warum dann nicht auch die jugendlichen Banden von Neonazis in der BRD und in ganz Europa, die antisemitisch verwahrloste „Black Power" in den USA und überhaupt die Untaten sämtlicher Ethno-Krieger des globalen Krisenkapitalismus auf der Habenseite der „proletarischen Emanzipationsbewegung" verbuchen? Alles ist „schöpferische Arbeit" der Multitude, alles ist Kapital- und Selbstverwertung, alles ist Emanzipationskampf. Da kann man sich nur noch mit Grausen wenden.

Keineswegs zufällig glänzt in der groß angelegten, mit höchst unbescheidenem Anspruch auftretenden Untersuchung von Hardt/Negri der Begriff des Antisemitismus ebenso durch völlige Abwesenheit wie derjenige der Konkurrenz. Eine Geschichte und Analyse der kapitalistischen Produktionsweise rein aus dem positiven Begriff des „wertschöpfenden" Willenssubjekts, ohne systematischen Rekurs auf Konkurrenz und Antisemitismus, gleicht einer Geschichte des Christentums rein aus dem Begriff der Nächstenliebe, ohne jede Erwähnung von Kreuzzügen, Religionskriegen und Hexenverbrennung. Damit verfehlen Hardt/Negri natürlich nicht nur die Geschichte, sondern auch die Gegenwart des globalen Krisenkapitalismus. Und sie verfallen selber einem verkürzten Verständnis, das sich in vielen Punkten unreflektiert mit der Logik des Antisemitismus überschneidet oder sogar deckt.

Wie schon Rufin, so verharren auch Hardt/Negri in der falschen Immanenz kapitalistischer Ontologie, das heißt auf dem kategorialen Boden des modernen warenproduzierenden Systems und damit in der „ökonomischen Umhüllung" der Welt, die dennoch für die planetarische Mehrheit praktisch unmöglich wird.

Die versuchte Einigelung eines schrumpfenden Imperiums von Kapitalverwertung bildet die spontane Tendenz der systemisch-imperialen Reaktion auf diesen Zersetzungsprozess. Der Limes verläuft dabei nicht allein an den schwankenden, unscharfen äußeren Grenzen, sondern er wird zur universellen Erscheinung auch im Inneren des Imperiums selbst und überhaupt innerhalb jeder Krisengesellschaft im Kontext der Globalisierungsprozesse: Mauer und Stacheldraht verlaufen an der Südgrenze der USA wie an der Ostgrenze der EU, aber auch zwischen Israel und den Palästinensern, zwischen „Ethnien" und „Stämmen", überall zwischen den Slums und den Villenvierteln; und die äußerste Konsequenz dieser Logik wäre es, dass jedes abstrakte Individuum, das irgendwie noch das seltsame „Glück" genießt, sich kapitalistisch verwursten lassen zu dürfen, eine fahrbare Mauer und einen tragbaren Stacheldrahtverhau mit sich herumschleppt.

Die Abwehr und hoffnungslose Veräußerlichung der vom Weltsystem selbst hervorgebrachten neuen Krisenerscheinungen und Barbarisierungsprozesse, der Anomie, des Chaos und der ziellosen Gewalt, diese unkontrollierte Ausbreitung von immer neuen Metastasen des manifesten kapitalistischen Todestriebs macht den Ausgrenzungsimperialismus zum übergreifenden Moment der gesamtimperialen Konstitution des Notstands, dem gegenüber der punktuelle Sicherheitsimperialismus und der spezifische Ölimperialismus nur noch sekundäre Momente bilden, auch wenn diese zeitweilig in den Vordergrund treten können.

Sowohl Rufin als auch Hardt/Negri verkennen den Charakter des „ideellen Gesamtimperialismus" völlig, indem sie ihn als positive politisch-ökonomische Konsti-

Empire – die Krisenwelt als Disneyland der „Multitude" (Michael Hardt/Antonio Negri)

tution eines in sich ruhenden und reproduktionsfähigen „Reiches" oder Empire verstehen wollen.

Die schlecht immanent bleibende, in den Kategorien des Systems verharrende Kritik kann dann schon keine mehr sein, sondern muss an sich selbst irre werden. Unter diesen Bedingungen scheint nur noch jene Alternative übrig zu bleiben, wie sie Rufin formuliert hat: entweder die Option nach dem Muster Klebers oder die nach dem Muster von Ungerns, also entweder moralisierender demokratischer Menschenrechtsimperialismus unter Ignoranz der Systemkrise oder positive Umdeutung der Barbarisierungsprodukte zu „rebellischer Subjektivität", ebenfalls unter Ignoranz der Systemkrise. In beiden Fällen muss eine Erscheinungsform der zerfallenden modernen Subjektivität positiv und illusionär angerufen werden: im einen Fall das ideologische Subjekt von Menschenrecht und Demokratie mit seiner perfiden Orwellschen Sprache, im andern Fall das ideologische Subjekt der offenen Barbarei, die zur Verjüngungskur der Menschheit umgelogen wird.

Die Alternative zwischen Bush und bin Laden, zwischen „ideellem Gesamtimperialismus" und pseudo-archaischer regressiver Gewalt ist aber nicht annehmbar, wenn der Gedanke der gesellschaftlichen Befreiung nicht völlig preisgegeben werden soll. Die emanzipatorische Kritik in allen ihren bisherigen, kategorial immanent bleibenden Varianten war es gewohnt, die vom Entwicklungsprozess des Systems angebotenen Alternativen aufzunehmen und den jeweils „fortschrittlichen" Pol positiv zu besetzen. Das ist nur ein anderer Ausdruck dafür, dass diese nunmehr allesamt historisch gewordenen Varianten der Gesellschaftskritik noch an den Aufstiegs- und Durchsetzungsprozess des modernen warenproduzierenden Systems und seiner geschlechtlichen Abspaltungslogik gebunden waren.

Jetzt ist diese Besetzung einer immanenten Alternative unmöglich geworden, weil sie nur noch die Wahl zwischen verschiedenen Varianten ein und derselben Gewaltbarbarei markiert. Im Zersetzungs- und Verwesungsprozess der modernen Subjektivität enthüllt die strukturell „männliche" Abspaltungslogik des Systems immer wieder nur ihren repressiven Gewaltkern, und zwar auf beiden Seiten der erscheinenden Polarität von „Konflikten", die beiderseits gleichermaßen perspektivlos geworden sind. Es gibt keinen kapitalistischen Fortschritt mehr und deshalb auch nicht einmal mehr ein kleineres Übel, sondern nur noch gleich große und gleichermaßen inakzeptable Übel.

DAS ENDE DER
SOUVERÄNITÄT

Die Terroranschläge des 11. September 2001 in den USA haben den Weltordnungskrieg des „ideellen Gesamtimperialismus" gegen seine eigenen globalen Krisengespenster in mehrfacher Hinsicht auf ein neues Niveau gehoben. Die begriffliche Verwirrung und die Unfähigkeit des kapitalistisch-demokratischen Denkens, den Selbstauflösungsprozess der warenproduzierenden Moderne in deren eigenen Kategorien zu beschreiben, wurde angesichts der ebenso unerwarteten wie erschreckenden neuen Geschehnisse allerdings nur gesteigert.

Verübt wurde diese Tat von einem Phantom-Zusammenhang, Al Kaida genannt; ein Name, der seither in aller Munde ist, ohne dass auch nur ansatzweise begriffen worden wäre, was dieses Phänomen eigentlich darstellt. Der demokratische Gesamtimperialismus tut so, als handle es sich um einen äußeren Feind auf seiner eigenen Ebene der Macht, der „geschlagen" werden könne mit den Mitteln dieser Macht. Gerade darin irren die demokratischen Strategen sich grundlegend; und sie sind zu diesem Irrtum verurteilt, weil der Wahrheit ins Gesicht zu sehen hieße, die Verkommenheit der eigenen Kriterien anerkennen zu müssen.

Die Attacke, die das Herz der US-Militärmaschine im Pentagon und das Herz des US-Finanzkapitals in den Twin Towers des World Trade Center traf, war so wenig eine dem kapitalistischen Weltsystem und seiner Subjektform äußerliche Tat wie die Morde und Brandstiftungen des rassistischen Mobs und die Amokläufe in den demokratischen Zentren selbst oder die Selbstmordattentate in den Krisenregionen der Peripherie. Diese Tat besaß natürlich nicht den Funken einer emanzipatorischen Perspektive; ihren Trägern war das soziale Schicksal der Milliarden „Überflüssigen" dieser Welt ebenso völlig egal wie das Leben tausender von Menschen, die sie zu Opfern ihres Wahns machten. Dass die Warlords, religiösen Fundamentalisten, Ethno-Banditen usw. keine „Rächer der Enterbten", keine Robin Hoods und keine Che Guevaras sind, wusste man allerdings schon vorher. Aber daraus folgt eben noch lange nicht, dass die Barbarisierungsprozesse, deren bisherigen Höhepunkt die Anschläge des 11. September darstellten, nichts mit der sozialökonomischen Weltkrise zu tun hätten.

Es kann gar nicht oft genug betont werden, dass mit dem Ende der Entwicklungs- und Expansionsfähigkeit des kapitalistischen Systems in dessen eigenen gesellschaftlichen Formen keine tragfähige soziale Kritik mehr formulierbar ist, sondern nur noch die Konkurrenz-Subjektivität in verschiedene Formen mörderischen Wahns übergehen kann. Was für die Amokläufer und rassistischen Totschläger auf der Ebene von Individuen und Banden gilt, ist in einem größeren Maßstab auch für die Mega-Attentäter des 11. September kennzeichnend: Sie verfolgen kein binnenrationales politisches oder soziales Ziel mehr, aber sie drücken – stellvertretend für Milliarden von hoffnungslosen Konkurrenz-Subjekten – den Zerstörungs- und Selbstzerstörungscharakter des Weltsystems an seinen absoluten historischen Grenzen aus. In solchen Terroranschlägen erscheint unmittelbar der pathologische Charakter des weltgesellschaftlichen Ganzen, und deshalb können ihre Träger allen sozialen Schichten entstammen, auch und gerade der Minderheit von Globalisierungsgewinnlern und Ölprinzen.

Al Kaida: eine neue Qualität der postpolitischen Gewalt

Es ist kein Zufall, dass es immer wieder Angehörige der „Jeunesse dorée" sind, die als Anführer und Hauptakteure der Barbarisierung auftreten; vom „kleinen Pogrom" bis zum Großterror. Die pathologisierten Sprösslinge pathologisierter Eliten stehen an vorderster Front der wahnhaften Krisenverarbeitung. Von Osama bin Laden ist bekannt, dass er sich als reicher junger Mann eine Weile als Playboy in Mallerba herumgetrieben hat, bis er sich in den 80er Jahren angeödet in den afghanischen Gotteskrieg gegen die Sowjetbesatzung stürzte. Gerade für die jungen, durchwegs gut ausgebildeten und im Westen lebenden Attentäter des 11. September ist es wahrscheinlich, dass es wohl nicht allein das Gefühl der Demütigung der islamischen Welt durch den Westen war, was sie in den religiösen Wahn getrieben hat, sondern vielleicht mehr noch die globale Erfahrung der 90er Jahre für alle in diesem Jahrzehnt der Finanzblasen und des zugespitzten ökonomischen Terrors Aufgewachsenen: nämlich die überwältigende Sinnlosigkeit der totalen Ökonomisierung aller Gegenstände und Lebensbereiche, die jeden Inhalt in Asche verwandelt, bevor er überhaupt ausgedrückt werden kann.

Wenn es auf die totale Sinnlosigkeit und Absurdität der an ihre Grenzen stoßenden kapitalistischen Ökonomie keine emanzipatorische Antwort mehr zu geben scheint, muss sie sich in immer neuen, immer heftigeren Wellen einer ebenso sinnlosen, auf keine gesellschaftlichen Ziele mehr ausgerichteten Gewalt- und Selbstzerstörungs-Identität entladen, die sich ihre ideelle Gestalt auf den vom Kapitalismus übrig gelassenen Schrottplätzen der Religions- und Geistesgeschichte sucht; und es war nur eine Frage der Zeit, dass dieser Impuls des Todestriebs über den kleinen Maßstab von Individuen und Banden hinaus bis zu einer Hiroshima-Dimension anwachsen würde.

Keineswegs zufällig bildete die Adaption des westlichen Antisemitismus wie schon bei der palästinensischen Intifada ein zentrales Moment in den Wahnvorstellungen dieser Selbstmordattentäter einer neuen Qualität. Insofern war der 11. September nur die logische Folge einer Entwicklung, die lange vorher begonnen und schon längst in den Wahn-Identitäten und Gemetzeln der globalen Zusammenbruchsregionen ebenso wie im Ausgrenzungshass der demokratischen Zentren hässliche Gestalt angenommen hatte.

Das Ausmaß dieses Massenmords warf allerdings auch ein grelles Licht auf das logische Verhältnis des ziel- und zwecklosen Selbstmord-Terrors zum weltkapitalistischen „Terror der Ökonomie", das gerade nicht auf der Ebene der Motive liegt. Während traditionelle Kriegshandlungen von politischen Subjekten des Kapitalismus, also von staatlichen Souveränen und ihren Gewaltapparaten oder von sozial-politischen Bewegungen, bewussten Zweck-Mittel-Relationen folgen und keine blinden Nebenwirkungen sind, ist eben dies der Fall bei den Verheerungen auch an Leib und Leben, wie sie von der berüchtigten „unsichtbaren Hand" der Konkurrenz angerichtet werden. Die destruktiven Folgeprozesse der universellen Konkurrenz entspringen keinem bewussten, auf Zweck-Mittel-Relationen ausgerichteten Willen, weswegen die Herren der Märkte stets ihre Hände in Unschuld waschen. Kriegsverbrecher kann man verantwortlich machen, betriebswirtschaftliche Manager nicht; obwohl es zweifelhaft ist, wer von beiden die schlimmeren Übel hervorbringt.

Sicherlich waren die kapitalistischen Kriege und ihre Ziele schon immer in das irrationale Fetischsystem der „Verwertung des Werts" eingebunden und ihre Zweckrationalität ebenso nur die Binnenrationalität des übergeordneten irrationalen Selbstzwecks wie die ökonomische Zweckrationalität des betriebswirtschaftlichen Handelns. Dennoch stellt die politische und damit auch die „reguläre" militärische Subjektivität sozusagen das bewusste, wenn auch bloß nachgeordnete Moment der kapitalistischen Gesellschaftlichkeit dar, während das „Wirtschaftssubjekt" bewusst und zielgerichtet immer nur als privates, nie als unmittelbar gesellschaftliches handelt. Dementsprechend verfolgt der kapitalistische Krieg, das „zivilisierte" Töten, normalerweise ein Interesse des staatlichen Souveräns, einen Zweck-Inhalt (Abstecken von Machtbereichen, Sicherung von Rohstoffen, Absatzgebieten usw.). Das Töten von Menschen im Krieg ist dieser Bestimmung zufolge kein Selbstzweck, sondern Mittel zum Zweck, der allerdings seinerseits einem realmetaphysischen Selbstzweck unterworfen ist.

Genau dieses Verhältnis trifft aber schon für die plünderungsökonomischen Strukturen in den von Gewalt erfüllten Zusammenbruchsregionen kaum mehr zu; der Interessenhorizont ist unscharf geworden. Vollends verschwunden ist jede Zweck-Mittel-Relation bei den Mordtaten des religiösen Wahns verschiedenster Couleur wie etwa beim Giftgas-Anschlag der Aum-Sekte auf die U-Bahn von Tokio; und der Mega-Terror des 11. September war nur die bislang spektakulärste Manifestation dieser Art von Gewalt.

Aber was bedeutet das? Es heißt nichts anderes, als dass der subjektive postpolitische Terror eine ähnliche Qualität des blinden Resultats angenommen hat wie der objektive ökonomische Terror. Was schon lange im philosophischen und gesellschaftstheoretischen Diskurs Thema ist, das „Verschwinden des Subjekts", oder genauer gesagt: die Entpuppung des einstmals von der Aufklärungsphilosophie emphatisch ausgerufenen kapitalistischen Subjekts, des angeblich „autonomen Individuums", als eine Art regenwurmähnlicher gesellschaftlicher Reiz-Reaktions-Zusammenhang, gesteuert von den Imperativen der subjektlosen „unsichtbaren Hand" und dem medialen „Spektakel" (Guy Debord) – diese endgültige Blamage des modernen Subjektbegriffs ist nun auf die Ebene der Gewalt übergegangen. Die Attentäter des 11. September sind nur noch „Subjekte" zu nennen, wenn dieser Begriff in dem pejorativen Sinne eines selbstzerstörerischen Bewusstseins gebraucht wird, wie es ihm vermutlich in Zukunft zukommen wird (falls es eine Zukunft des reflexiven Denkens gibt).

Gemessen am positiven modernen Subjektbegriff jedoch handelt es sich bei solchen Tätern um keine „Subjekte" mehr, sondern um eine „subjektlose Gewalt" wie Naturerscheinungen oder eben Marktprozesse. Diese jungen Menschen haben ihre kapitalistische Reduktion auf Rezeptoren von Marktmechanismen gewissermaßen überaffirmativ verarbeitet, nämlich als eine die blinde Konkurrenz noch übergipfelnde Selbstreduktion auf gesellschaftlich ziellose Mord- und Selbstmordmaschinen. Vielleicht ist sogar der Begriff des Mordes zu hoch gegriffen, da dieser ja Zurechnungsfähigkeit voraussetzt. Eher handelt es sich um einen blinden Vernichtungsschlag, durchaus vereinbar mit der „instrumentellen Vernunft" eines technisch-organisatorisch präzisen Vorgehens. Genau so verläuft ja auch die blinde Zerstörungskraft globaler Konkurrenzverhältnisse. Da die Akteure aus einem mit Zweck-Mittel-Relationen nicht mehr erklärbaren reinen Wahn gehandelt haben, der dem objektivierten Wahn der Verhältnisse selbst entspricht, liegt das von ihnen ausgegangene sinnlose Menschenopfer fast schon auf einer Ebene etwa mit dem sinnlosen Massensterben von Säuglingen in der Peripherie als Nebenwirkung von Marktprozessen. Das Handeln als Willensverhältnis ist so leer, dass die Willenskategorie obsolet wird. Es erscheint hier eine Intentionalität, die eigentlich schon keine mehr ist.

In gewisser Weise war dieses Moment schon bei den Nazis enthalten, wenn auch noch nicht in derselben entbundenen, frei flottierenden Weise. Auch in dieser Hinsicht wird eine Art Doppelcharakter der Nazis deutlich, die ja einerseits noch die Binnenrationalität eines nationalimperialen Machtanspruchs auf der Basis kapitalistischer Produktion, letztlich das alte Streben nach nationaler Weltherrschaft im Rahmen eines kapitalistischen „Interessen"-Horizonts mobilisierten. Indem aber andererseits die Nazis in diesem Kontext zum ersten Mal im großen Maßstab den kapitalistischen Todestrieb manifest machten, insofern Auschwitz die Interessenkategorie sprengte und keinerlei binnenrationaler Zweck-Mittel-Relation folgte, bewegten sich ihre Taten auch bereits auf einer Ebene jenseits des subjektiven Kalküls. Das

Verhältnis von Zweck (Judenvernichtung) und Mittel (Gasöfen) hatte keinen politisch-ökonomischen Inhalt mehr, sondern war eine unmittelbare Emanation des kapitalistischen Todestriebs, der Vernichtungslogik im Kern der Wertabstraktion.

Und eben deshalb lag auch dieses Menschheitsverbrechen bereits auf einer Ebene jenseits binnenrationaler bürgerlicher „Verantwortlichkeit" im Überlebenskampf der Konkurrenz. Die Analogie zu den subjektlosen Zerstörungswirkungen der „unsichtbaren Hand" oder von Naturgewalten stellt keine Relativierung oder Entschuldigung dar, sondern macht den Skandal einer blinden „zweiten Natur" bis zum Äußersten manifest. Das Grauenhafte daran ist gerade, dass sich dabei das menschliche Bewusstsein der Akteure, obwohl es immer noch ein Bewusstsein ist, verhält wie ein blinder Systemprozess; das affirmative systemtheoretische Denken wird dadurch nicht bestätigt, sondern desavouiert. Diese Handlungen dagegen auf eine Stufe mit einer bloßen Verletzung bürgerlicher Rechtsnormen zu stellen wie sogenannte „gewöhnliche" Verbrechen, heißt sie nicht begreifen. Die Begreifbarkeit liegt auf der Ebene der radikalen Kritik gerade jener an die kapitalistische Subjektform gebundenen „Verantwortlichkeit". Das Gerede von der „Unbegreiflichkeit" der Nazi-Taten entspringt bloß der affirmativen Befangenheit in eben dieser Subjektform, aus der diese Taten hervorgingen. Eine darüber hinaus gehende Kritik müsste zusammen mit den Tätern auch die Form der bürgerlichen „Verantwortlichkeit" selbst zur Verantwortung ziehen. Das systemtheoretische Herangehen läuft immer auf bloße subjektive Entschuldigung hinaus (die Täter konnten „nichts dafür", weil sie selber bloß Objekte waren); das umgekehrte subjekttheoretische Herangehen läuft immer auf die bloß subjektive Verantwortlichkeit der Täter hinaus (die systemische objektive Form ihrer Subjektivität wird ausgeblendet). System- wie Subjekttheorie sind komplementär, beide kritiklos befangen in der kapitalistischen Form, aus der in letzter Instanz immer wieder zerstörerisches und selbstzerstörerisches Handeln hervorbricht, wenn auch modifiziert auf verschiedenen historischen Entwicklungsstufen.

Wie sich bereits an den Gotteskriegern, Ethnobanditen und sonstigen Protagonisten der Gewaltkonkurrenz gezeigt hat, ist das Manifestwerden des kapitalistischen Todestriebs heute im Unterschied zu den Nazis nicht mehr an eine bestimmte nationale Konstitutionsgeschichte (die deutsche Blut- und Boden-Ideologie) als deren äußerste Zuspitzung gebunden, auch wenn sich aus diesem historischen Monument des gesellschaftlichen Wahns inzwischen bruchstückweise alle Welt bedient und die demokratischen Strategen der Weltordnungskriege sogar angefangen haben, daraus ein ausgrenzungs-imperialistisches Kalkül zu schlagen; ein Hinweis darauf, wie weit sich das binnenrationale Kalkül selber schon der Manifestation „subjektloser Gewalt" angenähert hat und der Wahncharakter des systemischen Ganzen unmittelbar im Denken und Handeln erscheint.

Noch wesentlicher ist jedoch der Unterschied, dass das erneute Manifestwerden des kapitalistischen Todestriebs nicht mehr mit der binnenrationalen Logik nationalimperialer Ausdehnungsmacht verbunden ist. Nur deshalb konnte dieser blinde Zerstörungsimpuls in den Krisenregionen der Peripherie eine verwandelte, entbundene Gestalt annehmen und die perspektivlose „Fortsetzung der Konkurrenz mit anderen Mitteln" fokussieren, wie es sich schon an der palästinensischen Intifada gezeigt hat. Es ist kein politisch-ökonomisches Nazi-Imperium auf der Basis der noch im Aufstieg begriffenen kapitalistischen Produktionsweise mehr, das diesen Impuls der Vernichtung trägt, sondern es handelt sich um „postpolitische" Gebilde, wie sie aus dem Zerfall des heute nicht mehr entwicklungsfähigen Weltsystems hervorgehen. Allerdings stellt Al Kaida auch in dieser Hinsicht eine neue Qualität dar.

Schien sich der postpolitische Zerfallsprozess in Gestalt der Ethno-Banditen und Warlords nur auf einer sub-staatlichen Ebene zu bewegen, so hat er in Al Kaida meta-staatliche Existenz angenommen. Ähnliches, wenn auch nicht mit demselben Vernichtungspotential, ist auch schon längst an den religiösen Fundamentalismen und Sekten zu beobachten, woran ja Al Kaida qua islamistischer Ausrichtung Anteile hat, ohne sich auf diese Dimension zu beschränken. Der negative Universalismus barbarisierter Religiosität, der spiegelbildlich dem negativen Universalismus des ökonomischen Terrors entspricht, drängt zwangsläufig zu transnationalen, meta-staatlichen Zusammenhängen. In Afghanistan und wohl auch anderen arabischen, afrikanischen und asiatischen Ländern hat Al Kaida bewiesen, dass sich dieser meta-staatliche barbarische Universalismus durchaus mit dem sub-staatlichen Partikularismus der Warlords vernetzen kann. Insofern geht der Bezugsrahmen von Al Kaida weit über das beschränkte Potential etwa der palästinensischen Selbstmord-Intifada hinaus.

Zweierlei Menschenopfer.
Zur Theologie der demokratischen Empörung

Diese neue Qualität der Weltkrise, die am grundlegenden Formzusammenhang der Moderne rüttelt, ist erst durch den 11. September voll ins westliche Bewusstsein gerückt, obwohl sie längst vorher an den Entwicklungen und Ereignissen in der Peripherie ablesbar war. Der Grund dafür liegt auf der Hand: Erstmals wurde unmissverständlich klar, dass sich die demokratischen Zentren grundsätzlich nicht vor den barbarischen Konsequenzen des globalen Krisenkapitalismus schützen können. Bis dahin hatte man geglaubt, die großen Menschenopfer fänden nur in der Peripherie statt und die eigenen inneren Erscheinungen der Barbarei ließen sich unter Kontrolle halten.

Das galt sowohl für die Exzesse der Gewalt, die man in der Peripherie sicherheits- und ausgrenzungsimperialistisch zu steuern und in den eigenen Grenzen durch dosierte Zugeständnisse an den Mob und durch Abschiebungsterror zu „regulieren" trachtete, als auch für die objektiv-systemischen Nebenwirkungen von dritter industrieller Revolution und Globalisierung des Kapitals, die man durch achselzuckendes (oder von moralischen Phrasen verschleiertes) Hinnehmen von Massenelend und Massensterben in den Zusammenbruchsregionen und dosierte Restriktionen in den Zentren (z.B. im Sozial- und Gesundheitswesen) durchzustehen und mit dem Verweis auf „ökonomische Gesetze" und durch statistische Manipulationen unsichtbar zu machen gedachte.

Der 11. September wurde natürlich nicht deshalb zum einschneidenden symbolischen Ereignis, weil dabei Tausende von Menschen einen sinnlosen und grausamen Tod starben, sondern weil dieses Ereignis im „Zentrum des Zentrums" stattfand und es sich um großenteils weiße, westliche Opfer handelte, also um globalisierte „Anständige". Hier wurde weder irgendein afrikanisches oder mittelasiatisches Dorf niedergemetzelt noch irgendein Migrant totgeschlagen, sondern es wurde auf einen Schlag eine große Masse wohlbehüteter, gutgekleideter, gutbezahlter demokratischer Staatsbürger, Angehörige der alten oder neuen „Mitte" und der Eliten, die sich sicher gefühlt hatten, buchstäblich in Stücke gerissen. Erstmals fand das große, in der Peripherie alltägliche Massaker Eingang in das Zentrum, und dann gleich ins Herz.

Es ist verräterisch, wie die demokratische Öffentlichkeit bis weit in die radikale Linke hinein auf den 11. September reagiert hat. Der Aufschrei der Empörung war ein wenig zu groß, als dass nicht ein hässlicher Ton herauszuhören gewesen wäre: nämlich dass ein weißer und den westlichen Normalbürgern oder Eliten zugehöriger Toter etwas ganz anderes ist als ein farbiger oder islamischer Toter in den globalen Krisenregionen, sei er nun von Ethno-Milizen umgebracht worden, von NATO-Bomben oder von den „Marktgesetzen". Das ungläubige Erstaunen darüber, dass es „uns treffen kann", wo es doch vermeintlich zur Natur der Sache gehört, dass es immer nur „die anderen" trifft, machte die moralische Unwahrheit der gesamten westlichen Empörung aus.

Dieser nahe liegende Gedanke wurde sofort wieder mit dem Scheinargument abgeblockt, Verweise auf den ökonomischen Terror oder auf die Opfer der weltpolizeilichen Bombengewalt würden Bin Laden und seinen Selbstmordkommandos ein emanzipatorisch-„antiimperialistisches" Motiv unterstellen, das ihnen nicht zukommt. Aber dieses Argument trifft das Problem nicht. Denn es geht gar nicht darum, auch nur im geringsten zu relativieren, dass dieser Terroranschlag barbarisch und durch keinerlei „Imperialismuskritik" zu entschuldigen war. Das ist sowieso unstrittig, jedenfalls soweit überhaupt noch von einer kritischen Reflexion die Rede sein kann. Dasselbe gilt aber ja auch für die Opfer der Massaker und Gewalttaten (auch der westlich-weltpolizeilichen) in der Peripherie.

Worum es geht, das ist eben das ungleiche Maß der Empörung, das den heuchlerischen moralischen Interessenstandpunkt verrät. Wie sich dieser Impuls bis zur Maßlosigkeit steigern kann, verrät unfreiwillig der deutsche Staatsrechtler Ulrich K. Preuss, der sich in seiner Erörterung des 11. September zu einem absurden biblischen Vergleich hinreißen lässt: „Ein Mann versteht die Welt nicht mehr. Er ist fleißig, rechtschaffen, demütig, fromm, bescheiden, freigiebig und dankbar für die reichen Gaben, die ihm das Schicksal gewährt hat. Niemand hat Grund, ihm wegen seines Lebensglücks übelzuwollen. Der Segen Gottes, den er verehrt, ruht erkennbar auf ihm und seinen Nachkommen. Umso heftiger trifft ihn der Schock, als binnen eines Tages sein ganzer Reichtum zerstört, seine Söhne und Töchter vernichtet und schließlich auch noch sein Leib vom Scheitel bis zur Sohle von Geschwüren entstellt und von nicht nachlassendem Schmerz gequält wird. Vergeblich wünscht er den Tod herbei. Nie hat ein Gerechter fassungsloser eine so maßlose und ungerechte Züchtigung erlitten. Wieso muss er sich nach Jahren des verdienten Glücks und des redlich erworbenen Reichtums plötzlich in diesem Zustand wiederfinden? Wir kennen die Geschichte des Gottesknechtes Hiob, der – wie Gott selbst versichert – fromm, rechtschaffen und gottesfürchtig ist und das Böse meidet. Wie aber konnte dann Gott dieses Unglück des Gerechten zulassen? Nach der ersten Starre des Entsetzens über die mit unvorstellbarer Bösartigkeit verübten Verbrechen des 11. September wurden viele nachdenkliche Amerikaner von genau diesen Fragen bedrängt... Auch fast ein Jahr nach dem 11. September 2001 sind Verwirrung, Verständnislosigkeit und der Schauer des erinnerten Schreckens angesichts dieses Unheils und seiner Rätselhaftigkeit von vielen Menschen immer noch nicht gewichen..." (Preuss 2002, 7 ff.).

Man muss kein fanatischer Moslem sein, um angesichts einer derart bodenlosen Ignoranz in heiligen Zorn zu geraten. Gäbe es einen gerechten Gott und müsste er Herrn Preuss stellvertretend auch nur für einen Bruchteil der Weltmachtverbrechen von US-Regierungen in den letzten 50 Jahren abstrafen, dann wäre es mit „Geschwüren vom Scheitel bis zur Sohle" wahrlich nicht getan. Angesichts von Milliarden unter dem Joch der „unsichtbaren Hand" und ihres ökonomischen Terrors leidender Menschen ausgerechnet das kapitalistische Monstrum USA im Zentrum des westlichen Sicherheits- und Ausgrenzungsimperialismus, das ein sekundäres Monstrum wie Al Kaida fast harmlos aussehen lässt, mit dem unverdient leidenden „Gottesknecht Hiob" zu vergleichen – eine derartige Frechheit verschlägt einem die Sprache. Die symbolische Zerstörung der Twin Towers mit einer „Zerstörung des ganzen Reichtums" der USA zu assoziieren, mitten in einer vom Zwangsgesetz der Konkurrenz verwüsteten Welt – eine solche Sicht ist offensichtlich jenseits von Gut und Böse. Und vom „verdienten Glück und redlich erworbenen Reichtum" eines Landes zu fabulieren, das die Hälfte seiner eigenen Bevölkerung auf Armutsniveau gedrückt hat und Millionen seiner eigenen Kinder (nach Angaben seiner eigenen Behörden) hungern lässt – dazu ist jeder Kommentar überflüssig.

Es ist ganz offensichtlich: Sobald die eigene gute Stube einen Blutspritzer der leidenden Welt abbekommt, verfällt das westliche Bewusstsein in Raserei. Ein einziges gekrümmtes Haar eines einzigen westlichen professionellen Wohlstandsbürgers wiegt schwerer als eine Million Leichen von verhungerten und verbrannten Lazarussen des totalitären Weltmarkt-Systems. All das Gerede, die Menschenopfer der ökonomischen Globalisierung seien eben „bloß unbeabsichtigte" und die Menschenopfer der weltpolizeilichen Kollateralschäden „bloß in Kauf genommene", ist ebenso apologetisch wie impertinent. Gerade weil sie keinerlei „antiimperialistischem" Kalkül mehr folgten, waren die Anschläge des 11. September die blinde Nemesis des Kapitalismus, die mit verhülltem Haupt erscheint. Und ihre Opfer waren ebensogut Kollateralschäden oder Nebenwirkungen einer subjektlosen Gewalt.

Nationale Selbstverteidigung als logische Unmöglichkeit

Das symbolische Ereignis des 11. September verweist einzig und allein auf das Zerbrechen der kapitalistischen Subjektivität überhaupt, auf die Unhaltbarkeit der kapitalistischen Logik und auf den negativen Universalismus des aus dem Ruder laufenden warenproduzierenden Weltsystems. Dieses Ereignis auf eine Relation von „Angreifern" und „Angegriffenen" zu bringen und dementsprechend den USA das „Recht auf Selbstverteidigung" zuzusprechen, ist lächerlich und geht am Charakter der Anschläge völlig vorbei. Eine solche Interpretation nimmt implizit ein Muster auf, das die bisherige kapitalistische Konstitution als ontologisch voraussetzt; und damit auch den „politischen" Rahmen von nationalstaatlichen „Mächten". Diese Interpretation träfe zu, hätte ein islamischer Staat Raketen auf New York abgefeuert oder wäre – noch absurder – eine Marine-Infanteriedivision Saddam Husseins in New York gelandet.

Der Mega-Terror des 11. September war jedoch anderer Natur und ist deshalb nicht in eine solche Relation aufzulösen. Das wird sogar auf der rein technischen und organisatorischen Ebene deutlich. Diese Anschläge blamierten nämlich das gesamte Hightech-Sicherheitskonzept, wie es seit dem SDI-Projekt Reagans und neuerdings in Gestalt des NMD-Projekts der Bush-Administration von den USA ausgearbeitet worden ist. Dieses Konzept geht tatsächlich von einem nationalstaatlich dingfest zu machenden Angriff traditioneller Art aus. Vor allem die diversen Raketen-Rüstungsprogramme im Irak, im Iran, in Nordkorea, China, Indien, Pakistan etc. wurden in dieser Hinsicht argwöhnisch beobachtet. Die Fixierung auf nationale Rüstungsprogramme und Abwehrstrategien kam dabei in doppelter Weise zum Vorschein: nicht nur hinsichtlich des potentiellen Angreifers, sondern auch hinsichtlich des Abwehrprogramms, das in diesem Fall nur auf die USA zugeschnitten ist. Die US-Regierung fällt also mit dem NMD-Projekt von der weltpolizeilichen Dimension des „ideellen Gesamtimperialismus" unvermittelt auf die anachronistische Konfliktebene der vergangenen Epochen zurück: Wie ein nationalstaatlicher militärischer Angreifer mit Hightech-Waffen unterstellt wird, so geht es andererseits um eine vermeintlich absolute „Sicherheitsglocke" allein für den nationalstaatlichen Raum der USA.

Abgesehen davon, dass dieses Projekt offenbar weder technisch machbar noch finanzierbar ist und sich mehr und mehr als Phantom der Rüstungsplaner entpuppt, hat es auch gar keinen Bezug zum wirklichen Potential der Bedrohung, wie der 11. September bewiesen hat. Nicht hausgemachte Fernlenkraketen irgendeines Schwellenlandes waren es, die das Massaker anrichteten, sondern lebende menschliche Bomben, mit nichts ausgerüstet als Messern und Teppichschneidern. Diese Charaktermasken des subjektlosen Todestriebs zeigten, wie leicht es ist, die Maschinerie des Hightech-Kapitalismus zu kapern und „umzudrehen". Technologische Aggregate wie zum Beispiel große zivile Düsenflugzeuge lassen sich deswegen so rasch in hochbrisante Waffen verwandeln, weil sie von militärischer Technologie abstammen und von Haus aus Waffen sind; und das gilt wahrscheinlich für zahlreiche weitere, bis jetzt noch gar nicht in Erwägung gezogene Hightech-Apparate. Sogar der organisatorische Zugriff war verblüffend einfach, wenn der Aktion auch eine gewisse Logistik und Vorbereitungen von langer Hand vorausgingen. Unter den Bedingungen der dritten industriellen Revolution sind offenbar selbst kleine Gruppen ohne übermäßigen Aufwand zu transkontinentalen Operationen mit durchschlagender Wirkung in der Lage.

Vergessen darf man freilich nicht, dass eine Voraussetzung des Mega-Terrors die bedingungslose Bereitschaft zum Selbstopfer war; aber diese Eigenschaft ist heute auf dem ganzen Planeten im Dutzend billig zu haben. Da das Weltsystem selbst für die relativen Gewinner nichts als die endlose Ödnis des kapitalistischen Realökonomismus inmitten einer sozialen und ökologischen Trümmerwüste zu bieten hat, muss eben das pathologische Verhalten eines finalen Abgangs mit großer Geste und maximaler Zerstörungskraft für die jüngeren Generationen eine große Anziehungskraft ausüben; vermutlich werden Figuren wie Mohammed Atta in Millionen von Herzen als klammheimliches Faszinosum erlebt.

Noch wichtiger als das technisch-organisatorische und das sozialpsychologische Moment ist allerdings die gesellschaftliche Bezugsform der Attentäter. Sie wurden weder von Saddam Hussein noch von Gaddafi geschickt, und auch nicht von den iranischen Ayatollahs. Die Loyalität dieser Männer galt keinem Staat und keiner Nation, aber auch nicht den offiziellen Institutionen des Islam. Sie waren Angehörige des Phantoms Al Kaida, von dem inzwischen alle wissen und das doch niemand kennt. Was ist Al Kaida, wenn es nicht Staat noch Ethnie, nicht Kirche und noch nicht einmal bloß eine Bande von Warlords ist?

Al Kaida sei, so versichert man uns treuherzig, ein „Netzwerk". Das ist natürlich nicht falsch, nur liefert es keinen zureichenden Begriff des Phänomens, das anscheinend von allem etwas hat: Es ist ein wenig Kirche oder vielleicht besser eine Art bewaffneter Mönchsorden wie die mittelalterlichen Assassinen mit ihrem „Alten vom Berge", ein wenig finanzkapitalistischer Weltkonzern, teilweise auch ein Verbund von unabhängigen Warlords, andererseits auch ein durchaus ernst gemeintes Netz von karitativen Organisationen und Entwicklungsprojekten (sozusagen ein „Roter Halbmond" mit Terror-Connection), und es enthält auch Elemente der ehemaligen

„Politik", ohne „politisch" im modernen Sinne zu sein. Mit einem Wort: an einem Phänomen wie Al Kaida wird vollends die bislang krampfhaft verleugnete Haltlosigkeit des modernen politisch-ökonomischen Begriffsapparats gegenüber den neuen Krisenphänomenen deutlich.

Die totalitäre Macht der Moderne: der Begriff der Souveränität

Es ist nur logisch, dass zusammen mit der sozialökonomischen Reproduktionsform auch die politische Form des Kapitalismus grundsätzlich in Frage gestellt ist. Zwar besteht das bürgerliche Subjekt eigentlich nur aus diesen beiden Formkomponenten des homo öconomicus und des homo politicus. Aber wenn diese Formhüllen zerbrechen, bleibt eben das nackte Konkurrenzsubjekt, das sich nicht mehr in seinen eigenen Formen bewegen kann, als eine Art deformiertes Zombie-Wesen zurück. Genauer gesagt: Die ökonomische Form verliert ihre Substanz und wuchert einerseits als globalisierter Finanzblasen-Kapitalismus und andererseits als Plünderungsökonomie weiter; damit aber ist auch das zentrale Moment moderner Staatlichkeit, nämlich die „Souveränität", nicht mehr zu halten.

Das Prinzip der Souveränität, wie es schon früh von dem französischen Rechtstheoretiker Jean Bodin (1529–1596) formuliert worden ist, bezieht sich auf den diktatorischen und totalitären Charakter der modernen, über die Warenform vermittelten Gesellschaft. Es stellt den politischen Ausdruck des ökonomischen Terrors dar, und deshalb zieht sich dieses Prinzip quer durch alle modernen Staatsformen, die nichts anderes als dessen Entwicklungsstufen sind. Monarchischer Absolutismus der Frühmoderne, ständische Republiken des 18. und 19. Jahrhunderts, totalitäre Diktaturen und die Demokratie des 20. Jahrhunderts liegen auf ein und derselben Linie; es handelt sich um die Entfaltung derselben Substanz „Souveränität". Diese Substanz bildet nur die politische Erscheinungsform der realmetaphysischen „Wertsubstanz" (bei Marx: „abstrakte Arbeit" in lebendiger und „tote Arbeit" in geronnener Gestalt), deren ökonomische Erscheinungsform das auf sich selbst rückgekoppelte Geld ist.

Mit anderen Worten: Der homo politicus ist ebensowenig ein autonomes Subjekt wie der homo öconomicus, beide Wesen oder Seelen in der Brust des modernen Menschen (im Prinzip: der weißen Abspaltungs-Männlichkeit) können nur als Vollzugsorgane des übergeordneten irrationalen Selbstzwecks agieren, wie er sich in den Pseudo-Naturgesetzen der kapitalistischen Verwertung darstellt. Wie betriebswirtschaftliche Vernutzung und Konkurrenz den ökonomischen Zwangscharakter des Systems ausmachen, so die Souveränität den dazugehörigen juristischen und politischen Zwangscharakter.

Laut Bodin beinhaltet der Begriff der Souveränität „die absolute und dauernde

Gewalt eines Staates, ... Souveränität bedeutet höchste Befehlsgewalt, ... Souveränität wird weder durch irgendeine Gewalt, noch durch menschliche Satzung, noch durch eine Frist begrenzt... Die Staatsgewalt ist dann absolut und souverän, wenn sie nur dem göttlichen Gebot und dem Naturrecht unterworfen ist... Das hervorragendste Merkmal der ... Souveränität besteht in der Machtvollkommenheit, Gesetze für alle und für jeden einzelnen zu erlassen" (Bodin 1976/1583, 19 ff., 42).

Schon in dieser frühesten Formulierung zeigt sich, dass Souveränität die repressive Menschenverwaltung „von oben" bedeutet, nicht nur durch absolutistische Fürsten oder Modernisierungs-Diktatoren, sondern auch und gerade durch demokratische Administrationen. Deren Legitimation durch sogenannte Wahlen ist insofern bedeutungslos, als dabei die repressiven und irrationalen Systemgesetze immer schon vorausgesetzt werden, somit als solche nie zur „Wahl" stehen. Es ist immer nur die „Wahl" zwischen verschiedenen Variationen der Exekution dieser Systemgesetze, sodass Bodins Definition des Bürgers heute noch gilt: „Ein Bürger ist nichts anderes als ein freier Untertan, der unter der souveränen Gewalt eines anderen steht" (Bodin, a.a.O., 15).

In der Demokratie ist der „andere", der die souveräne Gewalt trägt, selber nur ein Diener (Minister) des blinden Systemzwangs, der viel direkter in Erscheinung tritt als auf den früheren Entwicklungsstufen. Insofern stellt die Demokratie die entwickelteste kapitalistische Staatsform und damit die entwickelteste Form der Souveränität dar. Weit davon entfernt, deren repressiven und totalitären Charakter zu verlieren, kommt dieser in der weitestgehend versachlichten Gestalt von „Demokratie-und-Marktwirtschaft" erst zur vollen Geltung. Gerade durch diesen Charakter der Versachlichung aller Zwänge („Sachzwang"), wie er in ökonomischen Pseudo-Naturgesetzen und daraus folgenden technologischen und sozialtechnologischen Pseudo-Notwendigkeiten erscheint, wird die totalitäre Repression in eben dem Maße auf die Spitze getrieben, wie sich die seltsame „Freiheit" entfaltet, alle Angelegenheiten, Bedürfnisse und Empfindungen „autonom" nur noch im Rahmen dieser totalitären Zwänge des modernen warenproduzierenden Systems darstellen zu „dürfen".

Schon Bodin setzt in aller Gemütsruhe für den Charakter der Souveränität fest: „Die Bestimmung ‚glücklich' dagegen ist nicht erforderlich... Denn ein Staat kann gut regiert sein und gleichwohl von Armut heimgesucht ... sein. Wir sehen die Bestimmung ‚glücklich' für die Definition des Staates nicht als wesentlich an" (Bodin, a.a.O., 9f.). Deutlicher könnte nicht gesagt werden, dass es hier um einen Zweck jenseits menschlicher Bedürfnisse geht, eben um den Selbstzweck der Verwertung des Werts, dessen politische Exekution im Begriff der Souveränität benannt ist. Zu Bodins Zeit handelte es sich noch um die Embryonalform der Verwertungsbewegung in Gestalt eines permanenten „Geldhungers" der frühneuzeitlichen Militärdespotien im Kontext ihrer „politischen Ökonomie der Feuerwaffen", also zwecks Kanonenproduktion, Logistik stehender Feuerwaffen-Heere etc.

Aus dieser militärdespotischen Wurzel der Moderne überhaupt, sowohl des kapitalistischen Staates als auch der kapitalistischen Ökonomie, entfalteten sich die wesentlichen Bestimmung der Souveränität. Zum einen war dies das territoriale Prinzip der Menschenverwaltung und Auspressung der Bevölkerung für den (ursprünglich militärischen, feuerwaffen-ökonomischen) Verwertungszweck, im Unterschied zum dynastischen Prinzip oder dem Prinzip persönlicher Abhängigkeits- und Beziehungsverhältnisse. Mit dem Begriff der „territorialen Integrität" wurde diese Bestimmung auch nach außen hin festgeschrieben, was nach innen gleichzeitig das Verbot der Sezession beinhaltete, das heißt das gewaltsame Festhalten von Bevölkerungsteilen im Territorium der Souveränität auch gegen ihren Willen. Die Demokratie stellt die reinste Form des Territorial-Staates und damit der modernen Menschenverwaltung für den kapitalistischen Selbstzweck dar, da hier alle anderen Beziehungsformen endgültig verdampft und ausgelöscht sind; dies macht einen wesentlichen Aspekt der Versachlichung aus.

Zum andern ist es das staatliche Gewaltmonopol, das die Logik der Souveränität grundlegend bestimmt. Weder nach außen (im zwischenstaatlichen Krieg der Souveräne um Territorien und kapitalistisch vermittelte Machtansprüche) noch nach innen (in der polizeilichen oder militärischen Repression zwecks Aufrechterhaltung der kapitalistischen Gesellschaftsordnung und ihrer Zwänge) wird also Gewalt negiert und überwunden; stattdessen wird sie lediglich monopolisiert, konzentriert und damit zur vollen Effizienz geführt. Die Demokratien haben in jeder Hinsicht die größten und furchtbarsten Gewaltapparate der menschlichen Geschichte aufgebaut.

Führt man die Logik der Souveränität auf ihre Wurzel zurück, dann handelt es sich um die totalitäre Unterwerfung einer bestimmten, auf ein staatliches Territorium eingegrenzten Bevölkerung unter den Zwang zur „abstrakten Arbeit", der sich längst von der ursprünglichen Engführung auf die frühmoderne „politische Ökonomie der Feuerwaffen" abgelöst und zum flächendeckenden System betriebswirtschaftlicher „Unternehmen" unter dem Diktat des Selbstzwecks von Geldvermehrung ausentwickelt hat. Das gesamte politisch-juristische System der „Rechte und Freiheiten" fußt auf dieser Unterwerfung der Menschen unter den irrationalen Zwang zur Verausgabung fremdbestimmter „Leistung" jenseits eigener Zwecke. Genauer gesagt: Im Zuge der Verinnerlichung dieser Systemzwänge haben es sich die Menschen abgewöhnt, überhaupt noch eigene Alltagszwecke ins Auge zu fassen, die nicht unmittelbar von der kapitalistischen Systemform und ihrer allgemeinen Vermittlung durch die Geldform bestimmt wären. Der vormoderne Rahmen von Traditionen ist ersetzt worden durch eine unmittelbare systemische Steuerung.

Politisch-militärische Deterritorialisierung

In dem Maße nun, wie der pseudo-naturgesetzliche Systemzwang selber in der dritten industriellen Revolution immer größere Menschenmassen für die „abstrakte Arbeit" überflüssig macht und sich dieser Prozess durch die finanzkapitalistisch gesteuerte Globalisierung des Kapitals dramatisch verschärft, stößt nicht nur die weitere Kapitalakkumulation (die ja auf einer ständigen Steigerung in der rentablen Vernutzung abstrakter Arbeit beruht) an objektive historische Grenzen, sondern gleichzeitig löst sich damit notwendigerweise die Substanz der Souveränität samt dem daran gebundenen politisch-juristischen System der „Rechte und Freiheiten" auf.

Was vom homo öconomicus übrig bleibt, ist das entsubstantialisierte nackte Konkurrenz-Subjekt; was vom homo politicus übrig bleibt, ist das ebenso entsubstantialisierte nackte Gewalt-Subjekt. Wenn die regulären Markt- und Produktionsbeziehungen aufhören, stürzt das Dach der Souveränität ein, die nichts als geronnene, zentralisierte und monopolisierte Gewalt ist, und die Gewalt in der inzwischen verinnerlichten Form der Geldkonkurrenz wird verflüssigt, dezentralisiert und demonopolisiert.

Überblickt man das Spektrum der vom Westen begriffslos so benannten neuen „Reiche des Bösen", dann zeigt sich ein schrittweiser Übergang zu Strukturen, die nicht mehr auf der Ebene staatlicher Souveränität und deren politischer und militärischer Macht liegen. Ist das zähe Regime von Saddam Hussein noch ein caput mortuum der Souveränität, die Ruine einer klassischen Modernisierungsdiktatur und ein Relikt des Kalten Krieges, und war Milosevic mit seiner postsozialistischen Mafia-Regierung schon ein neuer Typus des „Krisenpotentaten" auf den Trümmern einer vom Weltmarkt zerstörten Staatsmaschine, sein Regime also nur noch ein Schatten der Souveränität, so fallen die neuen Feindbestimmungen des „Terrorismus" aus dem Bezugssystem der Moderne nicht nur ökonomisch, sondern auch politisch endgültig heraus. Die Taliban-Herrschaft hatte kaum noch Spurenelemente moderner Staatlichkeit und Souveränität aufzuweisen; sie war nie etwas anderes als eine Mixtur aus Drogenmafia (Heroin), Hollywood-Staffage und postmoderner Ideologie in religiösem Gewand. Und eine Erscheinung wie Al Kaida ist endgültig auf einer poststaatlichen Ebene jenseits der Souveränität angesiedelt.

Das gilt natürlich auch schon für die zahlreichen Formen bewaffneter Sekten, militarisierter Privatunternehmen, einzelne Stadtteile und ganze Regionen beherrschender Banden usw., wie sie im Kontext der globalen Plünderungsökonomie bekannt geworden sind. Al Kaida ist allerdings das erste dieser neuen barbarischen Machtgebilde, das in seiner fast unglaublichen Größenordnung zu einer direkten Herausforderung für die letzte Weltmacht USA wurde und mit militärischen Großeinsätzen wie ein konkurrierender Staat bekämpft werden muss. Als vielschichtiges „Netzwerk" agiert Al Kaida eben nicht bloß auf einer sub-staatlichen Ebene wie die Banden und

Warlords, sondern gleichzeitig auf einer meta-staatlichen Ebene. Dieses monströse Gebilde ist das erste und aller Wahrscheinlichkeit nach nicht das letzte, das sich ebenso transnational entfaltet wie die kapitalistischen Konzerne. Und wie deren Umsätze das Volumen vieler Staatshaushalte übertreffen, so übertrifft die finanzielle und militärische Schlagkraft von Al Kaida heute schon diejenige von kleineren oder ärmeren Staaten.

Aber die Machtentfaltung von Al Kaida liegt eben nicht auf derselben Ebene wie die eines staatlichen Souveräns. Alle wesentlichen Merkmale der Souveränität fehlen. Al Kaida repräsentiert kein Gewaltmonopol, sondern die von diesem Gebilde ausgeübte Gewalt tritt neben die bisherige staatliche Gewalt und die Gewalt anderer Zersetzungsprodukte der Souveränität, mit denen es sich teilweise verbindet. Vor allem aber repräsentiert Al Kaida keine „territoriale Integrität", sondern (ähnlich wie die transnational zerstreute Betriebswirtschaft der Globalisierung) einen deterritorialisierten Zusammenhang. Deshalb geht es auch nicht um die Erfassung irgendeiner Bevölkerung irgendeines Territoriums zwecks „abstrakter Arbeit". Soweit Al Kaida einen ökonomischen Bezug hat, ist es kein produktiver, realökonomischer, sondern vielmehr ein rein finanzkapitalistischer; letztlich die Reproduktion aus den Blasenbildungen der Finanzmärkte. Auch in dieser Hinsicht ist die Parallele zu transnationalen Konzernen verblüffend.

Deshalb unterscheidet sich auch das Moment der antisemitischen Ideologie bei Al Kaida noch mehr als bei der palästinensischen Intifada vom Antisemitismus der Nazis: War letzterer untrennbar an die Geschichte der deutschen Nationsbildung gebunden und konnte sein Menschheitsverbrechen überhaupt nur in Gestalt eines staatlichen Souveräns ausführen, so entfällt diese Bestimmung bei dem a-nationalen Gebilde Al Kaida ersatzlos. Dasselbe gilt für die legitimatorische Begründung des Nazi-Antisemitismus im protestantischen Ethos produktiver „Arbeit", die ja ebenfalls an die territoriale Form einer „Arbeitsbevölkerung" gebunden war. Der Antisemitismus von Al Kaida ist nicht mehr territorial isolierbar, also auch nicht „völkisch", sondern transnational zerstreut und deterritorialisiert wie das monströse Netzwerk selbst.

Und aus demselben Grund ist Al Kaida auch als militärischer Angreifer nicht territorial isolierbar, weswegen es auch keinen nachvollziehbaren „Gegenschlag" geben kann. Wenn die USA Afghanistan bombardiert haben, war dies als angebliche „Verteidigung" gegen Al Kaida ziemlich willkürlich, selbst wenn sich der „Kopf" Bin Laden dort aufgehalten hat (weder die genaue Rolle dieser Figur ist geklärt, noch eine von diesem Zentrum ausgehende Befehlskette des 11. September-Anschlags ist bewiesen). Genausogut hätten Hamburg-Harburg oder Kalifornien oder wenigstens Saudi-Arabien bombardiert werden können, denn überall dort befanden oder befinden sich „mutmaßliche" Knotenpunkte des Al-Kaida-Netzwerks. Gerade der „innere" Charakter des Angreifers in den nicht-territorialen Falten der Globalisierung macht eine „Verteidigung" als militärischen Gegenschlag unmöglich, im Prinzip nicht anders als bei den eigenen Amokläufern. Dabei wird alles getroffen, nur nicht Al Kaida. Die Einäscherung afghanischer Dörfer kann nicht einmal mehr mit dem zynischen Terminus des „Kollateralschadens" bezeichnet werden, weil der territoriale Bezugsrahmen der Feindbestimmung fehlt. Die „Gegenschläge" nähern sich damit selber der blinden Willkür des Angreifers an.

Die Waffensysteme der USA und der imperialen Weltpolizei überhaupt sind auf territoriale Feinde ausgerichtet, also anachronistisch. Das zeigt nur, dass sich der „ideelle Gesamtimperialismus" in Wahrheit nicht von Nationalstaatlichkeit, Souveränität und Territorialität zu lösen vermag. Dies trifft allerdings für den Kapitalismus überhaupt zu, also nicht nur hinsichtlich des politischen Systems und der militärischen Macht. Abermals wird deutlich, dass das kapitalistische System mit der dritten industriellen Revolution Kräfte entfesselt hat, die nicht mehr in seinen Formzusammenhang zu bannen sind. Wie ein Phänomen vom Typ Al Kaida zeigt, verwandeln sich diese Kräfte nicht nur in sozialer und ökologischer Hinsicht in reine Zerstörungskräfte, wenn die weltumspannende kapitalistische Form nicht überwunden wird. Die einzige Möglichkeit, mit barbarischen Monster-Netzwerken wie Al Kaida fertigzuwerden, ist, mit dem Kapitalismus selbst Schluss zu machen.

Aber weder die Banden und Warlords noch ein Phänomen wie Al Kaida können als Rückkehr zu einem vormodernen Zustand interpretiert werden, wie es die allzu durchsichtige Idee vom angeblichen modern-bürgerlichen „Zivilisationsprozess" (Norbert Elias) suggeriert, sondern sie sind das Resultat der Modernisierung selbst. Welches immer ihre Defizite, Herrschafts- und Repressionsverhältnisse waren, die vormodernen Agrargesellschaften befanden sich keineswegs in einem anomischen Zustand des „Krieges aller gegen alle" (selbst Hobbes, der Erfinder dieser Vorstellung, gibt zu, dass es sich hier nicht um einen früheren empirischen Zustand, sondern um ein logisches Konstrukt handelt). Vielmehr waren sie durch ein anderes Prozedere von vielfältigen Beziehungs- und Regulationsformen bestimmt, gebunden an die agrarische Reproduktion, zu denen es natürlich kein Zurück gibt.

Alle gegen alle: die anomische Transformation

Der tatsächliche anomische Zustand eines „Krieges aller gegen alle" stellte sich erst am Anfang der Moderne her, im Transformationsprozess zum totalitären System von Verwertung und Souveränität; und er stellt sich wiederum auf erweiterter Stufenleiter und im planetarischen Maßstab am unausweichlichen Ende der Moderne her durch den barbarischen Auflösungs- und Selbstzerstörungsprozess dieses Systems.

Dieser Unterschied von Anfang und Ende reflektiert sich allerdings auch unbewusst im Charakter der anomischen Gewaltverhältnisse und ihrer Träger. Mag sich auch die Herausbildung moderner Staatlichkeit (als Pendant zur Herausbildung der kapitalistischen Ökonomie) in den Dauerkriegen, anomischen Zuständen und Plünderungsverhältnissen der frühen Neuzeit, etwa im Dreißigjährigen Krieg, nicht als bewusste Zielbestimmung dargestellt haben, so bestimmte doch implizit dieser Horizont das Geschehen und gab den Akteuren eine gewisse logische Ausrichtung, eine Zukunftsbestimmung und eine Kohärenz der Motivationen. Der über die Agrargesellschaft hereingebrochene „Krieg aller gegen alle" war identisch mit den Geburtswehen der Souveränität, die Anomie ging mit einem neuen Nomos schwanger.

Davon kann am anderen Ende der modernen Ontologie nicht die Rede sein. Die postmoderne Anomie hat nur den Horizont der Auflösung und Zerstörung, in ihr schlummert kein neuer „objektiver" Nomos. Die negativ globalisierte Menschheit ist an die Grenze objektivierter Fetischverhältnisse überhaupt gestoßen; sie kann sich nur noch entweder von der blinden Objektivierung irrationaler Medien (Religion, Herrschaft, Geld, Staat) überhaupt befreien oder sie muss zusammen mit der höchstentwickelten Fetischform des Kapitalverhältnisses untergehen. Um ein beliebtes Bild der „Realisten" gegen deren eigene Beschränktheit zu verwenden: Die Menschheit muss endlich „erwachsen" werden, nicht in dem Sinne, dass sie sich an die völlig verrückte „Realität" von „Marktwirtschaft-und-Demokratie" anpasst, sondern im Gegenteil dadurch, dass sie die irrationale Steuerung der Gesellschaft durch Fetischmedien abstreift wie ein Kinderhemd, aus dem ihre Potenzen in zerstörerischer Form hinausgewachsen sind.

Dass es keine Zukunft der Herrschaft in veränderter Form und unter einem neuen Nomos der Objektivierung mehr geben kann, zeigt sich auf Schritt und Tritt empirisch in den Makro- wie in den Mikrostrukturen der postsouveränen Gewaltverhältnisse. So heißt es in einem Bericht über die Zustände in der albanischen Provinz: „In der südlichen Industriestadt Berat leeren sich die Straßen bereits um 13 Uhr, weil dann die Abrechnungen der verfeindeten Clans und damit die Feuergefechte beginnen. ... täglich kommen drei bis vier Männer mit Schussverletzungen ins Spital. Am Montag machte das Gerücht die Runde, das Trinkwasser sei verseucht worden. Eine Stunde später war in der mittelgroßen Stadt keine Flasche Mineralwasser mehr zu finden..." (Neue Zürcher Zeitung, 14.5.1997).

Die Atmosphäre, die hier beschrieben wird, lässt ahnen, dass die „reductio ad insanitatem" kein Rand- oder Teilphänomen von desorientierten Jugendlichen, Banden und Milizen mehr ist, sondern bereits auf die ganze Gesellschaft oder zumindest ganze Regionen übergegriffen hat. Dasselbe Bild der Anomie zeigte sich anlässlich eines Streiks von Polizei und Feuerwehr binnen weniger Stunden in der brasilianischen Millionenstadt Salvador: „Jugendliche Gangs stürmen bewaffnet mit Knüppeln und Revolvern durch das Geschäftszentrum. Schüsse peitschen durch die Luft. Geplünderte Läden gehen in Flammen auf. In panischer Angst hetzen Menschen durch die malerische Altstadt, die Bürozentren am Hafen und durch die Touristenviertel mit den Strandpromenaden. Doch nichts und niemand bietet Schutz... Seit Mitte vergangener Woche streiken Polizei und Feuerwehr im brasilianischen Bundesstaat Bahia. Die Hauptstadt Salvador mit ihren drei Millionen Menschen ist schutzlos der Gewalt der Straße ausgeliefert. Busse fahren nicht mehr, seitdem am Donnerstag in wenigen Stunden fast hundert Busse überfallen wurden. Neben den Kriminellen beginnen auch Hausfrauen und Rentner sich kostenlos in Supermärkten zu bedienen. Seit Donnerstag Abend ist Salvador eine Stadt im Ausnahmezustand. Alle Geschäfte, Banken, Supermärkte, Schulen, Behörden haben geschlossen. Die Menschen verbarrikadieren sich in ihren Häusern. Wer eine Waffe hat – und die meisten haben jetzt eine – trägt sie ständig bei sich. Geschossen wird ohne Vorwarnung. Die offizielle Zahl von 16 Toten glaubt niemand. Erschossene bleiben auf der Straße liegen, weil sie niemand wegräumt... Präsident Fernando Cardoso hat das Militär angewiesen, die öffentliche Ordnung wieder herzustellen. Doch Bahia ist so groß wie Frankreich, die Straßen sind schlecht, die Militärs kommen mit ihren schweren Fahrzeugen in der jetzigen Regenzeit nicht vorwärts. Als am Wochenende die ersten Flugzeuggeschwader aus Sao Paulo eintreffen, sind das ein paar hundert Soldaten. Mit ihren Granatwerfern und mit Tarnfarbe bemalt stehen sie nun verloren an ein paar strategischen Stellen im Zentrum. Die Regierung behauptet, die Situation sei wieder unter Kontrolle. Doch auf den Dächern der Garnisonen sitzen weiter streikende Polizisten, mit Kapuzen maskiert und lässig ihre Maschinenpistolen schwenkend. Die Plünderungen und Morde halten an" (Busch 2001).

Diese und ähnliche Momentaufnahmen aus dem Zerfallsprozess der Souveränität zeigen nichts, was auf eine neue Ordnung hindeutet, sondern immer nur ziellose Destruktion; Angriff und Verteidigung ohne ein Telos des Willens außer dem nackten Überleben, und im fortgeschrittensten Zustand nicht einmal mehr das. Am meisten hat sich dieser Zustand bisher im Alptraum-Kontinent Afrika verdichtet. So war in den 90er Jahren, um nur ein Beispiel zu nennen, in der Transkei, einem der ehemaligen südafrikanischen Homelands, eine Serie undurchsichtiger Familienfehden mit Hunderten von Toten ohne erkennbare Zielsetzungen zu beobachten: „Die genauen Wurzeln der Gewalteskalation sind unbekannt. Viehdiebstähle hat es in dieser Gegend zwar immer gegeben, nicht jedoch im gegenwärtigen Ausmaß. Die Bewohner benachbarter Dörfer stehlen einander die weidenden Haustiere und verkaufen sie in andere Gegenden... Seit 1993 sind die verfeindeten Gruppierungen dazu übergegangen, ihre Widersacher zu töten. Diese Morde sind jedoch nicht nur die Folge ungesühnter Viehdiebstähle. In Transkei gibt es überdurchschnittlich viele Faustfeuerwaffen. Sie stammen aus Beständen der ehemaligen Armee des Homelands... Überdies ist der Glaube an ‚Hexerei' weit verbreitet. Alten Frauen wird oft vorgeworfen, Leute zu ‚verhexen', was oft Grund genug ist, sie zu beseitigen. Begräbnisfirmen bezahlen Prämien für Tote, weil jeder Todesfall für sie Arbeit bringt. Schließlich herrscht in der Transkei eine enorm hohe Arbeitslosigkeit. Die Kontrahenten brennen einander auch die Hütten nieder. Dadurch haben in den vergangenen Jahren Hunderte von Bewohnern neben Angehörigen ihr gesamtes Hab und Gut verloren. In Tsolo haben 1996 150 obdachlose Familien Zuflucht im Hof des Polizeipostens beziehungsweise des Gerichts gesucht, weil sie in ihren Dörfern um ihr Leben fürchten. Andere haben ihre Behausungen wieder aufgebaut, wohnen in diesen aber lediglich tagsüber, wogegen sie die Nächte an wechselnden Orten auf offenem Feld verbringen. Es herrscht ein Klima der Angst. Man traut niemandem, weder dem Nachbarn noch der Polizei" (Gloor-Disler 1997).

Das bizarre Konglomerat von Motiven, das hier genannt wird, löst sich in Nichts auf, in die vollkommene Leere der reinen Anomie, die das absolute Endstadium des kapitalistischen Selbstzwecks bildet: das Massaker um seiner selbst willen. Der Ruf nach „Ordnung" ertönt nur aus den schrumpfenden Inseln der Reproduktionsfähigkeit, meistens seitens der noch agierenden „Geschäftsleute", die oft selber mit Warlord-Strukturen verbunden sind, aber nicht der unmittelbaren anomischen Gewalt im Stadtviertel ausgesetzt sein wollen. Da das staatliche Gewaltmonopol der Souveränität verschwunden ist, kann sich auch die reformulierte „Ordnung" nur in der Form ihres Gegenteils darstellen, etwa in Nigeria: „Aus dem Versagen staatlicher Institutionen erklärt sich, warum die Bürger überall zur Selbsthilfe greifen, indem sie bewaffnete Milizen bilden. Die Miliz der Bakassi Boys ist in einer großen Handelsstadt entstanden, die besonders von Kriminalität betroffen war, in Aba, einer der Metropolen im Südosten Nigerias... Da auf staatliche Hilfe nicht zu hoffen war, mussten die Händler eigene Wege finden, um die Welle der Gewalt einzudämmen. Der Anlass, sich zur Wehr zu setzen, bot sich 1998, als eine Händlerin, die eine große Bargeldsumme mit sich führte, auf besonders brutale Weise ausgeraubt und ermordet wurde. Hunderte von Händlern griffen zu den erstbesten Waffen, drangen in die Wohnungen der Kriminellen ein, zerrten alle, die sie fassen konnten, ins Freie und hackten sie mit Macheten in Stücke" (Rüst 2001).

Die Form des Vorgehens dementiert allerdings den Begriff der „Ordnung", in deren Namen angeblich vorgegangen wird. Das zeigt sich auch bei der Verfestigung dieser Art von mörderischer Selbstjustiz jenseits der Souveränität: „Um ihre Kontrolle abzusichern, rekrutierten die Händler mehr als 500 meist arbeitslose junge Männer und ließen sie zu einer professionellen Schutztruppe ausbilden. ... ihr lokales Hauptquartier befindet sich gleich neben dem ‚White House', dem Verwaltungsgebäude der Händlervereinigung... Von hier ausgehend, hatte die Miliz Straße für Straße nach Verbrechern durchkämmt, wobei gleich in den ersten Wochen ihres Einsatzes, im Juli 2000, mehr als 200 mutmaßliche (!) Räuber getötet wurden... Um immer neue Kriminelle auf den Richtplatz zu führen, werden die Opfer auch aus anderen Ortschaften herbeigeschafft. Zunächst bleiben sie allerdings tagelang im Bakassi-Zentrum interniert... Erst wenn ihre Schuld feststeht, führt man Männer wie Frauen gefesselt und halb nackt auf die Straße und von dort zu irgendeiner weitläufigen Straßenkreuzung, die genügend Platz für Hunderte von Zuschauern bietet. Auf dem Weg dahin treibt man die Verurteilten durch Schläge vor sich her... die Bakassi-Boys geben keine Erklärungen ab. Weder verkünden sie ein Urteil, noch unternehmen sie den Versuch, ihr Tun zu rechtfertigen. Am Richtplatz angekommen, werfen sie die Gefesselten einfach zu Boden und hacken mit ihren stumpfen Macheten minutenlang auf sie ein. Ein stummes Gemetzel, denn die Opfer schreien nicht, obwohl einige noch leben und sich auf dem Boden winden, wenn die Bakassi Boys Autoreifen über sie werfen, etwas Benzin dazuschütten und dieses entflammen..." (Rüst, a.a.O.).

Dieser Bericht eines unter Pseudonym schreibenden „deutschen Sozialwissenschaftlers", der als Augenzeuge dieser organisierten Terror-Selbstjustiz nachging, lässt in seinem Zungenschlag etwas von der gar nicht so klammheimlichen Sympathie ahnen, die westliche Mittelständler solcher Art von „Ordnung" im „Notfall" entgegenbringen würden, in dem sich ihre eigene mörderische Geldseele entpuppt: „Für die Bürger, die sich dem Terror eines verfallenden Staates zu entziehen suchen, geht es nur noch um die Frage, ob sich andere Rechtssysteme (!) finden lassen, die vielleicht mehr Sicherheit gewähren" (Rüst, a.a.O.). Aber das Massaker ist kein „anderes Rechtssystem", sondern das Ende allen Rechts, und die Gewalt gegen den anomischen Zustand, die dessen Ursache nicht beseitigt, kann nur selber anomisch sein. Es gibt keine Rückkehr zum sogenannten Recht, das nichts weiter ist als ein Regularium des gegenstandslos werdenden warenproduzierenden Fetischsystems.

Deshalb verwildern regelmäßig auch die Selbstjustiz-Milizen nach kurzer Zeit, und aus den Trümmern der Souveränität können immer nur neue Wellen anomischer, deterritorialisierter, verflüssigter Gewalt hervorbrechen. Die diversen Milizen-Chefs, die sich irgendwann zu Staatschefs erklären oder sogar Wahlen gewinnen, können und wollen die territoriale Souveränität nicht mehr herstellen; die Fassade der souveränen Ordnung löst sich sofort wieder in Anomie und pseudo-archaische Barbarei auf, wie etwa in Liberia, dessen „Präsidenten" Charles Taylor inzwischen sogar Kannibalismus nachgesagt wurde: „Der geschickte Nutzer moderner Kommunikationstechnologie war angeblich auch atavistischen Bräuchen aus dem Reich der Finsternis zugeneigt. Taylor, 56, soll während des Bürgerkriegs an geheimen Zeremonien teilgenommen haben, bei denen Personen geopfert und menschliche Organe verspeist wurden... Für Nachschub an Leichen sorgten die oft unter Drogen stehenden Jugendlichen in den mordenden Milizen der verschiedenen Warlords. Bewaffnete Halbstarke mit Namen wie ‚Rambo' und ‚General Murder' belebten zudem halb vergessene Riten in vulgarisierter Form: Anstelle von Stammesmasken trugen sie bei Raubzügen Horrormasken. Eine so genannte Butt Naked Brigade (Nacktarsch-Brigade) kämpfte unbekleidet; vor Kugeln sollten Amulette schützen" (Hielscher 1998).

Derartige Barbarisierungen sind kein Rückfall in archaische Strukturen, wie es sich gerade im Hinblick auf Afrika das westliche Bewusstsein gern in Bildern vorstellt, wie sie in Jahrhunderten der Kolonialgeschichte ausgebrütet wurden („faule Neger", „primitive Stämme", „kannibalistische Riten" usw.). Ebensowenig wie bei den jüngsten Greueltaten der Nachfahren von Kopfjägern in Borneo handelt es sich um eine Wiederkehr der vormodernen Vergangenheit, die niemals derart anomisch war, sondern um den Auflösungsprozess der Moderne selbst, wie er bei entsprechend fortgeschrittener Krise jederzeit auch in den westlichen Zentren sich vollziehen kann. Die anomische Gewalt ist nichts anderes als der verwesende Kadaver der modernen Souveränität selbst und enthüllt deren wahren Charakter.

Es bleibt letztlich ein frommer Wunsch westlicher Politiker, Strategen und Ideologen, aus ihrem Verwesungszustand möge sich die staatliche Souveränität als territoriale Macht mit zuverlässigen Interessen und politischen Ansprechpartnern einer „Demokratisierung" wieder erheben wie der Phoenix aus seiner Asche. Eine solche Illusion formuliert etwa Jean-Christophe Rufin, der nach seinem Buch über „Das Reich und die neuen Barbaren" 1996 zusammen mit François Jean einen Sammelband über die „Ökonomie der Bürgerkriege" herausgegeben hat und sich dabei in positivistischer Manier gegen jede Generalisierung der „Konflikte" wehrt, was sich natürlich auch und gerade gegen deren Bestimmung als Auflösungsprozess der Souveränität richtet.

So werden alle Kommentatoren angegriffen, die diese Erscheinungen nicht auf spezifisch lokale und „ganz unterschiedliche" Probleme reduzieren, sondern sie in den Kontext der Globalisierung stellen: „Glaubt man ihnen, so ist die politische Gewalt zu einem blindwütigen, irrationalen und unerklärbaren Phänomen geworden und stellt eine diffuse, vielgestaltige, aber letztlich doch eindeutige Bedrohung dar. Mit Formulierungen wie ‚entartete Guerilla' oder ‚Mafiasyndrom' wird versucht, die Kohärenz und Einheitlichkeit des Bedrohungskonzepts wiederherzustellen... An der Validität einer derartigen Zusammenfassung konzeptioneller Art haben wir große Zweifel. Man sollte klar auseinanderhalten, worum es jeweils politisch und wirtschaftlich geht, und es ist eine gewagte Behauptung, dass die Konflikte von gestern politischer und ideologischer Natur waren, während die von heute ökonomischer oder gar mafioser Natur seien... Für den Entscheidungsprozess ist die ökonomische Logik nicht die hauptsächlich bestimmende, sondern in der Sache liegt das Primat bei der Politik. Ein lang andauernder bewaffneter Aufstand ist eine Frage der Macht... Um ihre politischen Ziele zu erreichen, sucht eine bewaffnete Bewegung ganz pragmatisch nach Organisationsformen, die es ihr erlauben, möglichst großen Nutzen aus den gegebenen Bedingungen auf lokaler und internationaler Ebene zu ziehen" (Jean/Rufin 1999/1996, 8 ff.).

Dieser treuherzige Rückzug auf den Nomos der Moderne und die Beschwörung eines kapitalistisch „rationalen" politischen Interesses ist pure Ideologie und geht an den Verhältnissen völlig vorbei, so detailliert diese dann auch auf der empirischen Ebene untersucht werden. Das „Primat der Politik" ist eine völlig anachronistische Vorstellung, die der vergangenen Durchsetzungsgeschichte des Kapitalismus angehört und mit dem Ende des Kalten Krieges endgültig erloschen ist. Im Prozess der betriebswirtschaftlichen Globalisierung des Kapitals verliert die Politik als solche zusammen mit ihrer nationalstaatlichen Grundlage auch in den westlichen Zentren jegliche Bedeutung als zusammenfassende Kraft der Gesellschaft.

Dieser Bedeutungsverlust des Politischen, den längst die Spatzen von den Dächern pfeifen, ist nicht dadurch unsichtbar zu machen, dass man wie Jean und Rufin den allgemeinen Charakter der Erscheinungen ausblendet, um sie positivistisch in lauter zusammenhanglose Einzelheiten aufzulösen. Der Realökonomismus ist im Zuge der Globalisierung an die Stelle des politischen Primats getreten, aber das ist selber schon eine Auflösungserscheinung der kapitalistischen Kohärenz. In den Zusammenbruchsregionen und auch schon an den Rändern des demokratischen Zentrums löst sich aber auch dieser Realökonomismus von jeder Zweck-Mittel-Relation ab und geht in die ziellose anomische Gewalt über, in der sich die metaphysische Leere der Wert- und Geldform enthüllt.

Die schauerlichen Nacktarsch-Brigaden können ebensowenig wie das monströse Netzwerk Al Kaida mehr auf einen Begriff ökonomischer oder politischer Ziele gebracht werden. Das unterscheidet sie eben auch von den anomischen Erscheinungen der frühen Neuzeit, in denen sich die Heraufkunft des Politischen verbarg. Die marodierenden Landsknechte waren kein Zersetzungsprodukt der agrarischen Gesellschaft selber, sondern sie überzogen diese zunächst in der Form der Brandschatzung mit jenem neuen Nomos, der sich schließlich zur Souveränität verhärtete. Waren die Kriege des 16. und 17. Jahrhunderts nach einem Wort des konservativen Schweizer Historikers Jacob Burckhardt (1818–1897) im eigentlichen Sinne „Staatsbildungskriege", so handelt es sich heute genau umgekehrt um „Entstaatlichungskriege", aus denen kein neues Prinzip der Herrschaft hervorgeht. Daher auch ihre völlige Perspektivlosigkeit, der keinerlei Telos mehr innewohnt.

Was die Gewalt der Banden, Milizen und Sekten kennzeichnet, ist gerade der Mangel eines Willens zur Macht, denn Macht ist nicht denkbar ohne Nomos. Sie wollen nicht herrschen, sondern nur rauben, morden und selbstmorden, egal im Namen welcher Wahnideen, und dafür trifft eigentlich nicht einmal mehr die Kategorie des Willens zu. Es ist eine ärgere Barbarei, als sie jemals in wirklich archaischen Zuständen möglich gewesen wäre, weil es die Barbarei eines völlig entbundenen Wesens ist, das sich dennoch nicht selbst befreit hat. Es ist gewissermaßen eine gebundene Ungebundenheit, das Verharren in den Masken des modernen Fetischismus, die kein reproduktionsfähiges gesellschaftliches Verhältnis mehr darstellen, sich aber nur zusammen mit der Gesichtshaut abnehmen lassen.

Der Zusammenbruch des Völkerrechts

So sehr der demokratische „ideelle Gesamtimperialismus" danach lechzt, die euphemistisch benannte demokratische „Völkergemeinschaft" oder „Staatengemeinschaft" auf weltkapitalistischer Grundlage wieder herzustellen, er muss sich doch der praktischen Unmöglichkeit dieses Verlangens stellen und entsprechend reagieren, also sich in die Anomie hineinziehen lassen und selber anomisch handeln. Auch dies ist an der Entwicklung der Weltordnungskriege seit Anfang der 90er Jahre deutlich abzulesen. Der Golfkrieg 1991 gegen die irakische Annexion Kuweits wurde noch ganz im Namen des sogenannten Völkerrechts, der unantastbaren staatlichen Souveränität und „territorialen Integrität" geführt. Offiziell wurde das in der UNO zusammengefasste System der souveränen Nationalstaaten gegen die „Einmischung" eines Usurpators verteidigt, obwohl diese Legitimation schon damals den Verhältnissen nicht mehr entsprach; denn das Emirat Kuwait hatte von Haus aus noch nie etwas anderes als die Karikatur eines modernen Staates gebildet, und das Regime von Saddam Hussein war bereits das Verwesungsprodukt einer gescheiterten Modernisierung.

Mit dem NATO-Angriff auf das Restjugoslawien von Milosevic wurde diese Legitimation fallen gelassen. Der demokratische Gesamtimperialismus verzichtete auf das Mandat der UNO und erkannte schon damit seine eigenen Prinzipien nicht mehr an. Dem entsprach der offene Bruch des Völkerrechts durch den Angriff auf einen de jure souveränen Staat, der sich seinerseits keiner Verletzung fremder Souveränität schuldig gemacht hatte. Der moralisierende Verweis auf angebliche und wirkliche Greueltaten innerhalb der jugoslawischen Staatsgrenzen, also im Rahmen der Souveränität, ist sowohl heuchlerisch als auch sachlich haltlos. Heuchlerisch, weil natürlich brutalste Repression und Greueltaten zur Logik der Souveränität schon immer gehört haben wie das Gift zu den Borgias, und vergleichbare Geschehnisse tagtäglich bei befreundeten Souveränen am Rande der Auflösung (zum Beispiel in der Türkei) zu verzeichnen sind, ohne dass die Demokratien dabei auch nur im Traum an bewaffnete „humanitäre Interventionen" dächten.

Sachlich haltlos ist das Argument, man dürfe nicht formales Recht über die (angebliche) Hilfe für bedrängte Menschen stellen, weil das Recht überhaupt, also auch das Völkerrecht, an sich formal ist und nichts anderes sein kann. Wenn das subjektive moralische Urteil, für das es keinen Richter gibt, einfach unmittelbar zur legitimatorischen Instanz eines gewaltsamen Handelns gemacht wird, dann lässt sich damit jeder Rechtsbruch rechtfertigen. In der heutigen Situation ist es nur das unfreiwillige Eingeständnis der herrschenden Macht, dass das ihr zugehörige, auf dem System von abstrakter Arbeit und kapitalistischer Verwertung beruhende Rechtssystem gegenstandslos wird und objektiv verfällt.

Das Dilemma, wenn es denn eines wäre, verweist höchstens auf den Gewaltkern des Rechts als solchen, das allerdings nicht aus moralischen Gründen in die Welt gekommen ist, sondern immer schon als Regularium von repressiven Fetischverhältnissen. Die selber schon an offene Irrationalität heranreichenden „Interessen" des demokratischen Sicherheits- und Ausgrenzungs-Imperialismus haben mit der „humanitären Hilfe" durch Bomben natürlich keine Befriedung erreicht, sondern nur ihrerseits Tod und Zerstörung verbreitet, gleichzeitig aber mit dem Kosovo-Krieg erstmals ganz offen die eigenen Prinzipien mit Füßen getreten. Das ist selbst von den im moralisierenden Sinne wohlwollenden Kommentatoren nicht unbemerkt geblieben: „Mit ihrem Angriff am 24. März hat die Nato einen Krieg begonnen, der sie und die internationalen Beziehungen grundlegend verändern wird. Niemals zuvor hat die Nato gewaltsam in einen Bürgerkrieg eingegriffen, einen souveränen Staat angegriffen, und niemals zuvor hat sie die Vereinten Nationen bei einer Entscheidung von solcher Tragweite ausgeschlossen... Die Souveränität eines Staates ist nicht länger unantastbar" (Hamilton 1999).

Vorsichtige Kritik von Juristen angesichts eines derart eklatanten Bruchs mit den Grundlagen von Staatlichkeit und Völkerrecht konnte nicht ausbleiben. So äußerte sich die Inhaberin des Lehrstuhls für Europarecht an der Universität Freiburg mit entsprechender Distanz: „Insgesamt sind... die Bestrebungen zur allgemeinen Anerkennung des ‚Rechts' auf eine humanitäre Intervention mit Skepsis zu beurteilen... Dies liefe letztlich auf eine Art ‚extra-konstitutionelles Notrecht' hinaus, das jedenfalls an die Voraussetzungen der Entscheidungsunfähigkeit des Sicherheitsrates, des Vorliegens einer imminenten und großen Gefahr für den Weltfrieden beziehungsweise für fundamentale Menschenrechte und an das Verhältnismäßigkeitsprinzip gebunden wäre. Allerdings unterscheidet sich die Situation in Kosovo kaum von derjenigen in anderen Staaten – man denke etwa an Indonesien, an die Türkei oder an gewisse Regionen Indiens (Kaschmir) –, so dass zumindest eine ‚Ausnahmesituation' nicht vorlag. Auch gravierende Verletzungen der Menschenrechte kommen (leider) nur allzu häufig vor; eine sich darauf gründende Berechtigung zum einseitigen Eingreifen mit Waffengewalt würde militärischen Aggressionen Tor und Tür öffnen... Mit diesen skeptischen Bemerkungen sollen nicht etwa die Menschenrechtsverletzungen in Kosovo in irgendeiner Form verharmlost werden; es ist aber nicht zu verkennen, dass der Eingriff der Nato... die Grundprinzipien des modernen Völkerrechts, das auf dem Verbot der einseitigen Gewaltausübung beruht, erschüttert und letztlich wieder die Figur des ‚gerechten Krieges' einführt..." (Epiney 2000).

In der Tat führt die moralische Rechtfertigung, die selber mit der bestehenden Staatsordnung bricht, auf das Konstrukt des „gerechten Kriegs", das keinerlei objektiver Begründung fähig ist und daher willkürlich herangezogen werden kann, was unter den Bedingungen kapitalistischer Kriegsmacht nur auf die Moralisierung der schäbigsten Motive hinauslaufen kann. Im Fall des Kosovo-Krieges war es zum einen das Ziel einer Eindämmung der Migrationsströme, das mit dem Begriff der „humanitären Intervention" bemäntelt wurde; zum andern aber diente die von der NATO selbstherrlich vollzogene Definition des Milosevic-Regimes als eines außerhalb der „Staatengemeinschaft" stehenden Unstaates dazu, ein Exempel für den Bruch des bisherigen Völkerrechts zu statuieren und die UNO als Repräsentanz der bisherigen Staatenwelt zu degradieren.

Diese Tendenz steht auch im Zusammenhang mit der Orientierung auf eingezäunte „Ethno-Zoos" in den Krisenregionen, die nicht mehr mit dem staatlichen Souveränitätsprinzip vereinbar sind. Schon einige Jahre vor dem Kosovo-Krieg gab es hinsichtlich des Irak ähnliche Überlegungen: „1996 legte das Massachusetts Institute of Technology (MIT) einen programmatischen Entwurf für die Umorientierung der US-Außenpolitik vor, der das Festhalten an der territorialen Integrität als verheerenden Fehler und ‚schlimmsten Konservatismus' kritisierte. Der Entwurf, der für den Irak eine ‚ethnische' Teilung fordert, geht davon aus, dass die Ziele der US-Politik im Nahen Osten nur über das ‚Selbstbestimmungsrecht der Völker' zu erreichen seien" (Uwer/von der Osten-Sacken 1999).

Das strategische Spiel mit der ethnischen Identitätspolitik im Rahmen sicherheits- und ausgrenzungsimperialer Zwecke legt einen Sprengsatz an das gesamte System der souveränen „Staatengemeinschaft"; es ist die Preisgabe des eigenen Prinzips als Notmaßnahme, ohne zu realisieren, dass damit der Zweck dieser Notmaßnahme selber dementiert wird. Dieses unfreiwillige Eingeständnis, dass es mit der Welt von Souveränität und „territorialer Integrität" zu Ende geht, ist nach dem 11. September noch deutlicher geworden. Inzwischen nimmt die US-Regierung in dieser Hinsicht kaum noch ein Blatt vor den Mund: „US-Verteidigungsminister Donald Rumsfeld prüft, El-Kaida-Kämpfer auch außerhalb Afghanistans in geheimen Militäraktionen ergreifen oder töten zu lassen. Spezialtruppen könnten bei der Fahndung in Ländern aktiv werden, mit denen sich die USA nicht im Krieg befänden, berichtete die ‚New York Times' am Montag unter Berufung auf Vertreter des Verteidigungsministeriums. Die Pläne sähen vor, in einigen Ländern auch ohne Information der dortigen Regierungen vorzugehen" (Handelsblatt, 13.8.2002).

Damit nicht genug, tendieren die USA mit fortschreitender Degradation der UNO und zunehmender Willkür beim Bruch des Völkerrechts im Namen der „Terrorbekämpfung" gleichzeitig dazu, auch die eigenen NATO-Verbündeten nicht mehr zu informieren und Alleingänge zu veranstalten, obwohl die Truppen der anderen NATO-Staaten in die globalen, längst über die NATO-Charta hinausgehenden „Befriedungsaktionen" bis zur Überbeanspruchung eingebunden sind; und sei es nur zwecks Hilfestellung und Flankierung der US-Operationen. Darin zeigt sich abermals die Dialektik der systemischen Selbstzerstörung in Form des zerreißenden Selbstwiderspruchs zwischen kapitalistischem Universalismus und kapitalistischem Partikularismus, zwischen Globalisierung und Nationalstaat.

Die Missachtung der Souveränität im Namen der Souveränität wirft die USA auf eine unmöglich durchzuhaltende nationale Weltherrschaftslogik im Widerspruch zur transnationalen Entwicklung zurück. Die beanspruchte universelle Geltung der nicht mehr reproduktionsfähigen kapitalistischen Kriterien kann nur in der Form ihres Gegenteils als nationaler Souveränitätsanspruch der USA über die Welt erscheinen. Da eine universelle politische Instanz dem Begriff des Politischen nach nicht herzustellen ist, muss sich der demokratische Imperialismus in diesem Widerspruch bewegen: Der „ideelle Gesamtimperialismus" zerfällt immer wieder in die partikulare nationalstaatliche Macht der USA als letzter Weltmacht einerseits und die restliche Staatenwelt oder deren Zersetzungsprodukte andererseits, ohne sich jedoch in der nationalen US-Form darstellen zu können, weil die Logik nationaler Ausdehnungsmacht sinnlos geworden ist.

Das Resultat dieses prozessierenden Widerspruchs kann zuletzt nur sein, dass die Souveränität auch der USA zusammenbricht, sowohl nach innen als auch nach außen, sowohl im Zuge der Finanzkrise als auch im Zuge der weltpolizeilichen militärischen Misserfolge gegen letztlich ungreifbare Feinde jenseits des Interessenkalküls. Nach wie vor gilt die absolute Überlegenheit der US-Hightech-Militärmaschine gegenüber allen herkömmlichen territorialen, staatlichen Armeen. Aber weder die sub- noch die metastaatlichen Akteure des Terrors und der anomischen Gewalt sind dadurch auf Dauer zu erreichen und auszuschalten. Es ist nur eine Frage der Zeit, bis aus dem Dunkel dieser Zusammenhänge nicht nur der nächste Terrorschlag die USA im Inneren erschüttert, sondern auch irgendein größeres Aggregat des empfindlichen Hightech-Apparats (zum Beispiel einer der Flugzeugträger) spektakulär vom Zufallstreffer irgendeines Selbstmordkommandos mit primitiven Mitteln ereilt wird.

Selbst wenn ein solcher Verlust nach herkömmlichen Kriterien rein militärisch nicht entscheidend ins Gewicht fiele, wäre doch die symbolische, demoralisierende Wirkung vermutlich noch größer als nach dem 11. September und der Anfang vom Ende der demokratischen Weltpolizei. Vom Standpunkt der Kritik und Emanzipation gäbe es darüber allerdings nichts zu frohlocken, weil dabei nichts befreit würde, sondern nur das unheilvolle Zusammenspiel von systemischen Zwangsverhältnissen und deren anomischer Zersetzung in ein neues Stadium träte.

Das Bündnis mit den postsouveränen Mächten

Die Preisgabe des Souveränitätsprinzips macht sich allerdings schon jetzt nicht nur daran bemerkbar, dass die USA und der demokratische Gesamtimperialismus systematisch die Souveränität und „territoriale Integrität" von mehr und mehr unliebsamen Staaten in den Krisenregionen missachten, sondern auch umgekehrt daran, dass sie notgedrungen immer mehr sub- und poststaatliche Barbarisierungsgebilde qua „Verhandlungen" anerkennen. Nicht nur die in die Enge getriebenen Krisenstaaten der Peripherie müssen mit ihren inneren Barbarisierungsprodukten jenseits der Souveränität prekäre Beziehungen von gleich zu gleich aufnehmen, sondern auch das demokratische Imperium selbst.

Es fängt schon damit an, dass sämtliche diffusen und wechselnden Hauptfeinde Nr. 1 der heutigen Situation in den vergangenen Jahren und Jahrzehnten Bündnispartner, Subalterne, Agenten und gekaufte Kreaturen der demokratischen Staaten und insbesondere der USA waren. Das gilt nicht nur für das Regime von Saddam Hussein, das vom Westen gegen den iranischen Gottesstaat mit Waffen überhäuft und mit Geheimdienst-Informationen liebevoll versorgt worden war, sondern auch für die Taliban, die von den USA bis zuletzt als möglicher Hoffnungsträger westlicher Interessen ausgerüstet und gepäppelt wurden, ja sogar für die schillernde Figur Bin Laden, der längst als ehemaliger CIA-Agent geoutet ist. Auch darin besteht ein wichtiger Unterschied zur nationalimperialen Vergangenheit von Macht und Gegenmacht. Die sub- und metastaatlichen Un-Mächte haben sich auch der Personage nach weder als Ableger einer imperialen Gegenmacht noch aus neuen sozialen Zusammenhängen gebildet, sondern sie sind bis aufs Unterhemd Zerfallsprodukte der Souveränität und der Weltpolizei selbst, Schreckensgeburten aus deren eigenen Verstrickungen und unappetitlichen Machenschaften.

Dabei kann es gar nicht so sehr um moralische Verurteilungen gehen, als vielmehr um den sachlichen Gehalt und die immanente Logik dieser Entwicklungen, insofern dabei die Mächte der Souveränität ungewollt das Ende der Souveränität selber herbeiführen. Rein faktisch sind diese Zusammenhänge längst aufgedeckt, etwa in einer Untersuchung der französischen Journalisten Jean-Charles Brisard und Guillaume Dasquie über „Die verbotene Wahrheit", nämlich „die Verstrickungen der USA mit Osama bin Laden" (Brisard/Dasquie 2002). Analytisch und theoretisch ist dieses Buch ohne jeden Wert und wohl auch ohne Anspruch; es beschreibt lediglich in ermüdender epischer Breite die zahllosen Verquickungen, Geschäfts- und Interessenbeziehungen, diplomatischen und geheimdienstlichen Techtelmechtel usw., die zwischen den USA und den übrigen Westmächten einerseits und zwielichtigen saudischen Prinzen, den Taliban und Osama bin Laden andererseits bestanden haben oder noch bestehen.

Es kann gar keinen Zweifel geben, dass nicht allein bin Laden ein Geschöpf der USA aus den letzten Zügen des Kalten Krieges ist, als in Afghanistan sämtliche Gotteskrieger im Kampf gegen die sowjetische Besetzung gehätschelt und gepäppelt wurden. Ohne US-Hilfe wäre auch der Siegeszug der Taliban nicht möglich gewesen, die sich seit 1995 „mit dem Segen und den Petro-Dollars Saudi-Arabiens und dem Wohlwollen des amerikanischen State Departments anschickten, die Macht in Kabul zu übernehmen... Der Aufstieg dieser ‚Koranschüler' ... war untrennbar mit den Interessen der Erdöl- und Gaskonzerne in dieser Region verbunden" (Brisard/Dasquie, a.a.O., 24 ff.). Im Erdöl- und Bausektor bestanden sogar Verbindungen zwischen den Familien Bush und bin Laden: „1987 trat ein obskurer saudi-arabischer Geldgeber namens Abdullah Taha Bakhsh als Teilhaber in eine texanische Erdölgesellschaft ein, die von einem gewissen George Bush gegründet und von 1986 bis 1993 von seinem Sohn George W. Bush geleitet wurde. Diese Transaktion diente dazu, neues Kapital in die Firma einzuschießen, die schwierige Zeiten durchmachte..." (Brisard/Dasquie, a.a.O., 177 f.). Und der Investor war natürlich seinerseits in Beziehungen eingebunden, die bis zu Osama bin Laden reichten.

Die schlichte Botschaft, die Brisard/Dasquie mit solchen Geschichten verkünden wollen, besteht in der Anprangerung einer Logik, in der Ölinteressen und Staatsraison selbst vor Verstrickungen nicht zurückschrecken, die bis in die Höhlen und Abgründe des Terrorismus reichen. Die selbsternannten Moralisten realisieren dabei gar nicht, dass in immer größeren Teilen der Welt gar keine andere Möglichkeit mehr besteht, als mit den postsouveränen Mächten aus den „terrae incognitae" zu verhandeln, sich auf wechselnde Bündnisse mit ihnen einzulassen usw., weil eben gar keine Souveränität mehr besteht oder sie in Auflösung begriffen ist. Der demokratische Gesamtimperialismus war selbst vor der europäischen Haustür im ehemaligen Jugoslawien nicht in der Lage, in allen Teilen die Souveränität zu rekonstituieren; vielmehr hat er sich nur dauerhaft Protektorate eingehandelt, aus denen nicht einmal mehr die Karikatur eines Staates werden kann.

Noch viel weniger wird es in Afghanistan gelingen, zur staatlichen Souveränität zurückzukehren. Dort sind noch nicht einmal NATO-Besatzungstruppen an die Stelle der „Bürgerkriegs"-Kombattanten getreten, sondern die westlichen Truppen können in dem Land überhaupt nur operieren, weil sie einheimische Banden und Gotteskrieger als Scouts, Kampftruppen und postpolitische Bündnispartner auf ihrer Seite haben. Genauer gesagt: Die USA mussten sich mit eben den postsouveränen Kriegsherren verbünden, gegen die sie vorher mit den Taliban paktiert hatten, und die um keinen Deut weniger islamisch-fundamentalistisch als diese sind. Es waren gerade die jetzt zu „demokratischen Ehren" aufgestiegenen Mordbrenner-Banden der sogenannten Nordallianz gewesen, die ein zersplittertes Schreckensregiment des Mordes, der Plünderung und Vergewaltigung ausgeübt hatten, dem gegenüber der archaisierende Asketismus der Taliban fast schon als „Ordnungsmacht" wirken konnte.

Dass jetzt Mädchen- und Polizeischulen eröffnet werden, ist nichts als demokratisch-imperiale Propaganda. In Wirklichkeit mussten die USA die barbarischen Warlords kaufen, die nicht entwaffnet werden und sich jederzeit gegen ihre jetzige „Schutzmacht" wenden können. Die Karzai-Regierung ist ebenso bloße Fassade wie das „zivile" Wohlverhalten der Nordallianz und ihrer Banditenhaufen, das sich sowieso auf die Hauptstadt Kabul und einige für die westlichen Medien inszenierte Schauläufe „demokratischen Aufbaus" beschränkt. Es ist nicht einmal eindeutig auszumachen, ob die diversen Kriegsherren der Nordallianz nun Hilfstruppen der westlichen Intervention oder nicht vielmehr umgekehrt die westlichen „Befriedungs"-Kontingente Hilfstruppen der postsouveränen Gottes-, Ethno- und Clankrieger sind; eine Entwicklung, die ganz offensichtlich indirekt durch den 11. September in Gang gesetzt wurde und aus der Unfähigkeit der territorial strukturierten imperialen Macht resultiert, der deterritorialisierten Macht von Al Kaida adäquat entgegenzutreten.

Die eigentliche militärische Potenz der USA besteht in Afghanistan wie anderswo in der absoluten Luftüberlegenheit, was jedoch im Bodenkrieg (besonders bei einem Gebirgsterrain wie in Afghanistan) wenig nutzen würde, wenn es das Bündnis mit den Kräften der postsouveränen Barbarei nicht gäbe. Nach einigen Berichten ist es bereits vorgekommen, dass bestimmte Warlords mit Erfolg den US-Luftwaffeneinsatz gegen benachbarte Rivalen angefordert haben, unter der Vorspiegelung, es handle sich um soeben „entdeckte" Taliban- oder Al-Kaida-Verbände. Umgekehrt haben die ungenauen Bombardements der US-Luftwaffe gegen vage „vermutete" Al-Kaida-Kämpfer bereits derart verheerende „Kollateralschäden" angerichtet (mehr als einmal wurden sogar dörfliche Hochzeitsgesellschaften mit Raketen und Bomben angegriffen), dass die US-Besatzungsmacht in vielen Gegenden längst ebenso verhasst ist wie zuvor die sowjetische.

Hinzu kommt, ebenso wie in den anderen Protektoraten, das Fehlen jeder ökonomischen Basis. Die Hilfsgelder bleiben in der versprochenen Höhe ebenso aus wie auf dem Balkan oder in anderen Krisenregionen; und sie würden natürlich auch nichts ausrichten. Noch nicht einmal die sekundäre Zombie-Ökonomie des „humanitär-industriellen Komplexes" kann in Afghanistan als flächendeckendes System entstehen, weil die westlichen „Helfer" außerhalb der wenigen Zentren den Attacken verwilderter Kämpfer und Banditen ausgesetzt sind. Das macht einen qualitativen Unterschied etwa zu Bosnien oder dem Kosovo aus, wo (zumindest vorerst) die NATO-Besatzungsmacht weitgehend das Gewaltmonopol übernommen hat, ohne eine neue „innere" Souveränität konstituieren zu können. In Afghanistan dagegen kann auch kein äußeres Gewaltmonopol mehr hergestellt werden; die USA und ihre westlichen Auxiliartruppen müssen mit den postsouveränen Mächten kooperieren, was jedoch die Implementierung von Zonen des „humanitär-industriellen Komplexes" im großflächigen Hinterland unmöglich macht.

Und so droht der aus Pakistan zurückströmenden Millionenmasse der Flüchtlinge eine verheerende Hungersnot. Die westlichen Medien haben dann wieder einmal Gelegenheit, ihr Publikum an einer „humanitären Katastrophe" aufzugeilen, deren (welt)gesellschaftlicher Bedingungszusammenhang ausgeblendet bleibt; nur dass diesmal nach dem Ende des Taliban-Regimes auf die Schnelle wahrscheinlich kein neuer Generalbösewicht ausgerufen werden kann.

Weil es keinerlei Grundlage für einen gesellschaftlichen Verwertungsprozess des Kapitals mehr gibt, kann natürlich auch die dazugehörige Souveränität und „territoriale Integrität" nicht mehr hergestellt werden; in Afghanistan noch viel weniger als in Bosnien und im Kosovo. Das Bündnis mit den postsouveränen Mächten der Deterritorialisierung kann nur die Fortsetzung der anomischen Verhältnisse in anderer Gestalt sein. Vermutlich wird der „Präsident" Karzai ebensowenig im Bett sterben wie sein demokratisch geföhnter Schönlingskollege Djindjic am anderen Ende der Welt.

Die Privatisierung des Gewaltmonopols

Die letzte Weltmacht und ihre westlich-demokratischen Subalternen treiben den Bankrott ihres eigenen politischen Prinzips aber nicht nur nach außen, sondern auch nach innen bis in ihren eigenen Körper hinein voran. Und auch das liegt in der Natur der Sache, das heißt der zunehmenden Unfähigkeit zur kapitalistischen Reproduktion der Gesellschaft. Die direkten politisch-juristischen und die indirekten Zugeständnisse an den rassistischen Mob der Demokratien enthalten Elemente einer schrittweisen Preisgabe der Souveränität; etwa wenn eine partielle Kontrolle der ausländerfeindlichen, rassistischen Banden über bestimmte Stadtviertel oder Gemeinden durch kaum noch geahndete Gewalttaten zugelassen wird: „Das Problem liegt ... darin, dass es der postfordistischen Demokratie gelingt, solche Tendenzen zu integrieren, die außerhalb der geschützten Metropolen das Gewaltmonopol unterminieren" (Scheit 2000, 64).

Soweit die indirekte, gewissermaßen osmotisch vermittelte Delegation von „Aufgaben" des demokratischen Ausgrenzungsimperialismus an den Mob und die Killerkids als eine Art „Outsourcing des Staates" bezeichnet werden kann, handelt es sich aber weniger um eine „Integration" als vielmehr um eine partielle (geduldete) Desintegration, eine partielle Preisgabe der Souveränität. „Integrativ" wäre die Verwandlung von Schlägerbanden in offizielle, vom Staat ausgestattete Bürgerwehren oder eben anderseits ihre Rückverwandlung in Staatsbürger, die das Gewaltmonopol anerkennen. Ein „ausgelagertes" Gewaltmonopol aber ist keines mehr. Im Widerspruch von offizieller Verurteilung und inoffizieller Duldung des Mobs durch den demokratischen Staatsapparat macht sich der Zerfallsprozess der Souveränität geltend, nicht eine neue negative Qualität der Reaggregierung souveräner Gewalt. Das „Outsourcing des Staates" ist nichts anderes als die Selbstauflösung des Staates in die verflüssigte, postsouveräne Gewalt.

Das wird noch viel deutlicher, wenn es nicht mehr allein um staatliche Zugeständnisse an die spontane Gewalt des rassistischen Mobs geht, sondern um die ganz offizielle „Privatisierung" von Teilen des Staatsapparats selbst. Nicht nur die gesellschaftliche, vom Staat betriebene Infrastruktur von Verkehrs- und Kommunikationssystemen, Gesundheitswesen, Ausbildung usw. bis zur Wasserversorgung wird an private Unternehmen verkauft oder verpachtet, sondern auch Teile des Verwaltungs- und zuletzt eben auch des Gewaltapparats. Der Übergang von der traditionellen Staatsbürger-Armee zu professionalisierten Weltpolizei-Truppen hat auf leisen Sohlen auch im Westen längst die Schwelle zum privaten Gewalt-Unternehmertum überschritten: „Die Mächtigen in Politik und Wirtschaft kaufen sich Söldner und eigene Truppen, das

Gewaltmonopol der Staaten zerfällt... Die Expansion dieser Anbieter ordnet sich in einen übergreifenden Trend der Privatisierung militärischer Dienstleistungen, besonders von Militärhilfe, ein, den die führenden westlichen Militärmächte schon während des Kalten Krieges eingeleitet haben. Vor allem die militärische Unterstützung der arabischen Erdölproduzenten wurde zu großen Teilen von privaten Unternehmen abgewickelt. Mit dem Ende des Kalten Krieges haben vor allem die USA die Ausführung ihrer Militärhilfe verstärkt an private Dienstleistungsunternehmen vergeben. MPRI (Military Professional Resources Incorporated) ist das größte und bekannteste dieser Unternehmen. Es wird von hochrangigen ehemaligen Beamten des Pentagon und Offizieren geführt. Zusätzlich zu den lukrativen Verträgen, u.a. die Streitkräfte in Kroatien und Bosnien auszubilden, hat MPRI nunmehr auch die Ausbildung des inländischen Schulmilitarisierungsprogramms ROTC (Ausbildungskorps für Reserveoffiziere) übernommen. In Großbritannien ist die Privatisierung militärischer Aufgaben ebenfalls weit vorangeschritten und wird mit Hilfe der PFI (Private Finance Initiative) konzeptionell weiterentwickelt" (Lock 1998).

Nicht nur Gefängnisse und Konzentrationslager des demokratischen Gulag werden also privatisiert, sondern auch militärische Sektoren des demokratischen Gewaltapparats, und damit aus dem Gewaltmonopol des Souveränitätsprinzips entlassen. Inzwischen ist die Zahl und der Umsatz der privaten Sicherheits- und Militär-Dienstleister binnen weniger Jahre sprunghaft angewachsen. Dazu gehört zum Beispiel die zwielichtige britische Söldneragentur Sandline International mit ihrem zugeknöpften Geschäftsführer Michael Grunberg: „Menschenrechtler beschuldigen die Firma, sich am Elend in der Welt zu bereichern, so im vom Bürgerkrieg zerrütteten westafrikanischen Sierra Leone, wo Sandline 1998 in eine Waffenlieferung verwickelt war, die gegen ein UN-Embargo verstieß. Den Bedenken zum Trotz eröffnen die Jagd auf Terroristen, die weltweiten Militäraktionen westlicher Staaten, ein möglicher neuer Irakkrieg und das Sicherheitsbedürfnis internationaler Konzerne militärischen Dienstleistern glänzende Aussichten. Sandline berät, trainiert Streitkräfte, führt Truppen ins Gefecht oder kämpft selbst mithilfe eigener Söldner, die die Agentur pro Auftrag rekrutiert. Aus diesem Pool von Freiberuflern schöpfen auch Sicherheitsfirmen, die in afrikanischen Krisenregionen Ölquellen und Minen bewachen... Die Klientel, für die sich Grunberg derzeit besonders interessiert, residiert nicht in Afrika, sondern am New Yorker East River und in den Hauptstädten des Westens. Grunberg will die ganz großen Deals, will mit den Vereinten Nationen und den Regierungen ins Geschäft kommen. ‚Private Military Companies' (PMCs) wie Sandline hoffen auf hohe Honorare für Peacekeeping- und Beobachtungsmissionen wie auf dem Balkan, für die Ausbildung verbündeter Armeen etwa in Afghanistan und für Militäreinsätze im Auftrag von Industriestaaten, die ihre eigenen Rekruten nicht in Krisenregionen schicken wollen. Die Spanne solcher Dienstleister reicht von kämpfenden Söldnerfirmen über Beratungs- und Ausbildungsagenturen über technische und logistische Unterstützung bis zu Wachfirmen auf dem boomenden Markt für Unternehmenssicherheit – insbesondere in der Öl- und Bergbaubranche... Die Lobbyarbeit scheint Früchte zu tragen. Der britische Außenminister Jack Straw sprach sich im Februar mit einem Gesetzesvorschlag für den Einsatz ‚starker und renommierter' PMC im Auftrag der Vereinten Nationen aus. Sie, so Straw mit diskretem Nicken in Richtung der britischen Anbieter, könnten den UN helfen, ‚schneller und effektiver auf Krisen zu reagieren'. Das außenpolitische Komitee des britischen Unterhauses billigte Militärfirmen Anfang August gar eine ‚legitime Rolle' bei der Stabilisierung von Krisengebieten zu..." (Schaudwet 2002).

Es ist geradezu bilderbuchartig, wie auch in dieser Hinsicht die Moderne zurückfällt in ihre Vorvergangenheit: Der Gewaltapparat der nationalstaatlichen Souveränität löst sich schubweise in private Söldnerarmeen auf, wie sie von den „Militärdienstleistern" angeboten werden. Diese systematische, von oben betriebene Auflösung des Gewaltmonopols ist noch bedeutsamer als die spontane von unten. Da derartige kommerzielle Militäragenturen ebensowenig auch nur die geringste gesellschaftspolitische Perspektive haben wie die Clan- und Selbstjustiz-Milizen, ist ihre Verwandlung in ziel- und willenlose Mordbrenner-Banden bei fortgeschrittenen Krisenverhältnissen (etwa, wenn sie von ihren Auftraggebern nicht mehr bezahlt werden können) ebenso sicher.

Der moralische Verschleiß der Institutionen und die Korrumpierung des demokratischen Nomos

Auf derselben Linie einer Auflösung und anomischen Verflüssigung der Souveränität liegt natürlich auch die fortschreitende Korruption in der Politik und in sämtlichen Staatsapparaten, die sich ebenso in den kapitalistischen Unternehmen (wie zum Beispiel die Bilanzfälschungsskandale zeigen) und überhaupt im zivilen Alltag ausbreitet. In demselben Maße, wie der kapitalistische Verwertungsprozess an seine innere Grenze stößt und damit die Definition der Bevölkerung als Arbeitsmaterial der Betriebswirtschaft hinfällig wird, zersetzt sich notwendigerweise nicht nur der politische Rahmen der Souveränität, sondern das gesamte gesellschaftliche Regelwerk erliegt einem „moralischen Verschleiß".

Was von den postmodern-kulturalistischen Apologeten des Kapitalismus einem subjektiv vermittelten „institutionellen Mangel" zugeschrieben wird, ist der objektive Verschleiß der ihres systemischen Sinnes beraubten Institutionen selbst. Wenn das sozioökonomische, politische und bürokratische Regelwerk auf allen Ebenen leer zu laufen beginnt, verlieren sämtliche Gesetze, Vorschriften, Kontrollmechanismen, Wertmaßstäbe, moralischen Instanzen und Umgangsformen die Kraft ihrer Gültigkeit, weil diese an den gesellschaftlichen Inhalt der Wertsubstanz und damit der Arbeitssubstanz gebunden war. Wird diese ungültig, so wird es auch der dazu gehörige Nomos, was sich als dessen Korrumpierung ausdrückt.

Den Beweis dafür liefert die unaufhaltsam anwachsende Korruption in den demokratischen Zentren selbst; denn hier kann nicht mehr vorgeschützt werden, das Fehlen des institutionellen Rahmens verhindere eine gelingende Marktwirtschaft. Vielmehr wird augenfällig, dass es die Entsubstantialisierung der gesellschaftlichen Grundform selbst ist, die den Verfall der im Westen ja keineswegs fehlenden institutionellen Rahmenbedingungen nach sich zieht. Wie das Gewaltmonopol, so verflüssigt und zersetzt sich auch der bürgerliche Begriff von Recht und Gerechtigkeit, wenn der Himmel der Souveränität einstürzt. Der politisch-ökonomische Substanzverlust zieht den moralischen nach sich. Die säkularisierte Religion von „Arbeit" und Beschäftigung, Lohn und Leistung, Staat und Demokratie, Recht und Gerechtigkeit mag offiziell noch so laut beschworen werden, in Wirklichkeit glauben daran nicht einmal mehr ihre eigenen Priester. Und weil niemand mehr an die Substanz des Kapitalverhältnisses glauben kann, fühlt sich auch keiner mehr an das entsprechende Regelwerk gebunden. Der Nomos einer Gesellschaftsformation kann nie allein durch repressive Gewalt am Leben erhalten werden; er bedarf des Glaubens, der wiederum seinerseits nicht ohne gesellschaftliche Substanz lebensfähig ist.

Die Korrumpierung des kapitalistischen Nomos auf der Verfallslinie der Souveränität setzt sich ebenso ungleichzeitig durch wie seine ursprüngliche Konstitution. In der Momentaufnahme dieses Prozesses am Beginn des 21. Jahrhunderts ist der alte Abstand zwischen Zentrum und Peripherie scheinbar unverändert; allerdings ist es jetzt kein Abstand im Grad der Entwicklung mehr, sondern nur noch ein Abstand im Grad des Verfalls. Immerhin ist den demokratischen Repräsentanten wie Bush, Blair oder Schröder bislang noch nicht die persönliche Beteiligung an kannibalistischen Riten vorgeworfen worden, ebensowenig wie sich bislang etwa die Polizei von New York, London oder Berlin in eine Nacktarsch-Brigade verwandelt hat. Der Westen befindet sich heute ungefähr auf der Höhe des Korruptions- und Barbarisierungs-Standards von Afrika oder Ostasien in den 70er Jahren.

Der Elias´sche „Zivilisationsprozess" schlägt – gemessen an seinem eigenen Begriff – um in einen irreversiblen Prozess der Entzivilisierung, als dessen nationalimperiale, noch ins Gehäuse der Souveränität gebannte Verpuppungsform die Nazis angesehen werden können. Dieser Umschlag war schon von Anfang an in der Logik des Kapitalverhältnisses angelegt und hatte sich in seiner Konstitutionsgeschichte wie in seinen Durchsetzungskrisen immer wieder partiell und temporär gezeigt. Deshalb kann der Kapitalismus in Wahrheit auch nicht im positiven Sinne als Zivilisation begriffen werden. Was als kapitalistische Zivilisation bezeichnet wird, war nie etwas anderes als geronnene Barbarei; verfestigt und gewissermaßen eingefroren als Wertsubstanz und Souveränität. Wenn jetzt die Substanz der modernen „Zivilisation" auftaut wie ein aus zehn Kilometer Höhe zu Boden gefallener Fäkalien-Klumpen aus der

Flugzeugtoilette, dann verwandelt sich diese Substanz nicht in etwas ganz anderes, sondern ihre Natur wird enthüllt.

Deshalb ist es auch zwecklos, ein bürgerlich-demokratisches „Zivilisationsrettungs-Projekt" ausrufen zu wollen, um den geronnenen Zustand womöglich wieder herzustellen. Wie auf der Höhe des 3. industriellen Revolution die reale Arbeits- und damit die Wertsubstanz des Kapitals nicht mehr aufgebaut werden kann und somit der Akkumulationsprozess an absolute Grenzen stößt, ebensowenig ist der daraus resultierende Verfall der Souveränität aufzuhalten. Ob nun die demokratischen Weltordnungskrieger im Namen der „Zivilisation" zu Felde zu ziehen beanspruchen und dafür ideologischen Zuspruch von intellektuell demoralisierten und heruntergekommenen Linken erhalten, oder ob umgekehrt linke Kritiker der NATO den „Bruch des Völkerrechts" und die „Verletzung des Souveränitätsprinzips" vorwerfen, um auf vermeintlich alternative Weise ihrerseits jene ominöse „Zivilisation" zu retten, bleibt sich gleich, weil es diese Zivilisation im positiven Sinne einer Emanzipation der Menschheit nie gegeben hat und das, was ideologisch dafür ausgegeben wurde, nämlich die geronnene Barbarei des Kapitals, sich so oder so in seine wahren sozial „fäkalischen" Bestandteile eines Gewaltverhältnisses auflöst.

Das Ende der Souveränität und die juristische Illusion

Dass die demokratischen Repräsentanzmächte des globalen Kapitalismus ihre eigenen Prinzipien mit Füßen zu treten genötigt sind, ist nüchtern zu konstatieren und zu analysieren. Der Beruf der Kritik kann es nicht sein, ihren Gegenstand zu „retten" und ausgerechnet in seiner Agonie zur „Zivilisation" zu verklären. Daran kann sich höchstens erweisen, dass die Kritik eigentlich gar keine war. Schon immer hat ja die Linke bloß die Prinzipien des Kapitalismus in ihrer idealisierten Gestalt gegen den realen Kapitalismus eingeklagt; und diese falsche Immanenz wird nirgends so deutlich wie beim Verfall der politischen Hülle. Ob Linke, Rechte oder Liberale: Alle Denkschulen und intellektuellen Charaktermasken der Modernisierung wollen es nicht wahrhaben, dass die Ontologie ihrer Welt untergeht und ihr Nomos sich auflöst. Krampfhaft bemühen sie sich auch hinsichtlich des Zerfalls der Souveränität, die Tatsachen so lange zu verbiegen und zurechtzuschminken, bis sie wieder als mit einem Fortgang des modernen warenproduzierenden Systems und seiner demokratischen Versachlichung von Herrschaft vereinbar erscheinen.

Die Varianten dieses ideologischen Selbstbetrugs sind eng begrenzt. Viel Phantasie kann nicht bemüht werden, wenn es keinen realen Entwicklungshorizont mehr gibt. Die primitivste Version der Tatsachenblindheit besteht natürlich darin, die Zersetzung der Souveränität schlicht zu leugnen, ihren Begriff einfach beliebig umzudefinieren und seiner Substanz zu entledigen. Genau darin besteht die argumentative

Strategie von Hardt/Negri, die apriorisch und ohne jeden analytischen Beleg gleich zu Anfang ihres Buches „Empire" verkünden: „Der Niedergang der Souveränität von Nationalstaaten bedeutet jedoch nicht, dass Souveränität als solche im Niedergang begriffen wäre. Weiterhin beherrschen in den gegenwärtigen Veränderungen allenthalben politische Kontrolle, Staatsfunktionen und Lenkungsmechanismen den Bereich wirtschaftlicher wie gesellschaftlicher Produktion und Zirkulation. Unsere grundlegende Hypothese ist deshalb, dass Souveränität eine neue Form angenommen hat, sie eine Reihe nationaler und supranationaler Organismen verbindet, die eine einzige Herrschaftslogik eint. Diese neue globale Form der Souveränität ist es, was wir Empire nennen" (Hardt/Negri 2002, 10).

Genauso gut könnte man sagen, dass eine Leiche in Gestalt der sie auffressenden Würmer eine neue Lebensform angenommen hat. Wenn das so ist, dann kann eigentlich überhaupt niemals irgendetwas „im Niedergang begriffen" sein. Aber eine derartige Rabulistik ist in Bezug auf die Souveränität einfach nicht ernst zu nehmen. Alles, was Hardt/Negri zusammenhanglos als Belege ihrer „These" anführen, belegt das genaue Gegenteil. So bildeten etwa die von ihnen umstandslos in die Elemente der angeblichen neuen Weltsouveränität eingereihte UNO und deren diverse Sub-Institutionen nie eine neue transnationale Form, sondern genau umgekehrt nichts als die rein äußere, keinerlei neue Qualität konstituierende Zusammenfassung oder Summe der nationalen Souveränitäten. Eben deshalb wird die UNO in der Krise der Souveränität von den USA und der NATO brüskiert und übergangen oder bloß noch als Aushängeschild benutzt, soweit sie sich legitimatorisch instrumentalisieren lässt. Dasselbe gilt für die ökonomischen supranationalen Institutionen wie Weltbank und IWF. Umgekehrt agieren die von Hardt/Negri gleichfalls ins Feld geführten Zentren des transnationalen Finanzkapitals ebenso wie die globalisierte Betriebswirtschaft der Konzerne eben nicht als Moment einer neuen Souveränität, sondern allein als Moment in der Zersetzung der alten, die von keinerlei „politischer Kontrolle" an die Kandare genommen werden können.

Es kann weder einen Weltstaat noch ein Weltgeld geben, und allein darüber würde sich eine planetarische Souveränität konstituieren, die eine logische und praktische Unmöglichkeit darstellt. Der innerkapitalistische Widerspruch von Universalismus und Partikularismus ist in der kapitalistischen Form unlösbar. Das Weltgeld zum Beispiel kann nur in der Form seines eigenen Gegenteils erscheinen, nämlich des Dollar als nationalem Geld der letzten Weltmacht und ihres nationalökonomischen Bezugsraums. Dasselbe gilt für alle anderen Momente der Souveränität, bis hin zum Gewaltapparat. Nirgendwo hat sich eine transnationale Souveränität konstituiert, was ein Widerspruch in sich wäre, sondern auf allen Ebenen bricht der Gegensatz von deterritorialisierter Transnationalität der Ökonomie und territorialer Nationalität des Souveränitätsprinzips auf.

Dieser innere Widerspruch wird von Hardt/Negri begriffslos in einer beliebigen

Vorstellung von vermeintlich stets zu neuer Souveränität drängender „Machtlogik" oder „Herrschaftslogik" ersäuft. Die völlige Preisgabe des Marxschen Begriffs von Fetischismus der Moderne, die platt positivistische Auflösung der Irrationalität des Kapitalverhältnisses in die Scheinrationalität von puren Willens- und äußerlichen Herrschaftsverhältnissen, die dann ein aus kunterbunten Erscheinungen beliebig zusammengesetztes Muster einer phantasmatischen neuen Souveränität ergeben sollen, geht an der Realität des globalen Krisenkapitalismus völlig vorbei.

Das Motiv dieses postmodernen Positivismus von unbegriffenen Herrschaftsverhältnissen ist der blanke Opportunismus, nämlich die affirmative Illusion, die Krise des modernen warenproduzierenden Systems auf dessen eigenem Boden lösen zu können. Für sämtliche Varianten der postmodernen Ideologie, soweit sie sich oppositionell gerieren, ist es typisch, dass sie sich auf die oberflächlichen „politisch-kulturellen" Erscheinungen beschränken, während die fetischistische Konstitution selbst, die Wert- und damit Warenform der gesellschaftlichen Reproduktion, ebenso völlig ausgeblendet bleibt wie die Logik der geschlechtlichen Abspaltung auf dieser Ebene und die damit verbundene Zerstörungs- und Selbstzerstörungspotenz. Die postmodernen „Macht"-Positivisten sind die letzten historischen Idioten der „Politik" als einer unreflektierten Realkategorie des Kapitalismus. Sie wollen nichts wissen von der logischen und historischen Konstitution des Systems, sondern sich in dessen ontologisierten Formen bewegen; eigentlich im Prinzip nicht anders als die untergegangene Arbeiterbewegung, nur ohne deren historischen Entwicklungshorizont.

Das wird bis zur Peinlichkeit deutlich, wenn Hardt/Negri sich daranmachen, aus dem angeblichen Übergang in die frei erfundene Weltsouveränität des „Empire" so etwas wie programmatische Bestimmungen und Forderungen abzuleiten. Es überrascht kaum, dass sie sich dabei auf die bürgerliche Rechts- und Verfassungsgeschichte berufen, deren Koryphäen (etwa Kelsen) ebenso positiv bemüht werden wie die Größen der bürgerlichen Philosophiegeschichte. Schon allein daran zeigt sich, dass der Boden kapitalistischer Konstitution nicht verlassen wird.

Was dann als Handlungshorizont erscheint, ist gelinde gesagt kläglich: „Was wir… erkennen können, ist ein erster Baustein zu einem politischen Programm der globalen Menge, eine erste politische Forderung: Weltbürgerschaft… Denn diese Forderung besteht in der Postmoderne auf dem grundlegenden modernen Verfassungsprinzip, das Recht und Arbeit (!) miteinander verknüpft und damit dem Arbeiter, der Kapital erschafft, die Staatsbürgerschaft zuerkennt (!)… Das allgemeine Recht, ihre eigenen Bewegungen zu kontrollieren, ist letztlich die Forderung der Menge nach einer Weltbürgerschaft… (Die) Generalität biopolitischer Produktion verdeutlicht eine zweite programmatische politische Forderung der Menge: nach einem sozialen Lohn und nach einem garantierten Einkommen für alle… Die Forderung nach einem sozialen Lohn erweitert die Forderung, dass jede für die Kapitalproduktion nötige Tätigkeit durch gleiche Kompensation Anerkennung findet (!), auf die gesamte Bevölkerung, so dass ein sozialer Lohn letztlich ein garantiertes Einkommen darstellt. Und da die staatsbürgerlichen Rechte allen zustehen, können wir dieses garantierte Einkommen als Bürgereinkommen bezeichnen, das jedem als Mitglied der Gesellschaft zusteht... Das Programm des gesellschaftlichen Arbeiters ist ein Verfassungsprojekt. In der heutigen Produktionsmatrix kann die konstituierende Macht der Arbeit folgende Ausdrucksformen annehmen: als Selbstverwertung des Menschen (gleiches staatsbürgerliches Recht für alle im gesamten Bereich des Weltmarkts)... sozusagen absolute Demokratie in Aktion" (Hardt/Negri, a.a.O., 406 f., 409 f., 416).

Diese Ansammlung von naiven frommen Wünschen einer Milchmädchen-Utopie, die sich anhört, als würde ein Schulkind lustlos die Kurzfassung aller kleinbürgerlichen und proletarischen Illusionen der letzten zweihundert Jahre über einen „gerechten Kapitalismus" aufsagen, kommt einer intellektuellen Selbsthinrichtung der Autoren gleich. Unfreiwillig geben sie das jammervolle kleine Geheimnis ihrer rhetorische Blasen bildenden Sprache und ihrer akademischen Betulichkeit preis: nämlich dass nichts dahinter ist als die abgedroschenste Phrase des bürgerlichen Rechts- und Staatsbürgersubjekts, dessen biedermeierisches Dasein bis in alle Ewigkeit verlängert werden soll. Dieser Rückzug in die juristische Idylle der demokratischen Gartenlaube, die schon der junge Marx verspottet hat, steht überhaupt am Ende alles intellektuellen Theaterdonners und aller theoretischen Scheinarchitektur des postmodernen Denkens.

Die juristische Illusion der alten Arbeiterbewegung, die qua Rechtsform die harte, nicht verhandelbare Logik der Produktionsweise und des realen kapitalistischen Kategoriensystems überlisten wollte, ohne diese durchbrechen und überwinden zu müssen, feiert fröhliche postmoderne Urständ. Genauso gut könnte man eine abgezogene Handgranate feierlich juristisch in eine gemütliche bauchige Teekanne „umdefinieren" und in diesem Sinne auf ein nettes Beisammensein hoffen. Es war eben diese juristische Illusion, die den kleinbürgerlichen Charakter der alten Arbeiterbewegung verriet, insofern diese mit ihrer Arbeitskraft bloß anständig hausieren gehen wollte wie eine ehrliche, saubere Hure mit ihrem Hintern. Um nichts anderes ging es als um die „Anerkennung" und „Garantie" in der demokratischen Systemsklaverei durch einen „gerechten Lohn für ein gerechtes Tagewerk"; ganz wie Hardt/Negri nun, ohne schamrot zu werden, dem „Arbeiter, der Kapital erschafft" (was nun angeblich „alle" auf Schritt und Tritt tun!), zur Anerkennungs- und Einkommensgarantie in eben dieser bis zur „Selbstverwertung" getriebenen Unterwerfung unter die gesellschaftliche Fetischform und in der Selbstreduktion auf ein „kapitalschaffendes Wesen" auf Weltebene verhelfen wollen. Die Worte, die Marx dieser proletarischen Biedermeierei entgegenschleuderte, haben nichts von ihrer Gültigkeit eingebüßt: „Nieder mit dem Lohnsystem!".

Im Sinne der sozialen Emanzipation und der Überwindung der kapitalistischen Produktionsweise war das Streben nach „verfassungsmäßiger", juristischer Anerkennung und Garantie noch nie etwas anderes als eine Illusion, eine staatsfromme Variante bürgerlicher Subjekt-Ideologie. Der historische Realitätsgehalt dieser juristischen Illusion bestand allerdings darin, die Lohnarbeit durch den Kampf um das allgemeine Wahlrecht und die Koalitionsfreiheit ebenso wie durch sozialstaatliche Versicherungsgarantien juristisch-staatsbürgerlich in die kapitalistische Gesellschaftsform und in die Souveränität als deren politischen Aspekt zu integrieren.

Hardt/Negri wollen nichts anderes, als diese längst abgeschlossene, gegenstandslos gewordene Integrationsbewegung auf einer imaginären Weltebene noch einmal zu wiederholen, obwohl dafür alle Bedingungen fehlen. Zu keinem anderen Zweck haben sie ihr Phantasma einer neuen Weltsouveränität des „Empire" erfunden, als um diese phantasielose Wiederholung der alten sozialdemokratischen Programmatik im dafür völlig ungeeigneten Bezugsfeld des globalisierten Krisenkapitalismus zu inszenieren.

Da es jedoch in Wirklichkeit keine Weltsouveränität gibt, die einen Weltstaat und damit die logisch unmögliche unmittelbare Identität von Universalität und Partikularität voraussetzen würde, kann es natürlich auch keine verfassungsmäßig-juristische „Weltbürgerschaft" und keinen „Weltsozialstaat" mit globalem „garantierten Soziallohn" geben, ganz abgesehen von der ökonomischen Krisenlogik der dritten industriellen Revolution, die sowieso das System der Geldeinkommen zerschlägt und damit die moderne Fetischform überhaupt zur Disposition stellt. Hardt/Negri weigern sich wie das gesamte zeitgenössische bürgerliche Denken, die Auflösung und Selbstzerstörung des modernen warenproduzierenden Systems samt seines Prinzips der Souveränität zu realisieren. Die neue negative Wirklichkeit soll in die alten positiven Begriffe der bürgerlichen Rechtsform gebannt werden.

Es hat etwas Gespenstisches, wenn Hardt/Negri angesichts einer betriebswirtschaftlichen Krisen-Globalisierung, die mit Entstaatlichungsprozessen und einer allgemeinen Barbarisierung der Konkurrenz einhergeht, blauäugig vom „gleichen staatsbürgerlichen Recht für alle im gesamten Bereich des Weltmarkts" fabulieren. Die ihrem Wesen nach partikulare (nationale) Kategorie der „Staatsbürgerlichkeit" soll in die negative Universalität der Globalisierung eingeschmuggelt werden, obwohl selbst Hardt/Negri nicht behaupten wollen, dass ihr phantasmatisches „Empire" so etwas wie ein Staat sei. „Staatsbürgerliche Rechte für alle" auf einer Ebene (Weltmarkt), auf der es gar keinen Staat gibt und auch nicht geben kann: Deutlicher könnte nicht gemacht werden, dass dieses Denken trotz aller postmodernen Scheinkritik der Aufklärungsphilosophie nicht über deren aporetische Struktur hinauskommt, in der sich die kapitalistischen Realwidersprüche darstellen. Mit ihrer haltlosen juristischen „Weltbürgerei" flüchten Hardt/Negri nicht anders als die offiziellen demokratischen Ideologen vor den schreienden Widersprüchen der Gegenwart zurück in die bürgerlichen Illusionen des 18. Jahrhunderts, die eine Neuauflage sozialdemokratischer Programmatik im zerbrechenden Weltsystem, eine Art „Weltsozialdemokratismus", vorgaukeln sollen. Und das will der intellektuelle Ausdruck des „radikalen Flügels" einer neuen antikapitalistischen Bewegung sein?

Etwas anders gelagert, aber im Resultat um keinen Deut besser ist die Interpretation der britischen Soziologin und Historikerin Mary Kaldor, die sich im Dunstkreis der Ideologie einer angeblichen „zweiten Moderne" und der intellektuellen Mandarine von „New Labour" und „neuer Mitte" um Anthony Giddens und Ulrich Beck mit der Logik der „neuen Kriege" befaßt hat (Kaldor 2000). Auf die phänomenologische Ebene beschränkt (den begriffslosen Tummelplatz allen postmodernen Denkens), verweist sie ansatzweise auf den politisch-ökonomischen Spaltungs- und Auflösungsprozess des Systems im Kontext der Globalisierung: „Wenn global operierende Unternehmen Karten ihrer Absatzmärkte zeichnen, bleibt der Großteil der Welt in der Regel weiß. Aber auch innerhalb der einzelnen Länder, Kontinente und sogar Städte lassen sich solche immer stärker werdenden Gefälle feststellen – und zwar selbst in der Ersten Welt. Überall werden Grenzen zwischen den geschützten und wohlhabenden globalen Enklaven und den anarchischen, chaotischen Armutszonen um sie herum gezogen" (Kaldor 2000, 119).

Aber ähnlich wie bei Rufin bleibt die sozialökonomische Misere einfach zusammenhanglos als ein äußerer Faktor stehen; sie wird nicht auf ihre eigene innere Logik hin ausgeleuchtet, führt also auch zu keinerlei Kritik, vor allem natürlich zu keiner neuen Kapitalismuskritik. Stattdessen geht Kaldor unvermittelt zu den gesellschaftlichen Reaktionen auf die ökonomischen Krisen und Zusammenbrüche über, die sie als barbarisierende Formen von (ethnischer, religiöser etc.) „Identitätspolitik" dingfest macht; wiederum phänomenologisch beschränkt. Im Unterschied zu Hardt/Negri behauptet Kaldor nicht, dass sich die neue Meta-Souveränität eines „Empire" gebildet hätte; sie spricht eher von einem „politischen Vakuum" (Kaldor, a.a.O., 121) im Kontext der Globalisierung, ohne jedoch auch nur im geringsten eine begriffliche Anstrengung auf das Verhältnis der Souveränität als Grundlage aller modernen Politik zur Krise der 3. industriellen Revolution und zum Prozess der Globalisierung zu verschwenden.

Stattdessen tut sie so, als könne der moderne Nomos des Politischen unabhängig von seinen gesellschaftlichen Bedingungen weiterhin ungebrochen vorausgesetzt werden, und als ginge es nur um eine „politische Alternative" zu den kriegerisch-plünderungsökonomischen, partikularistischen „Identitätspolitiken". Diesen wird, wiederum wie bei Rufin, völlig kontrafaktisch der alte Nomos und sein Interessenkalkül unterstellt: „Die neuen Kriege haben politische Zielsetzungen" (a.a.O., 174), nur um hilflos hinzufügen zu müssen: „Auf Furcht, Hass und Plünderung lässt sich keine langfristig lebensfähige Politik gründen" (a.a.O., 176). Wer hätte das gedacht. Und abermals auf der Linie von Rufin hält Kaldor die „humanitäre" militärische Intervention des demokratischen Gesamtimperialismus, der bei ihr natürlich nicht so heißt, sondern „internationale Gemeinschaft" genannt wird, für eine Selbstverständlichkeit; bedauernd muss sie allerdings dazu feststellen: „Und doch verbinden sich trotz aller Hoffnungen und guten Absichten mit den mittlerweile so genannten humanitären Interventionen bislang eher enttäuschende Erfahrungen, um es gelinde auszudrücken. Bestenfalls sind Menschen mit Nahrung versorgt und brüchige Waffenruhen verabredet worden, und selbst hier ist nicht sicher, ob sich dies überhaupt der Anwesenheit von Friedenstruppen verdankt" (a.a.O., 178).

Kaldor führt dieses enttäuschende Ergebnis durchaus zutreffend auf eine anachronistische Interpretation und Vorgehensweise zurück, die sich an der vergangenen nationalstaatlich-nationalökonomischen Welt orientiert: „Viele der im Umlauf befindlichen Vokabeln wie ‚Intervention', ‚Friedenssicherung', ‚Friedensstiftung', ‚Souveränität' und ‚Bürgerkrieg' gehen auf Konzepte des Nationalstaats und des modernen Kriegs zurück, die in der heutigen Lage nicht nur schwer anzuwenden sind, sondern tatsächlich Stolpersteine für ein angemessenes Vorgehen darstellen können" (a.a.O., 179).

Dummerweise ist jedoch der Nomos der Souveränität nicht etwa eine zufällig „im Umlauf befindliche" Modevokabel, sondern das in Jahrhunderten herausgebildete Realitätsprinzip aller modernen Politik, an deren Begriff und Handlungslogik Kaldor gleichzeitig mangels kritischer Potenz gegenüber Moderne und Kapitalismus festhält. Entsprechend kläglich ist dann das Ergebnis. Die Souveränität ist zwar anachronistisch und die Globalisierung hat ein „politisches Vakuum" hinterlassen, das aber unverdrossen dennoch mit sogenannten „politischen Alternativen" gefüllt werden soll. Kaldor erfindet keine neue Weltsouveränität eines „Empire"; und das Konzept, das sie aushleckt, läuft daher auch auf keine weltsozialdemokratische juristische Anerkennungspolitik in diesem vorausgesetzten Rahmen hinaus, aber auf eine ganz ähnliche, womöglich noch blauäugigere Argumentation.

Das mangelnde Dach der Souveränität, auf deren Begriff und Bedeutung für die Möglichkeit von „Politik" Kaldor keinen Gedanken verschwendet, soll flugs ersetzt werden durch „zivilgesellschaftliche Akteure", die Kaldor, wen wundert's, vor allem in den NGO und deren Zusammenspiel mit supranationalen Organisationen (also ausgerechnet im widerlichen „humanitär-industriellen Komplex") heranreifen sieht. Entstehen sollen so „Inseln der Zivilität als einer möglichen Gegenstrategie zur neuen Kriegführung" (a.a.O., 176), militärisch flankiert durch „das ehrgeizige Projekt…, einen neuen Typ von Soldat und Polizist in einem zu schaffen" (a.a.O., 205). Inhaltlich soll die zivilgesellschaftliche Gegenpolitik als „kosmopolitische Alternative" (a.a.O., 177) firmieren, selbstredend bürgerlich-aufklärungsfromm als Kosmopolitismus „im kantischen Sinne" (a.a.O., 182). Und dann kann es losgehen: „(Der) Kriminalität der Kriegsherren muss man mit einer Politik der Achtung internationaler Prinzipien und Rechtsnormen begegnen… Der Schlüssel zur Rückerlangung des Gewaltmonopols des Staates liegt in der Wiederherstellung von Legitimität… Unter Kosmopolitismus verstehe ich… eine positive politische Vision, die Toleranz, Multikulturalismus, Zivilität und Demokratie einbegriffen..." (a.a.O., 179 ff.), nicht zu vergessen natürlich die „Durchsetzung der Menschenrechte" (a.a.O., 197) und so weiter.

Es ist zuletzt doch wieder genau wie bei Hardt/Negri: Die begriffslose, der gesellschaftlichen Form gegenüber durch und durch unkritische Analyse mündet in peinlichen, geradezu kindischen Phrasenmüll und juristischen Kitsch. Anders kann das vorletzte Wort bürgerlicher Subjektivität nicht formuliert werden, und das letzte besteht dann im Bombenhagel auf eine von diesem Kitsch nicht mehr erfassbare Welt (und übrigens in der gründlichen Missachtung „internationaler Prinzipien und Rechtsnormen" durch USA und NATO selbst). Um ihre frommen Wünsche für das demokratische Poesiealbum auf die Spitze zu treiben, sieht Kaldor die realen Barbarisierungsprozesse schon durch die schiere „zivilgesellschaftliche" Beschwörung der juristischen Illusion gebannt: „Sind die Werte von Einbeziehung, Toleranz und wechselseitigem Respekt erst einmal zur Geltung gebracht, werden die territorialen Streitigkeiten leicht zu lösen sein" (a.a.O., 187).

Keine Rede mehr von den weißen Landkarten der Konzerne. Die Unmöglichkeit einer weiteren kapitalistischen Reproduktion darf kein Thema sein. Wie in den verwandten Theoremen des postmodernen Kulturalismus ist das Verhältnis von Reproduktionskrise und Krise der Institutionen auf den Kopf gestellt. Der ganze logisch-historische innere Zusammenhang von Kapitalform, gesellschaftlicher Substanz der abstrakten Arbeit und Souveränität wird systematisch ausgeblendet. An die Stelle von Gesellschaftskritik und einer Analyse des realen Bedingungszusammenhangs von Erscheinungen der Barbarei tritt die ideologische, schlicht moralisierende Kindergottesdienst-Predigt. Damit wird nichts bewältigt, aber das demokratische Gemüt beruhigt, das in seiner politischen Haut bei sich bleiben möchte, wie es von seinem weltzerstörenden Geldinteresse nicht lassen kann.

Von anderem Kaliber ist der israelische Militärhistoriker Martin van Creveld, der sich ebenfalls mit der neuen Qualität des weltgesellschaftlichen Krieges befasst. Der Schlüsselbegriff für ihn ist dabei derjenige der low intensity conflicts (LICs), wie er sich in der militärtheoretischen Debatte erst seit den 80er Jahren eingebürgert hat. In seiner zeitgleich mit Rufins Buch über „Das Reich und die neuen Barbaren" erschienenen Studie „Die Zukunft des Krieges" (van Creveld 1998/1991) benennt er im Unterschied zu Rufin, Hardt/Negri und Kaldor mit aller Klarheit die Tatsache, dass diese neuen Kriege nicht mehr dem politischen Nomos der Moderne folgen, also nicht mehr dem Clausewitzschen Postulat vom Krieg als einer „Fortsetzung der Politik mit anderen Mitteln" entsprechen: „Es lässt sich nicht leugnen, dass ein Großteil der heutigen militärischen Schlagkraft weder der Expansion noch der Verteidigung politischer Interessen dient. So betrachtet, kann von ‚Schlagkraft' kaum die Rede sein. Wenn es gilt, Terroranschläge in der näheren Umgebung zu verhindern, richten die militärischen Streitkräfte und ihre Waffen – Jagdbomber, Panzer, Schützenpanzerwagen – gar noch weniger aus. Das Gesagte trifft auf entwickelte Länder im Westen und im Osten ebenso zu wie auf Länder nördlich und südlich des Äquators" (van Creveld 1998/1991, 54).

Bei den low intensity conflicts, die mit Begriffen wie „Unruhen", „Terrorismus", „Warlord-Herrschaft", „Ethno-Krieg" usw. nur unscharf umschrieben werden können, geht es aber nicht allein darum, dass sie von den „Dinosaurieren" (van Creveld) der herkömmlichen staatlichen Streitkräfte einschließlich des US-Militärmaschine in einem technischen Sinne schwer oder gar nicht erreicht werden können. Vielmehr ist damit eben auch eine andere gesellschaftliche Qualität jenseits des modernen Souveränitätsprinzips verbunden. Es handelt sich, so van Creveld, nicht mehr um „trinitarische Kriege", in denen wie bei Clausewitz eine klare Trennung jener drei Bestandteile der territorialen Souveränität moderner Staatlichkeit vorliegt, nämlich in „Regierung", „Armee" und „Volk". Stattdessen agieren bewaffnete Verbände auf eigene Faust oder in einem anderen Loyalitätsverhältnis, unabhängig von territorialen Regierungen; und sie mischen sich gleichzeitig unter die Massen der Zivilbevölkerung, von denen sie nicht zu unterscheiden sind (auch Frauen und Kinder können auf dieser Ebene Kombattanten sein, vom Steinewerfen bis zum Selbstmordattentat).

Diese Beschreibung erinnert natürlich an die altbekannte und nach dem Zweiten Weltkrieg in den sogenannten „nationalen Befreiungsbewegungen" der Dritten Welt vorherrschende Form der Guerilla. Aber diese Guerilla ist jetzt eben als gewissermaßen postmoderne kein Staat in spe mehr, keine in Bildung begriffene neue Souveränität; und sie verfolgt deshalb, wie van Creveld im Gegensatz zu Rufin oder Kaldor ganz richtig konstatiert, auch keine „politischen Interessen" mehr. In den zunehmenden LIC, so seine Schlussfolgerung, kommt daher ein poststaatliches Gewaltverhältnis und eine neue gesellschaftliche Organisationsform zum Ausdruck: „Das 2. Jahrtausend n. Chr. neigt sich seinem Ende zu, und das vom Staat beanspruchte Gewaltmonopol wird mehr und mehr untergraben... Wenn der Aufstieg des low intensity conflict nicht aufgehalten wird, kann dieser am Ende durchaus den Staat aushöhlen. Langfristig werden andere kriegführende Organisationen an die Stelle des Staates treten... Zweifellos wird der Staat sein Gewaltmonopol in einem langsamen und sprunghaft verlaufenden Prozess an eine andere Organisationsform abtreten. Die Dinge werden sich in den verschiedenen Teilen der Welt unterschiedlich schnell entwickeln. Aller Wahrscheinlichkeit nach wird die Desintegration einhergehen mit gewaltsamen Aufständen, ähnlich den Aufständen in Europa, die mit der Reformation begannen und im Dreißigjährigen Krieg ihren Höhepunkt erreichten" (van Creveld, a.a.O., 281, 285).

Van Creveld sieht also durchaus die Reise zurück in die anomischen Zustände der frühmodernen Transformationsgeschichte. Aber auch bei ihm bleibt die Einsicht phänomenologisch beschränkt. Er stellt keinerlei Vermittlung zur gesellschaftlichen Formationsbildung her. „Desintegration" ist in Bezug auf den Nomos der Moderne für die gegenwärtigen Prozesse ein sehr zutreffender Begriff, aber damit ist noch nicht per se eine andere Form der Integration gestiftet. Van Creveld erkennt, dass sich keine neue, ihrem Begriff nach an territoriale Herrschaft gebundene Souveränität herausbildet; er nimmt jedoch die postsouveränen, postpolitischen Formen der Desintegration ganz positivistisch als die unvermeidlichen „Nachfolger" moderner Staatlichkeit, als ob sich sonst nichts groß ändern würde.

Kapitalismus geht nicht ohne Souveränität

Die positivistische Sichtweise blendet eben grundsätzlich das gesellschaftliche Ganze der Reproduktionsform aus; die kapitalistische Ontologie der Fetischformen von moderner Wertvergesellschaftung und ihr historisches Gewordensein verschwindet in der verkürzten Oberflächenreflexion und löst sich einerseits in vermeintlich unabhängige, isoliert betrachtete Einzelsphären auf, andererseits in Bestimmungen einer vermeintlich überhistorisch-anthropologischen Ontologie. Diese positivistische Denkweise haben die postmodernen Theorien mit der gewöhnlichen bürgerlichen Wissenschaft gemeinsam; und auch van Creveld kommt darüber nicht hinaus. Für ihn beschränkt sich die Veränderung darauf, dass sich die staatlich-politische Sphäre auflöst zugunsten anderer „Organisations"- oder „Regierungsformen", während die kapitalistische Reproduktionsform davon anscheinend ganz unberührt bleibt.

Der Krieg als solcher ist für van Creveld quasi genetisch im Menschen verankert; das Kriegführen oder „Krieg spielen" soll sich – ähnlich wie bei Enzensberger – angeblich bedingt durch eine Art Testosteron-Stau bei der männlichen Jugend ewig neu manifestieren und wird so aus jedem gesellschaftlich-historischen Zusammenhang herausgelöst. So bleibt die Analyse der Zersetzung von Souveränität und Gewaltmonopol phänomenologisch beschränkt, der „Krieg überhaupt" wird anthropologisiert, und die kapitalistische Reproduktionsform der Gesellschaft soll mit alledem gar nichts zu tun haben.

Das wird noch deutlicher in dem Ende der 90er Jahre folgenden umfangreichen Werk über „Aufstieg und Untergang des Staates" (van Creveld 1999). Das Ende der Souveränität wird hier für ohne weiteres vereinbar gehalten mit dem Fortgang, ja sogar mit einer neuen Ära der kapitalistischen Produktionsweise: „Von der untersten Ebene bis hin zur obersten wird die Gewaltanwendung möglicherweise wieder zu dem werden, was sie noch in der ersten Hälfte des 17. Jahrhunderts gewesen ist: nämlich ein kapitalistisches Unternehmen, das sich kaum von anderen unterscheidet und mit ihnen eng verknüpft ist" (van Creveld 1999, 448).

Ganz ähnlich argumentiert der Historiker Herfried Münkler in jüngsten Veröffentlichungen anhand des Verhältnisses von Kosten und Gewinnen der neuen, mit plünderungsökonomischen Strukturen einhergehenden innergesellschaftlichen Kriegsformen im Schatten der Globalisierung: „Die langfristigen Folgen innergesellschaftlicher Kriege, die Zerstörungen der Infrastruktur, die Verwüstungen des Landes, die

Verminung der Straßen und Felder, das Heranwachsen einer Generation von Kindern, die nichts als Krieg und Gewalt kennen gelernt haben, haben immense Kosten zur Folge. Aber diese Kosten müssen nicht von den Protagonisten der Kriege getragen werden. Eine alte Formel aufgreifend, wird man sagen können, dass es den Warlords und Milizenchefs auf eine geradezu infame Wiese gelungen ist, die Gewinne der von ihnen geführten Kriege zu privatisieren und deren Kosten zu sozialisieren. Dass dies möglich ist, hat mit dem Scheitern der Staatsbildungsprozesse in großen Teilen der Dritten Welt zu tun... Es ist freilich nicht nur der Staatszerfall, sondern vor allem auch die Leichtigkeit des Andockens von Bürgerkriegsökonomien an die Kapital- und Warenzirkulationen des Weltmarkts, die den Krieg auf eigene Faust und eigene Rechnung so attraktiv hat werden lassen" (Münkler 2002).

Sowohl van Creveld als auch Münkler ignorieren völlig, dass es gerade die Weltkrise der kapitalistischen Form selber ist, die zu den neuen postsouveränen Gewalten und Desintegrationserscheinungen geführt hat und fortschreitend weiter führt. Die Analogie zur frühneuzeitlichen Transformationsgeschichte stimmt eben nur äußerlich und phänomenologisch. Die Gewaltanwendung als kapitalistisches Unternehmen verweist zwar auf die kriegsökonomischen Wurzeln der Moderne. Aber bildete dieses Gewalt-Unternehmertum in der frühen Neuzeit den Übergang zu einer neuen Produktionsweise, so gehört es heute genau umgekehrt zu den Auflösungsprozessen eben dieser Produktionsweise selbst. Die Gewalt an sich trägt keine gesellschaftliche Produktion und Reproduktion. Das muss van Creveld und Münkler genauso entgegengehalten werden wie Rufin mit seiner Vorstellung von einer „produktionslosen Beutewirtschaft".

Tatsächlich schlachtet die Plünderungsökonomie nur die Ruinen einer am Weltmarkt gescheiterten nationalökonomischen Substanz aus (ein Umstand, den van Creveld und Münkler ebenso geflissentlich totschweigen möchten wie alle anderen bürgerlich-demokratischen Reflexionen der neuen Gewaltformen); ansonsten geht es um die „westlichen Hilfslieferungen" usw. Die von Münkler bemerkte „Leichtigkeit des Andockens" von plünderungsökonomischen Strukturen an die Zirkulation des Weltmarkts heißt nur, dass diese Formen eben in Wirklichkeit nicht die Embryonen eines neuen Gesellschaftsmodells darstellen, sondern nur die Auflösung des alten auch auf der ökonomischen Ebene: Sie machen deutlich, dass die Marktvergesellschaftung in bestimmten Regionen schon tot ist, während sie auf einer anderen Ebene noch weitergeht. Aber die Betonung liegt hier auf „noch", denn der Krisenprozess frisst sich von der Peripherie ins Zentrum voran.

Die Plünderungsökonomie und die neuen postsouveränen Machtgebilde sind selber bloß Auslaufmodelle, weil sie an die kapitalistische Form gebunden bleiben, ohne diese selber tragen zu können: Wie sie einerseits von einer Substanz leben, die sie nicht selbst produzieren können, so sind sie andererseits vom Rückbezug auf einen implodierenden Weltmarkt abhängig, den sie ebenso wenig eigenständig zu tragen vermögen, weil sie ja selber nur dessen Zersetzungsprodukte sind.

Deshalb werden übrigens auch die „Kosten" dieser anomischen Prozesse nicht etwa „sozialisiert", wie Münkler meint, sondern schlicht nicht bezahlt, was mit anderen Worten nur heißt, dass die Gesellschaft eben nicht allein politisch, sondern auch ökonomisch, sozial, infrastrukturell usw. in die sekundäre Barbarei zerfällt. Wer sollte auch schon diese imaginären Kosten (die in Wirklichkeit reine Zerstörungsprozesse sind, für die der Begriff „Kosten" irreführend ist) noch „sozialisieren" können, wenn es dafür angesichts „gescheiterter Staatsbildungsprozesse" gar keine Instanz mehr gibt? Die Staaten des demokratischen Zentrums als stellvertretende äußerliche Instanzen bestimmt nicht, denn diese agieren ja selber nur noch qua Abbau ihrer Souveränität und qua Restriktionen durch Entsorgung ganzer Reproduktionsbereiche (statt durch Sozialisierung von deren Kosten, was nur durch Abschöpfung der Einkommen einer kapitalistisch rentabel vernutzbaren territorialen „Arbeitsbevölkerung" möglich wäre).

Wenn das Verhältnis von zunehmender gesellschaftlicher Reproduktionsunfähigkeit des modernen warenproduzierenden Systems und den anomischen Auflösungserscheinungen der Souveränität unreflektiert bleibt, kann als Zukunftserwartung nur noch die haltlose Phantasie von einer Art ungebrochen kapitalistischem Neo-Mittelalter herauskommen: „Wie schon in früheren Phasen, in denen Imperien auseinander fielen und feudale Strukturen aus ihnen hervorgingen, wird mit diesem Sich-anderweitig-Umsehen ein Verlust an Freiheit verbunden sein, indem die Menschen Vasallen der starken und reichen Gesellschaftsmitglieder werden, sei es als Einzelpersonen oder in verschiedenen Körperschaften, was für die Mehrzahl wahrscheinlicher sein dürfte. Außerdem erscheint das Wiederauftreten einer politisch entmachteten und entrechteten Unterschicht als sehr wahrscheinlich, ähnlich der Unterschicht, die selbst in den ‚fortschrittlichsten' Ländern bis zur Französischen Revolution und noch darüber hinaus existierte... Umgekehrt werden Organisationen und Menschen Gewinne einstreichen, deren Vermögen und Status nicht vom Staat abhängen, die international denken und darauf vorbereitet sind, die Gelegenheiten zu nutzen, die sich in allen Bereichen von der weltweiten Kommunikation und dem Handel bis zur privaten Bildung bieten. Bereits jetzt machen sie, wie einige Experten dargelegt haben, auf Kosten der übrigen Welt Gewinne... Vor allen Dingen geht es darum, ob wir bereit sind, auf alte Sicherheiten zu verzichten und uns mit der Schönen Neuen Welt zu arrangieren, die uns erwartet. An einigen Orten wird die Veränderung friedlich erfolgen. Als Ergebnis wird sich eine noch nie dagewesene Blütezeit einstellen, wenn nationale Grenzen an Bedeutung verlieren, die Technik voranschreitet, wirtschaftliche Möglichkeiten sich eröffnen und der Verkehr und die Kommunikation einen fruchtbaren gegenseitigen Austausch unter verschiedenen Kulturen ermöglichen... An anderen Orten wird der Rückzug des Staates unschöne Folgen haben. Bestenfalls wird der Wiederauftritt des ‚Marktes' auf Kosten staatlicher Kontrollen und Sozialleistungen eine verringerte Sicherheit und oft genug schwere Krawalle nach sich ziehen.

Schlimmstenfalls kann sich das Blatt völlig wenden, und die Menschen finden sich plötzlich in den Händen von Organisationen wieder, die weniger verantwortungsbewusst, dafür autoritärer als die Staaten sind..." (van Creveld 1999, 462 f.).

Man kann nur staunen, in welche Science-Fiction- und Fantasy-Romantik sich der nüchterne akademische Positivismus hineinsteigern kann, sobald ihm die „positiven" Tatsachen-Erscheinungen aus dem Ruder seiner verkürzten Begrifflichkeit laufen. Glaubt van Creveld allen Ernstes, dass auf der Basis von mikroelektronischer Technologie und globalisierter Betriebswirtschaft so etwas wie feudale Gefolgschaftsverhältnisse wiedererstehen können? Hier rächen sich die isolierte Betrachtung der politisch-militärischen Sphäre und die völlige Ignoranz gegenüber dem gesellschaftlichen Formzusammenhang. Und in welchem Verhältnis sollen die vermeintliche „noch nie dagewesene Blütezeit" der einen und die völlige soziale Degradation der anderen stehen? Van Crevelds Darstellung ist völlig inkohärent, sie bietet bestenfalls eine unreflektierte Momentaufnahme des sozialen Verhältnisses von Globalisierungsgewinnlern (eine schrumpfende Minderheit) und Globalisierungsverlierern (eine wachsende Mehrheit), ohne den Prozess als solchen begrifflich fassen zu wollen.

Es handelt sich allerdings um (relative) Gewinner und (absolute) Verlierer auf der Basis kapitalistischer Produktionsverhältnisse, der dazugehörigen kapitalistischen Subjekt- und Rechtsform und im Kontext eines irreversiblen Weltkrisenprozesses dieser Gesellschaftsformation und keiner anderen. Der Übergang von der antiken Sklavenhaltergesellschaft zum Feudalismus fand auf dem Boden der Agrargesellschaft statt, der Übergang vom Feudalismus zum Kapitalismus war identisch mit der Auflösung der Agrargesellschaft und der Herausbildung industrieller Kapitalverwertung. Sozial-ökonomische Reproduktionsform und Formen der Repräsentanz bis hin zur militärischen Organisationsform können nicht beliebig „kombiniert" werden wie verschiedene Biersorten in einer Kiste; vielmehr handelt es sich um einen jeweils kohärenten formationsgeschichtlichen Zusammenhang.

Ideologen wie van Creveld „vergessen" diese eigentlich längst von der akademischen Wissenschaft adaptierte Marxsche Grunderkenntnis und fallen in der Not bürgerlich-demokratisch nicht mehr beschreibbarer Krisenprozesse hinter das historisch-soziologische ABC-Wissen zurück. Das Apriori allen bürgerlichen Wissens der Moderne bildet eben die anachronistische und kontrafaktische Formel: Kapitalistische Verwertung, abstrakte Arbeit und allgemeine Geldform der Beziehungen ist, war schon immer und wird immer sein. Aus diesem idiotischen und bis zur Infantilität durchsichtig von Apologetik geleiteten Axiom des modernen Fetischbewusstseins, auch und gerade des wissenschaftlichen, wird unter heutigen Krisenbedingungen an der absoluten historischen Grenze des modernen warenproduzierenden Systems die völlige Ignoranz gegenüber dem realen Zerbrechen des ökonomischen Formzusammenhangs.

Die Krise erscheint dann zumindest bei van Creveld und ähnlich argumentierenden Theoretikern nur in der Form, dass vor dem stumm gemachten Hintergrund der

„Ewigkeit" von Arbeits-, Markt- und Geldbeziehungen scheinbar beliebige „politische", militärische und soziale Repräsentanzbeziehungen als möglich erscheinen; eben wie in der vulgären Science-Fiction, wo sich noch nach Tausenden oder Hunderttausenden von Jahren ganze Galaxien mit kapitalistischer Ökonomie und natürlich auf Dollarbasis reproduzieren, während sie gleichzeitig als feudale Königreiche Sternenkriege miteinander führen.

Auch in der kritisch gemeinten einschlägigen Belletristik findet sich dieser Topos einer ontologisierten Ware-Geld-Beziehung, so etwa bei der US-Amerikanerin Marge Piercy, die mit ihren Romanen einer „Social Fantasy" seit den 80er Jahren eine entzivilisierte Alptraum-Welt beschreibt, in der es keine Territorialstaaten mehr gibt, sondern nur noch diffuse „Zonen" von bewaffneten transnationalen Konzernen einerseits und bizarren, durch neuartige epidemische Krankheiten verseuchten, vom primitiven Faustrecht beherrschten Mega-Slums andererseits. So treffend diese „Social Fantasy" durch Extrapolation die Phänomenologie des weiteren Verlaufs von Krisen- und Zusammenbruchsprozessen vorwegnimmt, ebenso irreal ist die darin eingelagerte Vorstellung, dass die gesellschaftliche Wertform und damit die Tauschwertbeziehungsweise Geldbeziehungen davon völlig unberührt bleiben.

Es scheint so etwas wie ein „Urvertrauen" des kapitalistischen Bewusstseins (einschließlich seiner linken, pseudo-kritischen Varianten) in die ontologisch-anthropologische Bedingtheit und Unumstößlichkeit von Wertvergesellschaftung, Marktvermittlung und allgemeiner Geldform zu geben.

Genau diese Ignoranz gegenüber der herangereiften völligen Unhaltbarkeit des modernen ökonomischen Formzusammenhangs ist es auch, die letzten Endes das gesamte Spektrum bürgerlicher und „linker" Theoriebildung angesichts der globalen gesellschaftlichen Auflösungsprozesse eint, trotz aller sonstigen Differenzen in der Beurteilung der Lage und bei der Erfindung von ökonomischen und politischen Bewältigungs-Rezeptchen, die allesamt nur das Unhaltbare halten wollen.

Auch Hardt/Negri postulieren ja die unheilbare „Gesundheit" des Kapitalismus und sogar die Ewigkeit der „Selbstverwertung" als zwangsoptimistische Zukunftserwartung im Sinne des warenproduzierenden Systems und seiner abstrakten Arbeits- und Rechts-Kategorie. Ebenso ist für Mary Kaldor das moderne warenproduzierende System von abstrakter Arbeit und Verwertungs-Imperativ eine ganz und gar unkritikable Selbstverständlichkeit, an die sie keinen Gedanken verschwendet. Bar jeder krisen- und akkumulationstheoretischen Reflexion verfällt sie, würdig der intellektuellen Albernheit der „Neuen Mitte", nicht nur in juristischen, sondern auch in ökonomischen Kitsch. So schwadroniert sie im Hinblick auf die Zusammenbruchs-Regionen von der „Einführung geregelter Marktbeziehungen", die „ihre Zeit" brauche (Kaldor 2000, 210), von der „Wiederherstellung normaler Handelsbeziehungen" (a.a.O., 213) und verlangt mit falscher Treuherzigkeit: „Um eine sich selbst tragende Zone der Zivilität zu schaffen,… muss die örtliche Wirtschaft wieder zum Leben erweckt werden" (a.a.O., 213). Als wäre die „örtliche Wirtschaft" nicht gerade deswegen mausetot, weil sie an den „geregelten Marktbeziehungen" und an den „normalen Handelsbeziehungen" des Weltsystems völlig gescheitert und vom Weltmarkt zerfleischt worden ist. Das monströse Raubtier leben lassen und es geradezu anbeten, und gleichzeitig so tun, als könne man seine bis zur Unkenntlichkeit entstellten Opfer wieder gesundbeten, diese ekelhafte Moral der letzten Krisenbürger ist natürlich nicht ernst zu nehmen.

In den Gegensätzen wie in der Gemeinsamkeit der Argumentation von bürgerlichen Ideologen wie Hardt/Negri, Kaldor, van Creveld u. Co. zeigt sich die Irrealität des kapitalismusfrommen „Realismus" in spiegelverkehrter Weise: Unter der gemeinsamen blinden Voraussetzung, dass Verwertungsprozess, abstrakte Arbeit und Marktbeziehungen als vermeintlich ontologische Menschheitsbestimmung apriorisch sind und in alle Ewigkeit weitergehen (müssen), phantasieren sich Hardt/Negri die weitgehend bereits vollzogene Neukonstitution der dazugehörigen staatlich-politischen Souveränität auf Weltebene zusammen, Kaldor möchte diese durch ein mittelständisch-biedermeierliches „kosmopolitisches Zivilitätsprojekt" ersetzen oder rekonstruieren, während van Creveld ungerührt den Zerfall des politischen Zusammenhangs zugibt, aber dennoch von einer ungehemmten kapitalistischen Produktionsweise ausgeht, die nun eben ohne Souveränitätsprinzip in quasi „feudalen" Formen weitermachen würde.

Hardt/Negri und Kaldor sind gegenüber van Creveld „realistisch", weil sie ahnen, dass Kapitalismus nicht ohne Souveränität geht, der homo öconomicus nicht ohne sein alter ego des homo politicus lebensfähig ist. Van Creveld umgekehrt ist dieser Argumentation gegenüber insofern seinerseits „realistisch", weil er den realen Zerfallsprozess der Souveränität beschreibt, ohne deren Erneuerung oder ein Surrogat herbeizuphantasieren.

Beides ist wahr und unwahr zugleich: Kapitalismus geht nicht ohne Souveränität, und der Kapitalismus selbst zerstört die Souveränität irreversibel. Es gibt keine neue formationsgeschichtliche Entwicklungsstufe des Kapitalverhältnisses, mit der man sich arrangieren könnte, weder „weltsozialdemokratisch" noch zivilitätsduselig noch pseudo-feudal. Die unheilbare Krise der Ökonomie führt zur ebenso unheilbaren Krise der Politik, und diese schlägt wieder auf die Ökonomie zurück usw. In Wahrheit ist es die Grenze der modernen fetischistischen Form als solcher, die in demselben Maße, wie sie real erscheint, von den Ideologen krampfhaft verleugnet wird.

DER GLOBALE AUSNAHMEZUSTAND

Wenn sich die Souveränität auflöst, muss sich auch das zwischenstaatliche Rechts- und Vertragsverhältnis auflösen. Damit ist die moderne bürgerliche Rechtsform überhaupt in Frage gestellt, auch in den innerstaatlichen Beziehungen. Das heißt aber nur, dass der wahre Kern von Gewalt (und in einem gewissen Sinne auch Willkür, wenn auch nie gänzlich ohne Kodifizierung) des modernen warenproduzierenden Systems und seiner juristischen Form unverhüllt in Erscheinung tritt. Entscheidend für diese neue Qualität der Systemkrise ist es, dass die herrschende Macht, indem sie die universelle Gültigkeit ihres Realitätsprinzips mit allen Mitteln aufrecht erhalten will, dabei nicht mehr ihre Rechtsform verteidigt, sondern ihr eigenes Recht systematisch verletzt, ja die Rechtsförmigkeit überhaupt ad absurdum führt, die nichts weiter darstellt als die formale Beziehung von Fetisch-Subjekten.

Das demokratische Feme-Tribunal

In der aktuellen Entwicklung nach dem 11. September macht sich dieser Charakter der imperialen Vorgehensweise als systematische „Entrechtlichung" auf der internationalen Ebene in einer doppelten, gegenläufigen Weise bemerkbar. Zum einen hat der demokratische „ideelle Gesamtimperialismus" in Gestalt des UNO-Kriegsverbrechertribunals von Den Haag ein von der demokratischen Medienmeute sogleich apologetisch gefeiertes sogenanntes „Weltgericht" gebildet, das zwar offiziell den Nomos der alten, in der UNO zusammengefassten „Staatengemeinschaft" repräsentieren soll, in Wirklichkeit aber dessen Korrumpierung manifestiert und nur noch eine Karikatur des eigenen Anspruchs darstellt.

Diese Korrumpierung ist erstens und vor allem eine juristische, denn die Prozesse gegen Milosevic und seine Administratoren beruhen auf einem offenen, noch nicht einmal groß abgestrittenen Bruch der UNO-Charta, nämlich dem Angriffskrieg der NATO gegen Rest-Jugoslawien. Auf einem ebenso klaren Rechts- und Verfassungsbruch beruhte die Auslieferung von Milosevic Ende Juni 2001 an das Haager Tribunal durch die serbische Regierung der NATO-Kreatur Djindjic. Obwohl das jugoslawische Verfassungsgericht wenige Stunden zuvor das Auslieferungsdekret suspendiert hatte, ließ Djindjic die Unperson Milosevic in einer Nacht- und Nebel-Aktion kidnappen und erklärte, der Spruch des Verfassungsgerichts sei „null und nichtig" gewesen und ein Versuch, „die Zukunft unseres Landes aufs Spiel zu setzen". Dass Djindjic schließlich um das Kopfgeld für die Auslieferung von Milosevic geprellt wurde, ist nur ein weiterer Beweis, dass es sich um eine Transaktion unter Rechts- und Vertragsbrechern handelte (unterhalb der staatsrechtlichen Ebene würde man sagen: unter Ganoven).

Unbekümmert um diese krassen Rechtsbrüche kommentierte die liberale Presse: „Auf staatsrechtliche Feinheiten wurde dabei in Belgrad kaum Gewicht gelegt – genauso, wie der Abgeschobene das in Zeiten seiner Machtfülle auch nicht getan und das Recht seinen jeweiligen politischen Erfordernissen angepasst hat" (Neue Zürcher Zeitung, 30.6.2001). Man beachte die Logik dieser Aussage: Es wird ganz offen zugestimmt, dass der Westen und seine Kreaturen in den Krisenregionen ebenso handeln, wie sie es den Krisen-Monstern vorwerfen und diese dafür aburteilen wollen. Im Namen des kapitalistischen Rechtsprinzips ist das kapitalistische Rechtsprinzip keinen Pfifferling mehr wert.

Zweitens ist diese Korrumpierung aber auch eine moralische, denn gemessen an den Vorwürfen gegen Milosevic gäbe es kaum einen Staatschef dieser Welt, der nicht vor das Haager Tribunal gezerrt werden müsste; am dringlichsten sämtliche guten Freunde und Verbündeten der NATO in der Peripherie, von der Türkei bis Afghanistan, von Nordafrika bis Lateinamerika. Für das Massaker von My Lai in Vietnam mussten sich weder der damalige US-Präsident noch der Oberbefehlshaber der Armee jemals verantworten, schon gar nicht vor einem UNO-Tribunal. Ebensowenig werden die europäischen oder australischen Staatschefs für die Verbrechen ihrer Apparate gegen die Menschlichkeit bei der Behandlung von Flüchtlingen vor Tribunale gezerrt. Die Liste ließe sich endlos fortsetzen.

Aus der Gesamtheit der Tatsachen kann nur eine logische Schlussfolgerung gezogen werden: Das Tribunal in Den Haag ist nichts anderes als eine Art Feme-Gericht des demokratischen Imperialismus, dem weder Legalität noch Legitimität zukommt. Die dort amtierenden Richter vertreten kein internationales Recht, sondern sie haben sich zu korrumpierten Schergen der USA und der NATO degradieren lassen. Der zweifellos realen Gewalt und Willkür der Krisenpotentaten und Fürsten des Terrors wird nicht das Recht entgegengesetzt, sondern der Rechtsbruch und damit ebenfalls Gewalt und Willkür. Der demokratische Imperialismus befindet sich juristisch wie moralisch auf Augenhöhe mit den Kriegsverbrechern und Terroristen, wovon auch seine praktischen Gewalthandlungen zeugen.

Zum andern und formal gegenläufig, aber inhaltlich übereinstimmend mit der Installation des internationalen Feme-Tribunals von Den Haag weigern sich die USA kategorisch, dieses Tribunal zu einem ständigen Internationalen Strafgerichtshof (ICC) auszubauen, dem dann de jure auch sie selbst, ihre Regierungen, Offiziere und Soldaten ausgesetzt sein könnten. Mit großer Mehrheit hat das amerikanische Repräsentantenhaus im Mai 2002 eine Entschließung gebilligt, „in der jede finanzielle Unterstützung eines ständigen Uno-Tribunals für Kriegsverbrechen und Verbrechen gegen die Menschlichkeit abgelehnt wird. Außerdem wird der amerikanischen Regierung untersagt, dem Tribunal bei Ermittlungen zu helfen. Die Vorstellung, dass jemand amerikanische Soldaten den Launen der internationalen Gemeinschaft (!) aussetzen will, könne er nicht ertragen, sagte der republikanische Präsident des Repräsentantenhauses, Tom DeLay" (Neue Zürcher Zeitung, 11.5.2002).

Mit anderen Worten: Es soll nur von Fall zu Fall das weltdemokratische Feme-Gericht gegen missliebige Regimes, Staatschefs und deren Kriegsverbrecher geben, je nach Legitimationsbedarf der herrschenden Mächte und Gutdünken der USA, nicht aber einen ständigen Internationalen Gerichtshof nach verbindlichen Regeln für alle. Die USA verhalten sich wie der Kalif, der köpfen lassen kann, wen er will, ohne dass er selbst der Drohung unterläge, die er anderen gegenüber repräsentiert.

Natürlich macht sich hier wieder der unüberbrückbare Widerspruch zwischen Partikularismus und Universalismus, zwischen dem Anspruch eines „Weltgerichts" und dem Anspruch einer absoluten „nationalen Souveränität" geltend. Aber die Positionierung der USA geht an diesem Punkt weit über ein bloßes Lavieren in diesem Widerspruchsverhältnis hinaus: Es ist der immanente Bruch mit dem „allgemeinen Willen" überhaupt, also mit jener abstrakten Allgemeinheit, die allem modernen Recht zugrunde liegt, die sich aber eben auf Weltebene nicht herstellen lässt. Ein Rechtsanspruch, der ausdrücklich die allgemeine Gültigkeit verwirft, ist im Sinne der modernen Rechtsform keiner mehr, ohne dass andererseits irgendein Rückgriff auf vormoderne Rechtsbeziehungen möglich wäre. Also handelt es sich um die Nicht-Form einer absoluten Rechtlosigkeit, eine Qualität von „Anomie auf höchster Ebene", wie sie nicht einmal unter den Kalifen und Gottkaisern möglich war.

Der Sachverhalt ist so eindeutig und offenkundig, dass das Verhalten der US-Administration einen Sturm der Entrüstung unter all den moralisierenden Ideologen, Politikern und Journalisten hätte hervorrufen müssen, die sich an den Untaten eines Milosevic oder eines Saddam Hussein erregen konnten und die ihre eigene Verarbeitung der weltkapitalistischen Krise als angebliche Notwendigkeit von „humanitärer Intervention" und „gerechtem Krieg" auch nur halbwegs ernst nehmen. Stattdessen gab und gibt es nur einen windelweichen Relativierungs-Diskurs, in dem hinsichtlich des Internationalen Strafgerichtshofs der Bruch der US-Position nicht mit diesem oder jenem Rechtsinhalt, sondern mit der Rechtsform als solcher nur ganz verklausuliert, vorsichtig und mit allerhand „Verständnis" angesprochen wird – in gewisser Weise vom Verhalten her ganz ähnlich wie gegenüber den Untaten der rassistischen demokratischen Killerkids, bloß nicht als gönnerhaftes von oben, sondern als geducktes „Verständnis" von unten. Wie jaulende Hunde, die mit scheuen Seitenblicken auf die Knute in der Hand ihres Herrn schielen, geben sich die Regierungschefs der subalternen europäischen NATO-Staaten und die liberale Presse bloß ängstlich „bedenkenträgerisch" angesichts eines Verhaltens der USA, das eigentlich ihrem Selbstverständnis nach nur als Ungeheuerlichkeit zu bezeichnen wäre.

Offensichtlich befindet sich der offizielle Diskurs auf einer Fall-Linie der galoppierenden demokratischen Anomisierung, auf der es kein Halten mehr gibt. Herfried Münkler beschreibt diesen Vorgang auf eine merkwürdig positivistische Weise, wiederum so, als würde damit nicht an den Grundlagen des bestehenden Weltsystems von seinen Hütern selbst gerüttelt: „Während die Europäer im Augenblick noch versuchen, das bestehende Völkerrecht weiterzuentwickeln und es den veränderten weltpolitischen Konstellationen anzupassen, haben die Amerikaner damit begonnen, sich schrittweise davon zu verabschieden. Die Aufkündigung ihrer Mitgliedschaft in einer Kriegsverbrechen ahndenden internationalen Gerichtsbarkeit ist dafür ein Indikator... Der europäische Weg ist der Versuch, die unerlässlichen Minimalvoraussetzungen symmetrischer Politik wiederherzustellen, während der amerikanische selbst auf die Spur der Asymmetrisierung eingeschwenkt ist. Die Europäer versuchen, das fragil gewordene Gebäude eines in Europa entstandenen Völkerrechts mit einer Fülle von Reparaturmaßnahmen zu stabilisieren; die Amerikaner dagegen neigen der Auffassung zu, dass das Gebäude nicht mehr zu retten ist... Werden die USA den eingeschlagenen Weg weitergehen, so werden sie den Irak, den sie 1991 noch mit Blick auf die regional stabilisierenden Effekte seiner staatlichen Existenz fortbestehen ließen, wohl angreifen. Das wird der Todesstoß für das jetzige Völkerrecht sein. Ein anderes Völkerrecht wird dann wohl an seine Stelle treten. Es wird keines zwischen prinzipiell Gleichen, sondern, wie die Rückkehr der Vorstellung von gerechtem Krieg zeigt, zutiefst asymmetrisch sein..." (Münkler 2002).

Münkler lässt nicht nur erkennen, dass die „europäische Position" bloß konservativ beharrend, rückwärtsgewandt und letztlich aussichtslos, außerdem sowieso subaltern und machtlos ist; er nimmt auch die US-Position als die vermutlich unvermeidlich sich durchsetzende schon vorausgreifend affirmativ an: So wird es eben kommen. Dabei betreibt er systematisch eine falsche Entdramatisierung und tut so, als handle es sich lediglich um irgendeine strategische Differenz, die so oder so entschieden werden könne, letzten Endes natürlich von den weltgesellschaftlich übergewichtigen USA, die allein dadurch schon den „richtigen Weg" vorgeben. Die intellektuelle Gewöhnung an die Macht des Faktischen auf dem vermeintlich ewigen Boden kapitalistischer Ontologie schlägt offenbar mit Blindheit. Was Münkler euphemistisch als Differenz von staats- und völkerrechtlicher „Symmetrie" und „Asymmetrie" umschreibt, ist in Wirklichkeit ein Unterschied ums Ganze: nicht der Weg in ein „anderes Völkerrecht", sondern der Zusammenbruch des Völkerrechts, ja des modernen Rechtsprinzips überhaupt.

Es geht hier eben nicht mehr bloß um eine „Asymmetrie" im Sinne von Ungleichgewichten der Macht zwischen Staaten, was ja wahrlich nichts Neues wäre, sondern um ein Ende der Vertragsfähigkeit und damit von Vertragsverhältnissen als solchen. In der Tat kann mit einem Gebilde wie Al Kaida ebensowenig ein Vertrag geschlossen werden wie mit Amokläufern und Selbstmordattentätern, da es sich um keine Rechtssubjekte mehr handelt. Dennoch repräsentieren diese a-rechtlichen Postsubjekte das konstitutive Moment allen Rechts und speziell allen modernen Rechts, nämlich die Gewalt, die in der Auflösung der Rechtsform entgrenzt wird. Die Asymmetrie im Verhältnis von Rechtssubjektivität und anomischer Gewalt schlägt um in die Asymmetrie des Verhältnisses zwischen den Rechtssubjekten selbst, die auf diese Weise schon keine mehr sind. Die Vertragsunfähigkeit gegenüber Al Kaida wird zur allgemeinen Vertragsunfähigkeit der USA und des ideellen Gesamtimperialismus gegenüber der Staatenwelt und in ihrem eigenen Inneren.

Dass diese Entwicklung jeder Rechtssystematik spottet, verweist darauf, dass die den Rechtsbeziehungen zugrunde liegenden Beziehungen der gesellschaftlichen Reproduktion zusammenbrechen. Sicherlich liegen eine ganze Reihe von Vermittlungsstufen zwischen der sozialökonomischen „Überflüssigkeit" von wachsenden Teilen der Weltbevölkerung, den Prozessen der negativen Globalisierung, dem Spuk von terroristischen Krisengespenstern und dem Zerbrechen der Rechtsform. Aber da die moderne Rechtsform an das Fetisch-System von abstrakter Arbeit und Verwertung des Werts gebunden ist und die Rechtssubjektivität überhaupt nur ein sekundäres Moment der Arbeits- und Verwertungs-Subjektivität sein kann, muss sie zusammen mit dieser erlöschen.

Das Ende der modernen Rechtsform und die Ideologie der „Legitimität"

Wo keine Arbeitsverträge mehr geschlossen werden können, da können schließlich überhaupt keine Verträge mehr geschlossen werden. Dieser Zustand stellt sich nicht erst ein, wenn der letzte Arbeitsmensch arbeitslos geworden ist, sondern schon in einem viel früheren Stadium der Weltkrise, wenn ein genügend großer Teil der Gesellschaftsmitglieder außer Kurs und auch der Rest in ein anomisches Verhältnis gesetzt wird. Allgemein wird ein solcher Zustand zuerst auf der staats- und völkerrechtlichen Ebene. Indem die USA sich zum Rest der Welt in ein asymmetrisches Verhältnis auf der Rechtsebene begeben, um der ungreifbaren anomischen Mächte Herr zu werden, die ihr eigenes globales Krisensystem hervorgebracht hat, werden sie selbst zur Speerspitze der globalen Anomisierung.

Aus dieser Erkenntnis kann man entweder die kritische, emanzipatorische Schlussfolgerung ziehen, dass die bürgerliche Rechtsform zusammen mit den Strukturen von

Markt und Staat durch eine andere Organisationsweise der reproduktiven Beziehungen im planetarischen Maßstab abzulösen ist, die keines juristischen Ausdrucks einer Fetischform mehr bedarf; oder man schlägt sich offen auf die Seite der anomischen Gewalt, soweit sie die offizielle, westlich-gesamtimperialistische ist. Dazwischen geht nichts mehr; der Phrasenmüll von Völkerrecht, Staatengemeinschaft, Menschenrechten, Rechtsstaatlichkeit usw. löst sich in Rauch auf, weil die zugrunde liegende sozialökonomische Reproduktionsform unhaltbar geworden ist.

Diese Tendenz wird bei den demokratischen Ideologen immer deutlicher, je dogmatischer und unreflektierter sie auf das herrschende Weltsystem vergattert sind und dessen Formzusammenhang ontologisieren. Die Widersprüche können nur noch durch eine Flucht nach vorn in das offene Abfeiern des gewaltsamen Rechtsbruchs durch die „richtige Seite" verarbeitet werden. Der Staatsrechtler Ulrich K. Preuss, der sich mit seiner biblischen Suada zum 11. September nicht mehr den Zwang eines Maßstabs antut, hat dafür eine entsprechende Argumentation geliefert. Preuss, seit Jahrzehnten ein linksliberaler Vorbeter der juristischen Illusion, hat neuerdings die überraschende Entdeckung gemacht, dass man nicht immer mit dem Gesetzbuch unter dem Arm herumlaufen kann. Er erkennt, dass zumindest die Interventionen im Kosovo und in Afghanistan nach juristischen Maßstäben nicht mehr zu rechtfertigen sind, kann aber als Erzdemokrat und fanatischer Parteigänger der Aufklärungsideologie gar nicht anders, als diese Interventionen samt Kollateralschäden aus tiefstem Herzen zu billigen.

Der bürgerliche Rechtsfetischist, der ansonsten überquillt von verkürzten Begriffen des Menschen-, Staats- und Bürgerrechts, die blind von der Form-Konstitution des Rechts durch das moderne warenproduzierende System abstrahieren, sieht sich deshalb veranlasst, zu einer dezisionistischen Interpretation überzugehen: Seinem trotz Rechtsbruch zu rechtfertigenden Gehalt nach sei der Bombenregen der US-Militärmaschine „so etwas wie ein Hybrid zwischen legitimer Selbstverteidigung, Zwangsvollstreckung eines hypothetischen Haftbefehls gegen Bin Laden und humanitäre Intervention zur Befreiung des Landes von dem unseligen Regime der Taliban" (Preuss 2002, 71).

Wenn das richtig ist, dann dürften die Opfer des chilenischen Militärputsches von 1973 (übrigens an einem 11. September) und der anschließenden Horrordiktatur ohne weiteres Washington und beliebige Teile der USA bombardieren, weil die US-Regierung als spiritus rector dieses Umsturzes gelten kann; ebenso dürfte überall die Polizei auf der Suche nach flüchtigen Verbrechern ganze Stadtviertel in Schutt und Asche legen; und es dürfte überhaupt so ziemlich jedes Land in jedem anderen intervenieren, da dem Begriff des „unseligen Regimes" eine gewisse Dehnbarkeit eigen ist. Ganz abgesehen davon natürlich, dass die USA speziell dieses „unselige Regime" zuvor selber überhaupt erst in den Sattel gehoben hatten.

In der einen oder anderen Weise „unselig" sind sie aber letzten Endes alle, nicht zuletzt die sicherheits- und ausgrenzungsimperialistischen Demokratien selbst; und an vorderer Stelle kann dabei das Regime in den USA genannt werden, denn wo bedürfte es einer dringenderen humanitären Intervention als in einem Land, das mehrere Millionen seiner eigenen Bürger unter menschenunwürdigen Umständen oft wegen Bagatelldelikten inhaftiert und einer „Bestrafungsindustrie" ausgeliefert hat, das Minderjährige und Geisteskranke hinrichten lässt und solche Vorgänge im Fernsehen überträgt usw.?

Der Erzjurist Preuss lässt ohne weiteres die Legalität fallen zugunsten dessen, was er „Legitimität" nennt. Ganz abgesehen vom in Wahrheit unappetitlichen Inhalt dieser sogenannten Legitimität ist sie von keiner Rechtssystematik mehr unter das Dach der Legalität zu bringen. Deshalb „entscheidet" Preuss: „Es bedurfte neben der starken moralischen Empörung über die Ungeheuerlichkeit des Verbrechens vom 11. September der ganz unmittelbaren Herausforderung des nationalen Interesses, welche die USA den ‚direkten Weg' der militärischen Gewalt im Kampf gegen den Terrorismus und durchaus auch zur Befreiung Afghanistans von einem ruchlosen Regime beschreiten ließ. Wir müssen sogar noch einen Schritt weiter gehen: Wir können wohl unterstellen, dass humanitäre und weltbürgerliche Motive, die Welt ganz allgemein besser zu machen, dabei nur die geringste Rolle gespielt haben. Doch genau das ist die bittere Lehre, die wir zu ziehen haben: Es bedurfte des nackten Interesses der USA und des spontanen moralischen Affektes ihrer Bürger, um der Vernunft und der Gerechtigkeit zum Siege zu verhelfen" (Preuss, a.a.O., 81 f.).

Also im Klartext: Es lebe die globale Lynchjustiz, die ja in Gottes eigenem Land sowieso eine gute alte Tradition hat. Oder anders ausgedrückt: Berechtigt ist, wovon die USA glauben, dass es ihnen nützt; „Vernunft und Gerechtigkeit" fallen zusammen mit den „spontanen moralischen Affekten" von rachedurstigen und ohnehin aggressiv aufgeladenen Konkurrenzsubjekten, falls diese zufällig nur die größte Militärmaschine der Weltgeschichte zur Hand haben. Oder noch kürzer: Recht ist der „moralische Affekt" des Stärkeren; in letzter Instanz: Gewalt ist Recht. Womit Preuss tatsächlich die Wurzel des Rechts gezogen hat und bei Carl Schmitt gelandet ist, dem Dämon der Jurisprudenz, der das Recht logisch auf die Macht über den Ausnahmezustand zurückgeführt hat. Nicht umsonst trägt eine Monographie über die rechtsphilosophische Entwicklung von Schmitt den Titel „Legitimität gegen Legalität" (Hofmann 1964).

Und nachdem nun die Legalität schon einmal perdu ist und es sowieso nicht mehr darauf ankommt, gibt Preuss auch gleich grünes Licht für die Auslöschung jenes menschlichen Lebens, das schon allein dadurch unwesentlich wird, weil es kein westlich-weißes-aufgeklärtes Leben von Mitgliedern der „empfindsame(n) Demokratien des Westens" (Preuss, a.a.O., 81) ist: „Dennoch, fast unvermeidlich werden dabei auch, ja wahrscheinlich sogar in erster Linie (!!), unschuldige Dritte getötet und zu Schaden kommen... Solch tragischen Konflikten kann der Mensch nicht immer ausweichen. Wer glaubt, mit makellos sauberen Händen durchs Leben, zumal durch ein politisches Leben zu kommen, gibt sich einer kindlichen Illusion hin" (a.a.O., 89). So spricht der Demokrat (vermutlich ein Schimpfwort künftiger Jahrhunderte, um besondere moralische und intellektuelle Verkommenheit zu bezeichnen), der sich soeben noch „fassungslos" über die „ungerechte Züchtigung" von US-Bürgern durch den blinden Terror gezeigt hatte, kaum dass er sich aus „der ersten Starre des Entsetzens" lösen konnte. Am Ende sind eben alle Juristen furchtbare Juristen.

Preuss mit seinen nunmehr nicht mehr ganz makellos sauberen Schreibtischtäter-Händen nennt all dies eine „bittere Lehre", vielleicht weil er als Staatsrechtler dem Verlust der juristischen Illusion ein wenig nachtrauert. So flüchtet er sich aus dem Reich des Rechts noch nicht einmal in den offenen Zynismus, sondern in die Theologie des Bösen; denn im Kampf gegen das Böse sind bekanntlich alle Mittel erlaubt. Weil die Taten des Terrors „Blasphemie" seien und somit in einer „religiösen Dimension" stünden, dürfe die Weltpolizeigewalt unter keine formale rechtliche Beschränkung fallen. Bei der theologischen Begründung erst einmal angelangt, gibt es natürlich kein Halten mehr.

Der bürgerliche Rechtsmoralist verwandelt sich zwangsläufig in den Posaunisten des demokratischen Jihad. Tod und ewige Verdammnis den Ungläubigen, den Blasphemikern! Wo der gesellschaftliche Bedingungszusammenhang ausgeblendet wird, erscheint das theologische Ketzertribunal. Auch für unsereinen hat der demokratische Inquisitionsjurist Preuss den Scheiterhaufen schon aufgeschichtet, denn wer nicht bedingungslos auf der Seite des „Guten" (sprich: der westlichen Bombergemeinschaft) steht, der kann selber nur eine Inkarnation des „Bösen" sein und muss mit aller Macht der „Legitimität" und der „spontanen moralischen Affekte" verfolgt werden.

Demokratische Kriegsverbrechen und demokratische Entrechtlichung

Ohne den theologisierenden Staatsrechtler erst um Erlaubnis zu fragen, haben die USA sich beim Kampf gegen das Böse der einengenden juristischen Fesseln ganz von selbst entledigt. Die vehemente Ablehnung eines ständigen internationalen Gerichtshofs nach verbindlichen Regeln hat bereits einen aktuellen sachhaltigen Grund, denn die US-Truppen in Afghanistan waren dort, kaum gelandet, auch schon in Kriegsverbrechen verwickelt: „US-Militärangehörigen wird inzwischen vorgeworfen, nicht nur Taliban-Gefangene gefoltert und ermordet zu haben, sondern auch am Verschwinden von bis zu 3000 Männern im Gebiet von Masar-i-Scharif beteiligt gewesen zu sein" (Le Monde diplomatique, Deutsche Ausgabe, September 2002).

Der britische Autor und Fernsehjournalist Jamie Doran hat darüber einen Dokumentarfilm gedreht und Berichte über die Ermordung von in Container eingeschlossenen Gefangenen aufgezeichnet: „Ein Taxifahrer aus der Umgebung war zu einer der provisorischen Tankstellen an der Überlandstraße gefahren. ‚Als sie Gefangene von Kalai Zeini nach Schiberghan transportierten, wollte ich mein Auto voll tanken. Ich roch etwas Komisches und fragte den Tankwart, wo es herkam. ‚Schauen Sie sich um', sagte er. Da sah ich die drei Container-Lastwagen. Ströme von Blut schossen aus den Containern. Mir standen die Haare zu Berge, es war ganz schrecklich'... Als der Taxifahrer am nächsten Tag vor seinem Haus in Schiberghan stand, erlebte er eine nicht minder grausige Szene: ‚Ich sah, wie drei weitere mit Containern beladene Lastwagen an meinem Haus vorbeifuhren. Aus denen lief das Blut nur so heraus, wie Regen'. Nicht bei allen Containern brachten die Kugeln den eingeschlossenen Gefangenen die tödliche Erlösung. Die meisten überließ man vier, fünf Tage ihrem Schicksal, bis sie erstickten, verhungerten, verdursteten. Als man die Container schließlich öffnete, war von den Insassen nur noch eine grauenhafte Masse aus Urin, Blut, Kot, Erbrochenem und verwesendem Fleisch übrig geblieben... Als die Container mit ihrer Ladung menschlicher Fleischmasse vor dem Gefängnis aufgereiht standen, hörte einer der Soldaten, die den Konvoi begleitet hatten, wie die Gefängniskommandanten Befehl erhielten, alle Beweise sofort zu vernichten. ‚Die meisten Container hatten Einschusslöcher. In jedem Container waren ungefähr 150 bis 160 Leute tot. Ein paar atmeten noch, doch die meisten waren tot. Die Amerikaner sagten den Leuten in Schiberghan, sie sollten sie aus der Stadt schaffen, bevor sie von den Satelliten gefilmt würden'. Diese Aussage, die auf eine US-amerikanische Beteiligung hinweist, wird bei allen künftigen Untersuchungen ein entscheidender Punkt sein..." (Doran 2002).

Andere Zeugen berichteten, dass Dutzende von US-„Elite"-Soldaten an widerlichsten Verbrechen, Folterungen und Mordtaten an wehrlosen Gefangenen beteiligt waren, offenbar aufgeheizt von den „spontanen moralischen Affekten" nach dem 11. September: „Ein Soldat berichtet über einen Vorfall, bei dem er gesehen haben will, wie ein amerikanischer Soldat einen gefangenen Taliban offenbar mit dem Ziel ermordete, den anderen so viel Angst zu machen, dass sie reden: ‚Ich war als Soldat in Schiberghan und habe gesehen, wie ein amerikanischer Soldat einem Gefangenen das Genick gebrochen hat. Ein anderes Mal übergossen sie Gefangene mit Säure oder etwas Ähnlichem. Die Amerikaner machten, was sie wollten. Wir konnten sie nicht davon abhalten ... alles war unter der Befehlsgewalt des amerikanischen Kommandanten'. Ein zur selben Zeit ebenfalls in Schiberghan stationierter General der Nordallianz behauptet: ‚Ich war Zeuge. Ich habe gesehen, wie sie ihnen in die Beine gestochen, ihnen die Zunge, das Haar, den Bart abgeschnitten haben. Manchmal sah es aus, als machten sie es zum Spaß. Sie nahmen einen Gefangenen mit nach draußen, schlugen ihn zusammen und brachten ihn zurück ins Gefängnis. Manchmal kam der Gefangene aber auch gar nicht zurück'. Alle Zeugen aus unserem Film haben sich bereit erklärt, vor einer internationalen Untersuchungskommission oder in einem gerichtlichen Prozess aufzutreten, falls es auf Grund ihrer Aussagen zu so etwas kommen sollte. Und wenn es die Gelegenheit dazu gäbe, würden sie auch die beteiligten US-Militärangehörigen identifizieren" (Doran a.a.O.).

Bis jetzt wurden diese sehr konkreten Anschuldigungen im größten Teil der westlichen Presse totgeschwiegen und von den imperialen Apparaten abgeblockt. Man beachte hinsichtlich dieser mangelnden Skandalierung den Unterschied zu den wirklichen wie zu den erfundenen Greueln der Milosevic-Armee im Kosovo oder der Serben im berühmten Srebrenica. Offenbar gibt es zweierlei Greuel: die von „Blasphemie" geleiteten der Ungläubigen und die von „spontanen moralischen Affekten" geleiteten der richtigen Seite von „Vernunft und Gerechtigkeit". Wenn sich auch nur ein Teil der Anschuldigungen gegen die US-Truppen in Afghanistan als wahr herausstellt (der Wille zur Wahrheitsfindung dürfte in diesem Fall gleich Null sein), würde dies ein grelles Schlaglicht darauf werfen, wie hier „die Zivilisation verteidigt" wird, wenn es sogar etliche Angehörige der selber von Hass und Rache getriebenen, verwilderten Marodeure der Nordallianz vor den Taten der US-Soldateska graust. Die kapitalistische „Zivilisation" hat eben schon immer alle „Wilden" an Grausamkeit übertroffen, und warum sollte sie jetzt in ihrem globalen Verfall zurückhaltender sein?

Auf der Linie anomischen Verhaltens liegt auch die Behandlung der gefangenen Taliban- und Al-Kaida-Soldaten, die von den USA zu Hunderten auf dem exterritorialen Luftwaffenstützpunkt Guantanamo in Kuba zwecks „Verhören" interniert worden sind. Die beim Lufttransport betäubten Gefangenen werden in einer jeder Beschreibung spottenden Weise behandelt: „Sobald das Flugzeug ausgerollt ist, werden die Gefangenen über die Ladeklappe heruntergeführt. Sie tragen orangerot fluoreszierende Overalls und Kappen, damit jede Bewegung erkennbar ist. Ihre Hände sind mit Handschellen, ihre Füße mit Ketten gefesselt. Ihre Gesichter sind von großen Schutzbrillen bedeckt, die mit schwarzem Band zugeklebt wurden. Ihnen wurden Ohrenschützer übergestülpt, von der Art, wie sie das Bodenpersonal auf Flugfeldern trägt. Ihnen wurden Handschuhe angezogen. Sie sind also praktisch blind, taub und tastunfähig. Das Camp sieht aus wie eine Baustelle. Die Käfige, in denen die Gefangenen gehalten werden, haben Betonböden. Sie messen 2,40 Meter mal 1,80 Meter. Die Dächer sind aus Wellblech. Die ‚Wände' bestehen aus Metallpfosten und Maschendraht…" (Schwelien 2002).

Proteste von Amnesty International, von anderen US-Menschenrechtsorganisationen und britischen Unterhausabgeordneten gegen die Käfighaltung der Gefangenen, die auch nach dem Flugtransport mit verhülltem Kopf und in Ketten gelegt vor ihren Bewachern knien mussten, wurden abgeschmettert. Vor allem aber ist es der rechtliche Status der Gefangenen, der das anomische Verhältnis kennzeichnet: sie besitzen keinen mehr. Einerseits befinden sie sich nicht im Status von Verbrechern, die vor einem ordentlichen Gericht eines Staates abgeurteilt werden. Sie befinden sich nicht in Afghanistan, ganz abgesehen davon, dass es dort kein funktionierendes Rechtswesen mehr gibt; außerdem gehören die Al-Kaida-Kämpfer sowieso keinem Staat mehr an. Als Kombattanten aus Afghanistan können sie auch nicht vor ein normales US-Gericht gestellt werden. Andererseits hat es die US-Regierung grundsätzlich abgelehnt, sie als Kriegsgefangene anzuerkennen und sie damit unter den Schutz der Genfer Konvention stellen zu lassen.

Im „Kampf gegen den Terror", der auf Jahre und Jahrzehnte veranschlagt ist, fällt der Staat der letzten Weltmacht auch in dieser Hinsicht in einen vorgesetzlichen Zustand. Wie die illegalen Flüchtlinge im Niemandsland des Flughafen- oder des grenzpolizeilichen Gewahrsams als juristische Nicht-Personen nur noch einer rein administrativen Behandlung ohne eigenen Rechtsstatus im Verhältnis zu dieser Behandlung unterliegen, so setzt sich dieser Nicht-Status in verschärfter Form für die Gefangenen des Anti-Terror-Krieges fort. Sie verschwinden in den Militärlagern, wo sie unkontrolliert jeder Grausamkeit und Folter ausgesetzt sein können, oder sie werden ohne jede gesetzliche Grundlage von Militärtribunalen abgeurteilt. Diese unkontrollierte reine Rachejustiz ist schon keine Justiz mehr. Auch auf dieser Ebene nähert sich die offizielle kapitalistische Welt dem Pseudo-Archaismus der Warlords und religiösen Fundamentalisten an; mit freundlicher Genehmigung eines deutschen linksliberalen Staatsrechtlers, der zum Theologen der demokratischen Anomie geworden ist.

In den NATO-Protektoraten Ex-Jugoslawiens, wo zur selben Zeit mit gütiger Hilfe der anomischen weltdemokratischen Macht „rechtsstaatliche Institutionen" aufgebaut werden sollen, bröckeln diese unter dem Druck der „Terrorbekämpfung" schon wieder, bevor sie überhaupt so richtig in Gang gekommen sind: „Recht sollte in Bosnien gesprochen werden – das war die Botschaft des Westens. Recht ist in Bosnien nun gesprochen worden. Ein Gericht hatte am vergangenen Freitag sechs Araber, die im Verdacht standen, mit Al-Qaida zusammenzuarbeiten, freigelassen. Die Beweise reichten nicht aus, um die seit Oktober Inhaftierten weiter festzuhalten. Die US-Behörden sagten zwar, sie verfügten über die Beweise, aber sie wollten sie dem Gericht in Sarajevo nicht übergeben. Die Richter taten daraufhin das einzig Mögliche: Sie entließen die sechs Araber. Trotzdem befanden sich die Verdächtigen wenige Stunden später hinter Schloss und Riegel. US-Soldaten hatten sie geschnappt und vermutlich nach Guantanamo ausgeflogen. Hunderte Menschen demonstrierten in Sarajevo gegen dieses Vorgehen. Selbst die höchste rechtliche Autorität des Landes, die Menschenrechtskammer, protestierte. Es half nichts. Die bosnischen Behörden drückten bei dem fragwürdigen Vorgehen beide Augen zu. Vor die Wahl zwischen Recht und Macht gestellt, entschieden sie sich für die Macht" (Ladurner 2002). Etwas anderes dürfte ihnen als Behörden eines abhängigen, militärisch besetzten Protektorats auch nicht übrig geblieben sein.

Anomischer Sicherheitsimperialismus nach innen

Wo einmal die Rechtsform, deren gesellschaftliche Grundlage obsolet geworden ist, von einem anomischen Herd befallen wurde, breiten sich Metastasen zwangsläufig auch im noch übrigen Rechtsgewebe aus. Dieser Prozess, in dem sich der äußere Zusammenbruch der Rechtsbeziehungen nach innen fortsetzt, tritt zunächst als zunehmendes Ausnahme- oder Notstandsrecht in Erscheinung. Die Gesellschaft wird mit einem angeblichen Sicherheitsnetz überzogen, das keine Sicherheit gegen den Terror schafft, aber in den alltäglichen bürgerlichen Beziehungen den repressiven Kern des Rechts manifest werden und als bürokratische Willkür erscheinen lässt. In den USA hat der Schock des 11. September eine Eigendynamik der Staats- und Justizapparate ausgelöst, die den positiv ideologisierten bürgerlichen Rechtsstaat ad absurdum führt – und das ausgerechnet in einem Mutterland der westlichen Freiheit.

Die anomische Kontaminierung der Rechtsverhältnisse scheint geradezu lawinenartige Ausmaße anzunehmen: „Ausländer, die in den Dunstkreis von Attentätern geraten, sind ... nahezu vogelfrei: ‚Wenn ich entscheide, dass es im Interesse der nationalen Sicherheit unseres großartigen Landes ist, sie vor Militärgerichte zu stellen', tönte Bush, ‚dann werden wir es tun.' Dazu werden jetzt Tribunale vorbereitet, bei denen die Beweispflicht eingeschränkt ist und die Todesstrafe mit Zweidrittelmehrheit verhängt werden darf. Selbst das Undenkbare ist denkbar geworden: Ein Verdächtiger könnte nach kurzem Prozess an die Giftnadel angeschlossen werden, ohne dass die Öffentlichkeit etwas über Anklage oder Beweise erfährt... Ein theoretisches Szenario? Ganz und gar nicht – die standgerichtsähnliche Justiz könnte bald Praxis werden: Unter den 600 Ausländern, die im Zusammenhang mit dem 11. September derzeit in US-Gefängnissen sitzen, sind laut Justizminister Ashcroft auch Al-Qaida-Mitglieder. Niemand könne ihn zwingen, ihre Namen schon jetzt bekannt zu geben – bislang unvorstellbar im Rechtsstaat USA. Ein paar Tage lang hatten Amerikas Strategen den Anti-Terror-Krieg des Präsidenten Unternehmen ‚Unendliche Gerechtigkeit' getauft. Doch seit dem 11. September haben Präsident Bush und Justizminister Ashcroft wichtige Grundsätze amerikanischer Rechtstraditionen mit immer neuen Verordnungen über Bord geworfen. Wie mit einem engmaschigen Schleppnetz wurden vor allem Immigranten aus Nahost und Zentralasien verhaftet und unter manchmal fadenscheinigen Vorwänden weggeschlossen – bis zum 3. November allein 1147 Menschen. Es konnte fast jeden treffen, der aus einer falschen Weltgegend eingereist war: Der pakistanische Tankwart Mohammed Mubeen, 28, geriet ins Fadenkreuz der Ermittler, weil er sich in Florida seinen Führerschein verlängern ließ – just 23 Minuten bevor Attentäter Mohammed Atta beim selben Verkehrsamt erschien. Ein 30-jähriger Ägypter wurde am 24. September am Ende seiner Nachtschicht als Luftfahrtmechaniker in St. Louis verhaftet, weil sein Visum abgelaufen war. In Wahrheit dürften ihm die nahöstliche Herkunft, der muslimische Glaube und sein unseliger

Vorname zu einem längeren Gefängnisaufenthalt verholfen haben: der Mann heißt Osama. Sogar 60 bis 70 junge Israelis – Nahost ist Nahost – gerieten ins Netz: Mit vier Freunden wurde Jaon Schmuel verhaftet, weil die fünf verdächtig aussehenden jungen Männer allzu lange die Ruinen des World Trade Center fotografiert hatten. Der grob gestrickte Raster-Knast für die üblichen Verdächtigen hat selbst unter US-Kriminalisten Streit ausgelöst: Der ehemalige FBI-Vizechef Kenneth Walton höhnt, die Massenverhaftungen entsprängen der ‚Perry-Mason-Schule' – erst mal abgreifen, um dann hinter Gittern Geständnisse zu produzieren… Möglich wurde die dubiose neue Rechtspraxis durch eine beispiellose juristische Aufrüstung: Der erste Schritt, der gezielt betitelte USA Patriot Act, wurde bei nur wenigen Gegenstimmen von Repräsentantenhaus und Senat gebilligt. Schon dieses Paragrafenwerk senkte die Hürden für Durchsuchungsbefehle, erlaubte ohne Umschweife das Abhören von Telefonen, die Überwachung des Internet sowie die Verknüpfung bisher getrennter Datenbanken, etwa von CIA und FBI. Andere, unscharf formulierte Ausführungsbestimmungen räumen den Polizeibehörden weitgehende Vollmachten ein. Bis zu einem halben Jahr können verdächtige Ausländer ohne Anklage inhaftiert bleiben, falls der Justizminister eine ‚Gefahr für die Sicherheit der Nation' ausmacht. Und die wittert John Ashcroft überall… Der Kolumnist William Safire, stets ein entschiedener Parteigänger der Bush-Regierung, warnte, mit der Einrichtung von Militärgerichten hätten sich die USA ‚diktatorische Vollmachten' angeeignet. Die Exekutive maße sich an, ‚Ermittler, Ankläger, Richter, Strafvollzugsbeamter und Henker' in einem zu sein" (Hoyng 2001).

Die Entrechtlichung, Geheimjustiz und Willkür richtet sich längst nicht mehr nur gegen „verdächtige Ausländer", sondern auch gegen die US-Bürger selbst. Justizminister Ashcroft, im Nebenberuf protestantischer Fundamentalist, Prediger und fanatischer Abtreibungsgegner, dessen Weltbild (durchaus nicht weit weg von dem Präsident Bushs) strukturell dem der Taliban gleicht wie ein Ei dem andern, hat auch gegen einige Millionen US-Staatsangehörige muslimischen Glaubens mobil gemacht, parallel zu den Aktionen des WASP-Mobs von unten, der sich auf seine Weise patriotisch betätigt: „Fünf Morde gehen auf das Konto amoklaufender Patrioten, die meist im Vorbeifahren auf ‚arabisch aussehende' Tankwarte oder Mini-Market-Kassierer schossen. Mit jedem Toten zogen ägyptische oder pakistanische Tankstellenpächter noch größere Sternenbanner auf. Es war nicht nur ihr Bekenntnis zu Amerika, sondern auch ein Appell: ‚Bitte nicht schießen. Ich bin kein Terrorist'. Bürgerrechtsgruppen und arabisch-amerikanische Verbände dokumentieren weiterhin Pöbeleien, eingeworfene Fensterscheiben und Drohanrufe bei Moscheen" (Böhm 2001). FBI-Fahnder suchen im „Land der unbegrenzten Verdächtigungen" die Bürger der anderen Art auf, so etwa in New Jersey, wo sich die Übergriffe des Mobs in Grenzen hielten: „Dafür klingeln nun seit Wochen FBI-Agenten in der Südstadt an Türen mit arabischen, pakistanischen oder türkischen Namen und wünschen ein ‚zwangloses Gespräch'. Glaubt man den Gedächtnisprotokollen von Betroffenen, befragen in der Regel zwei Agenten den Hausherrn nach seinen Ansichten zu Osama bin Laden und zur ‚westlichen Zivilisation', während sich zwei weitere zwanglos in den anderen Zimmern umsehen – ohne sich die Schuhe ausgezogen zu haben" (Böhm 2001).

Die Berichte von Übergriffen der US-Sicherheitsapparate gegen Bürger häufen sich seit dem 11. September, und der „Patriot Act" hat die Schwelle für die Kontrolle und Überwachung der gesamten Bevölkerung gesenkt. Präsident Bush plant in diesem Sinne die Gründung eines furchterregenden neuen „Ministeriums für die innere Sicherheit", das 170.000 Menschen beschäftigen und über ein Budget von jährlich 38 Milliarden Dollar verfügen soll.

Was den USA recht ist, das ist natürlich einem Land mit der Polizeitradition der BRD mehr als billig. Im Zuge der Anti-Terror-Kampagne stehen gewissermaßen „alle Bürger unter Generalverdacht": „Mit seinem Anti-Terror-Paket II nimmt Innenminister Schily nicht mehr nur mutmaßliche ausländische Gewalttäter ins Visier, er rückt 82 Millionen Deutsche ins Zwielicht. Unbescholtene Bürger werden wie potenzielle Straftäter behandelt... In der aufgeregten Diskussion... über das, was zur Terrorbekämpfung nötig ist, gibt es keine Tabus mehr: Bundeswehr-Einsatz im Inland – warum nicht? Die Trennlinie von Polizei und Verfassungsschutz aufheben – na klar. Eine Volksdatei für Fingerabdrücke – ist doch wichtig. Immer deutlicher wird, wie fundamental die Anschläge vom 11. September die Eckpfeiler einer freiheitlichen Gesellschaft erschüttert haben" (Knaup u.a. 2001).

Der larmoyante Ton solcher Ergüsse eines bloß bedingt kritischen Journalismus gehört zur demokratischen Elegie: Die harten Sachverhalte der schleichenden Entrechtlichung auch nach innen werden nostalgisch in Beziehung gesetzt zu einem irreversibel dahinsiechenden, obsolet gewordenen Status des modernen Gewaltverhältnisses (Souveränität), der als Ideal beschworen wird, ohne die Bedingungen seiner Auflösung zu reflektieren. Es soll alles so bleiben, wie es ist, obwohl nichts mehr so sein wird, wie es war; und keiner will so genau wissen, warum.

McCarthy lässt grüßen: die demokratische Hexenjagd

Aber die Stimmen, die gewohnheitsmäßig Bürgerrechte, freiheitliche Gesellschaftsordnung (die in Wahrheit ein geronnenes Gewaltverhältnis ist) und demokratische Werte beschwören, und sich einbilden, damit immer noch einen gesellschaftlichen Grundkonsens zu repräsentieren (der ohnehin nur ein ideologischer wäre), befinden sich nicht nur bereits in der Minderheit, sondern sie werden auch sukzessive zum Schweigen gebracht. Nach dem 11. September hat in den USA und in großen Teilen der westlichen Welt eine wahre Hexenjagd nach dem Muster des unseligen „Kommunistenjägers" McCarthy in den Anfangsjahren des Kalten Krieges begonnen; eine Art

Säuberungswelle vor allem in den Medien, aber auch in der politischen Sphäre und in den Ausbildungsinstitutionen. Unversehens und unfreiwillig enthüllt sich der totalitäre, aggressive und zerstörerische Charakter der „westlichen Werte", wenn im Namen der „Freiheitlichkeit" nicht nur eine Kreuzzugs-Stimmung verbreitet, sondern jede auch nur vorsichtig distanzierte Analyse als „Kollaboration mit dem Feind" denunziert wird.

Wer nicht „auf Linie" liegt, und sei es mit einer naiven Kritik, die sich selber auf eben jene „westlichen Werte" beruft, deren wahres Wesen nicht durchschaut wird, muss damit rechnen, zum Ketzer erklärt und als Medienarbeiter seiner sozialen Existenz beraubt zu werden: „Besorgt registrieren Medienexperten eine eigentümliche Umwertung journalistischer Standards, auf deren strikte Einhaltung gerade die amerikanische Presse bislang so stolz war. ,Man muss derzeit sehr vorsichtig sein, wie man sich als Journalist äußert, weil jeder alles in alles hineininterpretiert', sagt Robert Lichter, Präsident des ,Center for Media and Public Affairs' in Washington. ,Wir bewegen uns auf schwankendem Grund'. Neutralität in der Wortwahl gilt plötzlich als heimliche Distanzierung von den amerikanischen Kriegszielen, Skepsis als Charakterschwäche. ,America first, journalist second' lautet das Motto, das die Vertreter des neuen Patriotismus ausgeben. Nicht Nachdenklichkeit ist gefragt, sondern das flammende Bekenntnis... Als eine ,Mission' versteht der CNBC-Moderator Geraldo Rivera,... ein Star der Branche, neuerdings seinen Job. Weil er dem ,Bedürfnis nach Rache' (!) auf seinem Stuhl bei dem Finanzsender nicht genügend nachkommen konnte, kündigte Rivera seinen 6-Millionen-Dollar-Vertrag, um vom 19. November an für Fox News direkt aus Afghanistan zu berichten – eine Entscheidung, die ihm viel Publizität und Schulterklopfen einbrachte. Die CNN-Reporterin Christiane Amanpour hingegen, gerade in Europa von vielen wegen ihres unaufgeregten Stils geschätzt, muss sich in der ,New York Post', einer der großen Boulevardzeitungen der USA, als ,Kriegs-Schlampe' beschimpfen lassen... Manchmal reicht schon eine unvorsichtige Formulierung oder eine als unangemessen empfundene Bemerkung, um vom Nachrichtenjäger zum Gejagten zu werden... Ari Fleischer, Sprecher des Weißen Hauses, ermahnte die Amerikaner... , dass sie ,aufpassen sollten, was sie sagen' (!)..." (Fleischhauer 2001).

Was da geschieht, ist eben nicht der Bruch mit freedom and democracy, sondern die Selbstauflösung von freedom and democracy in ihre ursprünglichen Bestandteile von Gewaltlogik und ideologischem (ursprünglich protestantischem) Fanatismus. Das bislang in Watte gepackte intellektuelle Fußgängerzonen-Bewusstsein der Schönwetter-Demokratie kann darüber nur noch erschrecken, wie etwa die New Yorker Romanautorin Francine Prose: „Fast genauso schockierend wie die Ereignisse des 11. September war für uns die Geschwindigkeit, mit der eine Gesellschaft, die sich viel auf ihr Engagement für die Meinungsvielfalt und die demokratische Debatte zugute hielt..., in eine Kultur mutierte, die Dissens grundsätzlich mit Verrat gleichsetzte. Die wenigen Intellektuellen, Gesellschaftskritiker und Künstler – unter ihnen Susan Sontag und Wallace Shawn –, die es wagten, auch nur die geringsten Vorbehalte gegenüber unserer Außenpolitik anzumelden, wurden von der rechtskonservativen und sogar von der gemäßigten Presse diffamiert" (Prose 2002).

Eine ganze Reihe von US-Journalisten, die nicht „aufpassten, was sie sagten", wurde gefeuert. Auch in anderen Ländern gab es Berichte über Maßregelungen und kriegskonformistische Aggressionen, so in Großbritannien gegen „Abweichler" der Labour-Fraktion: „Der Labour-Abgeordnete Paul Marsden, 33, wird von Kollegen aus seiner eigenen Fraktion im Unterhaus schikaniert, weil er einem umstrittenen Anti-Terror-Gesetz der Regierung Tony Blairs nicht zustimmt... Blair wird (das Gesetz) zwar im Unterhaus noch vor Weihnachten problemlos durchbringen, dennoch hatten mehrere linientreue Labour-Abgeordnete in der ‚Strangers Bar' im Unterhaus Marsden nach dessen Angaben als ‚Arschloch' tituliert, geschubst und gewürgt" (Der Spiegel 50/2001).

Dieser Hinweis auf die feine englische Art liefert ebenso wie die Nachrichten über das Kesseltreiben in den US-Medien nur einen zufälligen Einblick in das Klima der Hetze und Verdächtigung, das sich nach dem 11. September in den Ländern des demokratischen Zentrums ausgebreitet hat und dazu führt, dass jeder Zweifel an der primitiven, manichäischen Interpretation der Ereignisse mit Sanktionen geahndet wird. Derselbe vorauseilende Gehorsam gegenüber dem nach Rache schreienden demokratischen Manichäismus wurde im Schulwesen der BRD einer ganzen Reihe von Lehrerinnen und Lehrern zum Verhängnis, die bloß gewohnheitsmäßig die bis vor kurzem noch gültigen demokratischen Rituale von „Konfliktbewältigung", „Friedenserziehung" usw. abgerufen hatten. In fast allen Bundesländern gab es Suspendierungen vom Dienst, Zwangsversetzungen und Abmahnungen, weil einzelne Lehrkräfte sich noch nicht ausreichend bewusst waren, dass jede in den üblichen Betroffenheitszirkus einbezogene Kritik an NATO und demokratischem Weltordnungskrieg mittlerweile existenzgefährdend sein kann.

So wurde, um nur ein Beispiel von vielen zu nennen, der Siegener Gesamtschullehrer Bernhard Nolz suspendiert, weil er nach dem 11. September die UNO-Politik der USA in Frage gestellt hatte: „Mangelnde Betroffenheit warf man Bernhard Nolz vor. Dabei hatte der zuvor noch auf Bitten der Stadt das offizielle Kondolenzbuch ins Internet gestellt. Die Schülervertretung distanzierte sich von Nolz. Die CDU in Gestalt ihres Bundestagsabgeordneten Paul Breuer forderte: ‚Er gehört nicht in den Schuldienst'. Breuer verstieg sich gar zu dem Vorwurf,... es gäbe eine ‚unheimliche Allianz mit den Terroristen'... Der Schulleiter Walter Karbach hatte ‚geschmacklose antiamerikanische Akzente' gehört und suspendierte Nolz wegen ‚Störung des Schulfriedens'. Und das Arnsberger Regierungspräsidium leitete disziplinarrechtliche Vorermittlungen ein" (Ver.di Publik, Februar 2002).

Natürlich bedarf der empirische Befund der Hexenjagd einer Interpretation, die den Gesamtkomplex von Weltkrise und Auflösungsprozess der Souveränität einbeziehen muss. Über die Einzelheiten von administrativem Druck, Zensur, Diffamierung und Denunziation dringt nur zufällig und partiell etwas an die Öffentlichkeit, deren kommerzialisierter Zustand, an sich schon eine Disqualifikation der ernsthaften Debattenfähigkeit über gesellschaftliche Probleme, sich nun immer mehr mit primitiver, selber schon postpolitischer Hetzpropaganda aufzuladen beginnt.

Kann denn Folter Sünde sein?

Die moralische und zivilisatorische Qualität der Tendenz nach dem 11. September wird deutlich, wenn hinsichtlich der „Behandlung" des ungreifbaren und unbegreiflichen Terrorismus ganz in der breitmäuligen Diktion des demokratischen Räsonnements inzwischen in aller keineswegs mehr skandalösen Offenheit Themen „diskutiert" werden, deren inhumaner, barbarischer Charakter bis vor kurzem noch blankes Entsetzen ausgelöst hätte.

Den Vorreiter machte das US-Militärmagazin „Soldier of Fortune" (SoF), herausgegeben von dem ehemaligen Oberst und Vietnamveteran Robert K. Brown: „Einzelne ‚SoF'-Themen werden bereits in den Massenmedien diskutiert. So interviewte Brown einen französischen Exgeneral, der in den Fünfzigerjahren in Afrika Algerien gefoltert hat, zu der Frage: ‚Kann Folter Terrorismus verhindern?'. Nach einem Bericht der ‚New York Times' befassten sich zum Schrecken von Menschenrechtsorganisationen wie Amnesty International mittlerweile auch das ‚Wall Street Journal' in einem Kommentar, ‚Newsweek' in einer Kolumne sowie die großen Sender Fox News Channel und CNN mit dem Thema Legitimität von Folter" (Wirtschaftswoche 46/ 2001). „Zeit, über die Folter nachzudenken", so hatte „Newsweek" den einschlägigen Artikel überschrieben (Fleischhauer 2001).

Der Tabuisierung einer Kritik an der Substanz der „westlichen Werte" und der Inkriminierung selbst harmlos immanenter Problematisierungen entspricht folgerichtig die demokratische Debatte über die Legitimität von Folter. Genau an diesem Punkt waren ja zum Entsetzen der säkularen, liberalen und linken Kräfte schon länger die Rechtsaußen des Likud-Blocks und die fanatischen Ultraorthodoxen in Israel angelangt.

Es ist die moralische und auch bereits faktische Angleichung an die Praktiken eben jener Barbarei, die andererseits als der neue Weltfeind ausgerufen wird. Nichts könnte besser dokumentieren, dass dieser Weltfeind Fleisch vom Fleische der Demokratie selbst ist. Der rassistische Mob ebenso wie die politischen und medialen Hardliner von Weltordnungskrieg, Kreuzzug, Entrechtlichung und Privatisierung der Gewalt stellen kein ideologisches Paradox dar, sondern sie lösen die Nachkriegs-Schönwetterdemokratie in ihre wirklichen Bestandteile auf; sie machen das Uhrwerk der Souveränität sichtbar, indem sie es zerstören, und sie zerstören es, indem sie es militant in Gang halten wollen.

Die Logik des Ausnahmezustands

An dieser Stelle wird es notwendig, dieses Uhrwerk, seine Logik und seinen historischen Ursprung noch einmal näher in Augenschein zu nehmen. Der Schlüsselbegriff dafür ist der des Ausnahmezustands. Bekanntlich hat der furchtbare Jurist Carl Schmitt, einer der luzidesten und gleichzeitig übelsten Denker der „deutschen Ideologie" im 20. Jahrhundert, die demokratischen Freiheitsprediger schon lange damit gepeinigt, dass er diesen Begriff in den Mittelpunkt der staatsrechtlichen Debatte stellte und unbarmherzig darauf herumritt. In seinem Werk mit dem bezeichnenden Titel „Politische Theologie" findet sich die berühmt-berüchtigte Definition aller modernen Souveränität, also auch der Demokratie: „Souverän ist, wer über den Ausnahmezustand entscheidet. Diese Definition kann dem Begriff der Souveränität als einem Grenzbegriff allein gerecht werden. Denn Grenzbegriff bedeutet nicht einen konfusen Begriff, wie in der unsaubern Terminologie populärer Literatur, sondern einen Begriff der äußersten Sphäre. Dem entspricht es, dass seine Definition nicht anknüpfen kann an den Normalfall, sondern an einen Grenzfall" (Schmitt 1985/1922, 11).

Schmitt benennt damit zwei entscheidende Punkte, die gegen das rechtspositivistische Selbstverständnis des liberalen Rechtsstaats ins Feld geführt werden können, wie es zu seiner Zeit der sozialdemokratisch orientierte Rechtstheoretiker Hans Kelsen vertrat, auf den sich bezeichnenderweise heute wieder Positionen wie die von Hardt/Negri beziehen, und wie es überhaupt in den common sense aller juristischen Illusion eingegangen ist. Schmitt macht zum einen ein altes Problem aller Rechts- und Verfassungstheorie geltend, nämlich das Konstitutionsproblem: Der konstitutive Rahmen des Rechts kann nicht selber auf rechtspositivistische Weise in die Welt gekommen sein, sondern nur durch eine „Entscheidung" (Dezision), die nicht auf Wahrheit und Objektivität, sondern auf Willen, Autorität und letztlich auf Gewalt beruht: „Autoritas, non veritas facit legem" (Schmitt, a.a.O., 66).

Zum andern bleibt dieses konstitutive Problem in der Verfassung und aller Rechtsgrundlage immer in Latenz präsent und kann manifest wieder hervortreten, nämlich eben in der Gestalt des Ausnahmezustands. Der Ausnahmezustand bildet, so Schmitt, die eigentliche Wahrheit aller Verfassung und allen Rechts. Seinem Begriff nach ist es die Aufhebung der Verfassung auf dem Boden der Verfassung selbst, also das Erscheinen der eigentlichen autoritären und in purer Entscheidungsgewalt bestehenden Grundlage, die von der liberalen Rechtsstaatsdoktrin ignoriert werde. In diesem Sinne kam Schmitt mit seiner Theorie zu praktisch-historischer Wirksamkeit, indem er in seiner Schrift „Die Diktatur" (Schmitt 1961, zuerst 1921) den einschlägigen Artikel 48 der Weimarer Verfassung maßgeblich auslegte und damit den juristischen Interpretationsrahmen für die Hitlersche Machtergreifung vorgab.

Die Nazis kamen ja bekanntlich durchaus über demokratische Wahlen, legal und durch eine rechtspositivistische Entscheidungskette zur Macht. Zwar übten sie in der

Weltwirtschaftskrise ähnlich wie andere Parteien mit paramilitärischen Organisationen wie der SA terroristische Straßengewalt aus. Aber zur Macht kamen sie eben nicht durch einen Putsch; sie jagten kein Parlament mit Waffengewalt auseinander, sondern ließen sich rechtspositivistisch (mit den Stimmen der christlichen und liberalen Abgeordneten!) „ermächtigen". Alle weiteren Maßnahmen konnten dann in der rechtspositivistischen Hülle ablaufen.

Dieser Umstand war den demokratischen Apologeten und Rechtspositivisten von jeher so unangenehm, dass sie ihn abzuleugnen suchten. Das klassische Werk in dieser Hinsicht ist Ernst Fraenkels Buch „Der Doppelstaat" (Fraenkel 2001/1940). Die Argumentation ist eine doppelte. Zum einen bezieht sie sich auf die Konstitution des Nazi-Regimes, zum andern auf dessen Rechtspraxis.

Hinsichtlich der Konstitution behauptet Fraenkel schlicht, die formal legale Machtübernahme der Nazis sei eine „Legende", es habe sich um einen „Staatsstreich" gehandelt. Dieser Begriff muss jedoch aller seiner Attribute (Gewaltsamkeit des Vorgehens, Bruch der formalen Ordnung usw.) entkleidet werden, um ihn für die demokratische Apologetik zu „retten". Substantiell beschränkt sich Fraenkels Argumentation auf den Zeithorizont des Ausnahmezustands, von dem er zugibt, dass er formal korrekt gemäß der Weimarer Verfassung zustande kommen konnte: „Als die Nationalsozialisten mit allen Machtbefugnissen des zivilen Ausnahmezustands ausgestattet waren, verfügten sie über die Mittel, um die verfassungsmäßige vorübergehende Diktatur (zwecks Wiederherstellung der gestörten öffentlichen Ordnung) in die verfassungswidrige dauernde Diktatur (zwecks Errichtung des nationalsozialistischen Staates mit unbegrenzten Hoheitsbefugnissen) umzuwandeln" (Fraenkel, a.a.O., 56).

Dieses Argument ist schwach. Tatsächlich gibt es keine genaue Bestimmung hinsichtlich der Differenz von „vorübergehend" und „dauernd"; das ist eine Ermessensfrage, die formal durchaus noch innerhalb des Begriffs des Ausnahmezustands angesiedelt ist. Das eigentliche Problem ist eben gerade die formale Existenz des Ausnahmezustands überhaupt im Rechtsrahmen, das heißt die Möglichkeit der „verfassungsmäßigen Diktatur" als solcher, worüber Fraenkel schamhaft hinweggeht. Und inhaltlich ist es natürlich die Frage, was in letzter Instanz unter „öffentlicher Ordnung" und was unter deren „Störung" zu verstehen ist, wie darüber bestimmt wird usw. Das eigentliche formale wie inhaltliche Problem des Ausnahmezustands, das auf das Wesen und den Kern der Demokratie, das heißt auf das Wesen und den Kern der „Souveränität" verweist, ignoriert Fraenkel genau in der Weise, wie Schmitt es unbarmherzig ans Licht gezerrt hat. Die demokratische Reflexion bleibt immer sekundär, während das konstitutive Apriori ausgeblendet wird.

Nicht besser ist Fraenkels Argumentation hinsichtlich der Rechtspraxis des Nazi-Regimes, nachdem es einmal installiert war. Der NS, so Fraenkel, sei ein „Doppelstaat" insofern gewesen, als es auf der zivilen Ebene weiterhin rechtspositivistisch im Sinne eines „Normenstaates" zugegangen sei, während im „politischen Sektor" die blanke Willkür eines anomischen „Maßnahmestaates" geherrscht habe. Im Kontext dieses „Maßnahmestaates" werde „innerhalb dieses Sektors die Staatsgewalt nicht nach den Maßstäben des Rechts mit dem Ziel der Verwirklichung der Gerechtigkeit gehandhabt..." (Fraenkel, a.a.O., 55).

Dieses Argument ist geradezu naiv und außerdem falsch. Erstens ist natürlich die Rechtsnorm niemals absolut, sondern sie muss stets im Einzelfall „Maßnahmespielraum" (Ermessensspielraum) lassen. „Normenstaat" und „Maßnahmestaat" sind kein Gegensatz, sondern die beiden Seiten derselben Medaille. Das Moment der „Willkür" ist also in der Rechtsnorm selbst enthalten; übrigens schon im ausschließenden Charakter des Rechts als solchem. Dieser logische Umstand verweist einfach auf den Herrschaftscharakter jeglichen Rechts, also auf den Fetischcharakter der zugrunde liegenden Gesellschaftsform, die Unterwerfung unter ein irrationales Beziehungsverhältnis verlangt und somit von Haus aus ein Zwangsverhältnis ist.

Zweitens ist Fraenkel nicht berechtigt, unter dem moralischen Begriff der „Gerechtigkeit" ein quasi-inhaltliches Kriterium einzuführen, über dessen Bestimmung und Herleitung er die Rechenschaft schuldig bleiben muss. Alles Recht ist seinem Wesen nach rein formal. Das hätte Fraenkel vom obersten Meister Kant lernen können, der bekanntlich jegliche inhaltliche Verunreinigung der „reinen Form apriori" verwirft und diese Inhaltsleere geradezu zur Grundlage aller modernen Ethik und zur Grundlage allen modernen Rechts macht. Aber eben deshalb kann die leere „Form überhaupt" auch mit beliebigen Inhalten gefüllt werden. Es gibt kein formales Kriterium, das verhindern könnte, dass Rassismus und Antisemitismus Gesetzeskraft zu erlangen vermögen. Mit anderen Worten: Auch der Massenmord konnte rechtspositivistisch ablaufen. Es stimmt nicht, dass auf diesem Gebiet die reine subjektive Willkür geherrscht hätte (außer in jenem logischen Sinne des Ermessensspielraums). Vielmehr war es gerade das Unheimliche an der Mordmaschine der Nazis, dass sie streng normativ lief, auch im juristischen Sinne. Auch insofern ist die Gegenüberstellung von „Normenstaat" und „Maßnahmestaat" falsch. Die vom NS Verfolgten hatten negative Rechtssicherheit. Der NS war nicht rechtswidrig, sondern er brachte die anomische Grundlage des Rechts, seine stumme Voraussetzung zum Vorschein.

Schmitt hat gewissermaßen den Pferdefuss der liberalen Rechtsstaatsdoktrin sichtbar gemacht, die sich bis heute geziert um das weiterhin in aller demokratischen Verfasstheit präsente Moment des Ausnahmezustands und die darin objektiv enthaltenen juristischen und logischen Probleme herumdrückt. Damit ist im Grunde gesagt, dass der wahre Kern aller modernen Demokratie die Diktatur ist und das wahre staatsbürgerliche Verhältnis der Moderne in letzter Instanz ein Gewaltverhältnis. Schmitt deckt diese unangenehme Wahrheit aber nicht auf, um zu einer emanzipatorischen Kritik der Staatsbürgerlichkeit und ihres gesellschaftlichen (kapitalistischen) Formzusammenhangs zu gelangen, sondern nur, um sich im Gegenteil zur autoritären Dezision, zur schieren Entscheidungsgewalt als letztem Grund aller modernen Souveränität, auch und gerade der demokratischen, zu bekennen. Der Theoretiker des Ausnahmezustands ist gleichzeitig der Liebhaber des Ausnahmezustands und der intellektuelle Repräsentant autoritärer Gewalt als ontologische Setzung.

Schmitt nimmt den Ausnahmezustand und damit den autoritären Gewaltkern der Demokratie als das eigentliche positive Dasein der Gesellschaft, als existentielle Kampfgemeinschaft der mystifizierten Nation in der blutigen internationalen Arena wahr. Liberale Demokratie und Rechtsstaat befehdet er als eine Art Schwächezustand der nationalen Schicksalsgemeinschaft, der die existentielle Dimension des Politischen verdunkle.

Diametral entgegengesetzt müsste eine radikale emanzipatorische Kritik gerade deswegen mit liberaler Demokratie und Rechtsstaatsdoktrin brechen, weil in diesen Formen ein autoritäres soziales Gewaltverhältnis geronnen ist, das im Ausnahmezustand manifest wird. Es ist eine inkonsequente Kritik an Schmitt, wenn gegen sein Denken einzig das ideologische Modell der liberalen, rechtspositivistischen Demokratie verteidigt wird, also lediglich der geronnene gegen den flüssigen Aggregatzustand, das latente gegen das manifeste Gewaltverhältnis, – ohne das beiden Erscheinungsformen gemeinsame Wesen, die Substanz von Souveränität und Unterwerfung unter die Verwertungslogik, und damit die Demokratie zusammen mit ihrem Ausnahmezustand ins Visier zu nehmen.

Diese bislang scheinbar unmögliche Option der Kritik wird durch den postmodernen Zersetzungsprozess der Souveränität und die Obsoletheit ihrer gesellschaftlichen Zweckbestimmung selbst nahegelegt. In der Weltkrise von dritter industrieller Revolution und transnationaler Globalisierung des Kapitals gibt es keine Wahl des kleineren Übels und keine Möglichkeit eines rechtspositivistischen „Verfassungspatriotismus" als vermeintliches Gegengift gegen autoritäre Herrschaft und Gewaltbarbarei mehr, weil die Geschäftsgrundlage von Verfassung und Rechtsstaat wegbricht, nämlich die Kohärenz von „Arbeitsgesellschaft" und Souveränität. In demselben Maße, wie der Substanzverlust des Arbeits- und Geldsubjekts den Substanzverlust des Rechts- und Staatssubjekts nach sich zieht, zeigen Verfassungs- und Rechtspositivismus selbst die Züge von autoritärer Herrschaft und Gewaltbarbarei; die Demokratie wird zu ihrem eigenen Ausnahmezustand, in dem sie ihr wahres Gesicht enthüllt.

Zur Geschichte des Ausnahmezustands

Es handelt sich um eine qualitative Differenz zur vergangenen Durchsetzungs- und Aufstiegsgeschichte des kapitalistischen Systems. Zur Zeit eines Carl Schmitt war der Ausnahmezustand vom „normalen" Rechtszustand und von der liberalen Demokratie noch klar geschieden und allein auf den Raum der nationalen Souveränität bezogen. Gleichzeitig waren es die schweren gesellschaftlichen Erschütterungen durch

Weltkriege und Weltwirtschaftskrise, die den Ausnahmezustand in einer beispiellosen Schärfe manifest werden ließen. Überall, wo die sozialen und intellektuellen Bewegungen gegen Krieg und brutale kapitalistische Restriktionen in der Krise eine kritische Masse zu überschreiten und das Pseudo-Naturgesetz der Einbannung aller Ressourcen in das irrationale Verwertungsprinzip zu durchbrechen drohten, zeigten die demokratischen Apparate die Gewaltfratze des Ausnahmezustands. In Deutschland wurde die Weimarer Republik als Produkt des Ausnahmezustands mit einer Bluttaufe gegründet und endete mit der Machtergreifung der Nazis ebenfalls nach Kriterien des Ausnahmezustands und in Blutbädern.

Das Konstrukt der „Volkssouveränität" erwies sich praktisch als fundamentale Unwahrheit und ideologische Verkleidung eines zutiefst repressiven Realitätsprinzips, unter dessen Imperativen das staatsbürgerliche Individuum nur insofern ein Molekül der Souveränität bildet, als es sich sozialökonomisch bedingungslos den Verlaufsformen des irrationalen kapitalistischen Selbstzwecks ausliefert und sich in diesem Sinne selbst unterdrückt.

Wo die Kluft in der Krise zu groß wird und der auto-repressive Charakter der souveränen demokratischen Staatsbürgerlichkeit sich an der sozialen Exklusion und Entwürdigung derselben Individuen bricht, tritt der Ausnahmezustand in Kraft und die Staatsbürgerlichkeit wird zu großen Teilen „ausgesetzt"; die Souveränität löst sich von ihren angeblichen molekularen Trägern ab und erweist sich als die verselbständigte Macht der Fetischform, die sie von Haus aus ist. Wenn der „souveräne" Staatsbürger erst einmal ökonomisch außer Kurs gesetzt ist, wird er auch von dieser seiner eigenen Souveränität administrativ und polizeilich in den Staub getreten, egal in welchem Maße er sich der Zusammenhänge bewusst ist.

Solange sich die Aufstiegs-, Ausdehnungs- und Entwicklungsgeschichte des Kapitalismus noch nicht erschöpft hatte, trat das Problem des Ausnahmezustands nur in den großen Schüben der Durchsetzungskrisen in Erscheinung und damit als eine Art vermeintliches Gegenprinzip zu den bürgerlichen Republiken des 19. und den Massendemokratien des 20. Jahrhunderts. Durch die klare äußere Differenz von „Normalzustand" (je nach Entwicklungsphase: konstitutioneller Monarchie, ständischer Republik oder Massendemokratie) einerseits und „Ausnahmezustand" (Diktatur) andererseits konnte die optische Täuschung entstehen, als ob es sich um zwei grundsätzlich verschiedene Nomoi, um zwei entgegengesetzte politische Realitätsprinzipien handle.

Dies umso mehr, als es auch bis aufs Blut feindliche politische Strömungen und theoretische Positionen waren, von denen die unterschiedlichen gesellschaftlichen „Zustände" repräsentiert wurden; einzig der Sozialdemokratie nach dem Ersten Weltkrieg blieb es vorbehalten, „Bluthund" und demokratisches Osterlamm in Personalunion darzustellen. Die juristische Illusion der alten Arbeiterbewegung hatte ja gerade darin bestanden, dass sie die unüberwundenen, ontologisierten sozialökonomischen

Grundkategorien des Kapitalverhältnisses qua Rechtsform in einen „Sozialismus" von Staatsbürgerlichkeit und warenproduzierendem System verwandeln wollte. Diese doppelte Unwahrheit, das soziale Verhältnis der Auslieferung an den Verwertungsfetisch, ohne mit diesem Prinzip zu brechen, ausgerechnet durch dessen eigene politisch-juristische Ausdrucksform vermeintlich in etwas ganz anderes verwandeln zu wollen, macht die Verblendung der demokratisch-politischen Linken überhaupt aus. Statt die politisch-juristische Rechtsstaatlichkeit als notwendige sekundäre Darstellungsform der im Kapitalverhältnis enthaltenen sozialen Repression zu erkennen, wird ewig die politische und juristische Charaktermaske der Wertsubjekte gegen die ökonomische Charaktermaske ausgespielt, als handelte es sich um ganz verschiedene Wesenheiten; und als Folge davon wird dann ebenso innerhalb der politisch-juristischen Sphäre selber der demokratisch-rechtsstaatliche „Normalzustand" gegen den diktatorischen Ausnahmezustand als Nomos angerufen, als ob es ganz verschiedene und unvereinbare Substanzen wären.

Die deutsche Sozialdemokratie musste der wahren Identität Rechnung tragen, als sie im Ersten Weltkrieg und an dessen Ende selber zum Bluthund des Ausnahmezustands wurde; freilich nur, um danach an der alten juristischen Illusion weiterzustricken, als ob nichts gewesen wäre.

Aus diesem Scheingegensatz heraus konnte der wahre Sachverhalt verdunkelt werden, dass sich immer nur dieselbe Substanz der Souveränität in zwei verschiedenen Aggregatzuständen zeigt, je nach gesellschaftlicher Großwetterlage der kapitalistischen Dynamik. Die Vertreter der autoritären Entscheidungsgewalt wie Carl Schmitt mystifizierten so den Ausnahmezustand zu einem eigenständigen gesellschaftlichen Realitätsprinzip gegen die liberale Demokratie, obwohl er nur den Kern und gleichzeitig die äußerste Grenzposition dieser liberalen Demokratie selbst darstellt. Umgekehrt blendeten die demokratischen, liberalen und sozialistischen Ideologen die innere Logik des Ausnahmezustands aus und pflegten ihr gespieltes Entsetzen vor den Konsequenzen eines Carl Schmitt, obwohl sie und ihre Ahnen bei jedem großen Krisenschub ihr klammheimliches oder ganz offenes Plazet gegeben hatten, dass die (konstitutionelle, republikanische, demokratische) „Normalität" mit Blut getauft wird.

In der relativ langen Prosperitätsepoche nach dem Zweiten Weltkrieg schien die Souveränität in den westlichen Zentren dann ganz in der liberalen, rechtspositivistischen „Normalität" aufzugehen; und während die Logik des Ausnahmezustands verblasste, setzten sich die Demokratien ideologisch von den Diktaturen der ersten Jahrhunderthälfte ab und taten so, als folge ihr Dasein einem ganz anderen, endlich juristisch pazifizierten Realitätsprinzip, das nicht mehr mit dem Ausnahmezustand schwanger gehe. Das logische und juridische Problem geriet in Vergessenheit.

Der permanente Ausnahmezustand

Umso schroffer ist jetzt der Bruch derselben Demokratie und ihrer Ideologen mit dem eigenen positivistischen Rechts- und Verfassungsprinzip. Aber dieser Bruch kommt nicht mehr als klassischer Ausnahmezustand daher, und er beschränkt sich gleichzeitig nicht mehr auf den Rahmen der nationalen Souveränität. Die letzte Weltmacht USA maßt sich teils im Namen des demokratischen „ideellen Gesamtimperialismus", teils auf eigene Rechnung des „Interesses" nationaler Souveränität an, nach Gutdünken ein planetarisches Standgericht zu vollziehen. Da es keine wirkliche Weltverfassung gibt, kann die UNO-Charta gebrochen werden, ohne dass damit eine Veränderung des politischen Aggregatzustands proklamiert werden müsste; auch nicht in den USA selber, die sich so verhalten können, ohne ihre eigene Verfassung explizit außer Kraft zu setzen.

Dasselbe gilt für die Prozesse der inneren Entrechtlichung. Die Übergriffe der Sicherheitsapparate und die Suspendierung von sogenannten staatsbürgerlichen Rechten finden in Grauzonen des Rechtspositivismus selber statt, ohne dass der demokratische „Normalzustand" offiziell aufgehoben würde. Nirgendwo in den westlichen Zentren ist der Notstand ausgerufen und die Verfassung auf Eis gelegt worden. Aber das heißt nur, dass der demokratische Ausnahmezustand mit dem demokratischen Normalzustand zu verschmelzen beginnt. Es findet kein äußerer Gestaltwechsel statt, es gibt keinen Notstands-Aufruf in den Medien, keine allgemeine Ausgangssperre und keine Panzer fahren in den Städten an strategischen Punkten auf; trotzdem greifen die Elemente des Ausnahmezustands um sich.

Die Zu- und Übergriffe gehen durch das Alltagsleben und den positiven Rechtszustand hindurch, dessen anomische, repressive Voraussetzung sich damit enthüllt. Individuen werden in bestimmter Hinsicht als Abweichler oder verdächtige Subjekte in ihrer sozialen Existenz vernichtet, während gleichzeitig in anderer Hinsicht Opposition ungehindert agieren kann; „illegale", unliebsam aufgefallene oder „herausgefallene" Menschen verschwinden durch weitgehend unkontrollierte Verfahren in Gefängnissen und Lagern, während die Normalos noch selbstbewusst mit den Behörden prozessieren; lautlose mediale Gleichschaltungen werden begleitet von heftigen Fehden in den Feuilletons; neben blutigen punktuellen Polizei- und Kommando-Einsätzen geht die „normale" Konkurrenz- und Leistungshetze ungerührt ihren Gang; und die blutigen Taten der Weltordnungskrieger in der Peripherie schaut man sich im Fernsehen an wie Fußballspiele.

Die sukzessive Verwilderung der losgelassenen Apparate, die Rechtsbrüche auf allen Ebenen und die Mafiotisierung der Politik legen sich über die demokratische „Normalität": Die Gesellschaft wird zum Vexierbild, in dem Momente der Diktatur und der parlamentarischen Repräsentanz, der entgrenzten Gewaltsamkeit und des Rechtspositivismus ineinander verschwimmen.

Der Grund für diesen Unterschied zu früheren Manifestationen des Ausnahmezustands besteht nicht etwa darin, dass die rechtsstaatliche Demokratie robuster wäre als in der Vergangenheit und auch ohne offizielle Proklamation des Ausnahmezustands mit den gesellschaftlichen Widersprüchen fertig würde. So mag es das Wunschdenken der westlich-demokratischen Ideologen sich ausmalen. In Wirklichkeit aber findet die einschneidende Zäsur zwischen Rechtspositivismus und Entrechtlichung, zwischen parlamentarischem Prozedere und Diktatur nur deshalb nicht statt, weil es sich um keine Änderung im Aggregatzustand der Souveränität mehr handelt, sondern eben um die Zersetzung der Souveränität selbst.

Damit ist auch die Differenz zum Nazi-Regime benannt, obwohl dieses als Vorläufer der unmittelbaren Identität von Rechtspositivismus und Ausnahmezustand gelten kann. Der Nazi-Staat ging aus einem rechtspositivistischen Transformationsprozess des Ausnahmezustands in der Weltwirtschaftskrise hervor und mündete in den Ausnahmezustand des Zweiten Weltkriegs; in den Jahren zwischen 1933 und 1939 repräsentierte das Regime in gewisser Weise die Identität von „Normalzustand" und Ausnahmezustand, wie sie in der einen oder anderen Weise für alle Modernisierungsdiktaturen des 20. Jahrhunderts gültig war (die Nazis stellten dabei allerdings insofern eine Besonderheit dar, als sie durch die spezifisch antisemitische Konstitution ihres Regimes über den Charakter der Modernisierungsdiktatur hinaus die Irrationalität des gesellschaftlichen Verhältnisses bis zur Manifestation des Todestriebs zuspitzten).

Aber alle diese Erscheinungen eines „permanenten Ausnahmezustands", der gleichzeitig mit einem deformierten Rechtspositivismus einherging, waren noch ganz in das Gehäuse der Souveränität eingeschlossen, bekanntlich auch der Holocaust der Nazis: Der Akteur blieb immer die souveräne Macht als solche. Die paramilitärischen Verbände aus der Zeit des Zusammenbruchs von Kaiserreich und Armee waren ebenso rasch wieder in staatliche Regie überführt worden wie die Parteimilizen aus der Zeit der Weltwirtschaftskrise; selbst noch die Pogrome der „Reichskristallnacht" wurden administrativ von oben gesteuert. Die Barbarei erschien in der Einheitsuniform der souveränen Macht selber, die sich keineswegs historisch in Auflösung befand; wie ja auch die zugrunde liegende kapitalistische Produktionsweise noch einen letzten säkularen Akkumulationsschub vor sich hatte.

Heute dagegen nimmt die Verflüssigung des Gewaltkerns moderner Staatlichkeit einen grundsätzlich anderen Charakter an, und deshalb hat auch die Verschränkung von „Normalzustand" und Ausnahmezustand eine andere Dynamik als in der Zwischenkriegszeit. Das diktatorische Moment vermengt sich nicht nur mit dem demokratischen Prozedere, es mischt sich auch mit der postpolitischen, postsouveränen Anomie.

Um eine vergleichbare Konstellation zu finden, muss man nicht in die erste Hälfte des 20. Jahrhunderts, sondern bis in die frühmoderne Konstitutionsgeschichte des

Kapitalismus zurückgehen; und nicht umsonst wählen Theoretiker wie van Creveld, Münkler und andere diesen Bezugsrahmen. Es ist, als ob ein Film rückwärts abgespult würde, bestimmte Durchgangsstadien in verzerrter Form wieder erschienen und die Moderne zuletzt wieder im Schlund des anomischen Chaos verschwinden würde, aus dem sie gekommen ist. Dieses Bild ist nur insofern falsch, als die rasende Rückwärtsbewegung auf einem um Jahrhunderte höheren Entwicklungs- und Vergesellschaftungsniveau stattfindet, die Zerstörungskraft also auch um vieles verheerender ist und nicht mehr bloß einen bestimmten (europäischen) Fokus und einzelne Zonen der kolonialen Landnahme, sondern die gesamte planetarische Menschheit erfasst.

Hatte der Ausnahmezustand schon immer ein verräterisches Licht auf das Wesen des rechtspositivistischen „Normalzustands" geworfen, wenn auch noch innerhalb des ungebrochenen Gehäuses der Souveränität, so führt die gegenwärtige dynamische Verschränkung von demokratischem Rechtspositivismus, Momenten des Ausnahmezustands und anomischen Prozessen in eine neue Art der sekundären Barbarei, die dieses Gehäuse sprengt, daher auch nicht in den alten „Normalzustand" zurückführen kann, ohne jedoch einen neuen „Normalzustand" zu konstituieren. Die staatlichen Maßnahmen des Ausnahmezustands oder einzelner Momente davon vermitteln sich mit der Privatisierung der Gewalt, das planetarische Standgericht der letzten Weltmacht geht einher mit dem völligen Zerfall staatlicher Beziehungen überhaupt.

Das nackte Leben und der gebrochene Wille: Der Ausnahmezustand als verborgener Nomos der Moderne

Damit ist die Frage nach dem Wesen des „Normalzustands" von Souveränität, an dessen demokratisches höchstes Stadium sich die affirmativen Ideologen begriffslos klammern, unausweichlich geworden. Mit jedem neuen Schub der Weltkrise, mit jedem neuen weltpolizeilichen Zugriff des „ideellen Gesamtimperialismus", jedem neuen Bruch des Völkerrechts, jedem neuen Akt von Preisgabe des Gewaltmonopols und jedem neuen Schritt der inneren Entrechtlichung und der juristischen Ausgrenzung wird es unmöglicher, sich noch naiv positiv auf die Begriffe von Demokratie, Menschenrecht und Rechtsstaatsdoktrin zu beziehen, ohne jede kritische und reflexive Potenz einzubüßen.

Es liegt in der Luft, die aller Demokratie und Rechtsstaatlichkeit zugrunde liegende souveräne Macht der Moderne ans Licht der Kritik zu zerren, statt sie positivistisch zu rechtfertigen oder einfach vorauszusetzen. So verwundert es nicht, dass der einschlägige Vorstoß des italienischen Rechtsphilosophen Giorgio Agamben eine heftiges internationales Echo ausgelöst hat. In seiner Schrift „Homo sacer" (Agamben 2002/1995) kommt er, ausgehend von Carl Schmitts Begriff der Souveränität und des Ausnahmezustands, jedoch in kritischer Wendung, zu einem vernichtenden Urteil über den demokratischen Nomos.

Agamben interessiert sich für die paradoxe Struktur des Ausnahmezustands, der die Suspendierung von Recht und Verfassung auf dem Boden von Recht und Verfassung darstellt: „Eines der Paradoxe des Ausnahmezustands besteht darin, dass in ihm die Überschreitung des Gesetzes und seine Ausübung nicht unterschieden werden können, so dass das, was der Norm entspricht und das, was sie verletzt, in ihm restlos zusammenfallen (wer während einer Ausgangssperre spazieren geht, überschreitet das Gesetz nicht mehr als der Soldat, der ihn gegebenenfalls, in Ausübung des Gesetzes, tötet)..." (Agamben, a.a.O., 68).

Diese Paradoxie des Ausnahmezustands verweist nach Agamben auf die Paradoxie der Souveränität selbst: „Das Paradox der Souveränität drückt sich so aus: ‚Der Souverän steht zugleich außerhalb und innerhalb der Rechtsordnung'... Der Souverän, der die legale Macht innehat, die Geltung des Rechts aufzuheben, setzt sich legal außerhalb des Rechts. Das bedeutet, dass das Paradox auch so formuliert werden kann: ‚Das Recht ist außerhalb seiner selbst', oder: ‚Ich, der Souverän, der ich außerhalb des Rechts stehe, erkläre, dass es kein Außerhalb des Rechts gibt'..." (a.a.O., 25).

Es geht dabei um den „Punkt der Ununterschiedenheit zwischen Gewalt und Recht, die Schwelle, auf der Gewalt in Recht und Recht in Gewalt übergeht" (a.a.O., 42), um „die Koinzidenz von Gewalt und Recht, welche die Souveränität konstituiert" (a.a.O., 45). Die rechtspositivistische demokratische Ideologie von der „Volkssouveränität", wonach diese Souveränität nur die Summe der individuellen Souveräne oder der „allgemeine Wille" (Rousseau) sei, blamiert sich regelmäßig im Ausnahmezustand, wo das Individuum stets zum bloßen Objekt des „Souveräns außerhalb des Rechts" degradiert wird. Das verweist natürlich darauf, dass der „allgemeine Wille" kein empirischer Mehrheitswille ist, sondern die von der Souveränität gesetzte und den Individuen ursprünglich aufgeherrschte allgemeine Willensform vor jedem empirischen Willensinhalt.

Das Problem ist, wie die Menschen in diese von ihrem empirischen Willensinhalt unabhängige Form der Souveränität, die sich ihnen gegenüber als politisch-juristisches Prinzip verselbständigt hat, eigentlich hineingekommen sind. Die Schlüsselstelle bei Agamben dazu lautet: „Der Souverän entscheidet nicht über das Zulässige und das Unzulässige, sondern über die ursprüngliche Einbeziehung des Lebewesens in die Sphäre des Rechts..." (a.a.O., 36).

Diese „Einbeziehung" ist eine Unterwerfung, die dem Recht vorausgeht und im Recht stumm enthalten ist, ein Bann, und zwar ein inhaltsloser, der in das Leben eingeschrieben wird: „Der Bann ist eine Beziehungsform" (a.a.O., 39), die „keinen positiven Inhalt hat" (ebda). Und erst nachdem dieser Bann einmal ausgesprochen ist, findet innerhalb seiner Struktur (sekundär) jene Entscheidung über das Zulässige und das Unzulässige qua Rechtsinhalt statt.

Agamben bezieht diese Struktur richtigerweise auf die philosophische Position des Oberaufklärers Kant, der sich in seiner Ethik (Kritik der praktischen Vernunft) eben gerade auf die „bloße Form einer allgemeinen Gesetzgebung" überhaupt beruft, von der man „alle Materie, d.i. jeden Gegenstand des Willens" absondern müsse (Kant 1998/1788, 136). Diese absurde Form, die von jedem Inhalt abstrahiert, ist nun gerade jener „allgemeine Wille", die für sich stehende Willensform der Souveränität vor jedem Willensinhalt, der dieser Form gegenüber immer nur sekundär und gleichgültig sein kann. Diese gespenstische Form ohne Inhalt, die „Geltung ohne Bedeutung" als „leeres Prinzip" (Agamben, a.a.O., 62) entspricht dem unterwerfenden Bann der Souveränität, der, ist er einmal vollzogen, jeden denkbaren Inhalt apriori seinem Anspruch, seiner leeren Geltung anverwandelt und einverleibt.

Die Menschen, die in diesen Bann eingeschlossen worden sind, erleiden durch ihre Unterwerfung unter das „leere Prinzip" der Souveränität eine ihrer Subjektivität als Akteure in der allgemeinen Willensform vorausgehende und vorausliegende Reduktion: Das Individuum als „einfacher lebender Körper" (a.a.O., 13) wird zum Objekt-Subjekt der Souveränität degradiert, reduziert auf das „nackte Leben" (a.a.O., 19), ein bei Agamben durchgängig wiederkehrender Begriff. Diese „Animalisierung des Menschen" (a.a.O., 13) ist die Voraussetzung für sein Dasein im Rechtszustand, oder, wie es in der Formel der „schwarzen Pädagogik" (Katharina Rutschky) heißen müsste: Der Wille muss erst einmal an sich gebrochen sein, bevor irgendein Rechtsinhalt erscheinen kann.

Der historische und systematische Ort, an dem die Reduktion auf das „nackte Leben" und das „Brechen des Willens" stattfinden, ist kein anderer als eben der Ausnahmezustand, der Ort einer „ursprünglichen Ausschließung, mittels deren sich die politische Dimension konstituiert hat" (a.a.O., 93). Die Menschen müssen erst einmal vom Recht ausgeschlossen werden, damit sie ins Recht eingeschlossen werden können: „Der Ausnahmezustand, in dem das nackte Leben zugleich von der Ordnung ausgeschlossen und von ihr erfasst wurde, schuf gerade in seiner Abgetrenntheit das verborgene Fundament, auf dem das ganze politische System ruhte" (a.a.O., 19).

Der Ausnahmezustand ist die „äußerste Form der Beziehung, die etwas einzig durch seine Ausschließung einschließt" (a.a.O., 28). Nur in diesem Sinne der konstituierenden ausschließenden Einschließung ist das in den sogenannten Menschenrechten definierte Leben heilig, als bereits unterworfenes: „Die Heiligkeit des Lebens, die man heute gegen die souveräne Macht als Menschenrecht in jedem fundamentalen Sinn geltend machen möchte, meint ursprünglich gerade die Unterwerfung des Lebens unter eine Macht des Todes, seine unwiderrufliche Aussetzung in der Beziehung der Verlassenheit" (a.a.O., 93).

Die Funktion des Ausnahmezustands in diesem Sinne ist es, apriorisch „den einzelnen dahin (zu) bringen, das eigene Selbst zu objektivieren und sich als Subjekt zu konstituieren, indem er sich gleichzeitig an eine äußere Kontrollmacht bindet" (a.a.O., 127). Der Raum, in dem der Ausnahmezustand diese Einbannung, Unterwerfung und ausschließende Einbeziehung leistet, ist das Lager (Konzentrationslager); „im Lager sind Staat und Haus ununterscheidbar geworden" (a.a.O., 197), oder mit anderen Worten: „Das Lager ist der Raum, der sich öffnet, wenn der Ausnahmezustand zur Regel zu werden beginnt" (a.a.O., 177). Die Reduktion auf das „nackte Leben" als Voraussetzung des Rechtszustands findet in diesem Raum des Lagers statt, oder, so könnte man hinzufügen, in einem seiner zahlreichen Varianten in der Modernisierungsgeschichte (Arbeitslager, Zuchtanstalt, Straflager, Vernichtungslager).

Insofern handelt es sich auch nicht um eine bloß historische Erscheinung, sondern um eine in den „Normalzustand" eingeschriebene, stets präsente Logik: „Die Gründung ist mithin kein ein für allemal in illo tempore geschehenes Ereignis, sondern bleibt im bürgerlichen Staat in Form der souveränen Entscheidung fortwährend wirksam" (a.a.O., 118). Schon Walter Benjamin hatte festgestellt, „dass der ‚Ausnahmezustand', in dem wir leben, die Regel ist" (zit. nach: Agamben, a.a.O., 65). Das Lager ist stets unsichtbar anwesend „als verborgenes Paradigma des politischen Raumes der Moderne" (a.a.O., 131). Es ist also notwendig, „das Lager nicht als eine historische Tatsache und als eine Anomalie anzusehen, die (wenngleich unter Umständen immer noch anzutreffen) der Vergangenheit angehört, sondern in gewisser Weise als verborgene Matrix, als nomos des politischen Raumes, in dem wir auch heute noch leben" (a.a.O., 175).

In diesem Sinne proklamiert Agamben „(die) These von einer innersten Solidarität zwischen Demokratie und Totalitarismus" (a.a.O., 20). Demokratie ist nichts als geronnener Ausnahmezustand, eine Aggregierung des Totalitären der Moderne, die sich heute wieder in ihren Konstitutionszustand aufzulösen beginnt: „Der ‚rechtsleere Raum' des Ausnahmezustandes… droht… nunmehr überall mit der normalen Ordnung zusammenzufallen…" (a.a.O., 48).

Mit anderen Worten: Der Ausnahmezustand, der sich im Inneren des „Normalzustands" befindet, wird in einem säkularen Krisenprozess entbunden: „In dieser Perspektive muss das, was sich in Ex-Jugoslawien abspielt, und ganz allgemein die Auflösung der traditionellen staatlichen Organismen in Osteuropa nicht als eine Wiederkehr des Kampfes aller gegen alle im Naturzustand betrachtet werden, der das Vorspiel zu neuen sozialen Verträgen und neuen nationalstaatlichen Ortungen wäre; vielmehr ist es das Zutagetreten des Ausnahmezustands als permanenter Struktur der juridisch-politischen Ent-Ortung und Verschiebung. Es handelt sich also nicht um einen Rückfall der politischen Organisation in überwundene Formen, sondern um vorwarnende Ereignisse, die wie blutige Boten den neuen Nomos der Erde ankündigen, der (wenn das Prinzip, auf dem er gründet, nicht erneut in Frage gestellt wird) dazu tendiert, sich über den ganzen Planeten auszubreiten" (a.a.O., 49).

Es versteht sich von selbst, dass eine solche Analyse und Interpretation ein Schlag ins Gesicht der betulichen demokratischen Ideologen und Gesundbeter des Kapitalismus ist. Kein Wunder, dass die Position Agambens in den meisten Rezensionen quer durch das politisch-ideologische Spektrum entsprechend heftig zurückgewiesen wird. Besonders hat es den ewigen Modernisierungs-Apologeten natürlich die provozierende Formulierung angetan, dass das Lager der Nomos oder das „biopolitische Paradigma" der Moderne, ja – wie es bei Agamben in einigen Formulierungen erscheint – des Abendlands überhaupt sei.

Diese Generalisierung nimmt Niels Werber, der das Lager als Paradigma gern auf das Nazi-Regime beschränkt sähe, zum Anlaß, um Agamben im „Merkur", dem intellektuellen Zentralorgan des deutschen demokratischen Kreuzritter-Fanatismus, abzukanzeln: Das Lager sei also das Paradigma „(nicht) des NS-Regimes, nicht des Totalitarismus, nicht des modernen Imperialismus, nein: des gesamten Okzidents! Und mit dem ‚biopolitischen Paradigma' meint Agamben nicht eine im Laufe der Geschichte dieses Abendlandes mal mehr, mal weniger bedeutende Linie der politischen Theorie, sondern den Raum, in dem die ‚souveräne Macht' ihre ‚originäre' Leistung vollbringt: nacktes Leben zu produzieren, das ausgeschlossen und eingeschlossen werden kann" (Werber 2002, 621).

Und so darf das natürlich nicht sein: Der westliche Freiheitsideologe ist zu jedem Zugeständnis bereit, was die Anerkenntnis von Untaten und finstern Denktraditionen im Okzident angeht, wenn sich diese nur auf das NS-Regime, den Totalitarismus und vielleicht noch den „modernen Imperialismus" (in seiner Vergangenheitsform) beschränken lassen. Nur ans Grundsätzliche der modernen Konstitution darf solche kritische Einsicht nicht rühren, schon gar nicht an „unsere" wunderbare Demokratie: „Warum soll das KZ unser neuer Nomos sein?" (ebda), empört sich Werber, und: „Der Unterschied zwischen demokratischen Rechtsstaaten zum Dritten Reich schrumpft hier zusammen..." (a.a.O., 622).

Die Aufregung bringt sogar die Grammatik ein wenig in Unordnung, so tabuisiert ist es, die gemeinsame konstitutionelle Ebene von Rechtsstaat und Diktatur, von Totalitarismus und kapitalistischer Massendemokratie zur Sprache zu bringen – was ja keineswegs heißt, dass deswegen die sekundären historischen Unterschiede verwischt werden. Manifeste moderne Diktatur und diktatorischer Kern der Demokratie, geronnene Gewalt und verflüssigte Gewalt sind nicht unmittelbar identisch, aber sie enthalten eben ein Gemeinsames, einen gemeinsamen Kern oder Urgrund der Moderne, der auf keinen Fall aufgedeckt werden soll, weil damit die ganze legitimatorische demokratische Ideologie in sich zusammenfallen würde.

Und sogleich sekundiert eine Stimme von Linksaußen in der Wochenzeitung „Jungle World", dem Zentralorgan der deutschen demokratischen Kapitalismuskritik in den Grenzen der US-amerikanischen Verfassung: „Dabei wird von Agamben großzügig übersehen, dass das Streben nach Glück, Unverletzlichkeit des Körpers, Gesundheit und Bedürfnisbefriedigung das genaue Gegenteil des gesellschaftlich-geschichtlichen Gehalts seines Homo sacers darstellt. Es ist nämlich gerade nicht das nackte, sondern das qualifizierte Leben" (Baumann 2002).

Hier werden bestimmte Schwachstellen bei Agamben dazu benutzt, die ganze Problemstellung und Kritik abzuwehren, die in seiner Argumentation enthalten ist. Was ihn angreifbar macht, ist in der Tat ein Zug zur Ontologisierung, wie er in anderer Hinsicht etwa auch bei Hardt/Negri zu finden ist und überhaupt die gesamte postmoderne, durch Heidegger kontaminierte Theoriebildung kennzeichnet, an die Agamben anschließt. Damit handelt er sich eine ahistorische Betrachtungsweise ein, die verschiedene Epochen der Modernisierungsgeschiche und der (okzidentalen) Geschichte überhaupt kurzschließt, wodurch die spezifische Konstitution der Moderne verdunkelt wird, um die es ihm eigentlich geht.

Das betrifft vor allem auch die, wie Agamben selbst sagt, „obskure Figur des archaischen römischen Rechts" (a.a.O.), den „homo sacer", der seiner Untersuchung den Titel gegeben hat. Der homo sacer durfte straflos getötet, aber nicht geopfert werden, wodurch er für Agamben das „nackte Leben" symbolisiert, den Menschen als unterworfene, verfügbare und tötbare Biomasse, die Vorstufe zur „Rechtsfähigkeit", in der die Drohung der straflosen Tötbarkeit, des „einschließenden Ausschließens" latent bleibt, weil sie in die Konstitution der Rechtsform eingegangen ist.

Nun kann die Figur des homo sacer allenfalls als Metapher für die moderne Konstitution genommen werden, und das wäre kenntlich zu machen. Stattdessen setzt Agamben das Problem dieser „obskuren Figur" buchstäblich gleich mit dem Problem moderner Staatsbürgerlichkeit und zieht eine ahistorische begriffliche und realgesellschaftliche Linie von den religiösen Verhältnissen der archaischen Frühantike bis zum modernen Verfassungsstaat.

Der ahistorischen Verkürzung des postmodernen Denkens entspricht die phänomenologische, denn weder historische Tatsachen noch gegenwärtige Erscheinungen werden zu einer bestimmten historischen Form der Gesellschaft in Beziehung gesetzt; und auch in dieser Hinsicht bleibt Agamben dem postmodernen Diskurs verhaftet. Durch seinen Anschluss an den Begriff der „Biopolitik" bei Foucault, dessen philosophisches Konzept er gewissermaßen zu Ende denken will, handelt er sich auch Foucaults positivistischen, diffusen Begriff der „Macht" ein, der keine klare Strukturanalyse der gesellschaftlichen Sphären und ihrer logischen Beziehung zueinander mehr erlaubt.

So muss Agamben den Charakter der Souveränität und des Ausnahmezustands unmittelbar aus der politischen Sphäre selbst entwickeln, ohne das politisch-ökonomische Gesamtverhältnis der Moderne zu reflektieren. Seine Darstellung gleitet deshalb in die Mystifikation politischer Kategorien ab, und in diesem Sinne wiederum eignet sich jene „obskure" antike Figur des homo sacer dafür, ein entsprechend unscharfes semantisches Feld zu besetzen.

In dieser Unschärfe verschwindet dann auch der spezifische Charakter von Antisemitismus und Judenvernichtung in einem allgemeinen Begriff des „Lagers" in der Moderne; ein Topos, der so in vieler Hinsicht apologetische (und den Nazismus verharmlosende) Züge aufweist. Insofern verfällt Agamben dabei in den entgegengesetzten Fehler wie jene demokratischen und linksbürgerlichen Apologeten, die den spezifischen und singulären Charakter von Auschwitz bloß deswegen hervorheben, um die Logik der kapitalistischen Moderne, auf deren Boden Auschwitz nur erwachsen konnte, und die Zwangsform des „Lagers", die in vielfältiger Erscheinungsweise dieser Logik inhärent ist, geflissentlich auszublenden. Die Singularität von Auschwitz ist nur zusammen mit der Allgemeinheit des „Lagers" in der Moderne zu denken und umgekehrt.

Dennoch ist der Vorstoß Agambens letztlich weder apologetisch noch verharmlosend, sondern er trifft den Nerv der demokratischen Apologetik und geht dabei weit über alle postmodernen Beschränkungen und nicht zuletzt über die falsche „Immanenz" von Hardt/Negri hinaus (die sich deshalb nur ganz flüchtig und eher unwillig auf ihn einlassen). Agamben macht deutlich, welche Medusa sich hinter den demokratischen Phrasen, hinter dem ewig wiedergekäuten Versprechen des „Strebens nach Glück", von „Gesundheit und Bedürfnisbefriedigung", dem Menschenrecht der „Unverletzlichkeit des Körpers" usw. verbirgt, und auf welche Weise das „nackte Leben" von Bann und Verlassenheit in das vermeintlich „qualifizierte Leben" des demokratischen Staatsbürgers eingeschlossen ist.

Die Schreckenshäuser der Betriebswirtschaft: Kapitalismus als geronnener Ausnahmezustand

Um den Kern der von Agamben entfalteten Logik herauszuschälen, ist es allerdings nötig, diese vom Kopf des ahistorisch-phänomenologischen Postmodernismus auf die Füße einer erweiterten Kritik der politischen Ökonomie zu stellen. Erst unter dem Gesichtspunkt der „subjektlosen" kapitalistischen Verwertungsmaschine, des irrationalen „automatischen Subjekts" (Marx) der Moderne, dessen Begriff Agamben erstaunlicherweise völlig ausblendet, gewinnt die Logik von Souveränität und Ausnahmezustand, von „nacktem Leben", Bann und ausschließender Einschließung überhaupt einen erkennbaren Sinn. Es ist nicht die falsche Foucaultsche Ontologie von (ahistorischer) „Macht" oder Herrschaft schlechthin, sondern die spezifisch moderne polare Konstitution von Politik und Ökonomie, von abstrakter Arbeit und Staatsmaschine, von der die Menschen in gewisser Weise „animalisiert" und auf bloße „lebende Körper" reduziert werden, bevor sie ihr Leben sekundär „qualifizieren" dürfen.

Die Wertform oder das Wertverhältnis, inkarniert in der auf sich selbst qua Verwertungsprozess rückgekoppelten Geldform, bildet eigentlich primär jene metaphysische Leere, die absurde Kantsche, von jedem Inhalt entleerte „bloße Form einer allgemeinen Gesetzgebung", die bei Agamben als „Geltung ohne Bedeutung" oder „leeres Prinzip" erscheint. Diese säkularisierte göttliche Wesenheit einer ungeheuerlichen leeren Form, ein inhaltliches Vakuum, das den gesamten Lebensprozess beherrscht, macht die Moderne zum monströsesten aller historischen Herrschaftsverhältnisse.

Die Souveränität, der entsprechend leere allgemeine Wille, ist nichts als das politische Zwangsverhältnis dieser monströsen leeren Form. Und dieser Gesamtkomplex von abstrakter Verwertung und Souveränität, ursprünglich ein Resultat der frühmodernen Feuerwaffen-Ökonomie und des dazugehörigen militärischen Despotismus, stellt an sich schon einen permanenten Ausnahmezustand dar, der in die Gesellschaft gewissermaßen eingesunken ist.

Ausnahmezustand bedeutet eigentlich nichts anderes als die verschärfte, über das normale Maß (wie immer dieses definiert sein mag) hinausgehende Unterwerfung der Gesellschaftsmitglieder unter Maßnahmen, die nicht ihrer eigenen Entscheidung unterliegen. Unter der Herrschaft verinnerlichter Fetischformen, die auch ihren äußeren Ausdruck in zwanghaften Institutionen, Menschenverwaltungen, Herrschaftsverhältnissen etc. finden, gibt es natürlich ohnehin so etwas wie „freie Entscheidungen" der Gesellschaftsmitglieder nicht. Aber der Ausnahmezustand bedeutet eben eine Verdichtung, Verhärtung und akute Verschärfung von Herrschaft über ein „gewohntes", „normal" gewordenes Maß hinaus.

Einzelne Elemente dessen, was in der Moderne als Ausnahmezustand erscheint, gab es auch schon in früheren Herrschaftsverhältnissen, eben als zeitweilige „zusätzliche", intensivierte Erscheinung von Herrschaft, etwa bei der Heranziehung der Gesellschaftsmitglieder für außergewöhnliche Belastungen: Abgaben, Kriegs- und Arbeitsdienste unter repressiver Zwangsverwaltung einer gesellschaftlichen Fetisch-Instanz. Die Zwangsarbeit für den Bau von Festungswällen (extreme Beispiele: der Limes und die chinesische Mauer), von Mausoleen und sakralen Monumenten, oder auch für profane Projekte wie Kanäle, für die Versorgung von Truppen usw. gehört in diesen Zusammenhang.

Was den eigentlichen Ausnahmezustand kennzeichnet, wie er vor der Moderne kaum je in Erscheinung trat, ist eine spezifische Erscheinungsform der „Abnormität", die von einer spezifischen Art der Internierung großer oder wenigstens exemplarischer Bevölkerungsteile begleitet wird; daher auch der Begriff des „Lagers". Es handelt sich dabei nicht um herkömmliche Gefängnisse im Rahmen von Strafrechtsverhältnissen, sondern um vor oder jenseits aller Rechtsverhältnisse liegende „Erfassungen". Die Erfassung geht hier über den Zugriff vermittelnder Instanzen hinaus; sie wird unmittelbar.

Der fetischistische „Normalzustand" ist gewissermaßen ein erweitertes Gesellschafts- und Territorial-Gefängnis, in dem sich die Menschen ansonsten bewegen dürfen, ihnen ihre Handlungen in der Regel nicht unmittelbar vorgeschrieben werden und sie einen bestimmten Rechtsstatus genießen. Im Ausnahmezustand ist dieser Rechtsstatus allgemein „ausgesetzt", die meisten relevanten Handlungen werden unmittelbar vorgeschrieben und für einen bestimmten Bevölkerungsteil schrumpft der Raum des Gefängnisses gewissermaßen bis auf die Haut.

Die in diesem engeren Sinne dem Ausnahmezustand unterworfenen Menschen befinden sich in einem abgesonderten, ausgeschlossenen gesellschaftlichen Raum, in dem selbst ihr reduzierter, von der Fetischform gebändigter Wille, ihre elementarsten Bedürfnisse, ja sogar ihr physisches Leben gar nichts mehr gelten, in dem alle „normalen", regulierten, in irgendeiner Weise relativen Herrschaftsbeziehungen suspendiert sind zugunsten einer absoluten Unterwerfung. In diesem Ausnahmeraum sind die Individuen von allen sonstigen sozialen und persönlichen Bindungen entkoppelt, buchstäblich reduziert auf „nacktes Leben" und tötbares Leben, nur noch „Hände" für den Gottkönig, den Befehlshaber, das Prinzip jenseits jeglicher Eigentätigkeit, und sei es einer herrschaftlich gebundenen.

Die politische Ökonomie der Feuerwaffen in der frühen Neuzeit hat Anforderungen einer neuartigen despotischen Herrschaft hervorgebracht, deren hervorstechendstes Merkmal ein unersättlicher Geldhunger zwecks Fütterung des mit der Kanone und deren Produktion entstehenden militärisch-industriellen Komplexes war, aus dem heraus sich die moderne kapitalistische Gesellschaftsmaschine entwickeln sollte. Dieser Geldhunger konnte nicht mehr durch einen bloßen Modus vorübergehender außergewöhnlicher Belastungen gestillt werden; er brachte vielmehr die neue Qualität eines paradoxen und institutionell ausgefeilten „permanenten Ausnahmezustands" hervor, der mit der Geburt der modernen Souveränität verbunden war. Genauer gesagt: Der Ausnahmezustand der Moderne war eigentlich vor ihrem Normalzustand da; die moderne Normalität hat sich gewissermaßen am eigenen Schopf aus einem neuartigen Ausnahmezustand ins Licht der Welt gezogen.

Carl Schmitt bezieht sich auf diesen Ausnahmezustand nur äußerlich, im Sinne seiner berüchtigten Freund-Feind-Definition des Politischen, weil sein Gesichtspunkt ein wesentlich nationaler ist: Es geht ihm um die existentielle äußere Selbstbehauptung der ontologisierten Nation als „Schicksalsgemeinschaft" auf dem Schlachtfeld der konkurrierenden „Völker". Agambens Gesichtspunkt dagegen, und das macht seinen Wechsel der Perspektive aus, ist kein nationaler und außenbezogener, sondern ein innenbezogener sozialer und individueller: Es geht ihm um den Tatbestand der inneren sozialen Unterwerfung, um den inneren gesellschaftlichen Bann von Souveränität und Ausnahmezustand, wie er in der Reduktion auf das „nackte Leben" vollzogen wird. Deshalb argumentiert Schmitt wesentlich affirmativ, Agamben dagegen wesentlich kritisch und emanzipatorisch.

Tatsächlich hatten die „Staatsbildungskriege" der frühen Neuzeit eine konstitutive Funktion weniger in einem äußeren (bloß auf den Umfang der territorialen Souveränitäten bezogenen), als vielmehr in einem inneren, sozialökonomischen Sinne. Man könnte auch von „Ökonomiebildungskriegen", „Marktbildungskriegen" oder eben „Kapitalismusbildungskriegen" sprechen. Und dabei handelte es sich insofern um die Konstitution eines permanenten Ausnahmezustands, als der Despotismus der Souveränität die Menschen „seines" Territoriums nicht mehr bloß zeitweilig zu bestimmten Not- und Kriegszeiten, sondern permanent in einen von ihren übrigen Lebensäußerungen und persönlichen oder sozialen Beziehungen ausgeschlossenen Raum einzuschließen begann.

Kapitalismus ist das Paradox einer permanenten außergewöhnlichen Belastung. Es ging darum, den gesamten gesellschaftlichen Reproduktionsprozess in einen einzigen „Geldbeschaffungsprozess" oder „Geldvermehrungsprozess" und die Menschen in abstrakte Arbeits- und Leistungsmaschinen dieses ihnen zunächst äußerlichen und aufgeherrschten „Gesetzes" zu verwandeln.

Diese Ungeheuerlichkeit stellte sich als konstituierender Notstand oder für den Kapitalismus geburtshelferischer Ausnahmezustand dar, dessen Funktion es war, den sozialen Eigenwillen ein für allemal zu brechen. Die Geschichte dieser in der Menschheitsgeschichte beispiellosen Vergewaltigung der sozialen Gesellschaftlichkeit ist trotz des Marxschen Kapitels über die „ursprüngliche Akkumulation" und trotz der einschlägigen Untersuchungen des frühen Foucault noch lange nicht geschrieben; nicht zuletzt deshalb, weil sich die demokratische Apologetik wütend dagegen sperrt.

Dabei waren ursprünglich die innere und die äußere Kolonisierung identisch, die Menschen beider Sphären wurden gleichermaßen dem Despotismus der Verwertungsmaschine unterworfen. Erst im weiteren Verlauf dieses Prozesses traten äußere und innere Kolonisierung auseinander; und mit der Aufklärungsideologie wurde die innere Unterwerfung kompensatorisch mit rassistischen Mustern aufgeladen. Die „weißen" Unterworfenen des permanenten Ausnahmezustands konnten sich als Sub-Herrenmenschen den „farbigen" Unterworfenen gegenüber gerieren, wobei letztere eigentlich nie so richtig aus dem ursprünglichen, konstituierenden Zustand der totalen Reduktion auf „nacktes Leben" heraustreten konnten.

Der soziale Raum der einschließenden Ausschließung, der Reduktion auf das „nackte Leben" war von Anfang an ein Raum des Zwanges. Das Lager hatte in der Frühmoderne noch den Namen des Hauses, der dadurch eine gespenstische Nebenbedeutung von „Anstalt" bekam: Das Armenhaus, Arbeitshaus, Zuchthaus, Irrenhaus, Sklavenhaus – die „Häuser des Schreckens", in denen exemplarisch für die Gesamtgesellschaft die Einübung in die fremdbestimmte abstrakte Arbeit stattfand, ein in den Lagern der späteren Modernisierungs- und Krisendiktaturen verschärfter Vorgang.

Dieser ursprüngliche Ausnahmezustand ist zum modernen Normalzustand geworden, der aller Rechtsstaatlichkeit zugrunde liegt. Das Kapitalverhältnis ist nichts anderes als ein geronnener Ausnahmezustand, die permanente Konstitution eines Raumes ausschließender Einschließung und einschließender Ausschließung, der sich in diesem Zustand einer sekundären Ausnahme-Normalität als der Raum betriebswirtschaftlicher Vernutzung abstrakt menschlicher Energie darstellt. Der Verwertungsprozess hat sich vom ursprünglichen Zweck der permanenten Geldvermehrung zwecks Fütterung der Militärmaschine abgelöst und ist zu einem gesellschaftlichen Selbstzweck geworden. Und die Souveränität hat sich vom unmittelbaren Funktionsraum dieses Selbstzwecks nur zurückgezogen, um sich als eisernes Band um die in diesen Raum gebannten Menschen zu legen und sie für die Dauer ihrer aktiven Lebenszeit darin festzuhalten.

Dieser Raum liegt eigentlich außerhalb des Lebens, obwohl er zeitlich den größten Teil des aktiven Lebens erfasst und vergewaltigt. Es ist der Raum, in dem alle sozialen und persönlichen Beziehungen suspendiert sind zugunsten reiner Funktionsbeziehungen des Verwertungsprozesses; der Raum, in dem die Arbeiter „nicht bei sich, sondern außer sich sind" (Marx); der Raum, in dem tagtäglich die weitestgehende Reduktion auf „nacktes Leben", das heißt auf tätige Arbeitskraft, abstrakte Leistungsverausgabung für den irrationalen Selbstzweck stattfindet. Wer durch das Tor der Betriebswirtschaft tritt, muss alle Hoffnung auf selbstbestimmte Lebensqualität in diesem abstrakten Raum fahren lassen: Hier gibt es keine Möglichkeit der Selbstverständigung mehr, sondern nur noch das „Zwangsgesetz der Konkurrenz" und das Funktionsgesetz der Verwertung des Werts.

Die eingebannten Individuen sind jeder inhaltlichen Bestimmung ihrer eigenen Tätigkeit durch einen ganz unmittelbaren Zwang beraubt. Dieser betriebswirtschaftliche Funktionsraum atmet noch immer die Atmosphäre des Schreckenshauses und des Lagers, in ihm gelten noch stets die Gesetze der despotischen Unterordnung und des militärischen Kommandos, die aller Betriebspsychologie und aller Selbstverantwortungs-Ideologie Hohn sprechen. Die permanente Leistungshetze und die Kampagnen des Managements, der permanente Vollzug subjektloser Imperative ist nichts anderes als eine tagtägliche Notstandsübung, ein tagtäglicher Zwangseinsatz.

Erst das aus diesem Funktionsraum der Reduktion periodisch für eine Restzeit wieder ausgespuckte „nackte Leben" kann sich dann, nach Maßgabe seiner Reduktions- und Vernutzungsfähigkeit, sekundär und als bloße Nebenwirkung des Verwertungsprozesses, für sich „qualifizieren", aber eigentlich nur als Wiederaufbereitung des eigenen Selbst für den nächsten Einsatz. Die Rechtsfähigkeit dieses Daseins ist an seine Reduktionsfähigkeit gebunden, und deshalb bildet das „nackte Leben" den Kern des „freien, autonomen Individuums".

Diese Autonomie ist aber nichts anderes als die Verinnerlichung des permanenten, geronnenen Ausnahmezustands in einem mehrhundertjährigen repressiven und selbstrepressiven Gewöhnungsprozess (von Elias frecherweise als „Zivilisationsprozess" beschönigt). Das daran gebundene „Streben nach Glück" in der Tretmühle der universellen Konkurrenz kann immer nur in die völlige Verlassenheit münden. Auch der kapitalistisch erfolgreiche Mensch ist der verlassene Mensch. Und alle Versuche der

"Qualifizierung" dieses an sich "nackten Lebens", selbst "Gesundheit" und "Bedürfnisbefriedigung" überhaupt, bleiben immer nur zweifelhafte Abfallprodukte des prozessierenden realmetaphysischen Selbstzwecks, wie etwa die gegenwärtigen weltweiten Restriktionen des Gesundheitswesens unmissverständlich zeigen.

Die Verflüssigung des Ausnahmezustands als Verflüssigung der Souveränität

Jede sekundäre Qualifizierung des Lebens, selbst der blanke Status als Rechtssubjekt, steht ganz unabhängig von den tatsächlichen sozialen und materiellen Möglichkeiten unter dem Vorbehalt der "produktiven" kapitalistischen Reduktions- und Unterwerfungsfähigkeit des Individuums. Es ist eine ungeheure latente Drohung, die jederzeit manifest werden kann: die Drohung nämlich, dass sich die relative, periodische, private Reduktion auf "nacktes Leben" in eine absolute, ununterbrochene und öffentliche (souveräne) verwandelt oder besser: zurückverwandelt. In den Krisen wird der geronnene Ausnahmezustand insofern verflüssigt, als er aus dem Zustand der konstituierten "Normalität" wieder herauszufallen und sein eigentliches Wesen zu enthüllen beginnt.

Der akute Notstand besteht darin, dass der permanente, zur zweiten Normalität gewordene Ausnahmezustand nicht aufrecht erhalten werden kann und sichtbar zu werden droht, dass die Ressourcen wie die Individuen einem irrationalen Bann unterliegen. Die Reduktion auf "nacktes Leben" fällt dann an die Organe des Souveräns zurück, aus dem betriebswirtschaftlichen Funktionsraum treten wieder das Schreckenshaus und das Lager hervor, an die Stelle der indirekten tritt wieder die direkte Zwangsarbeit und Zwangsverwaltung, an die Stelle der sekundären Qualifizierung des Lebens wieder die primäre Zuteilung der Notration nach Maßgabe eines künstlichen Mangels oder Schlimmeres.

In den Durchsetzungs- und Entwicklungskrisen des Kapitalismus war dieser sekundäre oder potenzierte Ausnahmezustand, die Verflüssigung des ursprünglich konstituierten, permanent gewordenen und geronnenen Ausnahmezustands kapitalistischer Normalität, nichts anderes als eben ein Wandel im Aggregatzustand der Souveränität, ein Übergang von der Latenz zur Manifestation. Die Weltkrise der dritten industriellen Revolution markiert auch in dieser Hinsicht eine neue Qualität. Jetzt ist es die Souveränität selbst, die sich zu verflüssigen beginnt, weil auch der Raum der einschließenden Ausschließung sich auflöst: Die Einbannung der Menschen führt sich selbst ad absurdum. Die Souveränität, in dem Maße, wie sie noch weiter existiert, reagiert darauf reflexhaft mit ihren gewohnten Krisenmaßnahmen, obwohl diese ins Leere laufen.

Am Ausgang der kapitalistischen "Arbeitsgesellschaft" zeigen sich dieselben Ein-

und Ausschlussprozesse wie an ihrem Eingang, nur in umgekehrter Richtung. Auch auf dieser Ebene läuft der Film mit wachsender Geschwindigkeit rückwärts ab, aber eben auch wieder auf viel höherem Entwicklungsniveau. Die frühmoderne Souveränität erfand neue Formen der Delinquenz und verfrachtete die Delinquenten massenhaft in ihre Schreckenshäuser, um die abstrakte Arbeit zu materialisieren. Nunmehr erfindet die postmoderne Souveränität in ihrem Absterben ebenfalls neue Formen der Delinquenz, des Lagers, der Menschenverwaltung und der Bestrafungsindustrie, aber jetzt für die Massen der „Überflüssigen", in deren Existenz sich die abstrakte Arbeit dematerialisiert. Die Souveränität erhält die Aufgabe der einschließenden Ausschließung von der Betriebswirtschaft nur zurück, um sie in einem schwarzen Loch verschwinden zu lassen.

Die Projekte von staatlich induziertem Billiglohn und kommunaler Zwangsarbeit sind zum Scheitern verurteilt, weil sie keine eigenständige Akkumulationsbasis konstituieren können, sondern nur eine Zwischenstation für neue Paria-Schichten darstellen. Das von Hardt/Negri absurderweise als emanzipatorisch verkaufte Konzept der „Selbstverwertung" und des „Selbstunternehmertums", wie es auch die Vorschläge der deutschen Hartz-Kommission propagieren (in Verbindung mit institutionellen Zwangsmaßnahmen gegen Arbeitslose und Sozialhilfeempfänger), verlangt eine auf die Spitze getriebene Ökonomisierung des Bewusstseins, wo es gar keine dazugehörige Ökonomie für die Massen der Herausgefallenen mehr gibt.

Es sind dies alles nur Übergangsformen der sozialen Repression, die an den Punkt der Ausweglosigkeit führen: Die „Überflüssigen" müssen dann entweder bar jeder Reproduktionsmöglichkeit ihres Lebens ins Nichts entlassen werden wie im größten Teil der Peripherie, wo diese Transformation mit der galoppierenden Auflösung der Souveränität und der Herausbildung von plünderungsökonomischen Strukturen und anomischer Gewalt einhergeht. Oder sie müssen dort, wo die Souveränität noch fester gefügt ist wie in den westlichen Zentren (hauptsächlich aufgrund deren Refinanzierungsfähigkeit durch den Finanzblasen-Kapitalismus, der allerdings auch schon auf dem letzten Loch pfeift), auf Dauer in Gefängnissen, Internierungslagern und KZ-ähnlichen Einrichtungen weggesperrt werden – ganz wie die „Illegalen" und Flüchtlinge. Am meisten fortgeschritten in dieser Tendenz sind die angelsächsischen Länder, vor allem die USA. Die letzte Weltmacht hat schon Millionen ihrer eigenen „Überflüssigen" verknastet, und täglich kommen Tausende neu hinzu.

Der demokratische Ausgrenzungs- und Sicherheitsimperialismus richtet sich also nicht nur nach außen gegen die „Überflüssigen" der Peripherie, sondern zunehmend auch nach innen als Zwangs- und Notverwaltung des sozialen Ausnahmezustands gegen die „Überflüssigen" des Zentrums selbst. Am Ende der Moderne kehrt beim „Rücklauf des Films" die zweckfrei ins Nichts mündende innere und äußere Kolonisierung zurück als zunehmend identische Repression gegen innere und äußere „Unerwünschte".

Es gibt jetzt überall zweierlei „nacktes Leben" unter dem Diktat der Verwertungsmaschine: Zum einen die relative betriebswirtschaftliche Reduktion der verbliebenen „Beschäftigten" auf nackte Leistungseinheiten innerhalb des Funktionsraums, die im geronnenen Ausnahmezustand als Normalzustand und damit in der Rechtsform verbleiben. Und andererseits die absolute Reduktion der „Herausgefallenen" auf nackte biologische Verwaltungsobjekte, die in Gestalt der Arbeitsverwaltung und Bestrafungsindustrie vom wieder verflüssigten Ausnahmezustand erfasst werden und sukzessive auch aus dem Rechtszustand herausfallen.

Die lebenden Objekte der souveränen Ausnahme werden einer paradoxen „ausgeschlossenen Zugehörigkeit" unterworfen, die Agamben scheinbar rätselhaft umschreibt: „Sie ist dasjenige, was nicht in das Ganze eingeschlossen werden kann, zu dem sie gehört, und nicht zu der Menge gehören kann, in die sie schon immer eingeschlossen ist" (a.a.O., 35). Das Rätsel löst sich, wenn der Bezug zum fetischistischen Zwangsverhältnis der abstrakten Arbeit hergestellt wird: Die kapitalistisch Überflüssigen können empirisch nicht mehr in das Ganze der Verwertungslogik eingeschlossen werden, zu dem sie logisch dennoch gehören, und sie gehören nicht mehr zur Menge der lebenden abstrakten Leistungseinheiten, in die sie qua Definition des kapitalistischen Menschseins (also gemäß ihrer eigenen Subjektform) dennoch immer schon eingeschlossen sind.

Ausbürgernde Einbürgerung und Elendsbürgerlichkeit

Im Krisenprozess der dritten industriellen Revolution läuft diese Paradoxie auf jene ausweglose Situation zu, die das absolute Ende der modernen „Bürgerlichkeit" markiert und gerade deswegen von den Ideologen krampfhaft verleugnet wird. So skizziert etwa der deutsche akademische Philosoph Odo Marquard in seiner „Apologie der Bürgerlichkeit" eine völlig kontrafaktische „Einschlussbewegung", eine ähnlich surreale Beschwörung des alten sozialdemokratischen Integrationsprogramms in den geronnenen Ausnahmezustand der Verwertungslogik, jetzt aber eben unter Globalisierungsbedingungen, wie Hardt/Negri: „Zur bürgerlichen Welt gehört nicht nur die Emanzipation des ‚dritten Standes', sondern auch der Vorgang, dass der ‚vierte Stand' – das Proletariat – in den ‚dritten Stand' sich auflöst... Das ist – im Gegensatz zu jener Ausbürgerung des Proletariats, die Marx durch seine Verelendungstheorie irrtümlich prognostiziert hat – der Vorgang der ‚Einbürgerung des Proletariats', wie Franz von Baader ihn 1835 genannt hat... Dabei meine ich... , dass diese – die Einbürgerung der scheinbar zunehmend Verelendeten – langfristig auch das Entwicklungsschicksal der dritten Welt sein wird: nicht – wie die enteuropäisierte, ins Exotische sich rettende Verelendungstheorie meint – die Verelendung, sondern die ‚Einbürgerung' der dritten Welt..." (Marquard 2000, 101).

Soweit dieser Prozess als kapitalistische Individualisierung („jeder sein eigener Bourgeois") in paradoxer Form tatsächlich stattfindet, ist es die „Einbürgerung" von lebenden Leichen, von entsubjektivierten Subjekten. Rein formal löst sich die Lohnabhängigkeit in das „Selbstunternehmertum" auf, das sich jedoch als Elendsunternehmertum erweist, wie es in der Peripherie schon längst bekannt ist und sich nun mit gütiger Nachhilfe der Souveränität und ihrer sozialökonomischen Notstandsverwaltung auch im kapitalistischen Zentrum ausbreitet. Verelendung und Bürgerlichkeit schließen einander keineswegs aus.

Dasselbe geschieht mit den zusammenbrechenden Staaten der Peripherie: Auch sie werden sekundär „eingebürgert" in die „demokratische Völkergemeinschaft", aber als Zombies, als ausgeblutete Gespenster demokratischer Staatlichkeit, als bloß noch formale Hüllen. Die Verallgemeinerung der Form (Wertform, Staatsform, Subjektform) geht einher mit ihrer Entsubstantialisierung. Es ist also eine paradoxe (formale) Einbürgerung durch (substantielle) Ausbürgerung, wie Agamben sagen könnte.

Je deutlicher und brutaler sich dieser Sachverhalt darstellt, desto gereizter reagiert das ideologische Bürgerlichkeits- und Demokratenbewusstsein. Für Odo Marquard wird die Gegenwart bloß „schlimmgeredet" (a.a.O., 103), ähnlich wie umgekehrt mit dem Gestus der Saturiertheit etwa der statistische Blender Björn Lomborg die ökologischen Verwüstungen schönrechnet, indem er zum Beispiel die Aufforstung schnellwachsender „Industriewälder" mit der Zerstörung des in Erdzeitaltern gewachsenen Ökosystems der Regenwälder und seiner unersetzlichen Ressourcen verrechnet, um zu einer positiven Bilanz zu kommen (Lomborg 2002), oder wie die Finanzblasen-Gurus bis vor kurzem die New Economy noch reichgerechnet hatten.

In demselben Maße, wie sich kapitalistische Massenverelendung und Naturzerstörung im Krisenprozess der dritten industriellen Revolution beschleunigen, verlangen die demokratischen Einpeitscher mit inquisitorischer Wut ein allgemeines Bekenntnis zum „heilen" Zustand der Welt und zur aufklärerischen Propaganda, dass alles immer besser werde. Marquard sieht in der Kritik kapitalistischer Zumutungen nichts als das „Anspruchsdenken" von „spätkulturell Verwöhnten", eine „Übelstandsnostalgie der Wohlstandswelt" (a.a.O., 104): „Wo das Negative – durch jene Entlastung von ihm, die die moderne Kultur ist (!) – aus der Wirklichkeit zunehmend verschwindet (!), verschwindet nicht gleichzeitig die menschliche Negationsbereitschaft... Durch diese Übelstandsnostalgie... wird endlich... der Wohlstand selber zum Übelstand ernannt" (ebda).

Diese Provokation ist derart aufreizend, dass sie die innere Bereitschaft zum Bürgerkrieg verrät. Wo keinerlei Verständigung mehr über die Wirklichkeitswahrnehmung möglich ist, da kann nur noch der wechselseitige Vernichtungswille auf dem Programm stehen. Ohne sich dessen völlig bewusst zu sein, formulieren die freundlichen und lockerschnäuzigen intellektuellen Bluthunde der demokratischen Fetisch- und Weltzerstörungsgesellschaft allesamt die klammheimlichen Ansätze eines Auslöschungsprogramms gegen die „Überflüssigen", deren bloße Existenz in der „immer besser werdenden" Welt als störend empfunden wird. Hinter den Schönfärbungsdiskursen lauert der alte Malthusianische Vernichtungsdiskurs, die letzte und absolute Reduktion des „nackten Lebens" auf tote Materie.

Nur so können letzten Endes, wenn die Krise die quantitative Schmerzgrenze überschreitet, die Populationen der modernen homines sacri aus dem idyllischen Bild der Disneywelt von „Marktwirtschaft-und-Demokratie" hinausretuschiert werden. Das Leben des modernen homo sacer ist das „tötbare, aber nicht opferbare Leben" in dem Sinne, dass dieses wieder in den modernen Ursprungszustand der totalen Ausgeliefertheit zurückversetzte, total entqualifizierte „nackte Leben" nicht mehr stückweise auf dem Altar der Betriebswirtschaft für den irrationalen Selbstzweck der Wertverwertung geopfert werden kann, und eben deswegen vogelfrei, geächtet, verbannt, dennoch eingeschlossen – und letztlich auch straflos tötbar ist, egal wie diese Tötung außerhalb des eigentlichen kapitalistischen Opferbereichs irgendwann und auf irgendeine Weise vollzogen wird (und sei es durch den sukzessiven Entzug der medizinischen Versorgung).

Juden und andere „Überflüssige": die Struktur der einschließenden Ausschließung

Je unverschämter die kapitalistischen Zumutungen werden, desto mehr sozialer Zorn sammelt sich an, der sich auch innerhalb des demokratischen Zentrums in großen Revolten und blutigen gesellschaftlichen Zusammenstößen entladen wird, sobald Leid, Zwangsverwaltung, Restriktionen des Lebens und bestrafungsindustrielle Repression eine kritische Masse überschreiten. Aber dieser Zorn muss sich nicht notwendigerweise emanzipatorisch entladen.

Und an dieser Stelle ist eine letzte Korrektur an Agamben zu formulieren. In der Logik der potenzierten Reduktion auf „nacktes Leben" im Ausnahmezustand gab es von Anfang an zwei verschiedene Formen, zwei verschiedene Typen der homines sacri. Tötbar, aber nicht opferbar waren einerseits die „Überflüssigen" aller Art, die Alten, Kranken, Behinderten, Dauerarbeitslosen, Bettler usw., aber auch die Kriminellen und sonstwie Delinquenten (bis hin zu den „Terroristen"), die allesamt in den Status eines „lebensunwerten Lebens" rückten, und andererseits die Juden als Macht der Fremdartigkeit, auf die das ungeheure Entfremdungspotential der modernen Fetischgesellschaft projiziert wurde.

Der negative Untermensch und der negative Übermensch als polare Struktur der Projektion bilden bis heute das Muster der eliminatorischen Bewegung, in der sich der geronnene Ausnahmezustand verflüssigt. Auschwitz baut so zwar auf dem modernen Nomos des Lagers oder Schreckenshauses auf, und dieser Zusammenhang darf nicht verwischt werden, aber es ist eben nicht identisch damit. Das Arbeitshaus, Zuchthaus, die Bestrafungsindustrie, das Lager und selbst das Lager einer „Vernichtung durch Arbeit" stellen einen qualitativ anderen Typus dar als Auschwitz, das reine Vernichtungslager um der Vernichtung willen, das sich gänzlich vom unheimlichen „utilitaristischen" Zweck des Verwertungsfetischs gelöst hat, um eine Art symbolische Zerstörung dieses Fetischs selbst durch stellvertretende Vernichtung der Juden zu simulieren.

Der moderne Antisemitismus ist der irrationale Ersatz der emanzipatorischen Kapitalismuskritik, eine Scheinkritik der überwältigenden Macht des „automatischen Subjekts" durch die wirkliche Ausgrenzung und letztlich die Vernichtung der Juden; und eben deshalb bildet er die letzte ideologische Reserve der kapitalistischen Subjektform: nämlich die Option, die unausweichliche Revolte gegen die Zumutungen unter Erhalt des Systems auf ein Ersatzobjekt zu lenken.

Gleichzeitig bildet der Antisemitismus einen Katalysator für die rassistische und biologistische oder kulturalistische Flankierung des demokratischen Sicherheits- und Ausgrenzungsimperialismus. Da diese Feinddefinition eine imaginäre Ersatzbestimmung bildet, kann sie sich zwar gegen reale jüdische Bevölkerungsgruppen richten, ist aber darauf nicht angewiesen. Antisemitismus als projektive Fehlleitung der Revolte funktioniert auch ohne Juden, gerade weil es sich um eine phantasmatische Projektion handelt. Das reale Pogrom kann sich auch gegen „Ausländer", Farbige, Behinderte, sozial Ausgegrenzte richten, aber dafür bedarf es des antisemitischen Katalysators (welchen Status und welche Intensität dieser auch immer innerhalb der Verhältnisse jeweils besitzt). Erst die Ausrichtung der negativen Krisenenergien auf dieses Phantombild macht auch die empirische rassistische Reformulierung des Ausgrenzungsprozesses möglich. Nur wenn das negative Prinzip sich „oben" ethno-kulturell und „rassenbiologisch" in den Juden identifizieren lässt, kann auch der rassistische Selektionsmechanismus der Krise „unten" an den Farbigen, Ausländern usw. vollzogen werden.

Die Sehnsucht der Massen, im Rechts- und Anspruchszustand des geronnenen „normalen" Ausnahmezustands zu verbleiben und die Definition der neuen homines sacri auf andere abzuwälzen, findet so eine ideologische und praktische Verlaufsform. Diese innere Logik des Krisenprozesses vollzieht sich heute jedoch auf einem viel höheren Widerspruchsniveau als in der Zwischenkriegszeit. Die Verflüssigung des Ausnahmezustands nicht im Behälter der Souveränität, sondern als Verflüssigung und Auflösung der Souveränität selbst dynamisiert den immanenten Todestrieb der modernen Fetischform: Vertikal und horizontal, quer durch die weltgesellschaftlichen Schichten und Segmente definieren alle sich wechselseitig als homines sacri. Der entsprechende Impuls der sich zersetzenden Souveränität mischt sich mit dem spontanen des Mobs, und in beiden ist der Katalysator des Antisemitismus offen oder versteckt wirksam.

Auch zwischen dem Grundtatbestand der „Überflüssigkeit" von wachsenden Menschenmassen und dem Zusammenbruch des Völkerrechts, zwischen der Entsubstantialisierung von Wertform, Recht und Souveränität und dem globalen Standrecht des Gesamtimperialismus gibt es sicherlich keine unmittelbare Identität, sondern einen weitgespannten Vermittlungszusammenhang. Dennoch bedingen sich äußere und innere Entrechtlichung wechselseitig. Und im Wiedererscheinen des ursprünglichen gesellschaftlichen Ausnahmezustands, der modernen Urform des „nackten Lebens" und des modernen homo sacer in beiderlei Gestalt des „Juden" und des „Überflüssigen", besteht auch der Subtext der äußeren Weltordnungskriege, in denen sich der Welt-Ausnahmezustand manifestiert, der in die globale demokratische Anomisierung übergeht.

Auf dem Krisenniveau der dritten industriellen Revolution werden in der Perspektive alle Menschen zum „Mensch(en) der Menschenrechte" (a.a.O., 140), wie Agamben im Anschluss an Hannah Arendt formuliert, weil wir nunmehr „alle virtuell homines sacri sind" (a.a.O., 124). Aber diese auto-aggressive letzte Konsequenz der einschließenden Ausschließung, die in Selbstvernichtung mündet, vollzieht sich immer noch im polaren Muster von Rassismus und Antisemitismus, von Definition eines „lebensunwerten Lebens" einerseits und phantasmatischer Projektion eines auszulöschenden „fremdrassigen" Prinzips andererseits.

Allerdings spielt sich dieser Prozess heute nicht mehr im Modus einer weiteren Formation der Moderne, sondern ihrer Deformation ab, in der die politische Form zusammen mit der ökonomischen auseinanderfällt und die „fundamentale Struktur der abendländischen Metaphysik" (a.a.O., 18) offengelegt wird. Aber weil Agamben sich vom postmodernen positivistischen Machtbegriff Foucaults nicht zu lösen vermag und seine erhellende Analyse nicht auf den Zusammenhang der Politischen Ökonomie bezieht, muss er trotz seiner eigenen Desavouierung der demokratischen Politik bei einem hilflosen Postulat im Beck-Giddens-Jargon stehenbleiben, nämlich „das Feld für jene neue Politik frei zu machen, die im wesentlichen noch zu erfinden bleibt" (a.a.O., 21). Da gibt es nichts mehr zu erfinden. Im Ausnahmezustand des 21. Jahrhunderts kann der Nomos der Moderne nicht umbenannt, sondern nur abgeschafft werden, wenn sich die Menschheit nicht selbst abschaffen soll.

DER ANACHRONISTISCHE ZUG

Gerade weil die legitimatorische Basis so schwach ist und nur durch eine Art Hysterisierung des Medienbewusstseins aufrechterhalten werden kann, mischt sich in die demokratische Weltordnungsideologie des globalisierten Kapitals jenes seltsam anachronistische Denken, das die neue Weltsituation in die alten Kategorien zu bannen sucht. Die Weltfriedensbomber reden dauernd von der weltdemokratischen Zukunft, aber sie blicken dabei notorisch zurück in die Vergangenheit, als könnten sie dort etwas finden, das ihnen hilft, die gegenwärtige Welt voller diffuser „Unfriedlichkeit" und „Unsicherheit" zu begreifen.

Der Gespensterkampf des globalisierten Kapitalismus mit seinen eigenen Ausgeburten und Nebenwirkungen lässt die Protagonisten ahnen, dass all ihrem Gerede über „demokratische Weltinnenpolitik" usw. zum Trotz die kapitalistische Produktionsweise mit einer friedlich vereinigten Menschheit völlig unvereinbar ist, da ja für die globale Mehrheit das gemeinsame Moment ihres Daseins als marktwirtschaftliche Weltbürger durch nichts anderes als den verzweifelten Überlebenskampf in der planetarischen Krisenkonkurrenz gebildet wird, also ein rein negatives ist.

Deshalb ist es für diese große Mehrheit auch unmöglich, eine positive „weltbürgerliche" Identität zu entwickeln. Soweit die Anti-Zivilisation des Geldes nicht schon in gärende Zersetzungsprozesse übergegangen ist, bleibt die kapitalistische Identität der Menschen zunächst an den Nationalstaat und dann an dessen Zersetzungsprodukte gebunden, weil die negative Universalität der Subjektform stets ihres eigenen Gegenteils in Form irgendeiner partikularen (nationalen, ethnischen, rassistischen, religiösen etc.) Identifikation bedarf, um die Konkurrenz und deren „Fortsetzung mit anderen Mitteln" durch Mechanismen der Inklusion und Exklusion besetzen und vollstrecken zu können.

Es gibt daher so etwas wie ein zähes Beharrungsvermögen des Bewusstseins, das sich in den westlichen Zentren an die nationalstaatlichen Regularien klammert, obwohl sich das Bezugssystem der Souveränität auch hier aufzulösen beginnt. Die Trägheit des Denkens, das sich weigert, die Obsoletheit seiner eigenen kapitalistischen

Denk- und Handlungsform zur Kenntnis zu nehmen, kann gar nicht anders, als die Zukunft in das Raster der Vergangenheit bannen zu wollen.

Dem trägt die offizielle Ideologie insofern Rechnung, als sie die reale Globalisierung begrifflich einzufangen sucht, indem sie gegen deren negative Potenz die in Wahrheit an den Nationalstaat gebundene politische Regulation nostalgisch „auf Weltebene" beschwört und gleichzeitig die alte nationale „Interessen"-Identität kontrafaktisch für die Globalisierungskonkurrenz mobilisieren möchte, etwa in den diversen „Standort"-Kampagnen. Dabei werden die institutionellen und ideologischen Trägersubjekte zu jenem zerreißenden Spagat zwischen Patriotismus und Globalismus gezwungen, der sie nicht nur die „Weltoffenheit der Anständigen" propagieren und gleichzeitig gar nicht besonders klammheimliche Zugeständnisse an die rassistisch-nationalistischen Banden machen lässt, sondern sie generell ökonomisch wie politisch dazu treibt, die beiden historisch auseinanderfallenden Bezugsebenen gleichermaßen besetzen zu wollen.

Dabei werden verschiedene, sich überlagernde anachronistische Interpretationsmuster ausgebildet, die den Prozess von krisenkapitalistischer Globalisierung, demokratischer Anomisierung und Weltordnungskriegen krampfhaft auf die vergangene Weltkriegsepoche zurückprojizieren. Der Vater des Gedankens ist dabei der stets von neuem aufkeimende illusionäre Wunsch, es möge aus der unbegreiflichen „Unruhe" und „Unordnung" der Realität und der Begriffe ähnlich wie nach 1945 eine neue Epoche des Wachstums, der Prosperität, des befriedeten Rechtsstaats und der demokratischen Normalität hervorgehen, für die dann auch wieder der alte Begriffsapparat gültig wäre, obwohl es dafür keinerlei Entwicklungsbedingungen, keinerlei reale Akkumulationsfähigkeit des globalen Kapitals und keinerlei kohärenten Bezugsrahmen mehr gibt. Die Ignoranz flüchtet sich in die Nostalgie.

Diese notorische Flucht in die Vergangenheit stellt sich in einem je nach ideologischer Referenz unterschiedlichen Bezug dar, wobei sich die Legitimationsmuster diffus mischen: Das luftige Reich der nostalgischen Ideologiebildungen verlangt weitaus weniger Eindeutigkeit und Kohärenz als die einstmalige legitimatorische Interpretation einer realen weltgesellschaftlichen Konstellation. Für die gegenwärtige Welt der Krisen-, Zerfalls- und Auflösungsprozesse der Moderne ist eben in deren eigenen Begriffen kein kohärenter Begründungszusammenhang mehr herzustellen. So darf nun in der nostalgischen Projektion auf eine irreal gewordene Welt der Vergangenheit alles durcheinander gehen, da sowieso kein adäquater Realitätsbezug mehr möglich ist – es sei denn durch die Formulierung einer radikalen Kritik des modernen warenproduzierenden Systems selber, die jedoch verweigert wird, weil sie völlig undenkbar scheint.

Vulgärmaterialismus und Irrationalität des Systems

In der Welt der Krisenkonkurrenz bildet die Anrufung des harten „Interesses" ein Feld der nostalgischen Projektion. Diese Option macht das eher zynische und vulgäre Moment im vermeintlichen „Realismus" des an die Warenform gebundenen Bewusstseins aus. Aber natürlich ist der Interessenmaterialismus aus der Aufstiegs- und Durchsetzungsgeschichte des Kapitalismus nicht mehr in derselben naiven Weise zu mobilisieren, da die inneren Widersprüche der Interessenkategorie unter den Krisenbedingungen der dritten industriellen Revolution unübersehbar ans Licht treten. In demselben Maße, wie die verborgene Metaphysik der Moderne an der Oberfläche allen Handelns bemerkbar wird und die metaphysische Leere, die „Geltung ohne Bedeutung", das „leere Prinzip" unmittelbar im Bezug auf die Gegenstände des Interesses erscheinen, macht sich in irritierender Weise auch die grundsätzliche Irrationalität der Interessenform bemerkbar, wie sie der fetischistischen allgemeinen Willensform entspricht.

An dieser Stelle wird es notwendig, noch einmal auf diese dem modernen warenproduzierenden System inhärente Irrationalität, auf die – populär gesprochen – „Verrücktheit" seiner Kriterien, auf den Selbstzweckcharakter des Verwertungsprozesses und dessen Verhältnis zu den Äußerungen des subjektiven Interesses (des individuellen wie des nationalen) einzugehen.

Es gehört schon lange zu den Pflichtübungen des vermeintlich „realistischen" Denkens rechter wie linker Provenienz, bei gesellschaftlichen und weltpolitischen Konfliktlagen die Frage nach dem „cui bono?" zu stellen, also nach den handlungsleitenden Interessen. Diese Fragestellung ist zwar durchaus in einem analytischen Sinne legitim, aber dabei muss klar sein, auf welche Ebene sie sich bezieht. Denn die Kategorie des Interesses ist bereits auf dem Boden der kapitalistischen Ontologie angesiedelt, also innerhalb der Hülle der übergeordneten Fetischform der Moderne. In einer von dieser Zwangshülle und damit von blinden Systemgesetzlichkeiten befreiten Gesellschaft könnten sich die Menschen gar nicht in der verselbständigten Form von „Interessen" (vor jedem Inhalt) gegenübertreten, die nicht von ihnen selbst definiert, sondern ihren Willensäußerungen „objektiv" vorausgesetzt ist.

Die kapitalistische Rationalität der sogenannten Interessen, auch der sekundären „politischen" und juristischen, bezieht sich immer nur auf die Logik des Verwertungsprozesses und seiner objektivierten, von der Konkurrenz diktierten Abläufe. Es geht ausschließlich um ein „vernünftiges", von „rationalen Interessen geleitetes" Handeln innerhalb dieses Systemzusammenhangs, der jedoch seinerseits in hohem Grade irrational ist: Die Kapitalverwertung stellt nun einmal einen von allen menschlichen Bedürfnissen entkoppelten abstrakten Selbstzweck dar, der letzten Endes selbstzerstörerisches Handeln nahe legt.

Es kommt also ganz darauf an, die beiden Ebenen von systemimmanenter Zweckrationalität einerseits und destruktiver Irrationalität des Systemcharakters als solchen andererseits zu unterscheiden, um sie bei einer Realanalyse in ihrer jeweiligen wechselseitigen Beziehung untersuchen zu können. Die Zweckrationalität der Interessen ist brüchig, sie geht nie auf, weil sie von der Irrationalität des Systemcharakters nicht unbeeinflusst bleiben kann.

So bildet das „Interesse" zwar einen gewissen analytischen Leitfaden, um die Motive und Zielsetzungen des Handelns von ökonomischen und politischen Subjekten begreifen zu können; aber eine eindimensionale Herleitung aus der Ontologie vorausgesetzter kapitalistischer Interessenlagen geht immer in die Irre, weil sie das „Irresein" des Kapitalverhältnisses selbst (die höhere Dimension) nicht mitberücksichtigt. Statt die Bündelung widersprüchlicher Interessenlagen und deren irrationalen Charakter zu durchdringen, muss sich so die Analyse dazu versteigen, einen eindimensionalen, gewissermaßen quadratisch-praktisch-guten Kausalzusammenhang von einem isolierten „materiellen Interesse", daraus resultierenden eindeutigen Motiven und in sich widerspruchsfreien Handlungen zu konstruieren.

Diese Vorgehensweise ist genau das, was man als Vulgärmaterialismus bezeichnen kann. Und es gibt keinen Zweifel, dass mit zwar unterschiedlicher Betonung sowohl die mehr oder weniger offene und zynische, noch nicht moralisch verkleidete bürgerliche (rechtskonservative oder liberale) Macht- und Interessenideologie als auch der traditionelle Arbeiterbewegungs-Marxismus dieser vulgärmaterialistischen Methode deswegen in so hohem Grade huldigen mussten, weil sie eben selber nur jeweils auf eine bestimmte systemimmanente Interessenposition bezogen waren, ohne das gemeinsame, klassenübergreifende Bezugssystem kritisch in den Blick zu bekommen. Dieser positivistische Vulgärmaterialismus konnte und kann immer nur in den Kategorien kapitalistischer Ontologie denken, befangen in der Zweckrationalität des modernen warenproduzierenden Systems, dessen übergeordnete Irrationalität (und daher übrigens auch der Marxsche Fetischbegriff) ihm als ein Buch mit sieben Siegeln erscheinen muss.

Für die gestandenen Bekenner eines derartigen krachledernen Materialismus ist es sonnenklar, dass den diversen und widersprüchlichen Erscheinungen der neuen Weltordnungskriege einzig und allein harte „ökonomische Interessen" zugrunde liegen, die dann wie eh und je von nationalimperialen Mächten in politisches und militärisches Konkurrenzhandeln übersetzt werden. Welcher Natur dieses Interesse jeweils sein soll, darüber darf dann fabuliert werden.

Schon für die Weltkriegsepoche in der ersten Hälfte des 20. Jahrhunderts hat die Theorie eines linearen Kausalnexus von zweckrationalen Interessen „des Kapitals" und deren Umsetzung in der politisch-militärischen Geschichte durch die jeweiligen nationalimperialistischen Staaten viel zu kurz gegriffen. Zum einen war selbst in einer Zeit, in der die Rolle des Nationalstaats als „ideellem Gesamtkapitalist" der nationalökonomisch zentrierten Kapitalien noch nicht derart zur Disposition stand wie heute, keineswegs die bruchlose Zusammenfassung von betriebswirtschaftlichen zweckrationalen Interessen der (auch im Binnenraum der Nationalökonomie konkurrierenden) Kapitalien zu einem einzigen nationalen Gesamtinteresse möglich. Stets konnte es sich nur um eine widersprüchliche Bündelung divergierender Interessen handeln, die der Resultante der politisch-militärischen Verlaufsform einen ebenfalls widersprüchlichen Charakter aufprägte. „Gerechnet" im kruden Sinne der unmittelbaren ökonomischen Empirie hat sich der nationalimperiale Expansionismus kaum jemals, und selbst auf der direkt betriebswirtschaftlichen Ebene nur für relativ wenige Unternehmen.

Zum andern und vor allem aber wurde auch damals schon die immanente Zweckrationalität vom Irrationalismus der Zweck- und Interessenform selber überlagert und in zugespitzten Situationen geradezu übermannt. Es ist ja dem Kapitalverhältnis als solchem inhärent, dass keineswegs bloß die dürre Zweckrationalität (etwa das zweifellos vorhandene Bedürfnis nach Rohstoffen) „materiellen" Charakter annimmt, sondern auch die übergeordnete Irrationalität. Der Zugriff auf bestimmte Materien (Öl, Metalle usw.) folgt keineswegs einem direkt materiellen Bedürfnis, sondern dieses ist ja selber schon bestimmt und gefiltert durch die ganz und gar nicht materielle Fetischform der „Verwertung des Werts", die einen völlig verrückten Umgang sowohl mit den eigenen physischen Bedürfnissen als auch mit der außermenschlichen Weltmaterie erzwingt.

Und die Verrücktheit dieses Verhältnisses setzt in der Folge aus sich heraus weitere „materielle" und gleichzeitig unmittelbar irrationale Interessen, etwa die nach einer Außenverlagerung innergesellschaftlicher Widersprüche oder, wenn das nicht mehr möglich ist wie unter den heutigen Bedingungen einer krisenhaften Globalisierung, nach einer paradoxen Abschottung gegenüber dem zum Weltverhältnis gewordenen inneren Widerspruch. Und schließlich „materialisiert" sich auch die Ideologie, die projektive und phantasmatische Verarbeitung dieses Widerspruchs, und wird selber wieder zur materiellen Gewalt, die sogar über die ökonomisch definierten binnenrationalen Interessen hinwegwalzen kann (man denke nur an den Holocaust der Nazis).

Der Vulgärmaterialismus verheddert sich zwar auf Schritt und Tritt in solchen Zusammenhängen, aber er kann sie in seinem Kategoriensystem nicht unterbringen und muss deshalb seine positivistische Fehlleistung stets von neuem reproduzieren. Das gilt letztlich auch für Theoretiker wie Lenin, der zwar die Phänomenologie der nationalimperialen Kapitalinteressen analytisch in der damaligen Situation zutreffend erfasste, aber verkürzt um die irrationale Dimension, weil befangen im arbeiterbewegungs-marxistischen Positivismus des warenproduzierenden Systems.

Schon der Erste Weltkrieg (letztlich überhaupt jeder Krieg der Modernisierungsgeschichte) ging nicht in einem linearen Zusammenhang von „rationalen" Territorial- und Rohstoffinteressen einerseits und politisch-militärischem Kalkül andererseits auf, sondern bestand viel eher in einer über jedes Kalkül hinausschießenden Explosion der gesellschaftlichen Widersprüche und ihrer phantasmatischen ideologischen Verarbeitung, die letztlich auch die bürgerliche Zweckrationalität in die Luft sprengte. Und selbst daran konnten sich dann wieder sekundäre „materielle Interessen" in derselben Form entzünden, vom Rüstungsgewinnler bis zum kleinen Schieber.

Umso mehr gilt dieser untrennbare innere Zusammenhang von zweckrationaler „Materialität" der Interessen und Verrücktheit der gesellschaftlichen Form und ihrer Bewegung für die heutige Situation, in der die Weltkrise der dritten industriellen Revolution auch ökonomisch die absolute innere Schranke des Systems manifest macht und damit die destruktive Energie der kapitalistischen Irrationalität erneut und in veränderter, selber globalisierter Gestalt freisetzt.

Der bürgerlich-arbeiterbewegungsmarxistische Vulgärmaterialismus verschiedenster Provenienz verfällt dabei in eine doppelte Fehlleistung. Erstens blendet er in gewohnter Manier den übergeordneten Fetischcharakter der ganzen Veranstaltung aus zugunsten der verkürzt wahrgenommenen „Interessenspur"; eine Wahrnehmung, die an sich schon immer falsch war, jedoch in der Aufstiegsgeschichte des Systems zumindest über weite Strecken noch einen gewissen Leitfaden innerhalb gegebener Handlungsspielräume eröffnen konnte, ungefähr wie die alte nautische Navigation auf der Basis eines ptolemäischen Weltbildes. Heute dagegen ist damit nicht einmal mehr ein verkürztes Verständnis der Tatsachen möglich, also überhaupt keine Orientierung mehr.

Zweitens aber verfehlt diese Wahrnehmung heute sogar das rein immanente Bezugsfeld der Globalisierung, weil sie grundsätzlich nur von einem Standpunkt aus möglich wird, der in der alten, untergegangenen Welt nationalimperialer Ausdehnungsmächte angesiedelt ist. Das Ausblenden der systemischen Irrationalität einerseits und das Sitzenbleiben auf der vergangenen Weltkonstellation einer multipolaren Konkurrenz nationaler Imperien andererseits bilden die beiden Seiten derselben Medaille von anachronistischer Deutung.

Das heißt natürlich nicht, dass objektive Interessenlagen, subjektive Interessen-Definitionen und entsprechende Kalküle, Vorgehensweisen und Strategien keine Rolle mehr spielen würden, ganz im Gegenteil. Besonders deutlich gilt das für den gesamtimperialen Öl-Imperialismus. Aber die Interessen erscheinen jetzt eben unmittelbar in ihrer irrationalen Form, und davon wird auch ihre praktische Durchsetzung weitaus deutlicher als in der Vergangenheit bestimmt.

Das hat sicherlich auch etwas damit zu tun, dass die zusammenfassende nationalstaatliche Form des imperialen Zugriffs obsolet geworden ist und der „ideelle Gesamtimperialismus" beständig zwischen nationaler Partikularität (US-Dominanz) und einer prekären Inkarnation des negativen Universalismus (NATO, Menschenrechts-Legitimation etc.) schwankt. Auch die wechselseitige Durchdringung von vulgären gesamtimperialen Ölinteressen einerseits und Motiven des Sicherheits- und Ausgrenzungsimperialismus andererseits schafft eine diffuse Gemengelage von binnenrationalem Interesse und systemischem Wahn. Der vermeintlich rationale Interessenmaterialismus gewinnt so eine doppelt surreale, phantasmatische Gestalt, nämlich sowohl auf der Meta-Ebene des Systemcharakters als auch auf der Binnenebene der realen Weltkonstellation imperialer Macht.

Immer wieder Erster Weltkrieg

Weil sie dafür keine Begriffe haben, entsteht bei den ideologischen Interessen-Metaphysikern ein groteskes analytisches Kauderwelsch, das die neue Weltlage im Verständnishorizont der alten „Geopolitik" reformulieren möchte, obwohl diese implizit ein Bezugssystem relativ autonom agierender imperialer und souveräner Nationalstaaten und Nationalökonomien unterstellt, das es gar nicht mehr gibt. Der rückwärtsgewandte und paradoxe Charakter dieses Diskurses wird schon allein daran deutlich, dass im selben Atemzug, in dem geopolitische „Strategien" nach dem Muster der Vergangenheit erörtert werden, ein paralleler Diskurs über die Auflösung der nationalökonomischen Grundlagen derartiger strategischer Optionen durch den Prozess der Globalisierung stattfindet.

Es ist charakteristisch, wenn sich etwa Zbigniew Brzezinski auf den Spuren von längst anachronistisch gewordenen „Klassikern" der politischen Geographie wie Karl Haushofer oder (im angelsächsischen Sprachraum) Harold Mackinder über die „geopolitischen" Optionen diverser Staatsgebilde in der heutigen Welt verbreitet, während er gleichzeitig ausdrücklich hinsichtlich der USA von einer „Hegemonie neuen Typs" (Brzezinski 1999, 17) spricht und in diesem Zusammenhang sogar den Bedeutungsverlust des territorialen Faktors hervorhebt: „In der Geschichte der internationalen Beziehungen stand zumeist die Frage der Gebietshoheit im Mittelpunkt politischer Konflikte... Ohne Übertreibung lässt sich sagen, dass das Streben nach Gebietserweiterung der wichtigste Impuls für das aggressive Verhalten von Nationalstaaten war... In jüngster Zeit allerdings hat die Frage des Territorialbesitzes für die meisten Nationalstaaten an Bedeutung verloren... Die nationalen Führungseliten gelangen zunehmend zu der Erkenntnis, dass für den internationalen Rang oder Einfluss eines Staates andere als territoriale Faktoren ausschlaggebender sind" (Brzezinski, a.a.O., 61 ff.).

Da aber das „geopolitische" Denksystem gerade an das entscheidende Gewicht des territorialen Faktors und damit an einen Begriff der „Hegemonie alten Typs" gebunden ist, nämlich eben an nationalimperiale „Ausdehnungsmächte" und die ungebrochene nationale Souveränität, kann Brzezinski in seiner ideologisch getrübten Analyse nur einen argumentativen Eiertanz aufführen, ohne den wirklichen weltgesellschaftlichen Prozess unter der US-Krisenhegemonie „neuen Typs" erklären zu können, in den gerade die Erosion der Souveränität, der globale Ausnahmezustand und das globale Standgericht eingeschlossen sind. Von einem kapitalistischen Standpunkt aus ist eine solche Erklärung auch gar nicht mehr möglich, eben weil sich die Entwicklungsfähigkeit des Weltsystems erschöpft hat und aus der Binnenperspektive kein Überblick mehr gewonnen werden kann.

Aus einer Sicht also, die das moderne warenproduzierende System und dessen Kategorien blind und positiv voraussetzt, ist der Widerspruch zwischen einer Phänomenologie der veränderten Tatsachen und dem anachronistischen Interpretationsraster nur noch dadurch scheinbar aufzulösen, dass die manifesten Tatsachen ignoriert und durch eine phantasmatische Wahrnehmung verdrängt werden; ungefähr so, wie nach Untersuchungen der Hirnforschung das menschliche Zentralorgan die Weiterexistenz verloren gegangener Körperglieder halluzinieren kann und gelegentlich Männer, denen aufgrund von Unfällen oder Kriegsverletzungen das Geschlechtsteil amputiert wurde, Erektionen eines Phantompenis erleben.

Insofern handelt es sich bei dem bloß ideologischen und nostalgischen Rückgriff auf vermeintlich „harte" nationale Interessenlagen, Ansprüche und Selbstbehauptungsphantasien bei gleichzeitiger Einbindung in den realen demokratischen Gesamtimperialismus und in transnationale Krisenstrukturen des Kapitalverhältnisses um eine „schizophrene" Verarbeitung unlösbarer kapitalistischer Widersprüche, die zumindest auf dem geduldigen Papier gleichzeitig den Veränderungen Rechnung tragen und doch auf die phantasmatische Wahrnehmung einer vergangenen Realität zurückgreifen will. Einzig der entsprechende Elitendiskurs in den USA enthält noch Reste eines allerdings völlig destruktiven Realitätsbezugs, nämlich hinsichtlich der nationalen militärischen Machtmittel, während er hinsichtlich der Strukturveränderungen und der Krisenperspektive ebenso irreal ist wie das einschlägige Räsonnement anderswo.

In diesem Sinne hat nach dem Zusammenbruch des Staatssozialismus der alte nationale Interessen-Diskurs von glupschäugigen Veteranen der Geopolitik bis in die gesellschaftspolitische „Mitte" hinein seine Auferstehung gefeiert, gewissermaßen eine Art ideologische Phantom-Erektion. Das Muster der entsprechenden vulgärmaterialistischen Interpretation der Widersprüche ist eindeutig die Konstellation des Ersten Weltkriegs, als die nationalimperialen Mächte primär und ganz naiv wechselseitige Ansprüche auf territoriale Kontrolle, Rohstoffausbeute und letztlich Weltherrschaft erhoben. In diesem Sinne lautet die Devise der nationalen Interessen-Nostalgiker: „Immer wieder Erster Weltkrieg"! Die Welt der Globalisierung wird krampfhaft so interpretiert, als schrieben wir 1914, und die dazu nicht mehr passenden Erscheinungen werden gewaltsam in dieses anachronistische Muster gepresst.

Der damit verbundene Neonationalismus fischt im Trüben der allgemeinen Begriffslosigkeit, indem er Elemente der altnationalen Ideen und Zielsetzungen aus der Epoche vor dem Ersten Weltkrieg wieder aufnimmt, diese jedoch neu zusammensetzt und in den Kontext des nach innen gerichteten „Ausgrenzungsimperialismus" statt des alten, nach außen gerichteten Ausdehnungsimperialismus zu stellen sucht, sie also in einen in sich widersprüchlichen, logisch und praktisch unmöglichen Zusammenhang bringt.

Der französische Spuk der nationalen „Grandeur" mit einem übrigens bis tief in die Linke hineinreichenden plumpen Antiamerikanismus gehört ebenso dazu wie die deutschen Kaminträumereien von knochenkonservativen Dampfplauderern in der „Frankfurter Allgemeinen Zeitung" oder im „Merkur" und anderswo, die von der „Berliner Republik" eine eigene deutsche „Geopolitik" erhoffen, nachdem die Ostdeutschen endlich glorreich „heim ins Reich" geholt worden sind.

Dieser Diskurs ist natürlich einerseits, was die wirkliche weltkapitalistische Entwicklung betrifft, noch viel anachronistischer als die (wie bei Brzezinski) ebenfalls in alten Kategorien weiterdenkende weltdemokratische Konsens-Ideologie, mit der er sich teilweise eklektisch mischt. Andererseits ist aber der anachronistische Charakter geradezu Bedingung, um in den zerreißenden Widersprüchen des kollabierenden Weltsystems ein mit den kapitalistischen Kategorien kompatibles Deutungsmuster liefern zu können.

So gewinnen die verstreuten Momente des Neonationalismus nicht nur feuilletonistische Bedeutung, insofern sie gegenüber den krisen- und konkurrenzkapitalistischen Globalisierungsprozessen ein diffuses gesellschaftliches Angstpotential und weitverbreitete wohlstandschauvinistische Motive mobilisieren, um diese noch einmal auf gespenstische Weise in traditionelle politische Energie zu transformieren, die populistisch von den Haiders, Berlusconis usw. aufgenommen wird.

Gleichzeitig ist diese Energie jedoch in der objektiv bedingten historischen Defensive von Nationalstaat und Politik zu schwach, um noch einmal eine gesellschaftspolitische Hegemonie stiften oder gar der nationalimperialen Welt eine Wiedergeburt in der Krise bescheren zu können. Es gibt kein Zurück zu dieser längst versunkenen Konstellation. Das wissen die Massen ebenso wie die Funktionseliten. Deshalb sickert das neonationalistische Potential zwar von der „verfassungspatriotischen" bis zur ethno-rassistischen Variante als „Stimmung", „Standort"-Motiv und Rückversicherungs-Impuls ständig in den Gesamtdiskurs ein, ohne ihn jedoch übergreifend dominieren zu können. Die zwischen Globalismus und Nationalismus schwankenden Legitimationsmuster bleiben zwangsläufig instabil, was einerseits sogar Voraussetzung für ihren demoskopischen Erfolg beim „Wählerwillen" ist (insofern sie dessen eigene Instabilität widerspiegeln), andererseits aber auch Ausdruck der zunehmenden Politikunfähigkeit und Handlungsparalyse.

Es ist kein Zufall, dass sich das hauptsächliche legitimatorische Konstrukt des weltdemokratischen „ideellen Gesamtimperialismus" primär nicht mehr auf den Begriff des „materiellen Interesses", sondern auf den der „humanitären Intervention" beruft. Das ist keineswegs bloß eine plumpe ideologische Verschleierung von harten Rohstoffinteressen usw. Eine solche wäre heute auch gar nicht mehr nötig, da sich das Massenbewusstsein sowieso schon derart ökonomisiert hat, dass ihm das brutale Interesse keineswegs in irgendeinem Gegensatz zur „Humanitätsideologie" zu stehen scheint.

Tatsächlich geht es gar nicht um die Einkleidung von positiven ökonomischen Interessen in moralische Gewänder, sondern um etwas ganz anderes: Die positiven ökonomischen Interessen werden selber vom planetarischen Krisenprozess des Systemzusammenhangs überlagert, in den eben diese Interessen eingebannt sind. Es ist eben nicht so, dass wie am Vorabend des Ersten Weltkriegs die Produktionsweise als solche auf ihrem eigenen Boden ohne schwere Störung läuft, während auf der politischen Ebene die nationalimperialen Mächte zum „Endkampf" um die territoriale Herrschaft auf diesem Boden rüsten. Deshalb richtet sich heute das Interesse selbst nicht allein und nicht so sehr auf positive (ökonomische und politische) Gegenstände, und schon gar nicht auf die nationale Kontrolle von Territorien, sondern mehr auf den krampfhaften Erhalt eben des Systemzusammenhangs selbst: Der Wille zum Systemerhalt überlagert das positive materielle Einzelinteresse. Oder anders gesagt: Die Motive des Sicherheits- und vor allem des Ausgrenzungsimperialismus dominieren und durchdringen die Motive des Öl- und Marktimperialismus; und die innerdemokratischen systemischen Notstandsmaßnahmen dominieren und durchdringen die positive kapitalistische „Wirtschaftspolitik". Das Krisenproblem, das Problem der objektiven inneren Schranke, ist zum entscheidenden Faktor geworden; und eben deswegen enthüllt sich die verborgene Metaphysik der gesellschaftlichen Form und das Moment der Irrationalität erscheint unmittelbar im Interesse selbst.

Die Hauptlinie der weltimperialen Selbstlegitimation kann gar nicht zum naiven Interessen- und Territorial-Materialismus des Ersten Weltkriegs zurückkehren, was aber natürlich keineswegs heißt, dass deshalb die Ideologie der „humanitären Intervention" für bare Münze zu nehmen wäre. Es handelt sich durchaus um eine moralische Verkleidung von schäbigen Motiven, nur eben nicht von bloßen Rohstoff- und Absatzmarkt-Interessen, sondern vor allem von sicherheits- und ausgrenzungsimperialen weltpolizeilichen Maßnahmen des globalen Ausnahmezustands. Der Vulgärmaterialismus versagt angesichts dieses Zusammenhangs. Dass der Zynismus bei dieser Art der imperialen Selbstlegitimierung genauso offen zutage treten kann wie bei der sozialdarwinistischen Begründung imperialer Interessen im Ersten Weltkrieg, zeigt etwa eine Argumentation wie die des Staatsrechtlers Preuss zur Genüge.

Das imperiale Interesse am Zugriff vor allem auf das Öl, den Treibstoff der Weltmaschine, ist damit keineswegs geringer geworden; und dafür steht auch jederzeit der gesamte Militärapparat zur Verfügung. Aber erstens bildet das spezifische Ölinteresse nicht etwa die „materielle" oder ökonomische „Basis", auf die sich die gesamte imperiale Strategie und Vorgehensweise als politisch-militärischer „Überbau" beziehen würde, sondern der Ölimperialismus ist als integrales Moment in den krisenpolitischen globalen Sicherheits- und Ausgrenzungsimperialismus eingebaut. Und zweitens handelt es sich eben, bis zum Überdruss muss man es wiederholen angesichts der anachronistischen Sturheit nostalgischer Interpretationen, auch beim „Ölmaterialismus" nicht mehr um einen territorialen Konflikt nationalimperialer Mächte, sondern um ein weltpolizeiliches Vorgehen des „ideellen Gesamtimperialismus" gegen „Störpotentiale", Unsicherheitsfaktoren etc.

Da die USA als letzte nationale Weltmacht dabei die alleinige Führungsgewalt des demokratischen Gesamtimperialismus innehaben, neigt die US-Administration zwangsläufig dazu, das imperiale Vorgehen immer wieder im Rahmen „nationaler Interessen" zu definieren; und wie die Argumentation von Preuss zeigt, wird den USA von den gesamtimperialen Ideologen auch eine Art nationaler Interessenmaterialismus zugestanden, wenn auch nur als Tragfläche vorgeblich „humanitärer" Interventionen. Aber diese Zuordnung ist in sich widersprüchlich, denn soweit die USA sich legitimatorisch auf das nationale Interesse beziehen, tun sie dies nicht in Abgrenzung zu anderen nationalimperialen Konkurrenten und Gegenmächten, sondern im Rahmen des von ihnen geführten Gesamtimperialismus.

Weniger ein äußerer Widerspruch macht sich hier geltend als vielmehr ein innerer, in dem wiederum die Irrationalität des Gesamtverhältnisses aufscheint. Auf jeden Fall entspricht die universalistische Selbstlegitimation der Weltordnungskrieger im Kontext eines „Menschenrechts-Imperialismus", in den durchaus das Moment des unduldsamen Ölinteresses als gesamtimperiales eingelagert ist (und zwar in aller Offenheit), weitaus eher der tatsächlichen Weltkonstellation als die rein vulgärmaterialistische anachronistische Interessen-Interpretation. Aber eben weil das wirkliche Interesse an der Systemgrenze derart widersprüchlich und prekär wird, mischt sich jene nostalgische Interpretation einer rückwärtsgewandten Sicht bei allen Beteiligten in die aktuelle Ideologiebildung ein.

Das gilt nicht zuletzt für die Linke im weitesten Sinne, die sich ja nie von der kapitalistischen Ontologie lösen konnte und deren Ideologiebildungen in ihrem Zersetzungsprozess seit den 80er Jahren daher nicht zufällig sowohl die universalistisch-menschenrechtliche als auch die anachronistisch-vulgärmaterialistische Fehlinterpretation der neuen Epoche bedient haben.

Historische Geisterfahrer der Neuen Linken

Es ist kein Zufall, dass gerade die bellizistische Legitimation des neuen „ideellen Gesamtimperialismus" der NATO nach dem Epochenbruch von ehemaligen linksradikalen Straßenkämpfern ebenso wie von paradoxerweise immer noch bekennenden Pazifisten entscheidend mitgetragen wird. Dieser merkwürdige Tatbestand lässt sich nur aus der Geschichte der Neuen Linken seit 1968 und aus deren historischen Bezügen erklären.

In einem breiten Spektrum von Mischungsverhältnissen setzte sich das Weltbild dieser Linken im wesentlichen aus drei Bestandteilen zusammen. Erstens handelte es sich, besonders bei den studentischen und anderen damals jugendlichen Elementen der sogenannten Neuen Linken, um jenen platten demokratischen und pazifistischen „linksbürgerlichen" Idealismus, wie er bis heute nicht nur die Habermasianer als zahme Hausphilosophen des warenproduzierenden Systems prägt, die sich mit den Phrasen von Aufklärung und „westlichen Werten" auch noch durch das 21. Jahrhundert mogeln möchten. Dieser demokratische Urschleim ist dadurch nicht wahrheitskonsistenter geworden, dass er immer wieder als Geriatrikum für eine theoretisch schwächelnde Gesellschaftskritik verabreicht wird (etwa mit der glitschigen Formel eines „radikalen Reformismus").

Zweitens war für die Linke der sogenannte Antiimperialismus und ein damit verbundener positiver, revolutionsromantischer und emblematischer Bezug auf die „nationalen Befreiungsbewegungen" des globalen Südens prägend. Spätestens seit der weltweiten Bewegung gegen den Vietnamkrieg mutierte in diesem Zusammenhang „der US-Imperialismus" zum Hauptfeind.

Aber der Begriff des Imperialismus löste sich dabei nicht von der bereits untergegangenen polyzentrischen Struktur der alten nationalimperialen Ausdehnungsmächte. Deshalb konnte dieser Antiimperialismus schon die damalige reale Entwicklung im Kontext des Kalten Krieges nicht mehr auf den Begriff bringen. Der identitäre Bezug auf die ihrer eigenen Logik nach im Horizont einer „nachholenden Modernisierung" und damit des kapitalistischen Weltsystems verbleibenden „antiimperialistischen" Regimes erlaubte auch gar kein zureichendes Verständnis des Kapitalverhältnisses und seiner globalen Entwicklung. Statt dessen kettete sich die westliche Linke durch diesen Bezug gerade als antiimperialistische an die Ideologie der historischen Nachzügler (was nach 1989 in vieler Hinsicht hieß: mitgefangen, mitgehangen!).

In diesem verkürzten Begriff des Imperialismus konnte der „nationale Standpunkt" gegen die als globaler Hauptfeind definierten USA an sich bereits als „antiimperialistisch" und linksradikal besetzbar erscheinen. Befeuert durch die Orientierung an den „nationalen Befreiungsbewegungen" des globalen Südens wurde so in der Neuen Linken der 60er und 70er Jahre die „Nation" immer wieder zu einer im Grunde immer schon antikapitalistischen Wesenheit mystifiziert (so etwa bei Rudi Dutschke) – ohne zu realisieren, dass gerade dieses den wesentlich kapitalistischen Charakter des Nationalen vernebelnde „nationalrevolutionäre" Konstrukt schon ein zentraler Bestandteil jener „deutschen Ideologie" seit dem frühen 19. Jahrhundert gewesen war, die in gerader Linie zu den Nazis geführt hatte.

Wie sich das repressive und destruktive Moment an den nationalrevolutionären Regimes der Dritten Welt spätestens seit den 80er Jahren in zahlreichen Verfallsformen enthüllte, so wurde der linke Antiimperialismus in den kapitalistischen Zentren zum Katalysator für die Remobilisierung patriotischer Gefühlsduselei. Mehr oder weniger klammheimlich begann diese verkürzte Kapitalismuskritik das „nationalrevolutionäre" Konstrukt gegen die im alten, überlebten Sinne (miss)verstandene US-Hegemonie auch für die „Nationen" des europäischen entwickelten Kapitalismus zu reformulieren.

Drittens schließlich griff die Linke natürlich auf den Marxismus zurück, aber hauptsächlich in seiner alten, bereits an ihre Grenzen gestoßenen Lesart als Arbeiterbewegungsmarxismus. Der Standpunkt eines bloßen Kampfes um Interessen und Anerkennung innerhalb der kapitalistischen Kategorien wurde dabei nie verlassen. Die Marxsche Theorie als solche blieb in ihrer Tiefendimension auch dem Verständnis der Neuen Linken verschlossen; diese Theorie wurde nur rezipiert, soweit sie mit dem bürgerlich-demokratischen Idealismus und dem „nationalrevolutionären" antiimperialistischen Gesichtspunkt kompatibel schien.

Die linksbürgerliche begriffslose Phrase der „Demokratisierung" von allem und jedem und der romantisierende Bezug auf die „nationalen Befreiungsbewegungen" ging mit dem Arbeiterbewegungsmarxismus umso mehr konform, als ja die alte Arbeiterbewegung (und erst recht die staatskapitalistischen industriellen Regimes des Ostblocks) in ihrem positivistischen Verständnis längst zuvor schon „Demokratie" und „Nation" auf ihre Fahnen geschrieben hatten.

Bereits Ende der 70er Jahre begann der marxistische Lack der Linken abzublättern, ohne dass jedoch die Grenzen des Arbeiterbewegungsmarxismus als Grenzen des Systems selber und als Notwendigkeit einer Transformation der Marxschen Theorie begriffen worden wären. Stattdessen löste sich der größte Teil der Linken im Zuge des Abbröckelns der marxistischen Theorie in die beiden übrigen ideologischen Bestandteile auf, die nun in ihrer rein bürgerlichen Gestalt erscheinen konnten.

Die Orientierung an der Nation als einem vermeintlich antikapitalistisch-antiimperialistischen Bezugspunkt schlug, befreit von ihrem marxistischen Ballast, teilweise in offen rechtsradikale, nationalistische Ideologie und Politik um (wie übrigens der „sozialistische" Patriotismus in ganz Osteuropa einschließlich Ostdeutschland). Die Mutation einiger Wortführer des deutschen 68-er Linksradikalismus zu reaktionären Nationalisten (z.B. Bernd Rabehl) und sogar zu offenen Neonazis (z.B. Reinhold Oberlercher oder Horst Mahler) ist insofern folgerichtiger, als es auf den ersten Blick scheinen mag.

Und es konnte gar nicht ausbleiben, dass von dieser Position aus Elemente des anachronistischen „geopolitischen", vulgärmaterialistischen Diskurses nationalimperialer Interessen positiv aufgegriffen wurden, allerdings ebenso prekär wie in anderen Zusammenhängen (etwa bei Brzezinski), weil sich der Hauptstoß der rechtsradikalen, neonationalistisch-rassistischen Ideologiebildung eben nicht mehr nach außen, sondern im Kontext des Ausgrenzungsimperialismus viel stärker nach innen richtet (Ausländerhetze usw.). Was in diesem Zusammenhang von der alten „geopolitischen" Option übrig bleibt, ist in der BRD ähnlich wie in Frankreich ein diffuser rechtsnationaler Antiamerikanismus, der davon phantasiert, das nationale (oder europäische) sicherheits- und ausgrenzungsimperiale Interesse irgendwie „rechts-antiimperialistisch" von der Dominanz der USA abzukoppeln, wofür es keinerlei reale Bedingungen gibt.

Der linksbürgerlich-demokratische und pazifistische „Gutmenschen"-Idealismus wiederum, nun ebenfalls befreit von der lästigen marxistischen Bindung, bedurfte nur geringer semantischer Korrekturen in seiner demokratischen Phrasendreschmaschine, um von einer moralisch-kritischen zu einer platt affirmativen Haltung zu regredieren, es sich selbstbeweihräuchernd („was haben wir nicht alles fortschrittlich verändert!") in „der Republik" bequem zu machen und als eine Ansammlung von 68-er Denkmälern in die Herrschaftsarchitektur einzugehen.

Die Mutation zum moralisierenden Bellizismus und personell zu etlichen Befehlshabern des bombenwerfenden „ideellen Gesamtimperialismus" (wie harmlos dagegen der junge Joschka Fischer als bloß Steine werfendes Mitglied der Frankfurter „Putztruppe"!) war ebenfalls folgerichtig. Der linksdemokratische Idealismus in Deutschland und ganz Europa fand damit Anschluss an die einschlägige universalistische Interventions-Ideologie des ideologischen Menschenrechts-Imperialismus, wie er sich in den angelsächsischen Ländern seit Wilson schon vorher zusammengebraut hatte.

Die antiimperialistisch-„nationalrevolutionären" und die demokratisch-idealistischen Momente der Linken, jenseits des marxistischen Bezugs offiziell feindlich auseinanderfallend und doch gleichzeitig als Varianten innerkapitalistischer (und ideologisch anachronistischer) Reaktionsbildungen untergründig verbunden, wurden somit beide gleichermaßen von ihrer jeweiligen „Dialektik der Aufklärung" eingeholt. Alternde Neonazis einerseits und alternde weltdemokratische Bombenleger andererseits: was für eine hübsche Entpuppung des aufbegehrenden Bewusstseins von 1968, dessen einstige Repräsentanten sich nun gewunden dafür rechtfertigen und entschuldigen müssen, dass sie in ihrer Jugend einmal beinahe emanzipatorisch gedacht hätten.

Die radikale Linke als Epochenschläfer

Zwar hat die zusammengeschrumpfte Restlinke, die von diesem Zersetzungsprozess in weltdemokratisch-bellizistische und völkisch-nationalistische Positionen nicht erfasst worden ist, wie eh und je gegen die kapitalistische Entwicklung in Gestalt der demokratischen Weltordnungskriege opponiert und demonstriert, aber ohne jeden Begriff der veränderten Verhältnisse und ohne daher die Metamorphose ihrer ehemaligen MitstreiterInnen analog zur Metamorphose des Imperialismus verstehen zu können.

Im Gegenteil: Weit davon entfernt, sich auf der Höhe der Zeit dem wirklichen Charakter des neuen weltdemokratischen Krisen- und Interventions-Imperialismus zu stellen, ist die übrig gebliebene radikale Linke auf ihre Weise weltweit zum Bestandteil des gesamtbürgerlichen anachronistischen Denkens geworden.

Von allen gesellschaftstheoretischen und -politischen Diskursen ist der linksradikale heute sogar der bei weitem am stärksten auf die Vergangenheit orientierte. Die übrig gebliebene radikale Linke bildet überall einen geradezu kläglichen „anachronistischen Zug", der mit dem Bild einer vergangenen Welt im Kopf durch die Wirklichkeit des beginnenden 21. Jahrhunderts irrt. Zentral an dieser besonders anachronistischen linksradikalen Wahrnehmung ist, dass von ihr der Zusammenbruch der bipolaren Supermachtstruktur nicht mit Blick nach vorne, sondern rückwärtsgewandt interpretiert wird.

Die Flucht in die ideologisch vertraute Landschaft der Vergangenheit führt quasi automatisch zu dem völlig kontrafaktischen Schluss, dass die Welt nach dem Ende des Systemkonflikts wieder zum alten polyzentrischen Konkurrenz- und Interessenkampf der nationalen kapitalistischen Mächte untereinander um die Palme der globalen oder weltregionalen Hegemonie zurückkehren werde, obwohl dafür alle Voraussetzungen fehlen.

Was bei den konservativen und neonationalistischen Reformulierungen der anachronistischen nationalimperialen „Geopolitik" positiv als mögliche Option aufgegriffen wird, wenn auch nicht mehr ungebrochen und vermittelt mit zeitgemäßeren Optionen des rassistischen Ausgrenzungsimperialismus, das erscheint bei den altlinksradikalen Dampfplauderern völlig ungebrochen in negativer Form als Phantasiegemälde eines neuen innerimperialistischen Kampfes um die „territoriale Neuaufteilung der Welt" an der Schwelle des 21. Jahrhunderts. Eine derart realitätsblinde Interpretation ist unter allen zeitgenössischen ideologischen Strömungen wirklich einzigartig.

Dass der gewöhnliche Linksradikalismus eigentlich nur mit diesem Schema etwas anfangen kann und es geradezu aufatmend wieder einrasten lässt, zeigt noch einmal eindrücklich, wie der gesamten Linken eigentlich schon die Epoche des Kalten Krieges theoretisch und analytisch nicht mehr zugänglich war und sie im Grunde genommen in der Konstellation der Weltkriegsepoche sitzen geblieben, ihr Interpretationsraster also heute um mindestens ein halbes, wenn nicht ein ganzes Jahrhundert veraltet ist. Bei einigen linksradikalen Oldtimern gehört dazu inzwischen sogar das schlichte und kindlich trotzige Ableugnen der betriebswirtschaftlichen Globalisierung und der Herausbildung transnationaler Strukturen des Kapitals. Die radikale Linke hat buchstäblich eine ganze Epoche verschlafen.

Dieser Anachronismus tritt aber seit dem Epochenbruch von 1989 weitaus deutlicher als vorher ans Licht, weil die Kluft zwischen der fortentwickelten Weltrealität und der linksradikalen ideologischen Flucht zurück in die Weltkriegsepoche zu groß geworden ist. Die Restlinke blamiert sich, indem sie die Entwicklung des globalisierten Krisenkapitalismus, den gewaltsamen gesamtimperialen Zugriff durch die NATO und die dazugehörige weltdemokratische Legitimationsideologie zu Beginn des 21. Jahrhunderts krampfhaft nach dem Muster des nationalen Ausdehnungsimperialismus der Weltkriegsepoche darzustellen und zu erklären sucht.

Besonders in Deutschland nimmt der übrig gebliebene Linksradikalismus die geopolitischen Illusionen von einigen rechtskonservativen Traumtänzern und nationalistischen Rückwärtsdenkern dankbar zum Anlaß, um als Widerpart in derselben Traumwelt seinen angestammten Platz noch massiver als alle anderen Fossile zu besetzen: Nostalgiker gegen Nostalgiker, Gespenst gegen Gespenst.

Schon während der vom Bezug auf die „nationalen Befreiungsbewegungen" des Südens geprägten antiimperialistischen Phase der Linken seit den 60er Jahren hatte es in der BRD parallel zur Auseinandersetzung mit dem US-Imperialismus eine sekundäre Theorie gegeben, in der die Auseinandersetzung mit der NS-Vergangenheit und die richtige Kennzeichnung der BRD als Nachfolgestaat des Dritten Reiches apriori damit verbunden war, die Existenz eines weiterhin völlig eigenständigen deutschen Nationalimperialismus nach dem Muster der Weltkriegsepoche zu unterstellen.

Es wurde als selbstverständlich vorausgesetzt, dass sich innerhalb des imperialen Machtgefüges der Nachkriegszeit an dieser Qualität im Prinzip nichts verändert hätte. Dabei blieb aber das Verhältnis zwischen Nazi-Vergangenheit und NATO-Gegenwart stets ungeklärt. Der Anspruch der BRD auf die deutsche „Alleinvertretung" und die Einverleibung des DDR-Territoriums, die Rolle der Vertriebenenverbände und die Debatte um die Oder-Neiße-Grenze erschienen als Vorbereitung und Neuauflage einer eigenständigen, auf den „Ritt nach Osten" und auf territoriale Annexionen orientierten, völlig unveränderten nationalimperialen „Strategie".

Das Verständnisraster blieb also auch in dieser Hinsicht der alte polyzentrische und national-territoriale Imperialismusbegriff, ohne dass dabei jedoch die unstimmige Parallelität von US-Imperialismus als globaler Vormacht und BRD-Imperialismus als vermeintlicher Neuauflage deutscher Welteroberungspolitik problematisiert worden wäre. Konnten diese beiden Momente der anachronistischen, auf die Weltkriegsepoche fixierten Imperialismuskritik für die radikale Linke der BRD zu Vietnamkriegszeiten noch als nahezu austauschbar erscheinen (die USA wurden mit dem Demo-Schlachtruf „USA-SA-SS" unsinnig als „faschistisch", die BRD als nationalimperialer Nachfolgestaat des NS und gleichzeitig als subalterner Helfershelfer des US-Imperialismus denunziert), so begannen sie in den 80er Jahren unübersehbar auseinander zu fallen und die analytische Hilflosigkeit wurde deutlich.

Ein Teil der zusammenschmelzenden radikalen Linken arbeitete sich seither weiter schwerpunktmäßig am Zusammenhang von westlichem Kapitalismus (mit den USA an der Spitze) und Dritter Welt ab, wenn auch zunehmend marginalisiert und theoretisch an postmoderne bzw. „regulations-reformistische" Ideen etc. angenähert. In diesen Bezügen konnte das alte „antiimperialistische" Paradigma noch eine Zeitlang weitergeführt werden, obwohl sein eigentlicher Gegenstand, die postkolonialen „nationalen Befreiungsbewegungen" der Dritten Welt, sich bereits aufgelöst hatte oder sein hässliches Verfallsgesicht zeigte.

Von seinen Rändern her zerfiel der traditionelle Antiimperialismus einerseits in jene neo-nationalistischen, antiamerikanisch-völkischen Regressionsformen, andererseits in die aufkommende Lobby-Politik der NGO´s und des sich formierenden „humanitär-industriellen Komplexes" hinter den Fronten der gesamtimperialen Weltordnungskriege. Was vom alten linksradikalen Antiimperialismus noch übrig blieb, vergiftete sich an der palästinensischen Intifada und zeigte in diesem Kontext immer deutlicher ordinär antisemitische Züge. Für den restlichen antiimperialistischen Linksradikalismus in Deutschland war damit jeder Zugang zu einer weiteren kritischen Aufarbeitung der Nazi-Vergangenheit versperrt.

Den genau entgegengesetzten, ebenso falschen Weg ging eine andere, in dieser Form nur in Deutschland mögliche Strömung, die sich unter Verweis auf die Verwandtschaft von nationalistisch-völkischer Dritte-Welt-Ideologie und deutschem NS, insbesondere in der palästinensischen und antizionistischen Version, gänzlich vom antiimperialistischen Paradigma lossagte, jedoch nur, um ihre gesamte Theoriebildung und Analyse von nun an ausschließlich auf die Auseinandersetzung mit der spezifisch deutschen Geschichte und Ideologie zu konzentrieren, unter die der gesamte Prozess der Nachkriegsgeschichte und alle Entwicklungen des Weltsystems im Zeitalter der Pax Americana subsumiert wurden. Bezeichnenderweise firmierten die Vertreter dieser ausschließlich auf Deutschland fixierten Strömung des deutschen Linksradikalismus in den 90er Jahren als sogenannte „Antideutsche".

So spinnefeind sich in Deutschland seither die restlichen linksradikalen „Antiimperialisten" (mit positivem Bezug auf die barbarische und längst offen antisemitische Selbstmord-Intifada der Palästinenser) einerseits und die linksradikalen „Antideutschen" (teilweise mit positivem Bezug auf die rassistischen und theokratischen Hardliner in Israel) andererseits auch sind, ironischerweise treffen sie sich ungewollt in der anachronistischen Sicht der weltkapitalistischen Entwicklung.

Das einschlägige Defizit des gesamten übrig gebliebenen Linksradikalismus ist im „antideutschen" Spektrum sogar besonders extrem ausgeprägt. Es wird dabei nicht nur wie bei den ordinärsten M-L-Überresten vorausgesetzt, dass die Welt zum polyzentrischen Kampf der diversen Nationalimperialismen um die globale Hegemonie und territoriale Ausdehnung zurückgekehrt sei, sondern dieses kontrafaktische Konstrukt wird auch geradezu unter Ignoranz des wirklichen Weltkapitals und seiner Entwicklung auf „Deutschland" als alleinigen und isolierten Bezugspunkt konzentriert, dem gegenüber alle anderen Fragen und Bezüge verblassen.

Das so delirierend als aktuelle Hauptgefahr unterstellte deutsch-nationalimperiale Streben nach Welthegemonie erscheint teilweise nicht einmal mehr als Moment einer bestimmten weltkapitalistischen Konstellation und aus einer konkreten Analyse herzuleiten, sondern als eine apriorische und ahistorische, metaphysische und schlichtweg okkulte Qualität außerhalb von Raum und Zeit.

„Der dritte Griff zur Weltmacht?", so betitelte 1993 die linksradikale Zeitschrift „Bahamas" ihre einschlägigen Überlegungen, wobei das Fragezeichen nur rhetorisch gemeint war, wenn im Stil der Zwischenkriegszeit vom „Zugriff auf Osteuropa" oder der „außenpolitischen Instrumentalisierung deutscher Volkstumspolitik" für „Großdeutschland" fabuliert wurde, wie ja schon in der bipolaren Nachkriegsgeschichte sudetendeutsche Volkstanzgruppen als Beleg für den bevorstehenden Aufbruch der Bundeswehr Richtung Moskau herhalten mussten.

Deutlicher hätte man nicht machen können, dass das eigene Denken nicht mehr von dieser Welt ist und durch die phantasmatische Beschwörung längst abgestorbener nationalimperialer Territorialgelüste die wirklichen Verbrechen der deutschen Beteiligung an den neuen demokratischen Weltordnungskriegen eher entwirklicht als adäquat kritisiert werden.

Teilweise machten die „antideutschen" Protagonisten gar keinen Hehl aus ihrer rückwärtsgewandten Sicht. So erklärten z.b. Anfang der 90er Jahre einige einschlägig anachronistische Theoretiker in der Zeitschrift „Kritik und Krise" (herausgegeben von der Initiative Sozialistisches Forum/ISF Freiburg) allen Ernstes und unwidersprochen, „trotz und wegen der Bedeutung multinationaler Konzerne" habe man es erst recht mit einer „nationalstaatlichen imperialen Logik" zu tun, „die gerade wieder schnurstracks auf eine Konstellation lossteuert, die der vor dem ersten Weltkrieg (!) oder auch der der Zwischenkriegszeit (!) durchaus vergleichbar werden könnte" (Behrens/Hafner 1990, 27).

Hier wird auch schon sichtbar, wie das ideologisch festgeschriebene Muster der Vergangenheit („nationalstaatliche imperiale Logik") gegen den realen Globalisierungsprozess („multinationale Konzerne") ausgespielt und dessen Analyse verweigert wird. Einige Jahre später ist bereits die Rede von der Globalisierung als einem bloßen „Mythos", der nur dazu diene, den Kapitalismus „zu beschönigen": „Globalisierung: Das erheitert den fernwehtrunkenen Pauschaltouristen..., das paßt so richtig ins Bild der ‚One World‘, in der Klassenwiderspruch und kapitale Verwertung nurmehr Gegenstände geschichtswissenschaftlichen Interesses sein sollen" usw. (Initiative Sozialistisches Forum/ISF Freiburg, 1996).

Die aktuelle kapitalistische (und natürlich apologetische) Ideologie der Globalisierung wird hier verwechselt mit dem realen Prozess der Globalisierung selbst, dieser für gegenstandslos erklärt und damit die Welt in „Ideologie" aufgelöst, statt den Zusammenhang einer bestimmten Ideologiebildung mit einer bestimmten Realentwicklung des Kapitals herzustellen. Statt also die neue Qualität der betriebswirtschaftlichen Globalisierung als Resultat eines historischen Prozesses eben der „kapitalen Verwertung" selber (und damit übrigens auch das Ende des traditionellen „Klassenkampf"-Paradigmas) zu begreifen, wird reichlich plump dagegen polemisiert, die realen Erscheinungen überhaupt zur Kenntnis zu nehmen, da es sowieso nichts Neues unter der Sonne geben könne.

Man sollte meinen, dass sich am Ende dieses Jahrzehnts von krisenkapitalistischer Globalisierung und demokratischen Weltordnungskriegen genug Tatsachenmaterial angesammelt hätte, um die anachronistischen Einschätzungen zu revidieren. Aber das auf die Vergangenheit fixierte Interpretationsraster ist anscheinend tatsachenresistent.

So malt ein anderer „antideutscher" Protagonist zur Erklärung der deutschen Beteiligung am Kosovo-Krieg ein üppiges Historiengemälde: „Als 1998 die Bundesregierung erneut die Kosovo-Karte ausspielte, hatte dies zugleich auch mit der Verfolgung aktueller Machtinteressen zu tun. ‚Das Bestreben meiner Regierung muss in Zukunft auf die Isolierung und Verkleinerung Serbiens gerichtet sein' – dieses altneue Lied deutsch-österreichischer (!) Machtpolitik, das der Wiener Kaiser Franz Josef (!) 1914 mit den bekannten Folgen zu Gehör brachte, wird auch heute wieder von dem Chor des Verbandes Deutscher Industrieller begleitet, dessen Generalsekretär schon vor hundert Jahren (!) akkurat formulierte, worum es heute in den erneut brachliegenden ost- und südosteuropäischen Räumen ebenfalls geht: ‚Wir wollen hoffen, dass in zukünftigen Fällen, wenn es auf der Erde vielleicht wieder einmal etwas zu verteilen gibt... , man nicht wie es in der Südsee und in Afrika gewesen ist, erst kommt, wenn die Welt bereits verteilt ist... , sondern dass man gleich vorgeht und gleich das nimmt, was man kriegen kann'. Das erste, was man nach den Umwälzungen von 1989/90 kriegen konnte, war Slowenien und Kroatien" (Küntzel 2000, 91 f.).

Die deutsche Weltordnungspräsenz auf dem Balkan im Rahmen der NATO wird hier geradezu zwanghaft auf die nationalimperiale Balkanpolitik der Weltkriegsepoche projiziert, obwohl der „Chor deutscher Industrieller" heute alle möglichen Lieder singt, bloß nicht das einer „deutschnationalen Annexionspolitik", schon gar nicht hinsichtlich ausgerechnet der gott- und kapitalverlassensten aller europäischen Peripherie-Regionen. „Kroatien als nächster Pflegefall?" titelte währenddessen die Neue Zürcher Zeitung im Dezember 2000. „Das erste, was man kriegen kann", scheinen ökonomische „Pflegefälle" zu sein, die der deutschnationale Imperialismus neuerdings offenbar sammelt wie Briefmarken.

Wollte man derartige Projektionen ernst nehmen, müsste man sagen, dass das neue teutonische Imperium mit seiner Sektion im Kosovo so ziemlich die erbärmlichste aller imperialen „Einflusszonen" in den letzten zweitausend Jahren erobert hat. Wenn dieses bettelarme, zerbombte Fleckchen Erde, wo es kaum andere Ressourcen als einige halbverhungerte Ziegen gibt, der erste Schritt zum dritten „deutsch-österreichischen" Anlauf im Kampf um die Welthegemonie sein soll, dann muss Kaiser Franz Josef vor Gram im Grabe rotieren. Wie es scheint, kann die „antideutsche" Linke wegen eines theoretischen Getriebeschadens den Rückwärtsgang gar nicht mehr ausschalten: Von der Zwischenkriegszeit geht es schnurstracks über die Konstellation des Ersten Weltkriegs zurück ins tiefe 19. Jahrhundert.

Und immer wieder wird der Rückbezug auf die angebliche nationalimperiale deutsche „Weltmachtpolitik" zwar nicht mit einer „materialistischen" Analyse der imperialen „Kräfteverhältnisse" verbunden (was sogar rein immanent die völlige Haltlosigkeit dieser Interpretation zeigen würde), aber mit Phantasien eines verkürzten unmittelbaren Interessenmaterialismus angereichert.

Die Vorstellung vom deutschnationalen Ostlandritt zwecks allgemeiner Rohstoffausbeute ist inzwischen zur Idee der „modernen Seidenstraße" mutiert, nämlich der vulgärmaterialistischen linearen und ausschließlichen Ableitung des gesamten Komplexes der Weltordnungskriege aus dem Kampf um die Pipeline-Routen für das Erdöl aus dem kaspischen Raum, in dem sich die diversen alten Nationalimperialismen mit dem deutschen an der Spitze nun angeblich ein Stelldichein der geopolitischen Konkurrenz geben. Sie würden „vom kaspischen Rohstofflager angezogen, wie einst die Goldgräber vom Klondike River" (Trampert 1999). Dabei stünden sich zunehmend die USA und die EU unter deutscher Führung gegenüber: „Für seine Hegemoniebestrebungen muss Deutschland weiter am Kraftwerk Europa schmieden" (ebda.).

Der tatsächliche gesamtimperiale Ölimperialismus wird hier von seinem wirklichen Zusammenhang völlig losgelöst: Getrennt von jeglicher Krisenanalyse und von den Maßnahmen des globalen Ausnahmezustands sicherheits- und ausgrenzungsimperialistischer Natur, und noch dazu ganz und gar anachronistisch auf nationalimperiale Konkurrenzverhältnisse der Vergangenheit projiziert, verliert das an sich durchaus in den „ideellen Gesamtimperialismus" einbezogene ölimperialistische Motiv jeden Erklärungswert.

Es wird dabei im übrigen so getan, als wären jene Weltregionen, die aus dem Paradigma „nachholender Modernisierung" durch dessen Zusammenbruch herausgefallen sind, gar nicht durch eine staatskapitalistische Weltmarktintegration hindurchgegangen, deren Scheitern privat- und konkurrenzkapitalistisch nur verschärft exekutiert werden kann; als handelte es sich nicht bereits um Modernisierungsruinen und „verbrannte Erde" des Weltmarkts mit „überflüssigen" Bevölkerungsmassen, die kapitalistisch nicht mehr reproduzierbar sind, sondern wie im 19. Jahrhundert um „jungfräuliche" Zonen im Sinne der Kapitalverwertung, die nun die westlichen Konzerne vermeintlich „zum Profitmachen einladen" und auf die sich deshalb die alten Nationalimperialismen gierig wie einst im kolonialistischen Mai stürzen würden. Hier wird die euphorische Siegerstimmung des Westens nach 1989 und die damit verbundene Erwartung „neuer Märkte" mit der Realität verwechselt; eine notorische Fehlleistung linksradikaler Analysen, die den Realprozess und dessen (Fehl-)Interpretationen durch bürgerliche Ideologen und Institutionen noch nie auseinanderhalten konnten.

War ein derart krass kontrafaktisches Konstrukt schon unmittelbar nach dem Epochenbruch Anfang der 90er Jahre als ideologisch bedingte Fehleinschätzung erkennbar, so kann die sture Wiederholung zehn Jahre später nur noch als verblendet bezeichnet werden, nachdem der kapitalistische Boom ausgeblieben und diese Weltregionen größtenteils zu Notstandsgebieten des IWF geworden bzw. in den völligen gesellschaftlichen Zerfall übergegangen sind.

Vom Ölfieber zum Seelenkoller

Natürlich kann es selbst den vernageltsten anachronistischen Ideologen nicht völlig verborgen bleiben, dass eine Erklärung der postmodernen Weltordnungskriege nach dem Muster des Ersten Weltkriegs irgendwie nicht ganz stimmig ist. Weil sie aber von dieser Interpretation einfach nicht lassen können, versuchen einige von ihnen, die beiden Momente einerseits der vulgärmaterialistischen Begründung und andererseits der Bestimmung als innerimperialistischer Konkurrenzkampf um nationale „geopolitische Einflusssphären" voneinander abzulösen. Der Öl- und überhaupt der Interessenmaterialismus wird von einigen Diskutanten plötzlich ganz fallengelassen, um auf einer kontrafaktischen Interpretation der Weltordnungskriege als eines angeblichen Konflikts nationalimperialer Mächte um die Welthegemonie mit nunmehr viel luftigeren Begründungen beharren zu können.

Ohnehin hat der größere Teil der Neuen Linken zusammen mit dem Abwerfen des 70er-Jahre-Marxismus als eines „ideologischem Ballasts" auch die Ökonomiekritik und damit den Interessenmaterialismus weitgehend entsorgt, ohne zu einer weitergehenden Kritik der modernen Fetisch-Konstitution zu gelangen. Übrig geblieben ist, in der Diktion des klassischen Schemas gesprochen, eine Art „Überbau-Marxismus" mit frei schwebenden Bezügen auf die politische und kulturelle Sphäre; also letztlich bloß die andere Hälfte des unüberwundenen Basis-Überbau-Schemas.

Der Politizismus der Bewegungslinken, der sich in seiner falschen Unmittelbarkeit des Bezugs auf soziale Bewegungen (gut ist der Mensch, der sich bewegt) nicht mehr sonderlich um objektivierte Prozesse (schon gar nicht ökonomische) scherte, verschmolz mit dem poststrukturalistischen Positivismus der „Macht" (Foucault) und dem postmodernen Kult von Beliebigkeit, Virtualität und eben Kulturalismus.

Wenn die biedere vulgärmaterialistische Idee von der geopolitisch umkämpften „modernen Seidenstraße" als Basiserklärung für die Weltordnungskriege bei einem Großteil der übriggebliebenen Linken als Erklärungsmuster schlecht angekommen ist, so nicht etwa deswegen, weil der Gesichtspunkt einer grundlegenderen Kritik des modernen warenproduzierenden Systems gewonnen worden wäre, sondern weil der vulgärmaterialistische ökonomische Positivismus bloß durch einen ebenso borniertnen politizistischen und kulturalistischen Positivismus ersetzt wurde.

Eine mögliche Variante dieses ebenso falschen Erklärungsmusters besteht daher im Hinblick auf den Kausalzusammenhang der neuen Weltordnungskriege schlicht darin, das politische Motiv völlig von jedem ökonomischen Zusammenhang abzulösen. So behauptet etwa Matthias Küntzel, obwohl er einerseits ein mögliches westlich-kapitalistisches Interesse an „brachliegenden Räumen" angedeutet hat, andererseits schlankweg über die Balkanpolitik der BRD von Kohl/Genscher bis Schröder/Fischer: „Von welchen Motiven war diese Politik bestimmt? ‚Unmittelbare, direkte wirtschaftliche Interessen können nicht erkannt werden'... Dennoch nahm Deutschland einen jugoslawischen Krieg in Kauf... Das Interesse an Erschütterung der europäischen Ordnung ist weder von unmittelbaren wirtschaftlichen Motiven noch von irrationalen Reflexen geprägt, sondern Ausdruck eines machtpolitischen Kalküls" (Küntzel 2000, 92 ff.).

Die Politik wird hier ideologisch als eine ihrem wirklichen gesellschaftlichen Bedingungszusammenhang gegenüber begründungslos verselbständigte Größe gesetzt. An die Stelle des Positivismus materiell-ökonomischer Interessen tritt ein ebensolcher Positivismus der schieren Macht, während die Irrationalität des Verhältnisses ebenso ausgeblendet bleibt und sogar bewusst abgewehrt wird.

Noch einen Schritt weiter geht der Versuch, die Gründe und Motive der Weltordnungskriege nicht nur von ökonomischen, sondern sogar auch von frei schwebenden „machtpolitischen" Interessen abzulösen und sie für gänzlich „interesselos" zu erklären: „Auf die Idee, dass die Abwegigkeit und Wolkigkeit dieser von Einflussräumen und Interessenzonen schwadronierenden Insiderexpertisen damit zusammenhängt, dass solche Räume und Zonen nach gängigen ökonomischen Kriterien des Weltmarktes gegenstandslos sind, kommt der Geomaterialist nicht... Die Gewissenskriege werden nicht um des Objektes, des Feindes willen geführt. Die Ideologie der Interesselosigkeit, die die westlichen Aggressoren sich noch mit Stolz an die Brust hefteten, ist also bitter ernst zu nehmen" (Krug 1999).

Hier wird zwar der vulgäre Öl- und Buntmetall-Materialismus ebenso wie das isolierte „machtpolitische" Motiv zurückgewiesen, daraus jedoch ebenso kurzschlüssig und eindimensional bloß die schiere von Psycho-Defekten bedingte „Interesselosigkeit" gefolgert. Dieser unvermittelte Sprung zeigt, wie sehr das auf die alten nationalimperialen Erklärungsmuster geeichte Bewusstsein verunsichert ist, ohne dass jedoch der intellektuelle Block im Sinne einer Einlassung auf die Tatsachen gelöst würde.

Die Verlaufsformen erscheinen stattdessen plötzlich als überhaupt nicht mehr in der wirklichen Ökonomie des Kapitals begründet, aber auch nicht in einem vermeintlich selbstgenügsamen Machtverhältnis wie bei Küntzel, sondern angeblich nur noch „in der kollektiven seelischen Ökonomie derer, die freedom and democracy exekutieren" (Krug, a.a.O.). Statt den irrationalen Charakter des kapitalistisch konstituierten „materiellen" Interesses selber ins Spiel zu bringen und den Zusammenhang mit der stets vorhandenen immanenten Zweckrationalität unter den wirklichen Bedingungen des beginnenden 21. Jahrhunderts zu analysieren, bleibt nur noch die platte Vorstellung einer zusammenhanglos und bloß subjektiv erscheinenden Paranoia und Desorientierung, das schiere bellizistische „Seelenfieber" übrig, wie umgekehrt bei den platten Vulgärmaterialisten das schiere Metall- oder Ölfieber und bei den ebenso platten Politizisten das schiere Machtfieber.

Der altmarxistische Positivismus des ökonomischen Interesses und der postmoderne Foucaultsche Positivismus der Macht wird gewissermaßen durch einen Pseudo-Freudschen Positivismus der Irrationalität ersetzt, ohne die zugrunde liegende begriffliche Verkürzung in der Analyse zu überwinden. Und das alles bloß, um die anachronistische Interpretation der Erscheinungen nach dem Muster des vergangenen nationalimperialen Konflikts um die Welthegemonie zu retten! Die Eindimensionalität von Ökonomismus und Politizismus setzt sich so in einen ebenso eindimensionalen Psychologismus des „kollektiven seelischen Haushalts" fort, der dem postmodernen Kulturalismus und Beliebigkeitsdenken verdächtig ähnlich sieht – denn hier wie dort erscheint das Handeln von allen objektiven Bestimmungen und daraus resultierenden Interessenlagen der Konkurrenz losgelöst, die sich jedoch in Wirklichkeit auch noch in den irrationalen Ausbrüchen und in den Schüben sozialpsychologischer Paranoia reproduzieren.

Auch in der Weltkrise und unter den Bedingungen der Globalisierung löst sich die Zweckrationalität des immanenten materiellen Interesses keineswegs in einen bloßen Seelenkoller auf. Das Kapital ist nicht einfach dement und in diesem Sinne desorientiert, sondern seine Irrationalität bleibt stets mit den Momenten der interessengeleiteten Binnenrationalität vermittelt, sogar noch bei den organisierten Selbstmordattentätern. Die Sache selber ist verrückt, aber in sich bleibt ihr unter allen Umständen ein Moment von Schlüssigkeit. Das gilt auch für die Handlungsorientierungen. Deshalb tauchen die Interessenlagen der universellen Konkurrenz auch an den Grenzen des Kapitalverhältnisses auf und setzen sich in paradox modifizierter Form fort.

In das übergreifende Interesse des „ideellen Gesamtimperialismus" ist gerade angesichts der Krisenreife des Systems und der aufscheinenden Irrationalität seiner Kriterien nicht nur der globale Sicherheits- und Rohstoff-Imperialismus eingelagert, sondern eben auch der Ausgrenzungsimperialismus gegenüber den Zusammenbruchsregionen. Merkwürdigerweise kommt es dabei dem positivistischen Vulgärmaterialismus gar nicht in den Sinn, dass diese Ausgrenzung ein mindestens ebenso materielles Motiv darstellt wie der ganze kaspische Rohstoffreichtum; denn hier handelt es sich um ein kollektives Konkurrenzinteresse von westlichen Lohnarbeitern, Management und politischer Klasse, das im Verhältnis zu den Reichtumspotenzen der Welt irrational, aber gleichzeitig durchaus kapitalistisch binnenrational ist.

So verwundert es nicht, wenn schließlich die ganze Auseinandersetzung zwischen linkem Vulgär- und Geomaterialismus einerseits und linkem Vulgärpsychologismus andererseits ausgeht wie das Hornberger Schießen. Das Resultat einer Ideologie der entmaterialisierten Irrationalität des Kapitals ist gar nicht so verschieden von dem einer Ideologie des ent-irrationalisierten Interessen-Positivismus: „Diese materielle Gleichgültigkeit betrifft zunächst einmal alle an dieser ... widersinnigen Expedition beteiligten NATO-Mächte. Dennoch stand am Beginn der new world order eine Konstellation in der Wahl der Feinde, in der die Rolle Deutschlands einerseits und die der Westalliierten andererseits wie eh und je verteilt zu sein schienen" (Krug, a.a.O.). So kann durchaus noch in den Sternen stehen, was bloß „materialistisch" nicht mehr zu begründen ist: „Ob und wann imperiale Mächte stellvertretend für ihre Währungen dann doch aufeinander einschlagen..., lässt sich schlechterdings nicht voraussagen" (Krug, a.a.O.).

Also vereinigt man sich im Endresultat wieder, sei es der Wirklichkeits-, sei es der Möglichkeitsform nach, in der anachronistischen Projektion eines deutschnationalen Territorial-Imperialismus: im einen Fall, weil sich angeblich gar nichts geändert hat und das großdeutsche Imperium interessenmaterialistisch nach den kaspischen Metallen und Ölen giert (oder rein machtpositivistisch nach irgendwelchen Einflusszonen); im anderen Fall, weil sich angeblich alles geändert hat und das großdeutsche Imperium demselben vermeintlichen National-Expansionismus nun gerade deswegen umso hemmungsloser frönen kann, weil es auf objektiv bestimmte ökonomische und/oder machtpolitische Interessen gar nicht mehr ankommt: „materiell gleichgültig" und getrieben vom schieren Wahnsinn ohne Methode – obwohl es doch gerade der Wahnsinn ist, der stets Methode hat.

Deutschland als Weltmacht-Phantom

Worüber das anachronistische Bewusstsein der Restlinken einfach nicht hinwegzukommen scheint, das ist eben die Fixierung auf das Erklärungsmuster der nationalimperialen Epoche, weil man fälschlicherweise glaubt, nur so den Nationalismus kritisieren (und in Deutschland mit der spezifischen nationalen Geschichte abrechnen) zu können.

Aus der Sicht der „antideutschen" Nostalgiker musste natürlich auch der Anschluss Ostdeutschlands an die BRD nach dem Zusammenbruch der DDR als schiere Addition industrieller und militärischer Potenz erscheinen, als Zuwachs von Manövriermasse und damit als Steigerung ökonomischer und politischer Macht, die zur Basis eines abermaligen „Griffs nach der Weltherrschaft" im Zuge jener ominösen „neuen deutschen Geopolitik" werden könnte.

Inzwischen hat sich auch in dieser Hinsicht herausgestellt, dass die Tatsachen eine genau entgegengesetzte Sprache sprechen. Die vom Weltmarkt entwertete Substanz der ostdeutschen Industrie schlug nicht positiv, sondern negativ zu Buche; und die Eingliederung in das Währungsgebiet der DM trieb diese Entwertung sogar noch über das in den anderen globalen Zusammenbruchsregionen des warenproduzierenden Systems zu verzeichnende Maß hinaus. Seit einem vollen Jahrzehnt muss die aufgeblähte BRD Jahr für Jahr 150 bis 200 Milliarden DM netto an Subventionen in die angeschlossenen Gebiete transferieren, ohne dass ein Ende abzusehen wäre: In Wahrheit ist der geschluckte Brocken ökonomisch unverdaulich.

Statt als Zuwachs an ökonomischer Macht und Erweiterung des politischen Spielraums hat sich die deutsche Vereinigung als schwere Belastung, als ökonomische

Hypothek und in mancher Hinsicht auch als politisches Handicap erwiesen. Die Position auf dem Weltmarkt und in der Weltpolitik ist dadurch nicht stärker, sondern schwächer geworden, auch wenn ständig von allen möglichen Seiten kritisch oder wohlwollend das Gegenteil beteuert wird.

Gerade der Anschluss der ehemaligen DDR an die BRD hat praktisch bewiesen, dass der bloße Zuwachs von Territorium und Bevölkerungsmasse unter den Bedingungen der dritten industriellen Revolution eher ein Handicap als ein Trumpf im globalen Einflusspoker ist, das sich zunehmend auf anderen Ebenen im Kontext des globalen Krisenprozesses abspielt. Die durchaus vorhandenen Rangeleien, Interessenkonflikte und Positionskämpfe innerhalb der EU, also zwischen Kontinentaleuropa und Großbritannien, zwischen Deutschland und Frankreich, aber auch zwischen der französisch-deutschen Allianz und den kleineren kontinentaleuropäischen Staaten, zwischen den osteuropäischen Beitrittskandidaten und den südeuropäischen Subventionsempfängern etc. folgen den Widersprüchen von Krisenprozessen, Globalisierungslogik, wirtschaftspolitischer Blockbildung und ideologischer Rhetorik; aber sie folgen in keiner Weise einer neuen deutschen Weltmachtpolitik aufgrund der Aneignung zusätzlicher Machtpotenzen durch die deutsche Vereinigung.

Umso absurder die Interpretation der neuen Weltkonstellation des globalisierten Krisenkapitalismus als Ausdruck deutschnationaler Hegemonialpolitik, die angeblich dauernd zum „großen Sprung" ansetzt: „Deutsche Hegemonie, die mit Europa unter deutscher Führung gedacht wird, wurde wieder greifbar" (Trampert 2000). Und noch eins drauf: „Keinem anderen Land hat der Zusammenbruch des sowjetischen Imperiums einen vergleichbaren Machtzuwachs beschert. Ebenso wie Deutschland im letzten Drittel des 19. Jahrhunderts einen Sprung nach vorne machte und deshalb an der bestehenden Aufteilung der Welt zu rütteln begann, werden auch heute die globalen Strukturen in Frage gestellt und neue, für Deutschland ‚adäquate' Möglichkeiten der Machtentfaltung gesucht" (Küntzel, a.a.O., 93).

Die Antwort auf die Frage, wie sich die Erbschaft eines vom Weltmarkt ruinierten ökonomischen Schrotthaufens vergolden und in „Machtzuwachs" umsetzen soll, ist der „antideutsche" negative Traditionsverein bis heute schuldig geblieben. Zum Vergleich, wenn schon „geomaterialistisch" argumentiert werden soll: Zwischen 1933 und 1939 übertraf der Rüstungshaushalt Nazideutschlands den der USA, Großbritanniens, Frankreichs und Italiens zusammengenommen. Dieses in den „Blitzkrieg" mündende beispiellose Rüstungsprogramm war tatsächlich nicht nur ideologisch auf nationalimperiale Weltherrschaft ausgerichtet, sondern auch praktisch dazu geeignet. Dass sich ein Großteil der Welt ein halbes Jahrzehnt in einem „Meer von Blut, Schweiß und Tränen" abkämpfen musste, um das Schreckensreich der Nazis niederzuringen, spricht Bände. Heute dagegen könnte die BRD selbst dann den USA militärisch nicht das Rasierwasser reichen, wenn sie in den letzten zehn Jahren die monetäre Subventionsmasse der Einverleibung Ostdeutschlands in die Rüstung gesteckt hätte.

Weder im nationalen Alleingang noch als (fragwürdige) Vormacht der EU kann „Großdeutschland" auch nur im Traum daran denken, den Nazi-Trip zur nationalen Weltherrschaft und territorialen Großraum-Eroberung zu wiederholen. Unter den Bedingungen der dritten industriellen Revolution und der kapitalistischen Globalisierung ist das auch gar kein „Traum" mehr, außer im anachronistischen Bewusstsein der „Antideutschen". Realistisch betrachtet ist und bleibt die europäische und insbesondere die deutsche militärische Beteiligung an den neuen Weltordnungskriegen bis jetzt im Vergleich zu den USA weitgehend symbolischer Natur und kann auch in Zukunft nur in relativ geringem Umfang darüber hinausgehen.

Es hat etwas Albernes, wenn der Rest-Linksradikalismus die zweitrangigen sicherheits- und handelspolitischen transatlantischen Zwistigkeiten und Dispute (etwa im Streit um das Vorgehen im Nahen Osten) regelmäßig wichtigtuerisch zum „Beweis" für die Stimmigkeit seines anachronistischen Interpretationsmusters aufbläst und so tut, als wären dies erste Anzeichen für einen neuen innerimperialistischen Großkonflikt mit der BRD als Hauptprotagonisten gegenüber den USA.

Die „antideutschen" Nostalgiker leiden offenbar unter einem schweren Mangel an Abstraktionsvermögen. Sie können weder die notwendige radikale Kritik der „deutschen Ideologie" und die Analyse von deren Nachwirken unter heutigen Bedingungen noch die ebenso notwendige radikale Kritik der tatsächlichen Beteiligung der BRD am gegenwärtigen „ideellen Gesamtimperialismus" von der Großmacht-Rolle Deutschlands im nationalimperialen Schema der Weltkriegsepoche abtrennen; ungefähr wie ein in starren unmittelbaren Verknüpfungen denkendes, nicht zu reflexiven Abstraktionen fähiges archaisches Bewusstsein, das eine bestimmte Erscheinung wie z.B. eine Viehseuche ursprünglich zusammen mit einer anderen wie z.B. einem Blitzeinschlag erlebt hat, und das nun stets zusammen von Viehseuchen Blitzeinschläge und umgekehrt assoziiert.

Auf diese Weise werden die realen ideologischen Mechanismen und die realen gesamtimperialen Verhältnisse, in denen sich die deutschen kapitalistischen Eliten auf dem aktuellen Level der herangereiften weltgesellschaftlichen Widersprüche bewegen, in einen völlig irrealen, geradezu grotesk entwirklichten Zusammenhang gestellt. Indem die „antideutschen" Linksradikalen jedwede Analyse in den Rahmen einer Rückprojektion auf die nationalimperiale Epoche zwingen und behaupten, dass eine adäquate Kritik an Nationalismus, Antisemitismus usw. überhaupt nur in diesem anachronistischen Rahmen möglich und „zulässig" sei, ja geradezu mit denunziatorischer Energie jede Kritik an ihrem absurden anachronistischen Bezugssystem als selber schon halb dem „deutschnationalen Imperialismus" verfallen hinstellen möchten, droht die unvermeidliche Blamage ihrer projektiven Scheinanalyse auch die Kritik am wirklichen Nachwirken der spezifisch „deutschen Ideologie" zum bloßen Bestandteil eines Kuriosums zu stempeln. Ungewollt stehen sie so als erstrangige Verharmloser da statt als die erstrangigen radikalen Kritiker, die sie sein möchten.

Immer wieder Zweiter Weltkrieg

Für die offizielle demokratische Weltordnungsideologie wie für das in der Weltkriegsepoche sitzen gebliebene oppositionelle Bewusstsein der radikalen Linken bildet allerdings der anachronistischen Bezug auf eine nationalimperiale Interessenkonstellation nach dem Muster des Ersten Weltkriegs nur den vulgärmaterialistischen und pseudo-"geostrategischen" Subtext, auf den lediglich die zurückgebliebensten Minderheiten ultrakonservativer wie altlinker Provenienz ihre gesamte Argumentation aufbauen. Das hauptsächliche, übergreifende Muster, das die gesamtimperialen Weltdemokraten ebenso wie der größere Teil der linken Opposition mit lediglich unterschiedlicher Akzentsetzung benutzen, um die Konflikte der Gegenwart auf das Bild der Vergangenheit zurückzuprojizieren, ist ein anderes, nämlich die Konstellation des Zweiten Weltkriegs, in die wie mit magischer Gewalt oder unter einem inneren Zwang alle Erscheinungen der neuen Weltordnungskriege nach Prokrustes-Manier eingepasst werden.

Über das Legitimationsmuster des Ersten Weltkriegs legt sich so in unterschiedlichen Mischungsverhältnissen als eigentlich bestimmendes das des Zweiten Weltkriegs. Warum ist aber gerade dieses Muster besser geeignet, der anachronistischen Projektion zu dienen? Dafür gibt es mehrere Gründe. Weder die Konflikte des 19. Jahrhunderts noch der Erste Weltkrieg lassen sich für die heute notwendige Legitimation von universalistischen „humanitären Interventionen" instrumentalisieren, sondern eben nur für die nostalgische Beschwörung eines kruden nationalimperialen Machtinteresses. Denn diese Kriege hatten ihre offizielle Legitimation noch auf einer ganz offen imperialistischen und sozialdarwinistischen Grundlage. Die Verteufelung des Gegners folgte kulturellen Zuschreibungen, die weniger einen Feldzug des schlechthin Guten gegen das schlechthin Böse, des Rechts gegen das Unrecht, der Friedensfreunde gegen die Friedensfeinde oder gar der Demokraten gegen die Undemokraten usw. implizierten, sondern schlicht den „Kampf ums Dasein" nach dem Vorbild des ideologisierten Tierreichs, in dem allgemein die Devise der britischen Imperialisten galt: „Right or wrong, my country".

Ein derartiges legitimatorisches Muster ließ sich schlecht mit dem demokratischen Idealismus vereinbaren, der ja nicht umsonst eben deshalb in jener Zeit eher zur Ideologie einer „humanistischen" linksbürgerlichen Opposition gegen den sozialdarwinistischen Zynismus wurde. So bildete zwar der Erste Weltkrieg, die „Urkatastrophe des 20. Jahrhunderts", als erschütternde Erfahrung einen tiefen sozialen und auch mentalitätsgeschichtlichen Einschnitt in der kapitalistischen Geschichte, aber keinen Ausgangspunkt für ein neues legitimatorisches Konstrukt des westlichen Imperialismus.

Ganz anders dagegen der Zweite Weltkrieg. Nicht so sehr die industrielle Kriegführung, die mit dem Einsatz von Panzern und Luftwaffe („Blitzkrieg") nahtlos dort weitermachte, wo sie im Ersten Weltkrieg aufgehört hatte, bildete das Charakteristikum dieses Weltbrandes, sondern seine legitimatorische Interpretation. Diesmal war die Ausgangslage nicht mehr allein durch eine imperiale Selbstbehauptung polyzentrischer Mächte im Kampf um die Welthegemonie bestimmt, sondern auch schon durch eine „große Koalition" der Westmächte und der Sowjetunion als ideologische „Wertegemeinschaft" gegen Faschismus und Nationalsozialismus (worunter neben Nazi-Deutschland und Mussolinis Italien cum grano salis auch das japanische Ethno-Kaiserreich als asiatischer Teil der „Achsenmächte" subsumiert werden konnte).

Seitens der Anti-Hitler-Koalition ging es ebenso wie seitens der Achsenmächte nicht mehr in erster Linie um die nationale Beute bei einer Neuaufteilung der Welt, sondern bereits ansatzweise um den Interpretationsrahmen für das heraufdämmernde einheitliche Weltsystem der modernen Fetischgesellschaft. Der sich praktisch vollendende negative Universalismus des Kapitals wurde von der einen Seite primär rassenideologisch und antisemitisch als Weltreich der Blutsvölker ideologisiert, von der anderen Seite (in gewisser Weise bereits als Vorschein der Pax Americana) ökonomistisch und rechtspositivistisch als das Weltreich von „Marktwirtschaft und Demokratie"; wobei allerdings die Sowjetunion als Vormacht der ungleichzeitigen „nachholenden Modernisierung" aus diesem Schema der westlich-konkurrenzkapitalistischen Interpretation bald wieder herausfallen musste.

Im Hintergrund dieser scheinbar unversöhnlichen Interpretationsmuster gab es zwar jeweils Überschneidungen mit der Gegenseite, etwa im positiven Bezug auf den Sozialdarwinismus, was auf den gemeinsamen kapitalistischen Zusammenhang verweist. Aber an der Oberfläche bot sich das Bild eines absoluten Gegensatzes (so sah es ja etwa auch ein Ideologe wie Carl Schmitt). Vollends als die Wahrheit über die Konzentrationslager und den Holocaust ans Licht kam, konnte diese legitimatorische Konstellation dann zum Kampf des demokratischen absoluten Guten gegen das schlechthin Böse, Fremde, unbegreiflich Verbrecherische erhöht werden. Das „Dritte Reich" der Nazis mit seiner mythisch angereicherten Mordideologie wurde so selber mythologisiert zu einer absolut „anderen" und dämonischen, aus der Geschichte herausfallenden Wesenheit.

Dieses mythologisierende Konstrukt bot einige wesentliche legitimatorische Vorteile. Es konnte insbesondere die Existenz der Nazis von der gemeinsamen kapitalistischen Geschichte ablösen und „enthistorisieren" als mythologischen Einbruch des Bösen in die freiheitlich-demokratische Welt des Kapitals. Die Nazis erschienen so nicht mehr als eine spezifische und mögliche Variante kapitalistischer Entwicklung und zur materiellen Gewalt werdenden Ideologiebildung auf dem Boden eben dieser gemeinsamen Gesellschaftsform, sondern als deren äußerer Gegner.

Es wurde auf diese Weise möglich, die aus den inneren Widersprüchen des Kapitalismus resultierenden gewaltsamen Ausbrüche von Irrationalität mit dem besten demokratischen Gewissen zu bekämpfen, ohne das zugrunde liegende, selber im Kern irrationale Gesellschaftsverhältnis des Kapitals auch nur im mindesten antasten zu müssen. Im Gegenteil, dieses Verhältnis konnte sogar noch als die positive Welt aufklärerischer Vernunft verstanden werden, deren innerer und untergründiger Zusammenhang mit den Nazis ausgeblendet blieb.

Nun war es in der Konstellation des Zweiten Weltkriegs tatsächlich unbedingt richtig (und wäre dies auch vom Standpunkt einer radikalen Kritik der zugrunde liegenden gemeinsamen Gesellschaftsform aller kriegführenden Mächte aus gewesen), alle anderen Konflikte praktisch und gewissermaßen pragmatisch zurückzustellen, um die Anti-Hitler-Koalition rückhaltlos mit allen Mitteln zu unterstützen und das Nazi-Reich als äußerste Zuspitzung kapitalistischer Barbarei niederzuringen.

Dies kann aber nicht darüber hinwegtäuschen, dass das legitimatorische Konstrukt der Anti-Hitler-Koalition an entscheidenden Punkten selber ideologisch verzerrt war und nur in der Not der konkreten Situation ein entscheidendes Wahrheitsmoment besaß. Abgelöst von der Geschichte der Zwischenkriegszeit und des Zweiten Weltkriegs jedoch mutierte dieses Konstrukt zur Allzweckwaffe einer durch und durch verlogenen demokratischen Feindbild-Konstruktion, um die kapitalistische Herrschaft zu legitimieren und die Nazi-Barbarei gewohnheitsmäßig auf alles Missliebige zu projizieren, obwohl in Wahrheit Kapitalismus und Demokratie selber der Schoß waren, „aus dem das kroch".

Die erste dieser Projektionen fand gleich nach 1945 statt, als die Sowjetunion und „der Marxismus", soeben noch Partner der großen Anti-Hitler-Koalition, mittels einer seichten „Totalitarismustheorie" und einer Verdrehung der Tatsachen den Nazis schlicht gleichgesetzt wurden, um die westliche Position im Kalten Krieg zu legitimieren. Seither ist dieser projektive Mechanismus zum ideologischen Dauerbrenner der Pax Americana geworden, der nun auch für die Weltordnungskriege nach dem Epochenbruch herhalten soll, um die kapitalistischen Ursachen der Weltkrise systematisch zu verdrängen.

Jeder Krieg der vereinigten freiheitlichen Bombenwerfer zur Stabilisierung des aus den Fugen gehenden Weltkapitalismus muss also wieder als eine Art Zweiter Weltkrieg erscheinen, dessen legitimatorisches Muster zwanghaft wiederholt wird, obwohl es den dazu überhaupt nicht passenden Tatsachen Hohn spricht.

Auch die Linke ist größtenteils in diesem Konstrukt befangen geblieben, das sie in seinem relativen Wahrheitsgehalt nicht als beschränkt auf das historische Niederringen der Nazis begriff, sondern „essentiell" überhöhte, um die eigenen Widersprüche einer zu kurz greifenden (weil die Wertform und die zentralen Kategorien nicht berührenden) Kapitalismuskritik ewig weiter überdecken zu können. Mit der Formel des „antifaschistischen Kampfes" wurde es für die bloß innerhalb der kapitalistischen Formen agierende Linke möglich, die mangelnde kategoriale Radikalität ihrer Kapitalismuskritik zu kompensieren und zu ersetzen durch den moralischen Rigorismus gegen den ewigen faschistischen Dämon.

Der Begriff des „Faschismus" wurde dabei aus jedem analytischen Zusammenhang herausgelöst und eben enthistorisiert, um ihn beliebig auf alle möglichen Erscheinungen der späteren kapitalistischen Entwicklung aufzupfropfen (hier ist auch eine Wurzel für die notorisch anachronistischen Deutungen zu suchen). Implizit enthielt dieses Konstrukt von Anfang an den Impuls, die Konflikte der kapitalistischen Großwetterlage unbedingt auf ein Muster nach dem Beispiel der Anti-Hitler-Koalition hinzubiegen, um die Option offen zu lassen, sich an der Seite eines „guten" Kapitalismus gegen einen „bösen" Kapitalismus oder geradezu einen außerkapitalistischen Dämon positionieren zu können.

In der Weltkrise an den Grenzen des modernen warenproduzierenden Systems ist in dieser Option der Wunsch versteckt, sich letzten Endes unter Preisgabe der ohnehin verkürzten Kapitalismuskritik womöglich in die Front der Demokraten gegen die „Barbarei des Südens" einzureihen (Huntington, Rufin und Co. lassen grüßen).

Diese Kennzeichnung eines mehr oder weniger deutlichen affirmativen Motivs gilt letzten Endes nicht nur für die Ausläufer des Arbeiterbewegungsmarxismus, sondern auch für die diversen Nachlaßverwalter der Kritischen Theorie. Obwohl Horkheimer und Adorno mit der „Dialektik der Aufklärung" die Analyse des inneren Zusammenhangs von Nazi-Barbarei und bürgerlicher Aufklärung, von Antisemitismus und demokratisch-kapitalistischer Vernunft eröffnet hatten, wurde genau dieser Ansatz nicht weiter geführt – von den in demokratische Seichtigkeit abdriftenden Habermasianern sowieso nicht; aber auch die Schüler und Enkel der alten Kritischen Theorie traten in dieser Hinsicht lieber auf der Stelle, um den Rubikon nicht überschreiten zu müssen, der sie endgültig von der bürgerlichen Welt getrennt hätte.

So ist alle linke Kritik an der kapitalistischen Weltordnungspolitik der Pax Americana mit ihren Interventionskriegen bis heute entscheidend geschwächt, halbherzig und wenig durchschlagkräftig geblieben, weil sie nicht nur realanalytisch anachronistisch, sondern auch selber ideologisch in das legitimatorische Muster des Westens eingebunden und dadurch doppelt anachronistisch ist. Sie muss die ursprüngliche Matrix dieses Konstrukts (der immer wieder neu ausgemalten Konstellation des Zweiten Weltkriegs gemäß) reproduzieren und sich auf die damit verbundene Legitimation berufen, um ihre Opposition gegen die jeweils aktuelle Instrumentalisierung eben dieses Konstrukts seitens der demokratisch-imperialen Macht vor sich selbst legitimieren zu können, und kettet dadurch diese ihre Opposition paradoxerweise ideologisch gerade an das, wogegen sie opponieren möchte.

Das große Hitler-Spiel

Der gemeinsame, alle Lager und Positionen übergreifende Anachronismus der Devise „Immer wieder Zweiter Weltkrieg!" macht sich auch an der demagogischen Instrumentalisierung des Hitlerbildes fest. Das Dämonische an der banalen und erbärmlichen Person Hitler wird nicht als das Dämonische an der kapitalistischen Subjektform überhaupt verstanden, das in der spezifischen Geschichte Deutschlands als diktatorische „Führerfigur" besonders krass manifest werden konnte, sondern als ein der demokratischen und marktwirtschaftlichen Vernunft äußeres, fremdes Monstrum. In Bezug auf die Figur Hitler konnte sich so ein besonderer Projektionsmechanismus entwickeln, der die zerreißenden Widersprüche der demokratisch-kapitalistischen Gesellschaftsform nicht nur veräußerlichte, sondern auch personifizierte; der Funktion nach ganz ähnlich, wie die Nazis selber in der antisemitischen Projektion diese Widersprüche ebenfalls veräußerlicht und (kollektiv) personifiziert hatten.

Hitler wurde so in der Nachkriegsgeschichte der Pax Americana und der bundesdeutschen Vulgärdemokratie zu einem globalen Ersatz für den mittelalterlichen Teufel, zu einer Art negativen Pop-Ikone oder Comic-Figur mit dem Potential für die klammheimliche Faszination und Ästhetik des Bösen, wie Georg Seeßlen gezeigt hat: „Hitler" kennen alle und überall, auch wenn sie sonst gar nichts kennen.

In der Terminologie Foucaults müsste man gewissermaßen von einem personalen „Dispositiv" sprechen, zu dem Hitler als imaginative Projektion geworden ist. Nachdem dieses Dispositiv in der Nachkriegsgeschichte ohne Rücksicht auf die historischen und strukturellen Unterschiede zuerst auf Stalin übertragen wurde, stellt sich seither für die vulgäre demokratische wie für die vulgäre linke Propaganda in jedem größeren Konflikt immer nur die Frage: Wer ist diesmal Hitler, welche Seite soll den Nazi-Part übernehmen?

Erst recht im neuen Krisenzeitalter der kapitalistischen Weltordnungskriege und globalen Interventionen ist das große Hitler-Spiel mehr denn je in Mode gekommen. Je weiter sich die reale Entwicklung des Weltkapitalismus von jener Konstellation des Zweiten Weltkriegs entfernt, desto vehementer scheint das allgemeine Bedürfnis zu werden, sich an diesem entschwundenen Muster festzukrallen, um entweder die demokratisch-kapitalistische Welt trotz ihrer verheerenden globalen Krisenwirkungen als solche oder (umgekehrt) sich selber als Opposition, die den Rahmen des bürgerlich-aufklärerischen Denkens nicht überschreitet, „in" dieser Welt zu legitimieren.

Im ersten neuen Weltordnungskrieg unter Führung der USA gegen den Irak Anfang der 90er Jahre war es bekanntlich Hans Magnus Enzensberger, der im irakischen Diktator Saddam Hussein den „Wiedergänger Hitlers" erkennen wollte und damit dem demokratischen medialen Kriegsaffen legitimatorischen Zucker gab. Dieser Einwurf wurde von der offiziellen Propaganda begierig aufgegriffen, um die von den Westmächten und ihren arabischen Vasallen gemeinsam getragene Intervention zu einer Art Anti-Hitler-Koalition zu stilisieren.

Am Ende dieses Jahrzehnts kam die allzu durchsichtige Gleichsetzung von Unvergleichbarem wiederum aus Deutschland, denn auch die Protagonisten der „neuen Mitte", soeben mit der „Berliner Republik" in den zweiten demokratischen Weltordnungskrieg gegen Restjugoslawien gezogen, beriefen sich pathetisch auf das „Nie wieder" des Antifaschismus.

Der deutsche Außenminister Joschka Fischer, ehemals linksradikaler Straßenkämpfer, rechtfertigte seine Befürwortung des Angriffskriegs damit, die Maxime „Nie wieder Auschwitz" sei „eine der wenigen Konstanten seiner politischen Überzeugung". Auschwitz im Kosovo anzusiedeln – dreister konnte man den Holocaust nicht verharmlosen und für den demokratischen Sicherheits-Imperialismus ausschlachten. Ebenso berief sich der damalige deutsche Verteidigungsminister Scharping darauf, dass die NATO einen „Völkermord" verhindern müsse; unvergessen seine Greuelberichte von angeblich aus den Leibern ihrer ermordeten Mütter geschnittenen Föten, mit denen die Serben Fußball gespielt haben sollen – eine der zahlreichen, in selber schon irrer Manier ausgestoßenen Beschuldigungen, um wilde Assoziationen an die Rampe von Auschwitz zu wecken.

Der deutsche Umweltminister Trittin, innerhalb der Grünen als „Linker" gehandelt und als Regierungsmitglied natürlich Befürworter des Krieges, schlug gar im Kontext der Hitler-Analogie vor, an Milosevic einen kleinen „Tyrannenmord" zu begehen. Bis auf wenige Ausnahmen stimmte die linksbürgerliche Intelligentsia Europas in dieses Geheul ein, offenbar in der Hoffnung, sich damit endlich wieder einmal moralisch gut fühlen zu können.

All diese Rechtfertigungen waren sogar im unmittelbaren Sinne durch und durch verlogen, wie sich inzwischen herausgestellt hat. Untaten sind von allen Seiten begangen worden, aber es hat nirgendwo einen Holocaust oder einen rassenideologischen Weltherrschaftsanspruch nach dem Muster der Nazis gegeben; und die von Scharping mit verdächtiger Lust am Detail ausgemalten Greuel entpuppten sich als ebenso freche wie ekelhafte Erfindungen. Dass die stets als Instanz beschworene „demokratische Öffentlichkeit" in beiden Weltordnungskriegen der 90er Jahre systematisch belogen worden ist, ja selber diese Lügen nicht nur gerne geglaubt, sondern sie sogar eifrig mitproduziert hat, wurde im nachhinein ziemlich lässig hingenommen. Kein Minister musste zurücktreten, kein Journalist wurde wegen grober Verstöße gegen seine Sorgfaltspflicht gefeuert.

Dass Saddam Hussein und Milosevic Hitler spielen, der Irak ebenso wie Serbien als Nazi-Deutschland herhalten mussten und die NATO eine neue Anti-Hitler-Koalition simulierte, hatte vor allem einen Grund: nämlich die moralische Legitimation der Opfer und der Zerstörungen. Wenn es gegen „Hitler" geht und damit gegen alles, wofür der Name dieser Unperson steht, dann – und nur dann – sind alle Mittel erlaubt, eben weil es sich um einen Menschheits-Notstand handelt. Der Bombenkrieg gegen Städte, Fabriken und Infrastrukturen, der zweifellos mehr als nur das Regime und seine Schergen traf, war gegen Nazi-Deutschland gerechtfertigt, weil nur so das Versinken großer Teile der Welt in rassistischer und antisemitischer Barbarei unter der Herrschaft eines kapitalistischen deutschen Ethno-Weltreichs gestoppt werden konnte. Dabei kam es gar nicht auf die Motive der beteiligten privat- und staatskapitalistischen Mächte an; es zählte einzig und allein der Effekt, dass mit den Bombenteppichen auf Gerechte und Ungerechte, Schuldige und Unschuldige die damals akute und spezifisch deutsche Manifestation eines dem Kapital als solchem inhärenten Potentials zur paranoiden Weltzerstörung zerschlagen wurde.

Diese singuläre Konstellation (so singulär wie das Menschheitsverbrechen der Nazis) und die damit verbundene Legitimation des Bombenkriegs seitens der Anti-Hitler-Koalition wird daher als projektiv reproduzierbares Konstrukt benötigt, um die Bombenopfer der neuen Interventionskriege in der kapitalistischen Weltkrise für den demokratischen Idealismus nicht nur als akzeptabel, sondern sogar als moralisch notwendig erscheinen zu lassen.

Nur in diesem Sinne war für die regierenden Pazifisten der „neuen Mitte" die infame Gewissens-Inszenierung ihrer „inneren Zerrissenheit" möglich, während sie die Hightech-Fernbomber losschickten. Und nur auf diese Weise konnten sie zu allem Überfluss die jüngste blutige Teilhabe der BRD am „ideellen Gesamtimperialismus" des Westens in eine Entschuldung der deutschen Geschichte ummünzen: Ausgerechnet durch Bomben auf Belgrad, so die perfide Dialektik des demokratischen Hitler-Spiels, wird Auschwitz entsühnt und die BRD der „68-er an der Macht" ist mit der Geschichte quitt. So werden Bombenteppiche zur Friedensmission, und die Schreibtischtäter der „Berliner Republik" können moralisch entspannt von sich behaupten, „endlich auf der richtigen Seite" Krieg zu führen.

Selbst wenn sich die Greuelpropaganda der regierenden Pazifisten in einem geringeren Grade als das Lügenmärchen entpuppt hätte, das sie gewesen ist, würde jedoch der Analogieschluss zum Zweiten Weltkrieg niemals aufgehen. Dass Saddam Hussein ein unappetitlicher und aggressiver Diktator ist, aber kein Weltbrandstifter, und dass sowohl serbische Sondertruppen und Freischärler als auch die albanische UCK, kroatische Ustascha-Wiedergänger, bosnische Moslem-Milizen usw. im einzelnen Menschen vertrieben und Greueltaten begangen haben, diese aber nirgendwo die Dimension der Nazi-Vernichtungslager und des Holocaust erreichen konnten – das alles ist kein Zufall. Denn es geht bei den irakischen, ex-jugoslawischen usw. Akteuren weder um die „Verwirklichung" einer mörderischen Weltanschauung noch um die Taten einer auf Weltherrschaft ausgerichteten Macht des kapitalistischen Zentrums, sondern um ganz gewöhnliche Bürgerkriegs- und Konkurrenzverbrechen im allgemeinen Überlebenskampf an der kapitalistischen Peripherie.

Die innere Situation des Irak und Restjugoslawiens ist mit Nazideutschland nicht vergleichbar. Es handelt sich nicht um gleichgeschaltete Gesellschaften einer westlichen Modernisierungsdiktatur (Restjugoslawien noch weniger als der Irak), sondern um Zerfallsgesellschaften einer gescheiterten „nachholenden Modernisierung", im Falle Restjugoslawiens sogar mit institutionalisierten Oppositionsparteien. Hannah Arendt, die ihren strengen Begriff des (politischen) Totalitarismus selbst für Mussolinis Italien nicht anwenden wollte, hätte ihn noch viel weniger auf die heutigen „Schurkenstaaten" im Verständnis der weltdemokratischen Legitimationsideologie beziehen können.

Das ist ein Unterschied ums Ganze. Denn hier kann man nicht mit graduellen Abstufungen rechnen, sondern die qualitative Differenz sticht ins Auge: Wer die nationalimperial fundierte antisemitische Weltanschauung und Rassenlehre der Nazis mit dem Ethno-Nationalismus in den heutigen globalen Krisenregionen und den Generalangriff des als Industrieweltmacht hochgerüsteten Nazideutschlands auf die Menschheit mit den militärischen Abenteuern drittklassiger Westentaschen-Diktatoren in den „Wirren" nach dem Epochenbruch am Ende des 20. Jahrhunderts oder mit dem Marodieren postsouveräner und postpolitischer Kräfte einfach gleichsetzt, begeht eine dreiste Täuschung und Verharmlosung.

Der Gipfel dieser falschen Analogisierungen ist das illegitime, auf der Verletzung aller eigenen Rechtsnormen beruhende demokratische Feme-Gericht von den Haag, das gegen Milosevic und andere Protagonisten der jugoslawischen Bürgerkriege der 90er Jahre Schauprozesse inszeniert, die an die Nürnberger Kriegsverbrecherprozesse erinnern sollen, um dem demokratischen „ideellen Gesamtimperialismus" eine Art historische Weihe zu verschaffen. Die formale Legalität der Nürnberger Prozesse bestand darin, dass Nazi-Deutschland im Unterschied zu Restjugoslawien mit dem größten Angriffskrieg der Geschichte internationales Recht gebrochen hatte. Darüber hinaus gab es eine historische Legitimität dieser Prozesse, die vor allem das singuläre Menschheitsverbrechen der Nazis betrifft, obwohl die Dimension von Auschwitz die bürgerliche Rechtsform als solche ad absurdum führt und bereits auf die Notwendigkeit einer grundsätzlichen Kritik an der diesem Recht zugrunde liegenden Gesellschaftsformation verweist. Soweit die heutigen Entstaatlichungskriege in den globalen Zusammenbruchsregionen die Grenzen der kapitalistischen Staats- und Rechtsform aufzeigen, sind sie in keiner Weise mit dem besonderen Charakter von Auschwitz zu vergleichen. Die Den Haager Prozesse mit den Nürnberger Prozessen auf eine Stufe zu stellen, ist billiges historisches Theater.

Der demokratische Idealismus als Exekutor der zugespitzten weltkapitalistischen Widersprüche benötigt solche plumpen Täuschungen auch als Selbsttäuschungen, um sich vor sich selbst rechtfertigen zu können. Deshalb waren die absurden Gewissens-Inszenierungen anläßlich der Zustimmung zum Angriffskrieg der NATO gegen Restjugoslawien auch keine bloße Schauspielerei, sondern entsprangen einer wirklichen autosuggestiven Anstrengung, um die sicherheits- und ausgrenzungsimperialistische Barbarei als adäquaten und zeitgemäßen Ausdruck der eigenen „antifaschistischen Identität" zur Selbstdarstellung zu bringen.

Wenn andererseits die Aktionen und Demonstrationen gegen den demokratischen Weltordnungskrieg und gegen die abgefeimte Gewissenshuberei der Regierenden so wenig gesellschaftliche Energie zu mobilisieren vermochten, dann liegt das nicht allein am zunehmenden Krisenzynismus der marktwirtschaftlichen Normalos. Es ist vor allem die Befangenheit der übrig gebliebenen linken Opposition in demselben legitimatorischen Konstrukt des großen Hitler-Spiels, das die Kriegsgegner genauso unglaubwürdig wie die Kriegstreiber machen und beide auf denselben anachronistischen Nenner bringen musste.

So taten sich auch die Reste des „antiimperialistischen" Linksradikalismus und der Friedensbewegung der 80er Jahre schwer damit, die Ereignisse aufgrund deren eigener Logik zu beurteilen. Ausgehend vom eingefleischten Interpretationsmuster eines Rückgriffs auf die Konstellation des Zweiten Weltkriegs konnte aus friedensbewegter und antiimperialistischer Sicht der Nazi-Part eigentlich nur den USA übertragen werden, die ja schon seit dem Vietnamkrieg für diese Rolle vorgesehen und mit jenen blödsinnigen „USA-SA-SS"-Sprechchören beschimpft worden waren.

Anfang der 90er Jahre war die Mobilisierung gegen den Golfkrieg („kein Blut für Öl") als letzter Nachklang der 80er-Jahre-Friedensbewegung zwar noch relativ groß, aber inhaltlich schon auf dem Tiefpunkt des begriffslosen Moralismus angekommen. Selbst der konservative US-Präsident Bush sen. eignete sich wenig dafür, ihm ein Hitlerbärtchen anzukleben; und vor allem fehlte der „gute", identifikatorisch annehmbare Gegenpart völlig. Im Unterschied zu den befreiungsnationalistischen Dschungelkämpfern der 60er und 70er Jahre mit ihrem Ho-Tschi-Minh- und Guevara-Mythos konnte das wüste Clan-Regime eines Saddam Hussein selbst von den vernageltsten Antiimperialisten nicht zur sozialen Befreiungsmacht oder wenigstens zum unschuldigen Opfer stilisiert werden. So hatte das antiimperialistische und friedensbewegte Lager im Wettbewerb „Wer malt den besten Hitler an die Wand" gegen die weltdemokratische Definitionsmacht einen schlechten Stand.

Der wurde noch schlechter im zweiten Weltordnungskrieg gegen Restjugoslawien, als die Anti-NATO-Demonstranten in Belgrad prompt den damaligen US-Präsidenten Clinton auf Plakaten als „Hitler" mitmarschieren ließen. In diesem Zeichen der vollendeten Hilflosigkeit kam es auf den dünn gewordenen Demonstrationen gegen den Krieg in Europa und vor allem in der BRD zu peinlichen Zufallskoalitionen von restpazifistischen Moralos, antiimperialistischen Veteranen, deutschen Neonazis und serbischen Nationalisten. Denn auch NPD, „Nationalzeitung", „Junge Freiheit" und andere Rechtsradikale traten ja ganz untraditionell proserbisch oder wenigstens kriegsfeindlich auf und nahmen die willkommene Gelegenheit wahr, in der Pose von Antiimperialisten und Verteidigern des Völkerrechts gegen die „Kriegstreiber in Washington" zu agitieren, von denen sich die deutsche Regierung gegen das „nationale Interesse" in das Kriegsabenteuer habe hineinziehen lassen. Sogar die Neonazis spielten also das Hitlerspiel, um die Schandmaske wie ihre links-antiimperialistischen Brüder im Geiste den US-Repräsentanten und ihrem „raffenden Kapital" aufzusetzen.

Zu dieser peinlichen Opposition gegen den Krieg gesellten sich nationalliberale und konservative Journalisten wie Rudolf Augstein oder der FAZ-Redakteur Konrad

Adam, die der atlantischen Bündnistreue der rotgrünen Regierung die Einbindung in eine „imperiale Struktur" der US-Hegemonie vorwarfen. Der Schriftsteller Peter Handke gar entdeckte nicht nur die mystischen und poetischen Qualitäten des serbischen „Volkstums", sondern verlangte sogar, besonders provozierend in der Analogie zu Nazideutschland und ein altes Muster des deutsch-völkischen Revisionismus aufgreifend, dass es die USA seien, die „umerzogen" werden müssten. Komplettiert wurde die schauerliche Mischung schließlich auch noch durch bizarre Sekten wie die deutsche „Naturgesetz-Partei" („statt Tornados yogische Flieger").

Diese Dokumentationen des Niedergangs der Friedensbewegung, die von ihrem nie aufgearbeiteten Antiamerikanismus eingeholt wurde (also insofern ihre Entwicklung zur Kenntlichkeit), wurden dankbar von Ideologen des weltdemokratischen Menschenrechts-Imperialismus aufgegriffen, die genüsslich einen „verkehrten Antiimperialismus" (Richard Herzinger) mit einer unheiligen Einheitsfront von linken und rechten „Radikalen" feststellen konnten.

Den Vogel im großen Hitler-Spiel schossen freilich, wie hätte es anders sein können, die linksradikalen „Antideutschen" ab. Aus ihrer Sicht konnte es natürlich keinen Zweifel daran geben, dass die Aufführung in der Originalbesetzung und keiner anderen über die Bühne gehen musste. Der Nazi-Part, so die von keiner Realanalyse getrübte Devise, ist und bleibt wie Mallorca fest in deutscher Hand. So mussten also Kohl und später Schröder in die Hauptrolle mit dem Bärtchen schlüpfen, während zuerst Außenminister Genscher und dann pikanterweise der ehemalige Genosse Fischer in seinem Armani-Kostüm jeweils als Ribbentrop-Verschnitt durch den Balkan zu geistern hatten.

Um diese Version mit der Realität der Erscheinungen notdürftig zur Deckung zu bringen, bedurfte es weiterer erstaunlicher Leistungen im Fach politisch-ökonomische Phantasmatik. Bemerkenswert war dabei die diametral entgegengesetzte Haltung der meisten „Antideutschen" im ersten und im zweiten demokratischen Weltordnungskrieg, obwohl der weltökonomische und weltpolitische Hintergrund, also das sicherheitsimperialistische Motiv, in beiden Fällen identisch war: ein weiterer Hinweis darauf, dass sich für dieses Bewusstsein, das bei der ausschließlichen Auseinandersetzung mit der „deutschen Ideologie" stehengeblieben ist, die Welt nur noch um den eigenen (deutsch-antideutschen) Bauchnabel dreht.

In diesem Sinne wurde die „antideutsche" Stellung zum Krieg nicht durch die wirkliche weltpolizeiliche Konstellation, sondern allein durch die jeweilige Beteiligung oder Nichtbeteiligung Deutschlands bestimmt. So galt der Krieg gegen den Irak als „gut" und zu befürworten, einzig weil die BRD militärisch nicht beteiligt war. Obwohl das Waffenarsenal des früheren westlichen „Babys" Saddam Hussein vor allem aus britischen, französischen und US-Beständen stammte, wurden die getarnten irakischen Käufe von Chemikalien für Giftgas in der BRD, die Raketenangriffe auf Israel und die Kriegsgegnerschaft der deutschen Friedensbewegung in einen derart konstruierten Zusammenhang gebracht, als rüste sich das „Vierte Reich" ausgerechnet durch seine militärische Absenz nicht nur zum neuen Kampf gegen die USA um die Welthegemonie, sondern mit der Friedensbewegung an der Spitze auch ganz unmittelbar zur erneuten Judenvernichtung.

Die Solidaritätsbekundungen der deutschen Regierung mit der von den USA geführten Intervention und die finanzielle Beteiligung der BRD konnten so nur noch als „Täuschungsmanöver" des deutschen Nationalimperialismus erscheinen. Mit dieser aufs Ganze gesehen grotesken Verbiegung der Tatsachen gelang es, ein Konstrukt der Weltkrieg-II-Konstellation zu reformulieren, das dem offiziellen weltdemokratisch-sicherheitsimperialistischen faktisch sehr nahe kam; mit dem Unterschied allerdings, dass nicht Saddam Hussein die Hauptrolle im Hitler-Spiel erhielt, sondern eben „Deutschland" als der angebliche eigentliche „Hintermann".

Diese Hollywood-Hitler-Schnulze, die ein Kind als absurd durchschauen konnte, entfernte sich von allen Reformulierungen der Devise „Immer wieder Zweiter Weltkrieg" am weitesten von der Wirklichkeit. Dabei spukte als ideologische Wunschvorstellung die Imagination einer Art „eigentlich richtigen" großen Anti-Hitler-Koalition, die gegen die BRD als vermeintlich wiederkehrendes Nazi-Imperium am besten aus den Westmächten mit den USA an der Spitze, den „guten" Serben um den „Staatsmann" Milosevic, der internationalen Popmusik, den „Antideutschen" und dem aufklärungsphilosophisch geläuterten Teil der Menschheit hätte bestehen sollen. Nur die Sowjetunion hätte diesmal mangels Existenz leider draußen bleiben müssen. Wahrhaftig eine ideologische Kabarett-Nummer.

Der zweite Weltordnungskrieg war aus dieser Sicht folglich ebenso heftig abzulehnen wie der erste zu begrüßen, einzig weil sich die BRD jetzt militärisch beteiligte. War einige Jahre zuvor ein Saddam Hussein zu einer Art Strohmann des vermuteten deutschen Nazi-Revivals ausstaffiert worden, so musste jetzt umgekehrt ein Milosevic zum Helden des antideutschen Widerstands aufsteigen. Der ideologischen Reformulierung der Weltkrieg-II-Konstellation gemäß war kein Platz mehr für eine andere Wahrnehmung als die, dass nun „Deutschland" als Täternation zum entscheidenden Schlag aushole und mit der Bombardierung Belgrads das Jahr 1999 zum Jahr 1941 geworden sei.

Und weil eben alle Mittel recht sind, wenn es gegen Nazi-Deutschland geht, entblödeten sich einige besonders realitätsblinde „Antideutsche" nicht, in diesem Fall ebenso wie die Rest-„Antiimperialisten" und Friedensbewegten Seite an Seite mit den in der BRD lebenden serbischen Nationalisten gegen den angeblichen „deutschen Krieg" zu protestieren; in diesem Zusammenhang absurderweise faktisch auch in einer Front mit den wirklichen deutschen Neonazis, die ja ebenfalls gegen den Krieg demonstrierten und wie jedem völkischen Nationalismus auch dem serbischen ein wohlwollendes Ohr zu leihen geneigt waren.

Eine Verschwörungstheorie für intellektuell Arme

Es gab allerdings eine stille Voraussetzung dieses krausen Denkens, die von seinen Trägern gar nicht mehr als eines Beweises bedürftig behandelt wurde: nämlich dass es sich wirklich um eine nationalimperiale „deutsche Aggression" gehandelt hat, dass sich Deutschland wirklich zur Wiederholung von Auschwitz anschickte, und dass demzufolge wirklich der serbische völkische Nationalismus nicht nur „eigentlich" ein demokratisch-universalistisches Bollwerk gegen die deutsche völkische Eroberungspolitik, sondern auch als bloßes Opfer zu verteidigen gewesen wäre; allesamt völlig kontrafaktische und phantasmatische Annahmen.

Diese unterstellte Voraussetzung wurde freilich durch die Tatsache getrübt, dass die „antideutsche" Version des großen Hitler-Spiels einen kleinen Schönheitsfehler aufwies, indem der Krieg eben unter dem Oberbefehl der USA und zu 90 Prozent durch Einsätze der US-Luftwaffe geführt wurde, sein realer Hintergrund der Zusammenbruch der jugoslawischen Nationalökonomie war und seine Legitimierung just mit demselben Konstrukt betrieben wurde, das die „Antideutschen" für ihre eigene Vergangenheitsbeschwörung reserviert glaubten, über das sie nun jedoch endgültig die Definitionsmacht verloren hatten. Kein Wunder dass sie, mit der Nase auf diesen Zusammenhang und damit auf ihre verborgene innere Unwahrheit gestoßen, nur allergisch reagieren konnten.

Um ihre Version des Hitler-Spiels wenigstens in ihren eigenen und den Augen ihrer Anhänger zu retten, mussten die „Antideutschen" zu einem verzweifelten Mittel greifen, nämlich zu einer offen verschwörungstheoretischen Interpretation der Ereignisse. Allen Ernstes wurde die bübische These in die Welt gesetzt, dass die USA „auf der falschen Seite" Krieg geführt hätten, getreu dem Hegelschen Motto: „umso schlimmer für die Wirklichkeit", wenn sie nicht dem eigenen Drehbuch entspricht.

Es sollte zu denken geben, wie hier linke vermeintliche Gesellschaftskritiker mit dem Anspruch von „Ideologiekritik" in ein ideologisches Denkmuster verfallen, von dem sie eigentlich ganz genau wissen, dass es die Form einer Weltwahrnehmung ist, wie sie mit anderen, entgegengesetzten Inhalten – nämlich dem in der „deutschen Ideologie" formulierten Antisemitismus – gerade all das möglich gemacht hat, was sie selber existentiell bekämpfen wollen. Das Grundschema dieser Wahrnehmungsform besteht bekanntlich darin, dass die blinden Struktur- und Krisenprozesse der kapitalistischen Weltgesellschaft eindimensional in das bewusste strategische Handeln von angeblich „dahinterstehenden" Subjekten bzw. „Mächten" aufgelöst werden, deren schiere Willensäußerungen als letzte Ursache erscheinen (ganz ähnlich übrigens wie in der postoperaistischen Ideologie von Hardt/Negri auf einer allgemeineren Ebene von „Subjekten der Herrschaft" ihres ebenso phantasmatischen „Empire").

Es ist ein deutlicher Hinweis darauf, dass die linksradikal-"antideutsche" Kritik an der antisemitischen deutschen Geschichte und Gegenwart unzureichend ist, wenn sie selber zu derart verschwörungstheoretischen Deutungen Zuflucht nehmen muss. Jede Art von Verschwörungstheorie hat notwendigerweise einen irrationalen Charakter, gerade wenn sie in ein Bezugssystem bürgerlich-aufklärerischer Vernunft eingelagert ist; denn diese historische Vernunft des Kapitals trägt eben ihre eigene Irrationalität in sich. Es hat etwas Erschreckendes an sich, wenn dem antisemitischen Wahn von der „jüdischen Weltverschwörung" nicht die radikale Kritik der warenproduzierenden Moderne, sondern der prowestlich-aufklärerische Wahn einer Art „deutschen Weltverschwörung" entgegengesetzt wird, die ebenso wie ihr Gegenteil völlig unabhängig von Tatsachen erscheint.

Die Irrationalität dieses Deutungsmusters verweist auf einen starken Affekt, in dem sich etwas Richtiges und Notwendiges, nämlich der Abscheu vor der vielfältig und bis tief in die politische Linke hinein wirkenden antisemitischen Weltanschauung, an etwas ganz Falsches kettet, nämlich an das Beharren auf einer anachronistischen nationalimperialen Deutung der kapitalistischen Weltkonstellation.

Von außen betrachtet lässt sich dies leicht als logischer Bestimmungs- oder Ebenenfehler erklären, denn die radikale Kritik von Antisemitismus, „deutscher Ideologie" und damit zusammenhängenden politischen Paradigmen ist auch in einer Konstellation denkbar und notwendig, die das nationalimperiale Zeitalter hinter sich gelassen hat. Für ein Bewusstsein jedoch, das diese beiden Ebenen nicht auseinanderhalten kann, muss jedes Abweichen vom nationalimperialen Deutungsmuster der kapitalistischen Weltkonstellation (samt den dazugehörigen strategischen Willenssubjekten) als Kapitulation vor dem antisemitischen Wahn und als Beschönigung seines deutschen Kerns erscheinen.

Dieser Fehlschluss erzeugt offenbar einen derart starken Affekt der verzweifelten Ignoranz, dass die Wahrnehmung der Wirklichkeit dran glauben muss. Was als vermeintliche „ideologiekritische" Konsequenz gemeint ist, erweist sich so im Gegenteil als unheimliche Macht des Denkens in ideologischen Formen, das sich die Welt im Kopf so lange zurechtbiegt, bis sie zur apriorischen Deutung zu passen scheint.

Die NATO-Intervention musste also in der „antideutschen" verschwörungstheoretischen Wahrnehmung ganz einfach, schnöde Realität hin oder her, nach der „heimlichen Agenda" (Matthias Küntzel) ablaufen, „dass der deutsche Staat im Krieg gegen Serbien sein ganz besonderes Programm abarbeitet, seine spezifische pax germanica stiften will gegen die pax americana… Die pax americana führt im Kosovo auch einen Krieg gegen die spezifische Weise der deutschen Friedensstiftung, die darin sich ausspricht, das ‚deutsche Zentrum' als weltweit zuständig zu betrachten und den sog. Rheinischen Kapitalismus zu exportieren" (Bruhn 1999).

Nur so kann's gewesen sein. „Amerika", so ein weiterer der „antideutschen" Phantasmatiker, „tappte in der Nacht zum 13. Oktober 1998 in die Falle" (Becker 1999), nämlich in die vom auferstandenen Nazi-Deutschland gestellte. Wie das? Die universalistische Politik der USA, so die verschwörungstheoretische Argumentation, sei von Nazi-Deutschland raffiniert unterlaufen worden, indem es (offenbar klammheimlich und ohne jede Zustimmung von USA und NATO) die antiserbischen Ethno-Parteien aufgerüstet, so bewusst die serbische Antwort und daraufhin die westliche Intervention provoziert habe.

Die „antideutsche" Standard-Version dieses Vorgangs, die sich inzwischen herausgemendelt hat, sieht folgendermaßen aus: Um sich nicht den Rang ablaufen zu lassen und der drohenden machtvollen Intervention des reinkarnierten Nazi-Deutschland zuvorzukommen, hätten sich die USA gegen ihre eigentliche Intention an die Spitze der antiserbischen Kampagne gesetzt und die Intervention in die eigenen Hände genommen: „Nun also führen die USA einen Krieg, den sie nicht nur nicht gewollt hatten, den sie auch schon deshalb nicht gewinnen können, weil sie auf der falschen Seite kämpfen (!). Als Luftwaffe der UCK spielen die USA jetzt genau die Rolle, in die sie Deutschland vor einem Jahr noch vergeblich zu drängen versuchte" (Becker 1999).

Die naiven USA, weltpolitisch unerfahren und vor militärischen Interventionen zaghaft zurückschreckend, wie sie nun einmal seit mehr als 50 Jahren sind, mussten sich also vom auferstandenen Nazi-Deutschland über den Tisch ziehen lassen, das seit eben diesem halben Jahrhundert unbeirrt auf die nächste günstige Gelegenheit gewartet und nun in der Armani-Verkleidung der Schröder-Fischer-Regierung unerwartet zugeschlagen hat. Eine mehr als seltsame Zuschreibung der Rollen: „Man braucht in Deutschland die Vereinigten Staaten – ihre Militärmacht wie ihre Kulturindustrie – um sich auf seine eigene Vergangenheit so beziehen zu können, dass man möglichst unauffällig (!) selbst den Weg zur Weltmacht (!) anzutreten vermag" (Scheit 1999).

Und wenn nun schon einmal der Schwanz so erfolgreich mit dem Hund wedelt, dann wurde dieser Krieg von der NATO eben auch unfreiwillig mit dem nazi-deutschen Ziel einer „Zerschlagung der NATO (!) als der letzten Bastion der europäischen Nachkriegsordnung" (Becker 1999) geführt. Rettet die NATO!, das ist dann der letzte Schrei einer völlig verstiegenen Kritik, die sich in ihr eigenes Gegenteil verwandelt hat und nun ihre bedingungslose intellektuelle Kapitulation großspurig in eine besondere „Radikalität" der phantastisch-anachronistischen Weltwahrnehmung umdefinieren möchte, die allerdings nur radikal dumm ist.

Aber nicht nur die realen Kräfteverhältnisse sprechen der verschwörungstheoretischen Interpretation Hohn, auch die politische Konstellation ist davon himmelweit entfernt. Dass die NATO einen Krieg mit dem Ziel ihrer eigenen Zerschlagung durch den deutschen Nationalimperialismus geführt hätte – muss man dazu noch argumentieren?

Die BRD als militärisch unselbständiges kapitalistisches Exportzentrum ist in dieser Welt (im Unterschied zur eingebildeten Welt der „Antideutschen") natürlich ganz und gar auf die NATO und die US-Weltpolizei angewiesen. Die Divergenzen zwischen den USA und der EU bzw. der BRD spielen sich so wenig auf einer welt- und militärstrategischen Ebene ab, dass die BRD von NATO und USA periodisch ermahnt wird, ihre Rüstungsanstrengungen zu intensivieren, einen höheren militärischen Beitrag zu leisten und „mehr Verantwortung" zu übernehmen.

Tatsächlich schwanken nahezu alle Beteiligten im Gefüge des „ideellen Gesamtimperialismus" und seiner weltpolizeilichen Aktivitäten zwischen einem Drang zum Mitmischen und zur Führungsbeteiligung einerseits und einem fast genauso notorischen „Sichdrücken" und einer „Kostenscheu" andererseits. 1999 zeigte sich die NATO empört über militärpolitische Kürzungspläne der Bundesregierung; bei der Frühjahrstagung der Verteidigungsminister Anfang Juni 2000 forderte NATO-Generalsekretär Robertson höhere Militärbudgets und wollte insbesondere hinsichtlich der BRD einen rüstungspolitischen „Nachholbedarf" erkennen. Ein Jahr später gab es einen höchst eigentümlichen „transatlantischen Knatsch": Zum Ärger des deutschen Botschafters in den USA, Wolfgang Ischinger, hatte der designierte US-Botschafter in Berlin, Dan Coats, bei einer Anhörung im US-Senat „vor sinkenden Verteidigungsausgaben der Deutschen gewarnt" (Der Spiegel 32/2001). Es wäre wirklich das erste Mal in der Geschichte der Imperien, dass eine Vormacht ihren (angeblichen) Erz- und Hauptrivalen zur Aufrüstung drängelt und päppelt. Oder sind Robertson und Coats vielleicht deutsche Agenten? Werden die USA inzwischen womöglich gar von Außerirdischen beherrscht?

Die Maßlosigkeit des „antideutschen" Drauflosfabulierens sagt nur noch etwas über die Verblendung der Akteure aus, nichts mehr über die Wirklichkeit. In der einschlägigen Fantasy, die sich nur in einer ideologischen Scheibenwelt abspielen kann, droht auch der Wahrheitskern eines wichtigen Aspekts der dazugehörigen Problemstellung unterzugehen, nämlich die tatsächliche Ethnisierung und Kulturalisierung der Krise. Diese ist heute eben kein spezifisch deutsches Interpretations- und Handlungsmuster mehr. Dieses Muster hat sich vielmehr einerseits endemisch (also auch ohne deutsches Zutun) bei sämtlichen Konfliktparteien auf dem Balkan und weltweit herausgebildet und wurde andererseits auch spätestens im Gefolge der Huntington-Debatte von den USA und der NATO selber als eine mögliche Matrix für Feinddefinitionen, Eindämmungs- und Ausgrenzungs-Strategien aufgegriffen.

Es war eben die Killer-Intelligenz des Massachusetts Institute of Technology (MIT), die schon 1996 in jenem programmatischen Entwurf für die US-Außen- und Militärpolitik eine sicherheits- und ausgrenzungspolitische Strategie der Ethno-Zoos unter dem Begriff des „Selbstbestimmungsrechts der Völker" (Ethnien) vorgegeben hatte, wie sie zunächst für den Irak mit der Protektion der Kurden im Norden und der schiitischen Clans im Süden vorgesehen war und dann massiv bei der Unterstützung des albanischen Ethno-"Stammesaufstands" der UCK ebenso wie bei dem Pakt mit der ethnischen „Nordallianz" in Afghanistan zum Einsatz kam.

Dass der damalige deutsche Außenminister Genscher aus den „ethnopolitischen"

Traditionen des Auswärtigen Amtes heraus hinsichtlich der jugoslawischen Entwicklung auch von sich aus dieser Linie folgte, war natürlich keine „Übertölpelung" der fromm universalistischen letzten Weltmacht durch die deutschen Ethno-Faschisten, sondern ging Hand in Hand mit der sich herausbildenden neuen imperialen Ethno-Strategie der USA. Erklären lässt sich der ganze Zusammenhang nur, wenn man nicht die alten nationalimperialen und territorialen Konkurrenzkämpfe sowie eine bundesdeutsche Wiederholung des Hitlerschen Strebens nach einem rassistischen „deutschen Kolonialreich bis zum Ural" unterstellt, sondern eine integrierte Sicherheits- und Ausgrenzungsstrategie des „ideellen Gesamtimperialisten" USA bzw. der NATO, in der die endemische Ethnisierung der Krise bis auf weiteres positiv instrumentalisiert wird.

Die Globalisierung der „deutschen Ideologie"

Dennoch handelt es sich zweifellos um einen Rückgriff auf die ursprünglich spezifisch „deutsche Ideologie" in allerdings modifizierter Form. Für die US-Politik ist dieser Rückgriff nicht „existentiell" motiviert wie einst bei der deutschen Nationsbildung, sondern eben bloß strategisch (daher auch gegebenenfalls wieder revidierbar). Deshalb ist die neue westlich-angelsächsische Version der Ethno-Politik eher utilitaristisch, während die „klassische" deutsche eher substantialistisch orientiert war. Entscheidend ist vor allem der Unterschied, dass die ethnopolitische Strategie von USA und NATO nicht mehr das eigene essentielle Selbstverständnis ausmacht, sondern (vorerst) eine äußere Zuschreibung für einzudämmende Zerfallsprozesse in der Peripherie darstellt. Deshalb handelt es sich auch nicht wie bei der deutsch-nationalimperialen Version um eine Konkurrenzideologie gegen den „westlichen Universalismus", sondern im Gegenteil um ein sub-politisches Moment dieses Universalismus und seiner Menschenrechts-Ideologie selbst.

Bestimmte Momente dieser historischen Unterschiede innerhalb der Ethno-Ideologie und ihrer Instrumentalisierung sind sicherlich auch heute noch wirksam. Insofern ist es durchaus legitim, die Äußerungen der spezifisch deutschen, substantialistischen Version etwa in der deutschen Friedensbewegung und auch in der deutschen Regierungspolitik kritisch offenzulegen. Diese Kritik wird aber völlig entwirklicht, wenn sie auf eine weltpolitische Konstellation nach dem Muster des Zweiten Weltkriegs projiziert wird. Tatsächlich kann der Einfluss der „deutschen Ideologie" auf anderen Ebenen als der nationalimperial-machtpolitischen heute womöglich umso wirksamer sein.

So folgt die transnationale Ideologiebildung innerhalb des „ideellen Gesamtimperialismus" nicht unmittelbar den realen innerimperialen Machtverhältnissen. In einem komplexen institutionellen Gefüge wie der NATO können angesichts der Unbewältigbarkeit der Problemlagen und unter dem Druck der Ereignisse Verlaufsformen der Interpretation entstehen, die ihre Nahrung aus verschiedenen Quellen beziehen, auch wenn die USA eindeutig das letzte Wort und die letzte Entscheidungsbefugnis haben.

So besitzt neben den Einflüssen der US-Denkfabriken die deutsche Tradition in einer Verbindung mit postmodern-kulturalistischen Ideen durchaus eine gewisse Eigenkompetenz, um bei der Kreation von bösartigen globalen Krisenideologien wirksam mitzumischen. Die zentralen intellektuellen Debatten der BRD seit den 80er Jahren (Historikerstreit, „Bocksgesang", Walser-Debatte, Sloterdijk-Rede usw.) gehen ausnahmslos in diese Richtung. Die BRD bildet heute tatsächlich einen weltideologischen Herd für zentrale Elemente einer neuen ethno-und bio-kulturalistischen Interpretation, deren grün-demokratische, postmoderne Gestalt keineswegs Täuschung, sondern gefährliche Substanz ist.

Zum andern aber ist der gesamtwestliche Ausgrenzungsimperialismus samt den dazugehörigen Ideologiebildungen ja vermittelt mit den innergesellschaftlichen sozialen Konkurrenzverhältnissen des Zentrums und von den Formen beeinflusst, in denen sie ausgetragen werden. Soweit sich die ethno-kulturelle Wirklichkeitswahrnehmung nicht auf den äußeren Umgang des westlichen Sicherheitsimperialismus mit den Entwicklungen in der zerfallenden Peripherie bezieht, sondern auf die Definition eines inneren Feindes bezüglich der Krisenkonkurrenz innerhalb der westlichen Länder selbst, ist ihre Tendenz noch viel weniger von den äußeren politisch-militärischen Kräfteverhältnissen abhängig. Die ethno-rassistische Interpretation der sozialen Krisenkonkurrenz, wie sie im Massenbewusstsein der BRD spontan ihre Auferstehung gefeiert hat und längst intellektuell flankiert worden ist, kann in einem fortgeschrittenen Stadium des Krisenprozesses auch in Westeuropa und den USA unter Umständen eine große Anziehungskraft ausüben.

Schon in der Zwischenkriegszeit waren ja erhebliche Bevölkerungsteile in den westlichen Staaten anfällig für die Nazi-Ideologie gewesen. Diese Affinität wurde nur überdeckt von den damals noch vorherrschenden nationalimperialen Gegensätzen. So gesehen könnte es sogar eine Bedingung für einen siegreichen Vormarsch von neu zusammengesetzten Elementen der „deutschen Ideologie" im westlichen Massenbewusstsein und unter den aktuellen Krisenverhältnissen sein, dass damit kein deutschnationaler Anspruch auf äußere, territoriale Weltherrschaft mehr verbunden ist. Da in einer globalisierten Welt des Kapitals kein jeweils eigenes nationalimperiales Konkurrenzinteresse mehr einen Damm gegen die Ausbreitung einer reformulierten deutschen Ethno-Ideologie bildet, sind deren Chancen für einen weltweiten Siegeszug nicht kleiner, sondern wesentlich größer geworden.

So ist das Fortwirken der spezifisch deutschen Geschichte und der daraus entstammenden Welterklärungsmuster sowie institutionellen, politischen und „postpolitischen" Tendenzen durchaus genau zu analysieren, aber im Hinblick auf die wirkliche Entwicklung der Welt zu Beginn des 21. Jahrhunderts und damit auf die demokratischen Weltordnungskriege des „ideellen Gesamtimperialismus". Um die Zusammenhänge aufdecken und das Weiterwirken der Konstrukte von „deutscher Ideologie", „Volksgemeinschaft", Antisemitismus usw. kritisieren zu können, muss man sie in den Kontext der realen Weltkonstellation stellen, statt so zu tun, als handelte es sich um eine schlichte Fortsetzung des lediglich für ein halbes Jahrhundert unterbrochenen deutschnationalen Weltmachtstrebens.

Nach dem 11. September: das letzte Stadium des anachronistischen Denkens

Endgültig abgestürzt ist das Interpretationsmuster „Immer wieder Zweiter Weltkrieg" nach dem Ereignis des 11. September. Zu deutlich wurde es, dass die barbarischen Erscheinungen von der Art dieser Attentate nicht mehr in das Bild jener Epoche gebannt werden können. Während noch der Den Haager Pseudo-Nürnberger Prozess im Rahmen dieser Interpretation abläuft, hat Al Kaida bereits andere Maßstäbe gesetzt. An die Stelle des Feindbilds von einem nationalistischen Diktator mit Völkermord-Gelüsten auf der Basis der Souveränität ist jetzt massiv die entscheidende neue Komponente der Huntington-Interpretation getreten, nämlich das Feindbild einer transnationalen islamisch-religiösen Gegenkultur. Nichts könnte deutlicher machen, dass es sich um den Übergang zu postpolitisch-postsouveränen Konfliktdefinitionen handelt, in denen weder ein „Hitler" noch eine „Anti-Hitler-Koalition" mehr einen Platz haben, obwohl diese anachronistische Assoziation in den offiziellen Erklärungen weiter mitschwingt.

So sehr dabei die USA noch einmal als Macht des Souveränitätsprinzips auftreten, ebenso deutlich verlassen sie mit dieser Interpretation, die gleichzeitig bereits Ansätze einer religiös-kulturalistischen Eigendefinition im Sinne eines „christlichen" Fundamentalismus enthält, selber den Boden des modernen Nomos und folgen der ideologischen Spur seiner Zersetzungsprodukte. Der von Präsident Bush nach dem 11. September ausgerufene „Krieg gegen den Terrorismus" ist mit seiner religiös-kulturalistischen Hintergrundbestimmung das Eingeständnis, dass der bisherige Interpretationsrahmen irreversibel zerbrochen ist. Deshalb figuriert auch Bin Laden in der jüngsten demokratischen Kriegsideologie kaum noch als „Wiedergänger Hitlers". Dieses Schema ist ausgereizt. Übrig geblieben ist nur noch die Pose der Anti-Hitler-Koalition, der Gestus des Kampfes gegen „das Böse" schlechthin, während die inhaltlichen Bezüge verblassen.

Umgekehrt ist auch der absurde Versuch, den islamistischen postpolitischen „Gotteskrieg" irgendwie in die sozialen „Kämpfe" gegen das kapitalistische Imperium hineinzuinterpretieren, wie etwa bei Hardt/Negri, ebenfalls nicht mehr mit einer Reformulierung jener Konstellation des Zweiten Weltkriegs verbunden. Das Hitler-Spiel ist aus. Auch wenn es noch nicht explizit ins allgemeine Bewusstsein gedrungen ist: Der demokratische Kapitalismus ist jetzt allein zu Haus mit seinen Krisengespenstern, die jeder anachronistischen Rückprojektion spotten. Der nostalgische Impuls geht inzwischen derart ins Leere, dass es peinlich zu werden beginnt.

Es ist allerdings einem Teil der „antideutschen", in Wahrheit sehr deutschen Restlinken vorbehalten geblieben, das gegenstandslos gewordene Muster „Immer wieder Zweiter Weltkrieg" selbst über die Grenzen seiner bloß noch ideologischen Dehnbarkeit hinaus zu strapazieren, im Verein höchstens noch mit einzelnen Stimmen der offenen Hysterie (Oriana Fallaci). Allerdings hat diese Überdehnung ihren Preis, nämlich das Zerreißen des ursprünglichen Konstrukts: Im Unterschied zum Krieg gegen den Irak Anfang der 90er Jahre ist es jetzt selbst den „antideutschen" Phantasten nicht mehr möglich, noch einmal ein Revival des deutschnationalen Nazi-Imperialismus an die Wand zu malen, dessen Kreaturen und Helfershelfer die islamistischen Fürsten des Terrors und ihr transnationales Gebilde Al Kaida womöglich bloß seien.

Stattdessen wird seit dem 11. September diese Interpretation auf den Kopf gestellt: Der immer noch wie gehabt imaginierte deutschnationale Ausdehnungsimperialismus erscheint jetzt selber nur noch als potentieller Helfershelfer des imaginierten eigentlichen neuen Nazi-Wiedergängers, der in einem sogenannten „islamischen Faschismus" (Initiative Sozialistisches Forum 2001) dingfest gemacht wird. Diese Bezeichnung zeigt an, in welchem Ausmaß die Begriffe veriudern müssen bei Leuten, die auch jetzt noch mit den anachronistischen Projektionen auf die Weltkriegsepoche weitermachen. War der Begriff des „Faschismus" gesellschaftsanalytisch schon vorher inflationär entwertet worden, so gewinnt er in dieser Kombination endgültig den Charakter einer historisch willkürlichen Zuordnung aus rein selbstlegitimatorischen Bedürfnissen.

Es geht gar nicht mehr darum, die weltkapitalistische Entwicklung zu begreifen, sondern es soll nur noch auf Biegen und Brechen der eigene innere Drang gerechtfertigt werden, in der „neuen Unübersichtlichkeit" der kapitalistischen Weltkrise (die gleichzeitig als Tatsache ebenso wie bei Hardt/Negri rundweg abgestritten wird) bedingungslos auf die Seite des demokratischen „ideellen Gesamtimperialismus" überzulaufen. Wenn die Protagonisten dieser absurden Interpretation „Zur Verteidigung der Zivilisation" (Redaktion „Bahamas" 2001) aufrufen, verklären sie den globalen Killer-Kapitalismus zur „Zivilisation" und geben de facto alle grundsätzliche Kritik preis.

Tatsächlich haben diese „antideutschen" Linksradikalen ihre bisherige projektive Fantasy-Wahrnehmung der Weltsituation und der darin sich manifestierenden Machtkonstellation nur insofern aufgegeben, als sie jetzt nicht mehr ein Revival des deutschnationalen Nazi-Imperialismus zusammenphantasieren, um den gesamtimperialen Weltordnungskrieg weiterhin als „Anti-Hitler-Koalition" halluzinieren zu können. Mit dem Konstrukt eines „islamischen Faschismus" stehen sie nunmehr endlich unmittelbar in einer Front mit dem demokratischen „ideellen Gesamtimperialismus"; sie brauchen dafür keine Verschwörungstheorien mehr, in denen die USA angeblich „auf der falschen Seite" kämpfen usw., sondern jetzt kämpfen endlich alle „auf der richtigen Seite". Die halluzinatorische Wahrnehmung hat sich damit allerdings erst zum kompletten Wahnsystem einer anachronistischen „Parallelwelt" geschlossen, die kein Fenster mehr zur Wirklichkeit hat.

Diese ideologische Halluzination ist eigentlich gar nicht mehr „antideutsch", weil sich der Gegenstand der Projektion eines Nazi-Revivals nunmehr von „Deutschland" abgelöst hat. Die deutsche Geschichte samt der „deutschen Ideologie", die von diesen Zombies des bürgerlichen Aufklärungsdenkens schon bislang weniger kritisch aufgearbeitet als vielmehr für anachronistische Projektionen instrumentalisiert worden ist, wird nun endgültig „exotisiert". Was vom bisherigen Konstrukt übrig bleibt, ist nur noch die Verdächtigung, „Deutschland" sei in der neu zusammenphantasierten „Anti-Hitler-Koalition" ein unsicherer Kantonist, wolle nach wie vor sein eigenes imperiales Süppchen kochen und neige deshalb zu einer „Appeasement"-Politik gegenüber den wirklichen neuen Nazis, die nun „der Islam" sein sollen.

„Deutschland", soeben noch der alte Hauptfeind, kann sich dieser reformulierten Version zufolge durch Bomben auf den moslemischen Teil der Welt von Auschwitz entsühnen, ganz wie es das in der Optik der grünen „Antifaschisten" zuvor schon durch Bomben auf Belgrad konnte. Auch in dieser Hinsicht sind die Reihen der deutschen und ex-antideutschen „Zivilisationsretter" nun fest geschlossen.

Wie stets bei hysterischen Panik-Ideologemen kommt es gar nicht darauf an, dass das Konstrukt eines „islamischen Faschismus" als Gegenstand einer neuen Anti-Hitler-Koalition in jeder nur denkbaren Hinsicht falsch ist. Schon innerhalb des projektiven Anachronismus selbst stimmt der Bezug nicht, weil Faschismus und Nationalsozialismus nicht dasselbe waren. Vollends absurd ist es, den transnational-islamistischen Barbarisierungsprozess mit der nationalimperialen Formierung der Nazis, den religiösen Antisemitismus von Moslems mit dem völkischen „Blut-und-Boden"-Antisemitismus Hitlers, Selbstmordattentäter und den Anschlag auf die Twin Towers mit der fabrikmäßigen Judenvernichtng in Auschwitz, verhetzte und Steine werfende palästinensische Kinder mit der SS, die Gewaltformen der untergehenden Dritten Welt mit den destruktiven Potenzen des kapitalistischen Zentrums und überhaupt die heutigen weltgesellschaftlichen Zersetzungsprozesse mit der Epoche der Weltkriege gleichzusetzen. Eine derartige anachronistische Ignoranz kann gar nicht mehr mit einer bloßen intellektuellen Fehlleistung erklärt werden, sondern eben nur noch mit einer Art von psychotischem inneren Drang, unter allen Umständen an einer Weltinterpretation nach dem Schema des Zweiten Weltkriegs festzuhalten, weil nur so das obsolet gewordene Selbstverständnis halluzinativ aufrecht zu erhalten ist.

Der auf die Dauer nicht zu verdrängende wesentliche Unterschied zur Vergangenheit besteht darin, dass das kapitalistische Weltsystem keinen historischen Entwicklungsspielraum mehr hat, dass keine neue Epoche der Akkumulation mehr bevorsteht, die irgendwie „links" im bisherigen Sinne positiver Immanenz besetzt werden könnte. Deshalb haben wir es auch im Weltmaßstab nicht mehr mit Formierungs-, sondern nur noch mit Zersetzungsprozessen zu tun. Und deshalb gibt es auch keine Alternative in der weltgesellschaftlichen Formierung mehr, bei der sich die Potenz des Kapitalismus zur Barbarei isolieren und auf ein bestimmtes Paradigma einer bestimmten Macht oder eines bestimmten Imperiums eingrenzen ließe, das dann niederzuringen wäre. Es handelt sich nicht mehr um einen Krebs im Frühstadium, der noch weggeschnitten werden könnte, sondern der globale Körper der kapitalistischen Weltgesellschaft ist schon durch und durch von den Metastasen der barbarischen Zersetzung durchseucht und vergiftet. Bestimmte Momente des kapitalistischen Todestriebs und der modernen Barbarei, die bei den Nazis bereits in einer spezifischen, national gebundenen Form manifest wurden, erscheinen nun global in neuer Zusammensetzung und frei flottierend.

Die Barbarei kann jetzt einzig und allein zusammen mit dem Kapitalismus als solchem bekämpft werden, also durch die Überwindung des modernen warenproduzierenden Weltsystems, seiner kategorialen Bestimmungen und der dazugehörigen ideologischen Muster. Niemals mehr kann ein „guter" Kapitalismus gegen einen „bösen" Kapitalismus ins Feld geführt werden, erst recht nicht ideologisch überhöht die „Zivilisation" (die der Kapitalismus im positiven Sinne nie war) gegen eine als nichtkapitalistisch halluzinierte Barbarei, die in Wirklichkeit die Erscheinungs- und Krisenform der kapitalistischen Vergesellschaftung selbst ist. Das galt schon für die Nazis in einer noch isolierbaren Gestalt, und das gilt jetzt für das verwesende und weltverpestende planetarische System im Ganzen. Was an sich schon logisch eine Absurdität ist, nämlich den Kapitalismus immer erst einmal „retten" zu wollen, bevor man ihn abschaffen kann, ist jetzt auch historisch-empirisch absurd geworden.

Die „antideutschen" Linksradikalen, die mit der Halluzination einer Anti-Hitler-Koalition gegen einen „islamischen Faschismus" hausieren gehen, haben damit nicht nur aufgehört, „antideutsch" zu sein, sondern sie müssen auch aufhören, linksradikal zu denken, um stattdessen die Kapitalismuskritik überhaupt als bloße Ablenkung vom angeblichen Hauptfeind „Islam" und als angeblich bereits ihrem Begriff nach „antisemitisch" zu denunzieren. Praktisch gibt es für dieses Bewusstsein nur noch eine Möglichkeit: nämlich die bedingungslose Parteinahme für den real existierenden Weltkapitalismus in seiner akuten Verwesungsgestalt, während die ehemalige, ohnehin nie ernst gemeinte Kritik nun endgültig in den Status eines eskapistischen Ornaments gerät („Wir kämpfen bedingungslos für den Kapitalismus, gerade weil wir die raffiniertesten Kapitalismuskritiker sind").

Auch wenn das Konstrukt eines „islamischen Faschismus" nicht der genauen Sprachregelung des demokratischen Gesamtimperialismus entspricht, so liegt es doch völlig auf der Linie der ideologischen Konfliktdefinition sämtlicher demokratischimperialen westlichen Scharfmacher. Dementsprechend ist das Weltbild der ehemaligen „Gesellschaftskritiker" auf einen ordinären und unglaublich primitiven antiarabischen und antimoslemischen Rassismus heruntergekommen; und zwar in einer Art und Weise, vor der bislang selbst die westlichen Hardcore-Ideologen zurückschrecken.

Besonders widerlich dabei ist die Instrumentalisierung Israels (und in der historischen Perspektive des Holocaust) für diese selber schon barbarische Interpretation der kapitalistischen Krisenwelt; auch dies ein bloßes Überbleibsel der ursprünglichen anachronistisch-halluzinatorischen Projektion. Es geht dabei nicht um Israel und das Schicksal der Juden, sondern einzig und allein um die Legitimation der eigenen grotesken Weltsicht und der eigenen Konversion zum demokratischen „ideellen Gesamtimperialismus". Deshalb verklären die Schreibtischtäter im Dunstkreis der ehemals „antideutschen" und nunmehr „antimoslemischen" selbsternannten Gralsritter kapitalistischer Anti-Zivilisation ausgerechnet die rassistischen und theokratischen Ultras der israelischen Gesellschaft zu Helden des Vorkampfes gegen Antisemitismus und Barbarei.

Diese Instrumentalisierung ist derart schamlos, dass das gesamte säkulare Israel und insbesondere die israelische Linke, die sich im Überlebenskampf nicht nur gegen die palästinensische, sondern auch gegen die Barbarei im eigenen Land befinden, auf übelste Art und Weise als eine Art fünfte Kolonne des „islamischen Faschismus" denunziert und abgekanzelt werden. Bei jeder sich bietenden Gelegenheit fallen diese Kreuzzugs-Deutschen mit immer noch „linker" Maske über die israelische Linke und überhaupt jede säkulare israelische Opposition her. Als etwa 149 israelische Wissenschaftler im britischen Guardian einen offenen Brief veröffentlichten, in dem sie die Politik der Ultra-Regierung von Scharon scharf kritisierten, kam prompt die Parteinahme für die israelischen Rechtsradikalen seitens der anachronistischen Anti-Hitler-Koalitions-Ideologen: „Zu Recht... können jene Rechten in Israel, die gemeint waren, erwidern, dass die innerisraelische Opposition nur all denen in Europa in die Hände spielt, die auf nichts so sehnlich warten, wie darauf, dass die Juden sich so benehmen, wie es die Antisemiten sich seit jeher in ihrer Phantasie ausmalen" (v. der Osten-Sacken 2002). Mit anderen Worten: Die israelische Opposition wird selber dem „Antisemitismus" zugerechnet; sie soll gefälligst das Maul halten, weil sie nicht ins anachronistische Weltbild deutscher Weltordnungskrieger paßt. Diese bodenlose Frechheit, Israel (und überhaupt die weltgesellschaftliche Realität) den selbstlegitimatorischen Bedürfnissen von deutschen Ex-Linken unterzuordnen, sucht ihresgleichen. Es handelt sich bei alledem um eine verschwindende Marginalie im weltkapitalistischen Krisenprozess. Der demokratische Gesamtimperialismus bedarf der delirierenden ex-linken Hetzpropagandisten gar nicht. Die Engführung auf das anachronistische Muster des Zweiten Weltkriegs ist ein Auslaufmodell, auch wenn ein Rest dieses Musters in Form eines abstraktifizierten moralischen Anspruchs übrig bleibt, weil der Drang zur anachronistischen Interpretation nicht völlig verschwinden kann. Die Huntingtonsche kulturalistische Konfliktdefinition gegen „den Islam" hat sich vom „antifaschistischen" legitimatorischen Paradigma ansatzweise schon gelöst, das nur in der völlig unbedeutenden Interpretation der ehemals „antideutschen" Nostalgiker noch scheinbar völlig ungebrochen spukt.

Von Interesse für eine kritische Analyse ist dieser Spuk allein aus einem Grunde: Er wirft nämlich ein verräterisches Licht auf die Befangenheit der gesamten bisherigen Linken in den Kategorien der bürgerlichen Moderne. Die Linke war es gewohnt, immer nur den jeweils nächsten kapitalistischen Modernisierungsschub als Avantgarde zu besetzen. An den historischen Grenzen der kapitalistischen Entwicklung kann sie nur noch an sich selber irre werden, wenn sie diese eigene Befangenheit in der kapitalistischen Form, das heißt insbesondere der bürgerlichen Subjektform, nicht durch Erweiterung der Kritik zu überwinden vermag. Sie kann dann nur noch versuchen, die Momente des barbarischen Zerfallsprozesses positiv zu besetzen.

Eine Version dieses zum Scheitern verurteilten Versuchs besteht darin, im halluzinatorischen Anschluss an das alte antiimperialistische Paradigma („Immer wieder Erster Weltkrieg") die Tendenzen der ethnischen und pseudo-religiösen Barbarisierung positiv in irgendwie emanzipatorische Impulse umzudeuten, wie es etwa Hardt/ Negri mit ihrer in sich widersprüchlichen Argumentation zum Abgewöhnen vorführen. Die andere Version, wie sie im Anschluss an das alte antifaschistische Paradigma („Immer wieder Zweiter Weltkrieg") bei den ex-"antideutschen" ideologischen Phantasten dazu geführt hat, sich dem demokratischen Gesamtimperialismus an den Hals zu werfen, ist ebenso zum Scheitern verurteilt. Es handelt sich dabei um die bloß abstrakte Umkehrung des kruden national-"völkischen" Antiimperialismus, ohne das gemeinsame Bezugssystem beider ideologischer Muster zu durchbrechen.

Verräterisch ist auch, dass sich rechte und liberale wie ex-linke Kriegsideologen des demokratischen Gesamtimperialismus nicht damit begnügen, ihre Legitimation aus einer bestimmten (und sei es noch so irreal interpretierten) aktuellen Weltkonstellation herzuleiten, sondern sich vielmehr allesamt auf den Gesamtzusammenhang der kapitalistischen Modernisierungsgeschichte, auf die „westlichen Werte" und die philosophische Grundlegung der Moderne in der Aufklärung berufen und zurückbeziehen. Vergessen ist alle „Dialektik der Aufklärung", alle Kritik am „Eurozentrismus", alle Reflexion über den ideologischen Charakter der bürgerlichen „Ideale", alle Anklage gegen die destruktive Potenz der kapitalistischen Produktionsweise.

In dieser intellektuellen „Vergesslichkeit" deutet sich der Tiefgang des Krisenprozesses an: Die Aufklärungsideologie und ihr eigentlich längst durchschauter Werte-Kanon wird zur letzten Rückzugsposition und gleichzeitig zur militanten Hass- und Rachepredigt der kapitalistischen Moderne an ihrem unseligen definitiven Ende gegen ihre eigenen Zerfallsprodukte. Die Flucht in die Vergangenheit, die anachronistische Interpretation der Weltsituation bleibt nicht auf das Muster der Weltkriegsepoche beschränkt; sie geht ideologisch noch viel weiter zurück bis zur Konstitutions-Epoche der kapitalistischen Subjektform, bis zum gemeinsamen Urgrund aller affirmativen modernen Theorien und Ideologien im 18. Jahrhundert.

Zwar ist der größere Teil der Restlinken nach dem 11. September nicht psychotisch heulend zum demokratischen Gesamtimperialismus übergelaufen wie jenes Häuflein von Phantasmatikern einer ewig neuen Anti-Hitler-Koalition. Aber wenn eine Linke, die sich die radikale Kritik nicht austreiben lassen will, eine derart erschreckende Regression nicht bloß abwehren, sondern auch begreifen soll, um die darin erscheinende Befangenheit in den kapitalistischen Formen zu überwinden, – dann muss sie sich auch von ihrem eigenen Muster eines anachronistischen Antiimperialismus und verkürzten Antikapitalismus befreien, um bis zur emanzipatorischen Kritik von bürgerlicher Subjektform, Aufklärungsideologie und „westlichen Werten" zu gelangen; also zur Kritik von Denk- und Handlungsformen, in denen der traditionelle Antiimperialismus mit seinen Palästina-Fähnchen ebenso stecken geblieben ist wie der jüngste ideologische Mob des aufgeklärten demokratischen Weltzerstörungsprogramms, der grölend das Sternenbanner schwenkt.

VOM WELTORDNUNGSKRIEG ZUM ATOMAREN AMOKLAUF?

Der „Sieg" der USA und der demokratischen Weltpolizei in Afghanistan war in Wirklichkeit ein Fehlschlag. Von Osama bin Laden fehlt jede Spur, und selbst wenn er gefunden oder sein Tod bewiesen würde, bliebe Al Kaida in nicht geringerem Maße als zuvor ein ungreifbares Phantom. Selbst das scheinbar leichter fassbare Phänomen der Taliban hat sich im Unergründlichen verloren; die wichtigsten Führer sind verschwunden (falls sie überhaupt so wichtig waren), und die Gefangenen von Guantanamo sind nur zweitrangige Figuren oder haben sich sogar peinlicherweise als völlig unwissende, zum Dienst bei den Taliban gepresste Bauernsöhne oder Flüchtlingskinder herausgestellt.

Auch mit Hilfe des praktisch auf Kabul beschränkten Karzai-Regimes können die USA nicht hoffen, auch nur dem Anschein nach eine Kontrolle über die völlig undurchsichtigen Verhältnisse in den riesigen Hochgebirgsregionen auszuüben; das gilt im übrigen auch für Pakistan, dessen Regierung ebenfalls keine Kontrolle über die Paschtunen in den großen, unzugänglichen Grenzregionen ausübt. In Wahrheit ist das Gesamtresultat der Afghanistan-Expedition frustrierend und kann keinesfalls als Genugtuung für die Schläge gelten, die Al Kaida den USA versetzt hat. Ähnlich frustrierend entwickelt sich insgesamt der großspurig angekündigte „Krieg gegen den Terrorismus". Soweit es überhaupt Resultate gegeben hat, sind sie eher kläglich zu nennen. Einige Verhaftungen meistens zweifelhafter Art können ebensowenig als „Sieg" über das Phantom-Netzwerk gelten wie die Sperrung einiger Konten und ähnliche Aktivitäten, die eher Hilflosigkeit erkennen lassen. Die USA haben sich zwar das Recht herausgenommen, in jedem beliebigen Staat ohne Einwilligung oder auch nur Wissen der jeweiligen Regierung militärische und polizeiliche Operationen vorzunehmen; aber jetzt stellt sich immer deutlicher heraus, dass sie weder wissen, was sie überhaupt unternehmen sollen, noch gegen wen. Dass die Geheimdienste der letzten Weltmacht, in der kaum jemand Fremdsprachen beherrscht und dessen Präsident nicht einmal die Namen seiner Feinde und ihrer Länder richtig aussprechen kann, alles andere als effektiv und zuverlässig arbeiten, haben sie schon in der Vergangenheit zur Genüge bewiesen.

Es sind aber nicht nur vordergründige Faktoren dieser Art, die vermuten lassen, dass der „Krieg gegen den Terrorismus" ins Leere geht. Vielmehr ist es die Natur dieser Feindschaft selbst, die das Unternehmen zur aussichtslosen Sache zu machen droht; nämlich eben die Inkompatibilität der Gegner, die nicht auf derselben Ebene kämpfen. Ein Panzernashorn mag noch so furchterregend sein, es kann nicht gegen seine eigenen Darmviren kämpfen und „gewinnen". Das Problem ist und bleibt, dass sich der Militärapparat wie die globale Notstandspolitik der USA und des ganzen „ideellen Gesamtimperialismus" auf das territoriale System der Souveränität bezieht, das sich unter den Augen und mit unfreiwilliger Mithilfe der demokratisch-kapitalistischen Apparate aufzulösen beginnt.

Die Rückkehr zum Paradigma der „Schurkenstaaten"

Das Dilemma des weltimperialen Ausnahmezustands und seiner Akteure verschärft sich fast schon von Monat zu Monat: Einerseits hat der weltdemokratische Sicherheits- und Ausgrenzungsimperialismus mit der kulturalistischen Feinddefinition des „Islam" und mit dem postulierten „Krieg gegen den Terrorismus" selber ein postsouveränes, postterritoriales und postpolitisches Paradigma angenommen; nicht aus freien Stücken, sondern unter dem Druck der Weltkrise und ihrer Ereignisse. Andererseits sind aber sein geistiger Horizont, seine institutionelle Ausrichtung und vor allem auch seine Machtmittel vollkommen auf die Welt von Souveränität, Territorialität und Politik beschränkt.

Eine entgegengesetzte Ausrichtung, die dem wirklichen Zerfallsprozess dieses Bezugssystems Rechnung trüge, könnte diesen Prozess nur beschleunigen. Mehr noch: Die imperialen Apparate müssten ihre eigene Natur verleugnen und geradezu aufgeben, um dem Gegner überhaupt real begegnen und ihn in Reichweite bringen zu können; was allerdings nur hieße, dass sie nicht nur aufhören müssten, sie selber zu sein, sondern sich auch ihrer nur scheinbar (auf einer anderen Ebene) überlegenen Machtmittel zu begeben hätten. Außerdem könnten sie dann nicht einmal mehr ihrer eigentlichen Intention folgen, nämlich die bestehende kapitalistische Weltordnung gegen „Störungen" zu verteidigen, sondern sie müssten deren Zerfall selber mittragen; mehr noch, als sie dies ohnehin bisher schon unfreiwillig tun.

Da ihre ganze Zwecksetzung darin besteht, keine andere Ordnung auf dem Planeten zu dulden, andererseits die von ihnen bekämpften Krisengespenster dieses Systems auch ihrerseits nicht den Keim einer anderen Ordnung in sich tragen, sondern nichts als dessen eigene Barbarisierungsprodukte sind, dreht sich der ganze „Krieg" eigentlich nur darum, dass das planetarisch herrschende System weder leben noch sterben kann. Es kann nicht mehr leben, weil seine globale Selbstzweck-Substanz der abstrakten Arbeit objektiv verfällt. Und es kann nicht sterben, weil die Form dieser

Substanz, die nunmehr entleerte Subjektform der Moderne, die sich nicht mehr ausreichend in den realen Verwertungsprozess „entäußern" kann, nicht von selbst verschwindet, sondern nur bewusst überwunden werden kann; und weil diese Leistung von den Individuen und Institutionen verweigert wird, die sich gespenstisch weiter in der entsubstantialisierten Form bewegen wollen. Alle Optionen können so nur noch in die Absurdität führen.

Deshalb bleibt der Drang zur anachronistischen Rückwendung bestehen, selbst wenn die unmittelbaren Bezüge auf die Weltkriegsepoche allmählich verblassen. Aber „das Böse", die dingfest zu machenden Generalschurken, müssen irgendwie in das alte staatlich-politische Schema zurückgebannt werden, um sich überhaupt noch einen zugriffsfähigen Operationsraum imaginieren zu können.

Die neuerliche Rückwendung der USA vom „Krieg" gegen bin Laden, Al Kaida und den Terrorismus auf einen Angriff gegen den Irak und dessen Diktator Saddam Hussein ist in diesem Zusammenhang zu sehen. Nach dem 11. September hatte es zunächst so geschienen, als würde das Paradigma der „Schurkenstaaten" allmählich fallengelassen. In etlichen Kommentaren war sogar davon die Rede, dass in die neue Anti-Terror-Kampagne möglicherweise einige der bisherigen „Schurkenstaaten" einbezogen werden könnten; insbesondere wurde dabei der einstige islamistische Hauptfeind Iran genannt. Es gab offenbar auch Signale seitens des Iran, des Irak und anderer islamischer Länder, eine gewisse Kooperation in dieser Hinsicht anzuvisieren. Diese mögliche Option lässt sich leicht daraus erklären, dass es sich hier ja ungeachtet der jeweiligen ideologischen Ausrichtung zumindest der Form nach immer noch um moderne Staatsgebilde handelt, die ihrerseits ein gewisses Interesse an der Erhaltung der Souveränität zeigen und den postsouveränen Mächten vom Typus Al Kaida feindlich gegenüberstehen müssen.

Aber diese Option konnte seitens der USA letzten Endes doch nicht angenommen werden. Das faktische Desaster der Kampagne gegen bin Laden und Al Kaida, der Mangel an spektakulären Erfolgsmeldungen, die völlig verfahrene Situation in Afghanistan und überhaupt in allen Krisen- und Zusammenbruchsregionen, die seitherigen neuerlichen Terroranschläge und das Problem der generellen Unübersichtlichkeit von Terrorlandschaften und globaler Barbarisierung zwangen geradezu eine „Flucht nach vorn" herbei, die schlicht in der Rückkehr zum vermeintlich übersichtlichen Paradigma der „Schurkenstaaten" besteht. Der demokratische Gesamtimperialismus und insbesondere die Regierung der letzten Weltmacht brauchen einen spektakulären Großerfolg im Weltordnungskrieg, um demonstrieren zu können, dass sie immer noch „Herr im Haus" sind. Diese Demonstration der Stärke und des globalen Herrschaftswillens ist aber nur möglich auf der anachronistischen Ebene des territorialen Clausewitzschen Krieges, auf der man sich ja unschlagbar weiß.

Der Irak bietet sich natürlich für das „Statuieren des Exempels" insofern an, als hier die Feinddefinition schon seit dem Golfkrieg Anfang der 90er Jahre aufgerüstet worden ist und damit nicht erst neu begonnen werden muss. In der Folge wären weitere Präventivschläge gegen die von Präsident Bush jun. genannten Länder einer sogenannten „Achse des Bösen", also gegen den Iran, vielleicht Nordkorea, möglicherweise einige afrikanische Länder (Somalia wurde wieder einmal in die engere Wahl der Kandidaten gezogen) denkbar, also eine sich länger hinziehende Serie von Interventionen, in denen die gegen Restjugoslawien begonnene Missachtung des Völkerrechts zur Gewohnheit werden und die Welt darauf eingestimmt werden könnte, dass immer größere „Kollateralschäden" anfallen bis zur Vernichtung ganzer Bevölkerungsgruppen; mit dem Ziel, einen globalen Einschüchterungseffekt zu erzielen, die allgemeine Gefügigkeit in der sich zersetzenden Staatenwelt zu erhöhen und sich selbst die unverminderte Zugriffsfähigkeit zu beweisen, also die Frustrationserlebnisse seit dem 11. September triumphalistisch zu überspielen.

Die Legitimationsversuche für einen Angriff auf den Irak sind die unglaubwürdigsten von allen bisherigen Weltordnungskriegen. Dass das ökonomisch und in seinen militärischen Potentialen völlig ausgelaugte Saddam-Regime eine „Gefahr für die Welt" darstelle, ist eine an den Haaren herbeigezogene Behauptung und in doppelter Weise unwahr.

Denn erstens gilt die Vermutung, dass chemische oder biologische Waffen und Massenvernichtungsmittel entwickelt werden, für einen Großteil der Staatenwelt; und nicht zuletzt die USA selber verweigern in dieser Hinsicht jede Kontrolle, stornieren nach Belieben internationale Abkommen und kümmern sich nicht um einschlägige Projekte bei ihren eigenen Diktatorenfreunden. Zweitens sind sämtliche militärischen Optionen und Projekte der Saddam-Diktatur durch das Embargo, die Flugverbotszonen, die ständigen Bombardierungen, die jahrelangen Kontrollen der Waffeninspektoren und die in diesem Zusammenhang vollzogene Zerstörung von Waffensystemen und Kampfstoffen (trotz der Sabotage durch das Regime) derart heruntergefahren, dass der irakische Militärapparat längst zu jeglicher ernsthaften strategischen Operation nach außen unfähig ist.

Dazu war diese zweit- oder drittklassige Militärmacht schon vorher kaum in der Lage, denn die kurzzeitige Besetzung des militärisch praktisch nicht existenten Emirats Kuwait kann nicht als eine derartige Operation gewertet werden; und im Krieg gegen das noch viel primitiver ausgerüstete iranische Mullah-Regime hatte die Saddam-Armee in den 80er Jahren trotz großzügiger westlicher Unterstützung auf der ganzen Linie versagt. Dass jetzt das Wrack dieser Armee über die arabischen Nachbarn oder gar Israel herfallen, ja überhaupt eine „Weltbedrohung" darstellen könnte, ist einfach lächerlich. Sogar die ehemaligen Waffeninspektoren, die erklärtermaßen im Dienst der USA standen, haben diese Behauptung der Bush-Regierung energisch zurückgewiesen.

Was Saddam beim Angriff der US-Militärmaschine allenfalls noch übrig bliebe, wäre eine letzte Verzweiflungsaktion; vermutlich mit ein paar übrig gebliebenen Raketen und Kampfstoffen eine Attacke gegen Israel, die einen gewissen Schaden anrichten (und, was schlimm genug wäre, eine größere Zahl von Menschen töten oder verletzen), aber keinen strategischen Schlag landen könnte. Bei einem Angriff mit Bodentruppen auf Bagdad, um den Diktator und seine Kamarilla physisch auszuschalten oder gefangenzusetzen, müssten die USA allerdings einige Verluste in Kauf nehmen, vor allem bei einem zähen Häuserkampf. Zu befürchten ist, dass die US-Militärs zwecks Minimierung eigener Verluste in einem solchen Fall den Vormarsch ihrer Bodentruppen durch ein rücksichtsloses Bombardement auf die Millionenstadt vorbereiten, Massenopfer der Zivilbevölkerung und chaotische Flüchtlingsströme in Kauf nehmen würden. Dass der demokratische weltpolizeiliche Gesamtimperialismus zum Massenmord im Prinzip bereit ist, hat er schon mit den „Kollateralschäden" der bisherigen Weltordnungskriege bewiesen.

Vielleicht kommt es allerdings nicht einmal zu einer ernsthaften Gegenwehr. Es könnte sein, dass die marode irakische Armee sofort zusammenbricht und kapituliert oder sich einfach auflöst. Nachdem die USA bereits ganz offen zum Mord am irakischen Staatschef ermuntert haben, ist auch dieses Ende nicht unwahrscheinlich. Der äußerlich unendlich überlegenen Weltmacht wird sich ohnehin ein erheblicher Teil des irakischen Apparats schnell andienen. Gefährlich und nicht zu gewinnen wäre einzig ein systematischer Guerillakrieg gegen die US-Besatzungsmacht, den jedoch zumindest im Namen des Saddam-Regimes niemand führen wird. Es ist ganz und gar unwahrscheinlich, dass es irgendeine Kraft im Irak gibt, die Lust hätte, für diese korrupte und barbarische Clan-Diktatur den Kopf hinzuhalten.

Auf der Ebene der Clausewitzschen Kriegführung ist also wenn nicht ein militärischer Spaziergang, so doch eine relativ schnelle Entscheidung höchstens binnen weniger Wochen sicher. Als territoriale und souveräne Macht, gestützt auf eine klassische Armee, hat das Saddam-Regime nicht die geringste Chance. Und in diesem Sinne können noch weitere „Kriege" dieser Art problemlos „gewonnen" werden. Deshalb hat ja die Bush-Administration das strategische Vorgehen auf die Ebene der leicht besiegbaren „Schurkenstaaten" zurückgefahren, um äußerliche Erfolgserlebnisse vorführen zu können.

Aber genau in dieser Hinsicht wird auch die ganze Irrationalität der Vorgehensweise deutlich. Je mehr Staaten oder poststaatliche Territorien die USA militärisch überrollen, desto prekärer wird ihre Situation als letzte Weltmacht. Wenn die Masse der getöteten und in die Flucht getriebenen Bevölkerungen in einem immer krasseren Missverhältnis zu den damit erreichbaren Resultaten, ja überhaupt noch politisch formulierbaren Zielen steht, wird die moralische Legitimation der USA weltweit zusammenbrechen, selbst wenn die demokratische Medienmeute im Sinne der Macht heult. Es lässt sich nicht auf Dauer verleugnen: USA und NATO können diese Territorien und ihre Bevölkerungsmassen letztlich nicht befrieden, und je mehr es werden, umso weniger.

Bereits im Irak wird es äußerst schwierig, auch nur eine Kreatur vom Schlage eines Djindjic oder eines Karzai aufzubauen. Die sogenannte irakische Opposition, die jetzt von der US-Regierung mühsam gepäppelt wird, besteht im Unterschied etwa zu Serbien oder Afghanistan zumindest im Zentralirak nicht aus relevanten inneren Kräften, sondern bloß aus obskuren Exilgruppen ohne jede Basis im Lande, von denen im übrigen die Hälfte schon wieder das ominöse Adjektiv „islamisch" im Namen trägt. Wenn daraus überhaupt irgendetwas wird, dann die nächste Monsterzucht.

Im Irak könnte wahrscheinlich nicht einmal die Farce einer „Demokratisierung" usw. hochgezogen werden. Es gibt keinerlei kohärentes Konzept für eine Regierungsbildung nach dem „Krieg". Die 1996 vom MIT favorisierte Aufspaltung in „Ethno-Zoos" unter US-Kontrolle, also die jetzt schon indirekt durch die Flugverbotszonen vorbereitete Etablierung eines autonomen Kurdengebiets oder gar eines unabhängigen Kurdenstaats im Norden, eines von schiitischen Clans beherrschten Gebiets im Süden und eines Rest-Irak unter der Herrschaft irgendeiner der jetzigen Exil-Figuren, würde auf eine völlig instabile neue Gesamt-Unsicherheitszone mit Dauerkriegen hinauslaufen. Schon gibt es Bestrebungen des Iran, mit den Schiiten im Süden zusammenzugehen; und schon ist klar, dass die MIT-Strategie einen krassen Affront gegen das strategisch wichtige westliche Lieblings-Folterregime der Türkei impliziert, deren Regierung bereits signalisiert hat, „unter keinen Umständen" ein irgendwie autonomes „Kurdistan" im Nordirak hinnehmen zu wollen. Und dass ein zentralirakisches Regime welcher Art auch immer die jetzt noch von Saddam kontrollierte Erdölregion um Kirkuk den Kurden überlassen könnte, ist äußerst unwahrscheinlich.

Es war die Einsicht in die Unausweichlichkeit solcher Folgeprozesse von weiterer Destabilisierung und endlosen Sekundärkriegen mit verheerender Ausstrahlung auf die ohnehin brisante gesamte Nahostregion, die Anfang der 90er Jahre die Regierung von Präsident Bush sen. dazu veranlasste, nach der Vertreibung Saddams aus Kuwait den Angriff auf Bagdad selbst zu unterlassen. Zu groß schien die Gefahr, in eine endlose Dauer-Intervention mit eskalierenden Wirkungen verwickelt zu werden. Dass die Falken-Kamarilla um Präsident Bush jun. nun diese Überlegungen ignoriert und die „Flucht nach vorn" um jeden Preis antreten will, macht deutlich, in welchem Maße die Widersprüche des demokratischen Weltordnungs-Konzepts und die Irrationalität der kapitalistischen Herrschaft binnen eines Jahrzehnts von Weltordnungskriegen nach dem Epochenbruch herangereift sind.

Die Krise der Finanzmärkte und der „Traum vom Öldorado"

Die Triebkraft für eine irrationale „Flucht nach vorn" ist allerdings nicht allein die Frustration im „Krieg gegen den Terrorismus", sondern mehr noch die fortschreitende ökonomische Krise im Westen selbst. Die Voodoo-Ökonomie des Finanzblasen-Kapitalismus der 90er Jahre befindet sich im Zusammenbruch und könnte nur noch durch ein Wunder gerettet werden. Das totale Desaster der New Economy und der rapide Absturz der Finanzmärkte seit dem Frühjahr 2000 schlägt zeitversetzt auf die globale Realökonomie über. Das Zentrum dieser Krise befindet sich in den USA, deren Finanzblasen-Ökonomie in den 90er Jahren mit phantastischen Import-Überschüssen die gesamte Weltwirtschaft als Lokomotive gezogen hatte. Das unausweichliche Ende dieser luftigen Prosperitätsära des „fiktiven Kapitals" droht nicht nur die völlig überschuldete US-Ökonomie in den Abgrund zu reißen und eine Weltwirtschaftskrise ungeahnten Ausmaßes auszulösen, sondern in der weiteren Perspektive auch die Finanzierungsfähigkeit der US-Militärmaschine in Frage zu stellen und das Ende der Welthegemonie herbeizuführen.

Der überfällige Absturz der letzten Weltmacht ist also in den Bereich des akut Möglichen gerückt. Wie zu erwarten war, sind es die inneren Widersprüche der zum Weltsystem ausgereiften kapitalistischen Form selbst, die diesen Absturz herbeiführen. Für die Repräsentanten des demokratischen „ideellen Gesamtimperialismus" und ihre Ideologen ist dieser Zusammenhang zwar nicht rational begreifbar, eben weil ihnen jegliches begriffliche Instrumentarium dafür fehlt; aber es ist der Instinkt der Macht, der die Gefahr wittert, und es sind die empirischen Erscheinungen, die eine eminente Bedrohung signalisieren. Der offizielle ökonomische Berufsoptimismus ist kläglich und kleinlaut geworden, während gleichzeitig die Zersetzung des politischen Systems fortschreitet und die durchschlagenden Erfolge im „Kampf" gegen die Krisengespenster ausbleiben. Die „Flucht nach vorn" in präventive militärische Großinterventionen bekommt so durch die drohende ökonomische Weltkrise einen zusätzlichen Schub: Ein „Wunder" muss her, um jeden Preis.

Vordergründig müsste dieses Wunder natürlich darin bestehen, das Platzen der Finanzblasen gewissermaßen rückgängig zu machen und die fiktive Wertsteigerung vor allem der Börsenkurse wieder in die scheinbar unaufhaltsame und immerwährende Aufwärtsbewegung der 90er Jahre zurückzuzwingen, aus der sich dann abermals sekundär Investitionen und Konsum ohne reale Grundlage nähren könnten. Eine solche unwahrscheinliche Umkehr des finanzkapitalistischen Krisenprozesses scheint möglich, wenn man die bekannte Ideologie der neueren Volkswirtschaftslehre zugrunde legt, dass Ökonomie angeblich „zu 90 Prozent aus Psychologie" bestehe und nicht aus objektivierten Prozessen. So haltlos diese Idee grundsätzlich ist, ebenso richtig ist es, dass gerade der seismographische Charakter der Börse sich durch subjektive Reaktionen der „Marktteilnehmer" manifestiert; und zumindest kurzfristig kann deshalb das „psychologische" Moment die Anzeige gegenläufig zum objektiven Prozess ausschlagen lassen. Das Kalkül in diesem Sinne bestünde darin, dass die Börsen nach einem oberflächlichen Clausewitzschen „Sieg" gegen den Saddam-Irak die Sektkorken knallen lassen und damit den Startschuss für einen neuen Finanzblasen-Boom geben könnten.

Natürlich ist auch der US-Regierung, den Wirtschaftsauguren und der gesamten Expertokratie klar, dass die bloße Siegeseuphorie nach einem erfolgreichen Präventivschlag (wenn sie denn überhaupt zustande käme) allein keinen neuen Börsenboom über längere Zeit hinweg tragen könnte. Auch schon in der vergangenen Finanzblasen-Ära war dieses Kunststück nur dadurch möglich, dass immer wieder neue innerökonomische oder technologische Träger für eine kommende „lange Welle" der Realakkumulation ausgerufen wurden, die den Börsenboom als bloße Vorwegnahme einer nachfolgenden realökonomischen Wachstumsära auf verschiedenen Ebenen rechtfertigen sollten. Ob es die Hoffnung auf einen neuen „tertiären" Kapitalismus der sogenannten Humandienstleistungen war, auf einen säkularen Schub durch die Kapitalisierung und Kommerzialisierung des Internet oder auf eine postfordistische Investitions- und Konsumära der Telekom-Industrie mittels UMTS usw.: jede dieser Optionen hat sich als Flop erwiesen. Diese Art der Scheinprognose zwecks Anheizen der Blasenbildung von „fiktivem Kapital" ist zum Auslaufmodell geworden. Was aber nicht mehr als innere, akkumulationsträchtige Erneuerung kapitalistischer Expansion („schöpferische Zerstörung" im Schumpeterschen Jargon der VWL) funktioniert hat, soll nun als äußerer, durch Krieg und rein destruktive militärische Zerstörung induzierter Anschub der Kapitalverwertung auf den Weg gebracht werden.

Es geht dabei nicht um ein langfristig tragfähiges Konjunkturprogramm qua Aufrüstung, denn in einem dafür erforderlichen Ausmaß wäre diese angesichts der aufakkumulierten Schulden weder finanzierbar noch technisch und mittels gesellschaftlicher Mobilisierung aller Ressourcen auch nur im geringsten notwendig; dafür ist das Saddam-Regime ein zu kleiner Fisch. Es geht aber auch nicht um eine Wiederaufbau-Konjunktur, denn die Reparatur der im Irak angerichteten Zerstörungen wird niemand bezahlen und natürlich wird es im Westen selbst keinerlei Kriegsschäden von ökonomischer Relevanz geben; selbst die Wirkung der größten Terroranschläge liegt mehr auf der psychologisch-symbolischen Ebene und kann natürlich nicht mit den Zerstörungen des Zweiten Weltkriegs im Sinne der womöglich nachfolgenden Konjunktur eines „Wiederaufbaus" verglichen werden (die im übrigen allein viel zu schwach gewesen wäre, um ein „Wirtschaftswunder" zu gebären; dafür war die innere Expansion des Kapitals in Gestalt der neuen fordistischen Industrien notwendig).

Worum es beim ökonomischen und krisenpolitischen Aspekt der „Flucht nach vorn" in den neuerlichen „Krieg" gegen den Irak geht, das ist in der Tat ein auf die energetische Basis des Erdöls bezogenes Kalkül. Die Debatte darüber wird in den USA ganz offen geführt, während dieser Aspekt in Europa bisher nur von einem gewissen energiepolitischen Diskurs aufgegriffen worden ist. Dabei liegt das zentrale Interesse offen auf der Hand: „Der amerikanische Präsident hat keine betriebswirtschaftlichen Interessen. Er will den steten Fluss des schwarzen Goldes sichern – und zwar durch die Erschließung neuer Bezugsquellen und durch die Schwächung der Organisation Erdölexportierender Staaten (Opec)" (Krönig/Vorholz 2002).

Es geht also nicht um nationalimperiale Interessen der USA, sondern um eine generelle drastische Verbilligung des Öls und seinen reichlichen Fluss in zusätzlichen Größenordnungen. Dieses Kalkül ist für die USA sowohl von langfristigem strategischen als auch von kurzfristigem krisenpolitischen Interesse, wobei der Irak nicht zufällig in den Mittelpunkt gerückt ist: „Befreit von politischen Fesseln und mit einer modernisierten Öl-Infrastruktur könnte der Irak… schon binnen fünf Jahren zu einem major player auf dem Ölmarkt werden. Diese Vision fasziniert die Energiestrategen in Washington. Zwar haben die Vereinigten Staaten seit Beginn des Ölzeitalters so viel Öl gefördert wie keine andere Nation. Und nach wie vor sind sie der zweitgrößte Produzent der Welt. Aber die heimischen Ölvorräte neigen sich dem Ende zu, während der Öldurst der Amerikaner weiter wächst. Effekt: Die USA werden zunehmend von Ölimporten abhängig. ‚Eine Bedrohung der nationalen Sicherheit' nennt das eine Expertenkommission des US-Handelsministeriums. Die US-Ölproduktion sinkt bereits seit 1970. Beim gegenwärtigen Fördervolumen werden die Vorräte in weniger als elf Jahren erschöpft sein. Noch geringer ist die so genannte Reichweite des Nordseeöls. Und die in den neunziger Jahren gehegten Hoffnungen auf schier unendlichen Ölreichtum in der Region am Kaspischen Meer haben sich inzwischen als übertrieben erwiesen. Das Potenzial an Kohlenwasserstoffen in Kasachstan, Aserbajdschan, Turkmenistan sowie den ans kaspische Meer angrenzenden Regionen Russlands und Irans sei wohl eher mit dem der Nordsee als mit dem des Nahen Ostens zu vergleichen, heißt es in einer Analyse des US-Energieministeriums… Ein befreiter Irak, so hofft Washington, wird sich nicht zwangsläufig dem Quotensystem der Opec unterwerfen… Ein befreiter Irak… könnte ein wahres Öldorado werden… Sämtliche Experten geraten geradezu ins Schwärmen, wenn sie vom irakischen Potenzial sprechen. Die Produktionsbedingungen gelten als ideal. Nirgendwo sonst lässt sich Rohöl billiger aus dem Boden pumpen. Die Förderkosten belaufen sich auf weniger als einen Dollar pro Fass; 14 bis 18 Dollar kostet es, die gleiche Menge aus dem Permafrost Sibiriens oder aus der Nordsee herauszuholen. Nach konventionellen Schätzungen liegen in irakischem Boden rund 15 Prozent der Weltreserven…" (Krönig/Vorholz a.a.O.).

Aus diesen Angaben lässt sich leicht erahnen, im welchem Kontext die Mobilisierung der US-Militärmaschine gegen den Irak steht. Es geht um einen doppelten krisenpolitischen Zugriff: einmal auf der Ebene des Weltordnungskrieges selbst und einmal auf der Ebene des drohenden Kollaps der Weltwirtschaft mit der US-Ökonomie im Zentrum: „... ‚Zwei Fliegen mit einer Klappe schlagen' nennt... der amerikanische Nahost-Experte und Kolumnist der New York Times, Thomas L. Friedman, seine Vision: Man könnte sich eines gefährlichen Diktators entledigen und gleichzeitig das für konstant hohe Erdöl-Preise verantwortliche Kartell der OPEC zerschlagen (!), indem eine moderate irakische Nachfolgeregierung die Ölförderanlagen modernisiert, schnell auf volle Produktionskapazität bringt und somit weltweit Energiepreise zu reduzieren hilft. Eine Einschätzung, der auch der US-Energiefachmann Philip Verleger zustimmt, der jetzt konstatierte: ‚Eine Attacke gegen den Irak birgt ökonomische Risiken, wenn sie schief geht. Gelingt jedoch ein zügiger Machtwechsel ohne große Komplikationen, so würde dies zu einer langen Periode niedriger Ölpreise (!) und einem Schub für die Weltwirtschaft (!) führen" (Diederichs 2002).

Es ist völlig klar: Der Angriff auf den Irak wird als doppelter „Befreiungsschlag" imaginiert, als das mögliche „Wunder", das sowohl die Frustrationen des „Krieges gegen den Terrorismus" kompensieren als auch (und dies vor allem) den Absturz der Finanzmärkte und in der Folge der globalen Realökonomie auffangen soll. Nur sekundär geht in diese Option auch das langfristige strategische Kalkül ein, dem Rückgang der Eigenförderung von Öl in den USA und der steigenden Abhängigkeit von der nahöstlichen Ölproduktion durch einen rechtzeitigen rigiden Zugriff zu begegnen, um die „Bedrohung der nationalen Sicherheit", sprich: der hemmungslosen energetischen Vergeudungswirtschaft und Verbrennungskultur, die in den USA bekanntlich besonders maßlos ist, abzuwenden. Primär aber geht es um das brennendste Problem, nämlich die aktuelle „Rettung" des US-Finanzblasen-Kapitalismus, der US-Konjunktur und damit der Weltwirtschaft.

Nachdem die inneren technologischen Trägerkonzepte (Internet, Telekom-UMTS etc.) als Projektionen für die weitere Aufblähung des simulativen Finanzkapitalismus versagt haben, soll jetzt eine äußerlich militärisch induzierte „Ära des billigen Öls" als neue Projektion herhalten, um den Börsenboom zurückzuholen und nach den 90er Jahren auch die erste Dekade des 21. Jahrhunderts zu einer Ära des „jobless growth" zu machen.

Sicherlich wissen oder ahnen auch die auf diese Option setzenden Vordenker der demokratischen Killer-Intelligenz, dass die billige Energie allein keine neue Epoche der Realakkumulation zu eröffnen vermag, sondern dass es dazu einer tatsächlichen Gründerzeit mit der Fähigkeit zur massenhaften Reabsorption von Arbeitskraft in den Verwertungsprozess bedürfte, während die Gründergeneration der New Economy aus durchaus objektiven Gründen soeben kläglich gescheitert ist.

Aber die anvisierte „Ära des billigen Öls", die auf den Kadavern von massenhaften menschlichen „Kollateralschäden" errichtet zu werden verspricht, soll ja auch nur als projektive Wunschmaschine der abermaligen Börsenkapitalisierung dienen, um dem substanzlosen Shareholder-Kapitalismus und seinen perversen Eliten wieder ein paar Jährchen zu schenken, bis man sich (so die unbewusste oder halb bewusste Imagination) irgendwann ein neues Blendwerk ausdenken und auf diese Weise mit dem Finanzblasen-Kapitalismus über der verfallenden realen Elendswelt vermeintlich ewig weitermachen kann.

Dass bei diesem ganzen Kalkül etwas nicht stimmt, dass es auf ein Hasardspiel hinausläuft und womöglich den Absturz beschleunigt statt verhindert, wird nach Kräften verdrängt. Dieses Konzept, das eigentlich eine solche Bezeichnung nicht mehr verdient, eben weil es eher eine blinde „Flucht nach vorn" ist, kann im Hinblick auf die zu erwartenden Veränderungen in der nahöstlichen Krisenregion nur noch auf autosuggestive Wunschträume zurückgreifen.

Es ist wieder einmal die postmodern-kulturalistische und institutionen-ökonomische Ideologie mit ihrer Verkehrung von Ursache und Wirkung, die herangezogen wird, um für den arabisch-islamischen Raum ein Bild „blühender Landschaften" als angeblich zu erhoffende Folge des US-Angriffs auf den Irak zu malen: „Für Philip Verleger ist es ... kaum verwunderlich, dass Länder wie Saudi-Arabien, Kuwait oder der Iran ein eminentes Interesse daran haben, dass Saddam Hussein weiter im Amt bleibt. Schließlich garantieren hohe Ölpreise jene Einnahmen, die zur Fortführung ihrer autokratischen Regime, der Unterdrückung von Opponenten und zur Aufrechterhaltung des luxuriösen Lebensstils der politischen Eliten erforderlich sind. Arabik-Experte Fareed Zakaria denkt deshalb bereits weiter: ‚Eine gut durchgeführte Invasion im Irak wäre das beste Mittel, um die gesamte arabische Welt endlich auf den Weg zu Reformen zu führen'. Nach Zakarias Ansicht benötigt eine Region, die vor allem vom eklatanten Versagen der Regierenden, dem daraus (!) resultierenden Fundamentalismus und einer Anfälligkeit für Terror-Tendenzen geprägt ist, dringend ‚eine Erfolgsgeschichte'. Ein reformierter Irak unter einer gemäßigten Führung, die Modernität und Demokratie akzeptiere, meint Zakaria, könne deshalb zum Muster für die arabische Welt werden und Veränderungen gerade in Ländern erzwingen, die bisher vor allem durch die Unterdrückung und Entrechtung ihrer Bürger brillieren. Den in Europa viel zitierten ‚Flächenbrand' fürchten Zakaria und andere amerikanische Experten nicht" (Diederichs 2002).

Es ist einerseits die übliche westliche Wahrnehmung der Krisenerscheinungen, von der die Tatsachen auf den Kopf gestellt werden, indem sie das objektive Markt- und Systemversagen in ein bloß subjektives „Versagen der Regierenden" umdeutet und die „Anfälligkeit für Terror-Tendenzen" nicht aus dem Zusammenbruch der Weltmarkt-Integration, sondern umgekehrt diesen ökonomischen Zusammenbruch aus jener (kulturalistisch bestimmten) „Anfälligkeit" herleitet. Andererseits aber gehen die Überlegungen der US-Expertokratie vom Schlage eines Verleger oder Zakaria in ihrem fast unglaublichen Realitätsverlust weit über das gewöhnliche Maß an westlicher Ignoranz hinaus. Denn natürlich würde eine militärisch erzwungene „Ära des billigen Öls" auf das genaue Gegenteil der von ihnen ausgemalten „Erfolgsgeschichte" mit „gemäßigten Führungen" auf der Basis von „Modernität und Demokratie" hinauslaufen; ganz abgesehen davon, dass es sich hier ohnehin nur um gehaltlose ideologische Schlagworte handelt.

Es ist ein schlichtweg absurder Gedanke, dass „hohe Ölpreise" zu autokratischen Regimes geführt hätten, während ausgerechnet „niedrige Ölpreise" zu Frieden, Demokratie und Eierkuchen im Nahen Osten führen würden. Die Zerschlagung der OPEC und die erzwungene Rückführung des Ölpreises auf ein weltkapitalistisches „Rettungsniveau" würde natürlich den vollständigen Ruin des gesamten Nahen Ostens bedeuten. Schon mit relativ hohen Ölpreisen qua OPEC ist eine auch nur prekäre Stabilisierung auf Armutsniveau für die Massen einzig mit Hilfe prowestlicher Diktaturen und Foltermonarchien zu haben. Erzwingen die USA im Anschluss an die Okkupation des Irak einen Ölpreis auf dem Niedrigniveau der Zeit vor der OPEC, wird an die Stelle der von ihnen bisher militärisch ausgehaltenen autokratischen Regimes der vollkommene ökonomische und staatliche Zusammenbruch der gesamten zentralen Ölregion ähnlich wie in großen Teilen Afrikas, Mittelasiens, Indonesiens oder Jugoslawiens usw. treten.

Das Resultat könnte nur ein völliges Desaster des Sicherheitsimperialismus ausgerechnet in der strategisch wichtigsten Weltregion sein. Der ohnehin schon angestaute und nur allzu begründete Hass gegen den Westen würde in der neuen großen Zusammenbruchsregion vollends explodieren. An die Stelle jener finsteren Regimes würden nicht wohlerzogene Demokratien treten, sondern fortgeschrittene anomische Zustände und eine gesamtarabische Hassguerilla gegen die Förderanlagen und Transportwege des „billigen Öls". Die USA müssten in den qualitativ neuen Notstand einer direkten Militärdiktatur und eines blutigen Besatzungsregimes für die gesamte Ölregion eintreten, ein unmöglich durchzuhaltendes Unterfangen. Das vermeintlich „billige Öl" würde binnen kürzester Zeit durch die sicherheitsimperialen Kosten weitaus teurer als das aus dem sibirischen Permafrost heraufgeholte.

Es zeigt sich also, dass der Begründungszusammenhang der angesagten Intervention im Irak in Wirklichkeit auf eine Verschärfung des globalen Krisenprozesses, auf eine beschleunigte Destabilisierung und Anomisierung, auf einen umso heftigeren Absturz von Finanzmärkten und Weltwirtschaft hinausläuft. In diesem Prozess bricht die kapitalistische Rationalität des Interesses selbst zusammen. Nicht nationalimperiale Interessen stoßen im kaspischen Raum zusammen, um vor dem Hintergrund „ewiger" Kapitalverwertung ihre Claims in einem neuen energetischen Eldorado abzustecken. Im Gegenteil haben wir es mit dem verzweifelten Versuch der USA zu tun, im Namen des „ideellen Gesamtimperialismus" oder notfalls ganz auf eigene Rechnung in der alten und in Wahrheit einzig wirklich relevanten Ölregion durch den Ausnahmezustand der offenen US-Militärdiktatur über den gesamten strategischen Raum eine letzte „Wunder"- und „Rettungs"-Option zu eröffnen, um das eigene Absaufen zu verhindern. Die Binnenrationalität des partikularen Interessen-Kalküls wird endgültig von der Irrationalität des übergreifenden Systemzusammenhangs eingeholt;

Rationalität und Irrationalität des Kapitalismus beginnen unmittelbar zusammenzufallen.

Der atomare Todestrieb der Macht

Schon die 90er Jahre, das „verrückte Jahrzehnt" des globalen Finanzblasen-Kapitalismus, ging mit den Exzessen von Anomisierung, Plünderungsökonomie, Gewaltbarbarei, Selbstmordattentaten, Amokläufen und den demokratischen Weltordnungskriegen oder den Strafexpeditionen in die Peripherie einher. Seit dem Zusammenbruch der New Economy und dem Beginn der finanzkapitalistischen Krise haben sich diese Erscheinungen irrationaler und selbstzerstörerischer Gewalt ungeheuer ausgeweitet und beschleunigt.

Die Attentate des 11. September waren Teil einer nicht abreißenden Serie von Manifestationen des kapitalistischen Todestriebs, die den Zusammenbruch der modernen Subjektform im planetarischen Maßstab anzeigen; nicht nur in der spezifischen Weise des islamistischen „Dürstens nach dem Tod", sondern in einer weit darüber hinausgehenden Welle von bis zum Äußersten aggressiver Lebensmüdigkeit, die sich inzwischen fast schon im Wochentakt in herostratischen Akten der inszenierten Vernichtung und Selbstvernichtung entlädt. Ob es jener 19-jährige finnische Student war, der sich selbst zusammen mit einem belebten Kaufhaus in die Luft gesprengt, oder jener Golfkriegsveteran, der im Raum Washington als „Scharfschütze" mittels Zielfernrohr mehr als ein Dutzend Menschen wahllos getötet oder schwer verletzt hat: Die Ereignisse dieser Art werden inflationär und überschwemmen medial das Bewusstsein einer von kapitalistischen Zumutungen ausgepowerten und immer weiter gedemütigten Menschheit.

In diesem Klima, das durch die dummdreiste Ignoranz der reduzierten kapitalistischen Funktionsintelligenz und ihrer demokratischen Repräsentanz ständig weiter aufgeheizt wird, sind weitere Steigerungen der blinden Selbstmord-Gewalt möglich; bis hin zu terroristischen Angriffen mit chemischen und biologischen Kampfstoffen oder gar mit Nuklearsprengköpfen, wie es sich die demokratische Presse seit dem 11. September ahnungs- und angstvoll, aber von keinerlei Einsicht in den Bedingungszusammenhang getrübt, immer wieder ausgemalt hat. Im riesigen Raum der auseinandergebrochenen ehemaligen Sowjetunion gibt es genügend „verschollene" taktische Atomwaffen, die irgendwann in die Hände von todesverliebten „Märtyrern" fallen könnten; und die „islamische Bombe" lauert bereits in dem völlig maroden und von Widersprüchen zerrissenen Pakistan, dessen offiziell prowestlicher Gewaltapparat längst von religiösem Wahn durchseucht ist.

Bislang konnte es noch so scheinen, dass der manifeste Todestrieb kapitalistischer Vernunft sich allein in ideologischen Verwilderungsformen der Peripherie und in

Wahnvorstellungen einer wachsenden Masse von desorientierten Individuen des Zentrums äußert, also in den Taten von Selbstmordkommandos und Amokläufern. Die offizielle demokratische Repräsentanz schien dagegen die funktionelle kapitalistische „Normalität" zu verteidigen; zwar eine an sich verrückte Selbstzweck-Normalität und im Kampf mit deren eigenen Krisengespenstern, aber noch nicht auf derselben Stufe von Anomie und Manifestation des Todestriebs. Dennoch war und ist es ein und dieselbe, beiden Seiten gemeinsame kapitalistische Subjektform der universellen Konkurrenz, die sich in den Weltordnungskriegen und Gewaltausbrüchen äußert; in einer entgrenzten, anomisierten, verwahrlosten und offen paranoiden Gestalt einerseits und in einer (noch) formal gebundenen, an die Binnenrationalität sich klammernden offiziellen Gestalt andererseits.

Aber diese Differenz wird sukzessive eingeebnet. Die Irrationalität des Ganzen war auf der offiziellen Seite von Anfang an nicht nur an sich indirekt-systemisch präsent, sondern auch unmittelbar in den versuchten Gewaltlösungen und im realen Einsatz von Hightech-Massenvernichtungswaffen. Schon jetzt hat der demokratische Gesamtimperialismus weitaus mehr Menschenleben auf dem Gewissen als sämtliche Warlords, Gotteskrieger, Neonazis, Selbstmordattentäter und Amokläufer zusammengenommen. Dass die dazugehörige Ideologie die Grenze zur Paranoia überschritten hat, zeigt eine Argumentation wie etwa die von Ulrich K. Preuss zur Genüge. Die rapide fortschreitende Anomisierung seitens der offiziellen Macht in den Weltordnungskriegen weist in dieselbe Richtung, ebenso wie die ideologischen Momente eines christlich-religiösen Fundamentalismus in der Bush-Administration.

Tatsächlich ist die kapitalistisch zentrale Gesellschaft der USA mit primitiven apokalyptischen Emotionen aufgeladen wie keine andere. Darin reflektieren sich der vulgäre Charakter der weltimperialen Politik und die Ahnung von deren desaströsem Ende, das jedoch nicht als unvermeidliches Ende der US-Hegemonie als letzter Weltmacht, sondern als Untergang der Erde in einem „religiösen" Dritten Weltkrieg imaginiert wird; eine bereits popkulturell massenwirksam gewordene Vision: „Die beiden christlichen Fundamentalisten Tim LaHaye und Jerry B. Jenkins, ehemaliger Pfarrer der eine und enger Mitarbeiter des Evangelisten Billy Graham der andere, erfüllen eine Mission: Ihr ‚Left Behind'-Zyklus, eine zehnbändige Saga von den ‚letzten Tagen der Erde', wird in den USA wie verrückt gelesen. Monatelang stehen Titel wie ‚Finale' oder ‚Die Heimsuchung' auf der Bestsellerliste der ‚New York Times' ganz oben. Eine Romanserie, bestehend aus desaströsen Schlagzeilen, Bildern einer Endzeit, die mit einer seltsamen Befriedigung schwarz ausgemalt werden. Zeter und Mordio, Zähneklappern und Augenrollen, die letzte Posaune erschallt. Und damit ist den selfmade-begnadeten Autoren LaHaye und Jenkins beschieden, wovon andere nur träumen können: gelesen zu werden, als ginge es um Leben und Tod. Was, um alles in der Welt, ist da los, dass zivilisierte Menschen in einer Art Endzeitraserei diese Ausschlachtungen der Apokalypse des Johannes verschlingen?... Während sich die Guten und die Bösen zanken, geht en passant die Welt unter. Es ist ein durchaus grobschlächtiges Verfahren, den Dritten Weltkrieg zu entfesseln, um für Spannung zu sorgen... In ihrer flammenden Schrift haben die Autoren ein Klima aus existenzieller Erschütterung und latenter Hysterie ausgereizt. Mit ihrer Fusion von dilettantischer Belletristik und listiger Theologie treffen sie zielsicher den wunden Punkt, die Achillesferse unserer Tage, mögen es die letzten sein oder nicht. Unter Einsetzung eines Massenmediums führen sie das Projekt der großen amerikanischen Erweckungsbewegungen des frühen 19. Jahrhunderts weiter: eine Million Seelen für Christus. Ohne Zweifel verstehen sich die Autoren vorrangig als Missionare, als Agenten im Dienst des Herrn... Für den nächsten Band haben sie in den USA das höchste Vorausshonorar kassiert, das je für ein Buch bezahlt wurde..." (Gogos 2002).

Die Verbindung zwischen dieser „Billigvariante der Apokalypse", der US-Regierungspolitik und der inneren Logik des Kapitalverhältnisses ist enger, als es zunächst scheinen mag. Es geht eben nicht bloß um eine Stimmung in der schon immer speziell für protestantischen Fundamentalismus anfälligen US-Kultur. Der „Herr", in dessen Namen die apokalyptische Erweckungs-Science-fiction unterwegs ist, stellt nur eine Chiffre dar für die säkularisierte Realmetaphysik des Kapitalismus, in deren Zentrum die metaphysische Leere der Wertform steht: die auf sich selbst bezogene Form ohne eigenen Inhalt, die Selbstzweck-Form der Verwertungsbewegung von Geldkapital, das sich in die gleich-gültigen Dinge der Welt nur „entäußert", um – jener Hegelschen Formulierung gemäß – zu sich selbst zurückzukehren in einer paradoxen erweiterten Quantität von jenem „Nichts", von rein numerischem abstraktem Reichtum. Es ist diese Selbstbezüglichkeit jener „Geltung ohne Bedeutung", jenes „leeren Prinzips", die durch die moderne Geistesgeschichte nur geistert, weil sie das paradoxe Realitätsprinzip der warenproduzierenden Moderne ist.

Der entscheidende Punkt dabei ist das Problem der „Entäußerungs"-Bewegung, auf die hier noch einmal zurückzukommen ist. Die Kontamination mit qualitativer physischer Materie, mit sozialen Beziehungen usw., schon für die ganz in der leeren Abstraktion aufgehende Kantsche Ethik im Prinzip ein Greuel, ist „leider" nötig, damit das Kapital (die Wertabstraktion) in und von dieser Welt sein kann; aber sie ist dieser Logik zufolge nur insofern akzeptabel, als sie lediglich als Tragfläche für den Verwertungsprozess dient und die Rückkehr der leeren Abstraktion zu sich selbst garantiert bleibt (aus einem Dollar, Euro usw. zwei machen in endloser Progression). Materielle Bezüge und Bedürfnisse wie soziale Beziehungen sind also überhaupt nur insoweit geduldet, als sie den „inkarnierten" Aggregatzustand des Kapitals „in der Welt" darstellen können und insoweit vom Standpunkt der metaphysischen Leere aus gewissermaßen ein notwendiges Übel bilden.

Wenn jedoch der Verwertungsprozess an Grenzen stößt, wenn die realmetaphysische „Entäußerungs"-Bewegung nicht mehr gelingt und in der realen Welt kein regulärer Aggregatzustand des Kapitals mehr dargestellt werden kann, erscheinen die realen physischen und sozialen Gegenstände als lästige, ja feindliche Umwelt für diese Realmetaphysik. Nicht der leere Selbstzweck des Kapitals, sondern die Welt soll verschwinden, nämlich sich endgültig in das „leere Prinzip" auflösen. Mit anderen Worten: Dieselbe Logik, die sich auf der Ebene von individuellen Amokläufern im Mikro-Bereich äußert, lauert auch auf der Makro-Ebene des Gesamtverhältnisses. Kapitalismus ist nicht nur ein schleichendes Weltvernichtungsprogramm durch seine Nebenwirkungen, sondern läuft auf eine finale Vernichtung und Selbstvernichtung durch seine eigenen Institutionen zu.

Der subjektlose Vernichtungswille im leeren Zentrum des Kapitalverhältnisses, der sich auf verschiedenen Ebenen in das Zerstörungshandeln von individuellen und institutionellen Subjekten übersetzt, hat sich schon in der Vergangenheit periodisch in den kapitalistischen Gesellschafts- und Weltkatastrophen entladen. Da in der dritten industriellen Revolution die „Entäußerung" der Wertabstraktion in die reale Welt endgültig an ihre inneren Grenzen stößt, wird zwangsläufig das Weltvernichtungsprogramm ebenso final abgerufen.

In einer ersten Etappe, die mit dem Zusammenbruch der New Economy und dem Mega-Terror des 11. September ihr Ende fand, stellte sich diese Entwicklung noch in einer doppelten, uneinheitlichen und scheinbar gegenläufigen Bewegung dar. Einerseits verkürzte die Wertabstraktion ihre autistische Selbstzweck-Bewegung auf die unmittelbare (nicht mehr in die reale Welt „entäußerte") Selbstbezüglichkeit des Geldkapitals in Gestalt des globalen Finanzblasen-Kapitalismus. Damit wurde im Zentrum durch Recycling des „fiktiven Kapitals" in Konsum und Investitionen ein weitergehender Verwertungsprozess und eine davon abgeleitete reale Reproduktion der Gesellschaft simuliert, wenn auch bereits mit immer brutaleren sozialen Restriktionen verbunden. Andererseits trat der Todestrieb in den Zusammenbruchsregionen der Peripherie bereits unmittelbar und in großem Maßstab als Gewaltkonkurrenz, Barbarisierung, „reductio ad insanitatem" usw. in Erscheinung. Dieselbe Tendenz schien sich in den Gesellschaften des demokratischen Zentrums auf „ausgeflippte" Individuen, auf Amokläufer, auf rassistische Killerkids usw. zu beschränken.

In einer zweiten Etappe beginnt sich diese Differenzierung nun aufzulösen und die Krisenbewegung mündet in eine universelle unmittelbare Manifestation des kapitalistischen Todestriebs. Wie Binnenrationalität und systemische Irrationalität direkt zusammenfallen, so Selbstbehauptung und Selbstzerstörung; aber jetzt auf der Ebene der demokratischen Repräsentanz selbst, nicht mehr bloß bei ihren Krisengespenstern. Die herrschende Macht selber wird zum „ideellen Gesamtamokläufer".

In demselben Maße, wie der Finanzblasen-Kapitalismus zusammenbricht und die reale Reproduktion als kapitalistische nicht mehr sekundär simuliert werden kann, muss sich die kapitalistische Logik direkt gegen die physische und soziale Welt richten. Und in demselben Maße wird auch die demokratische Repräsentanz in die Anomisierung und in die postpolitischen Konfliktformulierungen hineingezogen. Damit übersetzt sich der Todestrieb in die Aktionen der offiziellen Macht selbst, die zum größten und furchtbarsten aller Krisengespenster wird. Die Zerstörungen, die individuelle Amokläufer anrichten können, sind ihrer Natur nach begrenzt; und selbst die Barbarisierungsprozesse der Peripherie können nur verhältnismäßig primitive Vernichtungspotentiale mobilisieren, eben weil sie sich nicht auf der Höhe des technologischen Standards befinden. Jetzt aber tritt die hochgerüstete demokratische Macht selber in den Bann des Todestriebs, und entsprechend verheerend sind die Konsequenzen.

Es ist eine diffuse Vernichtungswut, durchaus verwandt (wenn auch nicht identisch) mit derjenigen der Nazis, die im Innersten der demokratischen Macht aufzukeimen beginnt: Wenn die Welt nicht von uns beherrschbar ist, dann soll sie zusammen mit uns untergehen. In seiner Breite zerstört der demokratische Amoklauf einen Sektor der sozialen Reproduktion nach dem anderen: alles soll „stillgelegt" werden und verschwinden, was von der Logik des universellen Realökonomismus nicht mehr erfasst werden kann. In diesem Sinne könnte metaphorisch von einem Amoklauf des „leeren" kapitalistischen Realitätsprinzips gesprochen werden. Aber es geht hier keineswegs bloß um eine Metaphorik für sekundäre soziale Zerstörungsprozesse. Der Begriff des demokratischen Amoklaufs ist nun auch durchaus buchstäblich zu nehmen auf der Ebene der militärischen Aktion.

Diese Transformation der demokratisch-imperialen Weltpolizei in den offenen Vernichtungswahn ist durch zwei wesentliche Momente gekennzeichnet; ein politisches und ein militärisch-technologisches. Politisch handelt es sich um die wachsende Neigung der US-Administration zu Alleingängen unter offenem Bruch aller Regeln, auch den eigenen „Verbündeten" gegenüber. Diese Tendenz liegt in der Natur der Sache: Je unhaltbarer und gefährlicher die Weltsituation wird, desto stärker tritt der militärische Aspekt in den Vordergrund und desto niedriger wird die Hemmschwelle, Hightech-Gewalt im großen Maßstab einzusetzen, ohne noch lange zu fragen. In demselben Maße jedoch, wie die Sicherungen durchbrennen, fokussiert sich das Handeln notwendigerweise auf die letzte Weltmacht, die mehr als 90 Prozent der westlichen Militärmaschine kontrolliert.

Deshalb muss in den USA mit zunehmender Krise auch die Neigung wachsen, mit allen Mitteln der Hightech-Gewalt loszuschlagen, eben weil man sich am Drücker dieser Gewalt weiß und sonst vielleicht bald gar nichts mehr in der Hand hat. Und angesichts der objektiven, systemisch bedingten und daher unüberschreitbaren inneren Grenze der kapitalistischen Produktions- und Lebensweise beginnt sich dieses Bewusstsein der Gewaltmacht in eine Vernichtungswut gegen die ungefügige Welt und gegen die Ungreifbarkeit der Probleme hineinzusteigern. Mit anderen Worten: Es wiederholt sich auf der Ebene der administrativen Weltmacht-Psyche genau das, was in der Psyche der individuellen Amokläufer vor sich geht.

Dass der Rest der demokratisch-kapitalistischen Welt immer zögerlicher folgt und sich am liebsten verkriechen möchte, je hemmungsloser die paranoide Gewaltbereitschaft der US-Administration wird, liegt eben an der ungleichen Verteilung der Gewaltmittel. Wenn Schröder und Chirac den Angriff auf den Irak nicht mittragen wollen, wenn überhaupt die EU, aber auch andere Staaten die Alleingänge der USA zu bremsen versuchen und vor dem offenen Vernichtungswahn zurückschrecken, so hat das nicht im geringsten etwas mit eigenen machtstrategischen Interessen zu tun, wie es sich die unverbesserlichen „geopolitischen" Räsonneure einbilden möchten. Es handelt sich vielmehr einzig und allein um das Unbehagen derer, die selber nicht den Finger am Abzug haben.

Nicht ein Rest von Vernunft macht sich hier geltend, sondern die Paralyse der Subalternen, denen der ersichtlich die Selbstkontrolle verlierende „große Bruder" allmählich genauso viel Angst einjagt wie die unheilbaren Krisenerscheinungen, die in diese Situation geführt haben. Die List der Ohnmacht wird nicht zur List der Vernunft, weil es auf keiner Seite Einsicht in den Problemzusammenhang gibt. Alle wollen nur das machen, was nicht mehr geht, nämlich marktwirtschaftlich-demokratisch weiterwursteln; und deshalb müssen zuletzt auch alle die ultima ratio der kapitalistischen Unvernunft akzeptieren und irgendwie mittragen. Der Todestrieb des Kapitalismus manifestiert sich als weltpolizeilicher Amoklauf, der weltvernichtende Ausmaße anzunehmen droht.

Diese neue Qualität der imperialen Gewalt hat auch eine technologische Seite. In der Ära des Kalten Krieges hatte das „Gleichgewicht des Schreckens" zwischen den Supermächten den atomaren Schlagabtausch verhindert, wie er in den Angstphantasien und Imaginationen von der Science fiction bis zur Friedensbewegung durchgespielt worden war. Nach dem Epochenbruch schien in dieser Hinsicht Entwarnung angesagt. Wenn es schon sonst die erhoffte „Friedensdividende" nicht gab, so glaubte man doch zumindest den Alptraum atomarer Vernichtung gebannt. Aber mit der Zuspitzung der Krise kehrt auch dieser Alptraum zurück. Der Einsatz von Nuklearwaffen ist plötzlich mehr als je zuvor in den Bereich des Möglichen gerückt. Das gilt nicht einmal in erster Linie für die einander feindlich gegenüberstehenden und von inneren Krisen erschütterten neuen Atommächte Indien und Pakistan, so akut die Gefahr der atomaren Eskalation dort auch ist. Die größte Bedrohung geht jedoch von den USA aus, die unter dem Druck der Krise inzwischen ihre Bereitschaft zum einseitigen Einsatz von Nuklearwaffen auch gegen Nicht-Atommächte deutlich gemacht haben.

Die letzte Weltmacht bereitet sich ganz ernsthaft darauf vor, die aus dem Ruder laufende Welt durch Atomexplosionen zur Räson zu bringen: „Im geheimen Bericht zur Überprüfung der Nuklearstrategie, den das Pentagon im Januar dem Kongress übergeben hatte, waren Libyen, Syrien, der Irak und Iran ausdrücklich als potenzielle Ziele amerikanischer Atomwaffen ausgewiesen... Der Bericht, aus dem die ‚Los Angeles Times'... brisante Einzelheiten enthüllt hatte, sorgte aber auch in anderen Weltgegenden für Empörung. Denn das Papier fasste zu einer weit reichenden Neuorientierung der amerikanischen Nuklearstrategie zusammen, was bislang allenfalls als isolierte Vorstöße amerikanischer Militärs und Politiker bekannt war. Die neue ‚Nuclear Posture Review' (NPR) lässt befürchten, dass die USA nach dem Ende des Kalten Krieges dabei sind, die Zusammensetzung und die Einsatzbereiche ihres nuklearen Arsenals dem Ziel anzupassen, ihre Stellung als einzige verbliebene Supermacht auf Dauer zu zementieren... (Die) NPR sieht für die Atomstreitkräfte der Supermacht künftig drei Einsatzoptionen: als Antwort auf einen Angriff mit Massenvernichtungswaffen – atomare ebenso wie biologische und chemische, zur Bekämpfung von ‚Zielen, die Angriffen mit nichtnuklearen Waffen standhalten können', oder ‚im Fall überraschender militärischer Entwicklungen'... Schon Punkt eins erweitert den Kern der bisherigen amerikanischen Abschreckungsdoktrin und schließt erstmals explizit eine nukleare Antwort auf Angriffe mit B- und C-Waffen ein. Die beiden folgenden Optionen bergen eine strategische Hiobsbotschaft: Die Supermacht, militärisch schon jetzt so überlegen wie kein anderer Staat der Weltgeschichte, will künftig Atomwaffen einsetzen wie andere konventionelle Waffen auch... Der Atomkrieg soll endlich führbar werden... Dass nach dem Ende des Kalten Kriegs die Atomkriegsgefahr nicht erloschen ist, sondern – weil konkret vorbereitet – sogar wächst, hat nicht nur die jetzt bekannt gewordene Überarbeitung der amerikanischen Nuklearstrategie belegt. Wie ernst diese neuen Optionen genommen werden, ließ Verteidigungsminister Donald Rumsfeld bereits beim Luftkrieg gegen Afghanistan erkennen. Man werde die Gegner mit allen Mitteln jagen, hatte der Pentagon-Chef verkündet, ‚die USA haben den Einsatz von Atomwaffen nie ausgeschlossen'. Weil die NPR nun ausdrücklich festhält, dass ‚nukleare Angriffsoperationen von variabler Größe, Umfang und Optionen die anderen militärischen Fähigkeiten ergänzen' sollen, fürchtet etwa Paul Rogers, Militärwissenschaftler an der britischen Bradford Universität, dass die Amerikaner gegebenenfalls zu einem ‚präventiven Atomschlag' entschlossen seien. Er warnt: ‚Selbst wenn die USA nur eine Nuklearwaffe von geringer Sprengkraft einsetzen, wird damit eine Schwelle überschritten – dann ist der Geist aus der Flasche'..." (Beste u.a. 2002).

Ganz offensichtlich hat die Militärplanung der US-Administration die Grenze zur Paranoia bereits hinter sich gelassen. Dr. Seltsam lässt grüßen... Inzwischen soll mit dem Begriff der „Mini-Nukes" der Nukleareinsatz verniedlicht und auf das Format jener angeblichen „chirurgischen Präzisionsschläge" gebracht werden, die sich schon auf der Ebene von konventionellen Mitteln als das genaue Gegenteil herausgestellt hatten, nämlich als blinde großflächige Zerstörung und als Massenmord. Es ist den atomaren Amokläufern im Pentagon offenbar nicht bewusst, dass sie drauf und dran sind, ein Vernichtungsprogramm in Gang zu setzen, das alle Maßstäbe sprengt.

Einen „begrenzten" Einsatz von Atomwaffen kann es nicht geben, wie alle ernstzunehmenden Militärtheoretiker längst festgestellt haben, so etwa der Militärhistoriker Martin van Creveld: „Die Wahrheit ist jedoch: Atomwaffen sind Werkzeuge des

Massenmords. Gegen sie gibt es keine Verteidigung. Sie eignen sich einzig und allein für ein blindes Gemetzel, das alles in der Geschichte Dagewesene übertreffen und höchstwahrscheinlich das Ende der Geschichte bedeuten würde. Atomwaffen lassen sich einfach nicht für die Führung eines Krieges verwenden, der diese Bezeichnung auch nur annähernd verdient. Zwischen den apokalyptischen Nebenwirkungen der Atomwaffen und dem kümmerlichen Versuch, sie zu sinnvollen Zwecken zu ‚nutzen', klafft ein tiefer, ja unfassbarer Abgrund..." (van Creveld 1998/1991, 30).

Dass überhaupt ernsthaft atomare „Präventivschläge" gegen ein marodes Regime wie das irakische, gegen „mutmaßliche Terroristen-Verstecke" im afghanischen Hochgebirge und womöglich gegen weitere „Schurkenstaaten" oder ungreifbare Terror-Zusammenhänge nicht nur in Erwägung gezogen, sondern konkret geplant werden, zeigt den Grad von Verderbtheit der letzten Weltmacht an. Die einzige Antwort auf die im Rahmen der herrschenden Ordnung unbewältigbaren Krisenprozesse und auf die buchstäbliche Unfassbarkeit der inneren weltgesellschaftlichen Destruktivkräfte ist der Einsatz immer größerer äußerer Vernichtungspotentiale, dessen logischer Endpunkt nur der Einsatz von Atomwaffen gegen die Phantome der Krise sein kann.

Schon in der Vergangenheit haben die USA mit den Atombomben auf Hiroshima und Nagasaki bewiesen, dass sie vor dieser Konsequenz der sinnlosen Massenvernichtung nicht zurückschrecken: „Ein Höhepunkt der Gewalt wurde 1945 erreicht, als zwei Atombomben auf Japan abgeworfen wurden und 150.000 Menschen töteten, in offener Mißachtung der Tatsache, dass damals in Moskau schon Friedensverhandlungen geführt wurden" (van Creveld, a.a.O., 82). Tatsächlich war dieser Akt weder durch Notwehr legitimiert noch überhaupt kriegsentscheidend, sondern allein Ausdruck eines (auch rassistisch genährten) Rache- und Vernichtungswillens, also ein Kriegsverbrechen. So wenig dieses Verbrechen mit Auschwitz gleichzusetzen ist, weil es punktuell blieb und nicht auf die ultimative Auslöschung eines kollektiv personifizierten „Gegenprinzips" zielte, so abstrakt und selbstzweckhaft (bar jeden strategischen oder überhaupt utilitaristischen Sinnes) manifestierte sich doch dieser barbarische Akt der Zerstörung.

Wenn die USA schon als aufsteigende kapitalistische Weltmacht und am Ende eines bereits gewonnenen Krieges zu einem derartigen Vernichtungswillen fähig waren, so ist die aktuelle Bereitschaft zum nuklearen Präventivschlag ins Leere, der nur Massenmord und sonst gar nichts sein kann, umso ernster zu nehmen, als sie an den Grenzen der kapitalistischen Produktionsweise und damit der modernen Weltmachtfähigkeit aufscheint. Während die demokratische Medienmeute noch schaudernd die Möglichkeit eines terroristischen Nuklearangriffs ausmalt, der in all seinem Schrecken doch immer nur vereinzelt von Selbstmordkommandos durchgeführt werden könnte, fasst die global agierende und atomar bis an die Zähne bewaffnete letzte Weltmacht von „Demokratie-und-Marktwirtschaft" den Atomkrieg bereits als grundsätzliche Vorgehensweise gegenüber allen missliebigen Weltregionen ins Auge.

Der Motivzusammenhang, der sich dabei zur Paranoia verdichtet, liegt nicht auf der Ebene einer universellen Krisenideologie, wie sie zentral der Antisemitismus darstellt, obwohl es Verbindungen dazu gibt (etwa in Gestalt der antisemitischen Klientel am rechten Rand der Republikanischen Partei). Der Antisemitismus bildet insofern eine letzte krisenideologische Reserve des Systems, als er dem Massenbewusstsein eine irrationale Erklärung für die in der Krise erscheinende Irrationalität des Kapitalverhältnisses selbst anbietet und damit oppositionelle Energie bindet, um sie auf das Phantom der „jüdischen Weltverschwörung" abzuleiten. In dieser Form kann sich der kapitalistische Todestrieb manifestieren, wie er es in Deutschland getan hat: als eliminatorischer Antisemitismus, als Vernichtungswille gegen die Juden, der mit Selbstvernichtung einherging. Um sich bis zum Ansatz der Weltvernichtung steigern zu können, musste der Antisemitismus zur Staatsdoktrin einer Macht des kapitalistischen Zentrums werden. Die Binnenrationalität des Kapitals, der Wille zur Verwertung von Geldkapital als einzig denkbare Reproduktionsform und das dazugehörige Kalkül, bestanden völlig ungebrochen weiter, aber sekundär eingebunden in die übergreifende, zur unmittelbaren Gewalt und konstituierenden Macht gewordenen Krisenideologie des Antisemitismus.

In gewisser Weise verhält es sich beim aufscheinenden atomaren Weltvernichtungsprogramm der US-Administration genau umgekehrt. Die Manifestation des Todestriebs nimmt hier nicht den krisenideologischen Umweg, sondern erwächst unmittelbar aus dem binnenrationalen Kalkül selbst, das damit seine eigene Irrationalität ebenso unmittelbar ausdrückt. Oder anders gesagt: Systemische Rationalität und Irrationalität fallen eben unmittelbar zusammen. Der binnenrationale Wille zur Kapitalverwertung und sonst gar nichts, von Haus aus bereits Staatsdoktrin der USA, wird an sich selbst verrückt; er manifestiert sich als Vernichtungswunsch gegen die ungreifbaren „Störfaktoren" und gegen die Milliardenmasse der „Überflüssigen", der letzten Endes ebenfalls in Selbstvernichtung umschlagen muss. Die antisemitische Krisenideologie als letzte Reserve hinsichtlich des Massenbewusstseins und als Katalysator rassistischer Ausgrenzungsimpulse besteht dabei ungebrochen weiter, aber nun ihrerseits eingebunden in die Binnenrationalität des Verwertungsprinzips, die selber zur unmittelbaren paranoiden Gewalt geworden ist.

Es ist die identische kapitalistische Subjektform, die sich nur unter verschiedenen historischen Bedingungen unterschiedlich äußert bis zur Manifestation des ihr inhärenten Todestriebs. Dabei macht sich nicht nur die Differenz von nationaler Konstitutionsgeschichte (Deutschland versus Frankreich, England und USA) oder religiösem Kulturkreis (Islam versus Christentum) geltend, sondern auch die Differenz zwischen noch aufsteigender Linie des Kapitalismus (Weltkriegsepoche) und seiner absoluten historischen Grenze (heutige Situation). Jetzt ist es nicht mehr möglich, auf der Ebene einer historischen Binnendifferenzierung Partei zu ergreifen, weil die Subjektform als solche in Welt- und Selbstzerstörung übergeht. Opferten die Nazis noch dem antisemitischen krisenideologischen Vernichtungswahn die kapitalistische Binnenrationalität auf, so ist es heute diese Binnenrationalität selbst, die unmittelbar in den Vernichtungswahn umschlägt. Die Gewalt der Binnenrationalität wird deckungsgleich mit der Gewalt des krisenideologischen antisemitischen Wahns in der identischen Manifestation des Todestriebs. Die Gegenüberstellung von „westlichen Werten" und dem Konstrukt eines „islamischen Faschismus" ist selber schon Bestandteil dieser gesellschaftlichen Paranoia: ein an sich wahnhafter Versuch, die kapitalistische Subjektform noch einmal vor sich selbst retten zu wollen.

In welchem Ausmaß und in welcher Geschwindigkeit der atomare Amoklauf der demokratischen Weltmacht sich vollziehen wird, hängt buchstäblich von der Konjunktur des Finanzblasen-Kapitalismus ab; also davon, wie lange sich dessen Agonie hinzieht und in welchem Zeithorizont dabei unbewältigbare weltgesellschaftliche Krisenprozesse über den gegenwärtigen Zustand hinaus freigesetzt werden. Die Weichen sind bereits gestellt. Und es kann keinen Zweifel geben, dass die USA mit der ersten Atomwaffe, die sie im nicht gewinnbaren Weltordnungskrieg gegen die Krisengespenster des Kapitalismus einsetzen, auch ihre Selbstvernichtung besiegeln. Die letzte Weltmacht und der westliche „ideelle Gesamtimperialismus" (dessen übrige Bestandteile trotz ihres Zauderns unvermeidlich das Schicksal ihrer Vormacht zu teilen haben) werden damit den Untergang ihres Realitätsprinzips nur beschleunigen; sie werden die sekundären Wirkungen der atomaren Vernichtung nicht von sich selbst fernhalten oder überhaupt „kalkuliert" damit umgehen können; und sie werden vor allem den grenzenlosen und unstillbaren Hass einer überwältigenden Mehrzahl der Menschheit auf sich ziehen, der Mittel und Wege zur Rache finden wird, und sei es einer ebenso entmenschten und infernalischen.

Für eine Renaissance radikaler Gesellschaftskritik

Die Aussichtslosigkeit der Alternativen, wie sie aus dem modernen warenproduzierenden System noch hervorgehen, legt mit immer größerem Nachdruck die Kritik des kategorialen Zusammenhangs selbst nahe, in dessen Grenzen sich alles bisherige Denken und Handeln der Moderne bewegt hat. Man kann sich winden und wenden, wie man will: Die Moderne, das heißt die Realmetaphysik der Wertform oder das Fetischverhältnis des Kapitals, kann auf keine Weise „neu erfunden", sondern nur noch überwunden werden. Es bedarf einer emanzipatorischen Antimoderne, die nur aus einer Transformation der linken Gesellschaftskritik hervorgehen kann. Die Abrüstung dieser Kritik war der genau falsche Weg. Aber ebenso falsch war das Beharren auf einem anachronistisch gewordenen Paradigma, befangen in den Kategorien des modernen warenproduzierenden Systems und an dessen Aufstiegsgeschichte gebunden.

Die Paralyse radikaler Gesellschaftskritik wurde zur Bedingung der Möglichkeit für die ethno-rassistische und pseudo-religiöse Besetzung der unaufhaltsamen Krisenprozesse. Dabei geht die größere Gefahr einer mörderischen Ablenkung der Krisenenergie offensichtlich vom negativen Universalismus des antisemitisch aufgeladenen religiösen Wahns aus, der sich spiegelbildlich zum negativen Universalismus des Kapitals verhält. Schien die Auseinandersetzung mit der Religion in den 60er und 70er Jahren noch einer längst vergangenen Geistesgeschichte des 18. und 19. Jahrhunderts anzugehören, während sich religiöse Strömungen in der Nachkriegsgeschichte eher der Linken zurechneten, vor allem im Kontext der Dritte-Welt-Bewegungen (etwa in Gestalt der „Befreiungstheologie"), so ist heute eine weltweite religiöse Regression zum Treibsatz der Barbarisierung geworden. Das gilt für ausnahmslos alle Religionen, für den katholischen Fundamentalismus des „Opus Dei" ebenso wie für die protestantischen Sekten, den Islamismus, die messianisch-theokratischen jüdischen Ultras, die ultrarechte Hindu-Bewegung, die rassistischen Buddhisten in Sri Lanka usw.

Es hat gar keinen Sinn, solche postpolitischen Bewegungen, die allesamt nicht zur Formierung einer eigenständigen Gesellschaftsordnung fähig, sondern nur Zerfallsprodukte des Kapitalismus sind, mit dem anachronistischen Attribut „faschistisch" zu belegen. Stattdessen muss sich die Linke daran erinnern, dass „die Kritik der Religion die Voraussetzung aller Kritik" (Marx) ist. Allerdings geht es den veränderten Verhältnissen an der Grenze der Moderne entsprechend nicht um eine Religionskritik nach dem Muster der Aufklärung. Der primitive weltanschauliche Materialismus aufklärerischer und vulgärmarxistischer Provenienz ist völlig ungeeignet, mit dem heutigen religiösen Krisenfundamentalismus fertig zu werden (das gilt auch gegenüber den sogenannten esoterischen Strömungen). Nicht eine Frage wie die nach dem Wesen der Materie oder nach dem Wesen des Todes, also nicht die Auseinandersetzung mit der traditionellen Metaphysik „transzendenter Probleme" bildet die Frontlinie einer Reformulierung der Religionskritik, sondern der barbarische Versuch einer religiösen Formulierung der weltgesellschaftlichen Krisenverhältnisse.

Insofern muss die erneuerte Religionskritik identisch sein mit einer ebenso radikalen Kritik der bürgerlichen Aufklärungsphilosophie selbst; eine Anforderung, die genau der krisenhaften Reife der Moderne entspricht. Es geht nicht um Metaphysik im Sinne transzendenter Fragen, sondern um die Kritik der irdischen Realmetaphysik, das heißt um die Kritik der fetischistischen Konstitution von Gesellschaft, wie sie Marx begonnen hat, ohne dass der Arbeiterbewegungsmarxismus ihm darin folgen konnte. Die Aufklärung war ihrem Wesen nach eine falsche, selber radikal zu kritisierende Religionskritik, die nichts anderes beinhaltete, als die agrarische Realmetaphysik der traditionellen religiösen Konstitution von Gesellschaft durch die kapitalistische Realmetaphysik der Moderne zu ersetzen. Was als „Säkularisierung" bezeichnet wird, war nichts als eine Transformation innerhalb der gesellschaftlichen Metaphysik oder der fetischistischen Formung von Gesellschaftlichkeit.

Dieser Zusammenhang enthüllt sich am katastrophischen Ende der Moderne: Weder ist die demokratische Repräsentanz der herrschenden kapitalistischen Realmetaphysik in der Lage, die postpolitische religiöse Barbarei adäquat zu kritisieren, weil diese Fleisch von ihrem eigenen Fleische ist; noch ist umgekehrt die religiöse Formulierung der gesellschaftlichen Krisenprobleme dazu fähig, bis zum Grund der modernen kapitalistischen Misere vorzudringen, da sie nichts als eine ideologische Regression innerhalb gesellschaftlicher Fetischverhältnisse darstellt und dabei völlig ins Leere geht – die wirkliche religiöse Konstitution von Gesellschaft war an die agrarischen Formen der vormodernen Reproduktion gebunden und enthält für die heutige Krisensituation der Moderne selbst keinerlei Bewältigungskompetenz. Die Bibel, der Koran usw. eignen sich nun einmal nicht als Rezeptbücher für die Krise der Weltmarktgesellschaft im 21. Jahrhundert; es sei denn, man amwirklicht diese Krise, indem man sie in abstrakte, überhistorisch-existenzielle Situationen übersetzt und aus dem Dornbusch oder qua göttlicher Eingebung erfahren möchte, was nur die kritische Analyse der gesellschaftlichen Formen ergeben kann.

Wahrscheinlich wird eine über Marx hinaus durchgeführte Kritik der fetischistischen, irrationalen Konstitution von Gesellschaft (die menschlichen und natürlichen Ressourcen werden einem blinden Lemming-"Prinzip" unterworfen) auch zu einer veränderten Formulierung der ursprünglich „transzendenten" Fragen gelangen; aber die Menschheit kann sich damit erst mit voller Konsequenz befassen, wenn sie ihre gesellschaftlichen Hausaufgaben gemacht hat und die warenproduzierende Moderne samt ihren Krisengespenstern losgeworden ist. Die konsequente Religionskritik in diesem Sinne und keinem anderen ist eine conditio sine qua non für eine emanzipatorische Überwindung der Weltkrise. Und was für die Religion gilt, muss natürlich erst recht für die ethno-rassistischen und überhaupt postmodern-kulturalistischen, der Barbarei zuarbeitenden Fehlinterpretationen der Krise gelten.

So wird immer deutlicher eine doppelte Aufgabe für die Reformulierung linker, radikal emanzipatorischer Gesellschaftskritik sichtbar, je weiter die kapitalistisch-demokratisch unbewältigbare Weltkrise voranschreitet: nämlich sich den falschen Alternativen der immanenten Selbstzerstörungs-Bewegung grundsätzlich zu verweigern und eine „dritte" Position jenseits der Gegensätze von „westlichen Werten" und „anti-westlichen Kulturen", von Bush und bin Laden, von bürgerlicher Aufklärung und ebenso bürgerlicher Gegenaufklärung, von negativem Universalismus des Kapitals und ebenso negativem Universalismus der religiösen Regression, von kapitalistischer Globalisierung und ebenso kapitalistischem Ethno-Partikularismus einzunehmen. Im Zentrum dieser zu erkämpfenden Position jenseits von barbarischen Regressionen und postmoderner Scheinkritik, die das Wesen der repressiven und selbstzerstörerischen Ordnung nicht berührt, kann nur der vollständige und klare Bruch mit der kapitalistischen Realmetaphysik, mit dem ökonomischen Realitätsprinzip und mit dem demokratischen Nomos der Moderne stehen.

Diese „dritte" Position einer emanzipatorischen Antimoderne ist auch die einzig mögliche, um der rassistischen Ausgrenzungs- und der aufkeimenden antisemitischen Krisenideologie entgegenzutreten. Eine damit verbundene Verteidigung Israels gegen den Antisemitismus ist nur denkbar als eine gleichzeitige Verteidigung des säkularen Israel und der israelischen Linken gegen die theokratisch-rassistische Barbarei der Ultras. Wer den israelischen rechten und religionspolitischen Fundamentalismus als das „wehrhafte" Israel gegen den arabischen und weltweiten Antisemitismus feiert und die israelische Linke als dessen „fünfte Kolonne" denunziert, begeht ein ideologisches Verbrechen gegen die Erhaltung Israels, das in seiner Existenz ebenso von innen wie von außen bedroht ist. Je mehr sich die Lage in der strategisch zentralen Weltregion des Nahen Ostens zuspitzt, je mehr die israelischen Ultras im Windschatten des kapitalistischen Weltordnungskrieges ihre eigene aggressive Formulierung der Krisenverhältnisse forcieren, desto größer wird die Gefahr, dass diese Aggression sich auch nach innen richtet, und dass die säkularen und linken Juden in Israel unter manifesten Verfolgungsdruck geraten. Der Mord an Rabin war ein Menetekel in dieser Hinsicht, und die gesellschaftliche Atmosphäre Israels wird mit genau dieser Tendenz immer weiter aufgeheizt, je mehr sich gleichzeitig die palästinensische Barbarisierung verschärft und eine US-Intervention in großem Maßstab akut wird.

Deshalb kann eine Verteidigung Israels gegen die antisemitische globale (und speziell die arabisch-palästinensische) Krisenideologie nur eine Verteidigung des säkularen Zionismus sein; nicht weil die im 19. Jahrhundert wurzelnde zionistische Ideologie auf der Höhe der Krisenverhältnisse wäre, sondern weil sie den letzten Damm gegen die innere Zersetzung der israelischen Gesellschaft bildet. Die „Kritik der Religion als Voraussetzung aller Kritik" gilt auch in diesem Zusammenhang.

Dass die Entwicklung an diesem Punkt nicht stehen bleiben kann, ist allerdings offensichtlich. Die Doppelkritik der beiden Erscheinungsformen von kapitalistischer Krisen-Subjektivität kann nur wirksam werden, wenn sie ihrer grundsätzlichen Negation der modernen Subjektform, des kapitalistischen Realitätsprinzips und des demokratischen Nomos, eine Perspektive der gesellschaftlichen Umwälzung zu geben vermag. Die objektive Grenze der Verwertungs-Ökonomie und die Auflösung der Souveränität verlangen die Präzisierung jener von Marx formulierten Aufgabe, die Entfremdungsmächte von Markt und Staat gleichermaßen zu überwinden und die gesellschaftliche Reproduktion unter die gesellschaftlichen Individuen zu subsumieren. Der Gedanke der Selbstverwaltung blieb jedoch immer auf die Binnenbeziehungen innerhalb der kapitalistischen Formhülle beschränkt, das heißt auf die betriebswirtschaftlich-genossenschaftliche Ebene.

Über diese Beschränktheit hinaus wäre durchzustoßen zu einer genossenschaftlichen Selbstverwaltung auf der gesamtgesellschaftlichen Ebene (unter Einschluss der öffentlichen Dienste und Infrastrukturen), also in der Beziehung der Produktions- und Reproduktions-Einheiten untereinander. Markt und Staat sind als Fetischformen nicht die Lösung, sondern das Problem. Um zu einer gesamt- und weltgesellschaftlichen Lösung jenseits von Markt und Staat zu gelangen, also das Kapitalverhältnis und dessen irrationalen Selbstzweck wirklich zu überwinden, ist die Frage der genossenschaftlichen Selbstverwaltung auf der höheren, übergreifenden Ebene des gesamtgesellschaftlichen Ressourcenflusses neu aufzugreifen. Zu den besten und weitreichendsten Traditionen und Modellen, an die dabei angeknüpft werden könnte, gehören gerade die Kibbuzim. Befreit von „gemeinschafts-terroristischen" Schlacken einer bloßen Siedler-Ideologie und hinausgehoben über die bloß partikulare, „betriebliche" Genossenschaftlichkeit, geht es um einen erweiterten, gesamtgesellschaftlichen Kibbuz-Begriff; bis hin zu einem transnationalen, alle Grenzen hinter sich lassenden Welt-Kibbuz.

Gerade die von Warlord-Herrschaft und wahnhafter Krisenverarbeitung heimgesuchten Bewohner Palästinas und der arabischen Länder hätten allen Grund, sich mit diesem sozialökonomischen Paradigma des vermeintlichen Todfeindes auseinander zu setzen, statt sich den Illusionen von Weltmarktfähigkeit und Staatsgründung hinzugeben, an die sie eigentlich selber nicht mehr glauben. Umgekehrt wäre in Israel wie in der gesamten Welt die Kibbuz-Idee weiterzuentwickeln, statt sie zwischen Marktrealismus und Krisenfundamentalismus zerschellen zu lassen.

Damit die Entwicklung qualitativ neuer sozialökonomischer Beziehungen jenseits von Markt und Staat, jenseits von abstrakter Arbeit und Souveränität, jenseits von demokratischer und ethno-religiöser Barbarei möglich wird, also die Geburt einer tatsächlich neuen Gesellschaftsformation jenseits der warenproduzierenden Moderne, ist allerdings die Überwindung der abstrakten Konkurrenzbeziehung unerlässlich. War die Proklamation der Solidarität als Gegenidee durch Gewerkschaften und sozialistische Parteien immer nur als selber bloß partikulare (betriebliche, branchenmäßige, nationale) organisiert und hat sich eben deswegen an den Grenzen der Moderne in die Entsolidarisierung abstrakter Individuen und andererseits in die gewaltsame Krisenkonkurrenz neuer (ethno-religiöser) Partikularsubjekte aufgelöst, so ist heute die Solidarität in einem erweiterten, die kapitalistischen Form-Kategorien durchbrechenden Sinne „neu zu erfinden".

Damit rückt auch das moderne Geschlechterverhältnis als Abspaltungsverhältnis ins Zentrum einer zu erneuernden radikalen Gesellschaftskritik. Die Subjektform der Konkurrenz, wie sie von der kapitalistischen Realmetaphysik konstituiert wird, ist und bleibt eben ihrem Wesen nach (logisch wie historisch) eine strukturell männliche, abstammend aus der frühmodernen Konstitution der Feuerwaffen-Militärdespotien. Was in der Zersetzung von betriebswirtschaftlicher Rationalität und Souveränität davon übrig bleibt, ist das entgrenzte, nach wie vor strukturell (und größtenteils auch empirisch) männliche Gewaltsubjekt. Es sind solche Gewaltsubjekte, von denen in vielfältiger Abstufung die Reduktion der Individuen (auch der meisten männlichen) auf „nacktes Leben" im Sinne von Agamben, auf Biomasse, vollzogen wird.

Die ins Leere gehende gewaltsame „Fortsetzung der Konkurrenz mit anderen Mitteln" erscheint sowohl in der Form der barbarischen Stammes- und Gotteskrieger als auch in der Form der demokratischen Militärmaschine. Bis hin zum drohenden atomaren Amoklauf ist es die Psyche der geschlechtlichen Abspaltung, die den Todestrieb des entsubstantialisierten Kapitals exekutiert.

Eine transnationale globale Bewegung gegen den demokratischen Weltordnungskrieg des „ideellen Gesamtimperialismus" und gegen den planetarischen Ausnahmezustand kann nur gelingen, wenn das emanzipatorische Denken sich losreißt von diesem zentralen geschlechtlichen Abspaltungsverhältnis. Nicht die ebenso reduzierten „weiblichen Tugenden" als Kehrseite dieses Verhältnisses sind zu mobilisieren, sondern die Kritik des übergreifenden Zusammenhangs von abspaltender „Männlichkeit" und abgespaltener „Weiblichkeit" gleichermaßen ist praktisch zu machen; nicht zuletzt gegen die demokratische Ideologie einer innerkapitalistischen „Frauenbefreiung", die von den rot-grünen Karriere-Feministinnen sogar noch für den Weltordnungskrieg instrumentalisiert wird. Tatsächlich hat die globale Masse der Frauen die größte Last der Weltkrise zu tragen, und in den Zusammenbruchszonen werden sie zum Freiwild der mit dem Westen verbündeten Milizen und der westlichen „Helfer"-Barbarei gemacht.

Es ist ein logischer Verkettungszusammenhang, der allein die Renaissance radikaler Gesellschaftskritik tragen kann: Nur durch die grundsätzliche Kritik am geschlechtlichen Abspaltungsverhältnis der warenproduzierenden Moderne ist eine Resolidarisierung gegen die postsouveräne Gewaltsubjektivität möglich; und nur durch diese Resolidarisierung auf höherer Ebene ist es möglich, die kapitalistische Realmetaphysik positiv zu überwinden und der falschen Alternative von demokratischem Welt-Amoklauf und religiös-fundamentalistischer Welt-Barbarei zu entgehen.

Mag diese „dritte" Position der Verweigerung herrschender Scheinalternativen auch gegenwärtig ohnmächtig erscheinen, so kann sie doch eine Zukunft gewinnen. Die intellektuelle Kraft einer emanzipatorischen Antimoderne muss sich nicht an der Schwerkraft der gegenwärtigen Krisenverhältnisse messen, sondern an der intellektuellen und moralischen Erbärmlichkeit sowohl der herrschenden demokratisch-kapitalistischen Macht als auch ihrer Krisengespenster. In diesem Sinne genügt die bisherige Kritik, die schon keine mehr ist, ganz und gar nicht den realen Verhältnissen, die sich zu einer weit radikaleren Kritik drängen.

LITERATUR

Agamben, Giorgio (2002, zuerst 1995): Homo sacer. Die souveräne Macht und das nackte Leben; Frankfurt/Main.

Arendt, Hannah (1986, zuerst 1951): Elemente und Ursprünge totaler Herrschaft; München.

Astbury, Sid (2001): „Flüchtlingsflut" vor Wohlstandsinsel; dpa-Bericht, August 2001.

Avenarius, Tomas (2000): Aller Kraft beraubt. Kriegsverbrechen in Tschetschenien: Ein Land in der Hand der Plünderer; in: Süddeutsche Zeitung, 11.10.2000.

Back, Les (2000): Im Kreisverkehr. Offener und institutioneller Rassismus in London; in: Jungle World 6/2000.

Barber, Benjamin (1996): Coca-Cola und Heiliger Krieg. Jihad versus McWorld; München.

Baumann, Jochen (2002): Des Staatsbürgers neue Kleider. Giorgio Agamben zieht die Menschenrechte ab und lässt den Homo sacer einsam zurück; in: Jungle World 30-31/2002.

Baumer, Harald (1999): Trubel um des Richters Haupt; in: Nürnberger Nachrichten, 11.11.1999.

Bebber, Hendrik (2001): Der Frust der farbigen Jugendlichen richtet sich wieder einmal gegen die Polizei; in: Nürnberger Nachrichten, 9.7.2001.

Beck, Ulrich (1986): Risikogesellschaft. Auf dem Weg in eine andere Moderne; Frankfurt/Main.

Becker, Thomas (1999): Good bye, America! Durch eine Schwächung der Nato könnte Deutschland wieder zur dominierenden Macht in Europa werden; in: Jungle World 16/1999.

Behrens, Diethard/Hafner, Kornelia (1990): Auf der Suche nach dem „wahren Sozialismus"; in: Kritik und Krise 2/3; Freiburg.

Bendemann, Chris (2002): Keine Aufklärung. An einer juristischen Aufarbeitung der Rostocker Pogrome zeigt der Staat kaum Interesse; in: Jungle World 35/2002.

Bender, Klaus W. (1997): Die „Perle der Adria" kämpft ums Überleben; in: FAZ, 18.8.1997.

Beste, Ralf u.a. (2002): „Den Knüppel herausgeholt"; in: Der Spiegel 12/2002.

Beucker, Pascal (2001): Die Bronx am Rhein; in: Jungle World 38/2001.

Birnbaum, Norman (2002): Europas Unmündigkeit; in: Der Spiegel 9/2002.

Bodin, Jean (1976, zuerst 1583): Über den Staat; Stuttgart.

Böhm, Andrea (2000 a): Freier für den Frieden; in: Die Zeit 3/2000.

Böhm, Andrea (2000 b): Ali Baba und das Recht; in: Die Zeit 34/2000.

Böhm, Andrea (2001): Allah unterm Sternenbanner; in: Die Zeit 49/2001.

Bomhard, Lorenz (2002): Ein Ausreisezentrum für abgelehnte Asylbewerber; in: Nürnberger Nachrichten, 16.8.2002.

Borchert, Thomas (2001): Ausländerhaß fordert in Norwegen erstes Todesopfer; dpa-Bericht, Januar 2001.

Brisard, Jean-Charles/Dasquie, Guilleaume (2002): Die verbotene Wahrheit. Die Verstrickungen der USA mit Osama bin Laden; München.

Broder, Henryk M. (2000): Da unten ist er; in: Der Spiegel 50/2000.

Broder, Henryk M. (2001): Ab nach Abidjan; in: Der Spiegel 25/2001.

Bruhn, Joachim (1999): Bomber-Harris´ Blindgänger. Die pax americana führt im Kosovo auch einen Krieg gegen die spezifische Weise deutscher Friedensstiftung; in: Jungle World 28/1999.

Brzezinski, Zbigniew (1999): Die einzige Weltmacht. Amerikas Strategie der Vorherrschaft; Frankfurt/Main.

Busch, Alexander (2001): Tage der Anarchie; in: Handelsblatt, 16.7.2001.

Calic, Marie-Janine (2001): Der Stabilitätspakt für Südosteuropa; in: Beilage zur Wochzeitung Das Parlament, 23.3.2001.

Cremer, Georg (2001): Reform gegen Korruption!; in: iz3W 252/April 2001.

Creveld, van, Martin (1998, zuerst 1991): Die Zukunft des Krieges; München.

Creveld, van, Martin (1999): Aufstieg und Untergang des Staates; München.

Dachs, Gisela (2002): Da bröckelt´s kräftig an der Front. In Israel verweigern Reservesoldaten den Dienst in den besetzten Gebieten; in: Die Zeit 9/2002.

Dahlkamp, Jürgen/Mascolo, Georg (2001): Massives Niederdrücken; in: Der Spiegel 31/2001.

Daitz, Werner (1938): Der Weg zur völkischen Wirtschaft und zur europäischen Großraumwirtschaft, 2 Bde.; Dresden.

Dasquie, Guillaume: s. Brisard, Jean-Charles.

Dettling, Warnfried (2001): Die Zeit der Ideologien ist vorüber; in: Das Parlament 3-4/2001.

Diederichs, Friedemann (2002): Amerikanische Irak-Experten möchten zwei Fliegen mit einer Klappe schlagen; in: Nürnberger Nachrichten, 10.8.2002.

Dietrich, Helmut (2000): Am Ende der alten Welt. Die Flüchtlings- und Kriminalitätspolitik ist der Schrittmacher für eine neue europäische Raumordnung; in: Jungle World 51/2000.

Doran, Jamie (2002): Dokumente eines Kriegsverbrechens; in: Le Monde diplomatique, Deutsche Ausgabe, September 2002.

Dreis, Ralf (2000): Multiple Deportation; in: Jungle World 30/2000.

Ebeling, Dieter (2000): Der alltägliche Rassismus; dpa-Bericht, September 2000.

Eisenberg, Götz (2002): Gewalt, die aus der Kälte kommt. Amok-Pogrom-Populismus; Gießen.

Eisenstadt, Shmuel N. (1987, zuerst 1985): Die Transformation der israelischen Gesellschaft; Frankfurt/Main.

Elwert, Georg (1996): Nicht ethnische sondern ökonomische Konflikte stehen hinter Kriegen; in: Frankfurter Rundschau, 30.7.1996.

Englisch, Erhard (1998): Rechtsradikale Schläger haben 80 Brandenburger Orte in Verruf gebracht; in: Nürnberger Nachrichten, 25.2.1998.

Englisch, Erhard (2000): „Nicht erwartet, dass die Polizei Opfer mißhandelt"; in: Nürnberger Nachrichten, 30.8.2002.

Enzensberger, Hans Magnus (1993): Aussichten auf den Bürgerkrieg; Frankfurt/Main.

LITERATUR

Epiney, Astrid (2000): Völkerrecht und Anwendung von Militärgewalt. Ein Nachtrag zu den Nato-Angriffen in Serbien; in: Neue Zürcher Zeitung, 6.1.2000.

Farnam, Arie (2001): Harte Arbeit, Über Unternehmer im Kosovo; in: Wirtschaftswoche 38/2001.

Feldhay, Rivka (2002): „Wer nicht mehr spricht, stirbt", Interview; in: Die Zeit 18/2002.

Fleischhauer, Jan (2001): „Jeden Tag strammstehen?"; in: Der Spiegel 46/2001.

Flottau, Renate/Kraske, Marion (2002): Kalaschnikows in Plastiktüten; in: Der Spiegel 23/2002.

Fraenkel, Ernst (2001, zuerst 1940): Der Doppelstaat; Hamburg.

Friedman, Ina: s. Karpin, Michael.

Gebauer, Thomas (2002): Neutralität ist eine Illusion. Die Rolle humanitärer Hilfsorganisationen in Bürgerkriegs-Ökonomien; in: Dr. Med. Mabuse 136.

Gerloff, Wilhelm (1932): Autarkie als wirtschaftliches Problem; in: Autarkie, Fünf Vorträge; Berlin.

Ginsburg, Hans Jakob (1999): Nützliche Ausländer; in: Wirtschaftswoche 21/1999.

Gloor-Disler, Urs (1997): Zusammenbruch der Strafjustiz in Transkei; in: Neue Zürcher Zeitung, 23.8.1997.

Gogos, Manuel (2002): Es steht geschrieben. Eine Billigvariante der Apokalypse macht in Amerika Furore; in: Neue Zürcher Zeitung, 1.10.2002.

Gollwitzer, Heinz (1982): Geschichte des weltpolitischen Denkens, 2 Bde; Göttingen.

Grill, Bartholomäus (1999): Der globale Sumpf. Korruption bedroht den Fortschritt und Wohlstand der ganzen Welt; in: Die Zeit 44/1999.

Hackenbroch, Veronika (2002): Angst im Labor; in: Der Spiegel 6/2002.

HaCohen, Ran (2002): Lebendiger, tödlicher Postmodernismus. Ein Brief aus Israel; in: ak 462.

Hafner, Kornelia: s. Behrens, Diethard.

Hamilton, Douglas (1999): Der Kosovo markiert das Ende der „alten" Nato. Die Souveränität eines Staates ist nicht mehr unantastbar; rtr-Bericht, April 1999.

Harding, Jeremy (2000): Die Unwillkommenen – Im Schatten der modernen Mobilität; in: Neue Zürcher Zeitung, 26.2.2000.

Hardt, Michael/Negri, Antonio (2002, zuerst englisch 2000): Empire. Die neue Weltordnung; Frankfurt/New York.

Haubrich, Walter (2001): „Eine nationale Schande". Ausbeutung von Ausländern in Spanien; in: Frankfurter Allgemeine Zeitung, 6.1.2001.

Hielscher, Hans (1998): Mystische Waffen; in: Der Spiegel 14/1998.

Hofmann, Hasso (1964): Legitimität gegen Legalität. Der Weg der politischen Philosophie Carl Schmitts; Neuwied.

Hoyng, Hans (2001): Richter und Henker; in: Der Spiegel 52/2001.

Huntington, Samuel P. (1996): Kampf der Kulturen (The Clash of Civilizations). Die Neugestaltung der Weltpolitik im 21. Jahrhundert; München-Wien.

Initiative Sozialistisches Forum/ISF (1996): St. Nimmerleinstag der Linken; Freiburg.

LITERATUR

Initiative Sozialistisches Forum/ISF (2001): Dschihad und Werwolf. Die Zerstörung des World Trade Center und der barbarische Untergang der bürgerlichen Gesellschaft; Freiburg.

Jacobs, Andreas/Masala, Carlo (1999): Vom Mare Nostrum zum Mare Securum. Sicherheitspolitische Entwicklungen im Mittelmeerraum und die Reaktion von EU und NATO; in: Beilage zur Wochenzeitung Das Parlament 17/1999.

Jappe, Anselm (2002): Des Proletariats neue Kleider. Vom Empire zurück zur Zweiten Internationale; in: Krisis 25, beiträge zur kritik der warengesellschaft, Bad Honnef.

Jean, Francois/Rufin, Jean-Christophe (1999, zuerst 1996): Ökonomie der Bürgerkriege (Hrsg.); Hamburg.

John, Dominique (2000): Fit für Europa; in: Jungle World 35/2000.

Kabou, Axelle (1993): Weder arm noch ohnmächtig; Basel.

Kaldor, Mary (2000): Neue und alte Kriege; Frankfurt/Main.

Kampfner, John (2002): Vom Dnjepr ins Gelobte Land. Die Einwanderer und die Regierung Scharon; in: Le Monde diplomatique, deutsche Ausgabe, 4/2002.

Kant, Immanuel (1998, zuerst 1788): Kritik der praktischen Vernunft, Werkausgabe Band VII, hrsg. von Wilhelm Weischedel; Frankfurt/Main.

Karpin, Michael/Friedman, Ina (1998): Der Tod des Jitzhak Rabin. Anatomie einer Verschwörung; Reinbek bei Hamburg.

Kautsky, Karl (1914): Der Imperialismus; in: Die Neue Zeit, Wochenschrift der Deutschen Sozialdemokratie, Zweiunddreißigster Jahrgang, Zweiter Band.

Kennedy, Paul (1991, zuerst 1987): Aufstieg und Fall der großen Mächte. Ökonomischer Wandel und militärischer Konflikt von 1500 bis 2000; Frankfurt/Main.

Knaup, Horand u.a. (2001): „Alle Bürger unter Generalverdacht"; in: Der Spiegel 43/2001.

Kornblum, John (2001): Voll engagieren. Über den europäischen Isolationismus; in: Wirtschaftswoche 26/2001.

Korosides, Konstantin (2001): Geistliche Green Card; in: Der Spiegel 47/ 2001.

Kraske, Marion: s. Flottau, Renate.

Krönig, Jürgen/Vorholz, Fritz (2002): Der Traum vom Öldorado; in: Die Zeit 39/2002.

Krug, Uli (1999): Interesse, Gewissen und Projektion im Jugoslawienkrieg; in: Context XXI, Wien.

Küntzel, Matthias (2000): Der Weg in den Krieg. Deutschland, die Nato und das Kosovo; Berlin.

Laak, van, Dirk (1999): Weiße Elefanten. Anspruch und Scheitern technischer Großprojekte im 20. Jahrhundert; Stuttgart.

Ladurner, Ulrich (2002): Verheerende Lektion. Bosnien beugt sich Amerikas Druck und beschädigt den eigenen Rechtsstaat; in: Die Zeit 5/2002.

Landes, David (1999): Wohlstand und Armut der Nationen. Warum die eine reich und die anderen arm sind; Berlin.

Landsmann, Charles A. (2001): Dem Volk Israel droht ein erneuter Exodus; in: Nürnberger Nachrichten, 19.9.2001.

Lenin, Wladimir I. (1970, zuerst 1917): Der Imperialismus als höchstes Stadium des Kapitalismus; Berlin.

LITERATUR

Lock, Peter (1998): Polizisten und Soldaten dienen privaten Firmen und Warlords; in: Frankfurter Rundschau, 25.9.1998.

Lohoff, Ernst (1996): Der dritte Weg in den Bürgerkrieg. Jugoslawien und das Ende der nachholenden Modernisierung; Bad Honnef.

Lomborg, Björn (2002): Apocalypse No! Wie sich die menschlichen Lebensgrundlagen wirklich entwickeln; Lüneburg.

Löwer, Chris (1999): Goldgräbergebiet wird zum Groschengrab; in: Handelsblatt, 4.11.1999.

Marquard, Odo (2000): Apologie der Bürgerlichkeit; in: Philosophie des Stattdessen; Stuttgart.

Martin, Bernd (1989): Weltmacht oder Niedergang? Deutsche Großmachtpolitik im 20. Jahrhundert; Darmstadt.

Masala, Carlo: s. Jacobs, Andreas.

Mascolo, Georg s. Dahlkamp, Jürgen.

Mazower, Mark (2000): Die letzte der Revolutionen; in: Die Zeit 43/2000.

Münkler, Herfried (2002): Das Ende des ‚klassischen' Krieges; in: Neue Zürcher Zeitung, 14.9.2002.

Myers, Steven Lee (1999): Städte als Schutzschilder; in: Wirtschaftswoche 18/1999.

Nastase, Adrian (2001): Rumänien wird Schutzschild gegen illegale Einwanderung; in: Frankfurter Allgemeine Zeitung, 4.7.2001.

Negri, Antonio: s. Hardt, Michael.

Nesshöver, Christoph (2001): Fluchtweg Kanaltunnel; in: Handelsblatt, 11.9.2001.

Olson, Mancur (2000): Power and Prosperity. Outgrowing Communist and Capitalist Dictatorships; New York.

Osten-Sacken, von der, Thomas (1999): s. Uwer, Thomas.

Osten-Sacken, von der, Thomas (2002): Deutschland hilf! Offener Brief israelischer Wissenschaftler; in: Jungle World 43/2002.

Ott, Hugo/Schäfer, Hermann (1984): Wirtschafts-Ploetz; Freiburg-Würzburg.

Oztovics, Walter (2000): Angst ohne Grenzen; in: Wirtschaftswoche 41/2000.

Pfeifer, Karl (2000): WCOTC wäscht weißer. In den USA nehmen rechtsextremer Terror und antisemitische Hetze weiter zu; in: Jungle World 10/2000.

Pfeiffer, Gabi (1999): Krieg mit Theaterblut. Soldaten üben ihren Einsatz in Krisengebieten; in: Nürnberger Nachrichten, 30.11.1999.

Pieper, Dietmar (2000): Big Brother brutal; in: Der Spiegel 20/2000.

Piper, Nikolaus (1996): Standort Sarajevo; in: Die Zeit 25/1996.

Preuss, Ulrich K. (2002) : Krieg, Verbrechen, Blasphemie. Zum Wandel bewaffneter Gewalt; Berlin.

Prose, Francine (2002): Wer ist ein echter Patriot?; in: Die Zeit 6/2002.

Räther, Frank (2000): Wir waren so stolz auf Alberto; in: Nürnberger Nachrichten, 27.12.2000.

Ramthun, Christian (1997): Dr. Jekyll und Mister Hyde; in: Wirtschaftswoche 43/1997.

Redaktion „Bahamas" (2001): Zur Verteidigung der Zivilisation; Berlin.

LITERATUR

Ricks, Thomas E. (1999): Global Power for America; in: Wirtschaftswoche 18/1999.
Rückert, Sabine (2002): Blut, Speichel und Tränen; in: Die Zeit 8/2002.
Rüst, Michael (2001): Schwacher Staat – Starke Bürgerwehr. Das blutige Handwerk der Bakassi Boys in Nigeria; in: Neue Zürcher Zeitung, 1.9.2001.
Rufin, Jean-Christophe (1991): Das Reich und die neuen Barbaren, Berlin.
Rufin, Jean-Christophe (1999): s. Jean, Francois.
Schäfer, Hermann: s. Ott, Hugo
Schäfer, P.: s. Wieland, C.
Schaudwet, Christian (2002): Diskretes Nicken. Die Menge der internationalen Einsätze überlastet die Armeen des Westens. Kommerzielle Militäragenturen wollen die Lücke füllen; in: Wirtschaftswoche 37/2002.
Scheit, Gerhard (1999): Albaner auf Schindlers Liste. Über den NATO-Einsatz gegen Auschwitz; in: Jungle World, 14.4.1999.
Scheit, Gerhard (2000): Demokratischer Rassismus, Outsourcing des Staates; in: Krisis 23, beiträge zur kritik der warengesellschaft, Bad Honnef.
Schmid, Bernhard (2000): Antisemitismus ohne Rechte; in: Jungle World 45/2000.
Schmid, Bernhard (2002): Bis hierhin und noch weiter; in: Jungle World 26/2002.
Schmidt-Häuer, Christian (2001): Großer Mann ganz klein; in: Die Zeit 15/2001.
Schmitt, Carl (1985, zuerst 1922): Politische Theologie. Vier Kapitel zur Lehre von der Souveränität; Berlin.
Schmitt, Carl (1961, zuerst 1921): Die Diktatur. Von den Anfängen des modernen Souveränitätsgedankens bis zum proletarischen Klassenkampf; Berlin.
Scholz, Roswitha (2000): Das Geschlecht des Kapitalismus. Feministische Theorien und die postmoderne Metamorphose des Patriarchats; Bad Honnef.
Schwelien, Michael (2002): Im Käfig des Siegers; in: Die Zeit 5/2002.
Seibert, Thomas (2000): Die Weltsozialarbeiter; in: Jungle World 27/2000.
Simon, Jana (2000): „Ich bin denen nicht gewachsen". Dreiste Nazis, überforderte Sozialarbeiter, verängstigte Lokalpolitiker; in: Die Zeit 33/2000.
Sontheimer, Michael (2000): Spiel mit der Rassen-Karte; in: Der Spiegel 17/2000.
Soto, de, Hernando (2002): Freiheit für das Kapital! Warum der Kapitalismus nicht weltweit funktioniert; Berlin.
Stalker, Peter (2000): Arbeiter ohne Grenzen; ILO-Bericht; Genf.
Steinberger, Petra (2001): Moral über Bord. Ohne festen Boden: Wie die Ozeane zur Heimstätte für die Ärmsten und die Reichsten werden; in: Süddeutsche Zeitung, 31.8.2001.
Thielke, Thilo (2002): Schamlose Helfer; in: Der Spiegel 19/2002.
Thörner, Klaus (2001): Ohne Cash in den Crash. Die serbische Regierung wartet bislang vergeblich auf die versprochenen westlichen Kredite; in: Jungle World 35/2001.
Tocqueville, Alexis de (1987, zuerst 1835): Über die Demokratie in Amerika, 2 Bde.; Zürich.
Trampert, Rainer (1999): Unsichere Räume. Jugoslawien, die moderne Seidenstraße und der Kampf um die Macht auf der eurasischen Landmasse; in: Jungle World 29/1999.

LITERATUR

Trampert, Rainer (2000): Revolution ist schwer, wenn keiner sie will. Zehn Jahre Deutsche Einheit; in: Jungle World 46/2000.

Ulrich, Andreas (1999): Formal sauber. Einer zwölfjährigen Türkin droht die Abschiebung; in: Der Spiegel 14/1999.

Uthmann, Jörg von (1991): Die Verdrängung des Establishments. Entwickelt sich der Schmelztiegel Amerika zur multikulturellen Gesellschaft?; in: Frankfurter Allgemeine Zeitung, 14.12.1991.

Uwer, Thomas/ von der Osten-Sacken, Thomas (1999): Die Heimat, die sie meinen; in: Jungle World 22/1999.

Vorholz, Fritz: s. Krönig, Jürgen.

Wälterlin, Urs (2001 a): Ganz unten. Australiens konservative Regierung nutzt seit ihrem Amtsantritt die fremdenfeindlichen Gefühle in der Bevölkerung für ihre Zwecke; in: Süddeutsche Zeitung, 31.8.2001.

Wälterlin, Urs (2001 b): Die Hölle im Paradies; in: Süddeutsche Zeitung, 2.1.2001.

Wagner, Wolfgang (2002): Nach seiner Abschiebung landete Singh Bhullar in der Todeszelle; in: Frankfurter Rundschau, 13.7.2002.

Wehner, Markus (2000): Die Ukraine will nicht aus Europa ausgeschlossen werden; in: Frankfurter Allgemeine Zeitung, 11.10. 2000.

Weltbank (2002): Institutionen für Märkte schaffen. Weltentwicklungsbericht 2002; Washington, D.C.

Werber, Niels (2002): Die Normalisierung des Ausnahmefalls. Giorgio Agamben sieht immer und überall Konzentrationslager; in: Merkur 2002.

Wiedemann, Erich (2001): Wirtschaftsfaktor erster Ordnung. Die Friedenstruppen im ehemaligen Jugoslawien beleben die Nachfrage nach käuflichem Sex; in: Der Spiegel 2/2001.

Wieland, C./Schäfer, P. (2002): Zittern und verkriechen. Bleierne Stille über Jerusalem und Ramallah; dpa-Bericht, April 2002.

Wolf, Reinhard (1999): Europa muss keine militärische Weltmacht sein; in: Handelsblatt, 2.11.1999.

Wolf, Reinhard (2001): Eitel Sonnenschein über dem Atlantik; in: Handelsblatt, 27.2.2001.

Wolfensohn, James D. (2002): Vorwort; in: Weltbank, Institutionen für Märkte schaffen. Weltentwicklungsbericht 2002; Washington, D.C.

Woratschka, Rainer (1999): „Mit vielen Bürgermeistern waren wir per Du"; in: Nürnberger Nachrichten, 30.10.1999.

Woratschka, Rainer (2000): Tragödien in den Folterkellern; in: Nürnberger Nachrichten, 19.5.2000.

Über den Autor

Robert Kurz, geboren 1943, studierte Philosophie, Geschichte und Pädagogik. Er arbeitet heute als freier Publizist, Autor und Journalist. Robert Kurz ist Mitbegründer und Redakteur der Theoriezeitschrift „Krisis – Beiträge zur Kritik der Warengesellschaft". Seine Arbeitsgebiete umfassen die Modernisierungs- und Krisentheorie, die kritische Analyse des kapitalistischen Weltsystems, die Kritik der Aufklärung und das Verhältnis von Kultur und Ökonomie. Er veröffentlicht regelmäßig Aufsätze in zahlreichen Zeitungen und Zeitschriften in Deutschland, Österreich und der Schweiz.

Sein Buch „Der Kollaps der Modernisierung. Vom Zusammenbruch des Kasernensozialismus zur Krise der Weltökonomie" löste sofort eine große Kontroverse aus: „Von brennender Aktualität ... die meistdiskutierte Neuerscheinung" (Frankfurter Rundschau); „Eine aufregende Analyse des Weltwirtschaftssystems im letzten Jahrzehnt vor der Jahrtausendwende" (Süddeutsche Zeitung); „Kurz' Buch ist ein wirtschafts-philosophischer Thriller" (Capital).

Buchveröffentlichungen u.a.:
Der Kollaps der Modernisierung. Vom Zusammenbruch des Kasernensozialismus zur Krise der Weltökonomie (1991).
Honeckers Rache. Zur politischen Ökonomie der deutschen Vereinigung (1991).
Der letzte macht das Licht aus. Zur Krise von Demokratie und Marktwirtschaft (1993).
Die Schmerzgrenze der Marktwirtschaft (1997).
Schwarzbuch Kapitalismus. Ein Abgesang auf die Marktwirtschaft (1999).
Feierabend – zwölf Attacken gegen die Arbeit (2000).

Krisis – Beiträge zur Kritik der Warengesellschaft

„Lustige Theorie jenseits der Realität" (*SOZ* über *Krisis*)

haben wir nicht zu bieten – auch wenn manche altlinken Gralshüter sich das wünschen. Dafür aber theoretische Positionen jenseits des Traditionsmarxismus und gegen die herrschende krisenkapitalistische Wirklichkeit. Kurzum: Kritik von Arbeitsfetisch und Politikillusion, von marktwirtschaftlichem Totalitarismus und staatlicher Krisenverwaltung, von warengesellschaftlichem Patriarchat und postmodernem Spektakel.

Seit Ende der 80er Jahre betreiben wir nun schon das Projekt Krisis, das sich um die gleichnamige Theoriezeitschrift gruppiert, aber immer mehr war als eine Zeitschrift. Wir führen Seminare und Diskussionsveranstaltungen durch, betreiben und unterstützen theoretische Projekte, greifen publizistisch in die öffentliche Debatte ein und versuchen auf diese Weise Zusammenhänge und Foren einer reformulierten radikal-gesellschaftskritischen Auseinandersetzung zu entwickeln. Unsere Homepage (www.krisis.org) enthält ein Archiv älterer Krisis-Texte sowie anderer Texte von Krisis-AutorInnen und informiert über Aktivitäten und Termine.

Ich möchte Krisis abonnieren: Das Abo beginnt mit der nächsterreichbaren Nummer und ist jederzeit kündbar. Krisis erscheint ca. zweimal jährlich. Der Abopreis beträgt € 9 für Einzelhefte bis 144 Seiten, € 10 bis 176 Seiten, € 11 für Hefte bis 208 Seiten usf. Im Preis enthalten ist der Versand innerhalb Deutschlands. Abonnementen erhalten die Krisis sofort nach Erscheinen der jeweiligen Nummer zugeschickt (Rechnungstellung mit jeder Nummer). Abo-Lieferungen außerhalb Deutschlands zzgl. der Versandkosten.

Name: _____

Adresse: _____

Datum/Unterschrift: _____

Abo-Bestellung an:
Horlemann Verlag • PF 1307 • 53583 Bad Honnef
Fax: 02224/5429 • E-Mail: info@horlemann-verlag.de
www.horlemann-verlag.de

Bitte fordern Sie unser aktuelles Gesamtverzeichnis an!